Das Weisheitsbuch der alten Chinesen

Das Weisheitsbuch der alten Chinesen

FRÜHLING UND HERBST DES LÜ BU WE

LÜ SCHÏ TSCHUN TSIU

Aus dem Chinesischen
übersetzt und erläutert von
Richard Wilhelm

Anaconda

Die Originalausgabe erschien 1928 unter dem Titel
Frühling und Herbst des Lü Bu We
bei Eugen Diederichs in Jena.

Die Deutsche Bibliothek verzeichnet diese Publikation in der Deutschen Nationalbibliographie; detaillierte bibliographische Daten sind im Internet unter http://dnb.ddb.de abrufbar.

Umschlagmotiv: Kaiser Chu Yuan-Chang (1328-98),
Gründer der Ming Dynastie, Chinesische Schule.
National Palace Museum, Taipei, Taiwan/Bridgeman Giraudon
Umschlaggestaltung: Sabine Reimer, London
Satz und Layout: Roland Poferl Print-Design, Köln
Printed in Czech Republic 2006
ISBN-13: 978-3-86647-023-1
ISBN-10: 3-86647-023-1
info@anaconda-verlag.de

INHALT

ERSTER TEIL
DIE ZWÖLF AUFZEICHNUNGEN

Buch I · Mong Tschun Gi
Aufzeichnungen des ersten Frühlingsmonats

Buch II · Dschung Tschun Gi
Aufzeichnungen des mittleren Frühlingsmonats

Buch III · Gi Tschun Gi
Aufzeichnungen des letzten Frühlingsmonats

Buch IV · Mong Hia Gi
Aufzeichnungen des ersten Sommermonats

Buch V · Dschung Hia Gi
Aufzeichnungen des mittleren Sommermonats

Buch VI · Gi Hia Gi
Aufzeichnungen des letzten Sommermonats

Buch VII · Mong Tsiu Gi
Aufzeichnungen des ersten Herbstmonats

Buch VIII · Dschung Tsiu Gi
Aufzeichnungen des mittleren Herbstmonats

Buch IX · Gi Tsiu Gi
Aufzeichnungen des letzten Herbstmonats

Buch X · Mong Dung Gi
Aufzeichnungen des ersten Wintermonats

Buch XI · Dschung Dung Gi
Aufzeichnungen des mittleren Wintermonats

Buch XII · Gi Dung Gi
Aufzeichnungen des letzten Wintermonats

ZWEITER TEIL
DIE ACHT BETRACHTUNGEN

Buch XIII · Yu Schï Lan
Betrachtung über die Anfänge

Buch XIV · Hiau Hing Lan
Betrachtung über die kindliche Ehrfurcht

Buch XV · Schen Da Lan
Betrachtung über die Vorsicht bei hoher Stellung

Buch XVI · Siän Schi Lan
Betrachtung über das Vorherwissen

Buch XVII · Schen Fen Lan
Betrachtung über die Abgrenzung der Befugnisse

Buch XVIII · Schen Ying Lan
Betrachtung über wohlüberlegte Antworten

Buch XIX · Li Su Lan
Betrachtung über die Überwindung der Weltlichkeit

Buch XX Schï Gün Lan
Betrachtung über die Wahrung der Herrschaft

DRITTER TEIL
DIE SECHS ABHANDLUNGEN

Buch XXI · Kai Tschun Lun
Abhandlung über den Frühlingsanfang

Buch XXII · Schen Hing Lun
Abhandlung über vorsichtigen Wandel

Buch XXIII · Gui Dschï Lun
Abhandlung über die Wichtigkeit der Geradheit

Buch XXIV · Bu Gou Lun
Abhandlung über die Wahrung eines würdigen Benehmens

Buch XXV · Sï Schun Lun
Abhandlung über scheinbares Gelingen

Buch XXVI · Schï Yung Lun
Abhandlung über das Äußere der Staatsmänner

ANHANG

ERSTER TEIL

DIE ZWÖLF AUFZEICHNUNGEN

BUCH I · MONG TSCHUN

Aufzeichungen des ersten Frühlingsmonats

I. KAPITEL
Der erste Frühlingsmonat
MONG TSCHUN

Im ersten Frühlingsmonat steht die Sonne im Zeichen Ying Schï. Zur Zeit der Abenddämmerung kulminiert das Sternbild Schen. Zur Zeit der Morgendämmerung kulminiert das Sternbild We. Seine Tage sind Gia und I[1]. Sein göttlicher Herrscher ist Tai Hau (der große Leuchtende)[2]. Sein Schutzgeist ist Gou Mang (der Säer)[3]. Seine Tiere sind die Schuppentiere[4]. Seine Note ist Güo. Seine Tonart ist Tai Tsu[5]. Seine Zahl ist acht[6]. Sein Geschmack ist sauer. Sein Geruch ist muffig[7]. Man opfert den Türgeistern[8]. Unter den Opfergaben steht die Milz voran[9].

Der Ostwind löst das Eis. Die Tiere beginnen aus ihrem Winterschlaf erweckt zu werden. Die Fische stoßen das Eis auf. Der Fischotter opfert Fische[10]. Die Zuggans zieht nach Norden.

Der Himmelssohn weilt in der Tsing-Yang-Halle im linken Raum[11]. Er fährt im Fasanenwagen, an dem große blauschwarze Drachenpferde angespannt sind. Es werden grüne Flaggen[12] aufgesteckt. Man kleidet sich in grüne Kleider und trägt grünen Nephrit. Man ißt Weizen und Schaffleisch. Die Opfergefäße sind durchbrochen, um die Luft durchziehen zu lassen[13].

In diesem Monat begeht man den Eintritt des Frühlings[14]. Drei Tage vor dem Eintritt des Frühlings begibt sich der Großastrolog zum Himmelssohn und spricht: »An dem und dem Tag ist Frühlingseintritt; die wirkende Kraft beruht auf dem Holz.« Der Himmelssohn fastet dann. Am Tag des Frühlingseintritts begibt sich der Himmelssohn in eigener Person an der Spitze der drei Großwürdenträger, der neun hohen Räte, der Fürsten und Räte zur Einladung des Frühlings auf den östlichen Anger. Nach der Rückkehr verleiht er Auszeichnungen an die hohen Räte, die Fürsten und Räte im Schloßhof.

Er befiehlt den Ministern, Milde zu verbreiten und gütige Gebote zu erlassen, Glück zu spenden und seine Gnade der Masse des Volkes teilhaftig werden zu lassen. Belohnungen und Gaben werden ausgeteilt, jedem das Seine.

Er befiehlt dem Großastrolog, auf die Wahrung der Gesetze zu achten und Verordnungen zu erlassen, den Lauf des Himmels, der Sonne, des Mondes, der Sterne und Sternzeichen zu beobachten, damit die Mondhäuser in ihrem Rückgang ohne Irrtümer festgestellt werden, damit die Bahnen nicht falsch berechnet werden und der Frühlingseintritt als fester Punkt bestimmt wird.

In diesem Monat bittet der Himmelssohn an einem guten Tage um Getreidesegen zum höchsten Herrn. Darauf wird eine glückliche Stunde gewählt. Dann legt der König selbst eine Pflugschar an den dritten Platz des Wagens zwischen einen gepanzerten Wächter und den Wagenführer. Er begibt sich an der Spitze der drei höchsten Würdenträger, der neun hohen Räte, der Fürsten und Räte persönlich zum Pflügen auf den Acker des Herrn. Der Himmelssohn zieht drei Furchen, die drei höchsten Würdenträger ziehen fünf Furchen, die hohen Räte, Fürsten und Räte neun Furchen. Heimgekehrt, ergreift der Himmelssohn im großen Gemach[15] einen Pokal, während die drei höchsten Würdenträger, die neun hohen Räte, die Fürsten und Räte alle beisammen sind, und spricht zu ihnen: »Dies ist der Wein für eure Mühe.«

In diesem Monat hat sich die Kraft des Himmels nach unten gesenkt, und die Kraft der Erde ist nach oben gestiegen[16]. Himmel und Erde sind im Einklang und vereinigen ihre Wirkung. Kräuter und Bäume regen sich üppig.

Der König macht die Ackerbaugeschäfte bekannt. Er befiehlt den Feldaufsehern, auf dem östlichen Anger ihre Wohnungen aufzuschlagen, die Grenzen und Scheidewege in Ordnung zu bringen, die Pfade und Kanäle gerade zu ziehen, eine genaue Übersicht anzufertigen über die Berge und Hügel, die Täler und Schluchten, die Ebenen und Sümpfe, und entsprechend dem, was an den einzelnen Plätzen am besten fortkommt, die fünf Getreidearten einzupflanzen. Um das Volk darüber zu belehren, müssen sie bei allem selbst dabei sein. Wenn die Felder im voraus genau vermessen sind und nach der Linie begrenzt, so wissen die Bauern Bescheid.

In diesem Monat erhält der Musikmeister den Befehl, die Schulen zu besuchen und die heiligen Tänze einzuüben.

Die Opferlisten werden in Ordnung gebracht, es ergeht der Befehl, den Geistern der Berge, Wälder, Flüsse und Seen zu opfern. Als Opfer werden keine weiblichen Tiere verwendet.

Es ist verboten, Bäume zu fällen.

Man darf keine Nester ausnehmen und keine unausgebildeten, ungeborenen Tiere und halbflüggen Vögel töten, ebensowenig Hirschkälber und Eier.

Es sollen keine großen Menschenansammlungen stattfinden, keine Stadtmauern und Türme gebaut werden.

Gerippe und Totes werden verscharrt und eingegraben.

In diesem Monat darf man nicht zu den Waffen greifen. Wer zu den Waffen greift, wird sicher von des Himmels Strafe betroffen. Wenn niemand die Waffen gegen uns ergriffen hat, so dürfen wir nicht damit anfangen. Man darf den Lauf des Himmels nicht ändern. Man darf die natürlichen Linien der Erde nicht durchbrechen. Man darf die Ordnungen des Menschenlebens nicht stören.

Wenn im ersten Frühlingsmonat die für den Sommer gültigen Ordnungen befolgt würden, so würden Wind und Regen nicht zur rechten Zeit kommen, Kräuter und Bäume vorzeitig dürr werden und die Staaten in Aufregung geraten. Wenn die für den Herbst gültigen Ordnungen befolgt würden, so würden die Menschen von großen Seuchen betroffen werden, Stürme und Platzregen würden sich häufen, und allerlei Unkraut würde wuchern. Wenn die für den Winter gültigen Ordnungen befolgt würden, so würde Unheil durch Überschwemmungen angerichtet, Reif und Schnee würden großen Schaden tun. Die Wintersaat würde nicht heimgebracht werden können.

2. KAPITEL
Anpassung an das Leben
BEN SCHONG

Alle Wesen werden erzeugt vom Himmel. Ihre Ernährung und Vollendung ist Sache des Menschen. Wer das vom Himmel Erzeugte ernähren kann, ohne ihm Gewalt anzutun, der heißt mit Recht Himmelssohn. Der Himmelssohn hat bei all seinen Handlungen das Ziel, die Natur durch Kunst zu vollenden. Das ist der Grund, warum er Beamte einsetzt. Der Zweck der Einsetzung der Beamten ist die Pflege und Vollendung des Lebens. Heutzutage gibt es betörte Herrscher, die zahlreiche Beamte haben, aber dadurch nur das Leben schädigen. Damit verfehlen sie den Sinn ihrer Einsetzung. Zum Beispiel: Man rüstet Waffen, um sich gegen feindliche Einfälle zu sichern. Wenn man nun Waffen rüstet und sie umgekehrt dazu benützt, selbst anzugreifen, so ist der Sinn der Rüstungen offenbar verfehlt.

Das Wasser ist von Natur klar. Wenn es durch Erde getrübt wird, so kann diese Klarheit nicht in Erscheinung treten. Der Mensch ist von Natur zu langem Leben bestimmt. Wenn er durch äußere Dinge getrübt wird, so kann dieses lange Leben nicht in Erscheinung treten. Die Außendinge sind dazu da, daß man sie benützt, um durch sie das Leben zu gewinnen, nicht daß man das Leben benützt, um sie zu gewinnen. Heutzutage gibt es betörte Menschen, die vielfach unter Drangabe ihres Lebens die Außendinge zu gewinnen suchen. Damit zeigen sie, daß sie wahren Wert nicht zu schätzen wissen. Wer wahren Wert nicht kennt, nimmt das Wichtige für unwichtig und das Unwichtige für wichtig. Wer das tut, wird aber in all seinen Handlungen notwendig Mißerfolg haben. Ein Fürst, der so handelt, wird zum Tyrann; ein Beamter, der so handelt, wird zum Empörer; ein Sohn, der so handelt, wird zuchtlos. Wenn in einem Staate auch nur eine von diesen drei Menschenklassen vorhanden ist, so geht er sicher zugrunde, wenn er nicht großes Glück hat.

Wenn zum Beispiel eine Musik zwar angenehm zu hören ist, aber durch ihr Anhören betäubt, so soll man sie gar nicht erst anhören. Wenn eine Gestalt zwar angenehm anzuschauen ist, aber durch ihr Anschauen verblendet, so soll man sie gar nicht erst anschauen. Wenn eine Speise zwar angenehm zu essen ist, aber durch ihren Genuß den Mund schal macht, so soll man sie gar nicht erst essen. Darum verhält sich der Weise zu den Eindrücken der Sinne des Ohres, des Auges und des Mundes also, daß er sie genießt, wenn sie dem Leben nützen, sie aber entbehrt, wenn sie dem Leben schaden. Das ist der Weg zur Pflege und Vollendung des Lebens.

Die Weltleute, die den Reichtum wichtig nehmen, sind in Beziehung auf die Genüsse der Sinne ganz verblendet. Wenn man Tag und Nacht nach Glück strebt und es erlangt, so wird man zügellos. Aber wie will ein zügelloser Mensch es machen, daß sein Leben nicht verdirbt? Wenn 10 000 Leute den Bogen ergreifen und gemeinsam nach einem Ziel schießen, so wird das Ziel sicher getroffen. Wenn 10 000 Dinge gleißen und scheinen, um ein Leben zu verderben, so wird dieses Leben sicher verderben. Wenn aber alles dazu mithilft, dieses eine Leben zu fördern, so wird dieses Leben sicher lange dauern. Darum richtet der Weise den Gebrauch aller Dinge so ein, daß sie sein vom Himmel gegebenes Leben vollenden. Wer dieses Leben vollendet, dessen Geist kommt in Harmonie, sein Auge wird klar, sein Ohr verständig, sein Geruch fein, sein Geschmack scharf, und alle seine Glieder werden gewandt und frei. Ein solcher Mann findet Glauben, ohne zu reden, trifft das Rechte, ohne sich vorher zu überlegen, findet sein Ziel, ohne sich vorher zu besinnen. Denn sein Geist durchdringt Himmel und Erde, und sein Verstand umfaßt das Weltall. Er steht den Dingen so gegenüber, daß alle zu seiner Verfügung stehen und ihm dienen müssen; er gleicht darin Himmel und Erde. Ist er hoch droben auf dem Königsthron, so wird er nicht stolz; ist er tief drunten als gemeiner Mann, so wird er nicht traurig darüber. Von einem solchen Mann kann man sagen, daß er seinen Charakter vollkommen gemacht hat. Ehre und Reichtum ohne die Erkenntnis, daß Wohlhabenheit ins Elend führt, ist schlimmer als Armut und Niedrigkeit. Denn wer arm und niedrig ist, dem fällt es schwer, die Dinge an sich zu raffen. Selbst wenn er Luxus treiben wollte, wie könnte er's denn? Auf der Straße der Wagen und im Hause der Fahrstuhl, man sucht sie, um es sich selbst bequem zu machen, aber sie heißen Maschinen zur Herbeiführung der Lähmung. Fettes Fleisch und alter Wein, man sucht sie, um sich selbst zu stärken, aber man heißt sie Gifte, die die Eingeweide faulen machen. Zarte Wangen und weiße Zähne und die verführerischen Töne von Tschong und We, man sucht sie, um sich selbst zu ergötzen, aber sie heißen die Axt, die das Leben fällt. Aber diese drei Übel sind die Folgen von Ehre und Reichtum. Darum gab es unter den Menschen des Altertums solche, die sich weigerten, geehrt und reich zu werden, weil sie das Leben wichtig nahmen. Wer sich nicht durch eitle Namen betören lassen will, sondern die Wirklichkeit wichtig nimmt, der darf diese Mahnung nicht unbeachtet lassen.

3. KAPITEL
Das Wichtignehmen des eigenen Ich
DSCHUNG GI

Tschui[17] war sehr geschickt, und doch sind den Leuten ihre eigenen Finger lieber als die des Tschui; der Grund ist, weil ihr Besitz ihnen nützt. Den Leuten sind die Nephritsteine des Berges Kun und die Perlen der Flüsse Giang und Han[18] nicht so lieb wie ihr eigenes fleckiges Nephritsteinchen[19] oder ihr kleines Barockperlchen[20]; der Grund ist, weil ihr Besitz ihnen nützt. Nun gehört mein Leben auch mir, und der Nutzen, den es für mich hat, ist ganz besonders groß. Es ist so wichtig für mich, daß selbst ein Kaiserthron dagegen nicht in Betracht kommt. Es ist so wertvoll für mich, daß ich es selbst für den Besitz der ganzen Welt nicht eintauschen kann. Seine Sicherheit ist unersetzlich, denn wenn ich es einmal verloren habe, so kann ich es mein ganzes Leben lang nicht wiederfinden. Diese drei Dinge sind es, auf die die Weisen, die die Wahrheit erkannt haben, besonders achten. Wer aber darauf achtet und es dennoch schädigt, der versteht sich nicht auf die Grundverhältnisse des Lebens. Wer sich aber auf die Lebensverhältnisse nicht versteht, was nützt dem alle Vorsicht? Der macht es wie jener blinde Musiker, der seinen

Sohn zwar lieb hatte, aber ihn dennoch auf Spreu schlafen ließ[21], oder wie jener Taube, der ein Kind erzog, aber mitten unter dem Donner in der Halle mit ihm scherzte[22]. Beide haben ihre Gebrechen und wissen daher nicht, was Vorsicht heißt. Wer nicht weiß, was Vorsicht heißt, für den existiert noch nicht einmal der Unterschied zwischen Leben und Tod, Dauer und Untergang, Möglichkeit und Unmöglichkeit. Für wen dieser Unterschied noch nicht besteht, der hält für richtig, was keineswegs richtig ist, und für unrichtig, was keineswegs unrichtig ist. Wenn aber das, was er für falsch hält, richtig ist, und das, was er für richtig hält, falsch ist, so ist er ein großer Narr. Auf solche Menschen kommt die Strafe des Himmels. Wer nach diesen Grundsätzen sein eigenes Leben führt, der stirbt sicher in der Hälfte seiner Tage. Wer nach diesen Grundsätzen einen Staat leitet, der führt ihn sicher dem Verfall und Untergang entgegen. Vorzeitiger Tod, Verfall und Untergang kommen nicht von selber, sondern sie werden durch Narrheit herbeigezogen. Andererseits verhält es sich auch mit langem Leben und dauernder Blüte ebenso. Darum bekümmert sich der Weise nicht um die herbeigezogenen Schicksale, sondern um das, was diese Schicksale herbeizieht. Dann fällt ihm alles zu, ohne daß es jemand hindern kann. Diese Überlegung muß man sich ganz klarmachen.

Wenn ein Athlet wie Wu Hu mit aller Kraft einen Ochsen am Schwanz ziehen wollte, so würde eher der Schwanz abreißen oder seine Kraft zu Ende gehen, als daß der Ochse ihm folgt, weil er ihn rückwärts zerrt. Wenn aber ein kleiner Knabe ihn am Nasenring führt, so folgt der Ochse ihm, wohin er will, weil's vorwärts geht.

Die Fürsten und Herren dieser Welt, ob würdig oder unwürdig, sie alle wünschen lange zu leben und viele Tage zu sehen. Aber wenn sie täglich ihr Leben rückwärts zerren, was nützt ihnen dann ihr Wünschen? Was das Leben lang macht, ist, daß man es vorwärts gehen läßt. Was aber das Leben nicht vorwärts gehen läßt, sind die Lüste. Darum beschränkt der Weise vor allem die Lüste. Ist eine Halle groß, so ist sie zu schattig; ist eine Terrasse hoch, so ist sie zu sonnig. Hat man zu viel Schatten, so bekommt man Rheumatismus; hat man zu viel Sonne, so wird man gelähmt. Das sind die Übel, die daher kommen, wenn Schatten und Sonne nicht das rechte Maß haben. Darum wohnten die Könige des Altertums nicht in großen Schlössern. Sie bauten sich keine hohen Terrassen, sie kosteten nicht allerlei Leckerbissen, sie kleideten sich nicht dick und warm. Denn wenn man zu dick und warm gekleidet ist, so verstopfen sich die Poren. Sind die Poren verstopft, so stockt die Kraft. Kostet man allerlei Leckerbissen, so wird der Magen überladen. Wird der Magen überladen, so gibt es Verdauungsstörungen. Gibt es aber Verdauungsstörungen und stockt die Kraft, wie will man es da zu langem Leben bringen? Die heiligen Könige des Altertums hatten Parkanlagen, Tiergärten, Baumgärten und Teiche, gerade groß genug, um sich des Anblicks zu erfreuen und sich körperliche Bewegung zu machen. Sie bauten sich Schlösser und Paläste, Terrassen und Pavillons, gerade groß genug, um vor Hitze und Feuchtigkeit Schutz zu finden. Sie hatten Wagen und Pferde, Kleider und Pelze, gerade genug, um es sich bequem zu machen und den Leib zu wärmen. Sie hatten Essen und Trinken, kühlen Wein und Met, gerade so viel, um den Geschmack zu befriedigen und den Hunger zu stillen. Sie hatten Musik und Schönheit, Töne und Lieder, gerade genug, um ihrer Seele harmonischen Genuß zu verschaffen. Die heiligen Könige waren in diesen fünf Dingen darauf bedacht, ihr Leben zu pflegen. Nicht daß sie gerne sparen wollten und die Ausgaben scheuten, sondern sie wollten ihr Leben in Ordnung bringen.

4. KAPITEL
Das Werthalten der Gerechtigkeit
GUI GUNG

Die heiligen Könige des Altertums hielten, als sie die Welt beherrschten, die Gerechtigkeit für das Erste und Wichtigste. Durch Gerechtigkeit kommt die Welt in Frieden. Der Friede entspringt aus der Gerechtigkeit. Sehen wir uns einmal die alten Aufzeichnungen an. Gar viele waren es, die die Weltherrschaft erlangten. Sie alle erlangten sie durch Gerechtigkeit. Die sie verloren, verloren sie durch Ungerechtigkeit. Der feste Bestand jeglicher Herrschaft gründet sich auf die Gerechtigkeit. So heißt es im Hung Fan[23]:

Ohn Gunst und Neid
Ist Königs Sicherheit.
Ohn Gunst und schlicht
Ist Königs Pflicht.
Nichts tun aus Gnad
Ehrt Königs Pfad.
Nichts tun aus Haß
Ehrt Königs Maß.

Die Welt gehört nicht einem Menschen, sondern die Welt gehört der Welt[24]. Die Harmonie des Lichten und Schattigen begünstigt keine einzelne Gattung. Der Morgentau und der Frühregen bevorzugt kein einzelnes Ding. So darf auch der Herr alles Volks keinem einzelnen Menschen parteiisch zugetan sein.

Als Bo Kin[25] im Begriffe war, von seinem Vater Abschied zu nehmen, bat er ihn um Ratschläge für die Verwaltung des Staates Lu. Da sprach der Fürst von Dschou zu ihm: »Schaffe Nutzen, suche nicht Nutzen.«

Ein Mann aus Ging[26] verlor einst seinen Bogen. Er wollte ihn nicht suchen, sondern sprach: »Ein Mann aus Ging hat ihn verloren, ein Mann aus Ging wird ihn auch finden; wozu ihn suchen?« Meister Kung hörte es und sprach: »Wenn er das Ging wegließe, so möchte es angehen.« Das hörte Lau Dan und sprach: »Wenn er den Menschen wegließe, so möchte es angehen.« So war Lau Dan am allergerechtesten.

Die Natur ist groß. Sie erzeugt, aber kennt keine Kinder; sie vollendet, aber kennt keinen Besitz[27]. Alle Wesen werden ihres Segens teilhaftig, erlangen ihren Nutzen, und keines weiß, woher er kommt. So war die Art der drei Erhabenen und der fünf Herren.

Guan Dschung[28] war einst krank. Da besuchte ihn der Herzog Huan, fragte ihn und sprach: »Vater Dschungs Krankheit ist schwer; in schweren Krankheitsfällen dürfen es sich die Volksgenossen nicht verhehlen. Wen soll ich mit der Leitung des Staates beauftragen?«

Guan Dschung erwiderte: »Ich habe schon früher mir alle Mühe gegeben und meine Weisheit erschöpft, und es ist mir nicht gelungen, jemanden ausfindig zu machen. Nun bin ich so krank, daß es jeden Augenblick mit mir zu Ende gehen kann, was soll ich da sagen?«

Der Herzog Huan sprach: »Es handelt sich um eine wichtige Angelegenheit, und ich möchte, daß Ihr Euren Rat erteilt, Vater Dschung.«

Guan Dschung erklärte sich ehrerbietig einverstanden und sprach: »Wen wünschen Eure Hoheit zum Kanzler zu machen?«

Herzog Huan antwortete: »Ist Bau Schu Ya geeignet?«

Guan Dschung erwiderte: »Nein, er ist nicht geeignet. Ich war mit Bau Schu Ya sehr befreundet. Er ist ein Mann, der einen reinen, unbestechlichen, tüchtigen und geraden Wandel führt. Aber er betrachtet die Leute, die ihm nicht gleichkommen, so, als wären sie gar nicht würdig, Menschen zu heißen. Wenn er einmal von den Fehlern eines Menschen gehört hat, vergißt er sie sein ganzes Leben lang nicht. Wenn niemand anderes da ist, wäre dann nicht Schi Pong geeignet? Schi Pong ist ein Mensch, der hohe Ziele hat, aber auch von geringen Leuten sich belehren läßt. Er ist unzufrieden mit sich selbst, daß er es nicht Hu-ang Di gleichtut. Andrerseits hat er mitleidsvolles Verständnis für Leute, die ihm nicht gleichkommen. Er denkt nicht, er müsse im Staate alles hören; er denkt nicht, er müsse alle Vorgänge kennen; er denkt nicht, er müsse alle Menschen gesehen haben. Darum, wenn's keinen besseren gibt, so ist Schi Pong geeignet.«

Das Kanzleramt ist ein hohes Amt. Um ein hohes Amt richtig verwalten zu können, darf man nicht kleinliches Detail wissen und sich um kleinliche Klugheitsregeln kümmern wollen. Darum heißt es: Ein großer Zimmermeister nimmt nicht selber das Beil zur Hand; ein großer Koch handhabt nicht die Schüsseln; ein großer Held schlägt sich nicht; ein großer Feldherr plündert nicht[29].

Solange der Herzog Huan Gerechtigkeit übte und sich des Lasters der Selbstsucht enthielt und den Guan Dschung als

Kanzler hatte, war er der größte unter den fünf Führern der Fürsten, als er aber selbstsüchtig wurde, seine Günstlinge bevorzugte und den Schu Diau anstellte, kam es dazu, daß sein Leichnam unbeerdigt blieb, bis die Würmer zur Tür herauskrochen[30].

Der Mensch ist in seiner Jugend töricht und wird im Alter klug. Aber besser ist es, töricht zu sein und gerecht als klug und selbstsüchtig. Den ganzen Tag betrunken sein und dann doch die Trauerzeremonie richtig vollziehen wollen, auf eigenen Gewinn bedacht sein und dabei doch Gerechtigkeit üben wollen, habgierig und grausam sein und dabei doch als König herrschen wollen: das sind Dinge, die selbst ein Schun nicht kann.

5. KAPITEL
Entfernung der Selbstsucht
KÜ SÏ

Der Himmel beschirmt alles ohne selbstsüchtige Bevorzugung. Die Erde trägt alles ohne selbstsüchtige Bevorzugung. Sonne und Mond scheinen über alles ohne selbstsüchtige Bevorzugung. Die vier Jahreszeiten gehen ihren Gang ohne selbstsüchtige Bevorzugung. Sie wirken nach ihrer Art, und alle Wesen wachsen und gedeihen. Von Huang Di gibt es ein Wort: Bei den Tönen meide die Fülle, bei der Schönheit meide die Fülle, bei den Kleidern meide die Fülle, bei den Düften meide die Fülle, bei den Speisen meide die Fülle, bei der Wohnung meide die Fülle.

Yau hatte zehn Söhne. Aber er hinterließ den Thron keinem von ihnen, sondern gab ihn dem Schun[31]. Schun hatte neun Söhne. Aber er hinterließ den Thron keinem von ihnen, sondern gab ihn dem Yü. Das ist größte Gerechtigkeit[32].

Der Herzog Ping von Dsïn fragte den Ki Huang Yang: »Die Stelle des Herrn von Nan Yang ist frei, wen kann man damit betrauen?«

Ki Huang Yang erwiderte: »Hiä Hu[33] ist geeignet dafür.«

Der Herzog Ping sprach: »Ist denn Hiä Hu nicht Euer Feind?«

Er erwiderte: »Eure Hoheit fragen, wer geeignet sei, nicht danach, wer mein Feind sei.«

Der Herzog Ping sprach: »Gut«, und übertrug jenem darauf die Stelle, und alle Bürger des Staates waren mit ihm zufrieden. Nach einer Weile fragte der Herzog Ping wiederum den Ki Huang Yang und sprach: »Es fehlt ein Feldherr im Staate. Wer ist geeignet für die Stelle?«

Er erwiderte: »Wu ist geeignet.«

Der Herzog Ping sprach: »Ist denn Wu nicht Euer Sohn?«

Er erwiderte: »Eure Hoheit fragen, wer geeignet sei, nicht danach, wer mein Sohn sei.«

Der Herzog Ping sprach: »Gut«, und stellte ihn ebenfalls daraufhin an. Wieder waren alle Bürger des Staates mit ihm zufrieden.

Meister Kung hörte davon und sprach: »Vortrefflich fürwahr sind die Worte des Ki Huang Yang! Einerseits scheute er sich nicht, seinen Feind zu empfehlen, und auf der anderen Seite scheute er sich nicht, seinen Sohn zu empfehlen. Ki Huang Yang verdient, gerecht genannt zu werden.«

Einst lebte ein Vorsteher der Schule des Mo mit Namen Fu Tun[34] im Staate Tsin als Beamter. Sein Sohn hatte jemanden ermordet. Da sprach der König Hui von Tsin: »Ihr seid schon alt, Herr, Ihr habt keine anderen Söhne. Darum habe ich die Anweisung gegeben, ihn nicht hinrichten zu lassen. Ihr müßt in diesem Stück auf mich hören.«

Fu Tun erwiderte: »In der Schule des Mo gilt es zu Recht, daß, wer einen Menschen tötet, sterben muß, und wer einen Menschen verwundet, körperlich bestraft wird, um Mord und Körperverletzung zu verhindern. Die Verhinderung von Mord und Körperverletzung ist die wichtigste Pflicht auf Erden. Obwohl nun Eure Hoheit ihm Gnade zuwenden wollen und den Befehl erteilt haben, ihn nicht hinzurichten, kann ich doch nicht anders, als nach dem Recht des Meisters Mo handeln.«

Wirklich widersetzte er sich dem König Hui und ließ seinen Sohn töten. Der Sohn steht einem Menschen am nächsten. Da er es über sich gebracht hatte, seinen Nächsten zu opfern, um der allgemeinen Pflicht zu genügen, muß dieser Vorsteher gerecht genannt werden.

Wenn ein Koch die Speisen richtig zubereitet und es nicht

wagt, sie selbst zu essen, so kann man ihn als Koch brauchen. Wenn aber ein Koch Speisen zubereitet und sie selbst aufißt, so kann man ihn nicht zum Koch brauchen. Mit einem Herrscher, der der Führer der Fürsten sein will, verhält es sich ebenso. Wenn er die Übeltäter hinrichten läßt ohne Rücksicht auf persönliche Vorliebe und die Würdigen auf Erden ehrt, so ist er geeignet zum Führer der Fürsten. Wenn aber ein solcher Herrscher sich bei der Hinrichtung der Übeltäter durch persönliche Vorliebe bestimmen läßt, so ist er ebenfalls nicht geeignet zum Führer der Fürsten.

BUCH II · DSCHUNG TSCHUN GI

Aufzeichnungen des mittleren Frühlingsmonats

1. Kapitel
Der mittlere Frühlingsmonat
Dschung Tschun

Im mittleren Frühlingsmonat steht die Sonne im Zeichen Kui. Zur Zeit der Abenddämmerung kulminiert das Sternbild Hu. Zur Zeit der Morgendämmerung kulminiert das Sternbild Giän Sing. Seine Tage sind Gia und I. Sein göttlicher Herrscher ist Tai Hau (der große Leuchtende). Sein Schutzgeist ist Gou Mang (der Säer). Seine Tiere sind die Schuppentiere. Seine Note ist Güo. Seine Tonart ist Gia Dschung[1]. Seine Zahl ist acht. Sein Geschmack ist sauer. Sein Geruch ist muffig. Man opfert den Türgeistern. Unter den Opfergaben steht die Milz voran.

Der Regen beginnt zufallen. Die Pfirsiche und Pflaumen blühen. Die Goldamsel singt. Die Habichte verwandeln sich in Turteltauben[2].

Der Himmelssohn weilt in der Sonnenhalle in der Tsing-Yang-Halle im Tai-Miau-Raum[3]. Er fährt im Fasanenwagen, an dem große blauschwarze Drachenpferde angespannt sind. Es werden grüne Flaggen aufgesteckt. Man kleidet sich in grüne Kleider und trägt grünen Nephrit. Man ißt Weizen und Schaffleisch. Die Opfergefäße sind durchbrochen, um die Luft durchziehen zu lassen.

In diesem Monat schont man die Keime und Sprossen; man pflegt das Neugeborene und Junge und sorgt für alle Waisen.

Der Himmelssohn wählt einen günstigen Tag und läßt auf den Erdaltären Gebete darbringen[4].

Er befiehlt den Beamten, die Gefängnisse zu besuchen[5], die Hand- und Fußfesseln zu entfernen, ungerechtfertigte Prügelstrafen zu verhindern und Prozesse und Strafsachen einzustellen.

In diesem Monat kommt die dunkle Schwalbe zurück. Am Tag ihrer Rückkunft opfert man ein Vollopfer[6] für den Gott der Ehen[7]. Der König geht persönlich hin. Die Königin führt ihm die Frauen des Hofes zu[8]. Diejenige, der sich der König genaht, wird geehrt; man reicht ihr einen Köcher, Bogen und Pfeile angesichts der Gottheit der Ehen[9]. In diesem Monat ist die Tag- und Nachtgleiche. Der Donner erhebt seinen Laut, und der Blitz erscheint wieder. Die Tiere, die Winterschlaf gehalten, regen sich alle wieder; sie öffnen ihre Türen und beginnen hervorzukommen.

Drei Tage, ehe es zum erstenmal donnert, wird die Glocke geläutet, um die Volksmenge darauf aufmerksam zu machen. Man spricht dabei: Der Donner wird nun bald seine Stimme wieder ertönen lassen, wer nicht acht gibt auf sein Benehmen, wird Kinder bekommen, die Fehler haben; sicherlich wird es Elend und Unheil geben.

Am Tag der Tag- und Nachtgleiche vergleicht man die Längenmaße, die Hohlmaße, die Gewichte, die Waagebalken, Zentner, Malter, Scheffel und Eimer. Man bringt die Gewichtsteine in Ordnung.

In diesem Monat weilen die Pflüger wenig zu Hause. Man bringt die Türen und Türflügel in Ordnung; man setzt die Gemächer und Tempel instand; man beginnt keine großen Unternehmungen[10], die die Landarbeit beeinträchtigen würden.

In diesem Monat trocknet man keine Wasserläufe und Seen aus; man läßt keine Fischteiche ablaufen; man brennt keine Wälder ab[11]. Der Himmelssohn opfert ein Lamm und läßt die Eiskeller öffnen, aus denen er zuerst ein Opfer im Ahnentempel darbringt[12].

Am ersten Ding-Tage[13] erhält der Musikmeister den Auftrag, im Palast den Unterricht im Tanzen zu beginnen. Dabei werden bunte Stoffe vor ihn gebracht; der Himmelssohn geht in eigner Person an der Spitze der drei Großwürdenträger und neun hohen Räte und der Fürsten hin, um zuzuschauen. Am mittleren Ding-Tage erhält der Musikmeister wiederum den Befehl, sich zur Schule zu begeben und den Unterricht in der Musik zu beginnen.

In diesem Monat verwendet man bei den Bittopfern keine Opfertiere, sondern man verwendet Zepter und Ringe aus Nephrit, um sie zu ersetzen, und Felle und Seiden.

Wenn im zweiten Frühlingsmonat die für den Herbst gültigen Ordnungen befolgt würden, so würde im Lande große Überschwemmung entstehen, kalte Winde würden sich allenthalben erheben, Räuber und Waffen würden das Land überschwemmen. Wenn die für den Winter gültigen Ordnungen befolgt würden, so würde die lichte Kraft nicht zum Sieg kommen; der Weizen würde nicht reifen und die Leute würden einander berauben. Wenn die für den Sommer gültigen Ordnungen befolgt würden, so würde große Dürre im Lande herrschen; die Hitze würde zu früh kommen und Heuschrecken und andere Insekten würden Schaden tun.

2. KAPITEL
Das Werthalten des Lebens
GUI SCHONG

Der Weise beherzigt tief die Wahrheit, daß es nichts Wertvolleres unter dem Himmel gibt als das Leben. Ohren und Augen, Nase und Mund sind nur die Diener des Lebens. Wenn auch das Ohr nach Tönen begierig ist, wenn auch das Auge nach Schönheit begierig ist, wenn auch die Nase nach Düften begierig ist, wenn auch der Mund nach Wohlgeschmack begierig ist, wenn diese Begierden aber dem Leben schaden, so hemmt er sie. Was umgekehrt den vier Sinnen unangenehm ist, aber dem Leben nützt, das tut er[14]. Daraus ergibt sich dann, daß Ohr und Auge, Nase und Mund nicht nach Willkür handeln können, sondern gewissen Beschränkungen unterliegen, wie ein Beamter nicht nach Willkür handeln kann, sondern gewissen Beschränkungen unterliegt. Dies ist die Art, das Leben wertzuhalten.

Yau bot einst das Weltreich dem Dsï Dschou Dsdï Fu an. Dsï Dschou Dsdï Fu erwiderte: »Ich würde mich ja wohl ganz gut zum Weltherrscher eignen, aber ich leide etwas an Melancholie, die will ich erst kurieren; ich habe zunächst noch keine Zeit für das Weltreich.« Das Weltreich ist etwas sehr Wichtiges, und doch wollte er um seinetwillen sein Leben nicht schädigen; wieviel weniger um anderer Dinge willen. Nur wer nicht um der Welt willen sein Leben schädigt, dem mag man die Welt anvertrauen[15].

Die Leute von Yüo hatten dreimal hintereinander ihren Fürsten getötet. Prinz Sou nahm das zu Herzen und entfloh nach dem roten Loch. Da sie nun keinen Fürsten in Yüo hatten, suchten sie nach dem Prinzen Sou, fanden ihn aber nicht. Sie folgten ihm nach dem roten Loch, aber Prinz Sou weigerte sich herauszukommen. Da trieben ihn die Leute von Yüo heraus, indem sie die Höhle mit Beifuß ausräucherten. Darauf setzten sie ihn auf den königlichen Wagen. Prinz Sou ergriff die Halteleine, bestieg den Wagen, indem er zum Himmel aufblickte, und seufzte: »Ach, das Fürstsein! Warum konnte es mir nicht erspart bleiben!« Prinz Sou haßte es nicht, Fürst zu sein, aber er haßte die Leiden, die mit dem Fürstsein verbunden sind.

Von Prinz Sou kann man sagen, daß er nicht um eines Reiches willen sein Leben zu Schaden kommen lassen wollte. Das war es, warum die Leute von Yüo ihn durchaus zum Fürsten haben wollten[16].

Der Fürst von Lu[17] hörte einst, daß Yän Ho ein Mann sei, der die Wahrheit gefunden habe. Er sandte daher einen Boten, der ihm Einführungsgeschenke überreichen sollte. Yän Ho stand unter der Tür in rauhem Gewand und fütterte selbst die Rinder. Als der Bote des Fürsten von Lu ankam, trat ihm Yän Ho selbst unter der Tür entgegen.

Der Bote sprach: »Ist dies Yän Hos Haus?«

Yän Ho erwiderte: »Ja, dies ist Yän Hos Haus.«

Da wollte ihm der Bote die Geschenke überreichen.

Yän Ho erwiderte: »Ich fürchte, du hast nicht recht gehört; wenn du die Sachen daläßt, so kommst du als Bote in Ungelegenheiten. Es wird daher besser sein, du erkundigst dich noch einmal.«

Der Bote kehrte wieder um und erkundigte sich noch einmal. Dann kehrte er wieder zurück und suchte nach ihm, aber schon war er nicht mehr zu finden.

Dieser Yän Ho haßte nicht Ehre und Reichtum an sich, sondern nur, weil er das Leben wichtig nahm, haßte er sie. Die Fürsten dieser Welt behandeln oft mit Reichtümern und Ehren die Weisen hochmütig. Darum lernen sie sie nicht kennen. Ist das nicht traurig? Darum heißt es: Das eigentliche Wesen der Wahrheit dient zur Pflege des Ich. Was dann noch übrig bleibt, diene dazu, um Land und Haus in Ordnung zu halten, und ihre Abfälle nur sind es, die man brauchen kann, um die Welt zu beherrschen. Von hier aus betrachtet sind die Werke der Herrscher und Könige nur Dinge, die die Weisen liegenlassen; sie sind nicht der Weg dazu, das Ich vollkommen zu machen und das Leben zu pflegen. Die gewöhnlichen Herren von heutzutage bringen geradezu ihr Ich in Gefahr und werfen ihr Leben weg, um den Dingen der Außenwelt nachzulaufen. Aber wie kann jenes durch dieses erreicht werden?[18] Wie kann jenes durch dieses bewirkt werden? Alles Wirken der Weisen beruht darauf, daß sie erforschen, wodurch etwas eintritt und wodurch es bewirkt wird.

Wenn z. B. ein Mann mit einer kostbaren Perle des Fürsten von Sui nach einem tausend Klafter hoch sitzenden Vogel werfen wollte, so würde ihn jedermann verlachen. Warum? Weil das, was er anwendet, so wertvoll ist, und das, was er erreichen will, so wertlos. Aber ist denn das Leben nicht noch wertvoller als eine Perle des Fürsten von Sui?

Der Philosoph Hua Dsï hat gesagt: Vollkommenes Leben ist das Höchste, unvollkommenes Leben das Nächste, Sterben das Dritte und vergewaltigtes Leben das Unterste. Das Leben ehren heißt, es vollkommen machen. In einem vollkommenen Leben werden die sechs Neigungen auf gebührende Weise befriedigt[19]. Unvollkommenes Leben ist es, wenn die sechs Neigungen teilweise ihre gebührende Befriedigung finden. Das Leben wird unvollkommen dadurch, daß man das, was das Leben ehrenwert macht, gering nimmt. Je mehr das Leben unvollkommen wird, desto geringer wird das, was das Leben ehrenwert macht. Sterben heißt, daß man gar keine Empfindungen mehr hat und in den Zustand vor der Geburt zurückkehrt. Vergewaltigtes Leben ist es, wenn die sechs Neigungen nicht damit befriedigt werden, was ihnen entspricht, sondern damit abgespeist werden, was ihnen zuwider ist. Alles, was ein solcher Mensch tut, ist schändlich. Die größte Schändlichkeit ist die Ungerechtigkeit. Durch Ungerechtigkeit wird das Leben vergewaltigt. Ja, Vergewaltigung des Lebens ist noch schlimmer als Ungerechtigkeit.

Darum heißt es: lieber sterben als ein vergewaltigtes Leben führen. Woher weiß man das? Wenn das Ohr hört, was ihm zuwider ist, so ist das schlimmer, als gar nichts zu hören. Wenn das Auge sieht, was ihm zuwider ist, so ist das schlimmer, als gar nichts zu sehen. Darum hält man sich beim Donner die Ohren zu, und wenn es blitzt, die Augen. Das ist ein Beispiel davon. So ist es mit all den sechs Neigungen. Wenn sie Empfindungen haben, die ihnen zuwider sind und denen sie doch nicht entgehen können, so ist das schlimmer, als wenn sie gar keine Möglichkeit zu Empfindungen haben. Gar keine Empfindungen zu haben ist aber der Zustand des Todes. Darum ist vergewaltigtes Leben schlimmer als Sterben. Wenn einer gerne Fleisch ißt, so ist damit nicht gemeint, daß er verweste Ratten liebt. Wenn einer gerne Wein trinkt, so ist damit nicht gesagt, daß er verdorbenen Wein liebt. So ist darunter, daß man das Leben hochhält, auch nicht zu verstehen, daß man ein vergewaltigtes Leben hochhält.

3. KAPITEL
Triebe und Begierden
TSING YÜ

Der Himmel erzeugt den Menschen mit Begierden und Wünschen. Die Begierden haben einen naturgemäßen Trieb. Die Triebe haben ihr Maß. Der Weise pflegt das Maß, um die Begierden zu hemmen. Deshalb überschreitet er niemals die natürlichen Triebe.

Die Begierde des Ohrs ist auf die fünf Töne gerichtet. Die Begierde des Auges ist auf die fünf Farben gerichtet. Die Begierde des Mundes ist auf die fünf Geschmacksarten gerichtet Das sind die natürlichen Triebe. In diesen drei Stücken sind Vornehme und Geringe, Toren und Weise, Gute und Schlechte in ihren Begierden vollkommen gleich. Selbst ein Schen Nung und Huang Di stimmen darin mit einem Giä und Dschou Sin überein. Wodurch die Weisen sich unterscheiden ist, daß sie die natürlichen Triebe treffen. Wenn man bei seinen Handlungen das Leben wichtig nimmt, so trifft man die natürlichen Triebe; wenn man seine Handlungen nicht durch das Wichtignehmen des Lebens bestimmen läßt, so verfehlt man die natürlichen Triebe. Diese beiden Dinge sind die Wurzel von Leben und Tod, Sein und Nichtsein. Die Herrscher, wie sie zu sein pflegen, beeinträchtigen die natürlichen Triebe, darum hat all ihr Tun Untergang und Verlust zur Folge.

Das Ohr darf man nicht übertäuben, das Auge darf man nicht übermüden, den Mund darf man nicht überfüllen, sonst schwillt der ganze Körper an, die Sehnen und Knochen erstarren, das Blut in den Adern stockt, die neun Körperöffnungen erschlaffen, und jeder Winkel des Leibes verliert seinen naturgemäßen Zustand. So etwas kann selbst ein Pong Dsu[20] nicht aushalten. Wer Dinge, die man nicht erlangen kann, begehrt, wer Dinge, an denen man sich nicht ersättigen kann, erstrebt, der kommt weit ab von der Wurzel des Lebens. Die Menschen hassen und lästern ihn, und er sät große Feindschaft. Wenn die Gedanken leicht erregbar sind, so wird man unstet und kraftlos. Wer sich seiner Macht und seiner Klugheit brüstet, der ist in seiner Brust betrügerisch und falsch. Wer langsam ist, wo Tugend und Pflicht rufen, und eilig, wo unrechtmäßiger Gewinn winkt, der kommt in Bedrängnis und Verlegenheit. Wenn die Reue hinterher kommt, so ist es zu spät. Schwätzer und Heuchler umdrängen einen solchen Menschen, und die Gerechten entfernen sich von ihm. Das Land kommt in große Gefahr, Reue über die vergangenen Fehler hilft nichts mehr. Man hört Worte, die einen erschrecken, und findet doch den rechten Weg nicht mehr. Alle Krankheiten kommen grimmig über einen, und alles Elend stellt sich ein. Auf diese Weise kommt man bei der Beherrschung der Menschen und bei der eigenen Lebensführung in große Not. Denn wenn das Ohr sich nicht mehr an den Tönen freuen kann, wenn das Auge sich nicht mehr an der Schönheit freuen kann, der Mund die Leckerbissen nicht mehr genießt, so ist das ebenso schlimm wie der Tod.

In alter Zeit gab es Männer, die den Weg der Wahrheit gefunden; sie brachten ihr Leben zu einem hohen Alter. Der Töne, Farben und Leckerbissen vermochten sie sich lange zu freuen. Woher kommt das? Weil sie ihre Anschauungen früh gefestigt hatten. Sind die Anschauungen früh gefestigt, so versteht man es früh mit seinem Leben zu sparen. Versteht man es früh zu sparen, so erschöpft sich die Lebenskraft nicht. Wird es im Herbste früh kalt, so gibt es sicher einen warmen Winter, fällt im Frühjahr viel Regen, so gibt es sicher einen trockenen Sommer. Wenn nun selbst die Natur nicht zweierlei vermag, wieviel weniger der Mensch. Der Mensch verhält sich gleich wie die Natur. Alle Geschöpfe sind zwar äußerlich verschieden, aber ihren Trieben nach dieselben. Darum nahmen im Altertum die Leute, die ihre Person oder auch das Weltreich in Ordnung bringen wollten, die Natur zum Vorbild. Bietet man den Wein vielen Gästen an, geht er bald zu Ende. Nun gibt es auch gar vieles, was am Leben eines Großen und Vornehmen zehrt. Darum geht das Leben der Großen und Vornehmen in der Regel auch rasch zu Ende. Aber nicht nur die Außendinge zehren an ihm, sondern er selbst schädigt sein Leben, und alle Welt bereichert sich auf seine Kosten, und niemals kommt er zur Selbsterkenntnis.

Unter den Zeitgenossen des Sun Schu Au waren alle Fürstendiener der Meinung, daß Sun Schu Au ein besonderes Glück gehabt habe, dem König Dschuang von Ging zu begegnen.

Vom Standpunkt der Wahrheit aus betrachtet, war es aber nicht so, vielmehr war es für den Staat Ging ein Glück. Der König Dschuang von Ging liebte es, unermüdlich überall umherzureisen, zu jagen, Wagen zu rennen, zu schießen, und konnte sich nie genug vergnügen und überließ die Mühe der Fürsorge für sein Land und die Sorge für die Fürsten gänzlich dem Sun Schu Au. Sun Schu Au hatte Tag und Nacht keine Ruhe und vermochte daher sein Leben nicht zu pflegen. Darum gelang es ihm, den Ruhm des König Dschuang in leuchtenden Farben auf die Nachwelt zu bringen.

Aber während er nach außen hin große Taten vollführte[21], nahm sein Leben im Inneren Schaden. Mit den Ohren konnte er nicht mehr hören, mit den Augen konnte er nicht mehr sehen, mit dem Mund konnte er nicht mehr essen, in seiner Brust war er verwirrt, redete irre und sah Trugbilder, und als es mit ihm zum Sterben kam, war er wie umgekehrt aufgehängt, voll Furcht und Besorgnis und wußte nicht, was er tun sollte. Ist es nicht traurig, wenn einer so wenig weiß, worauf es bei allem Dichten und Trachten ankommt?

4. KAPITEL
Der rechte Einfluß
DANG JAN

Meister Mo sah einmal zu, wie weiße Seide gefärbt wurde, und sprach seufzend: »Was in blauer Farbe gefärbt wird, wird blau; was in gelber Farbe gefärbt wird, wird gelb. Je nachdem man die Brühe ändert, ändert sich auch die Farbe. So kann man durch fünfmaliges Eintauchen die Seide in allen fünf Farben färben. Darum muß man sich beim Färben besonders in acht nehmen.« Aber es verhält sich nicht nur beim Färben der Seide so. Auch im Staate gibt es solche Beeinflussungen. Schun ließ sich beeinflussen von Hü Yu und Bo Yang[22]. Yü ließ sich beeinflussen von Gau Yau und Bo I[23]. Tang ließ sich beeinflussen von I Yin und Dschung Hui[24]. König Wu ließ sich beeinflussen von Tai Gung Wang und dem Herzog Dan von Dschou[25].

Diese vier Könige ließen sich in richtiger Weise beeinflussen. Darum erlangten sie die Herrschaft der Welt. Sie wurden als Himmelssöhne eingesetzt, und ihr Ruhm bedeckt die ganze Erde. Wenn Männer genannt werden, die sich auf Erden durch Güte und Gerechtigkeit ausgezeichnet haben, so werden sicher die Namen dieser vier Könige genannt

Dagegen ließ sich der König Giä[26] aus dem Hause Hia beeinflussen von Gan Sin und Ki Dschung Jung[26]. Der König Dschou Sin aus dem Hause Yin ließ sich beeinflussen von dem Fürsten Tschung und von O Lai[27]. Der König Li aus dem Hause Dschou ließ sich beeinflussen von dem Herzog Dschang Fu von Go und von Yung I Dschung[28]. Der König Yu ließ sich beeinflussen von dem Herzog Gu von Go und dem Herzog Dun von Tsai[29].

Diese vier Könige ließen sich in unrichtiger Weise beeinflussen. Darum kam unter ihnen das Reich herunter, und sie selbst kamen um als Schandflecke der ganzen Welt. Wenn Männer genannt werden, die auf Erden durch Ungerechtigkeit und Schamlosigkeit berüchtigt waren, so werden sicher die Namen dieser vier Könige genannt.

Der Herzog Huan von Tsi[30] ließ sich beeinflussen von Guan Dschung und Bau Schu. Der Herzog Wen von Dsïn[31] ließ sich beeinflussen von Giu Fan und Hi Yän. Der König Dschuang von Ging[32] ließ sich beeinflussen von Sun Schu Au und Schen Yin Dschong. Der König Ho Lü von Wu[33] ließ sich beeinflussen von Wu Yün und Wen Dschï I. Der König Gou Dsïän von Yüo[34] ließ sich beeinflussen von Fan Li und dem Minister Wen Dschung.

Diese fünf Herrscher waren in der richtigen Weise beeinflußt worden, darum erlangten sie die Hegemonie über die Fürsten, und ihr Ruhm wurde in der Nachwelt verkündigt[35].

Fan Gi I[36] ließ sich beeinflussen von Dschang Liu So und Wang Schong. Dschung Hang Yin[37] ließ sich beeinflussen von Dsï Tsin und Gau Kiang. Der König Fu Tschai von Wu[38] ließ sich beeinflussen von Wang Sun Hung und Tai Tsai Pi. Der Graf Yau von Dschï[39] ließ sich beeinflussen von Dschï Go Dschang Wu. Schang von Dschung Schan[40] ließ sich beeinflussen von We I und Yän Tschang. Der König Kang von Sung[41] ließ sich beeinflussen von Tang Yang und Tiän Bu Yin.

Diese sechs Herrscher hatten sich in unrichtiger Weise beeinflussen lassen, darum gingen ihre Länder zugrunde; sie selbst kamen in Schmach und Tod, die Tempel ihrer Ahnen entbehrten der Opfer, ihre Familie erlosch, Fürsten und Räte wurden getrennt und zerstreut, die Untertanen mußten ins Elend wandern. Wenn Männer genannt werden, die sich auf Erden durch Habsucht und Grausamkeit einen schlechten Namen gemacht, so werden sicher die Namen dieser sechs Fürsten genannt.

Ein Fürst ist nicht deshalb, weil er Fürst ist, auch schon herrlich, nicht deshalb, weil er Fürst ist, auch schon in Sicherheit; sondern nur deshalb, weil er vernunftgemäß handelt. Vernunftgemäßes Handeln aber entsteht dadurch, daß man sich in der rechten Weise beeinflussen läßt. Darum gaben sich im Altertum diejenigen, welche sich aufs Fürstsein verstanden, die größte Mühe, die rechten Leute ausfindig zu machen. Dann hatten sie es bequem bei der Erledigung der Geschäfte, weil sie den richtigen Faden gefunden hatten. Die es aber nicht verstanden, Fürsten zu sein, die brachten sich körperlich herunter, opferten ihre geistigen Kräfte, betrübten ihr Gemüt, bemühten Ohr und Auge, und ihr Land kam doch immer mehr in Gefahr, ihre Person doch immer mehr in Schande. Das macht, sie wußten nicht, worauf es ankommt. Wenn man nicht weiß, worauf es ankommt, so läßt man sich nicht von den rechten Leuten beeinflussen. Läßt man sich aber nicht von den rechten Leuten beeinflussen, woher soll da die Vernunft kommen? So ging es den sechs obengenannten Fürsten. Diese sechs Fürsten haben nicht etwa ihr Land nicht wichtig genommen, nicht etwa sich selbst nicht geliebt, sondern sie machten den Fehler, daß sie sich nicht von den rechten Leuten beeinflussen ließen. Aber nicht nur mit den Ursachen von Sein und Nichtsein verhält es sich so. Auch bei den Gelehrten[42] ist es so. Nicht nur die Staaten haben solche Beeinflussung.

Kung Dsï lernte bei Lau Dan, Mong Su und Kui Dsïng Schu. Der Herzog Hui von Lu schickte den Dsai Yang, um sich die im kaiserlichen Tempel üblichen Bräuche mitteilen zu lassen[43]. Der König Huan sandte darauf den Archivar Güo hin. Herzog Hui von Lu behielt ihn bei sich, und seine Nachkommen blieben in Lu. Sie waren es, bei denen Mo Dsï lernte. Diese beiden Gelehrten hatten nicht Rang und Würden[44], um die Menschen auszuzeichnen, sie hatten nicht Geld noch Gut, um den Menschen Vorteile zuzuwenden, und doch, wenn man die berühmtesten Namen auf Erden nennt, so werden diese beiden Gelehrten genannt. Beide sind schon lange tot, aber ihre Nachfolger werden immer mehr, und ihre Schüler werden immer zahlreicher und erfüllen den Erdkreis. Könige und Fürsten und große Männer folgen ihnen nach und zeichnen sie aus. Ihre geliebten Söhne und Brüder tun es ihnen gleich und lernen bei ihnen, und das geht so fort ohne Unterbrechung. Dsï Gung, Dsï Hia, Dsong Dsï lernten bei Kung Dsï. Tiän Dsï Fang lernte bei Dsï Gung. Duan Gan Mu lernte bei Dsï Hia. Wu Ki lernte bei Dsong Dsï.

Kin Gu Li lernte bei Mo Dsï. Hü Fan lernte bei Kin Gu Li. Tiän Hi lernte bei Hü Fan. Die Leute aus den Schulen des Kung und Mo, die sich einen großen Namen auf Erden gemacht haben, sind so zahlreich, daß man sie gar nicht alle aufzählen kann. Das kommt alles davon, daß sie die richtigen Männer gefunden haben, um sich von ihnen beeinflussen zu lassen[45].

5. KAPITEL
Erfolg und Ruhm
GUNG MING

Wenn man den rechten Weg einschlägt, so lassen sich Erfolg und Ruhm gar nicht vermeiden. Sie kommen so notwendig wie der Schatten dem Körper, wie das Echo der Stimme folgt. Ein guter Angler holt die Fische aus einer Tiefe von zehn Klaftern herauf, weil sein Köder anzieht. Ein guter Schütze holt die Vögel aus einer Höhe von hundert Klaftern herunter, weil sein Bogen stark ist. Ein guter Fürst bringt die Barbaren und Welschen[46] dazu, daß sie ihre Sitten ändern und ihre Gewohnheiten aufgeben und sich ihm unterwerfen, weil seine Tugend mächtig ist.

Ist das Wasser tief, so wenden Fische und Schildkröten sich ihm zu. Sind die Wälder dicht, so wenden die Vögel der Luft sich ihnen zu. Sind die Wiesen üppig, so wendet das Wild sich ihnen zu. Ist ein Menschenherrscher tüchtig, so wenden die Helden sich ihm zu. Darum trachtet ein weiser König nicht danach, daß die Leute sich ihm zuwenden, sondern er trachtet nach dem, warum sie sich ihm zuwenden.

Wenn man einen zum Lachen zwingt, so ist er darum doch nicht fröhlich. Wenn man einen zum Weinen zwingt, so ist er darum doch nicht traurig. So kann einer, der nur gezwungen auf dem rechten Pfade geht, auch nur Kleines vollbringen und nichts Großes. Der Essig im Faß muß gelb und sauer sein, damit die Essigälchen sich darinnen sammeln; ist's bloßes Wasser, so geht es sicher nicht. Wenn man durch eine Katze Mäuse anlocken wollte oder durch Eis Fliegen anlocken wollte, so mag man sich noch soviel Mühe geben, es wird doch nicht gelingen. Wollte man mit faulen Fischen Fliegen vertreiben, so würden die Fliegen nur um so mehr herankommen, ohne daß man's hindern kann. Das macht, weil man sie nicht durch ein Lockmittel vertreiben kann. Wenn Tyrannen wie Giä und Dschou Sin die Leute durch Abschreckungsmittel anziehen wollten, so mögen sie die Bußen, die Strafen noch so streng gemacht haben, was hilft's! Wenn die große Kälte da ist, so schätzen die Leute die Wärme. Brütet die große Hitze am Himmel, so laufen die Leute der Kühlung nach. So kennen die Leute keine Beständigkeit. Sehen sie ihren Vorteil, so sammeln sie sich, verschwindet er, so gehen sie weg.

Wer ein Weltherrscher sein will, der darf nicht unbeachtet lassen, wonach die Leute laufen. Heutzutage nun herrscht wohl große Kälte und Hitze, aber die Leute laufen nirgends hin; denn wo sie sich auch hinwenden, sie treffen überall das gleiche.

Wer die Welt beherrschen will, der muß unter allen Umständen den Leuten etwas anderes zeigen. Wer in seinen Handlungen sich nicht abhebt von der allgemeinen Verwirrung, der mag vielleicht wirklichen Vorteil bringen, die Leute laufen ihm doch nicht zu. Weil die Leute heute niemandem mehr zulaufen, darum ist es mit dem Großkönigtum vorbei. Das ist ein Glück für die grausamen Landesherren, aber das Volk gerät dadurch in Verzweiflung. Darum, wenn es heutzutage einen guten Herrn gibt, so darf er es nicht versäumen, darauf zu achten; wenn es einen würdigen Fürsten gibt, so darf er es nicht versäumen, danach zu handeln. Güte und Schlechtigkeit muß man klar auseinanderhalten, wie die zugemessene Lebenszeit sich nicht verändern läßt, wie ein guter und schlechter Name sich nicht vertauschen läßt. Tyrannen wie Giä und Dschou Sin saßen auf dem höchsten Thron, und die ganze Welt gehörte ihnen. Sie hatten die Macht, das ganze Volk auf Erden zu vernichten, und doch erlangten sie es nicht, daß sie einen guten Namen hinterließen. Ihre treuen Diener Guan Lung Pong und der Königssohn Bi Gan mochten die grausamsten Todesarten auf sich nehmen, um den Fehlern ihrer Herrscher entgegenzutreten, und doch vermochten sie es nicht, ihnen einen guten Namen zu verschaffen. Der Ruhm ist etwas, das man keinem andern mitteilen kann. Jeder muß selbst entsprechend handeln.

BUCH III · GI TSCHUN GI

Aufzeichnungen des letzen Frühlingsmonats

1. KAPITEL
Der letzte Frühlingsmonat
GI TSCHUN

Im letzten Frühlingsmonat steht die Sonne im Zeichen We[1]. Zur Zeit der Abenddämmerung kulminiert das Siebengestirn (Tsi Sing). Zur Zeit der Morgendämmerung kulminiert der Kuhhirt (Kiän Niu). Seine Tage sind Gia und I. Sein göttlicher Herrscher ist Tai Hau (der große Leuchtende). Sein Schutzgeist ist Gou Mang (der Säer). Seine Tiere sind die Schuppentiere. Seine Note ist Güo. Seine Tonart ist Gu Siän. Seine Zahl ist acht. Sein Geschmack ist sauer. Sein Geruch ist muffig. Man opfert den Türgeistern. Unter den Opfergaben steht die Milz voran.

Nun beginnt der Wutung-Baum[1] zu blühen. Der Hamster wird zur Wachtel, der Regenbogen beginnt zu erscheinen. Die Wasserpflanzen beginnen zu wachsen.

Der Himmelssohn weilt in der Tsing-Yang-Halle im rechten Raum[2]. Er fährt im Fasanenwagen, an dem große blauschwarze Drachenpferde angespannt sind. Es werden grüne Flaggen aufgesteckt, man kleidet sich in grüne Kleider und trägt grünen Nephrit. Man ißt Weizen und Schaffleisch. Die Opfergefäße sind durchbrochen, um die Luft durchziehen zu lassen.

In diesem Monat bringt der Himmelssohn gelbgrüne Kleider als Opfer für die früheren Herrscher dar[3].

Es geht der Befehl an den Aufseher der Boote, die Boote umzukehren[4]. Nachdem er sie fünfmal umgekehrt und fünfmal wieder aufgerichtet hat, berichtet er, daß die Boote für den Himmelssohn zum Gebrauch bereitstehen. Der Himmelssohn besteigt nun zuerst wieder ein Schiff und bringt einen Stör in den hinteren Gemächern des Ahnentempels zum Opfer dar und fleht um Fruchtbarkeit für die Weizenernte. In diesem Monat regt sich die Lebenskraft aufs stärkste, die Kraft des Lichten steigt empor und dehnt sich aus. Alles Wachsende kommt hervor. Die Keime kommen alle ans Licht. Es geziemt sich nicht, zu dieser Zeit Steuern einzutreiben.

Der Himmelssohn verbreitet den Einfluß seiner Tugend und übt Gnade aus. Er befiehlt den Beamten, die Scheunen und Keller zu öffnen, um den Armen und Bedürftigen in ihrer Notdurft und ihrem Mangel zu helfen. Es werden die Schatzkammern geöffnet und Seidenstoffe hervorgeholt, die an die Fürsten im ganzen Reich zur Aufmunterung gesandt werden. Er erkundigt sich nach berühmten Gelehrten und ehrt die Würdigen.

In diesem Monat ergeht der Befehl an den Aufseher der öffentlichen Arbeiten: Nun wird bald der Frühregen fallen, die Wasser, die jetzt Tiefstand haben, werden steigen; die Städte und Märkte sind zu besuchen, und die Ebenen und Anger sind zu besichtigen. Die Dämme sind instand zu setzen, die Kanäle sind zu trainieren[5], die Wege sind zu öffnen und zu verbinden, damit alle Hindernisse und Stockungen des Verkehrs beseitigt werden.

Netze und Fadenpfeile zum Jagen sowie Hasennetze, Vogelnetze und andere Netze sowie Gifte, um Säugetiere zu vergiften, dürfen nicht die neun Tore verlassen[6].

In diesem Monat ergeht der Befehl an die Förster, die Maulbeerbäume nicht zu fällen. Die Felsentaube regt ihre Flügel, und der Wiedehopf läßt sich auf die Maulbeerbäume herab. Man setzt die Matten und Körbe für die Seidenzucht in Bereitschaft. Die Kaiserin begibt sich, nachdem sie gefastet, selbst nach Osten, um Maulbeerblätter zu pflücken. Es wird den Frauen verboten, müßig zu sein. Die übrigen Arbeiten der Frauen werden vermindert, sie werden zur Seidenzucht angehalten. Sind die Seidenraupen verpuppt, so werden die Cocons verteilt, die Seide gewoben und so die geleistete Arbeit verglichen[7], damit seidene Gewänder für die Opfer auf dem Anger und dem Ahnentempel bereitstehen. Keine der kaiserlichen Frauen darf es wagen, träge zu sein.

In diesem Monat erhält der Meister der Handwerker den Auftrag, die verschiedenen Handwerker anzuweisen, den Inhalt der fünf Vorratshäuser zu prüfen: die Metalle, Felle, Häute und Sehnen, Horn und Elfenbein, Federn und Pfeilstangen, Talg, Leim, Zinnober und Firnis, damit nicht etwa eines dieser Materialien sich in schlechtem Zustand befinde. Darauf gehen die Handwerker alle an die Arbeit, und die Aufseher geben tägliche Anweisung, daß nichts verfertigt wird, was nicht zeitgemäß ist, und daß keiner etwas macht, das zu kostbar und zu üppig ist und so das Herz des Herrschers verwirren könnte.

Ende dieses Monats wählt man einen glücklichen Tag aus und veranstaltet eine große Musikaufführung. Der Himmelssohn begibt sich an der Spitze der drei höchsten Würdenträger, der neun hohen Räte, der Fürsten und Räte persönlich hin, um zuzuschauen. In diesem Monate paart man die Stiere und Hengste mit den Kühen und Stuten auf den Weideplätzen. Die Füllen und Kälber, die für Opferzwecke bestimmt sind, werden gezählt und aufgeschrieben.

Die Leute der Hauptstadt veranstalten Umzüge zum Geisterbannen. Vor den neun Toren der Hauptstadt werden Opfertiere verteilt zur Beschwörung, um die Frühlingsluft vollkommen zu machen[8].

Führt man diese Ordnungen durch, so fällt in allen drei Dekaden fruchtbarer Regen. Wenn im letzten Frühlingsmonat die für den Winter gültigen Ordnungen befolgt würden, so würde dauernd Kälte herrschen. Gräser und Bäume würden welken, und im Lande würde eine große Furcht sein. Wenn die für den Sommer gültigen Ordnungen befolgt würden, so würden die Menschen viel unter Krankheiten zu leiden haben. Der zeitgemäße Regen würde nicht fallen, und auf Bergen und Hügeln würde es keine Ernte geben. Wenn die für den Herbst gültigen Ordnungen befolgt würden, so würde der Himmel immer bewölkt und verfinstert sein; strömende Regen würden früh fallen, und Wehr und Waffen würden sich erheben.

2. KAPITEL
Erreichung des vollen Alters
DSIN SCHU

Die von der Natur erzeugten Kräfte des Dunklen und Lichten, der Kälte und Hitze, Dürre und Feuchtigkeit, die Wirkung der vier Jahreszeiten, die Umwandlungen aller Dinge können ebensowohl nützlich als auch schädlich sein. Der Weise untersucht das Gleichgewicht der Kraft des Dunklen und des Lichten und unterscheidet den Nutzen aller Dinge, um das Leben zu fördern. Darum ruhen Geist und Seele in seinem Leib, und er erreicht ein hohes Lebensalter. Ein hohes Lebensalter bedeutet nicht, daß das Alter von Natur kurz wäre und künstlich verlängert werden müßte, sondern daß die von Natur gesetzten Grenzen erreicht werden. Diese von der Natur gesetzten Grenzen werden dadurch erreicht, daß man die Schädigungen fernhält.

Was bedeutet das Fernhalten der Schädigungen? Wenn zuviel Süßes, zuviel Saures, zuviel Bitteres, zuviel Scharfes, zuviel Salziges dem Körper zugeführt wird, so entstehen Schädigungen. Wenn zuviel Freude, zuviel Zorn, zuviel Trauer, zuviel Furcht die Seele umtreibt, so entstehen Schädigungen. Wenn zu große Hitze, zu große Kälte, zu große Dürre, zu große Feuchtigkeit, zuviel Wind, zuviel Regen, zuviel Nebel die Nerven aufregen, so entstehen Schädigungen. Darum ist zur Pflege des Lebens nichts wichtiger als die Kenntnis der Grundlagen; kennt man die Grundlagen, so findet die Krankheit keinen Eingang. Die Ansammlung der Nervenkraft äußert sich notwendig in bestimmten Wirkungen. Sammelt sie sich in den gefiederten Vögeln, so ermöglicht sie ihnen das Fliegen und Schweben, sammelt sie sich in den vierfüßigen Tieren, so ermöglicht sie ihnen das Laufen und Rennen, sammelt sie sich in Perlen und Nephriten, so macht sie, daß sie fein und leuchtend werden; sammelt sie sich in Sträuchern und Bäumen, so verursacht sie üppiges Wachstum; sammelt sie sich in einem Weisen, so schafft er Größe und Erleuchtung.

Die Wirkung dieser Nervenkraft geht so vor sich, daß sie auf Grund der Leichtigkeit schweben macht, auf Grund des Gehvermögens laufen macht, auf Grund der Schönheit diese erhöht, auf Grund der Wachstumsfähigkeit das Wachstum fördert, auf Grund der Erkenntnisfähigkeit diese erleuchtet.

Fließendes Wasser fault nicht, die Türangeln rosten nicht[9]; das kommt von der Bewegung. Mit der Kraft des Leibes verhält es sich auch so. Wenn der Leib sich nicht bewegt, so kommen die Nervenströme nicht in Fluß; wenn die Nervenströme nicht in Fluß sind, so stockt die Kraft. Tritt diese Stockung am Kopf zutage, so erzeugt sie Anschwellungen und Erkältungen. Äußert sie sich in den Ohren, so erzeugt sie Ohrensausen und Taubheit. Äußert sie sich in den Augen, so erzeugt sie Entzündungen und Blindheit. Äußert sie sich in der Nase, so erzeugt sie Geschwüre und Stockschnupfen. Äußert sie sich im Bauch, so erzeugt sie Blähungen und Zuckungen. Äußert sie sich in den Füßen, so erzeugt sie Lähmungen und Krämpfe.

An Orten mit leichtem Wasser gibt es viele Kahlköpfe und Kröpfe. An Orten mit schwerem Wasser gibt es viele Wassersüchtige und Lahme. An Orten mit süßem Wasser gibt es viele Schöne und Liebliche. An Orten mit scharfem Wasser gibt es viel Krebs und andre böse Geschwüre. An Orten mit bitterem Wasser gibt es viele Verkrümmte und Bucklige.

Beim Essen muß man stets darauf achten, nicht allzu viele geschmackvolle Speisen und allzu scharfe Gewürze und allzu schweren Wein zu genießen, denn das sind die Bringer der Krankheit. Ißt man stets zu festbestimmter Zeit, so bleibt der Körper frei von Krankheiten. Die beste Hygiene des Essens ist, weder hungrig noch übersättigt zu sein; das heißt den Eingeweiden Ruhe verschaffen. Die Speisen sollen schmackhaft für den Gaumen sein, aber man muß gleichzeitig darauf bedacht sein, durch Seelenruhe und gesetzte Haltung auch geistige Kräfte dem Leib zuzuführen. Dadurch werden alle Teile des Leibes erfrischt, und alle erhalten ihren Anteil an der Kräftigung. Trinken soll man in kleinen Schlucken, dabei den Körper geradehalten, damit man sich nicht verschluckt.

Heutzutage fragen die Hochgestellten alle Arten von Orakel und veranstalten Gesundbetereien, darum mehren sich die Krankheiten erst recht. Es ist wie bei einem Schützen, der beim Schießen nicht getroffen hat und nun die Zielscheibe instand setzen wollte. Was hilft das zum Treffen? Wenn man in heißem Wasser kochendes abkühlen will, so kühlt sich das kochende erst recht nicht ab. Man muß das Feuer darunter wegnehmen, dann kühlt es sich ab. Darum galten die Zauberer und Ärzte, die Gifte und Arzneien, die die Krankheiten beschwören und heilen sollten, den Alten als minderwertig, weil sie sich nur an die Äußerungen halten.

3. KAPITEL
Bei sich selber anfangen
SIÄN GI

Tang fragte den I Yin: »Wie macht man's, wenn man die Welt gewinnen will?« I Yin erwiderte: »Wenn man die Welt gewinnen will, läßt sich die Welt nicht gewinnen; aber sie läßt sich gewinnen, wenn man zuerst seinen eigenen Leib gewinnt.«

Die Grundlage aller Dinge ist es, daß man zuerst den eigenen Leib in Ordnung bringt und ihn als kostbares Gut zu schätzen weiß. Man muß stets neue Kräfte benützen und die veralteten abstoßen, so werden die Nervenbahnen gute Leiter der Lebenskraft[10]. Wenn man die Lebenskraft täglich erneuert und die störenden Kräfte alle entfernt, so wird man seines Lebens Jahre vollenden. Wer das kann, heißt ein wahrer Mensch.

Die weisen Könige des Altertums vollendeten sich selbst, und das Erdreich wurde vollendet; sie brachten sich selbst in Ordnung, und das Erdreich kam in Ordnung. So achtet der, der ein gutes Echo hervorbringen kann, nicht auf das Echo, sondern auf den Ton. Wer einen schönen Schatten werfen kann, achtet nicht auf den Schatten, sondern auf den Körper. Wer das Weltreich handhaben kann, achtet nicht auf das Weltreich, sondern auf sich selbst. In den Liedern heißt es:

Ein herrlicher Mann ist unser Fürst
Und sein Benehmen ohne Tadel.
Da sein Benehmen ohne Tadel,
Folgt ihm des ganzen Landes Adel.

Damit ist gesagt, wer seine eigene Person beherrscht, der verwirklicht seine Lehren, und die Person wird gut. Wenn er das Rechte übt, so werden dadurch auch die anderen Menschen gut. Wenn es seine Freude ist, seinen Fürstenberuf vollkommen zu erfüllen, so kommen eben dadurch alle seine Diener in Ordnung, und alles Volk hat seinen Vorteil davon. Diese drei Dinge werden bewirkt durch das »Nichthandeln«. Vom Weg des Nichthandelns heißt es, daß er die Natur überwindet. Rechthandeln, das heißt sich selber nützen. Fürst sein, das heißt frei sein von sich selber. Wer frei ist von sich selber, der vermag, gerecht zu hören. Sich selber nützt man durch Gleichmut und Ruhe. Wer die Natur überwindet, der paßt sich den göttlichen Gesetzen seines Wesens an. Wer den göttlichen Gesetzen seines Wesens folgt, der wird verständig, klarblickend und langlebend. Wer Gleichmut und Ruhe besitzt, der fördert den Besitz seines Volkes und macht es seinem Einfluß geneigt. Wer recht zu hören versteht, der unterbindet die Falschheit und bleibt frei von Betörung.

So auch im umgekehrten Falle. Wenn der Herrscher von seinem Wege abweicht, so werden seine Grenzen von den Feinden erobert. Wenn er im geheimen vom rechten Wandel abweicht, so wird sein Name geschmäht in der Öffentlichkeit. Es ist gleich wie bei einem hundert Klafter hohen Tannenbaum: Wenn er unten an der Wurzel beschädigt wird, so verdorren oben seine Zweige. So haben die Herrscher aus den Häusern Schang und Dschou[11] erst falsche Gedanken in ihrer Brust gehegt, und deshalb versagten ihre Befehle in der Außenwelt.

Wem es gelingt, die richtige Gesinnung zu erlangen, dem gelingt es, sich Gehör zu verschaffen. Wem es gelingt, sich Gehör zu verschaffen, dem gelingen seine Unternehmungen. Wem seine Unternehmungen gelingen, dem gelingen Erfolg und Ruhm. Die fünf Herrscher trachteten erst nach der Wahrheit und ließen die Sorge für ihre Tugend dahinten. Darum erlangten sie eine Tugend, die von niemandem übertroffen werden konnte[12]. Die drei Königsgeschlechter trachteten zuerst nach Tugend und stellten die Unternehmungen in den Hintergrund.

Darum erreichten sie in ihren Unternehmungen schönere Erfolge als irgendwer[13].

Den fünf Führern der Fürsten war es zuerst um die Unternehmungen zu tun. Sie stellten die Militärmacht in den Hintergrund, darum besaßen sie eine stärkere Kriegsmacht als irgendwer[14].

Heutzutage tauchen allenthalben schlaue Pläne auf, und verräterische Methoden bieten sich zum Gebrauch dar. Die Angriffskriege hören nicht auf, und dennoch mehren sich die untergehenden Staaten und die in Schimpf und Schande geratenen Fürsten immer mehr. Das kommt davon, daß sie ihr Augenmerk auf das Äußerlichste richten.

Fürst Ki aus dem Haus der Herren von Hia kämpfte mit dem Herrn von Hu auf dem Felde von Gan und besiegte ihn nicht[15]. Die sechs hohen Räte baten ihn darauf, den Kampf zu wiederholen, aber der Fürst Ki aus dem Haus der Herren von Hia sprach: »Wir dürfen es nicht. Mein Land ist nicht klein, mein Volk ist nicht wenig, und dennoch habe ich nicht gesiegt. Das kommt daher, daß meine Tugend zu schwach und meine Belehrung des Volkes zu ungenügend ist.« Darauf unterzog er sich allen möglichen Einschränkungen. Er gebrauchte keine doppelten Polster zum Sitzen, es gab keine zwei Gänge beim Essen, die Zithern und Lauten waren nicht bespannt, die Glocken und Pauken wurden nicht aufgestellt, seine Söhne und Töchter trugen keinen Schmuck, er liebte seinen Nächsten und hatte Ehrfurcht vor dem Alter; er ehrte die Würdigen und gebrauchte die Tüchtigen. Kaum war ein Jahr vergangen, da unterwarf sich der Herr von Hu.

Darum: Wer andere besiegen will, muß sich erst selbst besiegen; wer andere richten will, muß sich erst selbst richten; wer andere kennen will, muß sich erst selbst kennen. In den Liedern heißt es: Er faßte den Zügel wie ein Gewebe.[16]

Meister Kung sprach: »Wer dieses Wort versteht, vermag das Erdreich zu beherrschen.«

Dsï Gung sprach: »Was bedarf es dazu solcher Eile?«

Meister Kung sprach: »Ich meine nicht die Eile, sondern ich meine damit, daß, was man hier wirkt, dort als feste Linie der

Ordnung wieder hervortritt. So webt der Weise gleichsam die Kultur seiner Persönlichkeit, und als Folge davon erscheinen die festen Linien der Ordnung im Weltreich.«

So sprach der Meister Hua Dsï: »Wenn Hügel und Berge vollendet sind, so finden die Höhlentiere ihre Ruhe. Wenn die große Tiefe des Weltmeers vollendet ist, so finden die Fische und Schildkröten ihre Ruhe. Wenn Kiefern und Zypressen ausgewachsen sind, so finden die Wanderer auf dem Wege Schatten.«

Meister Kung trat vor den Fürsten Ai von Lu[17]. Der Fürst Ai sprach: »Es hat jemand zu mir gesagt, den Staat lenken könne man vom Schoß aus. Ich halte das für ein übertriebenes Wort.«

Meister Kung sprach: »Das ist kein übertriebenes Wort. Ich habe sagen hören, daß man dazu, was man bei sich selber fertigbringen kann, auch die andern bringen kann, und daß das, was einem bei sich selber mißlingt, auch bei andern mißlingt. Ohne aus der Tür zu gehen, das Erdreich zu beherrschen, dazu ist nur der imstande, der erkannt hat, daß man alles auf die eigene Person zurückführen muß.«

4. KAPITEL
Beurteilung der anderen
LUN JEN

Der Weg zum Herrschen ist die Beschränkung. Was ein Herrscher wagen muß, ist das Innere. Das Höchste ist es, in sich selbst zu gehen; tiefer steht es, von andern etwas zu verlangen. Je weiter die Kreise sind, an die man sich mit seinen Forderungen wendet, desto geringer wird das Entgegenkommen sein, das man findet. Je heftiger man nach etwas strebt, desto weiter kommt man vom Ziele ab.

Was heißt in sich selbst gehen? Man beschränke bei der Sinnestätigkeit die Lüste und Begierden; man enthalte sich raffinierter Überlegungen, vermeide perverse Neigungen und lasse seine Gedanken im Unendlichen schweifen und richte sein Herz auf den natürlichen Weg. Wer so handelt, der schädigt nicht seine

Natur. Wer seine Natur unbeschädigt erhält, der erkennt die Nervenkraft. Wer die Nervenkraft erkennt, erkennt den Geist. Den Geist erkennen heißt, das eine Eine erlangen. Alle die tausend Gestalten der Welt vollenden sich, nachdem sie das Eine erlangt.

Darum: Wer das Eine erkannt hat, der vermag es, allen Wandlungen und Änderungen der Außenwelt gegenüber sich entsprechend zu verhalten. Er ist weit und groß und abgründig tief, so daß niemand sein Letztes zu ermessen vermag. Sein Wesen und Wandel ist hell und schön, er gleicht der Sonne und dem Mond und hört nimmer auf. Die Helden begrüßen ihn, von fernen Landen strömen sie als seine Gäste herbei, und niemand kann es hindern. Die Kraft seines Geistes ist alldurchdringend und unbeschränkt, und niemand vermag, ihn zu binden.

Darum: Wer die Erkenntnis des Einen erkannt hat, der kehrt wieder zurück zur Einfalt. In seinen Begierden ist er leicht zu befriedigen; er sucht seine Nahrung in Mäßigkeit und Einfachheit, und niemand kann ihn in die Hand bekommen. Fern von der Welt erfreut er sich seines eigenen Innern und seiner Reinheit, und niemand vermag, ihn zu ermessen. Schrecken vermag ihn nicht in Furcht zu setzen, Strenge vermag ihn nicht einzuschüchtern, und niemand kann ihn unterwerfen. Darum: Wer die Erkenntnis des Einen erkannt hat, der vermag zu handeln, wie es jeweils die Gelegenheit erfordert. Sein Wirken ist in sich selbst geschlossen ohne Ende. Er erhebt und erniedrigt, wie es sein muß; er nimmt und gibt nach Maßgabe der Vernunft, und niemand kann ihn beirren. In seinen Worten läßt er sich keinen Fehler zuschulden kommen; alles, was er sagt, hat Hand und Fuß, und niemand kann etwas daran ändern[18]. Er entlarvt die Heuchler und verhilft den Würdigen zum Erfolg, und niemand kann ihn hintergehen.

Darum: Wer die Erkenntnis des Einen erkannt hat, der ist in seiner Art wie Himmel und Erde. Welcher Lage sollte er nicht gewachsen sein. Welchem Wesen sollte er nicht zu entsprechen vermögen! Es ist wie bei einem Wagenlenker, der es in sich hat. Unter ihm wird der Wagen leicht, die Pferde laufen schnell und kommen weit, und auch bei kärglicher Fütterung werden sie nicht müde[19].

In alten Zeiten suchten die Herrscher[20], die dem Untergang verfallen waren, die Sünden bei den andern. Darum töteten und richteten sie täglich ohne Aufhören. So rannten sie in ihren Untergang, ohne zur Besinnung zu kommen.

Die Herrscher, welche die ersten drei Dynastien zur Blüte brachten, suchten die Sünden bei sich selbst. Darum gaben sie sich täglich Mühe und wurden nicht müde, bis sie es zur Weltherrschaft gebracht[21].

Was heißt es, von andern etwas zu verlangen? Die Menschen sind gleich von Art, aber verschieden an Weisheit und Würdigkeit. Doch haben alle geschickte Worte und kluge Redensarten, um sich zu verteidigen. Dadurch lassen sich untaugliche Herrscher verwirren.

Will man die Menschen beurteilen, so achte man, wenn sie Erfolg haben, darauf, wen sie ehren. Sind sie vornehm, so achte man darauf, wen sie empfehlen. Sind sie reich, so achte man darauf, für wen sie sorgen. Bei dem, was sie hören, achte man darauf, wie sie danach tun; wenn sie sich zurückgezogen haben, so achte man auf ihre Liebhabereien. Bei ihren gewöhnlichen Unterhaltungen achte man darauf, was sie reden. Sind sie in Not, so achte man darauf, was sie sich nicht bieten lassen. Sind sie in Niedrigkeit, so achte man darauf, wozu sie sich nicht hergeben.

Man mache sie lustig, um ihre Selbstbeherrschung zu prüfen; man mache sie heiter, um ihre Ausgelassenheit zu prüfen; man mache sie zornig, um ihre Mäßigung zu prüfen; man mache sie ängstlich, um ihre Selbständigkeit zu prüfen; man rühre sie, um ihr Mitleid zu prüfen; man bedränge sie, um ihren Willen zu prüfen.

Diese acht Betrachtungen und sechs Prüfungen sind es, die ein tüchtiger Herrscher seiner Beurteilung der Menschen zugrunde legt. Beim Beurteilen der Menschen wird man ferner Rücksicht nehmen auf die sechs Verwandtschaftsgrade und die vier vertrauten Verhältnisse.

Was sind die sechs Verwandtschaftsgrade? Es sind: Vater, Mutter, älterer Bruder, jüngerer Bruder, Weib und Kind. Was sind die vier vertrauten Verhältnisse? Es sind: Freunde, alte Bekanntschaften, Landsleute und Nachbarn.

In Privatangelegenheiten halte man sich an die sechserlei Verwandten und die viererlei Vertrauten. In öffentlichen Angelegenheiten halte man sich an die acht Betrachtungen und sechs Prüfungen, um der Menschen wahres und falsches Wesen, Habgier und Verschwendung, gute und schlechte Seiten zu erkennen, und nie wird man sich täuschen. Die Leute können dann so wenig dem Erkanntwerden entgehen, wie wenn jemand dem Naßwerden durch den Regen entgehen wollte; wohin er sich wendet, überall wird er gleich naß. Auf diese Art verstanden es die weisen Könige des Altertums, die Menschen zu erkennen.

5. KAPITEL
Der runde Weg
YÜAN DAU

Des Himmels Weg ist rund, der Erde Weg ist eckig. Die heiligen Könige haben also das zum Vorbild genommen und dementsprechend Herren und Diener eingesetzt.

Was ist darunter zu verstehen, daß des Himmels Weg rund ist? Die Lebenskraft dringt nach oben und dringt nach unten, in rundem Kreislauf in sich geschlossen, ohne Stockung und Hemmnis. Darum heißt es: Des Himmels Weg ist rund.

Was ist darunter zu verstehen, daß der Erde Weg eckig ist? Alle Wesen sind verschieden an Art, verschieden an Gestalt. Alle haben sie ihre bestimmten Funktionen, die sie nicht miteinander vertauschen können. Darum heißt es, der Erde Weg ist eckig. Der Herrscher muß sich an das Runde halten, der Diener im Eckigen weilen. Wo eckig und rund nicht vertauscht sind, da blüht der Staat.

Der regelmäßige Wechsel von Tag und Nacht gehört zum runden Weg. Des Mondes Wanderung durch die 28 Mondhäuser vom Raben bis zur Jungfrau[22] gehört zum runden Weg. Des Lichtes Wanderung[23] durch die vier Jahreszeiten, einmal oben, einmal unten, daß jede zu ihrem Rechte kommt, gehört zum runden Weg. Wenn die Geschöpfe sich regen, so keimen sie;

vom Keimen geht es zum Leben, vom Leben zum Wachstum, vom Wachstum zur Größe, von der Größe zur Reife, von der Reife zum Verfall, vom Verfall zum Sterben, nach dem Tode zur Erde zurück. Das gehört zum runden Weg.

Die Wolken und Winde wandern nach Westen in unaufhörlichem Zuge[24] und halten nicht inne im Sommer noch Winter. Wasserquellen fließen nach Osten und hören nicht auf, Tag und Nacht. Oben versiegen sie nicht, und die Tiefe wird nicht voll. Die kleinen Bächlein werden groß, und die schweren Wasser im Meer werden leicht und steigen als Wolken empor. Das gehört zum runden Weg.

Huang Di sprach: »Der Herrscher darf keinen bestimmten Platz haben; hat er einen Platz, so hat er keinen Platz.« Das heißt: Er darf nirgends hängenbleiben. Das gehört auch zum runden Weg[25].

Der Mensch hat neun Öffnungen. Wenn er mit seiner Aufmerksamkeit bei der einen verharrt, so stehen die andern acht leer. Stehen aber die andern acht dauernd leer, so stirbt der Leib. So hört bei gleichzeitigem Hören und Schmecken der Geschmack auf[26]. Bei gleichzeitigem Hören und Sehen hört das Hören auf. Das heißt: Wenn man an dem einen Gefallen findet, so darf man in dem einen nicht steckenbleiben. Hemmung des Kreislaufes führt zum Untergang. Das gehört auch zum runden Weg. Das Eine ist das Wichtigste. Man kennt nicht seinen Ursprung, man kennt nicht sein Ende, man weiß nicht, woher es kommt, man weiß nicht, wohin es führt. Und doch beruhen alle Dinge auf ihm als seinem Ahn. Die weisen Könige ahmen ihm nach, um ihr Wesen dadurch gesetzmäßig zu machen, um ihr Herrschen dadurch zu festigen und so Befehle erlassen zu können. Der Befehl geht aus dem Mund des Herrn hervor. Die Diener empfangen ihn und führen ihn aus. Tag und Nacht gibt's keine Unterbrechung; überallhin erstrecken sich seine Wirkungen. Er harmoniert mit dem Herzen des Volks und reicht nach allen vier Himmelsrichtungen. Ringsum verändert er seinen Kreislauf und kehrt zurück zum Ort des Herrschers. Das gehört auch zum runden Weg.

Ist ein Befehl rund, so vermögen Billigung und Mißbilligung, Lob und Tadel ihn nicht in seiner Wirkung zu behindern. Wenn nichts ihn zu behindern vermag, so ist der Weg des Herrschers wirkungsvoll. Darum sind die Befehle das, womit der Herrscher den Willen Gottes durchführt. Würdigkeit und Untauglichkeit sind es, durch die Wohlergehen oder Bestrafung bestimmt werden. Die Brauchbarkeit von Leib und Gliedern eines Menschen beruht darauf, daß sie empfänglich sind für die Einwirkungen der Seele. Wenn sie für diese Einwirkungen nicht empfänglich sind, so vermag man seinen Leib und seine Glieder nicht zu gebrauchen. Mit den Dienern eines Fürsten verhält es sich ebenso. Wenn die Befehle sie nicht beeinflussen, so vermag er sie nicht zu gebrauchen. Wenn ein Fürst Diener besitzt, die er nicht gebrauchen kann, so wäre es besser, er hätte gar keine; steht ein wahrer Fürst auf, so macht er, daß jener sie auch noch verliert[27]. Schun, Yü, Tang und Wu machten es alle gleich. Noch ehe sie König wurden, setzten sie hohe Beamte ein und waren vor allem darauf aus, daß jene sich im Eckigen hielten[28]. Durch diese Eckigkeit wurden die Pflichten jedes einzelnen festgelegt. Sind die Pflichten festgelegt, so kommt es nicht vor, daß die Untergebenen unter einer Decke stecken.

Yau und Schun waren würdige Herrscher, beide hinterließen das Reich dem Würdigsten und gaben es nicht ihren Söhnen und Enkeln; und dennoch machten sie es ebenso: Sie sorgten dafür, daß die Beamten »eckig« waren (d. h. jeder seine bestimmten Pflichten hatte).[29]

Die Herrscher heutzutage wünschen alle, daß die Thronfolge in ihrer Familie nicht verlorengehe, und geben ihre Reiche ihren Söhnen und Enkeln. Aber bei der Einsetzung der Beamten sind sie nicht imstande, ihnen eckige (d. h. klar umgrenzte) Pflichten zuzuweisen. Sie richten durch ihre egoistischen Wünsche Verwirrung an. Was soll das aber heißen? Ihre Wünsche richten sich auf die ferne Zukunft, und ihre Erkenntnis ist aufs Allernächste beschränkt.

Die fünf Töne der Tonleiter stimmen alle überein, weil ihre Tonhöhe genau bestimmt ist. Die Noten Gung, Dschï, Schang, Yü, Güo haben alle ihren bestimmten Platz, und die entsprechenden Töne harmonieren, so daß keine Dissonanz möglich ist. Deshalb ertragen sie jede mögliche Verbindung untereinander. Ein würdiger Fürst wird es beim Einsetzen von Beamten ebenso machen. Jeder Beamte steht in seinem Amt und sorgt für seine Geschäfte in Abhängigkeit vom Fürsten. Dann wird der Fürst ganz sicher seine Ruhe haben. Wenn auf diese Weise ein Reich regiert wird, so wird das Reich sicher den Nutzen davon haben. Wenn man auf diese Weise dem Unheil vorbeugt, so kann sich das Unheil auf keine Weise nahen.

BUCH IV · MONG HIA GI

Aufzeichnungen des ersten Sommermonats

I. KAPITEL
Der erste Sommermonat
MONG HIA

Im ersten Sommermonat steht die Sonne im Zeichen Bi[1]. Zur Zeit der Abenddämmerung kulminiert das Sternbild I. Zur Zeit der Morgendämmerung kulminiert das Sternbild Wu Nü. Seine Tage sind Bing und Ding. Sein göttlicher Herrscher ist Yän Di (der Flammenherr)[2]. Sein Schutzgeist ist Dschu Yung (der Schmelzmagier)[3]. Seine Tiere sind die gefiederten Tiere[4]. Seine Note ist Dschï[5]. Seine Tonart ist Dschung Lü[6]. Seine Zahl ist sieben[7]. Seine Wesensart ist die Sitte. Seine Sinnestätigkeit ist das Gesicht[8]. Sein Geschmack ist bitter. Sein Geruch ist brenzlig. Man opfert dem Herdgeist. Unter den Opfergaben steht die Lunge obenan[9].

Die grünen Frösche quaken, der Regenwurm kommt hervor. Die Gurken wachsen, die Gänsedistel blüht.

Der Himmelssohn weilt in der Lichthalle (Ming Tang) im linken Raum[10]. Er fährt im Scharlachwagen, an dem schwarzmähnige Füchse angespannt sind. Es werden rote Flaggen aufgesteckt. Man kleidet sich in rote Kleider und trägt roten Nephrit. Man ißt Bohnen und Hühner[11]. Die Gefäße sind hoch und groß.

In diesem Monat findet der Sommereintritt statt[12]. Drei Tage vor dem Sommereintritt begibt sich der Großastralog zum Himmelssohn und spricht: »An dem und dem Tage ist Sommereintritt. Die wirkende Kraft ruht auf dem Feuer.« Der Himmelssohn fastet dann. Am Tage des Sommereintritts begibt sich der Himmelssohn in eigener Person an der Spitze der drei höchsten Würdenträger, der neun hohen Räte und Räte vor die Stadt zur Einholung des Sommers auf dem südlichen Anger.

Nach der Rückkehr verleiht er Belohnungen, setzt Fürsten ein und verteilt Glückwunschgeschenke, so daß allenthalben Freude und Fröhlichkeit herrschen. Darauf erhält der Musikmeister den Auftrag, die religiösen Zeremonien und Musik gemeinsam einzuüben[13].

Der Kriegsminister[14] erhält den Befehl, Leute von Auszeichnung zu empfehlen, die Würdigen und Guten in ihrer Laufbahn zu fördern und die hervorragenden Männer zu erheben. Rang und Einkommen werden verliehen an die einzelnen entsprechend ihrem Platz.

In diesem Monat soll das Wachstum befördert, das Hohe erhoben werden. Kein Abbrechen und Einreißen soll stattfinden, keine Erdarbeiten sollen unternommen werden, keine Menschenmengen sollen ausgesandt, keine großen Bäume sollen gefällt werden.

In diesem Monat beginnt der Himmelssohn, sich in dünnes Puerariatuch zu kleiden.

Die Förster erhalten den Befehl, die Gefilde und Ebenen zu durchreisen und die Bauern anzufeuern und das Volk zu ermahnen, die Zeit nicht ungenützt vorübergehen zu lassen.

Der Unterrichtsminister erhält den Befehl, in den Städten und Dörfern herumzureisen[15], um die Bauern zu fleißiger Arbeit anzuhalten und zu verhindern, daß sie sich in den Städten herumtreiben.

In diesem Monat verjagt man die wilden Tiere, damit sie das Korn nicht schädigen, doch sollen keine großen Jagden stattfinden.

Die Bauern bringen die Erstlinge der Weizenernte dar, der Himmelssohn kostet den Weizen zusammen mit Schweinefleisch und opfert zuerst davon in der inneren Halle des Ahnentempels.

In diesem Monat sammelt man die verschiedenen Arzneikräuter und bewahrt sie auf. Das Hirschgras stirbt ab[16].

Die Weizenernte findet statt. Vergehen, auf denen leichtere Strafen stehen, werden verhandelt und Entscheidungen gefällt über kleinere Übertretungen. Die in leichter Haft befindlichen Personen werden entlassen[17].

Nachdem die Seidenzucht zu Ende geführt ist, bringen die Frauen des kaiserlichen Hauses ihre Cocons dar. Auch wird die Abgabe von Cocons eingezogen, wobei die Anzahl der Maulbeerbäume zugrunde gelegt wird. Vornehm und Gering, Jung und Alt müssen in der gleichen Weise beisteuern, damit Vorrat vorhanden ist für die Opfergewänder, die beim Angeropfer im Ahnentempel nötig sind.

In diesem Monat hält der Himmelssohn Weingelage ab mit Zeremonien und Musik[18].

Führt man diese Befehle aus, so fällt fruchtbarer Regen in allen drei Dekaden[19]. Wenn im ersten Sommermonat die für den Herbst gültigen Ordnungen befolgt würden, so würden häufig heftige Regen fallen, das Getreide nicht reifen können und die Leute sich von überallher vom Land in die Stadt flüchten[20]. Wenn die für den Winter gültigen Ordnungen befolgt würden, so würden Bäume und Kräuter bald welken und hinterher große Überschwemmungen die Mauern und Befestigungen beschädigen. Wenn die für den Frühling gültigen Ordnungen befolgt würden, so würden Würmer und Heuschrecken zur Plage werden. Heftige Winde würden kommen, und die blühenden Pflanzen würden keinen Samen tragen[21].

2. KAPITEL
Ermahnung zur Bildung
KÜAN HÜO

Die Könige der Urzeit förderten die Kultur, indem sie nichts mehr auszeichneten als die kindliche Ehrfurcht und nichts mehr bevorzugten als treue Gewissenhaftigkeit. Gewissenhaftigkeit und Ehrfurcht ist der höchste Wunsch der Fürsten und Väter unter den Menschen. Bevorzugung und Auszeichnung ist der liebste Gedanke der Söhne und Beamten unter den Menschen. Daß es dennoch dahin kommen konnte, daß Fürsten und Väter ihren Wunsch nicht erreichten und Söhne und Beamte ihre Gedanken nicht verwirklichen konnten, das kommt von der Unkenntnis der Grundsätze der Vernunft[22]. Die Unkenntnis der Grundsätze der Vernunft entsteht durch Mangel an Bildung. Wer sich bildet bei einem erfahrenen Lehrer und die nötige Begabung hat, der muß ein Weiser werden; ich wüßte nicht, wie es anders möglich wäre. Ist aber ein Weiser da, so ist die Welt in Ordnung. Weilt er zur Rechten, so ist die Rechte wichtig, weilt er zur Linken, so ist die Linke wichtig. Darum haben die weisen Könige des Altertums alle ihre Lehrer geehrt. Ehrt man seinen Lehrer, so fragt man nicht danach, ob er vornehm oder gering, arm oder reich ist. Auf diese Weise wird der Name berühmt, und das geistige Wesen gewinnt nach außen hin Einfluß. Die Lehrer fragten bei ihrer Belehrung nicht danach, ob der Schüler Einfluß hatte oder nicht, ob er vornehm oder gering, arm oder reich war, sondern sie fragten danach, wie er sich zur Wahrheit verhielt. Ist der Mensch brauchbar, so werden seine Handlungen stets brauchbar sein. Was er sucht, wird er alles finden, was er wünscht, wird er alles vollenden. Diese Erfolge kommen daher, daß man es erreicht, weise zu werden. Ein Weiser wird man aber dadurch, daß man sich um seine Bildung Mühe gibt. Es ist noch nie vorgekommen, daß jemand, der sich um seine Bildung nicht Mühe gab, ein großer Gelehrter und berühmter Mann geworden wäre. Die Mühe um die Bildung besteht darin, daß man seinen Lehrer ehrt. Ehrt man seinen Lehrer, so folgt man seinen Worten, und er teilt uns die Wahrheit mit. Wer auszieht, um andere zu belehren, kann keinen Einfluß gewinnen. Wer sich seinen Lehrer bestellt, wird nicht von ihm beeinflußt werden[23].

Wer sich selbst entwürdigt, der findet kein Gehör; wer den Lehrer entwürdigt, der hört nicht auf ihn. Wenn nun ein Lehrer eine Methode, durch die er weder Einfluß noch Gehör findet, ausübt und mit Gewalt den andern belehren will, um ihn anzuleiten zu einem ehrenwerten Benehmen, ist der nicht weit vom Ziel? Wenn ein Lernender in einer Lage verweilt, die Beeinflussung und Hören unmöglich macht und durch dieses Benehmen einen berühmten Namen und ein gesichertes Leben zu erlangen wünscht, der macht es wie jemand, der etwas Verfaultes am Busen hält und duften möchte, oder wie jemand, der ins Wasser geht und nicht naß werden möchte. Der Unterricht bedarf der Strenge, er darf nicht zum Spiel ausarten. Heutzutage sind die Unterrichtenden häufig nicht imstande, ihren Schülern mit Strenge zu begegnen, sondern suchen sie im Gegenteil zu erheitern. Aber wenn man nicht imstande ist, streng zu sein, sondern den Schüler erheitern will, so macht man es gerade so, wie wenn man einen Ertrinkenden retten würde und ihn nachher mit einem Stein vor den Kopf schlüge oder wie wenn man einen Kranken heilen würde und ihm nachher Schirling zu trinken gäbe.

Dadurch kommt die Welt immer mehr in Verwirrung, und untaugliche Herrscher werden dadurch immer mehr verblendet. Darum besteht die Aufgabe der Lehrer darin, daß sie der Vernunft zum Siege verhelfen und die Pflicht durchführen. Siegt die Vernunft und steht die Pflicht fest, so ist die Stellung der Lehrer geehrt. Könige, Fürsten und Vornehme werden es dann nicht wagen, ihnen hochmütig zu begegnen. Bis hinauf zum Himmelssohn werden sie sich bei ihm einfinden, ohne sich dessen zu schämen. Daß ein Lehrer mit einem Fürsten zusammentrifft, der zu ihm paßt, ist Zufall. Ein solches Zusammentreffen läßt sich nicht erzwingen. Wenn nun einer die Vernunft im Stiche läßt und die Pflicht vernachlässigt, um etwas zu erreichen, das sich nicht erzwingen läßt, und dann noch dazuhin möchte, daß er geehrt wird, der sucht etwas Unmögliches zu vollbringen. Vielmehr muß ein Lehrer der Vernunft zum Sieg verhelfen und die Pflicht durchführen, dann wird er geehrt werden. Dsong Dsï sprach: »Wenn ein Edler auf der Straße geht, so kann man es aus seinem Benehmen sehen, ob er einen Vater, ob er einen Lehrer hat. Wer keinen Vater, keinen Lehrer hat, benimmt sich ganz anders. Was besagt dieses Wort? Es sagt, daß man dem Lehrer ebenso dienen müsse, wie man dem Vater dienen muß.«

Dsong Diän, der Vater Dsong Schens, hatte diesen einmal ausgeschickt, und er war über die Zeit nicht zurückgekommen. Da kamen die Leute alle zu Dsong Diän und sprachen: »Es wird ihm doch nichts zugestoßen sein!« Dsong Diän erwiderte: »Wenn ihm etwas zugestoßen wäre, so wäre das ja noch zu meinen Lebzeiten. Wie sollte er daher es wagen, sich etwas zustoßen zu lassen!«

Als Meister Kung in Gefahr war in Kuang, blieb Yän Hui zurück.

Meister Kung sprach: »Ich fürchtete schon, du seiest ums Leben gekommen.«

Yän Hui antwortete: »Wie sollte ich es wagen, ums Leben zu kommen, solange der Meister noch lebt!«[24]

Das Benehmen des Yän Hui Meister Kung gegenüber war genau dasselbe wie das des Dsong Schen seinem Vater gegenüber. Weil nun die tüchtigen Männer des Altertums ihre Lehrer also ehrten, darum erschöpften die Lehrer ihre Weisheit und gingen bis auf den Grund der Wahrheit, um sie zu belehren.

3. KAPITEL
Ehrung der Meister
DSUN SCHÏ

Schen Nung hatte Sï Dschu zum Meister; Huang Di hatte Da Yau[25] zum Meister; der Herrscher Dschuan Hü hatte den Bo I Fu zum Meister; der Herrscher Gu hatte den Bo Dschau zum Meister; der Herrscher Yau hatte den Dsï Dschou Dschï Fu zum Meister; der Herrscher Schun hatte den Hü Yu zum Meister; Yü hatte den Da Dschong Dschï zum Meister; Tang hatte den Siau Tschen[26] zum Meister; die Könige Wen und Wu hatten Lü Wang und Dschou Gung Dan zu Meistern.

Fürst Huan von Tsi hatte den Guan I Wu zum Meister. Herzog Wen von Dsïn hatte den Gui Fan und den Sui Hui zu Meistern[27]. Der Herzog Mu von Tsin hatte den Bai Li Hi und den Gung Sun Dschï zu Meistern[28]. Der König Dschuang von Tschu[29] hatte den Sun Schu Au und den Schen Yin Wu zu Meistern. Der König Ho Lü von Wu hatte den Wu Dsï Sü und den Wen Dschï I zu Meistern. Der König Gou Dsïän von Yüo hatte den Fan Li und den Minister Dschung zu Meistern.

Diese zehn Heiligen und sechs Würdigen[30] haben alle ihre Meister geehrt. Heutzutage gibt es Fürsten, die an Ansehen jenen alten Herrschern bei weitem nicht gleichen, deren Weisheit die eines Heiligen lange nicht erreicht und die dennoch denken, sie brauchen ihre Meister nicht zu ehren. Auf welche Weise sollen die es zu etwas bringen? Das war eben der Grund, warum die Geschlechter der fünf Herrscher[31] zu Ende kamen und warum die drei Dynastien vernichtet wurden[32].

Der Mensch ist von Natur so beschaffen, daß sein Ohr die Möglichkeit des Hörens hat. Aber wer nicht hören lernt, für den wäre es besser, er wäre taub. Das Auge hat die Fähigkeit des Sehens, aber wer nicht sehen lernt, für den wäre es besser, er wäre blind. Der Mund hat die Fähigkeit des Redens, aber wer nicht reden lernt, für den wäre es besser, er wäre stumm[33]. Der Verstand hat die Fähigkeit des Erkennens, aber wer nicht erkennen lernt, für den wäre es besser, er wäre irre. So besteht das Lernen nicht darin, daß der Natur etwas zugefügt werden kann, sondern darin, daß das natürliche Wesen zur Erfüllung kommt. Wer das, was die Natur in ihm erzeugt hat, vollenden kann und es nicht verdirbt, der versteht es zu lernen.

Dsï Dschang stammte aus einer verkommenen Familie in Lu, Yän Dschu Dsü war ein großer Räuber aus Liang Fu, aber sie lernten bei Meister Kung. Duan Gan Mu war ein großer Wucherer im Staate Dsïn, aber er lernte doch bei Dsï Hia. Gau Ho und Hiän Dsï Schï hatten sich im Staate Tsi wegen ihrer Wildheit einen solchen Namen gemacht, daß man auf dem Lande mit dem Finger nach ihnen zeigte, aber sie lernten doch bei Meister Mo Dsï. So Lu Tsan war der größte Betrüger des Ostens, aber er lernte bei Kin Gu Li[34].

Diese sechs Männer waren alles Leute, die für Strafe, Schmach und Tod bestimmt zu sein schienen. Nun sind sie aber nicht nur Strafe, Schmach und Tod entgangen, sondern sogar zu großen Gelehrten und berühmten Männern geworden, die ihres Lebens Tage erfüllten, auf die Könige, Fürsten und Vornehme hörten und sie auszeichneten. Das alles haben sie durch Lernen erreicht.

Beim Lernen muß man vor allem darauf bedacht sein, Fortschritte zu machen. Das Herz darf nicht zerstreut sein, man muß emsig memorieren und fleißig und aufmerksam zuhören. Sieht man, daß der Lehrer bei guter Laune ist, so frage man ihn nach dem Sinn des Gelesenen. Man halte Augen und Ohren bei der Sache und weiche nicht von seinen Grundsätzen ab. Wenn man allein ist, denke man über die Worte des Lehrers ernstlich nach. Man bespreche sich dauernd auch mit Leuten anderer Ansichten, um die Wahrheit beurteilen zu lernen. Man widerspreche nicht in den Tag hinein, sondern halte sich immer in den richtigen Grenzen. Trifft man das Richtige, so werde man nicht eingebildet, trifft man daneben, so schäme man sich nicht. Und was das wichtigste ist, man gehe bei allem auf die Grundlagen zurück.

Solange der Lehrer am Leben ist, pflege man ihn sorgsam. Bei der sorgsamen Pflege kommt es hauptsächlich auf die Pflege des Herzens an[35]. Nach dem Tode des Lehrers opfere man ihm ehrfürchtig. Bei ehrfürchtigem Opfer kommt es vor allem darauf an, daß man die festgesetzten Termine nicht versäumt. Dadurch ehrt man seinen Lehrer.

Man bringe die Wassergräben im Garten in Ordnung, man gieße den Garten mit Eifer, man gebe sich Mühe beim Säen und Pflanzen, man flechte Sandalen aus den Ranken der Pflanzen, man knüpfe Netze und flechte Binsen und Schilf. Man gehe auf das Ackerfeld, man sei fleißig im Pflügen und Jäten und in der Wartung des Getreides, man gehe in die Wälder und Gewässer und fange Fische und Schildkröten, hole Vögel und Tiere. Dadurch ehrt man seinen Lehrer.

Man sehe nach Wagen und Pferden und sei vorsichtig beim Fahren und Wagenlenken; man sorge für Kleider und Gewänder und bereite warmes und leichtes Pelzwerk. Beim Aufwarten von Essen und Trinken befleißige man sich der größten Reinlichkeit, man bereite die Speisen gut zu, sorge für Süßes und Fettes, sei immer ehrerbietig und freundlich im Äußeren, höre genau auf Worte und Befehle und eile sich, sie zu vollbringen, immer ernst und eifrig. Dadurch ehrt man seinen Lehrer[36].

Der Edle verhält sich beim Lernen also: Wenn er über wissenschaftliche Dinge redet, so wendet er sich stets an seinen Lehrer, um die Wahrheit zu verstehen. Er hört auf ihn und gibt sich alle Mühe, um das Gehörte zu verstehen. Wer beim Hören sich nicht alle Mühe gibt, der heißt ein Abtrünniger; wer bei wissenschaftlichen Gesprächen sich nicht an seinen Lehrer wendet, der heißt ein Treuloser. Solche abtrünnigen und treulosen Menschen wird ein weiser Fürst nicht an seinem Hof zulassen und ein edler Mann nicht zu seinen Freunden machen.

Lehrer sein ist der ehrenvollste Beruf; Schüler sein führt zur wertvollsten Erkenntnis. Der ehrenvollste Beruf ist derjenige, welcher andern nützt, man kann andern nicht mehr nützen, als indem man sie lehrt. Die wertvollste Erkenntnis ist diejenige, die die Persönlichkeit vollkommen macht. Man kann aber seine Persönlichkeit nicht anders vollkommen machen als dadurch, daß man lernt. Ist einer eine vollkommen durchgebildete Persönlichkeit, so wird er als Sohn ehrfürchtig sein, ohne daß man ihn es heißt; als Beamter gewissenhaft sein, ohne daß man es ihm befiehlt; als Fürst gerecht sein, ohne daß man ihn dazu zwingt. Kommt er zu großer Macht, so ist er imstande, die ganze Welt in Ordnung zu bringen.

Dsï Gung fragte den Meister Kung und sprach: »Was wird die Nachwelt besonders von Euch rühmen, o Meister?«

Meister Kung sprach: »Was sollte ich denn Rühmenswertes an mir haben? Wenn du aber durchaus etwas wissen willst, so sei es das, daß ich das Lernen liebe, ohne es satt zu bekommen, daß ich das Lehren liebe, ohne müde zu werden. Das ist das einzige, was man von mir sagen kann.«[37]

Wenn der Himmelssohn in den großen Tempel geht, um den Heiligen des Altertums zu opfern, so gilt die Rangordnung des Alters. Wer einmal schon Meister des Himmelssohns war, der wird nicht mehr unter die Beamten gerechnet. Das geschieht, um das Lernen wichtig zu nehmen und die Meister zu ehren[38].

4. KAPITEL
Ungerechte Vorwürfe gegen Schüler
WU TU

Wer sich auf den Beruf eines Lehrers versteht, der macht, daß seine Schüler Ruhe finden und fröhlich sind, Zeit haben, sich erholen können, ernst sind und streng gegen sich selbst. Wenn diese sechs Dinge in der Schule vorhanden sind, so sind die Wege zu Verkehrtheiten und Ungezogenheiten verstopft und die Fertigkeit zum Fortschritt in Vernunft und Gerechtigkeit nimmt zu. Wenn einer diese sechs Dinge von der Schule nicht fürs Leben mitbekommt, so kann der Fürst ihn nicht als Beamten brauchen, ein Vater ihn nicht als Sohn brauchen, ein Meister ihn nicht als Jünger brauchen.

Es liegt in der Art der Menschen, daß sie keine Freude haben können, wenn sie sich nicht behaglich fühlen, und woran sie keine Freude haben, darin machen sie keine Fortschritte. Wenn man ihnen Freude zu geben vermag, so braucht's gar nicht einmal eines tüchtigen Schülers, selbst ein untauglicher wird sich Mühe geben. Wenn man es ihnen aber schwer macht, so braucht's gar nicht erst eines untauglichen Schülers, selbst ein tüchtiger kann es nicht lange aushalten. Wenn man zurückgeht auf das eigentliche Wesen des Menschen, so findet man das Mittel, die Schüler anzufeuern.

Der Meister Hua Dsï[39] sprach: »Ein König freut sich über das, was ihn zum König macht; ein Verlorener freut sich über das, was ihn zum Verlorenen macht.« Wer Tiere nur gebraten ißt, rottet sie damit noch nicht ganz aus; aber wer eine Leidenschaft für getrocknetes Fleisch hat, der kommt fast so weit. So hat ein König auch eine Leidenschaft für Vernunft und Recht und ein Verlorener hat eine Leidenschaft für Grausamkeit und Roheit. Ihre Leidenschaften sind verschieden, darum ist auch das Schicksal verschieden.

Ein schlechter Lehrer ist in seiner Stimmung nicht harmonisch, er greift etwas auf und läßt es wieder fallen und springt von einem aufs andere ab. Er besitzt keine Konsequenz; wie bei unbeständigem Wetter wechselt gute Laune und Zorn beständig bei ihm. Seine Worte und Reden wechseln täglich, und er läßt in seinen Handlungen seinen Launen freien Lauf. Liegt ein Fehler an ihm, so verschmäht er es, sein Unrecht zu bekennen. Er verharrt bei seinen Fehlern und ist eigensinnig, so daß keine Mahnung ihn zu ändern vermag.

Leuten gegenüber, die Einfluß und Macht haben und großen Reichtum, fragt er nicht nach Begabung und prüft nicht ihren Wandel, sondern er lehrt sie voll Hast und lobt schmeichlerisch, nur darauf bedacht, ja ihr Wohlwollen zu erlangen. Dagegen andere Schüler, die sich nicht hervordrängen, der Reinheit sich befleißigen, ein ruhiges Benehmen führen und über die andern hervorragen, die eine rasche Auffassung über alles Gehörte haben und mit Eifer und Begabung beim Lernen sind: Wenn sie fast mit ihrem Pensum fertig sind, so verfolgt er sie mit Hemmungen, er macht ihnen Schwierigkeiten und läßt sie darin stecken, er ist mißgünstig gegen sie und haßt sie. Wollte der Schüler nun weggehen, so täte es ihm leid, daß er nicht fertig geworden ist; bleibt er, so kommt er nicht zur Ruhe; kehrt er heim, so muß er sich vor Eltern und Geschwistern schämen; geht er nach auswärts, so kommt er bei Bekannten und Landsleuten in Schande. Das ist ein Kummer für einen Lernenden. Auf diese Weise kommen Lehrer und Schüler innerlich auseinander. Es liegt in der menschlichen Natur, Leute zu hassen, denen man entfremdet ist. So kommen Lehrer und Schüler gegenseitig in Feindschaft und Unfrieden. Es liegt aber in der menschlichen Natur, daß man die, mit denen man in Feindschaft lebt, nicht lieben kann, daß man die, die man haßt, nicht loben kann. Das führt zum Verderb des Unterrichts und zum Verfall aller Wahrheit und Lehre.

Nicht so macht es ein guter Lehrer. Er liebt den Schüler wie sich selbst. Er geht auf seine eigenen Bedürfnisse zurück, um ihn zu belehren. So findet er die rechte Weise des Lehrens. Was er andern zufügt, ist nur von der Art, daß man es auch ihm zufügen mag. Auf diese Weise sind Lehrer und Schüler wie ein Leib. Sie lieben einander wie sich selbst, sie loben einander wie sich selbst, sie helfen einander wie sich selbst. Das führt zur Blüte des Unterrichts und zum Gedeihen aller Wahrheit und Lehre.

Ein schlechter Schüler folgt dem Lehrer widerwillig und möchte es doch zu etwas bringen. Er ist dem Lehrer gegenüber oberflächlich und möchte doch etwas Gründliches lernen. Selbst Gras und Bäume, Hühner und Hunde, Rinder und Pferde darf man nicht schlecht behandeln. Behandelt man sie schlecht, so vergelten sie es den Menschen auch wieder mit schlechter Behandlung. Wieviel weniger darf man so sein, wenn es sich um einen vernünftigen Lehrer handelt und um die Worte der Wahrheit und der Unterweisung.

Ein schlechter Schüler ist in seinem Betragen gegen den Lehrer nicht gewissenhaft. Seine Aufmerksamkeit ist nicht ungeteilt. Er liebt ihn nicht herzlich und geht nicht mit Eifer ans Lernen. Beim Disputieren weiß er nicht wahr und falsch zu unterscheiden. Wenn er andere lehren soll, so ist er ungeschickt. Er murrt gegen den Lehrer, er liebt den Schlendrian, und sein Geist treibt sich in der Welt herum. Er rühmt sich seiner Macht und freut sich seiner schlechten Streiche. Darum versinkt er in tükkische Schlauheit, wird verblendet durch kleinliche Gewinnsucht und betört sich durch seine Lüste und Begierden. Wenn er etwas fragt, so bringt er alles durcheinander vor. Die verschiedenen Abschnitte seiner Aufsätze haben einen verschiedenen Sinn, und die verschiedenen Abteilungen widersprechen einander. Trennt er etwas, so kann er es nicht mehr zusammenbringen, vereinigt er etwas, so kann er es nicht mehr unterscheiden; ist die Sache fertig, so kann er kein Ende finden. Das sind die Übel eines Menschen, der nicht zu lernen versteht[40].

5. KAPITEL
Benützung der Menge
YUNG DSCHUNG

Wer sich aufs Lernen versteht, der macht es wie der König von Tsi beim Hühneressen. Der aß immer nur die Hinterzehe; dabei brauchte er mehrere Tausend, bis er satt war[41]. Selbst wenn man nicht satt wird, so hat man wenigstens Hühnerfüße gehabt. Es gibt in der Tat nichts in der Welt, das nicht einen Vorzug hat, und nichts, das nicht ein Gebrechen hat. So ist's auch mit den Menschen. Darum benützt der, der gut zu lernen versteht, die Vorzüge der andern, um seine eigenen Gebrechen auszugleichen. Wer so die andern zu benützen versteht, der wird das Erdreich besitzen. Man schäme sich nicht, etwas nicht zu können, man ärgere sich nicht, etwas nicht zu wissen. Wer sich schämt, etwas nicht zu können, und sich ärgert, etwas nicht zu wissen, der kommt in

Verlegenheit. Wer sich aber nicht schämt, etwas nicht zu können, und sich nicht ärgert, etwas nicht zu wissen, der kommt voran. Selbst Giä und Dschou Sin[42] hatten noch etwas, vor dem man Respekt haben mußte, das man ihnen nachtun konnte; wieviel mehr ist das bei tüchtigen Menschen der Fall.

So hat ein Gelehrter gesprochen: Das Disputieren darf man nicht unterlassen. Wer wirklich zu disputieren versteht, der schafft dadurch Belehrung. Die Belehrung ist ein großer Dialog. Wer aber seinen Gedanken im Wortwechsel mit andern keinen Ausdruck zu verleihen versteht, der ist wie ein Mensch, der außen in grobes härenes Gewand gekleidet ist, während er darunter in Samt und Seide geht.

Die Jung-Tataren werden geboren in der Tatarei, sie wachsen auf in der Tatarei, und so lernen sie die tatarische Sprache ganz unvermerkt. Die Leute von Tschu werden geboren in Tschu und wachsen auf in Tschu, und so lernen sie die Sprache von Tschu ganz unvermerkt. Wenn man nun einen Knaben aus Tschu in der Tatarei aufwachsen ließe und einen Tataren in Tschu, so würde der Mann aus Tschu Tatarisch lernen und der Tatare die Sprache von Tschu[43]. Von diesem Gesichtspunkt aus betrachtet, wüßte ich nicht, wie es unmöglich sein sollte, einen Herrscher, der sein Land zugrunde richtet, zu einem tüchtigen Herrn zu machen. Es kommt alles von den unrichtigen Einflüssen der Umgebung, in der er geboren und aufgewachsen ist, her. Darum ist es unbedingt nötig, auf die Umgebung, wo einer geboren wird und aufwächst, acht zu geben.

Es gibt keinen ganz weißen Fuchs auf der Welt, aber es gibt ganz weißes Pelzwerk. Man nimmt eben von allen das Weiße. Dadurch, daß sie von allen etwas nahmen, haben die drei Erhabenen und die fünf Herrscher solch großen Erfolg und Ruhm erreicht[44].

Wodurch alle Herrscher bestehen, das stammt von der Masse des Volks. Wenn einer, der seine eigene Stellung befestigt hat, seine Massen im Stich lassen wollte, so hat er den Wipfel, aber er verliert die Wurzel. Daß einer, der den Wipfel erreicht, aber die Wurzel verliert, sich in sicherem Zustande befände, ward noch nie gehört.

Im Verein mit allen Tapferen braucht man selbst einen Rekken wie Mong Ben nicht zu fürchten[45]. Im Verein mit allen Starken braucht man selbst einen Athleten wie Wu Huo nicht zu fürchten[46]. Im Verein mit allen Scharfsinnigen braucht man selbst einen Späher wie Li Lou nicht zu fürchten[47]. Im Verein mit allen Weisen braucht man selbst einen Yau und Schun nicht zu fürchten. Darum ist der Verein mit der Gesamtheit der große Schatz der Fürsten.

Tiän Piän sprach zum König von Tsi: »Mong Ben hat gefährliche Allüren. Wenn man ihn aber an die Grenze schickt, so ist er nicht gefährlich.«[48]

Die Könige von Tschu und We hörten nicht auf Ratschläge, und dennoch waren sie in ihrem Gebiet gerüstet, und ihre Krieger waren kampfbereit; das kam davon, daß sie die Menge für sich hatten.

BUCH V · DSCHUNG HIA GI

Aufzeichnungen des mittleren Sommermonats

I. KAPITEL
Der mittlere Sommermonat
DSCHUNG HIA

Im mittleren Sommermonat steht die Sonne im Zeichen Dung Dsing. Zur Zeit der Abenddämmerung kulminiert das Sternbild Kang; zur Zeit der Morgendämmerung kulminiert das Sternbild We. Seine Tage sind Bing und Ding. Sein göttlicher Herrscher ist Yän Di (der Flammenherr). Sein Schutzgeist ist Dschu Yung (der Schmelzmagier). Seine Tiere sind die gefiederten Tiere. Seine Note ist Dschï. Seine Tonart ist Sui Bin[1]. Seine Zahl ist sieben. Sein Geschmack ist bitter. Sein Geruch ist brenzlich. Man opfert dem Herdgeist. Unter den Opfergaben steht die Lunge obenan.

Die Kleine Hitze naht[2]. Die Gottesanbeterin entsteht, der Würger beginnt zu schreien, die Spottdrossel hört auf zu singen[3].

Der Himmelssohn weilt in der Lichthalle im großen Tempel[4]. Er fährt im Scharlachwagen, an dem schwarzmähnige Füchse angespannt sind. Es werden rote Flaggen aufgesteckt, man kleidet sich in rote Kleider und trägt roten Nephrit. Man ißt Bohnen und Hühner. Die Gefäße sind hoch und groß. Starke und kräftige Menschen werden gepflegt.

In diesem Monat erhält der Musikmeister den Befehl, die Handtrommeln, kleinen Trommeln und Pauken in Ordnung zu bringen, die Lauten und Zithern, Flöten und Oboen zu stimmen[5], Unterricht zu erteilen im Halten der Schilde und Äxte, der Flöten und Federn[6], die großen und kleinen Mundorgeln, Okarinas und Querpfeifen zu stimmen[7], die Glocken, Klingsteine, Klappern und Rasseln in Ordnung zu bringen[8].

Die Beamten erhalten den Befehl, für das Volk zu beten und Opfer darzubringen den Göttern der Berge, Ströme und Quellen. Das große Regenopfer wird gebracht an die göttlichen Herrscher mit feierlicher Musik[9]. Außerdem erhalten die Kreisbeamten den Befehl, Regenopfer darzubringen an die Geister der verschiedenen Herrscher, Großwürdenträger und Gelehrten, die für das Volk von Nutzen waren, um von ihnen Reife der Feldfrüchte zu erflehen[10].

Die Bauern bringen die Erstlinge der Hirsenernte dar. In diesem Monat kostet der Himmelssohn die Hirse mit Hühnern und ißt zum Nachtisch Kirschen, nachdem er zuerst in der inneren Halle des Ahnentempels geopfert hat.

Die Leute erhalten den Befehl, keinen Indigo zum Färben[11] zu schneiden, keine Holzkohle zu brennen und kein Tuch zu bleichen[12]. Die Stadt- und Dorftore sollen nicht geschlossen werden[13]. An den Pässen und in den Märkten sollen keine Abgaben erhoben werden. Es soll den schweren Verbrechern Erleichterung gewährt und ihre Nahrung vermehrt werden. Die weidenden Stuten werden in besondere Herden abgeteilt, während die Hengste angebunden werden[14]. Der Marschall ist dahin anzuweisen.

In diesem Monat kommt der längste Tag heran[15]. Das Dunkle und das Lichte kämpfen. Vergehen und Werden trennen sich.

Der Edle pflegt des Fastens und der Reinigung. Er hält sich in verborgenen Gemächern auf. Er strebt nach Ruhe und vermeidet die Aufregung. Er hält sich zurück von Musik und Schönheit, daß sie ihm nicht zufällig nahen. Er begnügt sich mit einfacher Speise und sucht nicht nach Wohlschmeckendem. Er mäßigt seine Begierden und festigt die Kraft seines Herzens. Die verschiedenen Beamten lassen ihre Geschäfte ruhen und verhängen keine schweren Strafen, damit der Erfolg der trüben Kraft in Ruhe erreicht werden kann.

Die Hirsche werfen das Geweih ab; die Zikaden beginnen zu zirpen. Das Mitsommerkraut wachst, der Eibisch blüht[16]. In diesem Monat soll man im Süden kein Feuer anzünden.

Man mag in hohen und hellen Gebäuden wohnen, man mag sich der fernen Aussicht freuen, man mag in die Berge und auf die Hügel gehen, man mag auf Terrassen und Hochgarten weilen[17].

Wenn im mittleren Sommermonat die für den Winter gültigen Ordnungen befolgt würden, so würden Hagel und Graupen das Getreide schädigen. Die Wege würden ungangbar werden, und heftige kriegerische Angriffe würden kommen. Wenn die für den Frühling gültigen Ordnungen befolgt würden, so würde das Korn zu spät reif. Alle Arten von Heuschrecken würden zumal sich erheben, und das Land würde Hungersnot bekommen. Wenn die für den Herbst gültigen Ordnungen befolgt würden, so würden Kräuter und Bäume ihr Laub verlieren, die Früchte würden vorzeitig reifen, und das Volk würde durch Pestilenz hingerafft werden.

2. KAPITEL
Große Musik (Klassische Musik)
DA YÜO

Die Ursprünge der Musik liegen weit zurück. Sie entsteht aus dem Maß und wurzelt im großen Einen. Das große Eine erzeugt die zwei Pole[18]; die zwei Pole erzeugen die Kraft des Dunklen und des Lichten. Die Kraft des Trüben und des Lichten wandelt sich; die eine steigt in die Höhe, und die andere sinkt in die Tiefe; sie vereinigen sich und bilden die Körper, wogend und wallend. Sind sie getrennt, so vereinigen sie sich wieder; sind sie vereint, so trennen sie sich wieder. Das ist der ewige Lauf des Himmels. Himmel und Erde sind im Kreislauf begriffen. Auf jedes Ende folgt wieder ein Anfang, auf jedes Äußerste folgt eine Wiederkehr. Alles ist aufeinander abgestimmt. Sonne, Mond und Sterne gehen teils schnell, teils langsam. Sonne und Mond stimmen nicht überein in der Zeit, die sie zur Vollendung ihrer Bahn brauchen[19]. Die vier Jahreszeiten treten nacheinander hervor. Sie bringen Hitze und Kälte, Kürze und Länge, Weichheit und Härte[20]. Das, woraus alle Wesen entstehen und ihren Ursprung haben, ist das große Eine; wodurch sie sich bilden und vollenden, ist die Zweiheit des Dunklen und Lichten. Sobald die Keime sich zu regen beginnen, gerinnen sie zu einer Form. Die körperliche Gestalt ist innerhalb der Welt des Raumes, und alles Räumliche hat einen Laut. Der Ton entsteht aus der Harmonie. Die Harmonie entsteht aus der Übereinstimmung. Harmonie und Übereinstimmung sind die Wurzeln, aus denen die Musik[21], die die alten Könige festsetzten, entstand.

Wenn die Welt in Frieden ist, wenn alle Dinge in Ruhe sind, alle in ihren Wandlungen ihren Oberen folgen, dann läßt sich die Musik vollenden. Die vollendete Musik hat ihre Wirkungen. Wenn die Begierden und Leidenschaften nicht auf falschen Bahnen gehen, dann läßt sich die Musik vervollkommnen. Die vollkommene Musik hat ihre Ursache. Sie entsteht aus dem Gleichgewicht. Das Gleichgewicht entsteht aus dem Rechten, das Rechte entsteht aus dem Sinn der Welt. Darum vermag man nur mit einem Menschen, der den Weltsinn erkannt hat, über die Musik zu reden.

Die verfallenden Staaten und die dem Untergang reifen Menschen entbehren freilich auch nicht der Musik, aber ihre Musik ist nicht heiter. Die Ertrinkenden lachen ja, auch die zum Tode Verurteilten singen ja, auch die Wahnsinnigen sind kampfbereit[22]. So ungefähr verhält es sich mit der Musik eines sich in Verwirrung befindlichen Zeitalters. Fürst und Beamter nehmen nicht die richtigen Stellungen ein. Vater und Sohn finden nicht das richtige Verhältnis zueinander, und die Beziehungen zwischen Mann und Frau sind außer Ordnung geraten. Wenn nun das Volk seufzt und klagt, so hält man das für Musik. Wie verkehrt ist dieses Gebahren!

Die Musik beruht auf der Harmonie zwischen Himmel und Erde, auf der Übereinstimmung des Trüben und Lichten.

Die Natur ist es, die den Menschen hervorbringt. Wenn der Mensch nichts zu tun hat, so entsteht in ihm von Natur die Lust. Ohne diese gäbe es für den Menschen kein Begehren. Es entsteht im Menschen von Natur der Haß; ohne diesen gäbe es für den Menschen keine Entfremdung. Lust und Haß hat der Mensch von Natur; er kann von sich aus nichts hinzufügen, nichts daran ändern. Unter den Gelehrten unserer Zeit gibt es einen, der die Musik verwirft; wie kommt er wohl dazu[23]? Die große Musik ist etwas, worüber sich Fürst und Beamter, Vater und Sohn, Alter und Jugend erfreut und ergötzt. Die Freude entsteht aus dem inneren Gleichgewicht; das innere Gleichgewicht entsteht aus dem Sinn. Was man »Sinn« nennt, ist etwas, danach blickt man, ohne es zu sehen, danach horcht man, ohne es zu hören, man kann es nicht körperlich empfinden. Wer das unmittelbare Schauen, das unhörbare Hören, die gestaltlose Gestalt erkennt, der kommt der wahren Erkenntnis nahe.

Was man »Sinn« nennt, ist etwas höchst Feines, das man sich nicht vorstellen und nicht begrifflich benennen kann. Als Notauskunft kann man es mit dem Namen das große Eine bezeichnen. Das Eine befiehlt, das Zweite gehorcht. Die Weisen der Urzeit wandten sich ab vom Zweiten und hielten sich an das Eine, darum erkannten sie das Wesen aller Dinge.

Wer in diesem Einen zu regieren vermag, der erfreut Fürst und Beamten, bringt Nah und Fern zusammen, erheitert die Scharen des Volkes und verbündet die Verwandten untereinander. Wer in diesem Einen seine Person zu regieren weiß, der vermeidet das Unheil, vollendet sein ihm zugemessenes Alter und vervollkommnet seine Natur. Wer in diesem Einen sein Volk zu leiten versteht, dem bleiben die Verkehrten fern, die Würdigen nahen sich ihm, und groß ist der Einfluß, den er hervorbringt. Wer in diesem Einen die Welt zu beherrschen vermag, der bringt Kälte und Hitze in Ordnung und schafft, daß Wind und Regen ihre Zeit innehalten. Darum erkennt der Weise das Eine. Wer das Eine erkennt, ist verständig; wer sich nur auf das Zweite versteht, ist ein Narr.

3. KAPITEL
Rauschende Musik
TSCHÏ YÜO

Die Menschen leben alle kraft der ihnen innewohnenden Fähigkeit zu leben, ohne zu wissen, worauf das Leben beruht. Die Menschen erkennen alle kraft der ihnen innewohnenden Erkenntnisfähigkeit, ohne zu erkennen, worauf das Erkennen beruht. Wer erkennt, worauf das Erkennen beruht, von dem kann man sagen, daß er den »Sinn« der Welt erkannt hat. Wer nicht erkennt, worauf sein Erkennen beruht, von dem kann man sagen, daß er sein Kostbarstes wegwirft. Wer sein Kostbarstes wegwirft, der klebt an seinen Fehlern.

Die Herrscher dieser Welt halten meistens Perlen und Edelsteine, Lanzen und Schwerter für ihr Kostbarstes, aber je mehr sie davon haben, desto mehr murrt das Volk, desto mehr kommt das Land in Gefahr, und desto mehr werden sie selbst in den Untergang verwickelt. Diese Zustände führen in Wirklichkeit zum Verlust jener Kostbarkeiten. Die Musik eines verkehrten Geschlechts hat dieselben Wirkungen. Wenn Pauken und Trommeln erdröhnen wie der Donner, wenn Becken und Klingsteine erklingen wie der Blitz, wenn Flöten und Geigen, Tanzen und Singen lärmend erdröhnen, so ist das wohl geeignet, die Nerven zu erschüttern, die Sinne zu erregen und das Leben überschäumen zu lassen.

Aber eine Musik, die mit diesen Mitteln wirkt, macht nicht heiter. Darum: Je rauschender die Musik, desto melancholischer werden die Menschen, desto gefährlicher wird das Land, desto mehr sinkt der Fürst. Auf diese Weise geht auch das Wesen der Musik verloren.

Was alle Heiligen Könige an der Musik geschätzt haben, war ihre Heiterkeit. Die Tyrannen Giä von Hia und Dschou Sin von Yin machten rauschende Musik. Sie hielten die starken Klänge von großen Pauken und Glocken, Klingsteinen, Klarinetten und Flöten für schön und hielten Massenwirkungen für sehenswert. Sie strebten nach neuen und seltsamen Klangwirkungen, nach Tönen, die noch kein Ohr gehört, nach Schauspielen, die noch kein Auge gesehen. Sie suchten einander zu überbieten und überschritten Maß und Ziel.

Der Grund für den Verfall des Staates Sung war, daß sie tausend Glocken erfanden; der Grund für den Verfall des Staates Tsi war, daß sie die große Glocke erfanden. Der Grund des Verfalls des Staates Tschu war, daß sie die Zaubermusik[24] erfanden. Rauschend genug ist ja eine solche Musik, aber vom Standpunkt der Wahrheit aus betrachtet, hat sie sich vom Wesen der eigentlichen Musik entfernt. Weil sie sich vom Wesen der eigentlichen Musik entfernt hat, darum ist diese Musik nicht heiter. Ist die Musik nicht heiter, so murrt das Volk, und das Leben wird geschädigt. Dem Leben ergeht es unter der Einwirkung dieser Musik wie dem Eis in der glühenden Sonne, es löst sich selber auf. Das alles entsteht daraus, daß man das Wesen der Musik nicht versteht, sondern nur auf rauschende Klangwirkungen aus ist.

Mit dem Wesen der Musik verhält es sich wie mit der Natur der körperlichen Organe. Da sie eine bestimmte Natur haben, so kommt es auf ihre naturgemäße Pflege an. Kälte und Hitze, Überanstrengung und Bequemlichkeit, Hunger und Übersättigung, diese sechs Dinge sind nicht der Natur entsprechend. Wer das Leben pflegen will, der schaut darauf, daß Nichtentsprechendes durch Entsprechendes ersetzt wird. Wer dauernd in Umständen, die der Natur entsprechen, zu verweilen vermag, der lebt lange.

Wahres Leben besteht darin, daß der Körper fest und ruhig ist, daß er Empfindungen nur hat, wenn Sinneseindrücke vorausgegangen sind, daß, wenn er Einwirkungen von außen erleidet, er ihnen entspricht, ohne daß Nachwirkungen zurückbleiben, daß Lüste und Begierden gemäßigt werden. Zügellose Lüste und Begierden führen zum Verlust der ursprünglichen Natur. Wer zügellos ist in seinen Lüsten und Begierden, der wird in seiner Stimmung gierig, gemein, widerspenstig und ungeordnet und in seinen Handlungen ausschweifend, verschwenderisch, betrügerisch und falsch. Dann kommt es dazu, daß die Starken die Schwachen bedrücken, daß die Mehrheit die Minderheit vergewaltigt, daß die Mutigen die Schüchternen mißhandeln und das Alter die Jugend verachtet.

4. KAPITEL
Vom Treffen des rechten Tons
SCHÏ YIN

Die Natur des Ohres ist es, die Töne zu lieben; aber wenn das Herz nicht heiter ist, so mögen alle fünf Klänge ertönen, und man hört sie nicht. Die Natur des Auges ist es, die Farben zu lieben; aber wenn das Herz nicht heiter ist, so mögen alle fünf Farben vor Augen sein, und man sieht sie nicht. Die Natur der Nase ist es, Düfte zu lieben; aber wenn das Herz nicht heiter ist, so mögen alle Düfte einen umgeben, und man riecht sie nicht. Die Natur des Mundes ist es, Wohlgeschmäcke zu lieben, aber wenn das Herz nicht heiter ist, so mögen Speisen von allen fünf Geschmacksarten vor einem stehen, und man ißt sie nicht. Das Begehren wohnt in den Sinnen, die Heiterkeit oder Nichtheiterkeit aber liegt im Herzen. Das Herz muß in Harmonie und Ruhe sein, dann erst wird es heiter. Das Herz muß heiter sein, dann erst können sich die Neigungen der Sinne regen. Darum ist es zur Heiterkeit nötig, das Herz zur Harmonie zu bringen. Das Herz kommt zur Harmonie, wenn der rechte Ton getroffen wird. Wenn die Heiterkeit den richtigen Ton trifft, so trifft auch das Herz den richtigen Ton.

Es liegt in der Natur des Menschen, langes Leben zu lieben und vorzeitigen Tod zu scheuen, Sicherheit zu lieben und Gefahr zu scheuen, Ehre zu lieben und Schande zu scheuen, Ruhe zu lieben und die Mühsal zu scheuen. Wenn man die vier geliebten Dinge bekommt und frei bleibt von den vier Dingen, die man verabscheut, so findet das Herz die richtige Stimmung. Die Erfüllung der vier Wünsche beruht aber darauf, daß man die Vernunft walten läßt; läßt man die Vernunft walten bei der Bildung seiner Person, so wird das Leben vollkommen, und durch die Vollkommenheit des Lebens wird ein hohes Alter erreicht. Läßt man die Vernunft walten bei der Ordnung des Staates, so werden die Gesetze befestigt. Sind die Gesetze befestigt, so fügt sich die ganze Welt Darum ist es wichtig, damit das Herz den richtigen Ton trifft, die Vernunft walten zu lassen.

Bei der Musik kommt es auch darauf an, daß man den rechten Ton trifft. Ist sie zu rauschend, so wird die Stimmung aufgeregt. Wenn man in aufgeregter Stimmung rauschende Musik hört, so vermag das Ohr sie nicht zu fassen. Wenn man sie nicht aufzufassen vermag, so gibt es Stauungen und durch die Stauung Erschütterung. Ist sie zu leise, so wird die Stimmung unbefriedigt. Hört man unbefriedigter Stimmung leise Musik, so füllt sich das Ohr nicht; füllt sich das Ohr nicht, so bleibt die Anregung ungenügend, und durch ungenügende Anregung bleibt eine innere Leere. Sind die Töne zu hoch, so wird die Stimmung zu gespannt, hört man gespannter Stimmung hohe Töne, so gellen die Ohren. Gellen die Ohren, so kann man die Töne nicht mehr unterscheiden, und durch diesen Mangel an Unterscheidung wird man erschöpft. Sind die Töne zu tief, so wird die Stimmung bedrückt. Hört man in bedrückter Stimmung tiefe Töne, so faßt sie das Ohr nicht auf. Kann man sie nicht auffassen, so wird man zerstreut und durch Zerstreuung ärgerlich. Darum: Sowohl zu rauschende als auch zu leise, sowohl zu hohe als auch zu tiefe Musik treffen nicht den rechten Ton.

Was heißt den rechten Ton treffen? Die mittlere Lage ist der rechte Ton der Musik. Was heißt die mittlere Lage? Wenn die Größe der Instrumente ein Gün nicht übersteigt und ihre Schwere nicht über ein Schï hinausgeht: das ist die mittlere Lage der Größe und der Schwere[25]. Die Tonika der gelben Glokke ist die Grundlage der musikalischen Töne[26]. Sie hält die Mitte zwischen Höhe und Tiefe. Wenn man den rechten Ton in der rechten Weise hört, so stellt sich eine harmonische Stimmung ein. Das ist der Zustand, wo die Heiterkeit nicht zu groß ist, sondern ein harmonisches Gleichmaß vorhanden ist. Darum ist die Musik eines wohlgeordneten Zeitalters ruhig und heiter und die Regierung gleichmäßig. Die Musik eines unruhigen Zeitalters ist aufgeregt und grimmig und seine Regierung ist verkehrt. Die Musik eines verfallenden Staates ist sentimental und traurig, und seine Regierung ist gefährdet. Stets ist die Musik in Wechselwirkung mit der Regierungsart und beeinflußt die Gebräuche und mildert die Sitten. Wenn die Sitten gefestigt sind, so vermag die Musik, sie zu beeinflussen. Darum genügt es in einem Zeitalter, da Ordnung herrscht, die Musik eines Landes zu beobachten, um seine Sitten zu kennen; seine Regierung zu beobachten, um seinen Herrscher zu kennen. Darum haben die alten Könige die Musik dazu benützt, um ihren Kultureinfluß zum Ausdruck zu bringen. Im reinen Tempel wird eine Harfe benützt mit roten Saiten und zarten Tönen. Nach jedem Vers, der gesungen wird, folgen drei Seufzer, das zeigt, daß es noch etwas Höheres gibt als Klangschönheit[27]. Beim großen Opfer ist es Sitte, daß der dunkle Kelch vorangestellt wird und rohe Fische auf der Platte dargebracht werden. Die große Fleischsuppe ist ungemischt, denn es gibt noch etwas Wichtigeres als den Geschmack[28]. Darum waren die alten Könige bei der Schaffung von Sitte und Musik nicht nur darauf aus, Ohr und Auge zu ergötzen und die Lüste von Mund und Magen zu befriedigen, sondern ihre Absicht war es, die Menschen zu lehren, ihre Zu- und Abneigungen zu mäßigen und vernunft- und pflichtgemäß zu wandeln.

5. KAPITEL
Alte Musik
GU YÜO

Die Ursprünge der Musik liegen weit zurück; man darf sie nicht in Verfall geraten lassen. Es gibt Musik, die maßvoll ist, und solche, die übertrieben ist. Es gibt Musik, die einfach ist, und solche, die ausschweifend ist. Dem Würdigen dient sie zum Gedeihen, dem Untüchtigen gereicht sie zum Untergang.

In uralten Zeiten herrschte Dschu Siang Schï[29] über die Welt. Damals bliesen viele Winde, die Kraft des Lichten sammelte sich, und alle Dinge lösten sich auf, die Früchte und Samen wurden nicht reif. Da machte Schï Da die fünfsaitige Harfe, um die Kraft des Trüben herbeizurufen und die Lebewesen alle zu festigen.

Die Musik des Herrschers Go Tiän Schï[30] bestand darin, daß drei Männer einen Kuhschwanz zogen und mit Füßen stampften und so acht Verse sangen. Der erste Vers redete über die Behandlung des Volks, der zweite über die Pflege des Geflügels, der dritte über Förderung von Kräutern und Bäumen, der vierte über die Bemühung um die fünf Feldfrüchte, der fünfte über die Achtung vor den Regeln des Himmels, der sechste über die Begründung von Werken eines Herrschers, der siebente über die Benützung der Kraft der Erde, der achte über allgemeine Verwendung sämtlicher Vögel und Tiere.

Im Anfang des Herrschers Tau Tang[31] staute sich die dunkle Kraft in hohem Grade und sammelte sich in der Tiefe. Der Lauf des Lichten wurde gehemmt, so daß es sich nicht mehr der Ordnung nach auswirken konnte[32]. Die Stimmung des Volkes wurde trübe und träge. Die Sehnen und Knochen entspannten sich und gehorchten nicht mehr. Da erfand er den Tanz, um die Leute wieder zur Bewegung anzuleiten.

Vor alters befahl Huang Di[33] dem Ling Lun, die Tonleiterpfeifen zu verfertigen. Ling Lun ging vom Westen des Da-Hia-Gebirges und kam zum Norden des Yüan-Yü-Berges[34]. Da nahm er Bambus aus dem Tal Hiä Hi und benützte diejenigen, deren Hohlräume dick und gleichmäßig waren, und hieb sie zwischen zwei Knoten ab. Ihre Länge betrug drei Zoll neun Linien[35]. Er blies auf ihnen und bestimmte, daß die Tonika der Tonleiter Huang Dschung sein solle. Er blies darauf und sprach: Das stimmt! Darauf machte er die zwölf Pfeifen. Da er am Fuße des Yüan-Yü-Berges den männlichen und weiblichen Phönix (Fong Huang) singen hörte, unterschied er danach die zwölf Tonarten. Aus dem Gesang des männlichen machte er sechs und aus dem Gesang des weiblichen machte er auch sechs, die alle mit der Tonika der Tonleiter Huang Dschung sich erzeugen ließen. Darum heißt es: Die Tonika der Huang Dschung ist der Grundton der ganztonigen und abgeleiteten Tonleitern[36].

Huang Di befahl außerdem dem Ling Lun, zusammen mit Yung Dsïang zwölf Glocken zu gießen, die die harmonischen fünf Töne der Tonleiter ergeben, um eine herrliche Musik auszuführen. Im mittleren Frühlingsmonat am Tage I Mao, als die Sonne im Zeichen Kui stand, wurde sie zum erstenmal aufgeführt und erhielt den Namen Hiän Tsi.

Der Herrscher Dschuan Hü wurde geboren am Wasser Jo und ließ sich endgültig nieder in Kung Sang. Darauf bestieg er den Sitz des Herrschers, und da er mit dem Himmel übereinstimmte, so wehten die Winde genau aus ihren Richtungen. Ihr Ton klang wie Hi Hi, Tsi Tsi, Tsiang Tsiang. Der Herrscher Dschuan Hü liebte ihren Ton und befahl dem fliegenden Drachen (Fe Lung), sie nachzuahmen und die Töne der acht Winde zu gestalten[37]. Er nannte diese Musik die Aufnahme der Wolken und man benützte sie, um dem höchsten Gott zu opfern. Auch befahl er dem Salamander (To), den Musikmeistern den Takt zu geben. Salamander hockte nieder und schlug mit seinem Schwanz auf seinen Bauch. Es klang wie Yang Yang.

Der Herrscher Gu befahl dem Hiän He, Gesänge zu komponieren[38]. Auch war Tschui da, der fertigte Handtrommeln und Pauken, Glocken und Klingsteine, Flöten und Oboen, Klappern und Rasseln, kleine Trommeln und Hammerglocken an. Der Herrscher Gu ließ dann die Leute in die Hände klatschen, die Trommeln rühren, die Glocken und Klingsteine anschlagen, die Flöten und Pfeifen blasen und schließen mit der Rassel und Klapper. Dadurch veranlaßte er den Vogel Fong, im Himmel im Takt umherzufliegen. Der Herrscher Gu war sehr erfreut darüber, und die Musik diente zur Sicherung des Einflusses des Herrschers.

Als der Herrscher Yau auf den Thron kam, da befahl er dem Dschï, Musik zu machen. Dschï ahmte die Töne der Wälder und Bachtäler nach in seinem Gesang. Er spannte Hirschleder über ein irdenes Gefäß und trommelte darauf. Er strich den Klingstein und schlug den Klingstein, daß er klang wie der nephritene Klingstein des höchsten Gottes und alle Tiere sich im Takt danach bewegten. Der blinde Greis[39] teilte die fünfsaitige Leier in die fünfzehnsaitige Leier. Er nannte sie Da Dschang und benützte sie beim Opfer für den höchsten Gott. Als Schun zur dauernden Regierung kam, da teilte er die Leier, die der blinde Greis gemacht hatte, und vermehrte sie um acht Saiten, so daß daraus die 23saitige Leier wurde.

Der Herrscher Schun befahl dem Dschï[40], die neunfache Schau-, sechsfache Liä- und sechsfache Ying-Musik zu machen und des Herren[41] Tugend zu preisen.

Als Yü eingesetzt war, mühte und sorgte er sich um die Welt. Tag und Nacht gönnte er sich keine Ruhe. Er regulierte die großen Ströme, trainierte die Anschwemmungen, meißelte das Drachentor aus und leitete die Wasser nach unten ab, so daß der Gelbe Fluß sein festes Bett bekam. Er regelte die drei Giang-Ströme und die fünf Seen und leitete sie nach dem Osten ab, um die Mengen des Volkes zu fördern. Darauf befahl er dem Gau Yau, die neun Sätze der Hia-Yüo-Musik zu machen, um seine Werke ins Licht zu setzen.

Als Tang aus dem Hause Yin auf den Thron kam, da war der letzte Herrscher aus dem Hause Hia[42] vom rechten Pfad gewichen. Er behandelte die Volksmengen mit Grausamkeit, beraubte die Fürsten und wich von den festen Maßen und Geleisen ab. Die ganze Welt empörte sich dagegen. Darauf führte Tang die Kriegsmacht von sechs Provinzen heran, um die Schuld des Giä zu bestrafen. Das große Werk kam zur Vollendung, und die Volksmassen hatten Ruhe. Da befahl Tang dem I Yin, die Da-Huo-Musik und den Morgentaugesang (Schen Lu) zu machen. Die neunfache Schau- und sechsfache Liä-Musik in Ordnung zu bringen, damit man seine Güte sehen könnte.

Als der König Wen von Dschou am Fuß des Berges Ki weilte, da wandten sich die Fürsten von den Verruchtheiten des Königs von Yin ab und halfen dem König Wen[43]. San I Schong sprach: Yin ist für die Strafe reif. Aber der König Wen war nicht damit einverstanden. Da machte Dan, der Fürst von Dschou, ein Lied, das hieß[44]:

Der König Wen ist droben
Und strahlt im Himmelsglanz,
Ein altes Land ist Dschou wohl,
Doch sein Beruf ist neu.

Damit pries er die Tugend des Königs Wen.

Als König Wu den Thron bestieg, da bekämpfte er Yin mit sechs Heeren, und noch ehe die sechs Heere dessen Hauptstadt erreicht hatten, schlug er ihn mit der Vorhut auf der Ebene des Hirtenfeldes (Mu Yä). Als er zurückkehrte, brachte er die abgeschnittenen Ohren der Überwältigten im königlichen Ahnentempel dar und befahl dem Fürsten von Dschou, die große Wu-Musik zu machen.

Als der König Tschong auf den Thron kam, da machten die Leute von der vertriebenen Yin-Dynastie einen Aufruhr. Der König befahl dem Herzog Dschou hinzugehen, um sie zu bestrafen. Die Leute von Schang (Yin) hatten Elefanten gezähmt, um die Barbaren des Ostens einzuschüchtern. Der Fürst von Dschou folgte ihnen mit seinem Heer und vertrieb sie bis südlich des Großen Flusses (Yangtsekiang). Darauf machte er die Musik der drei Elefanten (San Siang), um seine Tugend zu preisen.

So liegen die Ursprünge der Musik weit zurück, und nicht ein einzelnes Geschlecht hat sie erschaffen.

BUCH VI · GI HIA GI

Aufzeichnungen des letzten Sommermonats

I. KAPITEL
Der letzte Sommermonat
GI HIA

Im letzten Sommermonat Gi Hia steht die Sonne im Zeichen Liu. Zur Zeit der Abenddämmerung kulminiert das Sternbild Kui. Seine Tage sind Bing und Ding. Sein göttlicher Herrscher ist Yän Di (der flammende Herrscher). Sein Schutzgeist ist Dschu Yung (der Schmelzmagier). Seine Tiere sind die gefiederten Tiere. Seine Note ist Dschï. Seine Tonart ist Lin Dschung[1]. Seine Zahl ist sieben. Sein Geschmack ist bitter. Sein Geruch ist brenzlig. Man opfert dem Herdgeist; unter den Opfergaben steht die Lunge obenan.

Der kühle Wind beginnt sich einzustellen. Das Heimchen wohnt in den Häusern[2]. Der Habicht übt sich im Raub. Aus faulem Grase entstehen die Glühwürmchen.

Der Himmelssohn weilt in der Lichthalle im rechten Raume[3]. Er fährt im Scharlachwagen, an dem schwarzmähnige Füchse angespannt sind. Es werden rote Flaggen aufgesteckt, man kleidet sich in rote Kleider und trägt roten Nephritschmuck. Man ißt Bohnen und Hühner. Die Gefäße sind hoch und groß.

In diesem Monat erhält der Fischmeister den Befehl, die Alligatoren zu töten, die Gaviale zu fangen, Karettschildkröten darzubringen und Meerschildkröten zu fangen[4].

Darauf bekommt der Förster den Befehl, die verwendbaren Schilfarten darzubringen[5].

In diesem Monat erhalten die vier Inspektoren den Befehl, die Beamten und hundert Kreise[6] zu versammeln und Gras zu beschaffen zur Fütterung der Opfertiere. Alles Volk erhält den Befehl, alle Kraft aufzubieten, damit die Opfertiere geliefert werden können für den höchsten Herrscher des erhabenen Himmels, für die Götter der berühmten Berge, der großen Ströme und der vier Weltgegenden, damit man opfern kann den Geistern im Ahnentempel und auf dem Altar der Erde und des Korns, um für das Volk Glück zu erflehen.

In diesem Monat erhalten die Aufseher der Frauenarbeiter den Befehl, Farben zu beschaffen für die Ornamente Fu, Fu, Wen, Dschang, die alle dem Gebrauch gemäß hergestellt werden[7] müssen, ohne daß eine Abweichung stattfinden darf. Schwarz, gelb, grün, rot müssen alle in echten Farben hergestellt werden. Niemand darf es wagen, gefälschte Stoffe herzustellen, denn die so bereiteten Gewänder sollen zu den Opfern auf dem Anger[8] und im Ahnentempel verwendet werden, und um Flaggen und Gewänder herzustellen zur Bezeichnung der einzelnen Grade von vornehm und gering.

In diesem Monat sind die Bäume eben in vollem Saft. Deshalb erhalten die Förster den Befehl, in die Wälder zu gehen und die Bäume zu besichtigen, daß nicht etwa jemand Holz fällt oder schneidet.

Man darf nicht Erdarbeiten unternehmen, man darf nicht die Lehnsfürsten versammeln, man darf nicht Soldaten ausheben und die Massen in Bewegung setzen. Auch keine große Unternehmung beginnen, wodurch die Lebenskraft erschüttert und zerstreut würde[9]. Man soll keine Befehle ergehen lassen, wodurch die Zeiten beeinträchtigt würden und die Arbeiten des Schen Nung (göttlichen Landmanns) gehindert würden[10]. Die Überschwemmungen durch das Wasser sind besonders ausgedehnt, darum muß man den Schen Nung anweisen, die Arbeiten zu besichtigen. Würde man große Unternehmungen beginnen, so würden Strafen des Himmels die Folge sein[11].

In diesem Monat ist die Erde feucht und breiig. Es ist heiß und große Regen fallen dauernd nieder. Wenn das verbrannte Unkraut in das Wasser kommt, so wird es dadurch abgetötet, wie durch heißes Wasser, und man kann es zum Düngen der Felder und zum Verbessern der Dammerde benutzen[12].

Wenn man die Ordnungen dieses Monats befolgt, so fällt dreimal süßer Regen in drei Dekaden zwei Tage lang. Wenn im letzten Sommermonat die für den Frühling gültigen Ordnungen befolgt würden, so würden die Körnerfrüchte sich lösen und zur Erde fallen. Im Lande würden viele Erkältungen und Hustenkrankheiten herrschen, und die Leute würden hin und her ihre Wohnsitze verlegen. Wenn die für den Herbst gültigen Ordnungen befolgt würden, so würden Hügel und Sümpfe vom Wasser gleichmäßig überschwemmt werden. Das Getreide würde nicht reif, und häufige Frühgeburten würden eintreten. Wenn die für den Winter gültigen Ordnungen befolgt würden, so würden Kälte und Wind vorzeitig eintreten, Falken und Sperber würden früh schon auf den Raub gehen. Von allen Seiten würde das Landvolk (von Räubern bedrängt) sich in die festen Plätze flüchten.

In der Mitte des Jahres herrscht die Erde. Die entsprechenden Tage sind Wu und Gi. Ihr göttlicher Herrscher ist Huang Di, ihr Schutzgeist Hou Tu[13]. Ihre Tiere sind die unbehaarten[14]. Ihre Note ist Gung; ihre Tonart Huang Dschung[15]. Ihre Zahl ist fünf. Ihr Geschmack ist süß. Ihr Geruch ist duftend. Man opfert dem Geist des Impluviums. Unter den Opfergaben steht das Herz obenan[16].

Der König weilt im großen Tempel in der großen Halle[17]. Er fährt im großen Wagen, an dem gelbe Pferde mit schwarzen Schwänzen angespannt sind. Er steckt gelbe Flaggen auf, zieht gelbe Kleider an und trägt gelben Nephritschmuck. Man ißt Hirse und Rinder. Die Geräte sind rund und geräumig.

2. KAPITEL
Die Tonarten
YIN LÜ

Huang Dschung erzeugt Lin Dschung, Lin Dschung erzeugt Tai Tsu, Tai Tsu erzeugt Nan Lü. Nan Lü erzeugt Gu Siän. Gu Si-An erzeugt Ying Dschung. Ying Dschung erzeugt Sui Bin. Sui Bin erzeugt Da Lü. Da Lü erzeugt I Dso. I Dso erzeugt Gia Dschung. Gia Dschung erzeugt Wu I. Wu I erzeugt Dschung Lü.

Wenn man die drei Drittel der Röhren der erzeugenden Tonart um ein Drittel verlängert, so ist die Tonart nach oben hin erzeugt. Wenn man die drei Drittel der Röhren der erzeugenden Tonart um eine verringert, so ist die Tonart nach unten hin erzeugt. Die Tonarten Huang Dschung (f) Da Lü (fis) Tai Tsu (g) Gia Dschung (gis) Gu Siän (a) Dschung Lü (ais) Sui Bing (h) sind obere. Die Tonarten Lin Dschung (c) I Dso (cis) Nan Lü (d) Wu I (dis) Ying Dschung (e) sind untere[18].

Zur Zeit der großen Heiligen, als höchste Vernunft auf Erden herrschte, war der Atem von Himmel und Erde in Einklang und erzeugte die Winde. Immer wenn die Sonne an einen bestimmten Punkt kam, so gab der Mond dem Wind einen Klang, und auf diese Weise wurden die zwölf Tonarten erzeugt. Im mittleren Wintermond ist der Tag am kürzesten, dadurch wurde Huang Dschung erzeugt. Der letzte Wintermond erzeugte Da Lü, der erste Frühlingsmond erzeugte Tai Tsu, der mittlere Frühlingsmond erzeugte Gia Dschung, der letzte Frühlingsmond erzeugte Gu Siän, der erste Sommermond erzeugte Dschung Lü. Im mittleren Sommermond ist der Tag am längsten, dadurch wird Sui Bin erzeugt. Der letzte Sommermond erzeugte Lin Dschung, der erste Herbstmond erzeugte I Dso, der mittlere Herbstmond erzeugte Nan Lü, der letzte Herbstmond erzeugte Wu I, der erste Wintermond erzeugte Ying Dschung. Wenn der Windatem von Himmel und Erde im rechten Verhältnis ist, so bestimmen sich die zwölf Tonarten. Im Monat der Huang-Dschung-Tonart[19] tut man keine Erdarbeit. Man hütet sich, Zugedecktes aufzudecken, um den Himmel fest und die Erde verschlossen zu halten, da sonst die Kraft des Lichten sich zerstreuen würde.

Im Monat der Da Lü[20] ist die Zahl der Monate zu Ende. Das Jahr fängt wieder an, sich zu erheben, und die Bauern haben nichts zu tun. Im Monat der Tai Tsu[21] beginnt die Kraft des Lichten, sich wieder zu erzeugen, Kräuter und Bäume beginnen, sich zu regen. Die Bauern erhalten den Befehl, die Erde durchzupflügen, damit ja keiner die Zeit versäumt.

Im Monat der Gia Dschung[22] ist Freigebigkeit, Segen, Eintracht und Friede am Platz. Man übe Milde und meide die Strafen. Es sollen ja keine Dinge unternommen werden, die der Menge der Lebenden schaden[23].

Im Monat der Gu Siän[24] stelle man die Verbindung der Straßen und Wege her; man bessere und säubere die Gräben und Kanäle. Wenn man diese Befehle ausführt, so werden wohltätige Lüfte hereinströmen.

Im Monat der Dschung Lü[25] soll man keine Mengen ansammeln. Man soll die Ackergeschäfte beaufsichtigen und ermutigen. In diesem Monat wachsen Kräuter und Bäume. Man soll die Leute nicht unzufrieden machen[26].

Im Monat der Sui Bin[27] ist die Kraft des Lichten oben. Man gebe den Starken Ruhe und nähre die Jungen. Wenn die Regierung nicht ruhig ist, so vertrocknen Pflanzen früh.

Im Monat der Lin Dschung[28] sind die Pflanzen in voller Entfaltung. Die Kraft des Dunklen ist im Begriff, ihren tödlichen Einfluß zu beginnen. Man unternehme keine großen Angelegenheiten, um so die Kraft des Lichten zu stärken.

Im Monat der I Dso[29] ordne man die Gesetze und setze die Strafen fest. Man hebe Krieger aus und schleife die Waffen. Man rotte die Ungerechten aus, um die Schwachen und Fremdlinge zu schützen.

Im Monat der Nan Lü[30] kriechen die Winterschläfer in ihre Höhlen. Die Ernte wird gesammelt und die Vorräte eingebracht. Niemand darf es wagen, träge und lässig zu sein, jeder muß darauf aus sein, so viel zu tun, als er kann.

Im Monat der Wu I[31] werden die Übeltäter hingerichtet, den Gesetzen entsprechend unerbittlich. Man lasse keine Prozesse in der Schwebe, sondern bringe die vorhandenen zum Abschluß.

Im Monat der Ying Dschung[32] sind die Kräfte des Lichten und Dunklen in ihren Wirkungen gehemmt. Das Jahr schließt, und es wird Winter. Man ordnet die Trauerbräuche und richtet den Sinn des Volks auf das Ende.

3. KAPITEL
Anfänge der Musik
YIN TSCHU

Kung Gia, ein Herrscher aus dem Hause Hia, ging einst auf die Jagd im Dung-Yang-Fu-Gebirge. Da erhob sich ein großer Sturm, und es wurde ganz finster. Kung Gia verirrte sich und kam in ein Bauernhaus, wo eben ein Kind zur Welt gekommen war. Jemand sprach: »Der Herrscher ist gekommen, das ist ein glücklicher Tag; das Kind wird sicher großes Glück haben.« Ein andrer sagte: »Das Kind ist diesem Glück nicht gewachsen, es wird sicher Unglück haben.« Der Herrscher nahm das Kind mit sich nach Hause und sprach: »Ich will es als meinen Sohn erziehen; wer wird es dann wagen, ihm Unglück zuzufügen?« Als das Kind herangewachsen war, da brach beim Versetzen eines Zeltes eine Stange, und eine Axt schlug ihm den Fuß ab[33]. Darauf wurde er Türhüter. Kung Gia sprach: »Ach, wie rasch das Schicksal schreitet!« Darauf machte er das Lied vom Axthieb. Das ist der wirkliche Anfang der östlichen Musik.

Als Yü seine großen Werke ausführte, da sah er das Mädchen vom Tu-Schan-Berg. Ehe Yü noch mit ihr zusammengewesen war, mußte er fort, um die südlichen Gegenden zu besichtigen. Da nahm das Mädchen vom Tu Schan ihre Dienerin mit sich und wartete auf den Yü im Süden des Tu-Schan-Berges. Das Mädchen machte ein Lied, das hieß: »Ach! Ich warte auf ihn!« Das war der Anfang der südlichen Musik.

Die Herzöge von Dschou und Schau sammelten Lieder dieser Stimmung und nannten sie: Süden von Dschou und Süden von Schau[34].

Der König Dschau von Dschou machte sich auf, um den Staat Tschu zu bekämpfen. Sin Yü Mi, ein Mann von großer Gestalt und vieler Kraft, stand dem König zur Rechten im Kriegswagen. Auf der Rückkehr zerbrach beim Überschreiten des Han-Flusses[35] die Brücke. Da fielen der König und der Herzog Tsai in den Han-Fluß. Sin Yü Mi rettete den König und brachte ihn ans nördliche Ufer. Darauf kehrte er zurück und rettete auch den Herzog Tsai. Der Herzog von Dschou erwartete ihn im Westen, verlieh ihm infolge seiner Tapferkeit den Titel eines Herzogs Tschang.

Yin Dschong Gia war früher nach dem westlichen Gelben Fluß übergesiedelt, doch gedachte er sehnsuchtsvoll seiner alten Heimat. Das ist der wirkliche Anfang der westlichen Musik. Der Herzog Tschang nun setzte diese Musik fort, als er am Westberg weilte. Der Herzog Mu von Tsin bediente sich dieser Stimmung, um die Anfänge der Musik von Tsin zu schaffen.

Der Herrscher von Yu Sung hatte zwei schöne Töchter. Er baute für sie einen neun Stockwerke hohen Turm. Wenn sie aßen oder tranken, wurde immer Musik gemacht. Da sandte der Herr[36] eine Schwalbe, um nach ihnen zu sehen. Ihr Gesang klang wie: ai, ai. Die beiden Mädchen hatten eine Freude daran und fingen sie. Sie deckten sie mit einem Nephritkörbchen zu. Nach einer Weile hoben sie es wieder auf und sahen nach ihr. Die Schwalbe hatte zwei Eier gelegt, dann flog sie nach Norden weg und kam nicht wieder. Die beiden Mädchen sangen ein Lied, das hieß: »Schwalbe,Schwalbe, du bist fortgeflogen.« Das wurde dann der Anfang der nordischen Musik.

Alle Musik wird geboren im Herzen des Menschen. Was das Herz bewegt, das strömt in Tönen aus; und was als Ton draußen erklingt, das beeinflußt wieder das Herz drinnen. Darum, wenn man die Töne eines Landes hört, so kennt man seine Bräuche. Prüft man seine Bräuche, so kennt man seine Gesinnung. Schaut man seine Gesinnung, so kennt man seine Art. Blüte und Untergang, Würdigkeit und Unwürdigkeit, edle und gemeine Gesinnung, alles drückt sich in der Musik aus und läßt sich nicht verbergen. Darum heißt es: Tief ist der Einblick, den die Musik gewährt.

Ist das Erdreich dürftig, so wachsen Kräuter und Bäume nicht; ist das Wasser trübe, so werden Fische und Schildkröten nicht groß. Ist die Zeit unrein, so sind die Sitten verwirrt, und die Musik wird unsittlich. Das sind die Töne von Dschong und We[37] und die Musik unter den Maulbeeren[38].

Diese Musik ist es, die Staaten, die in Verwirrung sind, lieben und an der sich Menschen verfallener Tugend freuen. Wenn unreine und sittenverderbende Musik aufkommt, so bewirkt sie unreinen Geist und schlechte Gesinnungen. Durch diese Wirkung werden alle Arten von Lastern und Schlechtigkeiten geboren. Darum kehrt der Edle zum rechten Weg zurück und pflegt seine Tugend. Aus reiner Tugend entströmt reine Musik. Durch die Harmonie der Musik bewirkt er Ordnung. Ist die Musik harmonisch, so schätzt das Volk das Rechte.

4. KAPITEL
Die Grundlagen der Musik
DSCHÏ YÜO

Will man höchste Musik sehen, so ist es sicher in Ländern, wo höchste Ordnung herrscht. Wo edle Sitten walten, da waltet edle Musik, wo dürftige Sitten walten, da waltet auch dürftige Musik. In unordentlichen Zeitaltern ist die Freude zügellos. Heute schließt man Fenster und Türen und lärmt im Hause, daß es Himmel und Erde erschüttert.

Zur Zeit des Vollenders Tang wuchs eine Ähre vor dem Schloß. Abends kam sie hervor und am nächsten Morgen war sie so dick, daß man sie mit beiden Händen eben umfassen konnte[39]. Der Großastrolog bat, das Orakel nach der Ursache befragen zu dürfen. Tang wies die Orakelpriester zurück und sprach: »Ich habe gehört, daß günstige Zeichen Vorboten des Glückes sind. Sieht man günstige Zeichen, aber handelt nicht gut, so trifft dennoch das Glück nicht ein. Ungünstige Zeichen sind Vorboten des Unglücks. Sieht man ungünstige Zeichen aber handelt gut, so trifft das Unglück nicht ein.« Darauf eröffnete der König früh seine Hofhaltung und zog sich erst in später Nacht zurück. Er fragte nach den Kranken und trauerte mit den Trauernden. Er übte sich im Wohltun und half dem Volk. Nach drei Tagen war die Ähre verschwunden. Darum: Das Unglück ist's, worauf das Glück sich stützt, das Glück ist es, worauf das Unglück lauert[40]. Das aber sieht der Weise allein. Wie sollte die große Masse die Keime verstehen! Der König Wen von Dschou hatte acht Jahre über sein Land regiert. Da lag einstmals im sechsten Monat der König Wen krank darnieder fünf Tage lang, als die Erde ringsum erbebte. Doch erstreckte sich das Erdbeben nicht über die königliche Hauptstadt hinaus. Die Diener nahten sich ihm alle bittend und sprachen: »Wir haben gehört, daß Erdbeben sich um des Herrschers willen ereignen. Nun ist der König seit fünf Tagen krank, und die Erde bebte; doch nirgends erstreckte sich das Erdbeben über die Hauptstadt von Dschou hinaus. Darum sind alle Beamten besorgt und sprachen, man möge das Unglück abwälzen.« Der König Wen sprach: »Wie kann es denn abgewälzt werden?« Sie erwiderten: »Wenn wir die Sache ins Werk setzen und die Massen aufbieten, um die Mauern der Hauptstadt zu erhöhen, so läßt es sich vielleicht abwälzen.« Der König Wen sprach: »Es geht nicht an. Wenn der Himmel unheilvolle Zeichen schickt, so geschieht es, um die Schuldigen zu bestrafen. Ich habe sicher irgendwelche Schuld auf mir, daß der Himmel mich auf diese Weise straft. Wenn ich nun die Sache ins Werk setzen wollte und die Massen aufbieten, um die Mauern der Hauptstadt zu erhöhen, so würde ich meine Sünden verdoppeln. Es geht nicht an! (Der König Wen sprach:) Ich will meinen Wandel bessern und noch mehr Gutes tun, anstatt das Unglück zu vermeiden.« Darauf beobachtete er aufs sorgfältigste alle Formen. Er ordnete die Abzeichen in Leder und Fellen im Verkehr mit den Lehensfürsten. Er überlegte sich aufs genaueste seine Befehle und Verordnungen. Durch Geschenke von Nephrit und Seide ehrte er die Helden, er ordnete ihren Rang und teilte die zu verleihenden Gebiete ein, um damit die Schar seiner Beamten zu belohnen. Nicht lange darauf, da genaß er von seiner Krankheit. Acht Jahre hatte der König Wen auf dem Thron gesessen, als die Erde bebte. Nach dem Erdbeben regierte er noch 43 Jahre. 51 Jahre hatte der König Wen das Reich verwaltet, als er starb. Auf diese Weise ist der König Wen dem Übel entgegengetreten und hat die bösen Vorzeichen zunichte gemacht.

Zur Zeit des Herzogs Ging von Sung erschien der Feuerstern[41] im Sternbild des Herzens. Der Herzog geriet in Furcht; er berief den Dsï We, befragte ihn und sprach: »Der Feuerstern ist im Herzen, was hat das zu bedeuten?« Dsï We sprach: »Der

Feuerstern bedeutet Strafe des Himmels. Das Herz ist das Gebiet von Sung; Unheil droht dem Fürsten. Allein es kann abgewendet werden auf den Kanzler.« Der Herzog sprach: »Mit dem Kanzler zusammen regiere ich mein Land; wollte ich durch diese Abwendung ihn zu Tode bringen, so wäre das unheilvoll.« Dsï We sprach: »Dann läßt es sich auf das Volk abwälzen.« Der König sprach: »Wenn das Volk stirbt, wen soll ich dann beherrschen? Lieber will ich allein sterben.« Dsï We sprach: »Dann mag man es auf die Jahresernte abwälzen.« Der Herzog sprach: »Wird die Ernte beschädigt, so kommt das Volk in Hungersnot; leidet das Volk Hunger, so stirbt es. Wenn ich als Fürst mein Volk töten wollte, um mich selbst am Leben zu erhalten, wie verdiente ich da noch den Namen eines Fürsten? Das ist nun einmal mein Schicksal, ich will es tragen. Ihr braucht nicht weiterzureden.« Da zog sich Dsï We zurück, mit dem Gesicht dem Fürsten zugewandt. Er verneigte sich und sprach: »Ich habe von Eurer Hoheit hienieden drei Worte höchster Güte gehört, da wird der Himmel Eure Hoheit sicher dreifach belohnen. Heute Abend noch wird der Feuerstern um drei Himmelshäuser[42] weiterrücken und Eurer Hoheit Leben um 21 Jahre verlängern.« Der Herzog sprach: »Woher wißt Ihr das?« Er erwiderte: »Wer dreimal hintereinander Gutes redet, wird sicher dreimal hintereinander belohnt, und der Feuerstern rückt um drei Häuser weiter[43]. In jedem Haus sind sieben Sternbilder, und wenn er weiterrückt, so bedeutet es sieben Jahre. Dreimal sieben sind einundzwanzig. Darum sage ich, Eurer Hoheit Leben werde um 21 Jahre verlängert. Ich bitte, an den Stufen des Throns verharren zu dürfen, um das Ereignis zu erwarten. Rückt der Feuerstern nicht weiter, so bitte ich, sterben zu dürfen.« Der Herzog sprach: »Es sei!« Und richtig rückte an jenem Abend der Feuerstern drei Häuser weiter.

5. KAPITEL
Verständnis der Weltordnung
MING LI

Die fünf Herrscher haben das höchste Verständnis der Musik erreicht. Ein Herrscher eines ungeordneten Staates aber, der keine Ahnung hat von Musik, ist ein gemeiner Herrscher. Während der Himmel ihm die Herrschaft verliehen hat, hat er das Wesen der Herrschaft noch gar nicht begriffen. Ein solcher ist sehr zu bemitleiden. Er gleicht einem Manne, der in einem falsch orientierten Zimmer richtig sitzen wollte. Was er für richtig hält, ist (infolge der Lage des Zimmers) gerade verkehrt.

Alles Leben wird nicht durch eine einzelne Kraft geschaffen; alles Wachstum wird nicht durch eine einzige Funktion bewirkt; alle Vollendung ist nicht das Werk eines einzelnen Körpers. Darum, wer alles Verkehrte anhäuft, den wird sicher das Unglück treffen. Dann kommen Wind und Regen nicht zur rechten Zeit; dann fällt der süße Regen nicht, dann kommen Schnee und Reif nicht, wenn es Zeit ist; Hitze und Kälte kommen nicht, wenn sie sollen; das Dunkle und das Lichte verliert seine Ordnung; die vier Jahreszeiten ändern ihre festen Termine, die Menschen werden ausschweifend, vergeuden ihre Kraft und halten nicht fest; Vögel und Tiere haben Fehlgeburten und gedeihen nicht; Bäume und Kräuter bleiben klein und wachsen nicht, das Korn verdorrt und wird nicht reif. Wenn das die Wirkungen sind, was ist dann von dem Musikverständnis eines solchen Fürsten zu denken?

In einer vollkommen ungeordneten Kultur sind Fürst und Diener gegenseitige Feinde, Alter und Jugend töten einander, Vater und Sohn sind kaltherzig gegeneinander, Brüder verklagen einander, die intimsten Freunde arbeiten einander entgegen, Mann und Frau betrügen einander. So mehrt sich Tag für Tag die Gefahr, und die Bande der Gesellschaft lösen sich auf. Die Gesinnung wird tierisch, das Laster und die Gewinnsucht wachsen, Pflicht und Vernunft werden vergessen.

Da treten Wolken auf in der Gestalt von Hunden, von Pferden, von weißen Schwänen und Wagenkolonnen. Oder sie haben die Gestalt eines Menschen mit blauem Gewand und rotem Kopf, der sich nicht bewegt. Sein Name heißt: der himmlische Widersacher. Oder sie haben die Gestalt einer aufgehängten Fahne und sind rot: das nennt man die Wolkenfahne. Oder sie haben die Gestalt einer Schar von Pferden, die sich bekämpfen: das nennt man die scheuen Pferde. Oder sie haben die Gestalt von vielen Blumen, die emporwachsen, oben gelb und unten weiß: das nennt man die Fahne des Tschï Yu. An der Sonne treten Zeichen auf, daß zwei Sonnen sich bekämpfen und sich auffressen[44]; daß Nebensonnen auf der Seite oder oben erscheinen, daß es Sonnenhöfe gibt oder Ohrringe[45]. Oder die Sonne verliert ihren Schein, oder sie wirft keinen Schatten, oder viele Sonnen stehen gleichzeitig am Himmel, oder der Tag verkehrt sich in Finsternis, oder bei Nacht ist es hell. Am Mond treten Zeichen auf, daß er bedrängt und aufgefressen wird[46]; daß er einen Hof und Ohrringe hat; daß er schief und blind ist; daß vier Monde gleichzeitig aufgehen, daß zwei Monde gleichzeitig erscheinen, daß ein großer Mond einen kleinen über sich hat, daß es Mondfinsternisse gibt, daß er aufgeht und keinen Schein hat.

An den Sternen treten Zeichen auf: daß ein Feuerstern kommt[47], oder ein Komet, oder eine Himmelsplanke, oder ein Himmelsbaum, oder ein Himmelsbambus, oder Himmelsblüten, oder ein Himmelsschild. Es gibt Diebssterne, kämpfende Sterne, Gaststerne[48].

In der Luft zeigen sich folgende Erscheinungen: Es gibt Luftströmungen, die oben nicht zum Himmel, unten nicht zur Erde gehören, solche die oben breit, unten spitz zulaufend sind[49], solche, die wie Wasserwogen sind, solche, die wie rauschende Bergwälder sind. Im Frühling steigen gelbe Dünste auf, im Sommer schwarze, im Herbst blaue, im Winter rote.

An unheilbedeutenden Ereignissen kommen vor: daß bandartige Dinge geboren werden, daß Teufel den Menschen in den Rücken fahren, daß Hasen Fasanen gebären, daß Fasanen Kammwachteln erzeugen. Heuschrecken sammeln sich in der Hauptstadt, deren Geräusch ist wie das Murmeln einer Menge. Es kriechen Schlangen durch die Stadt von Westen nach Osten, Pferde und Rinder beginnen zu sprechen; Hunde und Schweine vereinigen sich. Wölfe kommen in die Stadt. Es fallen Menschen vom Himmel. Auf dem Markt tummeln sich Eulen, Schweine rennen durch die Straßen. Pferde bekommen Hörner; es gibt Hähne mit fünf Füßen, es gibt Schweine, die ohne Hornklauen zur Welt kommen. Die Hühner legen vielfach hohle Eier. Die Erdaltäre bewegen sich von der Stelle. Schweine gebären Hunde.

Wenn im Lande solche Dinge erscheinen und sein Herr fürchtet sich nicht und beugt sich nicht, indem er sich bessert, so wird Gott Unheil, Übel und Plagen senden, die nicht ausbleiben werden. Alle Arten von Tod, Vernichtung, Sterben, Untergang und Trauer werden eintreffen. Heimatlosigkeit, Zerstreuung, große Hungersnöte werden sich häufen. Das alles entsteht durch die Unordnung im Staate. Es läßt sich alles gar nicht aufzählen. Und wollte man alle Bambusse von Tschu und Yüo zu Büchern machen, es ließe sich doch nicht alles hineinschreiben. Darum sagt der Meister Dsï Hua: »Unter den Menschen verkehrter Zeitalter gibt es Riesen und Zwerge und schlimme Mißgeburten aller Art. Unter den Leuten gibt es viele Ruhrkrankheit, auf den Straßen sieht man allenthalben Mütter mit ihren Kindern auf dem Rücken wandern. Es gibt Blinde, Kahlköpfige, Bucklige und Krüppel, alle Arten von Sonderbarkeiten entstehen.«

Darum: Wie könnte sich ein Herrscher eines verkehrten Geschlechts auf die höchste Musik verstehen! Weil er aber nichts weiß von der höchsten Musik, darum ist seine Musik nicht heiter.

BUCH VII · MONG TSIU GI

Aufzeichnungen des ersten Herbstmonats

1. KAPITEL
Der erste Herbstmonat
MONG TSIU

Im ersten Herbstmonat steht die Sonne im Zeichen I[1]. Zur Zeit der Abenddämmerung kulminiert das Sternbild Dou. Zur Zeit der Morgendämmerung kulminiert das Sternbild Bi. Seine Tage sind Gong und Sin[2]. Sein göttlicher Herrscher ist Schau Hau (der junge Strahlende). Sein Schutzgeist ist Jou Schou (der Schnitter). Seine Tiere sind die behaarten Tiere. Seine Note ist Schang. Seine Tonart ist I Dso. Seine Zahl ist neun. Sein Geschmack ist scharf, sein Geruch ist metallisch. Man opfert dem Torgeist. Unter den Opfergaben steht die Leber obenan.

Der kühle Wind kommt herbei; der weiße Tau fällt herab. Die Herbstgrille zirpt; der Falke[3] opfert Vögel. Man beginnt mit Todesstrafen.

Der Himmelssohn weilt im Raume Dsung Dschang im linken Gemach[4]. Er fährt im Kriegswagen, an dem Schimmel mit schwarzen Mähnen angespannt sind. Es werden weiße Flaggen aufgesteckt. Man kleidet sich in weiße Kleider und trägt weißen Nephritschmuck. Man ißt Sesam und Hundefleisch. Die Gefäße sind kantig und tief.

In diesem Monat tritt der Herbstanfang ein. Drei Tage vor dem Herbstanfang begibt sich der Großastrolog zum Himmelssohn und spricht: »An dem und dem Tag ist Herbstanfang. Die wirkende Kraft beruht auf dem Metall.« Darauf fastet der Himmelssohn. Am Tag des Herbstanfangs begibt sich der Himmelssohn selbst an der Spitze der drei Großwürdenträger, der neun Hohen Räte, der Fürsten und Räte vor die Stadt, zur Einladung des Herbstes auf den westlichen Anger. Nach seiner Rückkehr verleiht er Auszeichnungen an die Heerführer und die übrigen Offiziere im Schloßhof.

Der Himmelssohn erteilt dem Feldherrn den Befehl, Ritter auszuwählen, die Waffen zu schärfen und tüchtige Krieger auszusuchen und einzuüben. Nur verdienstvolle Männer werden mit Ämtern betraut, um die Pflichtvergessenen zu züchtigen. Die Grausamen und Widerspenstigen werden verurteilt und bestraft, damit die Zuneigung und Abneigung des Königs klar hervortritt und die Leute aus fernen Gegenden heimgesucht werden.

In diesem Monat erhalten die zuständigen Beamten den Befehl, die Gesetze und Verordnungen zu revidieren, die Kerker instand zu setzen, die Hand- und Fußfesseln bereitzuhalten, um Verbrechen zu verhindern, achtzuhaben auf die Übeltäter und für ihre Festnahme zu sorgen. Die Kerkermeister erhalten den Befehl, die Wunden zu besichtigen, die Beulen zu untersuchen, gebrochene Glieder zu besehen und Verstümmelungen zu beurteilen. Die Straf- und Zivilprozesse müssen gerecht entschieden werden. Die Übeltäter müssen bestraft werden und Körperstrafen in strenge Anwendung kommen. Himmel und Erde zeigen sich ernst; man darf daher keine überflüssige Milde walten lassen.

In diesem Monat bringen die Bauern das Getreide dar. Der Himmelssohn kostet das neue Korn, nachdem er zuvor im Ahnentempel geopfert hat. Die verschiedenen Beamten erhalten den Auftrag, Steuern und Tribute einzusammeln, die Dämme instand zu setzen und sorgfältig die Lücken und Öffnungen auszubessern, um auf die Überschwemmung des Wassers vorbereitet zu sein, die Schlösser und Häuser zu reparieren, die hohen und niedrigen Mauern auszubessern, die Stadtmauern und Türme instand zu setzen.

In diesem Monat werden keine Lehen verliehen, keine hohen Beamten eingesetzt, kein Landbesitz ausgeteilt, keine kostbaren Geschenke gemacht, keine großen Gesandtschaften ausgeschickt.

Wenn man diese Ordnungen ausführt, so kommt der kühle Wind in allen drei Dekaden. Wenn im ersten Herbstmonat die für den Winter gültigen Ordnungen befolgt würden, so würde die Kraft des Dunklen sehr überwiegen, Käfer würden das Getreide vernichten, und Gewappnete würden sich nahen. Wenn die für den Frühling gültigen Ordnungen befolgt würden, so würde Dürre im Lande herrschen. Die Kraft des Lichten würde zurückkommen und die fünf Getreidearten würden nicht reifen. Wenn die für den Sommer gültigen Ordnungen befolgt würden, so würden viele Feuersbrünste ausbrechen, Kälte und Hitze würden nicht gemäßigt sein und die Leute hätten viel an Wechselfieber zu leiden.

2. KAPITEL
Über den Gebrauch des Militärs
DANG BING

Die Heiligen Könige des Altertums benützten ihre Krieger zu gerechten Zwecken, nicht aber schafften sie den Kriegerstand ab. Die Ursprünge des Kriegerstandes sind tief im Wesen des Menschen begründet. Es gibt Krieger, solange es Menschen gibt. Das Wesen des Kriegerstandes ist, daß er Furcht einflößt. Das Wesen der Furcht beruht auf der Kraft. Daß die Menschen furchterregende Kraft besitzen, beruht auf ihrer Natur. Diese Natur haben sie vom Himmel bekommen, sie ist nicht etwas künstlich Gemachtes. Das Kriegshandwerk läßt sich nicht abschaffen und die Rüstungen lassen sich nicht einstellen.

Die Ursprünge des Krieges liegen weit zurück. Schon Huang Di und Yän Di[5] bekämpften einander mit Wasser und Feuer. Schon Gung Gung hat versucht, Schwierigkeiten zu bereiten. Die fünf Herrscher schon haben miteinander gestritten und abwechselnd Sieg und Niederlage gefunden, und die Sieger haben die Menschen beherrscht. Tschï Yu[6], heißt es, habe die Waffen erfunden, aber nicht Tschï Yu hat die Waffen erfunden, sondern er hat nur die Waffen verbessert. Noch ehe es Tschï Yu gab, bekämpften die Menschen einander bereits mit ausgerissenen Baumstämmen. Der Sieger wurde Häuptling. Da die Macht eines Häuptlings nicht ausreichte, um Ordnung zu schaffen, wurden Fürsten eingesetzt. Da auch die Fürsten noch nicht ausreichten, um Ordnung zu schaffen, wurde der Himmelssohn eingesetzt. Die Einsetzung des Himmelssohns beruht auf den Häuptlingen. Die Einsetzung der Häuptlinge beruht auf dem Kampf.

Die Anfänge des Kampfes liegen weit zurück. Er läßt sich weder verbieten noch verhindern. Darum benutzten die weisen Könige des Altertums ihre Krieger zu gerechten Zwecken, nicht aber schafften sie den Kriegerstand ab. Wenn es in der Familie nicht Zorn noch Rute gibt, so zeigt sich sofort, daß die Kinder unartig sind. Wenn es im Staat nicht Strafe noch Buße gibt, so zeigt sich sofort, daß die Bürger einander bedrücken und übervorteilen. Wenn es im Weltreich nicht Krieg noch Strafzüge gibt, so zeigt sich sofort, daß die Lehensfürsten einander bedrängen. Darum darf man in der Familie Zorn und Rute nicht abschaffen, im Staate Strafen und Bußen nicht abschaffen und im Weltreich Kriege und Strafzüge nicht abschaffen. Es kommt nur darauf an, ob ihre Anwendung zweckdienlich oder verwerflich ist. Darum benutzten die Heiligen Könige des Altertums ihre Krieger zu gerechten Zwecken, nicht aber schafften sie den Kriegerstand ab.

Es kommt vor, daß Leute am Essen ersticken. Wollte man aber deswegen das Essen auf Erden verbieten, so wäre das töricht. Es kommt vor, daß Leute, die Schiff fahren, verunglücken. Wollte man aber deswegen die Schiffe auf Erden verbieten, so wäre das töricht. So kommt es auch vor, daß Fürsten durch den Gebrauch von Soldaten ihr Reich verlieren. Wollte man aber deswegen den Kriegerstand auf Erden abschaffen, so wäre das töricht. Das Militär kann man nicht abschaffen. Es gleicht den Kräften des Wassers und des Feuers. Wer sie geschickt zu nutzen versteht, dem bringen sie Glück. Wer sie nicht zu benützen versteht, dem bringen sie Unglück. Es verhält sich wie mit dem Gebrauch einer Arznei. Eine gute Arznei rettet dem Menschen das Leben; eine schlechte Arznei tötet den Menschen. So ist das Militär, wenn es zu gerechten Zwecken verwendet wird, ebenfalls eine Arznei für die Welt.

Außerdem lassen sich die Ursprünge des Krieges weit zurückverfolgen. Keinen Augenblick ist der Mensch von kriegerischen Gedanken frei. Vornehme und Geringe, Alte und Junge, Weise und Toren stimmen darin überein. Der Unterschied besteht nur in den höheren oder geringeren Graden. Was im Herzen sich regt, ganz im verborgenen, ist der Krieg; was aus zornigen Mienen spricht, ist der Krieg; was aus Zwang und Abwehr spricht, ist der Krieg; was aus drohenden Worten spricht, ist der Krieg; was aus Zuneigung und Abneigung spricht, ist der Krieg; was aus dem Kampf der Heere spricht, ist der Krieg. Alle diese acht Dinge sind Krieg, sind Kampf zwischen Schwachen und Starken. Die Leute, die heutzutage so laut von der Abschaffung des Militärs reden, verwenden ihr ganzes Leben darauf, das Militär zu bekriegen, ohne sich ihres Selbstwiderspruchs bewußt zu werden. Darum, wenn sie noch so starke Worte brauchen, wenn sie noch so einleuchtende Gründe vorzubringen wissen und noch so gelehrte Professoren sind, verschaffen sie sich dennoch kein Gehör. Darum benützten die Heiligen Könige des Altertums ihre Krieger zu gerechten Zwecken, nicht aber schafften sie den Kriegerstand ab. Darum, über einen wirklich gerechten Krieg, der die Bedrücker vernichtet und die unterdrückten Völker befreit, freuen sich die Menschen, wie ein guter Sohn sich freut, der seinen lieben Vater sieht, wie ein Hungriger sich freut, der köstliche Speisen sieht. Die Menschen fallen dem Sieger jubelnd zu wie der Pfeil, der, von starker Armbrust geschossen, ein tiefes Tal durchfliegt; wie das Wasser, das lange aufgestaut, seine Dämme und Deiche zerreißt. Da vermag dann nicht einmal ein mittelmäßiger Herrscher sein Volk noch in der Hand zu behalten, wieviel weniger ein grausamer Tyrann.

3. KAPITEL
Beseitigung der Unordnung
DSCHEN LUAN

Heutzutage ist die allgemeine Verwirrung aufs höchste gestiegen. Die Not der Menschen kann nicht mehr gesteigert werden. Die Weltherrscher haben aufgehört, die Weisen sind zu Mißerfolg verurteilt und halten sich verborgen. Die Herren der

Welt wandeln nach ihren Lüsten und sind dem Volk entfremdet, und die Menschen haben niemanden, dem sie ihr Leid klagen können. Wenn es in unserer Zeit noch einen weisen Herrscher und wirkliche Staatsmänner gibt, die müssen diese Worte prüfen, dann werden sie es lernen, ihre Kriegsmacht in gerechter Sache zu verwenden. Die Menschen auf Erden, die schon beinahe dem Tode verfallen sind, werden dann wieder aufleben, solche, die schon beinahe der Schmach verfallen sind, werden dann wieder zu Ehren kommen, solche, die schon beinahe dem Elend verfallen sind, werden dann wieder zur Ruhe kommen. Da die Herrscher der Welt in ihren Lüsten wandeln, so werden dann selbst durchschnittliche, getreue Untertanen ihren Herrn entfliehen und ihre Eltern verlassen, wieviel mehr die unzuverlässigen Elemente. Darum, wenn eine gerechte Kriegsmacht sich erhebt, so werden die Herren dieser Welt ihr Volk nicht mehr zu eigen haben, und die Väter werden ihre Söhne nicht mehr zurückhalten können.

Für jeden, der auf Erden Führer der Menschen werden will, ist es die wichtigste Frage, die Menschen der Ordnung auszuzeichnen und die unordentlichen Elemente auszuschalten, die Pflichttreuen zu belohnen und die Pflichtvergessenen zu bestrafen.

Unter den Gelehrten ist heutzutage eine weitverbreitete Richtung, die den Angriffskrieg verurteilt. Während sie den Angriffskrieg verurteilen, billigen sie den Verteidigungskrieg. Wollte man sich aber auf Verteidigungskriege beschränken, so würde sich die eben erwähnte Methode, die Menschen der Ordnung auszuzeichnen, die unordentlichen Elemente auszuschalten, die Pflichttreuen zu belohnen und die Pflichtvergessenen zu bestrafen, nicht durchführen lassen. Das Wohl und Wehe der Fürsten und Völker auf Erden hängt davon ab, daß man diese Ausführungen versteht.

Angriffskriege und Verteidigungskriege sind im Prinzip dasselbe. Der Unterschied liegt nur in der Wirkung. Wenn man sie durch gewandte Reden beseitigen wollte, so lassen sich unter keinen Umständen triftige Gründe beibringen. Merkt man das nicht, daß man sich dabei in einen Widerspruch verwikkelt, so ist man töricht. Merkt man es aber und betrügt sich selbst, so ist man ein Heuchler. Heuchler und Toren aber sind trotz aller Beredsamkeit unbrauchbar. Auf diese Weise verurteilt man, was man zu billigen vorgibt. Auf diese Weise will man den Nutzen und bringt den Schaden, man erstrebt den Frieden und vermehrt die Gefahr. Unter allen Dingen, die den Fürsten auf Erden Not verursachen und den Völkern das größte Leid zufügen, stehen diese Redereien obenan. Darum, wessen Arbeit es ist, den Menschen auf Erden wirklich zu nützen, der darf nicht anders: Er muß diese Ausführungen sorgfältig prüfen. Unter dem Angriffskrieg ist natürlich immer zu verstehen, daß man die ordnungswidrigen Elemente angreift und Pflichtvergessene straft. Die Ordnungswidrigen anzugreifen und die Pflichtvergessenen zu bestrafen ist aber das größte Glück und bringt dem Volk den reichsten Gewinn. Wer dies verhindern wollte, der würde die Ordnungsliebenden ausschalten und die Pflichtgetreuen bekämpfen, er würde die Grundsätze der großen Herrscher Tang und Wu verletzen und die Verbrechen der Tyrannen Giä und Dschou Sin befördern. Das einzige Mittel, wodurch man die unordentlichen und pflichtvergessenen Elemente in Schranken halten kann, ist, sie zu bestrafen. Das einzige Mittel, wodurch man die ordnungsliebenden Elemente und die Pflichttreuen befördern kann, ist, sie zu belohnen. Läßt man nun die Ordnungswidrigen und Pflichtvergessenen gewähren, so liegt in diesem Gewährenlassen eine Belohnung. Läßt man die Ordnungsliebenden und Pflichttreuen in untergeordneter Stellung, so bestraft man sie eben durch diese Nichtbeachtung. Wenn man aber die Schlechten belohnt und die Guten bestraft, so dürfte es schwer fallen, die Leute zur Ordnung zu bringen. Darum ist unter allen Dingen, die die Welt verwirren und den Menschen schaden, diese Theorie am schlimmsten.

4. KAPITEL

Verhinderung des Unheils

GIN SÄ

Wenn man unter allen Umständen nur dem Verteidigungskrieg das Wort redet, so läßt es sich nicht vermeiden, daß auch Ordnungswidrige erhalten und Pflichtvergessene verteidigt werden. Aber Ordnungswidrige zu erhalten und Pflichtvergessene zu verteidigen ist das größte aller Übel und bringt den Menschen auf Erden den größten Schaden. Erhalten und verteidigen geschieht im besten Fall durch Ermahnungen, im anderen Fall durch Waffengewalt. Will man durch Ermahnungen zurechtkommen, so muß man sich der Mehrheit anpassen. Eine Sache, die man Tag und Nacht in großer Versammlung erwogen, muß man mit Aufbietung aller Geisteskräfte sich einprägen; im Schlaf träumt man davon, man redet sich die Lippen wund und die Lunge trocken, man gibt seinen ganzen Geist aus und schadet seiner Nervenkraft, man sucht Beispiele herbei von den drei Erhabenen und fünf Herrschern, um die Ideen schmackhafter zu machen, oder zitiert die Reden berühmter Männer aus der Zeit der Hegemonien, um die Sache glaubhafter zu machen. Frühmorgens versammelt man den Hof und geht erst in später Nacht auseinander, um die Vertreter des Krieges zu überzeugen, man gibt sich alle Mühe und redet allen zu, um seine Gründe verständlich zu machen. Sind die Gründe alle vorgebracht und die Worte alle zu Ende, und es gelingt doch nicht, so appelliert man schließlich an die Waffengewalt. Der Appell an die Waffengewalt führt notwendig zum Krieg, und es liegt in der Natur des Krieges, daß darin notwendig Menschen getötet werden müssen. Auf diese Weise werden die unschuldigen Untertanen getötet, um die Ordnungswidrigen und Pflichtvergessenen zu schützen. Durch die Unterstützung der Ordnungswidrigen und Pflichtvergessenen wird aber die Schädigung der Welt befördert und der Vorteil der Welt verhindert. Obwohl man einen glücklichen Zufall herbeisehnt, der einem zum Sieg verhilft, so ist das Unheil dennoch im Wachstum begriffen. Die Ordnung der früheren Könige war, die Guten zu belohnen und die Bösen zu bestrafen. Das ist der Weg des Altertums, der sich nicht verändern läßt. Wenn man nun ohne Rücksicht auf die Gerechtigkeit oder Ungerechtigkeit einer Sache unter allen Umständen den Angriffskrieg verdammen und den Verteidigungskrieg billigen wollte, so wäre das die größte Pflichtvergessenheit und würde den Menschen den größten Schaden tun. Darum darf man nicht den Angriffskrieg an sich verdammen oder den Angriffskrieg an sich billigen, ebenso wie der Verteidigungskrieg nicht an sich verdammt oder gebilligt werden darf. Es handelt sich nur unter allen Umständen darum, daß ein gerechter Anlaß des Krieges vorhanden ist. Ist ein gerechter Anlaß des Krieges vorhanden, so ist sowohl der Angriffs- als auch der Verteidigungskrieg berechtigt. Ist kein solcher gerechter Anlaß vorhanden, so ist weder der Angriffs- noch der Verteidigungskrieg berechtigt.

Daß Giä aus dem Hause Hia und Dschou Sin aus dem Hause Yin in solcher groben Weise die Ordnung übertraten, kam daher, weil sie immer Glück hatten. Daß der König Fu Tschai aus Wu und der Dschï Bo Yau so räuberisch auf Eroberungen aus waren, kommt davon her, daß sie Glück hatten. Daß der Fürst Li von Dsïn[7], der Fürst Ling von Tschen[8], der Fürst Kang von Sung[9] so schlecht waren, kommt davon her, daß sie Glück hatten.

Angenommen, daß Giä und Dschou Sin es vorher gewußt hätten, daß ihr Reich zugrunde geht und sie selbst dem Tode verfallen und ohne Nachkommen bleiben würden, wer weiß, ob sie es so weit in der Ordnungswidrigkeit getrieben hätten. Angenommen, daß König Fu Tschai von Wu und Dschï Bo Yau es vorher gewußt hätten, daß ihre Länder Einöden und sie selbst der Todesstrafe verfallen würden, wer weiß, ob sie es so weit getrieben hätten in ihren räuberischen Eroberungszügen. Angenommen, daß Herzog Li von Dsïn es vorausgewußt hätte, daß er im Hause der Familie Dsïang Li ermordet werden würde, oder daß der Herzog Ling von Tschen es vorausgewußt hätte, daß er durch Hia Dscheng Schu getötet würde, wenn Fürst Kang von Sung es vorausgewußt hätte, daß er in Wen sterben würde, wer weiß, ob sie es so weit in ihrer Schlechtigkeit getrieben hätten.

Diese sieben Fürsten waren aufs äußerste ordnungswidrig und pflichtvergessen. Die unschuldigen Menschen, die von ihnen zu Tode gebracht wurden, lassen sich nicht nach Zehntausenden berechnen. Männer in kräftiger Jugendfrische, Greise und Kinder im Mutterleibe starben in solchen Mengen, daß sie die Ebenen der weiten Gefilde bedeckten und die tiefen Schluchten und großen Täler erfüllten. Sie schwammen in den Strömen und ihre Überreste lagen in Gräben und Kanälen umher. Das Leben war dauernd gefährdet durch schwirrende Pfeile und bloße Schwerter. Dazu kamen noch Frost, Hunger, Mangel und Kälte mit ihren Leiden, und so ging es immer weiter bis auf unsere Tage. Darum sind die bleichen Gerippe und Knochen ohne Zahl, und die Massengräber erheben sich wie die Berge so hoch. Wenn es auf Erden gerechte Herren und gütige Ritter gibt, die sich diese Dinge zu Herzen nehmen, so müssen sie davon ergriffen und in Trauer versetzt werden. Wenn wir fragen, woher dies alles kommt, so ist die Antwort: Es kommt daher, daß die Ordnungsgemäßen unterdrückt werden und die Ordnungswidrigen freien Lauf haben. Daß die Ordnungswidrigen freien Lauf haben, beruht aber nur auf unverdientem Glück. Das Unglück der Welt kommt nicht davon her, daß man Verteidigungskriege führt, sondern davon, daß die Unwürdigen unverdientes Glück haben. Aber seit die Reden von der Alleinberechtigung des Verteidigungskriegs aufgekommen sind, haben die Unwürdigen erst recht unverdientes Glück und die Lage der Würdigen wird immer bedenklicher. So kommt die größte Unordnung auf Erden davon her, daß man, ohne nach dem Recht zu fragen, nur blindlings die ausschließliche Berechtigung des Verteidigungskriegs befürwortet.

5. KAPITEL
Gnade üben
HUAI TSCHUNG

Was ein Edler redet, ist nicht bloß Gelehrsamkeit; was ein Staatsmann spricht, sind nicht bloße Worte. Nur was der Vernunft entspricht, das redet er, nur was der Gerechtigkeit entspricht, das spricht er. Darum bewirkt ihr Reden und Sprechen, daß Könige, Fürsten und Große um so mehr die Vernunft lieben, die Ritter, Bürger und Volksmassen um so mehr die Gerechtigkeit üben. Wenn die Lehren der Gerechtigkeit und Vernunft klar sind, so hören die Kunstgriffe der Grausamkeit, Falschheit und Vergewaltigung auf. Grausamkeit und Falschheit sind das Gegenteil von Vernunft und Gerechtigkeit. Es liegt in ihrem Wesen, daß sie nicht beide siegen können, ja nicht einmal nebeneinander bestehen können. Darum, wenn die Heere in feindliche Länder eindringen, so sollen die Bürger wissen, daß sie Schutz genießen, und die Volksmassen wissen, daß sie nicht getötet werden sollen. Wenn sie auch vordringen bis zu dem Anger vor der Hauptstadt, so schädigen sie das Getreide doch nicht, sie entweihen nicht die Gräber, sie fällen nicht die Bäume, sie verbrennen nicht die Vorräte, zünden nicht die Häuser an, rauben nicht das Vieh, und wenn sie Gefangene machen von den Bürgern, so schicken sie sie wieder in die Freiheit zurück, um deutlich zu machen, daß sie nur die Fürsten hassen und die Untertanen lieben. Indem sie mit den Bürgern zu einem Verständnis kommen, nehmen sie dem feindlichen Herrscher die Grundlagen seiner Macht weg. Wenn trotz dieser Handlungsweise halsstarrige, widerspenstige und verbrecherische Elemente da sind, die nicht hören wollen, gegen die mag man wohl mit Waffengewalt einschreiten.

Zuerst erkläre man in einer deutlichen Bekanntmachung: Unsere Heere sind gekommen, um die Bürger vom Tode zu retten. Euer Fürst sitzt auf seinem Thron, zuchtlos und übermütig. Er ist müßig, habgierig, tyrannisch, ausschweifend und eigensinnig. Er entfernt sich von den Einrichtungen der Heiligen, verunziert die Reihen seiner Ahnen und zerstört die alten Grundlagen des Staates. Nach oben hin gehorcht er nicht dem Himmel, nach unten hin liebt er nicht sein Volk. Er legt Lasten und Abgaben auf ohne Ende und erpreßt und fordert unersättlich. Er verurteilt die Unschuldigen zum Tod und belohnt und fördert die Unwürdigen. Einen solchen Menschen rottet der Himmel aus, und die Menschheit haßt ihn. Er ist nicht würdig, Fürst zu sein. Nun sind unsere Heere gekommen, um den, der seines Fürstentums unwürdig sich erwiesen hat, auszurotten, den Feind des Volkes zu beseitigen und so der Ordnung des Himmels zu gehorchen. Wenn unter den Bürgern solche sind, die des Himmels Ordnung widerstreben und den Feind der Menschheit schützen, so werden sie selbst getötet und ihre Familien ausgerottet ohne Erbarmen. Wer auf diese Worte hört mit seinem ganzen Haus, der soll zusammen mit seiner Familie belohnt werden. Wer mit seinem ganzen Weiler gehorcht, der soll belohnt werden mit einem Weiler. Wer mit seinem Landstrich gehorcht, der soll belohnt werden mit einem Landstrich; wer mit einer Stadt gehorcht, der soll belohnt werden mit einer Stadt; wer mit einer Großstadt gehorcht, der soll belohnt werden mit einer Großstadt.

Auf diese Weise unterwirft man einen Staat, aber man unterdrückt nicht seine Bürger. Man vollziehe die Strafe an dem, der gestraft werden soll, und halte dann ein. Man erhebe seine bedeutenden Staatsmänner und belehne sie mit Besitztümern. Man ziehe seine würdigen und tüchtigen Männer heran und mache sie geehrt und berühmt. Man frage nach Witwen und Waisen und wende ihnen Hilfe und Barmherzigkeit zu. Man besuche die Angesehenen und Alten und erweise ihnen Ehrfurcht und Höflichkeit; man vermehre ihr Einkommen und erhöhe ihren Stand. Man untersuche die Verurteilten und setze sie in Freiheit. Man verteile das Metall der Vorratskammern und das Korn der Speicher, um auf diese Weise die Massen zu beruhigen. Man eigne sich die Reichtümer nicht selbst an. Man frage nach den Heiligtümern und religiösen Bräuchen. Dinge, deren Abschaffung das Volk nicht wünschte, richte man wieder ein und vervollständige die Liste derer, deren Andenken durch Opfer geehrt werden soll.

Wer so handelt, dessen Namen werden die Würdigen rühmen, dessen Frömmigkeit werden die Alten preisen, und dessen Tugend wird das Volk im Herzen tragen. Wenn es einen Mann gäbe, der auch nur einen Menschen vom Tod zum Leben zu erwecken vermöchte, so würde sich die ganze Welt im Wetteifer herzudrängen, um ihm zu dienen. Nun aber wird durch gerechte Kriege vielen Menschen das Leben gerettet. Wer sollte sie nicht preisen? Darum, wenn Heere, die einen gerechten Krieg führen, sich nahen, so fallen ihnen die Bürger der Nachbarstaaten zu wie Wasserströme, und die Bürger der bestraften Staaten hoffen auf sie wie auf ihre Eltern. Je weiter sie vordringen, desto mehr Volks wird, noch ehe die Waffen gekreuzt werden, wie verwandelt.

BUCH VIII · DSCHUNG TSIU GI

Aufzeichnungen des mittleren Herbstmonats

1. KAPITEL
Der mittlere Herbstmonat
DSCHUNG TSIU

Im mittleren Herbstmonat steht die Sonne im Zeichen Güo[1]. Zur Zeit der Abenddämmerung kulminiert das Sternbild Kiän Niu. Zur Zeit der Morgendämmerung kulminiert das Sternbild Dsiu Hi. Seine Tage sind Gong und Sin. Sein göttlicher Herrscher ist Schau Hau. Sein Schutzgeist ist Jou Schou. Seine Tiere sind die behaarten Tiere, seine Note ist Schang, seine Tonart Nan Lü[2]. Seine Zahl ist neun. Sein Geschmack ist scharf; sein Geruch ist metallisch. Man opfert dem Torgeist. Unter den Opfergaben steht die Leber obenan.

Der kühle Wind entsteht, die Wandergans kommt. Der dunkle Vogel[3] kehrt heim. Alle Vögel pflegen ihr Gefieder.

Der Himmelssohn weilt in der Dsung-Dschang-Halle im großen Tempel[4]. Er fährt im Kriegswagen, an dem Schimmel mit schwarzen Schwänzen angespannt sind. Es werden weiße Flaggen aufgesteckt. Man kleidet sich in weiße Kleider und trägt weißen Nephritschmuck. Man ißt Sesam und Hundefleisch. Die Gefäße sind kantig und tief.

In diesem Monat pflegt man die Alten und Schwachen. Man verleiht ihnen Armstützen und Stäbe. Man gibt ihnen Reisbrei, Speise und Trank.

Dann erhält auch der Kleidermeister den Befehl, die Unter- und Oberkleider und ihre verschiedenen Verzierungen bereitzustellen. Die Stickereien haben ihre bestimmten Regeln in Beziehung auf Größe; die Kleider haben ihr bestimmtes Maß in Beziehung auf Länge. Das Maß der Kleider muß mit dem Hergebrachten übereinstimmen. Die Kopfbedeckungen und Gürtel haben ihre bestimmte Form.

Die ritterlichen Beamten erhalten den Befehl, die Prüfung der Strafen fortzuführen, damit Enthauptung und sonstige Todesstrafen stets nur die Schuldigen treffen und nicht etwa ein Unschuldiger darunter zu leiden habe. Wenn die Strafen über Unschuldige in unrichtiger Weise verhängt werden, so bewirken sie als Vergeltung Unheil vom Himmel.

In diesem Monat erhalten der Opferpriester und der Liturg den Befehl, die zum Opfer bestimmten Tiere zu untersuchen, zu sehen, ob sie vollkommen sind, und dafür zu sorgen, daß sie in der richtigen Weise mit Stroh oder Korn gefüttert werden[5], zu prüfen, ob sie fett oder mager sind, und die Farbe der Haare zu untersuchen, damit sie sicher von der rechten Art sind, die rechte Größe haben und die rechte Länge an ihnen erblickt wird, so daß alles mit dem festen Maße übereinstimmt. Wenn diese fünf Stücke in Ordnung sind, so sind die Opfertiere dem höchsten Gott genehm.

Der Himmelssohn bringt Opfer dar zur Vertreibung der feindseligen Krankheitsdünste[6], um der Herbstluft zum Durchzug zu verhelfen. Er kostet Sesam mit Hundefleisch und bringt zuerst davon im Ahnentempel dar.

In diesem Monat mag man Stadtmauern und Türme bauen, Hauptstädte und Städte gründen, unterirdische Kanäle und Abzugsgräben graben und runde und eckige Scheunen bauen.

Die Steuerbeamten erhalten die Anweisung, vom Volke den Tribut einzutreiben, Korn und Bohnen einzusammeln und große Vorräte aufzuhäufen.

Darauf ermahnen sie das Volk, den Weizen zu säen, damit nicht etwa jemand die Zeit versäume. Wer es aber dennoch tut, der soll ohne Zögern bestraft werden.

In diesem Monat findet die Tag- und Nachtgleiche statt. Der Donner beginnt, seinen Laut einzuziehen. Die Winterschläfer schließen die Öffnungen ihrer Zufluchtsorte. Der Todeshauch wird immer kräftiger, der Lebenshauch nimmt täglich ab. Das Wasser beginnt auszutrocknen.

An der Tag- und Nachtgleiche führt man die Einheit der Längen- und Hohlmaße durch. Man vergleicht die Gewichte und Waagebalken. Man berichtigt die 30- und 20-Pfund-Gewichte, man eicht die Scheffel und Eimer.

In diesem Monat erleichtert man die Abgaben an den Zollschranken und auf den Märkten, um die reisenden Kaufleute anzulocken, damit sie ihre Waren und Schätze anbringen zur Deckung der Bedürfnisse des Volkes. Wenn sie von allen Seiten herbeiströmen und aus fernen Landen herzukommen, so ist kein Mangel an Waren da, die Regierung entbehrt nicht ihrer Bedürfnisse und alle Geschäfte erledigen sich leicht. Bei der Unternehmung irgendeiner Arbeit darf man der Bestimmung des Himmels nicht widerstreben. Man muß sich nach seiner Zeit richten und sich an seine Art anpassen.

Wenn man diese Ordnung befolgt, so fällt in allen drei Dekaden weißer Tau. Wenn im mittleren Herbstmonat die für den Frühling gültigen Ordnungen befolgt würden, so würde der Herbstregen nicht fallen, die Pflanzen würden zu blühen beginnen und im Lande gäbe es große Befürchtungen. Wenn die für den Sommer gültigen Ordnungen befolgt würden, so würde es Dürre im Lande geben, die Winterschläfer würden sich nicht zurückziehen, das Getreide würde wieder ausschlagen. Wenn die für den Winter gültigen Ordnungen befolgt würden, so würden häufige Sturmschäden eintreffen, der Donner, der sich zurückgezogen, würde sich vorzeitig wieder äußern, und die Pflanzen würden früh sterben.

2. KAPITEL
Abhandlung über die Einschüchterung
LUN WE

Die Gerechtigkeit ist es, die durch alle Dinge als roter Faden sich hindurchzieht, auf der die Verhältnisse von Fürst und Untertan, Alter und Jugend, näheren und ferneren Verwandten beruhen, von der es abhängt, ob Ordnung oder Verwirrung, Friede oder Gefahr und die Möglichkeit des Sieges vorhanden ist. Die Möglichkeit des Sieges darf man nicht bei anderen suchen, sondern muß sie in sich selber finden.

Es liegt in der menschlichen Natur, das Leben zu lieben und den Tod zu hassen, die Ehre zu lieben und die Schmach zu hassen. Wenn es gelingt, die Vereinigung der Bedingungen von Leben und Tod, Ehre und Schmach zu erzeugen, so kann man die drei Heere eines Großstaates gleicher Gesinnung machen. Was die Stärke der Heere anlangt, so ist Einheit erwünscht. Wenn die ganzen Heere eine Gesinnung durchdringt, so finden die Befehle keinen Widerstand. Wer es einzurichten weiß, daß seine Befehle auf keinen Widerstand stoßen, dessen Soldaten sind auf Erden unüberwindlich. Die vollkommenen Soldaten des Altertums waren das Resultat davon, daß das Volk die Befehle wichtig nahm. Sie sind das Wichtigste auf Erden und das Kostbarste für den Himmelssohn. Sie sind geborgen im Herzen des Volkes und bringen die Glieder in harmonische Bewegung, so daß sie richtig und fest stehen und nichts in der Welt sie erschüttern kann.

Wenn es sich also verhält, wie sollte dann der Feind imstande sein zu siegen? Darum heißt es: Wessen Befehle stark sind, dessen Feind ist schwach; wessen Befehle zuverlässig sind, dessen Feind muß sich beugen. Erst gilt es, den Sieg zu erringen in den eigenen Mauern, dann folgt der Sieg draußen auf dem Schlachtfeld ganz von selbst.

Die Waffen sind Unglücksgeräte auf Erden, die Tapferkeit ist die unheilvolle Tugend auf Erden. Die Unglücksgeräte zu erheben und die unheilvolle Tugend auszuüben, dazu braucht es eines Anlasses, der so beschaffen ist, daß man nicht anders kann. Wenn man diese Unglücksgeräte erhebt, so muß man töten. Aber man soll töten, um vieler Menschen Leben zu retten. Wenn man diese unheilbringende Tugend ausübt, so muß man Schrecken verbreiten. Man soll Schrecken verbreiten, um den Feind einzuschüchtern. Daß der Feind eingeschüchtert und seinem Volk das Leben erhalten wird, das ist der Grund, warum ein gerechter Krieg zum Siege führt. So erreichten es im Altertum die vollkommenen Krieger, daß ehe Adel und Volk sich vereinigen konnten, der Schrecken des Siegers sich schon verbreitet hatte und der Feind sich unterwerfen mußte. Was bedurfte es da noch der Trommeln und Pauken, Schilder und Speere? Darum:

Wer es versteht, Schrecken zu verbreiten, der benützt den Zeitpunkt, da der Feind sich noch nicht erhoben, das feindliche Heer sich noch nicht vereinigt hat. So still und heimlich geht er zu Werke, daß niemand seine Absicht merkt. Darin besteht das rechte Wesen des wahren Schreckens.

Im Krieg kommt alles darauf an, rasch vordringend zu sein. Der Weg zu einem raschen Vordringen beruht aber darauf, daß man erkennt, daß Langsamkeit und Zögern ein Teil des Vordringens sind. Durch rasches Vordringen wird der Sieg in einem gerechten Kriege entschieden. Aber man kann nicht lange dabei verharren. Wer es weiß, daß man nicht lange dabei verharren darf, der weiß, wie der Hase läuft und der Geier fliegt, wenn es ihnen ans Leben geht. Hemmen auch Flüsse und Ströme seinen Lauf, so überschreitet er sie; stellen sich ihm große Berge in den Weg, so überwindet er sie. Er hält den Atem an und nimmt seine ganze Kraft zusammen. Sein Herz denkt nichts anderes, sein Auge sieht nichts anderes, sein Ohr hört nichts anderes. Mit ganzer Kraft ist er auf sein kriegerisches Ziel gerichtet.

Yän Schu schwor, daß er mit dem Fürsten Tiän auf Tod und Leben kämpfen wolle, und das ganze Volk von Tsi stand in Furcht. Yü Yang war entschlossen, den Siang Dsï zu töten oder selbst zu sterben, und das ganze Haus von Dschau war von Schrecken ergriffen. Tschong Ging setzte sein Leben gegen das des Herrn von Han, und die Leute von Dschou gerieten alle in Angst. Wieviel mehr wird solches der Fall sein, wenn sich ein Großstaat in einer Lage befindet, daß er wirklich muß. Welcher Feind sollte ihm widerstehen können? Noch ehe die Klingen sich kreuzen, ist die Absicht erreicht. Die Feinde stehen in Furcht und Zittern, ihre Kraft ist erschöpft, ihre Seele ist erschüttert und sie gehen und wissen nicht, wohin, sie laufen und wissen nicht, wohinaus. Auch wenn sie die schärfsten Waffen und stärksten Befestigungen haben, so wagt ihr Sinn nicht, sie zu ergreifen, und kein Gedanke kommt, daran Halt zu machen. Auf diese Weise ist Giä vom Hause Hia umgekommen in Nan Tschau[7].

Wenn man nun mit Holz gegen Holz schlägt, so bricht es ab; wenn man Wasser in Wasser gießt, so zerstreut es sich; wenn man

Eis in Eis gießt, so sinkt es unter; wenn man Schlamm in Schlamm gießt, so versinkt er. Daraus ergibt sich, welche Folgen es haben muß, wenn Eile mit Weile angewandt wird.

Es gibt einen überaus wichtigen Grundsatz im Kriege, nämlich den, daß man weiß, daß, einerlei, ob der Gegner Pläne hat oder nicht, die eigenen Pläne nicht verhindert werden können. Das führt immer zum Erfolg. So hat es Dschuan Dschu[8] gemacht. Mit einer Hand erhob er sein Schwert; er nahte sich und alles war beendet; der König von Wu war eingesetzt. Wieviel mehr wird es erst Soldaten, die für eine gerechte Sache fechten, gelingen, die, wenn sie viele sind, nach Zehntausenden zählen, wenn sie wenig sind, nach Tausenden zählen, in dichten Scharen heranmarschieren und des Feindes feste Plätze stürmen; solche werden sicher weit mehr erreichen als Dschuan Dschu.

3. KAPITEL
Die rechte Auswahl
GIÄN SÜAN

Es gibt ein Wort auf Erden, wenn man die Marktleute zum Kampf treibe, so könne man mit ihnen anderer Herrscher reichbesoldete Berufsheere besiegen, mit alten, schwachen und ermüdeten Bürgern vermöge man anderer Herrscher auserlesene und geübte Heere zu besiegen, mit Hämmern, Sensen und bloßen Prügeln vermöge man anderer Herrscher lange Lanzen und scharfe Waffen zu besiegen. Das sind Reden von Leuten, die nichts vom Militär verstehen. Allerdings, wenn ich ein scharfes Schwert habe, aber beim Stechen nicht treffe und beim Schlagen in die Luft haue, so ist es sowenig nütze wie ein schlechtes Schwert. Aber wenn man deswegen sagen wollte, man müsse sich beim Kampf schlechter Schwerter bedienen, so geht das nicht an. Allerdings sind die auserlesensten und besten Truppen mit den schärfsten Waffen, wenn man sie zur unrechten Zeit und am falschen Ort verwendet, sowenig nütze wie schlechte Soldaten. Aber wenn man deshalb sagen wollte, daß man sich beim Kriege schlechter Soldaten bedienen sollte, so geht das nicht an. Selbst so tapfere Helden wie der Prinz King Gi und Tschen Niän[9] wünschten sich doch noch die Schärfe ihrer Waffen. Auserwählte, tüchtige Soldaten mit scharfen Waffen, die man von einem tüchtigen Führer führen ließ, halfen im Altertum manchem zur Königsherrschaft und manchem wenigstens zur Vorherrschaft im Reich. Die Könige Tang und Wu, die Fürsten Huan von Tsi, Wen von Dsïn, Ho Lü von Wu sind Beispiele dafür. Tang von Yin hatte siebzig der besten Kriegswagen und sechstausend Krieger, die sich dem Tode geweiht. Damit kämpfte er am Tage Wu Dsï in Tsdiong und nahm viele Gefangene und trieb die Feinde zurück unter großem Jubel. Er stieg von Ming Tiau empor zu den Toren von Tsdiau und bemächtigte sich der Herrschaft von Hia. Nachdem Giä entflohen war, übte Tang große Barmherzigkeit aus Mitleid mit dem Volk und tat das Gegenteil von dem, was Giä getan hatte. Darüber freuten sich alle guten und willigen Bürger und von nah und fern fielen sie ihm zu. So erlangte er das Königtum über die Welt.

Der König Wu hatte dreitausend Mann, die sich rennende Tiger nannten, und dreihundert auserwählte Kriegswagen, mit denen er am Tage Gia Dsï auf dem Felde Mu Yä kämpfte und den Dschou Sin gefangennahm. Er zeichnete die Würdigen in ihrer Stellung aus, beförderte die alten und erfahrenen Männer, die von der Yin-Dynastie zurückgeblieben waren. Er fragte nach den Wünschen des Volkes; mit seinen Belohnungen machte er nicht einmal bei den Tieren halt. Mit seinen Strafen verschonte er selbst die Person des Himmelssohnes nicht. Er liebte die Leute von Yin wie die seines Stammlandes Dschou. Er betrachtete andere Menschen wie sich selbst. So rühmte man auf Erden seine Tugend, und alles Volk pries seine Gerechtigkeit, und Wu, der König, wurde Himmelssohn.

Der Herzog Huan von Tsi hatte dreihundert vorzügliche Kriegswagen und zehntausend geübte Krieger zu Soldaten. Damit durchzog er alles Land kreuz und quer, und niemand auf Erden war, der ihm widerstehen konnte. Im Süden kam er bis Schï Siang, im Westen bis Fong Guo, im Norden bis Ling Dschï. Als der Staat Dschung-Schan den Staat Hing zugrunde gerichtet und die Barbaren den Staat We vernichtet hatten, da begründete der Herzog von Huan Hing aufs neue in Yi I und begründete We aufs neue in Tschu Kiu.

Der Herzog Wen von Dsin erbaute fünf Kriegswagen mit fünffacher Besatzung[10]. Außerdem hatte er tausend Mann scharf bewaffneter Fußgänger, die die Vorhut bildeten bei seinen Kämpfen. Von den Fürsten konnte ihm keiner Schwierigkeiten bereiten, und es gelang ihm, die Mauern von Dschong niederzureißen und zu bewirken, daß die Leute von We ihre Gräben alle in östlicher Richtung[11] zogen, und er ehrte den Himmelssohn in Hong Yung.

Ho Lü von Wu wählte an besonders starken Kriegern fünfhundert Mann aus und an besonders schnellfüßigen dreitausend Mann, die er als Vorhut verwendete. Fünfmal kämpfte er mit Tschu und siegte fünfmal. Darauf nahm er dessen Hauptstadt Ying ein. Nach Osten dehnte er seine Kriegszüge aus bis Ku Lu, nach Westen bis Ba Schu, im Norden bedrängte er Tsi und Dsin und seine Gebote galten im ganzen Reich der Mitte.

Darum muß man in Anbetracht der Verteidigungsstellen darauf aus sein, daß sie vorteilhaft gewählt sind. Was die Bewaffnung der Soldaten anlangt, so muß man darauf aus sein, daß sie tüchtig ist. Was die Bevölkerung, die einem untersteht, anlangt, muß man darauf aus sein, daß sie wohlgeübt sei. Diese vier Dinge sind ein mächtiges Hilfsmittel in einem geordneten Krieg und kommen den Zeitverhältnissen entgegen. Man darf sie nicht für zu gering halten, um darüber besonders zu reden. Das ist ein wichtiger Gesichtspunkt für die Erlangung des Sieges[12].

4. KAPITEL
Entscheidung des Siegs
GÜO SCHONG

Das Militärwesen hat Stamm und Zweige. Worauf es unter allen Umständen ankommt, sind Gerechtigkeit, Weisheit und Tapferkeit. Durch die Gerechtigkeit wird der Gegner vereinsamt. Ist er vereinsamt, so zürnen ihm seine Verwandten, die Weisen tadeln ihn, und es erheben sich innere Unruhen.

Durch die Weisheit erkennt man den Wandel der Zeit. Erkennt man den Wandel der Zeit, so weiß man den Wechsel von Fülle und Leere, Blüte und Untergang abzuschätzen; so weiß man, was man zuerst zu tun hat und was danach, was in der Ferne und was in der Nähe, wem man sich zuzuwenden hat und was man zu lassen hat.

Durch Tapferkeit kann man die Entscheidung herbeiführen. Kann man die Entscheidung herbeiführen, so kann man Wirkungen hervorbringen wie Donner und Blitz, wie Wirbelwind und heftiger Regen, man kann es machen wie stürzende Berge, wie gebrochene Dämme; man kann trennen und stürzen, wie der Adler auf seine Beute stürzt, was er mit seinen Klauen faßt, ist tot, jeder Baum, den er trifft, geht in Stücke.

Das aber läßt sich durch Erkennthis erlangen: Ein Volk ist nicht beständig tapfer, aber auch nicht beständig feige. Hat es Kraft, so ist es stark, ist es stark, so ist es tapfer. Hat es keine Kraft, so wird es schwach, ist es schwach, so wird es feige. Die Ursachen von Feigheit und Tapferkeit, Schwäche und Stärke sind sehr verborgen, aber man muß sie zu erkennen suchen. Der Geist der Tapferkeit führt zu mutigem Kampf, der Geist der Feigheit führt zu Flucht. Kämpft man und siegt, so hat man mutig gekämpft, kämpft man und flieht, so hat man feige gekämpft. Feigheit und Tapferkeit sind nichts Beständiges. Sie kommen und gehen plötzlich und niemand weiß, woher und wohin, nur der Weise erkennt ihre Gründe. Darum kamen die Dynastien von Schang und Dschou hoch und gingen Giä und Dschou Sin zugrunde. Der Unterschied eines klugen und eines törichten Fürsten besteht nur darin, daß der eine es versteht, seines Volkes Kraft zu mehren, während der andere seinem Volk die Kraft raubt, daß der eine es versteht, die Menge zum Kampf zu begeistern, während der andere es nicht versteht, die Menge zum Kampf zu begeistern. In diesem Falle hilft auch ein großes Heer und viele Krieger nicht zum Siege. Wenn das Heer groß und die Krieger zahlreich sind, ohne daß man die Menge zum Krieg begeistern kann, so ist man schlimmer dran als mit einer kleinen Anzahl. Die große Anzahl kann unter Umständen ein großes Glück bedeuten, sie kann aber ebenso ein großes Unglück bedeuten. Es ist wie beim Fischen in tiefen Gewässern. Man fängt größere Fische, aber die Gefahr ist auch größer. Wer es versteht, Soldaten zu führen, der wird seinem ganzen Heer bis zum letzten Mann den Geist des Kampfes einflößen, so daß die Massen des geringen Volkes auf Hunderte von Meilen weit herbeiströmen und ihm beim Kampfe helfen, denn die Verhältnisse führen sie dazu. Wer Glück hat, der versteht sich auf den rechten Zeitpunkt für die Schlacht und weiß, womit die Leute anzulocken sind.

Beim Militär kommt alles darauf an, die Lage ausnützen zu können. Wer die Lage auszunützen vermag, der wird die gefährdeten Stellen des Feindes in eigene Stärke umwandeln, er wird sich den Überlegungen des Feindes in seinen eigenen Bewegungen anpassen. Wer sich auf diese Ausnützung versteht und ihr noch den Sieg hinzufügt, der ist unüberwindlich. Wer unüberwindlich im Siegen ist, der heißt göttlich, wer göttlich ist, den kann man nicht besiegen. Beim Militär kommt alles darauf an, daß man nicht besiegt werden kann. Das Nicht-besiegt-werden-können hängt von uns selbst ab, das Siegen-können vom Gegner. Der Weise sorgt dafür, daß unter allen Umständen er selbst in der rechten Verfassung ist; aber er kann nicht unter allen Umständen den Gegner in die von ihm gewünschte Lage bringen. Wenn er mit seiner Methode der Unbesiegbarkeit auf einen Feind trifft, der nicht siegt, so wird er unter keinen Umständen Verluste erleiden. Der Sieg des einen Heeres bedingt immer die Niederlage des Feindes. Eine Armee, die eine andere besiegen will, muß verborgen sein, sich konzentrieren und einen einheitlichen Willen haben. Durch Verborgenheit siegt man über einen offen aufmarschierenden Gegner, dessen Bewegungen klar zutage liegen; durch Konzentration siegt man über einen verzettelten Gegner; durch Einheitlichkeit des Willens siegt man über einen unschlüssigen Gegner. So machen es auch alle Raubtiere; sie wissen ihre Hörner, Krallen und Zähne, wenn sie ihre Beute beschleichen, zu verdecken, und dadurch erreichen sie den Sieg.

5. KAPITEL
Liebevolle Fürsorge für die Staatsbeamten
AI SCHÏ

Man kleidet die Menschen, um sie gegen die Kälte zu schützen. Man nährt die Menschen, um sie gegen den Hunger zu schützen. Hunger und Kälte sind die größten Leiden der Menschen, und es ist Pflicht, sie davor zu retten. Wenn jemand in Not und Verlegenheit gerät, so ist es so schlimm wie Hunger und Kälte. Darum nimmt sich ein guter Herr der Verlegenheit seiner Leute an und hat Mitleid mit ihrer Not. Dadurch wird sein Name berühmt, und er gewinnt die Herzen seiner Staatsbeamten.

Der Herzog Mu von Tsin fuhr einst auf einem vierspännigen Kriegswagen. Der Wagen zerbrach, das rechte Mittelpferd verlief sich, und Leute aus Yin fingen es ein. Der Herzog Mu ging selber aus, es zu suchen. Da sah er, wie die Leute von Yin eben im Begriff waren, es aufzuessen am Südhang des Ki-Berges. Da lachte der Herzog Mu und sprach: »Wenn ihr das Fleisch meines Rosses eßt und keinen Wein dazu trinkt, so fürchte ich, es könnte euch schaden.« Darauf gab er ihnen allen zu trinken und ging weg. Ein Jahr darauf kam es zu einer großen Schlacht gegen den Staat Dsin auf der Ebene von Han. Die Leute von Dsin hatten schon den Wagen des Herzogs Mu umringt. Liang Yu Mi von Dsin hatte schon das linke Pferd des Herzogs festgehalten. Der rechte Wagenkämpfer des Herzogs Hui von Dsin namens Schï Fen schlug nach dem Panzer des Herzogs Mu und hatte ihn schon sechsmal getroffen. Da kamen von den Leuten von Yin, die seinerzeit am Fuße des Ki-Berges das Fleisch des Pferdes gegessen hatten, über dreihundert herbei und verteidigten den Herzog Mu mit äußerster Kraft, neben seinem Wagen aufs tapferste kämpfend. Dadurch erlangte er einen großen Sieg über Dsin, und es gelang ihm umgekehrt, den Herzog Hui gefangen heimzuführen. Das ist die Bestätigung des Liedes:

Herrscht man über Edle, so sei man gerecht,
Um ihre Tugend zu wecken.

Herrscht man über Gemeine, so sei man großmütig,
Um ihre Kraft zu spornen.

Wie sollte daher ein Herrscher es versäumen können, Tugendübungen und Menschenliebe zu pflegen. Durch Tugendübung und Menschenliebe gewinnt er die Liebe des Volkes. Liebt das Volk seinen Herrn, so sind alle mit Freuden bereit, für ihren Herrscher zu sterben.

Dschau Giän Dsï[13] hatte zwei weiße Maultiere, die er besonders liebte. Yang Tschong Sü Gü war krank. Bei Nacht kam der Türhüter vom breiten Tor an die Tür und trat vor den Herrn. Er sprach: »Der Diener unseres Herrn, Sü Gü, ist krank. Der Arzt hat ihm gesagt, wenn er die Leber eines weißen Maultiers bekomme, so werde er von seiner Krankheit genesen, wenn nicht, so werde er sterben.« Als der Türhüter dies berichtete, weilte Dung An Yu zur Seite des Fürsten. Er wurde böse und sprach: »Ei, dieser Sü Gü hofft, das Maultier unseres Herrn zu bekommen; ich bitte, ihn sofort bestrafen zu wollen.« Dschau Giän Dsï sprach: »Einen Menschen zu töten, um ein Tier am Leben zu erhalten, ist doch nicht gütig. Dagegen ein Tier zu töten, um einem Menschen das Leben zu retten, ist doch die Pflicht eines gütigen Mannes.«

Darauf berief er den Küchenmeister, ließ ihn das weiße Maultier schlachten und seine Leber dem Yang Tschong Sü Gü geben. Nicht lange danach führte Dschau Giän Dsï ein Heer, um Di anzugreifen. Der Beamte vom breiten Tor hatte zur Linken siebenhundert Mann und zur Rechten siebenhundert Mann, die alle zuerst die Mauern erstiegen und dem Feind schweren Schaden zufügten.

Wie dürfte ein Herrscher es unterlassen, seine Untergebenen zu lieben. Daß ein Feind herankommt, kommt daher, daß er darin seinen Vorteil sieht. Wenn er nun getötet wird, sowie er kommt, so sieht er seinen Vorteil darin, zu entfliehen. Wenn die Feinde alle ihren Vorteil in der Flucht erblicken, so braucht man keine Klinge mit ihnen zu kreuzen. Wenn der Feind durch mich sein Leben findet, so finde ich durch den Feind meinen Tod. Wenn der Feind durch mich seinen Tod findet, so finde ich durch den Feind mein Leben. Ob nun ich mein Leben durch den Feind finde oder der Feind sein Leben durch mich findet, das ist doch ein wesentlicher Unterschied! Hierauf beruht das Geheimnis der Kriegskunde. Bestehen und Untergang, Leben und Tod hängen einzig davon ab, daß man dies erkennt.

BUCH IX · GI TSIU GI

Aufzeichnungen des letzten Herbstmonats

1. KAPITEL
Der letzte Herbstmonat
GI TSIU

Im letzten Herbstmonat steht die Sonne im Zeichen Fang. Zur Zeit der Abenddämmerung kulminiert das Sternbild Hü. Zur Zeit der Morgendämmerung kulminiert das Sternbild Liu. Seine Tage sind Gong und Sin. Sein göttlicher Herrscher ist Schau Hau (der junge Leuchtende). Sein Schutzgeist ist Jou Schou (der Schnitter). Seine Tiere sind die behaarten Tiere. Seine Note ist Schang. Seine Tonart ist Wu I. Seine Zahl ist neun. Sein Geschmack ist scharf. Sein Geruch ist metallisch. Man opfert dem Türgeist. Unter den Opfergaben steht die Leber obenan.

Die Wandergans kommt[1]; die Haussperlinge gehen ins große Wasser und werden zu Muscheln. Das Chrysanthemium bekommt gelbe Blüten. Der Wolf opfert Tiere und tötet Vögel[2].

Der Himmelssohn weilt in der Halle der klaren Vollendung[3]. Er fährt im Kriegswagen, an dem Schimmel mit schwarzen Mähnen angespannt sind. Es werden weiße Flaggen aufgesteckt, man kleidet sich in weiße Kleider und trägt weißen Nephrit. Man ißt Sesam mit Hundefleisch. Die Gefäße sind kantig und tief.

In diesem Monat schärft man aufs neue die Gebote und Verordnungen ein. Die Beamten erhalten den Befehl, dafür zu sorgen, daß Vornehm und Gering darauf aus ist, alles einzubringen, um mit dem Geist des Sammelns in der Natur übereinzustimmen. Es darf nichts den Scheunen entnommen werden.

Der königliche Hausmeister erhält den Befehl, nachdem die Ernte vollständig eingebracht ist, den Ertrag der fünf Feldfrüchte aufzuzeichnen. Er hat die Ernte des kaiserlichen Feldes in die göttliche Scheune einzubringen und diese Pflicht mit ehrfurchtsvoller Sorgfalt zu erfüllen[4].

In diesem Monat beginnt der Reif zu fallen, und alle Arbeiten werden eingestellt[5]. Die Beamten erhalten den Befehl bekanntzugeben, daß die Kälte streng wird, so daß die Menschen sie nicht mehr aushalten können, und daher alle sich in ihre Häuser zurückziehen sollen.

Am ersten Tage Ding begeben sich die Schüler in die Schule, um sich auf den Blasinstrumenten zu üben.

In diesem Monat wird dem Himmelssohn mitgeteilt, daß die Tiere für das große Herbstopfer des Herrn bereit sind.

Der Herrscher vereinigt an seinem Hof die Lehnsfürsten und gibt den Bezirken seines Hausgebietes Befehle. Er verteilt den Kalender des folgenden Jahres und setzt mit den Lehnsfürsten die Höhen der Abgaben des Volkes fest und die Höhe der Abgaben an ihn selbst, indem er die Entfernung der einzelnen Gebiete und die Beschaffenheit des Grund und Bodens zum Maßstab nimmt[6]. Das geschieht, um für die Opfer auf dem Anger und im Ahnentempel zu sorgen, damit keine Unterschlagungen vorkommen.

In diesem Monat veranstaltet der Himmelssohn die großen Jagden, um sich im Gebrauch der fünf Waffengattungen und der Auswahl tüchtiger Pferde zu üben[7].

Die Wagenlenker und die sieben Gattungen der Pferdehirten erhalten alle den Befehl, die Pferde anzuspannen, die Flaggen aufzustecken, die Wagen zu verteilen an die verschiedenen Rangstufen der Offiziere und sie vor der Schutzwand des kaiserlichen Zeltes aufzustellen. Der Unterrichtsminister steckt seinen Stab in die Erde und wendet sich nach Norden, um sie zu beschwören[8].

Der Himmelssohn kleidet sich kriegerisch und tut kriegerischen Schmuck an, er hält die Bogen und erfaßt die Pfeile, um zu schießen. Dann erteilt er dem Opferpriester den Befehl, von der Jagdbeute den vier Himmelsrichtungen zu opfern[9].

In diesem Monat werden die Blätter der Pflanzen gelb und fallen ab. Man schneidet Holz, um Kohle daraus zu bereiten.

Die Winterschläfer verbergen sich alle in ihren Höhlen und schließen ihre Öffnungen. Man beeilt sich in der Beendigung der Prozesse und Anwendung der Strafen, um keinen Schuldigen übrigzulassen. Man zieht die Einkünfte Unwürdiger ein und die Nahrungsgewährung an solche, die sie nicht verdienen.

In diesem Monat kostet der Himmelssohn Reis mit Hundefleisch zusammen, nachdem er etwas davon zuvor im Ahnentempel dargebracht hat.

Wenn im letzten Herbstmonat die für den Sommer gültigen Ordnungen befolgt würden, so würde das Land unter großem Wasser zu leiden haben. Die Vorräte würden verderben, und das Volk hätte viel unter Schnupfen und Nasenverstopfung zu leiden. Wenn die für den Winter gültigen Ordnungen befolgt würden, so würden im Lande viele Diebe und Räuber hochkommen, an den Grenzen würde Unruhe herrschen und Landesteile würden entrissen werden. Wenn die für den Frühling gültigen Ordnungen befolgt würden, so würde ein lauer Wind herbeikommen, die Kraft des Volkes würde ermatten und laß werden und Heere würden sich sicher erheben.

2. KAPITEL
Die Befolgung des Volkswillens
SCHUN MIN

Die Könige des Altertums machten es zu ihrer ersten Aufgabe, sich nach dem Herzen des Volkes zu richten, darum brachten sie große Werke zustande und wurden berühmt. Solche, die durch ihre Tugend die Herzen des Volks gewannen und dadurch die größten Werke und den größten Ruhm für alle Zeiten erwarben, gab es im Altertum viele. Dagegen ist es noch nie vorgekommen, daß einer, der die Herzen seines Volkes verlor, dennoch Werke und Ruhm gewonnen hätte.

Es gibt einen bestimmten Weg, wie man das Volk gewinnen kann. Im größten Großstaat und im kleinsten Flecken haben die Leute etwas, an dem sie eine Freude haben. Macht man sich das zu eigen, woran die Leute Freude haben, so hat man die Leute zu eigen. Ist es denn gar so vielerlei, woran die Leute eine Freude haben? Nein, es handelt sich nur darum, daß man das, was das Volk für das Wichtigste hält, sich aneignet.

Im Altertum hatte Tang das Haus Hia besiegt und die Welt geordnet. Da sandte der Himmel eine große Dürre, so daß man fünf Jahre lang nicht ernten konnte[10]. Da trat Tang in eigener Person vor Gott im Maulbeerwald und sprach: »Wenn ich, der Herrscher, gesündigt habe, so möge die Strafe nicht über das Volk kommen; wenn aber das Volk gesündigt hat, so möge die Strafe allein auf mir ruhen; möge nicht um meiner des Einzigen Unfähigkeit willen der höchste Herr und die Ahnen und Geister das Leben des Volkes schädigen.« Darauf schnitt er sich das Haupthaar ab und rieb sich die Hand wund, um seine eigene Person als Opfer darzubringen. So betete er zum höchsten Gott um Glück. Darüber hatte das Volk eine große Freude, und ein starker Regen fiel. Auf diese Weise vermochte Tang das geheimnisvolle Wirken der Ahnen und Naturgeister und die Folge dermenschlichen Ereignisse zu beeinflussen[11].

König Wen wohnte am Berge Ki. Er diente dem Tyrannen Dschou Sin; obwohl jener ihn ungerecht behandelte und beleidigte, blieb er dennoch korrekt und loyal. Früh und spät tat er alles zu seiner Zeit. Er lieferte den Tribut immer rechtzeitig ab, er war bei den Opfern anwesend mit der größten Ehrerbietung. Das erfreute den Dschou Sin, er ernannte den König Wen zum Markgrafen des Westens und verlieh ihm tausend Meilen Land. König Wen verneigte sich zweimal bis zur Erde, lehnte ab und sprach: »Ich möchte für das Volk um Beseitigung der Strafe des Röstens bitten.«[12] Nicht daß König Wen die tausend Meilen Landes verachtet hätte: Daß er aber dennoch für das Volk um Abschaffung der Strafe des Röstens bat, das tat er, weil er unter allen Umständen die Herzen des Volks gewinnen wollte. Die Herzen des Volks zu gewinnen schien ihm wichtiger als tausend Meilen Landes. Darum rühmt man die Weisheit des Königs Wen.

Der König von Yüo (Gou Dsiän) litt unter der Schmach vom Kuai-Gi-Berge[13]. Er wünschte aufs innigste, die Herzen des Volks zu gewinnen, um in den Kampf auf Leben und Tod mit dem Staat Wu eintreten zu können. Darum gönnte er sich keine Ruhe auf Kissen und Matte. Er verschmähte köstliche Speisen, er wandte seine Blicke ab von der Schönheit und hörte nicht auf Glocken und Pauken. Drei Jahre kasteite er seinen Leib, erschöpfte seine Kraft, redete sich die Lippen wund und die Lunge trocken. Dadurch erreichte er, daß er sich seine Diener aufs innigste verband und sein Volk erzog zur Vollendung seiner Absicht. Wenn irgendeine köstliche Speise auf den Tisch kam, die nicht ausreichte, daß alle davon mitaßen, so wagte er auch selbst nicht, davon zu essen. Wenn es Wein gab, so goß er ihn in den Fluß, um ihn so mit seinem Volk zu teilen. Er selbst pflügte sein Land, um seine Nahrung zu gewinnen. Seine Frau wob selbst, um die Familie zu bekleiden. Er duldete nicht kostbare Speisen, nicht doppelte Gewänder, nicht zweierlei Farben. Von Zeit zu Zeit ging er aus und zog mit einem Wagen umher, der mit Speise beladen war, um nach den Nöten und Krankheiten der Witwen und Waisen, Alten und Schwachen zu sehen und nach den Zuständen der Bedrängten und Unglücklichen. Wenn er einen traf, der in Bedrängnis war, traurig aussah und Mangel litt, dann speiste er ihn selbst. Darauf hielt er eine Versammlung seiner Großen ab und teilte ihnen seine Gedanken mit. Er sprach: »Ich und der Staat Wu haben dasselbe Begehren nach dem Besten in der Welt. Nun sind aber die Staaten Wu und Yüo beide erschöpft. Meine Ritter haben ihr Herz hergegeben und sind am selben Tage für mich gestorben. Ich möchte mich allein mit dem Könige von Wu messen und ringend mit ihm zugrunde gehen. Das ist mein höchster Wunsch. Das läßt sich aber nicht verwirklichen, und prüfe ich die Kraft meines Staates, so sehe ich, daß sie ungenügend ist, Wu zugrunde zu richten. Wollte ich andern Fürsten dienen, so könnte ich selbst mit ihrer Hilfe ihm nicht beikommen. So will ich allein mein Reich verlassen, all meine Diener ihrer Pflicht entbinden, ein Schwert umgürten und einen Dolch in die Hand nehmen, mich verkleiden und meinen Namen ändern. Dann will ich mit Sieb und Besen ihm als Sklave dienen, um eines Tages mit dem König von Wu auf Leben und Tod zu ringen. Obwohl ich weiß, daß ich dadurch meinen Hals und meine Lenden in Gefahr bringe, daß Kopf und Füße voneinander getrennt und alle meine Glieder zerrissen werden können zur Schmach vor der Welt, so werde ich meine Absicht dennoch unter allen Umständen durchführen.«

So gelang es ihm endlich, daß es eines Tages mit dem König von Wu bei den fünf Seen (Wu Hu) zur Schlacht kam. Das Heer von Wu wurde gänzlich geschlagen und der Palast des Königs infolge davon umzingelt. Da die Stadttore nicht bewacht wurden, gelang es ihm, den König Fu Tschai zu fangen und die Beamten von Wu zu töten. Zwei Jahre nach der Vernichtung von Wu erreichte der König von Yüo die Hegemonie im Reich. Dies gelang ihm, weil er sich erst nach den Herzen seines Volks gerichtet hatte.

Der Meister Dschuang von Tsi bat, den Staat Yüo angreifen zu dürfen, und fragte den Herrn Tiän Ho. Der Freiherr Ho erwiderte: »Unser verewigter Fürst hat als letzten Willen hinterlassen, man dürfe Yüo nicht angreifen. Yüo sei ein grimmiger Tiger.« Meister Dschuang sprach: »War er auch ein grimmiger Tiger, so ist er doch heute schon tot.« Der Freiherr Ho sprach: »Er soll die Sache erst dem Meister Hiau ansagen.« Meister Hiau sprach: »Ist er gleich tot, so gilt er dennoch so viel wie ein Lebendiger.«

Darum muß man bei jeder Unternehmung die Gesinnung des Volkes feststellen, ehe man sie beginnt.

3. KAPITEL
Erkenntnis der Staatsmänner
DSCHÏ SCHÏ

Wenn man ein Pferd hat, das täglich tausend Meilen laufen kann, aber man bekommt nicht den richtigen Lenker dafür, so ist es gerade, als hätte man es nicht bekommen. Erst wenn der richtige Lenker und das Pferd einander finden, dann wird der Erfolg erreicht. Sie gehören zusammen wie Schlegel und Trommel. Unter den Staatsmännern gibt es auch Tausendmeilen-Leute. Hohe Ideale und Treue bis zum Tod, das sind die Eigenschaften der Tausendmeilen-Staatsmänner. Aber zu bewirken, daß die Staatsmänner die tausend Meilen erreichen, das vermag nur ein würdiger Herrscher.

Dsing Go Gün war gut befreundet mit Dsi Mau Biän[14]. Dsi Mau Biän hatte in seinem Lebenswandel viel Anstößiges, über das die Anhänger des Dsing Go Gün mißvergnügt waren. Einer unter ihnen namens Schï We machte darob dem Dsing Go Gün Vorstellungen. Dsing Go Gün aber hörte nicht auf ihn. Da nahm Schï We seine Entlassung und ging davon. Da wagte es sein eigener Sohn Mong Tschang Gün, dem Dsing Go Gün Vorstellungen zu machen. Dsing Go Gün aber wurde sehr zornig und sprach: »Daß euch doch alle miteinander der Teufel hole! Wenn ich in meinem ganzen Besitz etwas fände, das den Dsi Mau Biän befriedigen könnte, ich würde alles für ihn tun.« Darauf beherbergte er ihn in seinem schönsten Schloß, ließ ihm durch seinen ältesten Sohn aufwarten und morgens und abends die Speisen darbringen.

Einige Jahre darauf starb der König We von Tsi, und der König Süan kam auf den Thron. Dsing Go Gün fand durchaus keine Gnade vor den Augen des Königs Süan, so daß er sich vom Hof zurückzog auf seine Festung Süo, wo er mit Dsi Mau Biän zusammen lebte. Nicht lange hatte er dort verweilt, als Dsi Mau Biän sich verabschiedete und bat, vor den König Süan treten zu dürfen. Dsing Go Gün sprach: »Der König ist äußerst mißvergnügt über mich. Wenn Ihr nun hingeht, so ist es sicher Euer Tod.« Dsi Mau Biän sprach: »Es ist mir wahrlich nicht ums Leben zu tun. Ich bitte unter allen Umständen hingehen zu dürfen.« Dsing Go Gü vermochte ihn nicht zurückzuhalten.

Als nun Dsi Mau Biän nach Tsi kam und der König Süan es hörte, da füllte sich sein Herz mit Zorn bei seinem Empfang. Dsi Mau Biän trat vor ihn. Der König Süan sprach: »Ihr seid es, auf den Dsing Go Gün hört und den er gerne mag.« Dsi Mau Biän erwiderte: »Gerne hat er mich wohl, aber hören tut er nicht auf mich. Als Ihr, o König, noch Thronfolger waret, da sagte ich zu Dsing Go Gün: Der Kronprinz ist kein guter Mensch, er hat es dick hinter den Ohren und hat Schweinsaugen[15]. Solche Menschen sind widerspenstigen Charakters. Es wäre besser, Ihr setztet den Kronprinzen ab und setztet Hiau Schï, das Kind der Fürstin We, als Thronfolger ein. Aber Dsing Go Gün vergoß Tränen und sprach: ›Es geht nicht, ich bringe es nicht über mich.‹ Wenn Dsing Go Gün damals wirklich auf meine Worte gehört und danach getan hätte, so hätte er sich den ganzen ge-

genwärtigen Jammer erspart. Dies war der eine Fall. Als er dann nach Süo kam, da machte ihm Dschang Yang, der Kanzler von Tschu, den Vorschlag, die Grenzfestung gegen ein mehrfach größeres Landgebiet einzutauschen. Ich riet ihm wieder, unter allen Umständen darauf einzugehen. Aber Dsing Go Gün sprach: ›Die Festung Sü ist mir vom verewigten König anvertraut worden. Wenn ich auch bei seinem Nachfolger in Ungnade gefallen bin, wie wollte ich mich vor dem verewigten König rechtfertigen! Außerdem ist in Silo der Tempel des verewigten Königs. Wie könnte ich den Tempel des verewigten Königs dem Staate Tschu abtreten.‹ So hörte er wieder nicht auf mich. Dieses war der zweite Fall.« Der König Süan seufzte tief, und Rührung sprach aus seinen Mienen, als er sagte: »So treu hat also Dsing Go Gün an mir gehandelt, und ich habe in jugendlicher Verblendung gar nichts davon gewußt. Wollt Ihr nicht für mich den Dsing Go Gün einmal an meinen Hof bitten?« Dsi Mau Biän erwiderte: »Ich bin ehrfurchtsvoll dazu bereit.«

Als Dsing Go Gün nun kam, da trug er die Gewänder, die der König We ihm einst verliehen. Er hatte seinen Helm auf und sein Schwert umgegürtet. Der König Süan empfing den Dsing Go Gun persönlich auf dem Anger vor der Stadt, und als er ihn von ferne sah, vergoß er Tränen. Als Dsing Go Gün sich nahte, bat er ihn, das Amt des Kanzlers zu übernehmen. Dsing Go Gün suchte abzulehnen, und nur, weil jener nicht nachließ, nahm er an. Nach zehn Tagen versuchte er unter dem Vorwand von Krankheit noch einmal mit aller Gewalt zurückzutreten, und erst nach dreitägigen Bitten hörte er auf des Königs Wunsch.

Zu dieser Zeit zeigte es sich, daß Dsing Go Gün die Fähigkeit hatte, sich ein unabhängiges Urteil über Menschen zu bilden. Weil er sich ein selbständiges Urteil über Menschen zu bilden vermochte, darum ließ er sich durch keine Verleumdungen irremachen. Das war der Grund, weshalb Dsi Mau Biän bereit war, alle Freuden des Lebens preiszugeben und Jammer und Not auf sich zu nehmen.

4. Kapitel
Selbstbeurteilung
Schen Gi

Alle Zustände der Dinge haben ihre Ursache. Kennt man diese Ursache nicht, so ist es, obwohl man den Tatbestand kennt, gerade so, als wüßte man gar nichts, und schließlich kommt man sicher in Verlegenheit. Diese Kenntnis der Ursache war es, wodurch die Könige der Vorzeit, berühmte Männer und kundige Gelehrte sich vor den gewöhnlichen Menschen auszeichneten. Daß das Wasser die Berge verläßt und ins Meer läuft, kommt nicht davon her, daß es die Berge haßt und das Meer liebt, sondern es ist eine Folge der Höhenverhältnisse. Daß das Getreide, das auf den Ebenen wächst, in den Speichern aufgehoben wird, kommt nicht davon her, daß das Getreide Lust dazu hat, sondern davon, daß die Menschen alle seiner bedürfen.

Darum, als Dsï Lu einen Fasan gefangen hatte, ließ er ihn wieder frei[16].

Der Meister Liä Dsï traf beim Pfeilschießen immer ins Schwarze. Er befragte darüber den Meister Guan Yin Hi. Der Meister Guan Yin Hi sprach: »Wißt Ihr, warum Ihr trefft?« Er antwortete: »Ich weiß es nicht.« Da sprach der Meister Guan Yin Hi: »Dann seid Ihr noch nicht reif.« Jener zog sich zurück, übte sich drei Jahre lang, dann bat er wieder um Belehrung. Meister Guan Yin Hi sprach: »Wißt Ihr, warum Ihr trefft?« Meister Liä Dsï sprach: »Jetzt weiß ich es.« Meister Guan Yin Hi sprach: »Nun, dann ist's gut. Haltet das fest und gebt es nie wieder preis.«

Nicht nur beim Bogenschießen ist es so, sondern auch beim Bestehen der Staaten und beim Untergang der Staaten, bei der Tüchtigkeit der Person und der Untüchtigkeit der Person. Überall herrscht dasselbe Gesetz. Darum fragt der Weise nicht nach Bestehen und Untergang, nicht nach Tüchtigkeit und Untüchtigkeit, sondern nach deren Gründen[17].

Einst griff der Staat Tsi den Staat Lu an[18], weil er von ihm den berühmten Dreifuß Kin wollte. Der Fürst von Lu sandte ihm einen anderen Dreifuß. Aber der Fürst von Tsi traute ihm nicht, sondern sandte ihn wieder zurück, er sei falsch. Gleichzeitig ließ er dem Fürsten von Lu sagen: »Wenn Liu Hia Gi ihn für echt hält, so will ich ihn auf sein Wort hin annehmen.« Der Fürst von Lu bat den Liu Hia Gi, für ihn einzutreten. Liu Hia Gi erwiderte: »Ihr wollt mich bestechen, weil Ihr den Dreifuß Kin behalten möchtet, selbst wenn es Euch Euer Reich kosten sollte? Ich habe aber auch ein Reich[19]. Daß ich mein Reich vernichten sollte und Euch noch dazu um Euer Reich bringen, das fällt mir schwer.« Darauf sandte der Fürst von Lu den echten Dreifuß Kin. Von Liu Hia Gi kann man sagen, daß er sich auf die Beratung verstanden habe. Nicht nur sein eigenes Reich hat er gerettet, sondern noch das Reich des Fürsten von Lu[20].

Der König Min von Tsi wurde landesflüchtig und weilte in We. Den ganzen Tag lief er umher und sprach zu Gung Yü Dan: »Ich habe mein Land verloren und weiß doch nicht, warum. Daß ich landesflüchtig werden mußte, was ist wohl eigentlich der Grund davon? Ich muß ihn beseitigen.« Gung Yü Dan erwiderte: »Ich dachte, Ihr wüßtet den Grund schon. Wißt Ihr ihn wirklich noch nicht? Der Grund, warum Ihr landesflüchtig werden mußtet, ist Eure Weisheit. Die Könige auf Erden sind alle unwürdig und haßten Eure Weisheit. Darum vereinigten sie ihre Heere und griffen Euch an. Das ist der Grund, warum Ihr landesflüchtig wurdet.« Der König Min seufzte tief bewegt und sprach: »Bin ich wirklich so weise und muß trotzdem solches Leid erfahren? Das ist auch etwas, wovon ich den Grund nicht weiß.« Gung Yü Dan ging natürlich zu weit, indem er den König also zum Narren hielt.

Der König Schou von Yüo hatte vier Söhne. Des Königs Bruder sprach bei sich: »Ich will sie alle aus dem Weg räumen, damit ich sein Nachfolger werde.« Schon hatte er ihm drei seiner Söhne so verhaßt gemacht, daß er sie getötet hatte. Die Bürger des Reiches waren mißvergnügt und mißbilligten aufs äußerste ihren Herrn. Nun hatte er auch den vierten Sohn schon ihm mißliebig gemacht und wollte, daß er ihn töte. Der König von Yüo hörte aber noch nicht ganz auf ihn. Dieser Sohn, der seinen sicheren Tod vor Augen sah, benützte die Stimmung der Bürger, die Yü, den Bruder des Königs, aus dem Land vertreiben wollten, und umzingelte das Königsschloß. Da seufzte der König tief und sprach: »Weil ich auf die Worte Yüs nicht gehört habe, darum habe ich mir diese Schwierigkeiten zugezogen.« Auch er wußte nicht, was der wahre Grund war, daß er sein Reich verlor.

5. Kapitel
Fernwirkungen des Geistes
Dsing Tung

Man sagt wohl, die Flachsseide habe keine Wurzel. Wohl hat die Flachsseide eine Wurzel, nur daß sie nicht mit der Pflanze zusammenhängt. Es ist die Fuling-Wurzel[21].

Der Magnetstein ruft das Eisen herbei; er zieht es wohl an[22].

Wenn Bäume nah beieinander stehen, so reiben sie einander und wachsen zusammen. Der Weise sitzt ruhig auf seinem Thron. Seine Gesinnung besteht darin, daß er das Beste seines Volkes will. Darum, noch ehe er seine Befehle erlassen, reckt jedermann auf Erden seinen Hals und stellt sich auf die Zehen. Das ist der Einfluß seines Geistes auf das Volk. Wer die Menschen schädigt oder beraubt, gegen den sind die Menschen ebenso.

Wenn jemand einen Angriff plant, seine Waffen schleift, die Rüstungen vorbereitet und für Mundvorrat sorgt und ist im Begriff, die Feindseligkeiten zu eröffnen, so wird der, der angegriffen werden soll, ein inneres Mißbehagen empfinden, auch ohne daß er etwas davon gehört hat. Es ist, als ob ein Geist es ihm zum Voraus zugeraunt hätte.

Wenn jemand körperlich in Tsin ist, aber die ihm Nahestehenden in Tsi sind, so wird bei seinem Tode die Seele nicht zur Ruhe kommen; sein Geist wandert hin und her.

Die Tugend ist die Kraft, die über alles Volk gebietet, wie der Mond die Wurzel alles Weiblichen ist. Ist der Mond voll, so sind die Muscheln strotzend von Fleisch, und alles Weibliche nimmt zu[23]. Hat der Mond abgenommen, so sind die Muscheln leer und alles Weibliche ist kraftlos. Der Mond erscheint am Himmel, und alles Weibliche wird von ihm beeinflußt bis hinunter in die Tiefe des Ozeans. So übt der Weise die Tugend in seinem Selbst, und die fernsten Weltgegenden prangen im Schmuck der Liebe.

Yang Yu Gi schoß nach einem Wildochsen und traf einen Stein. Aber der Pfeil drang ein bis zur Fiederung, weil er ihn in dem festen Glauben an einen Wildochsen abgeschossen hatte[24].

Bo Lo[25] hatte es gelernt, einen Kennerblick für Pferde zu entwickeln. So sah er schließlich nur noch Pferde vor sich, weil er ganz in Pferden lebte.

Ein Koch[26] in Sung liebte es, Rinder zu zerlegen. Alles, was er sah, waren tote Rinder. Drei Jahre lang hatte er kein lebendes Rind mehr gesehen. Nach neunzehn Jahren war sein Messer noch wie frisch geschliffen, weil er immer den Gelenken nachging und ganz in Rindern lebte.

Dschung Dsï Ki hörte einst bei Nacht, wie einer den Klingstein schlug, daß es traurig klang[27]. Er ließ ihn holen und fragte ihn: »Warum schlagt Ihr den Klingstein so traurig?« Jener erwiderte: »Mein Vater hat aus einem unglücklichen Zufall einen Menschen erschlagen und kam darum ums Leben. Meine Mutter ist zwar noch am Leben, aber sie ist öffentliche Sklavin und muß Wein bereiten. Auch ich habe mein Leben gefristet und muß im Staatsdienst Klingstein schlagen. Drei Jahre hatte ich meine Mutter nicht mehr gesehen. Kürzlich sah ich sie auf einem Markt. Ich wollte sie loskaufen, hatte aber kein Geld dazu, und außerdem bin ich selbst der Sklave fremder Menschen, darum bin ich so traurig.« Dschung Dsï Ki seufzte und sprach: »Wie traurig, wie traurig!« Das Herz ist nicht der Arm, der Arm ist nicht der Hammer und nicht der Stein, und doch, wenn Trauer im Herzen wohnt, so entsprechen ihr Holz und Stein. Darum, worin der Edle ganz lebt im Subjekt, das zeigt seine Wirkungen im Objekt. Was er anregt in sich selbst, das äußert sich im andern. Dazu braucht er nicht viele Worte.

In Dschou lebte ein Mann namens Schen Hi, der seine Mutter verloren hatte. Einst hörte er eine Bettlerin vor der Tür singen. Da ward er traurig, und Rührung zeigte sich auf seinen Mienen. Er befahl dem Türhüter, die singende Bettlerin einzulassen. Er sah sie selbst und fragte sie nach ihren Umständen. Die Bettlerin redete mit ihm; da war es seine Mutter.

Eltern und Kinder und Kinder und Eltern sind ein Leib in zwei Gestalten, haben dieselbe Luft und atmen nur verschieden. Es ist, wie die Kräuter Blumen und Früchte tragen, wie die Bäume Wurzeln und Mark haben. Sind sie auch äußerlich getrennt, so stehen sie dennoch in Beziehung zueinander. Die geheimsten Gedanken wirken aufeinander ein. In Schmerz und Krankheit haben sie das Bestreben, einander zu helfen. Ihr trauerndes Gedenken beeinflußt sich gegenseitig. Im Leben freuen sie sich aneinander. Beim Tode trauern sie umeinander. Darum heißt es, daß die Liebe von Fleisch und Bein so stark ist, daß der Geist, der sich im Innersten des einen regt, im Herzen des anderen Widerhall findet. Sie verstehen einander im innersten Wesen. Darum bedürfen sie keiner Worte.

BUCH X · MONG DUNG GI

Aufzeichnung des ersten Wintermonats

1. KAPITEL
Der erste Wintermonat
MONG DUNG

Im ersten Wintermonat steht die Sonne im Zeichen We (Schwanz). Zur Zeit der Abenddämmerung kulminiert das Sternbild We (Abgrund). Zur Zeit der Morgendämmerung kulminieren die sieben Sterne. Seine Tage sind Jen und Gui[1]. Sein göttlicher Herrscher ist Dschuan Hü[2]. Sein Schutzgeist ist Hüan Ming (der dunkle Nächtige)[3]. Seine Tiere sind die Schaltiere. Seine Note ist Yü. Seine Tonart ist Ying Dschung[4]. Seine Zahl ist sechs[5]. Sein Geschmack ist salzig. Sein Geruch ist faulig. Man opfert dem Weggeist[6]. Unter den Opfergaben stehen die Nieren obenan.

Das Wasser beginnt sich mit Eis zu bedecken und die Erde zu gefrieren[7]. Die Fasanen gehen ins große Wasser[8] und verwandeln sich in Austern. Der Regenbogen verbirgt sich und ist nicht mehr sichtbar[9].

Der Himmelssohn weilt in der dunklen Halle, im linken Gemach[10]. Er fährt im schwarzen Wagen, an dem eisengraue Pferde angespannt sind. Es werden schwarze Flaggen aufgesteckt; man kleidet sich in schwarze Kleider und trägt schwarzen Nephrit. Man ißt Hirse mit Schweinefleisch[11]. Die Gefäße sind groß und tief.

In diesem Monat ist der Eintritt des Winters. Drei Tage vor dem Eintritt des Winters meldet der Großastrolog dem Himmelssohn und spricht: »An dem und dem Tag ist der Eintritt des Winters. Die wirkende Kraft beruht auf dem Wasser.« Der Himmelssohn fastet dann. Am Tag des Wintereintritts begibt sich der Himmelssohn in eigner Person an der Spitze der drei Großwürdenträger, der neun Hohen Räte und Räte hinaus auf den

Nordanger, um den Winter einzuholen. Nach der Heimkehr belohnt er die Dienste der Abgeschiedenen, indem er sich ihrer Witwen und Waisen annimmt.

In diesem Monat erhält der Großorakelmeister den Befehl, unter Gebet die Schildkröte und die Schafgarbenstengel zu befragen und die Orakelsprüche auf Heil oder Unheil zu prüfen[12]. Auf diese Weise werden die Schmeichler und die Störer der Ordnung herausgefunden und daraufhin bestraft. Nichts kann verborgen bleiben.

In diesem Monat beginnt der Himmelssohn, sich in Pelz zu kleiden.

Die Beamten erhalten folgenden Befehl: Die Kraft des Himmels steigt nach oben; die Kraft der Erde sinkt nach unten. Himmel und Erde sind nicht in Verbindung, sie sind verschlossen und bilden den Winter[13].

Alle Beamten erhalten den Befehl, sorgfältig die Vorratskeller zu bedecken. Der Unterrichtsminister erhält den Befehl, umherzureisen und dafür zu sorgen, daß in den Sammelstellen und Vorratskammern nichts unaufgehoben bleibt.

Es werden die inneren und äußeren Stadtmauern repariert. Man achtet auf die Tore der Dörfer und Städte. Man bringt die Riegel und Verschlüsse in Ordnung und sorgt für die Schlüssel und Bolzen. Man verschließt die öffentlichen Siegel. Man sorgt für die Grenzen, bringt die Verteidigungswerke in Ordnung, man wacht über Pässe und Brücken und schließt die Nebenwege und Fußpfade[14]. Man ordnet die Regeln über Beerdigung und Trauerzeit. Man bestimmt die verschiedenen Arten der Kleidung und setzt die Dicke der Särge und Sarkophage fest. Man sorgt für die Größe der Grabhügel, indem man ihre Höhe und vornehme Ausstattung nach den Rangstufen der Bevölkerung festsetzt.

In diesem Monat erhält der Aufseher der öffentlichen Arbeiten den Befehl, die Liste der ausgeführten Arbeiten einzureichen und die Opfergefäße aufzustellen nach ihrer Größe und ihrem Inhalt. Es ist dafür zu sorgen, daß niemand zu üppige oder zu übertriebene Geräte herstellt, die den Sinn der Oberen verwirren könnten. Alle Arbeiten müssen von bester

Qualität sein. Auf die Geräte ist der Name des Verfertigers einzugraben, um seine Ehrlichkeit zu prüfen. Wenn ein Handwerker etwas nicht zweckentsprechend macht, so soll er unter allen Umständen bestraft werden, um seinem Betrug ein Ende zu machen.

In diesem Monat ist ein großes Trinkgelage mit dargebrachten Fleischspenden. Der Himmelssohn bittet die himmlischen Ahnen um Gedeihen für das nächste Jahr[15].

Es werden viele Opfertiere geschlachtet und dargebracht an die Götter des kaiserlichen Landesaltars und an die Schutzgeister der Stadt- und Dorftore. Es wird auch den verstorbenen Ahnen geopfert und den fünf Hausgöttern. Die Bauern erhalten ein Anerkennungsfest zubereitet, das ihnen Ruhe und Erholung bringt.[16]

Der Himmelssohn befiehlt den Befehlshabern, Unterricht zu erteilen in den Künsten des Krieges, Übungen zu veranstalten in Bogenschießen und Wagenfahren und Ringkämpfe abzuhalten.

In diesem Monat erhalten die Wasserbeamten und die Fischmeister den Befehl, die Abgaben auf Gewässer, Quellen, Teiche und Seen zu erheben. Dabei aber dürfen sie sich keinerlei Übergriffe den Volksmassen gegenüber erlauben, durch die der Himmelssohn bei seinen Untertanen verhaßt werden könnte. Wer sich etwa derartiges zuschulden kommen läßt, wird unnachsichtig bestraft.

Wenn im ersten Wintermonat die für den Frühling gültigen Ordnungen befolgt würden, so würde das Eis nicht dicht schließen, die Kraft der Erde würde sich zerstreuen und von dem Volk würden viele heimatlos werden. Wenn die für den Sommer gültigen Ordnungen befolgt würden, so würden sich im Reiche häufig heftige Winde erheben. Während des Winters würde es nicht kalt werden und die Winterschläfer würden wieder hervorkommen. Wenn die für den Herbst gültigen Ordnungen befolgt würden, so würden Schnee und Reif nicht zur Zeit fallen, kleine kriegerische Angriffe würden dauernd vorkommen und das Land würde durch die Nachbarstaaten beraubt und verringert werden.

2. Kapitel
Bechränkung der Beerdigungssitten
Dsïä Sang

Gründlich das Leben zu kennen ist des Weisen wichtigste Aufgabe. Gründlich den Tod zu kennen ist der Weisheit letzter Schluß. Das Leben kennen heißt, nicht durch Schädigung des Lebens das Leben zu pflegen. Den Tod kennen heißt, nicht durch Schädigung der Toten die Toten zur Ruhe bringen. Diese beiden Dinge sind es, die nur der Weise vollkommen zu erfassen vermag. Alles, was lebt zwischen Himmel und Erde, ist sicher dem Tode verfallen, das läßt sich nicht vermeiden. Ein treuer Sohn ehrt seine Eltern, gütige Eltern lieben ihre Kinder wie ihr eigen Fleisch und Bein. Das liegt in der Natur. Daß man diejenigen, die man ehrt und liebt, nach ihrem Tode in den nächsten besten Graben werfen sollte, ist etwas, was die menschliche Natur nicht über sich bringt. Darum gibt es eine Pflicht zur Bestattung der Toten. Bestatten heißt an eine sichere Stätte bringen. Das ist etwas, was liebende Eltern und treue Kinder wichtig nehmen. Die es nicht wichtig nehmen, denken darüber nach vom Standpunkt der lebenden Menschen aus.

Will man vom Standpunkt der Lebenden für die Toten sorgen, so ist das beste, was man für sie tun kann, daß sie nicht in ihrer Ruhe gestört und wieder ausgegraben werden. Daß sie nicht in ihrer Ruhe gestört und wieder ausgegraben werden, erreicht man am besten dadurch, daß man ihnen keine begehrenswerten Gegenstände mitgibt. Dadurch verschließt man ihr Grab am festesten.

Im Altertum bestattete man die Toten teils in weiten Ebenen, teils tief im Gebirge und brachte sie dadurch zur Ruhe. Nicht aber ist damit gemeint, daß man ihnen Perlen und Edelsteine und allerlei Kostbarkeiten mitgibt. Bei der Bestattung muß man für eine sichere Ruhestätte sorgen. Bestattet man die Toten zu wenig tief, so werden sie von Füchsen ausgegraben, bestattet man sie zu tief, so kommen sie ins Grundwasser zu liegen. Darum sorgt man bei der Bestattung dafür, daß die Gräber auf hohen Hügeln liegen, um die Beschädigung durch Füchse und die Nässe des Grundwassers gleichzeitig vermeiden zu können. Das ist ganz schön und gut. Wenn man aber darüber die Gefahren vergißt, die den Toten von gemeinen Menschen, Grabschändern und während der Unruhen drohen, ist man dann nicht erst recht betört[17]? Es ist, wie wenn ein blinder Sänger einer Säule ausweichen will, aber während er der Säule ausweichen will, sich heftig an einem Nagel stößt. Die Beunruhigungen, die den Toten von Füchsen, Grundwassern[18], gemeinen Menschen, Räubern und Aufrührern drohen, sind die größten derartigen Nägel. Wenn liebende Eltern und getreue Söhne sie zu vermeiden wissen, so haben sie die richtige Art der Bestattung gefunden.

Man mache den Sarg und Sarkophag gut, so daß sie gegen Maulwurfsgrillen, Ameisen, Schlangen und Würmer schützen. Wenn aber heute die verkehrten Herrscher eines verkommenen Geschlechts die Beerdigung immer prächtiger gestalten, so sind sie in ihrem Herzen nicht um die Toten besorgt, sondern sie, die Lebenden, wollen sich voreinander hervortun und gegenseitig übertreffen. Da gilt Üppigkeit und Verschwendung für Ehre, Sparsamkeit und Beschränkung für Schande. Dabei ist es Ihnen nicht um den Frieden der Toten zu tun. Sich aber einzig und allein um Lob und Tadel der Lebenden zu kümmern, das ist nicht die Gesinnung, wie sie liebende Eltern und getreue Söhne haben. Ist der Vater auch tot, so wird ein treuer Sohn ihn unermüdlich ehren. Ist ein Sohn auch tot, so werden gütige Eltern ihn unaufhörlich lieben. Wenn man aber geliebte und geehrte Menschen so bestattet, daß man ihnen das, was lebende Menschen aufs äußerste begehren, mitgibt, wie sollte es da möglich sein, daß sie in Ruhe bleiben? Die Menschen sind so scharf auf Gewinn aus, daß sie sich dem Hagel der Pfeile aussetzen, in bloße Schwerter treten, ihr Blut vergießen und ihre Eingeweide preisgeben im Streben nach Gewinn. Rohe, ungebildete Wilde streben nach Gewinn, selbst auf Kosten ihrer Verwandten, Brüder und nächsten Freunde. Nun ist diese Schmach, diese Gefahr nicht vorhanden. Aber die Sucht nach Gewinn ist noch größer, da die Wohltaten von Wagen, Speisen und Fleisch noch den Söhnen und Enkeln zugute kommen.

Darum können sie selbst von einem weisen Herrscher nicht verhindert werden, wieviel weniger in Zeiten der Verwirrung. Je größer der Staat, je reicher die Familie, desto üppiger das Begräbnis. Man gibt den Toten Perlen in den Mund, bedeckt sie mit Nephrit wie mit Schuppen. Die Kunstgegenstände, Schätze, Glocken, Dreifüße, Vasen und Spiegel; die Wagen, Pferde, Kleider, Decken, Speere, Schwerter lassen sich gar nicht alle aufzählen. Alles, dessen man zum Lebensunterhalt bedarf, wird ihnen mitgegeben. Man baut prächtige Grüfte mit Särgen und Sarkophagen, von denen immer einer von einem anderen umgeben ist, man umgibt das Ganze mit aufgehäuften Steinen und aufgehäufter Kohle[19].

Wenn nun die Grabschänder von solchen Dingen hören, so teilen sie es einander gegenseitig mit, und wenn die Regierung auch ihr Tun unter Androhung strengster Strafe verbietet, so lassen sie sich doch nicht abhalten.

Außerdem, je länger einer tot ist, desto ferner stehen ihm die lebend Hinterbliebenen. Je ferner die Hinterbliebenen einem Toten stehen, desto lässiger werden sie in der Bewachung des Grabes. Wenn nun aber die Bewachung immer lässiger wird und die mitbestatteten Gegenstände immer noch dieselben sind, so wird dadurch wahrlich die Lage des Beerdigten nicht gesicherter.

Die Beerdigungen nach weltlicher Sitte werden so ausgeführt, daß man den Sarg in einem großen Leichenwagen fährt, allerlei Fahnen und Ehrenzeichen ihm so dicht wie möglich folgen, Baldachine und Trauerwedel den Sarg umgeben, Perlen und Edelsteine ihm mitgegeben werden, prächtige, verzierte Stoffe aller Art ihn schmücken. An den Stricken des Sarges ziehen rechts und links[20] Zehntausende von Menschen, um ihn zu geleiten. Man muß sie in soldatischer Folge aufstellen, damit es überhaupt geht. Auf diese Weise bietet man der Welt ein Schauspiel, das wohl schön ist und prächtig. Auf diese Weise für die Toten zu sorgen, das geht nicht an. Wirklicher Sorge für die Toten werden selbst im ärmsten Staat die dürftigsten Menschen, wenn sie wirklich gütige Eltern und treue Söhne sind, sich nicht entziehen.

3. Kapitel
Wie man die Toten zur Ruhe bestattet
An Sï

Heutzutage macht man Gräber so hoch wie die Berge und bepflanzt sie so dicht wie die Wälder. Man versieht sie mit Toren und Höfen und Tempeln und Palästen und Treppen und Stufen wie Städte und Schlösser. Wenn man auf diese Weise der Welt seinen Reichtum zeigen will, so ist es entsprechend. Wenn man aber auf diese Weise für die Toten sorgen will, so geht das nicht an. Für den Tod sind zehntausend Jahre wie ein Augenblick. Des Menschen Leben währt höchstens sechzig Lebensjahre. Wenn man vom Standpunkt dieser hundert oder sechzig Jahre aus für die Ewigkeit sorgen will, so trifft man sicher nicht die richtigen Maßregeln. Man muß vom Standpunkt der Ewigkeit aus für die Toten sorgen, dann erst trifft man das Rechte.

Wenn z. B. ein Mann eine Steintafel mit folgender Inschrift auf sein Grab setzen würde: »Die Gegenstände da drin sind lauter Perlen und Edelsteine und Kunstgegenstände und Schätze und Kostbarkeiten ohne Zahl, es ist dringend zu raten, sie auszugraben; wer sie ausgräbt, wird sicher sehr reich, so daß seine Familie auf Generationen hinaus Wagen fahren kann und Fleisch zu essen hat«, da würden die Leute sicher miteinander darüber lachen und es für eine große Torheit halten. Aber die vornehmen Begräbnisse von heutzutage kommen im Grunde auf dasselbe hinaus. Von Anfang an bis heute hat es noch kein Reich gegeben, das nicht aufgehört hätte. Daß aber jedes Reich ein Ende nimmt, bedeutet, daß jedes Grab einmal ausgegraben wird[21]. Wir haben mit eigenen Augen gesehen, daß die Staaten Tsi, Ging und Yän zugrunde gegangen sind. Die Staaten Sung und Dschung Schan sind nicht mehr, die Staaten Dschau, We und Han sind zugrunde gegangen. Alle diese Herrscher haben ihre angestammten Staaten verloren. Wenn wir weiter zurückgehen, so sind die zugrunde gegangenen Staaten gar nicht mehr zu zählen. Darum werden die großen Gräber alle früher oder später einmal ausgegraben, und dennoch wetteifert man immer, noch neue zu bauen. Ist das nicht traurig?

Menschen, die von ihren Fürsten für schlechte Untertanen gehalten werden, die von ihren Vätern für unehrerbietige Söhne gehalten werden, die von ihren Brüdern für unbotmäßige Brüder gehalten werden, werden selbst von der ärmsten Landbevölkerung[22] aus ihrer Gesellschaft ausgestoßen. Sie scheuen sich vor der Mühe des Land- und Gartenbaues, sie mögen nicht für andere tätig sein und möchten doch das Vergnügen schöner Kleider und üppiger Nahrung haben. Wenn sie mit all ihrem Witz und ihrer Weisheit zu Ende sind und es dennoch nicht erreichen, so sammeln sie eine Schar von verwegenen Gesellen, mit denen sie in einsamen Gebirgen, verlassenen Ebenen und dichten Wäldern die Menschen überfallen und berauben. Wenn sie dann einen berühmten Begräbnisplatz, ein großes Grab, die Stelle einer prächtigen Bestattung finden, so suchen sie etwa eine Hütte in der Nähe aus, wo sie bequem wohnen können, um im geheimen das Grab auszugraben. Tag und Nacht sind sie unaufhörlich tätig, und so finden sie sicher schließlich etwas, das ihnen zum Gewinne dient und das sie miteinander teilen.

Wenn man jemanden liebt und schätzt und ihn durch Diebe und Räuber und Aufrührer überfallen läßt, so bringt man Schmach auf ihn. Diese Überlegung ist etwas, das für ehrfürchtige Söhne, treue Beamte, liebevolle Väter und aufrichtige Freunde von größter Wichtigkeit ist.

Yau wurde bestattet in Gu Lin[23], und man benützte den dortigen Wald als Grabhain. Tschun wurde bestattet in Gi, ohne daß die Marktleute in ihrer Beschäftigung unterbrochen wurden. Yü wurde bestattet auf dem Kuai-Gi-Berg[24], ohne daß die Leute in ihren Arbeiten gestört wurden; so bestatteten die früheren Könige ihre Toten einfach und sparsam. Nicht daß sie die Ausgaben gescheut hätten oder die Mühe gefürchtet hätten, sondern sie sorgten für die Toten. Was die Könige des Altertums verhindern wollten, das war die Schändung der Toten. Wenn ein Grab aufgerissen wird, so werden die Toten sicher geschändet. Ein einfaches Grab wird nicht aufgerissen. Darum waren die Könige des Altertums darauf aus, daß die Bestattung einfach dem Ort und den Umständen entsprechend war. Was heißt nun dem Ort und den Umständen entsprechend? Es bedeutet, daß bei einer Bestattung im Waldgebirge man sich an die Verhältnisse des Waldgebirges anpaßt; daß man sich bei einer Beerdigung in der Tiefebene nach den Verhältnissen der Ebene richtet. Das ist wahre Menschenliebe. Es gibt wohl viele, die Liebe für ihre Toten empfinden, aber wenige sind, die es verstehen, ihre Toten auf die rechte Weise zu lieben. Daher kam es, daß noch vor dem Untergang des Staates Sung der östliche Gräberhain geplündert wurde[25]; daß noch vor dem Untergang des Staates Tsi das Grab des Herzogs Dschuang geplündert wurde. Wenn solche Dinge vorkommen, während Ruhe und Frieden im Lande herrscht, was soll da erst geschehen nach Jahrhunderten, wenn das Reich längst aufgehört hat zu bestehen? Darum haben ehrfürchtige Söhne, treue Beamte, liebevolle Väter und aufrichtige Freunde die Pflicht, diese Dinge sorgsam zu prüfen. Heißt das aber, daß man die, die man liebt, umgekehrt in Gefahr bringt? Im Buch der Lieder heißt es[26]: Man darf nicht einen Tiger mit der bloßen Faust angreifen, man darf nicht einen Fluß ohne Schiff überschreiten. Wenn man aber nun das eine versteht und nicht das entsprechende andere, so heißt das, daß man nicht die richtigen Schlußfolgerungen ziehen kann[27].

In Lu war Leichenfeier im Hause der Familie Gi. Meister Kung ging hin, sein Beileid zu bezeugen. Er trat ein und wandte sich links, wie es den Gästen geziemt. Da legte der Hausherr einen prächtigen Nephrit mit in den Sarg. Da schritt Meister Kung mit eiligem Schritt quer über den Hof, sprang die Treppe empor und sprach: »Wenn man einem Toten einen köstlichen Nephrit mitgibt, so ist das gerade so, als ließe man seine Gebeine im Blachfeld bleichen.« Quer über den Hof zu gehen und die Treppen emporzuspringen widerspricht der feinen Sitte. Dennoch tat es Meister Kung, um seinen Herrn vor einem groben Fehler zu bewahren.

4. Kapitel
Verschiedener Wert
I Bau

Die Leute des Altertums waren nicht ohne Schätze, aber Ihre Schätze waren verschieden von denen heutzutage. Sun Schu Au war krank. Im Begriff zu sterben, ermahnte er seinen Sohn und sprach: »Der König wollte mich oft belehnen, aber ich habe es nicht angenommen. Wenn ich nun sterbe, so wird der König dich belehnen, nimm keinesfalls ein reiches Gebiet an. Zwischen Tschu und Yüo ist der Berg der Entschlafenen. Dieses Land ist nicht reich und sein Name ist den Leuten sehr anstößig. Die Leute von Tschu fürchten sich vor Gespenstern und die Leute von Yüo glauben an Vorbedeutungen. Darum ist gerade dieser Platz einer, den man dauernd im Besitz behalten kann.«

Als Sun Schu Au gestorben war[28], wollte wirklich der König seinen Sohn mit einem schönen Lande belehnen, aber der Sohn lehnte es ab und bat um den Berg der Entschlafenen. Darum hat bis auf den heutigen Tag das Geschlecht den Besitz nicht verloren. Sun Schu Aus Weisheit bestand darin, daß er nicht im äußeren Gewinn den wahren Gewinn sah, sondern daß er wußte, daß das, was andere verabscheuten, einem selbst zur Freude gereichen kann. In diesem Stücke unterscheiden sich die Kenner der Wahrheit von den Weltmenschen[29].

Wu Yün war landesflüchtig geworden, und die Leute waren eifrig hinter ihm her. Als er den Tai Hang Berg bestiegen hatte, erblickte er das Land Dschong und sprach: »Dieses Land hat eine gefährliche Lage. Seine Bewohner sind Vielwisser. Sein Fürst ist sicher ein gewöhnlicher Fürst, mit dem es sich nicht verlohnt, zusammen Rats zu pflegen.« So verließ er Dschong und kam nach Hü. Er trat vor den Herzog von Hü und fragte, wohin er gehen solle. Der Herzog von Hü anwortete ihm nicht, aber er spuckte aus in der Richtung nach Südosten. Wu Yün verneigte sich tief zum Dank für den Rat und sprach: »Ich weiß nun, wohin ich mich zu wenden habe.« So begab er sich denn nach Wu. Dabei mußte er aber durch Tschu. Als er an den Yangtsekiang kam, wollte er übersetzen. Da sah er einen Alten, der ein kleines Boot ruderte und gerade im Begriff war, zu fischen. Er wandte sich mit seiner Bitte an ihn. Darauf setzte ihn der Alte über den Strom. Da fragte er ihn nach Namen und Herkunft, aber jener verweigerte die Antwort. Da band er sein Schwert ab, um es dem Alten zu überreichen, indem er sprach: »Dies Schwert ist tausend Lot Silber wert. Ich will es Euch schenken.« Der Alte aber weigerte sich, es anzunehmen, und sagte: »Der Staat Tschu hat eine Verordnung erlassen, daß, wer den Wu Yün fängt, in den Grafenstand erhoben wird, mit einem Jahreseinkommen von zehntausend Scheffeln, und obendrein ein Geldgeschenk von zwanzigtausend Lot Gold erhält. Nun ist soeben Wu Yün über den Fluß gekommen, und ich habe ihn dennoch nicht gefangen. Was soll ich da mit Eurem Schwert, das tausend Lot Silber wert ist, machen?« Als Wu Yün nach Wu gekommen war, sandte er Leute, um den Alten an dem Strom zu suchen, aber sie konnten ihn nicht finden. Von da ab opferte Wu Yün dem Alten stets bei Tisch und betete zu ihm, indem er sprach: »Alter am Flusse, die Welt ist groß, die Menschen so viele, und jeder verfolgt seine eigenen Zwecke; wer aber ist, der sich Zwecklosigkeit zum Zwecke gesetzt und ohne Nebenabsichten handelt, dessen Namen man nicht vernehmen kann, der sich dem Wiedersehen entzieht? Das seid nur Ihr, Alter am Flusse!«[30]

Ein Bauer in Sung fand beim Pflügen einen Edelstein. Er überreichte ihn dem Stadthauptmann Dsï Han. Dsï Han nahm ihn nicht an. Der Bauer bat ihn und sprach: »Dies ist mein Schatz, und ich möchte, daß Ihr, Herr Minister, mir die Güte erweist, ihn anzunehmen.« Dsï Han sprach: »Ihr haltet den Edelstein für einen Schatz, ich halte das Nichtnehmen für einen Schatz.« Darum sprachen die Ältesten von Sung: »Dsï Han ist nicht ohne Schätze, aber seine Schätze sind verschieden von denen anderer Leute.«

Wenn man ein kleines Kind zwischen hundert Lot Silber und einem Reiskloß wählen ließe, so würde es sicher den Reiskloß wählen. Wenn man einen Laien zwischen hundert Lot Silber und dem Ho-Nephritring wählen ließe, so würde der Laie sicher die hundert Lot Silber wählen. Wenn man einen Weisen wählen ließe zwischen dem Ho-Nephritring und Worten höchster Weisheit und Güte, so wird der Weise sicher die Weisheit wählen. Je feiner die Erkenntnis ist, desto feiner ist das gewählte Gut; je gröber die Erkenntnis ist, desto gröber ist das gewählte Gut.

5. Kapitel
Verschiedene Art der Betätigung
I Yung

Die Dinge sind verschieden, und der Mensch betätigt sich ihnen gegenüber auf unterschiedliche Weise. Das ist der Grund, warum entweder Ordnung in einem Staate herrscht oder Verwirrung, warum eine Familie entweder besteht oder zugrunde geht, warum ein Mensch entweder stirbt oder am Leben bleibt. Ein Reich mit weitem Gebiet, starkem Militär und großem Reichtum hat nicht notwendig Frieden. Ehre und Größe bedeuten nicht notwendig Ruhm. Es kommt auf die Art der Betätigung an. Die Tyrannen Giä und Dschou Sin benützten ihre Hilfsmittel, um ihren Untergang zu vollenden. Die Könige Tang und Wu benützten ihre Hilfsmittel, um Ihre Weltherrschaft zu vollenden[31].

Tang sah, wie die Leute Netze aufstellten. Sie stellten sie nach allen vier Himmelsrichtungen auf, und die Beschwörung lautete: »Was vom Himmel herunterkommt, was aus der Erde hervorkommt, was aus allen vier Himmelsrichtungen herbeikommt, möge alles meinem Netz verfallen sein.« Tang sprach: »Ach, auf diese Weise wird ja alles ausgerottet; wer außer Giä könnte so etwas tun?« Tang entfernte bei seinen Netzjagden drei Seiten und stellte das Netz nur in einer Richtung auf. Er ordnete eine neue Beschwörung an, die lautete: »Dschu Mo hat einst die Netze und Reusen erfunden. Die Leute von heutzutage haben gelernt, sie zu weben. Was nach links will, möge nach links gehen; was nach rechts will, möge nach rechts gehen; was darüber hinweg will, möge darüber hinweg gehen; was darunter hindurch will, möge darunter hindurch gehen. Ich fange nur die Tiere, die meinem Befehl sich widersetzen.« Die Staaten südlich vom Han-Fluß hörten das und sprachen: »Tangs Gnade kommt selbst dem Wild zugute.« Darauf fielen ihm vierzig Staaten zu. Wer sein Netz nach allen vier Himmelsrichtungen ausspannt, ist darum doch noch keineswegs sicher, Vögel zu fangen. Tang entfernte drei Seiten davon und stellte es nur in einer Richtung auf und fing auf diese Weise vierzig Staaten, nicht nur Vögel.

Der König Wen von Dschou ließ einst einen Teich graben. Dabei stieß man auf die Überreste eines verstorbenen Menschen. Der Aufseher teilte es dem König Wen mit. Der König Wen sprach: »Bestattet ihn an einem anderen Ort.« Der Aufseher sprach: »Er ist ohne Angehörige.« König Wen sprach: »Wer die Weltherrschaft besitzt, dessen Angehörige sind alle Bürger der Welt, wer einen Staat hat, dessen Angehörige sind alle Bürger dieses Staates. Sollte ich darum nicht für ihn als meinen Angehörigen sorgen?« Darauf befahl er dem Aufseher, ihn mit Totengewändern und einem Sarg zu versehen und ihn aufs neue bestatten zu lassen. Die Leute auf Erden hörten es und sprachen: »König Wen ist ein würdiger Fürst. Seine Gnade kommt selbst den Leichen zugute, wieviel mehr den Menschen.« Ein anderer mag wohl einen Schatz finden und sein Land dadurch gefährden. König Wen fand einige verweste Knochen und erfreute dadurch der Menschen Herz. So ist für den Weisen kein Ding ohne Wert.

Wenn den Meister Kung ein Schüler aus der Ferne besuchte[32], so nahm der Meister Kung seinen Stab über die Schultern und fragte ihn: »Geht es Deinem Großvater wohl?« Darauf nahm er seinen Stab in beide Hände, machte eine Verbeugung und sprach: »Geht es Deinen Eltern wohl?« Darauf stellte er den Stab beiseite und fragte: »Geht es Deinen Brüdern wohl?« Darauf bewegte er sich, auf den Stab gestützt, einige Schritte vorwärts und fragte: »Geht es Deiner Frau und Deinen Kindern wohl?« So gelang es dem Meister Kung mit Hilfe seines sechs Fuß langen Stabes, die Stufen der Stellung und die entsprechenden Pflichten der Anhänglichkeit klarzumachen. Wieviel mehr erst ist das möglich durch Verleihung von Rang und Einkommen. Die Leute des Altertums nahmen das Bogenschießen für wichtig, weil dadurch die Möglichkeit gegeben war, die Jugend im Zaum zu halten und das Alter zu pflegen[33]. Die Leute von heutzutage nehmen das Schießen für wichtig, um kriegerische Unternehmungen, Vergewaltigungen oder wenigstens Einschüchterungen der Schwachen und anmaßendes Auftreten gegen die wenigen Mächtigen zu ermöglichen. Denn sie sind auf Raub und Bereicherung aus.

Wenn ein guter Mensch Reisbrei bekommt, so denkt er zunächst daran, daß man damit die Kranken und Alten versorgen könne[34]. Wenn Räuber wie Dschï und Ki Dsu Reisbrei bekommen, so denken sie nur daran, daß man damit Schlüssel schmieren kann, um die Türen auf- und zuzuschließen.

BUCH XI · DSCHUNG DUNG GI

Aufzeichnungen des mittleren Wintermonats

1. Kapitel
Der mittlere Wintermonat
Dschung Dung

Im mittleren Wintermonat steht die Sonne im Sternbild Dou[1]. Zur Zeit der Abenddämmerung kulminiert das Sternbild Dung Bi. Zur Zeit der Morgendämmerung kulminiert das Sternbild Dschen. Seine Tage sind Jen und Gui. Sein göttlicher Herrscher ist Dschuan Hü. Sein Schutzgeist ist Hüan Ming. Seine Tiere sind die Schaltiere. Seine Note ist Yü. Seine Tonart ist Huang Dschung. Seine Zahl ist sechs. Sein Geschmack ist salzig. Sein Geruch ist faulig. Man opfert dem Weggeist. Unter den Opfergaben stehen die Nieren obenan.

Das Eis wird immer dicker. Die Erde beginnt zu bersten. Der Morgenvogel singt nicht mehr. Die Tiger beginnen sich zu gatten.

Der Himmelssohn weilt in der Hüan-Tang-Halle im mittleren Raum[2]. Er fährt im dunklen Wagen, an dem eisengraue Pferde angespannt sind. Es werden schwarze Flaggen aufgesteckt. Man kleidet sich in schwarze Kleider und trägt dunklen Nephrit. Man ißt Hirse und Schweinefleisch. Die Gefäße sind groß und tief.

Die Beamten erhalten den Befehl: Erdarbeiten sollen nicht getan werden; die Vorräte, die zugedeckt und verschlossen sind, sollen nicht aufgedeckt werden; große Menschenmassen sollen nicht versammelt werden, um dem Gesetz, nach dem im Winter alles fest und verschlossen ist, zu gehorchen. Wollte man Vergrabenes und Verschlossenes aufdecken und große Menschenmassen versammeln, so würde sich die Kraft der Erde zerstreuen[3]. Das hieße das Haus des Himmels und der Erde gewaltsam öffnen. Die Winterschläfer würden dann sterben, die

Menschen würden von schweren Seuchen heimgesucht werden, und es würde große Trauer folgen.

Der Monat heißt der Monat der Ruhe.

In diesem Monat erhält der oberste der Eunuchen den Befehl, aufs neue die Ordnung des Palastes bekanntzugeben, zu wachen über die Tore und Durchgänge, sein Augenmerk zu richten auf die Zimmer und Gemächer, daß alles fest verschlossen ist, zu prüfen die Angelegenheiten der Frauen, daß sich keine dem Luxus hingibt. Auch die höchststehenden und dem Kaiser nächststehenden unterstehen diesen Verboten.

Darauf erhält der Großmundschenk den Befehl, daß Korn und Reis bereit sei, Hefe und Malz zeitig, daß alles reinlich gekocht und angesetzt, daß das benützte Wasser rein von Geruch, die Tongefäße gut gebrannt seien und das Feuer die richtige Hitze habe. Diese sechs Dinge muß der Mundschenk überwadien, daß keine Fehler vorkommen.

Der Himmelssohn erteilt darauf den Beamten den Befehl, Gebete und Opfer darzubringen für die Geister der vier Meere, der großen Ströme, der berühmten Quellen, der tiefen Seen, Sümpfe und Brunnen.

Wenn in diesem Monat ein Bauer etwas noch nicht abgeerntet und in die Scheune gesammelt hat, wenn man Rinder, Pferde und andere Haustiere frei umherlaufen läßt, so wird derjenige, der sich in Besitz solcher Dinge setzt, nicht bestraft.

In den Waldern, Sümpfen und Seen erhalten diejenigen, welche Kräuter sammeln können und Vögel und Tiere jagen können, vom Forstmeister die Anleitung dazu, Wilddieberei und Forstfrevel werden unnachsichtig bestraft.

In diesem Monat ist der kürzeste Tag. Die Kraft des Dunklen und Lichten streiten miteinander, und alle Lebewesen beginnen sich zu regen. Der Gebildete ist mäßig und fastet. Er weilt im Innern des Hauses, er hält sich ruhig, entfernt Töne und Farben, beherrscht Lüste und Begierden und festigt seine Natur. Er wünscht, daß alle Dinge in Ruhe bleiben, bis die Kraft des Lichten und des Dunklen wieder in fester Ordnung ist.

Die Absinthpflanze beginnt zu wachsen, der Besenstrauch reckt sich aus der Erde hervor, der Regenwurm ist aufgerollt, die Hirsche werfen ihre Geweihe ab, die Wasserquellen regen sich.

Ist der kürzeste Tag herangekommen, so fällt man Bäume und schneidet Bambus zu Pfeilen. In diesem Monat kann man Amtsstellen, die nichts zu tun haben, abbauen und die unbrauchbaren Geräte entfernen. Man verputzt die Palasttore, Höfe, Türen und Eingänge. Man repariert die Gefängnisse, um auf diese Weise dem Geist des Schließens und Bergens von Himmel und Erde zu entsprechen.

Wenn im mittleren Wintermonat die für den Sommer gültigen Ordnungen befolgt würden, so würde Dürre im Lande herrschen. Dicke Nebel würden alles verfinstern, und der Donner würde sich hören lassen. Wenn die für den Herbst gültigen Ordnungen befolgt würden, so würden Graupen fallen, die Gurken und Melonen würden nicht reif werden, und große Kriege würden den Staat verwüsten. Wenn die für den Frühling gültigen Ordnungen befolgt würden, so würden Heuschrekkenplagen entstehen, die Wasserquellen würden versiegen, und die Menschen würden unter Krankheit und Aussatz zu leiden haben.

2. Kapitel
Höchste Treue
Dschï Dschung

Höchste Treue widerstrebt dem Ohr und ist dem Herzen zuwider. Wer anders als ein weiser Fürst vermöchte ihre Worte zu hören. Sie ist etwas, worüber ein weiser Fürst sich freut und wofür ein unwürdiger Fürst Strafen verhängt. Alle Fürsten hassen die Unterdrückung der Schwachen, aber wenn sie sie selbst üben, was hat dann ihr Haß für einen Wert. Wenn ich z. B. einen Baum habe, dessen Gedeihen ich wünsche, aber wenn jemand ihn täglich begießt, so hasse ich das und schneide selber seine Wurzeln ab, so werde ich sicher keinen lebendigen Baum behalten. Wenn man aber treue Worte verschmäht, so ist das der Geist, der selber die Wurzeln abschneidet.

Der König Dschuang von Tschu jagte einst in Yün Mong. Da legte er auf ein Rhinozeros an und traf es. Schen Gung Dsï Pe machte dem König die Beute streitig und nahm sie ihm weg. Der König sprach: »Was ist er doch roh und unehrerbietig«, und gab seinen Knechten den Befehl, ihn hinzurichten. Allein die Räte seiner Umgebung erhoben Einspruch und sagten: »Dsï Pe ist ein weiser Mann und hat sich im Dienst des Königs hundertfach verdient gemacht. Dies Benehmen hat sicher seinen Grund, dem man nachforschen muß.« Keine drei Monate waren vergangen, da wurde Dsï Pe krank und starb. Der König von Tschu zog in den Krieg, und es kam zu einer Schlacht bei Liang Tang, in der er einen großen Sieg über den Staat Dsin errang. Nach seiner Rückkehr belohnte er diejenigen, die sich Verdienste erworben hatten. Da trat der jüngere Bruder des Schen Gung Dsï Pe vor den Aufseher und bat um eine Belohnung, indem er sprach: »Andere haben sich Verdienste erworben im Krieg, mein Bruder hat sich ein Verdienst erworben auf der Jagd.« Der König sprach: »Was soll das heißen?« Er erwiderte: »Mein Bruder hat sich den Namen eines rohen und unehrerbietigen Menschen zugezogen und sich der Todesstrafe schuldig gemacht an der Seite des Königs. In seinem törichten Herzen dachte er, dem König höchste Treue zu beweisen, indem er ihm zu einem langen Leben verhalf. Mein Bruder hat einmal in einem alten Buch gelesen, daß, wer ein Rhinozeros tötet, in den nächsten drei Monaten sterben müsse. Darum fürchtete er für Euer Leben und machte Euch die Beute streitig. So traf ihn die Strafe und er ist gestorben.« Der König befahl, daß man die Bibliothek eröffne und in den alten Schriften nachsehe, und richtig verhielt es sich so. Da belohnte er den Bruder reichlich. Von der Treue des Schen Gung Dsï Pe kann man sagen, daß sie eine schöne Tat war. Wer eine schöne Tat im Sinn hat, der wird nicht angefeuert dadurch, daß andere sie kennen, und nicht gehemmt dadurch, daß andere sie nicht kennen.

Der König von Tsi[4] litt an einer Krankheit, daß er alle genossene Speise wieder von sich geben mußte. Da sandte er nach Sung, um den berühmten Arzt Wen Dschï holen zu lassen. Wen Dschï kam, und als er des Königs Krankheit untersucht hatte, sprach er zum Thronfolger: »Des Königs Krankheit läßt sich zwar heilen, allein wenn ich des Königs Krankheit heile, so wird er mich sicher töten lassen.« DerKronprinz sprach: »Weshalb?« Wen Dschï antwortete: »Wenn man den König nicht in Wut bringt, so kann seine Krankheit nicht besser werden. Erzürne ich aber den König, so muß ich sicher sterben.« Da verneigte sich der Kronprinz vor ihm und bat inständig und sprach: »Wenn Ihr wirklich des Königs Krankheit heilt, so werde ich und meine Mutter bis zum Tod dem König entgegentreten und der König wird sicher auf mich und meine Mutter hören. Ihr braucht Euch also nicht zu fürchten.« Wen Dschï sprach: »Ja, ich will durch meinen Tod den König heilen.« Da machte er mit dem Kronprinzen eine Zeit aus, um mit ihm zusammen zum König zu gehen. Aber als jener zum König gehen wollte, da erschien er nicht. So machte er es dreimal. Darüber ward der König schon ernstlich böse. Als Wen Dschï dann endlich erschien, da zog er seine Schuhe nicht aus, sondern stieg mit den Schuhen auf das Lager des Königs und trat auf sein Kleid, während er sich nach seinem Befinden erkundigte. Der König wurde zornig und sprach kein Wort mit ihm. Da tat Wen Dschï einige Äußerungen, die den König vollends in Wut brachten. Scheltend erhob sich der König, und seine Krankheit war geheilt. Der König aber in seiner Wut ließ sich nicht beruhigen und befahl, daß man Wen Dschï lebendig in heißem Öl kochen solle. Der Kronprinz und die Königin traten mit allen Kräften für ihn ein, aber sie konnten nichts erreichen. Tatsächlich wurde Wen Dschï in einen Kessel gesteckt und in heißem Öl gekocht. Drei Tage und drei Nächte hatte er schon geschmort, ohne daß sich die gewünschte Wirkung zeigte. Da sprach Wen Dschï: »Wenn Ihr mich wirklich töten wollt, so müßt Ihr mich ganz mit einem Deckel zudecken, damit die Lebenskraft erstickt.« Da befahl der König, ihn zuzudecken. Darauf starb Wen Dschï.

Treu zu sein zu einer Zeit, da Ordnung herrscht, ist leicht, treu zu sein in einem verkehrten Geschlecht ist schwer. Wen Dschï wußte es ganz genau, daß er die Heilung des Königs mit dem Leben bezahlen müsse. Aber um des Kronprinzen willen nahm er diese schwere Tat auf sich, um dessen kindlicher Gesinnung entgegenzukommen.

3. Kapitel
Treue und Unbestechlichkeit
Dschung Liän

Ein Staatsmann, der durch keine Verurteilung beschämt werden kann, ist wirklich groß zu nennen. Diese Größe ist erhaben über Reichtum und Stand. Aussicht auf Gewinn vermag ihn nicht von seiner Überzeugung abzubringen. Die Würde eines Landesfürsten und die Macht eines Kaisers vermögen sein Herz nicht zu bewegen. Hat er wirklich seine Ehre verloren, so wünscht er nicht länger zu leben. Ein solcher Mann wird, wenn er zur Macht kommt, diese nie zu selbstischen Zwecken mißbrauchen. Wenn er ein Amt hat, wird er sich nie zu unreinlichen Umtrieben herablassen. Wenn er Einfluß auf die Massen besitzt, so wird er ihn nie zu einer Empörung benützen. Auf diese Weise zeigt sich ein treuer Diener seines Herrn. Er ist wirklich von Nutzen für seinen Herrn und von Vorteil für sein Vaterland. Er wird niemals über ihn aburteilen, ja bis zum Tode treu, wird er sein Leben für ihn lassen. Wenn es in einem Staat solche Staatsmänner gibt, so mag man wirklich sagen, daß er Männer besitzt. Solche Männer sind freilich schwer zu erlangen. Aber die Hauptschwierigkeit besteht darin, daß man sie erkennt.

Der König von Wu wollte den Prinzen King Gi töten lassen, aber niemand vermochte, ihn zu töten. Der König von Wu war darüber in Sorge. Da sprach Yau Li: »Ich vermag es.«[5] Der König von Wu sprach: »Wie solltest Du es fertigbringen? Ich habe ihn schon mit sechs Pferden am Ufer des Giang verfolgen lassen, ohne daß man ihn einholen konnte. Ich habe mit Pfeilen nach ihm schießen lassen, daß es rechts und links nur so hagelte, ohne ihn treffen zu können. Du bist so klein, daß, wenn Du ein Schwert aus der Scheide ziehen willst, Dein Arm nicht lang genug ist. Stehst Du auf dem Kriegswagen, so reichst Du nicht über die Brustwehr hinaus. Wie solltest Du es fertigbringen?« Yau Li sprach: »Bei einem Staatsmann braucht man nur besorgt zu sein, ob er auch mutig ist; um sein Können braucht man sich nicht zu kümmern. Wenn Ihr mir wirklich helfen könnt, so werde ich es sicher können.« Der König von Wu sagte zu. Am andern Morgen verhängte er über Yau Li schwere Strafen, ließ seine Familie festnehmen und verbrennen und ihre Asche in den Wind streuen[6].

Yau Li ging und traf den Prinzen King Gi in We[7]. Der Prinz Gi war erfreut und sprach: »Daß der König von Wu auf schlechten Wegen wandelt, habt Ihr selbst gesehen, und alle Fürsten wissen es. Nun seid Ihr glücklich aus seiner Hand entkommen, das trifft sich gut.« So blieb Yau Li beim Prinzen King Gi. Nach einiger Zeit sprach er zum Prinzen King Gi: »Die Verworfenheit des Königs von Wu wird immer schlimmer. Darf ich mit Euch hin, um sein Reich zu rauben?« Prinz King Gi sprach: »Gut«, und fuhr mit Yau Li über den Giang. Mitten auf dem Fluß zog dieser sein Schwert, um den Prinzen zu töten. Prinz King Gi stieß ihn zurück und warf ihn ins Wasser. Als er wieder auftauchte, packte er ihn und hielt ihn unter das Wasser. So machte er es dreimal. Schließlich sprach er zu ihm: »Du bist ein tapferer Staatsmann auf Erden. Ich will Dir Dein Leben lassen, um Deinen Ruhm zu vollenden.« So kam Yau Li mit dem Leben davon und kehrte nach Wu zurück. Der König von Wu war hocherfreut und wollte ihm die Hälfte seines Königreiches geben. Aber Yau Li sprach: »Es geht nicht an; ich werde unter allen Umständen sterben.« Der König wollte ihn hindern. Da sagte Yau Li: »Daß ich durch Euch meine Familie töten ließ und ihre Asche in den Wind streuen zur Erleichterung der Ausführung des Planes, war lieblos. Daß ich um des neuen Herrn willen den Sohn meines angestammten Fürsten töten wollte, war pflichtvergessen. Daß der Prinz King Gi mich ins Wasser stieß und dreimal untertauchte und dreimal wieder herauskommen ließ und mir schließlich das Leben schenkte, empfinde ich als eine Schmach. Lieblos gegen meine Familie, pflichtvergessen und ehrlos, so vermag ich nicht zu leben.« Ehe der König von Wu es hindern konnte, stürzte er sich in sein Schwert und starb.

Von Yau Li mag man sagen, daß er sich durch eine reiche Belohnung nicht verlocken ließ. Angesichts eines großen Vorteils nicht von dem abweichen, was man für recht erkannt, ist unbestechlich. Wahre Unbestechlichkeit wird niemals über Reichtum und Ehre die eigene Schande vergessen.

Der Herzog I von We[8] hatte einen Diener namens Hung Yin. Als dieser einst auf einer Gesandtschaft auswärts war, griffen wilde Stämme den Herzog von We an. Da sprachen die Untertanen: »Unser Fürst hat Rang und Einkommen an seine Kraniche verliehen und hat seine Eunuchen reich und geehrt gemacht. Der Fürst mag nun seine Eunuchen und Kraniche für sich kämpfen lassen, wir kämpfen nicht für ihn.« Damit zogen sie sich zurück und ließen ihn im Stich. Als die Wilden kamen, holten sie den Herzog I am Sumpfe Yung ein. Sie töteten ihn, fraßen ihn auf und ließen nur seine Leber übrig. Als Hung Yin von seiner Gesandtschaft zurückkam, erstattete er der Leber seinen Bericht. Als er damit zu Ende war, klagte er zum Himmel empor und weinte. Als er die Trauerklage beendigt hatte, sprach er: »Darf ich Euch als Hülle dienen?« Darauf tötete er sich selbst, nachdem er zuerst seine Eingeweide herausgenommen und mit seinem Leibe die Leber des Herzogs I umschlossen hatte. Als der Herzog Huan von Tsi von dieser Sache hörte, sprach er: »Der Staat We ist zugrunde gegangen wegen der Verworfenheit seines Fürsten. Da es aber noch solche Beamte in ihm gab, darf man ihn nicht erlöschen lassen.« Darauf setzte er die Dynastie von We wieder ein in dem Gebiet von Tschu Kiu. Hung Yin kann man treu nennen. Bis zum Tode getreu hat er sein Leben geopfert, um seinem Fürsten zu folgen, und nicht nur hat er sich für seinen Fürsten geopfert, sondern er hat es auch bewirkt, daß der Ahnentempel von We wieder errichtet wurde und die Ahnenopfer nicht aufhörten. Dadurch hat er sich ein großes Verdienst erworben.

4. Kapitel
Worauf man zu achten hat
Dang Wu

Beredsamkeit, die nicht mit der Logik übereinstimmt, Wahrhaftigkeit, die nicht mit der Vernunft übereinstimmt, Mut, der nicht mit der Gerechtigkeit übereinstimmt, Gesetzlichkeit, die nicht mit der sinngemäßen Anwendung übereinstimmt, sind wie ein irrender Wanderer auf schnellem Rosse oder wie ein Wahnsinniger, der ein scharfes Schwert schwingt. Was die Welt am meisten außer Rand und Band bringt, sind diese vier Dinge. Was an der Beredsamkeit wichtig ist, ist ihre Übereinstimmung mit den Gesetzen der Logik; was am Mut wichtig ist, ist, daß er das Rechte tut; was an der Gesetzlichkeit wichtig ist, ist, ihre sinngemäße Anwendung.

Die Gesellen des Räubers Dschï[9] fragten ihn einmal und sprachen: »Hat das Räuberhandwerk auch seine Moral?« Dschï sprach: »Aber selbstverständlich hat es seine Moral. Instinktiv erkennt der Räuber, wo etwas verborgen ist: das ist seine Größe. Er geht zuerst hinein: das ist sein Mut. Er kommt zuletzt heraus: das ist sein Pflichtgefühl. Er erkennt die rechte Zeit: das ist seine Weisheit. Er muß gerecht verteilen: das ist seine Güte. Daß einer, der diese fünf Eigenschaften[10] nicht besitzt, ein großer Räuber ward, ist auf Erden noch nie vorgekommen. Umgekehrt verhöhnte er all die sechs großen Könige und die fünf Führer der Fürsten. Yau stehe im Rufe der Lieblosigkeit[11]. Schun habe sich Unehrerbietigkeit gegen seine Eltern zuschulden kommen lassen[12]. Yü sei genußsüchtig gewesen[13]. Tang und Wu haben sich der Verbannung bzw. des Mords ihres Herrn schuldig gemacht[14]. Die fünf Führer der Fürsten haben Pläne geschmiedet zur Unterdrückung der Schwachen. Es sei ein großer Betrug, daß alle Zeitalter diese Männer loben und alle Menschen in Scheu vor ihnen stehen.« Als er starb, ließ er sich mit einem ehernen Hammer in der Hand begraben, indem er sprach: »Wenn ich drunten die sechs Könige und die fünf Führer der Fürsten treffe, so werde ich ihnen den Schädel einschlagen.« Eine solche Beredsamkeit ist schlimmer als keine Beredsamkeit.

In Tschu lebte ein ehrlicher Mensch. Als sein Vater ein Schaf gestohlen hatte, da zeigte er ihn beim Fürsten an. Der Fürst ließ den Vater ergreifen und wollte ihn hinrichten lassen. Da bat der Ehrliche, für ihn die Strafe erleiden zu dürfen. Zum Henker aber sagte er: »Wenn mein Vater ein Schaf stiehlt und ich zeige es an, ist das denn nicht wahrheitsliebend? Wenn der Vater hingerichtet werden soll und ich trete für ihn ein, ist das denn nicht pietätvoll? Wenn man aber zum Lohn für Wahrheit und Pietät hingerichtet werden soll, wer im Reiche soll dann nicht hingerichtet werden?«

Das hörte der König von Tschu, und er wurde nicht hingerichtet. Meister Kung hörte es und sprach: »Seltsam ist die Wahrhaftigkeit dieses ehrlichen Menschen! An seinem Vater hat er sich zweimal einen guten Namen geholt.« Besser als die Wahrheitsliebe dieses ehrlichen Menschen ist es, nicht wahrheitsliebend zu sein[15].

In Tsi lebten zwei Raufbolde. Der eine wohnte im Ostweiler und der andere wohnte im Westweiler. Schließlich trafen sie sich unterwegs und sagten: »Wir wollen einmal zusammen trinken.« Nachdem der Becher einige Male umgegangen war, sprach einer: »Du bestehst aus Fleisch und ich bestehe aus Fleisch. Wozu brauchen wir uns noch nach anderem Fleisch umzutun?« Darauf stellten sie nur Tunke zurecht. Dann nahmen sie ihre Messer und schnitten sich gegenseitig das Fleisch aus dem Leib und aßen es auf und machten es solange fort, bis sie beide tot waren. Ein solcher Mut ist schlimmer als gar kein Mut.

Der Tyrann Dschou Sin hatte zwei Brüder. Alle drei waren Söhne einer Mutter. Der älteste hieß We Dsï Ki, der zweite hieß Dschung Yän, der dritte hieß Schou De. Schou De war eben der Tyrann Dschou Sin. Er war der jüngste. Als seine Mutter den We Dsï Ki und den Dschung Yän gebar, war sie noch Nebenfrau. Danach wurde sie Hauptfrau und gebar den Dschou Sin. Dschou Sins Vater und Mutter wollten beide den We Dsï Ki zum Kronprinzen einsetzen. Aber der Großmagier holte das Gesetz hervor und stritt dagegen, indem er sprach: »Solange der Sohn einer Hauptfrau vorhanden ist, darf man nicht den Sohn einer Nebenfrau einsetzen.« So wurde Dschou Sin Nachfolger. Eine derartige Anwendung des Gesetzes ist schlimmer als gar kein Gesetz.

5. Kapitel
Weitsichtigkeit
Tschang Giän

Daß die Erkenntnis der Menschen einander übertrifft, kommt davon her, daß es weitsichtige und kurzsichtige Menschen gibt. Die Gegenwart ist im Verhältnis zur Vergangenheit Zukunft, ebenso wie die Gegenwart der Zukunft gegenüber Vergangenheit ist. Darum, wer die Gegenwart kennt, kann auch die Vergangenheit erkennen. Wer die Vergangenheit erkennt, vermag auch die Zukunft zu erkennen. Vergangenheit und Gegenwart, frühere oder spätere Zeit sind alles dasselbe. Darum kennt der Weise nach oben hin und nach unten hin Jahrtausende.

Der König Wen von Dschou sprach: »Hiän Hi ist mir schon wiederholte Male entgegengetreten, aber er hat kein Recht gehabt, er hat mir widersprochen, aber was er sagte, entsprach der Ordnung. Der Verkehr mit ihm ist nicht bequem, aber auf die Dauer gewinne ich dabei. Wenn ich ihn nicht zu meinen Lebzeiten in den Adelstand erhebe, so werden Weise der Zukunft mich tadeln.« Darauf ernannte er ihn zum fünften Hohen Rat. »Schen Hou Be versteht es, meinen Gedanken entgegenzukommen. Was ich wünsche, führt er aus, noch ehe ich's ausgesprochen. Der Verkehr mit ihm ist zwar bequem, aber auf die Dauer verliere ich dabei. Wenn ich ihn nicht zu meinen Lebzeiten entferne, so werden die Weisen der Zukunft mich deshalb tadeln.« Darauf verabschiedete er ihn und ließ ihn gehen[16].

Schen Hou Be begab sich nach Dschong und schmeichelte den Neigungen des Fürsten von Dschong, indem er alles zum Voraus tat, was jener wünschte. Nach drei Jahren, da ward er mit der Regierung von Dschong beauftragt. Nach weiteren fünf Monaten brachten ihn die Leute von Dschong um. So war das Verfahren des Königs Wen vor dem Richterstuhle der Weisen der Nachwelt gerechtfertigt.

Der Herzog Ping von Dsin ließ eine große Glocke gießen, deren Klang er durch die Sachverständigen prüfen ließ. Alle waren der Meinung, sie habe die rechte Stimmung. Nur der Musiker Kuang (Schï Kuang) sagte: »Sie stimmt nicht, ich bitte, sie umgießen zu lassen.« Der Herzog Ping sprach: »Die Sachverständigen sind alle der Meinung, daß sie in der rechten Stimmung sei.« Der Musikmeister Kuang sprach: »Wenn es in Zukunft einen musikalischen Menschen geben wird, so wird er merken, daß die Glocke nicht richtig gestimmt ist. Darüber empfinde ich für meinen Fürsten Scham.« Als dann später der Musikmeister Hüan (Schï Güan) aufkam, erkannte er richtig, daß die Glocke nicht gut gestimmt war. So wollte der Musikmeister Kuang die Glocke gut stimmen lassen, in Gedanken an die Musikverständigen der Zukunft.

Der große Herzog Lü Wang wurde mit Tsi belehnt. Der Herzog Dan von Dschou wurde mit Lu belehnt. Die beiden Herrscher waren gut befreundet und redeten miteinander über die Grundsätze, nach denen sie ihre Staaten regierten. Der große Herzog Wang sprach: »Ich achte die Weisen und ehre das Verdienst.« Der Herzog Dan von Dschou sprach: »Ich liebe die Nächsten und schätze die Gnade.« Der große Herzog Wang sprach: »Infolge dieser Grundsätze wird der Staat Lu abnehmen.« Der Herzog Dan von Dschou sprach: »Lu wird zwar abnehmen, aber Tsi wird auch nicht im Besitz der Familie Lü bleiben.« Im Laufe der Zeit wurde Tsi immer größer, bis es schließlich die Hegemonie im Reich erlangte. Aber nach vierundzwanzig Generationen bemächtigte sich der Usurpator Tiän Tschong Dsï des Staates. Der Staat Lu verkleinerte sich immer mehr, bis er sich schließlich kaum noch halten konnte. Aber das Herrscherhaus erlosch erst nach vierunddreißig Generationen.

Wu Ki[17] verwaltete das Gebiet außerhalb des westlichen Gelben Flusses. Da verleumdete ihn Wang Tso bei dem Fürsten Wu von We. Der Fürst Wu ließ ihn vom Amte abberufen. Als Wu Ki nach An Men kam, hielt er den Wagen an und blickte nach dem Westfluß. Er weinte lange und stieg ab. Sein Knappe sprach zu ihm: »Ich dachte, daß Ihr die ganze Welt ebenso leicht ablegen könntet, wie man ein Paar alte Schuhe ablegt. Warum weint Ihr nun so, da Ihr den Westfluß verlassen müßt?« Wu Ki wischte sich die Tränen ab und erwiderte ihm: »Das verstehst du nicht. Wenn der Fürst mich erkannt hätte und ich meine ganze Kraft an die Verwaltung des Westflusses hätte setzen können, so hätte ich ihm zur Weltherrschaft helfen können. Nun hat statt dessen der Fürst auf die Reden von Verleumdern gehört und mich nicht erkannt, so wird es nicht lange dauern, bis die Gegend am westlichen Fluß vom Staate Tsin geraubt wird. Das aber wird der Anfang des Niedergangs von We sein.« Wu Ki verließ darauf We und begab sich nach Tschu. Kurze Zeit darauf wurde das ganze

Gebiet am Westfluß von Tsin annektiert, und Tsin wurde immer mächtiger. Das hatte Wu Ki unter Tränen vorausgesehen.

Der Minister Gung Schu Dso von We war krank. Der König Hui[18] ging hin, um nach ihm zu sehen. Er sprach: »Eure Krankheit ist schwer, wem soll ich das Wohl des Staates anvertrauen?« Gung Schu erwiderte: »Ich habe einen Knappen namens Gung Sun Yang und bitte, daß Ihr das Reich ihm anvertraut. Wenn Ihr nicht auf seine Worte hören wollt, dann sorgt wenigstens dafür, daß er das Gebiet unseres Staates nicht verläßt.« Der König erwiderte nichts. Nachdem er sich verabschiedet hatte, sprach er zu seiner Umgebung: »Ist das nicht traurig? Der Gung Schu war immer so weise, und nun will er mich dazu überreden, die Leitung des Staates dem Gung Sun Yang anzuvertrauen. Das ist eine Dummheit!«

Als Gung Schu gestorben war, reiste Gung Sun Yang nach Westen in den Staat Tsin. Der Herzog Hiau von Tsin hörte auf ihn, und so wurde Tsin immer mächtiger, während We immer schwächer wurde. Das kam aber nicht von der Dummheit des Gung Schu Dso, sondern der König von We war der Dumme. Das Unglück der Dummen ist, daß sie das, was nicht dumm ist, für dumm halten.

BUCH XII · GI DUNG GI

Aufzeichnungen des letzten Wintermonats

1. Kapitel
Der letzte Wintermonat
Gi Dung

Im dritten Wintermonat steht die Sonne im Zeichen Wu Nü. Zur Zeit der Abenddämmerung kulminiert das Sternbild Lou. Zur Zeit der Morgendämmerung kulminiert das Sternbild Di[1]. Seine Tage sind Jen und Gui. Sein göttlicher Herrscher ist Dschuan Hü. Sein Schutzgeist ist Hüan Ming. Seine Tiere sind die Schaltiere. Seine Note ist Yü[2]. Seine Tonart ist Da Lü[3]. Seine Zahl ist sechs. Sein Geschmack ist salzig. Sein Geruch ist faulig. Man opfert dem Weggeist. Unter den Opfergaben stehen die Nieren obenan.

Die Wildgänse ziehen nach Norden. Die Elstern beginnen zu nisten, der Fasan balzt, die Hühner legen Eier.

Der Himmelssohn weilt in der dunkeln Halle im rechten Gemach[4]. Er fährt auf einem dunklen Wagen, an dem graue Pferde angespannt sind. Es werden schwarze Flaggen aufgesteckt, man kleidet sich in schwarze Kleider und trägt dunklen Nephrit. Man ißt Hirse und Schweinefleisch. Die Gefäße sind groß und tief.

Die zuständigen Beamten erhalten den Befehl, den großen Exorzismus vorzunehmen[5], die Glieder der Opfertiere vor den vier Stadttoren umherzustreuen, den irdenen Ochsen auszuführen, um dem Winter das Abschiedsgeleit zu geben. Alle Vögel fliegen schnell und hoch.

Opfer werden dargebracht für alle Flüsse und Berge und den hohen Dienern der höchsten Götter sowie allen Göttern des Himmels und der Erde[6].

In diesem Monat erhält der Fischereimeister den Befehl, den Fischfang zu beginnen. Der Himmelssohn erscheint selbst dabei. Er kostet dann von den Fischen, nachdem er zuvor etwas im Ahnentempel dargebracht hat.

Das Eis ist sehr kräftig, die Teiche sind mit doppeltem Eis bedeckt. Daher ergeht der Befehl, das Eis zu sammeln und in die Eiskeller zu bringen. Es wird befohlen, das Volk dazu anzuhalten, die fünf Arten von Sämereien bereitzustellen.

Die Aufseher des Ackerbaues erhalten den Befehl, dafür zu sorgen, daß die Leute sich zum Pflügen zusammentun, daß sie ihre Pflüge und Pflugscharen instand setzen und die übrigen Ackergeräte bereitstellen.

Der Musikmeister erhält den Befehl, eine große Aufführung von Blasmusik zu veranstalten als Abschluß der jährlichen Übungen.

Dann erhalten die vier Aufseher[7] den Befehl, daß sie Reisig und Holz sammeln lassen, damit Feuerholz und Fackeln für die Opfer im Ahnentempel[8] und für die sonstigen Opfer bereit seien.

In diesem Monat gelangt die Sonne in ihrem Lauf an das Ende des Tierkreises[9]. Der Mond vollendet seine letzte Konjunktur mit der Sonne. Die Sterne endigen ihren Lauf am Himmel. Die Zahl der Tage des Jahres naht ihrer Vollendung, das Jahr wendet sich zum Neuanfang.

Die gesamte Aufmerksamkeit muß sich dem Ackerbau zuwenden. Niemand soll zu andern Arbeiten angehalten werden.

Dann ordnet der Himmelssohn mit den Großwürdenträgern und Hohen Räten die Reichsgesetze und regelt die Anweisungen der Zeit[10], um für die entsprechenden Geschäfte des nächsten Jahres zu sorgen. Dann erhält der Großsekretär den Befehl, die Rangliste der Lehensfürsten aufzustellen[11] und die Zahl der Opfertiere festzustellen, die jeder zu liefern hat für die Spenden an den erhabenen höchsten Himmelsherrn[12] und die Gottheiten des Landes und Korns.

Darauf erhalten die aus der Familie des Großkönigs stammenden Reiche den Befehl, für Opfertiere zu den Opfern im Ahnentempel zu sorgen[13]. Der Kanzler erhält den Befehl, die Großwürdenträger, Hohen Räte usw. bis herab zu den gewöhnlichen Bürgern aufzuzeichnen nach der Größe ihres Landbesitzes, um ihnen entsprechende Auflagen an Opfertieren für die Opfer der Berge, Wälder und berühmten Flüsse zu machen. Auf diese Weise gibt es in den neun Erdteilen der Welt keinen Menschen, der nicht nach

Kräften beisteuerte zu den Opfern für den höchsten Herrn des erhabenen Himmels, die Götter des Landes und des Korns, die kaiserlichen Ahnen, die Berge, Wälder und berühmten Flüsse.

(Die Ausführung dieses Befehls heißt die Vollendung des ganzen Jahres in drei Dekaden und zwei Tagen.)[14]

Wenn im letzten Wintermonat die für den Herbst gültigen Ordnungen befolgt würden, so würde der weiße Tau früh fallen und die Käfer würden zur Plage werden. Die vier Nachbarn würden in die Festungen eindringen. Wenn die für den Frühling gültigen Ordnungen befolgt würden, so würden viele Kinder im Mutterleib oder gleich nach ihrer Geburt zugrunde gehen. Im Lande würde es viel hartnäckige Krankheit geben, sogenannte Naturwidrigkeiten. Wenn die für den Sommer gültigen Ordnungen befolgt würden, so würden Regenströme das Land verwüsten, der zeitgemäße Schnee würde nicht fallen. Das Eis und die Winterhärte würden tauen und sich auflösen.

2. Kapitel
Staatsmännische Prinzipientreue
Schï Dsïä

Ein Staatsmann ist ein Mensch, der, wenn es sich um die Stimme der Vernunft handelt, vor keinen Schwierigkeiten zurückschreckt. In Stunden der Not vergißt er den Vorteil. Er läßt sein Leben, um seine Pflicht zu erfüllen. Den Tod betrachtet er nur wie eine Rückkehr. Solche Männer kann der Landesfürst nicht nach Belieben zu seinen Freunden machen, der Himmelssohn nicht nach Belieben zu seinen Beamten machen. Die Großen unter ihnen vermögen die Weltereignisse zu bestimmen, die weniger Bedeutenden wenigstens die Schicksale eines Staates. Alles kommt auf solche Leute an. Darum muß ein Herrscher, der große Verdienste und großen Ruhm erwerben will, vor allem danach trachten, solche Männer zu suchen. Ein weiser Herrscher gibt sich alle Mühe, die rechten Leute zu finden, dann hat er es nachher leicht, die Geschäfte in Ordnung zu erhalten.

Im Staate Tsi lebte ein Mann namens Be Guo Sau[15], der flocht Netze und Reusen, sammelte Schilf und Binsen und flocht Sandalen daraus, um den Lebensunterhalt für seine Mutter zu verdienen. Da er aber nicht genug verdienen konnte, ging er persönlich in das Haus des Ministers Yän Dsï, besuchte ihn und sprach: »Ich möchte um so viel bitten, daß ich meine Mutter davon ernähren kann.«

Ein Diener des Yän Dsï sprach zu Yän Dsï: »Dies ist einer der würdigsten Männer von Tsi. Seine Pflicht steht ihm höher als Anstellung beim Großkönig und als Freundschaft von Fürsten. Vorteile, die sich ihm bieten, nimmt er nicht unbesehen an, drohendem Unheil sucht er nicht auf unanständige Weise zu entgehen. Daß er Euch um Lebensunterhalt für seine Mutter bittet, ist ein Zeichen, daß er sich Eurer Gerechtigkeit freut. Gebt ihm unter allen Umständen etwas.«

Yän Dsï sandte jemanden, um ihm einen Anteil des Korns in seinem Speicher und des Goldes in seinen Schatzkammern zu überbringen. Jener lehnte das Gold ab, nahm nur das Getreide an.

Nach einer Weile fiel Yän Dsï in Ungnade bei dem Fürsten von Tsi. Als er im Begriff war, aus dem Staate zu entweichen, ging er am Hause des Be Guo Sau vorüber und nahm Abschied. Be Guo Sau badete, dann kam er heraus, um Yän Dsï zu sehen. Er sprach zu ihm: »Meister, warum wollt Ihr fort?« Yän Dsï sprach: »Ich bin bei dem Fürsten von Tsi in Ungnade gefallen und muß fliehen.«

Be Guo Sau sprach: »Meister, seht Euch gut vor!« Als Yän Dsï wieder auf den Wagen stieg, seufzte er tief und sprach: »Es geschieht mir recht, daß ich fliehen muß; denn ich besaß auch wirklich gar keine Menschenkenntnis.«

Nachdem Yän Dsï weg war, rief Be Guo Sau seinen Freund und sagte zu ihm: »Ich freute mich über die Gerechtigkeit des Yän Dsï und bat ihn daher um Nahrung für meine Mutter. Ich habe aber gehört, daß wir verpflichtet sind, für den, der für unsere Nächsten uns Nahrung gegeben, mit unserem Leben einzutreten, wenn er in Schwierigkeiten kommt. Nun ist Yän Dsï in Ungnade gefallen und ich werde mein Leben lassen, um ihn von dem Verdachte zu reinigen.«

Darauf zog er Feierkleider an und setzte einen Feierhut auf, dann ließ er seinen Freund ein Schwert und eine Schüssel in die Hand nehmen und ihm so folgen an den Hof des Fürsten. Dann bat er den Zeremonienmeister: »Yän Dsï ist einer der würdigsten Männer auf Erden. Da er weg ist, wird der Staat Tsi sicher von Feinden überfallen werden. Wenn man die feindlichen Überfälle des Vaterlandes sicher voraussieht, so ist es besser, vorher zu sterben. Ich bitte durch mein abgehauenes Haupt als Zeugnis für Yän Dsï eintreten zu dürfen.«

Darauf sprach er zu seinem Freund: »Lege mein Haupt auf die Schüssel und bringe es dar.« Dann zog er sich zurück und tötete sich selbst. Sein Freund aber überreichte sein Haupt als Zeugnis für Yän Dsï und sprach zu den Zuschauern: »Be Guo Sau ist für das Vaterland gestorben, ich werde für Be Guo Sau sterben.«

Darauf zog er sich ebenfalls zurück und tötete sich.

Als der Fürst von Tsi davon hörte, erschrak er sehr, bestieg einen Sonderwagen und fuhr dem Yän Dsï nach. Er erreichte ihn an der Grenze von Tsi. Er bat ihn, mit zurückzukommen. Yän Dsï konnte nicht umhin, zurückzukehren.

Als er gehört hatte, daß Be Guo Sau durch seinen Tod für ihn eingetreten sei, da sprach er: »Geschieht es mir denn nicht wirklich recht, daß ich fliehen mußte, da ich noch weniger Menschenkenntnis besaß, als ich gedacht hatte?«

3. Kapitel
Entchlossenheit
Giä Li

Wenn man vornehm und reich ist, ist es leicht, Menschen zu seiner Verfügung zu haben; wenn man arm und gering ist, ist es schwer, Menschen zu besitzen.

Einst mußte Herzog Wen von Dsin aus seinem Lande fliehen[16]. Er wanderte durch die ganze Welt, so arm, so gering, und doch verließ ihn Giä Dsï Tui nicht, denn der Fürst hatte etwas an sich, das ihn festhielt. Schließlich kehrte der Fürst in sein Land zurück und ward Herzog eines Großstaates, aber Giä Dsï

Tui verließ ihn, da er nichts mehr an sich hatte, das ihn hätte festhalten können. So konnte der Fürst Wen wohl das Schwerere, aber nicht das Leichtere. Das ist der Grund, warum er es nicht zur Beherrschung der ganzen Welt gebracht hat.

Fürst Wen von Dsin war in sein Reich zurückgekehrt. Gin Dsï Tui schlug die angebotene Belohnung aus und machte ein Gedicht:

Ein Drache flog durch die ganze Welt,
Fünf Schlangen folgten und halfen ihm.
Als der Drache zurückkam in seine Heimat und seinen Platz bekam,
Da folgten ihm vier der Schlangen und genossen seinen Tau und Regen.
Eine Schlange aber schämte sich dessen und starb stolz mitten im Felde.

Er hängte diese Schrift an dem Tor des herzoglichen Palastes auf und versteckte sich im Gebirge.

Herzog Wen hörte von dem Gedicht und sprach: »Ei, das ist sicher Giä Dsï Tui.« Darauf zog er sich in ein einsames Gemach zurück, legte andere Kleider an und richtete an Adel und Volk diesen Befehl: »Wer den Giä Dsï Tui findet, wird zum Hohen Rat erster Klasse ernannt und erhält eine Million Morgen Land.« Jemand begegnete ihm im Gebirge mit einem Kessel auf der Schulter und einem breiten Strohhut auf dem Kopf. Er fragte ihn; »Bitte, wo ist Giä Dsï Tui?«

Giä Dsï Tui antwortete ihm: »Der Giä Dsï Tui will unter keinen Umständen sich zeigen, sondern will verborgen bleiben. Wie soll ich etwas von ihm wissen?« Darauf wandte er sich um und ging weg und ward sein Leben lang nicht mehr gesehen.

Die Gesinnungen der Menschen sind doch sehr verschieden. Die Leute von heutzutage, die auf Gewinn aus sind, kommen in aller Frühe zu Hofe und ziehen sich erst spät abends zurück, sie reden sich die Lippen wund und die Kehle trocken. Tag und Nacht sind ihre Gedanken wach und trotzdem ist es ihnen, als könnten sie es nicht erreichen. Kaum haben sie eine Stufe erreicht, so beeilen sie sich, sie sobald als möglich zu überspringen. Wahrlich, Giä Dsï Tui war sehr verschieden von den Menschen der Masse.

Im Osten lebte ein Mann namens Yüan Ging Mu[17]. Er machte eine Reise und wurde unterwegs vom Hunger überwältigt. Ein Räuber aus Hu Fu sah ihn und hielt ihm einen Topf Essen hin, ihn zu speisen. Dreimal schluckte Yüan Ging Mu, da konnte er wieder sehen. Er sprach: »Wer seid Ihr?« Jener erwiderte: »Ich bin ein Mann aus Hu Fu namens Kiu.« Yüan Ging Mu sprach: »O, bist du nicht der Räuber? Weshalb hast du mich gespeist? Die Pflicht verbietet mir, dein Essen zu genießen.« Darauf stützte er sich mit beiden Händen auf die Erde, um es wieder von sich zu geben. Aber es kam nichts heraus als Gegurgel. Da streckte er sich auf die Erde und starb.

Die Leute von Dschong eroberten Hu im Staate Han. Dschuang Giau bedrängte Yin im Staate Tschu. Die Leute von Tsin belagerten Tschang Ping im Staate Dschau. Die drei Staaten Han, Tschu und Dschau hatten unter ihren Führern und Vornehmen viele hochmütige Menschen, ihr Adel und Volk war zum großen Teil stark. Dennoch behandelten sie einander grausam und töteten einander, die Schwachen wurden vergewaltigt, sie flehten die anderen um ihr Leben an. Schließlich aßen sie einander auf, unbekümmert um Recht und Unrecht, nur in der Hoffnung auf eine glückliche Wendung, daß sie mit dem Leben davonkämen. Wie weit unterscheidet sich diese Gesinnung von dem Benehmen Yüan Ging Mus, der schon Nahrung zu sich genommen hatte und dadurch dem Tode entgangen war, aber aus Pflichtgefühl sich weigerte, am Leben zu bleiben.

4. Kapitel
Wahrhafte Unbestechlichkeit
Tschong Liän

Einen Stein kann man zertrümmern, aber man kann ihm nicht seine Härte nehmen. Zinnober kann man abwischen, aber man kann ihm nicht seine Röte nehmen. Härte und Röte sind nämlich wesenhafte Eigenschaften. Das Wesen kommt vom Himmel, man kann es sich nicht beliebig aneignen. Daß man einen selbstbewußten Ehrenmann nicht beschimpfen kann, beruht auf demselben Grunde.

Als einst das Haus Dschou im Begriff war, emporzusteigen, lebten zwei Männer in Gu Dschu, namens Bo I und Schu Tsi. Die beiden sprachen zueinander: »Wir hören, daß im Westen ein Markgraf aufgekommen ist, der, wie es scheint, auf dem rechten Wege wandelt, warum wollen wir hier verweilen?«

Darauf gingen die beiden westwärts nach Dschou. Als sie am Ki-Berge ankamen, da war der König Wen schon gestorben, und Wu hatte den Thron bestiegen. Da blieben sie, um den Geist des Hauses Dschou zu prüfen. Da sandte der König seinen jüngeren Bruder Dan zu Giau Go im Lande Sï-Ne. Er schloß einen Bund mit ihm unter folgenden Bedingungen: »Es soll dir dreifacher Reichtum verliehen werden, du sollst ganz in derselben Weise wie alle meine Beamten behandelt werden.«

Dreimal wurde derselbe Wortlaut aufgezeichnet und mit dem Blute der Schlachtopfer bestrichen. Die eine Urkunde wurde in Sï-Ne vergraben. Je eine erhielten die beiden Bundesschließenden.

Ferner sandte er den Großmeister Herzog Schau zu We Dsï Ki am Berg Gung Tou. Er schloß einen Bund mit ihm unter folgenden Bedingungen: »Für alle Zeit habe dein Geschlecht den Rang des ältesten Fürsten, es soll die Ahnenopfer des Hauses Yin ewig fortsetzen und die Ausführung der Sang-Lin-Musik übertragen bekommen. Zum Eigenbesitz sei dir Mong Dschu verliehen.«

Dreimal wurde derselbe Wortlaut aufgezeichnet und mit dem Blut der Schlachtopfer bestrichen. Die eine Urkunde wurde am Fuß des Gung-Tou-Berges vergraben, je eine erhielten die beiden Bundesschließenden.

Als Bo I und Schu Tsi davon hörten, da sahen sie einander an und lachten. Sie sprachen: »Ei, wie seltsam! Das ist nicht das, was wir unter dem rechten Weg verstehen. Als einst Schen Nung die Welt regierte, da wurden die regelmäßigen Opfer mit aller Ehrfurcht vollzogen, aber er betete nicht um Glück. Den Menschen gegenüber war er gewissenhaft und treu und sorgte für höchste Ordnung, aber er erstrebte sein Ziel nicht mit andern Mitteln. Weil er die Ordnung liebte, sorgte er für Ordnung, weil er das Recht liebte, sorgte er für Recht, aber er hat nicht die Verworfenheit von andern als Folie für seine Vollkommenheit, nicht die Gemeinheit der andern als Folie für seine Höhe benützt. Das Haus Dschou dagegen hat den Verfall und die Verwirrung des Hauses Yin gesehen und führt nun die Regierung weiter in Ordnung und Recht. Man verläßt sich auf kluge Überlegungen und wendet Bestechungen an; man verläßt sich auf Waffengewalt, um sich Respekt zu verschaffen. Man schlachtet Opfertiere und schwört, um eine Sache glaubhaft zu machen, man braucht die Länder Sï-Ne und Gung-Tou, um sein Verhalten ins rechte Licht zu setzen. Man verbreitet Traumgeschichten[18], um das Volk zu erfreuen. Man tötet und straft, um Vorteil zu erzwingen. Auf diese Weise setzt man die Sünden des Geschlechts Yin fort und tauscht gegen Unordnung Tyrannei ein. Wir haben gehört, daß die Männer des Altertums, wenn sie Zeitalter der Ordnung fanden, mit ihrer Kraft im Dienst des Ganzen nicht zurückgehalten haben, wenn sie dagegen in ungeordneten Zeiten lebten, nicht unter allen Umständen nur auf Fristung ihres Lebens bedacht waren. Nun ist die Welt in Finsternis, der Geist des Hauses Dschou im Verfall begriffen. Besser, als mit Dschou zu leben und so uns selber in Schmach zu bringen, ist es, zu entfliehen, um unseren Wandel rein zu halten.«

So gingen die beiden nordwärts nach dem Schou-Yang-Berg und starben dort Hungers.

Es liegt in der Natur der Menschen, daß jeder etwas hat, das ihm wichtig, und etwas, das ihm unwichtig ist. Was man wichtig nimmt, will man vervollkommnen, was man unwichtig nimmt, auf dessen Kosten pflegt man das Wichtige. Bo I und Schu Tsi, die beiden Männer, verließen den Leib und warfen das Leben weg, um ihre Gesinnung durchzusetzen. Sie hatten zuvor entschieden, was ihnen wichtig und was ihnen unwichtig sei.

5. Kapitel
Sich nicht imponieren lassen
Bu Tsin

Der eigene Leib ist wichtiger als die ganze Welt. Und dennoch opfert ein Staatsmann seinen Leib für andere. Wer seinen Leib für andere opfert, der tut das Große. Und dennoch wissen die Leute nicht, auf welche Weise sie einen solchen Mann finden können. Ein weiser Herr kennt persönlich die tüchtigen Männer, darum geben sich diese Männer alle Mühe und erschöpfen ihren Verstand, reden offen, wetteifern miteinander und weigern sich nicht, mit ihm zusammen Schweres zu erdulden.

Solche Männer waren Yü Yang und Gung-Sun Hung. Zu jener Zeit lebten der Graf Dschï Bo und Mong Tschang Gün, die sie verstanden[19].

Wenn ein Fürst auf Erden hundert Meilen Gebiet gewinnt, so freut er sich, und die Nachbarn ringsum beglückwünschen ihn. Wenn einer aber einen tüchtigen Mann findet, so freut er sich nicht besonders, und die Nachbarn halten es nicht der Mühe wert, ihre Glückwünsche darzubringen. Das ist ein Zeichen, wie wenig man sich auf wahren Wert versteht.

Tang und Wu hatten nur eine mittlere Kriegsmacht, aber die tüchtigen Männer fielen ihnen alle zu. Giä und Dschou Sin waren Großkönige, aber die tüchtigen Männer verließen sie alle. Kungtse und Mo Di waren Gelehrte in einfachen Gewändern, aber Kaiser und Könige hätten sich nicht mit ihnen messen können, was die Zahl tüchtiger Männer in ihrer Umgebung anlangte.

Von diesem Gesichtspunkt aus ergibt sich, daß Ehre, Ansehen und Reichtum nicht genügen, um tüchtige Männer anzuziehen. Man muß selber Verständnis für sie haben, dann erst geht es.

Der Freund des Yü Yang[20] sprach zu ihm: »Wie inkonsequent ist doch Euer Benehmen! Ihr hattet den Geschlechtern Fan und Dschung Hang gedient, die von den Fürsten vollständig ausgerottet wurden, aber ihr tratet nicht als Rächer für sie auf. Nun dient ihr dem Geschlecht Dschï und wollt durchaus als sein Rächer auftreten. Warum das?«

Yü Yang sprach: »Ich will Euch den Grund sagen: Im Dienst der Familien Fan und Dschung Hang litt ich unter Kälte, ohne daß sie mir Kleider gaben, ich litt Hunger, ohne daß sie mich speisten. Dauernd ließen sie mich mit tausend andern meine Nahrung finden, sie hielten mich aber für einen aus der großen Menge. Da sie mich eben nur für einen aus der großen Menge hielten, so diente ich ihnen auch eben als einer aus der großen Menge. Dschï dagegen hat es anders gemacht. Ging ich aus, so stellte er mir seinen eigenen Wagen zur Verfügung, heimgekehrt, versorgte er mich mit ausreichender Nahrung. Wenn alle im Hof umherstanden, so pflegte er mich stets mit besonderer Auszeichnung zu behandeln. Er hielt mich für einen Staatsmann. Da er mich für einen Staatsmann hielt, so diente ich ihm auch als Staatsmann.«

Yü Yang war ein bedeutender Staatsmann, und doch richtete er sich in seiner Gesinnung nach der Behandlung, die andere ihm zuteil werden ließen. Wieviel mehr wird das bei Durchschnittsmenschen der Fall sein.

Mong Tschang Gün[21] gehörte zu der Partei der nordsüdlichen Staatenvereinigung des Vielverbands. Gung-Sun Hung sprach zu Mong Tschang Gün: »Es wäre vielleicht besser, wenn Eure Hoheit jemanden nach Westen schickten, um den König von Tsin zu sehen. Der König von Tsin ist wohl der Fürst, dem die Weltherrschaft bestimmt ist. Es ist zu fürchten, daß er Euch kaum als Diener aufnehmen wird, wie wollt Ihr ihn noch besonders erbittern dadurch, daß Ihr Euch auf die Seite des Vielverbands stellt? Aber vielleicht ist der König von Tsin auch ein unbrauchbarer Herrscher, dann ist es immer noch Zeit genug, auf die Seite des Vielverbands zu treten, um ihm Schwierigkeiten zu bereiten.« Mong Tschang Gün erwiderte: »Gut, es wäre mir lieb, wenn Ihr gleich hinginget.«

Gung-Sun Hung erklärte sich erfurchtsvoll einverstanden und begab sich an der Spitze von zehn Kriegswagen nach Tsin.

Der König Dschau von Tsin hörte von seiner Ankunft. Er wünschte ihn im Gespräch zu blamieren, um zu sehen, was hinter Gung-Sun Hung stecke. Gun-Sun Hung trat vor den König Dschau. Der König Dschau sprach: »Wie groß ist eigentlich das Gebiet von Süo?«

Gung-Sun Hung erwiderte: »Hundert Meilen im Geviert.«

Da lachte der König Dschau und sprach: »Mein Reich ist mehrere tausend Meilen im Geviert, und doch habe ich es noch nicht gewagt, anderen Schwierigkeiten zu bereiten. Das Gebiet des Mong Tschang Gün ist nur hundert Meilen im Geviert, und er will mir auf Grund dessen Schwierigkeiten bereiten? Ist das denn möglich?«

Gung-Sun Hung erwiderte: »Mong Tschang Gün ist ein Gönner tüchtiger Männer, Ew. Königliche Hoheit liebt die tüchtigen Männer nicht.«

König Dschau sprach: »Wie zeigt sich die Liebe des Mong Tschang Gün zu tüchtigen Männern?«

Gung-Sun Hung erwiderte: »An Männern, deren Ehrgefühl so stark ist, daß sie sich vom Großkönig nicht als Diener anstellen lassen, die, wenn es ihnen glückt, nicht zu erröten brauchen, einen Fürstenthron zu besteigen, und wenn es das Glück nicht will, sich dennoch nicht zu Dienern von andern erniedrigen: an solchen Männern hat er drei. An Männern, die, was Regierungsfähigkeit anlangt, Lehrer eines Guan Dschung oder Schang Yang sein könnten, die durch ihre Ratschläge, wenn sie befolgt werden, ihren Herrn zum Führer der Fürsten zu machen imstande sind, hat er fünf. An Männern endlich, die, wenn der strenge Herr eines Großstaates ihren Auftraggeber beschimpfen wollte, sich zurückziehen, sich den Leib aufschlitzen und mit ihrem Blut seine Kleider beflecken: solche Leute hat er sieben, unter die auch ich gehöre.«

Da lachte der König Dschau, entschuldigte sich und sprach: »Warum wolltet Ihr das tun? Ich schätze den Mong Tschang Gün und möchte, daß Ihr ihm meine Absichten sorgfältig übermittelt.«

Das versprach Gung-Sun Hung ehrerbietig.

Von Gung-Sun Hung kann man sagen, daß er sich nicht imponieren ließ. Der König Dschau war ein großer König. Mong Tschang Gün hatte nur eine mittlere Kriegsmacht. Wer unter diesen Umständen das Recht eines Mittelstaates so zu vertreten vermag, daß man ihm nicht zu nahe tritt, mag wohl ein Staatsmann heißen.

NACHWORT[22]

Es war im achten Jahr der Dynastie Tsin, im Jahre Gün Tan[23], im Herbst am Tage Gia Dsï am Neumond. Da fragte am Neumondstage ein Herr mich nach den Aufzeichnungen der zwölf Monate. Ich[24] sprach: Ich habe seinerzeit gelernt, wodurch Huang Di den Dschuan Hü belehrt hat:

»Es gibt einen großen König in der Höhe,
Es gibt ein großes Geviert in der Tiefe,
Wenn du sie zum Muster nehmen kannst,
So bist du Vater und Mutter des Volks.«

Man hört, daß im Altertum in Zeiten der Ordnung Himmel und Erde zum Vorbild dienten. Die zwölf Aufzeichnungen für die verschiedenen Monate sind Aufzeichnungen über Ordnung und Verwirrung, Bestand und Untergang, man kann daraus erkennen die Ursachen langen Lebens und frühzeitigen Todes, des Heils und Unheils. Wenn man nach oben hin den Himmel erforscht, nach unten hin die Erde untersucht und in der Mitte das Wesen des Menschen zu beurteilen versteht, so kann über Recht und Unrecht Möglichkeit und Unmöglichkeit kein Zweifel bestehen.

Der Himmel bezeichnet die ungehemmte Bewegung (Kraft). Die Bewegung bewirkt Zeugung. Die Erde bezeichnet das Feste (Stoff). Der Stoff bewirkt die Ruhe (Wirklichkeit). Den Menschen bezeichnet die Zuverlässigkeit. Zuverlässigkeit bewirkt Gehorsam. Diese drei Weltprinzipien wirken, ohne zu handeln, ihr Wirken ist die Auswirkung ihrer inneren Gesetzmäßigkeit. Notwendigkeit der Wirkung ergibt sich daraus, wenn die innere Gesetzmäßigkeit befolgt und alle selbstischen Regungen unterdrückt werden. Wer sein Gesicht zu selbstischen Zwecken mißbraucht, wird blind; wer sein Gehör zu selbstischen Zwecken mißbraucht, wird taub; wer seine Gedanken zu selbstischen Zwecken mißbraucht, wird wahnsinnig. Auf allen drei Gebieten ist es so, daß, wenn der Egoismus den Geist beherrscht, die Erkenntnis nicht mehr unbefangen zu sein vermag. Ist die Erkenntnis nicht unbefangen, so sinken die Tage des Glücks, und die Tage der Qual steigen auf. Wenn man nach Mittag, wenn die Sonne die Mittagslinie überschritten hat, nach Westen blickt, so kann man das bestätigt finden.

Freiherr Siang von Dschau[25] ritt in seinem Park spazieren. Als er an eine Brücke kam, da scheute sein Pferd und wollte nicht weiter. Tsing Ping lenkte den Wagen. Freiherr Siang sprach: »Geh einmal voraus und sieh nach, unter der Brücke scheint ein Mensch zu stecken.«

Tsing Ping ging voraus und sah nach, da war unter der Brükke Yü Yang, doch lag er und stellte sich tot. Er redete auf Tsing Ping ein: »Verlaß deinen Herrn, ich habe etwas mit ihm auszutragen.«

Tsing Ping sprach: »In der Jugend waren wir Freunde, wenn du nun etwas Großes vorhast und ich verrate es, so verletze ich die Freundespflicht. Du willst meinem Herrn etwas zuleide tun. Wenn ich es ihm nicht sage, so verletze ich die Dienerpflicht. Für einen Menschen wie mich bleibt nichts übrig, als zu sterben.«

Darauf zog er sich zurück und tötete sich. Tsing Ping starb nicht gern, sondern er nahm es wichtig, die Treue eines Dieners nicht zu verletzen und die Freundespflicht nicht zu mißachten. Tsing Ping war wirklich ein guter Freund des Yü Yang[26].

ZWEITER TEIL

DIE ACHT BETRACHTUNGEN

BUCH XIII · YU SCHÏ LAN

Betrachtung über die Anfänge

1. Kapitel
Die Anfänge
Yu Schï

Himmel und Erde haben einen Anfang. Der Himmel ist unsichtbar und zeugt, die Erde ist sichtbar und gestaltet. Die Vereinigung und Harmonie von Himmel und Erde ist der große Weg zu allem Entstehen. Das kann man an Kälte und Hitze, Sonne und Mond, Tag und Nacht sehen, an den verschiedenen Gestalten, verschiedenen Fähigkeiten, verschiedenen Anpassungen erklären.

Wenn die Einzelwesen sich vereinigen, so zeugen sie; trennen sie sich wieder, so erfolgt die Geburt. Wer die Vereinigung erkennt, kennt das Gesetz der Zeugung; wer die Trennung versteht, kennt das Gesetz der Geburt; dann befinden sich Himmel und Erde im Gleichgewicht. In diesem Gleichgewichtszustand entspricht alles seiner eigentlichen Natur und zeigt seine eigentliche Gestalt.

Der Himmel hat neun Felder, die Erde hat neun Bezirke, das Land hat neun Berge, die Gebirge haben neun Pässe, in den Seen gibt es neun Inseln. Vom Wind gibt es acht Arten. Vom Wasser gibt es sechs Ströme.

Was sind die neun Felder des Himmels?

1. In der Mitte liegt der Mittelhimmel.
   Seine Sternbilder sind Güo, Kang und Di.
2. Im Osten liegt der blaue Himmel[1].
   Seine Sternbilder sind Fang, Sin, We (Schwanz).
3. Im Nordosten liegt der wechselnde Himmel[2].
   Seine Sternbilder sind Gi, Dou und Kiän Niu.

4. Im Norden liegt der finstere Himmel[3]. Seine Sternbilder sind Wu, Nü, Hü, We (Abgrund), Ying Schï.
5. Im Nordwesten ist der dunkle Himmel[4]. Seine Sternbilder sind Dung, Bi, Kui, Lou.
6. Im Westen ist der weiße Himmel[5]. Seine Sternbilder sind We (Magen), Mau, Bi.
7. Im Südwesten ist der Scharlachhimmel[6]. Seine Sternbilder sind Dsï Hi, Schen, Dung Dsing.
8. Im Süden ist der Flammenhimmel[7]. Seine Sternbilder sind Yü Gui, Liu, Tsi Sing.
9. Im Südosten ist der glänzend strahlende Himmel[8]. Seine Sternbilder sind Dschang, I, Tschen[9].

Welches sind die neun Bezirke?

1. Zwischen dem Ho und dem Han liegt Yü Dschou, das Land Dschou.
2. Zwischen den beiden Ho[10] liegt Gi Dschou, das Land Dsin.
3. Zwischen dem Ho und dem Dsï[11] liegt Yän Dschou, das Land We.
4. Der Osten heißt Tsing Dschou, das Land Tsi.
5. Am Sï-Fluß liegt Sü Dschou, das Land Lu.
6. Der Südosten heißt Yang Dschou, das Land Yüo.
7. Der Süden heißt Ging Dschou, das Land Tschu.
8. Der Westen heißt Yung Dschou, das Land Tsin.
9. Der Norden heißt Yu Dschou, das Land Yän[12].

Welches sind die neun Berge? Es sind:

1. der Guai Gi,
2. der Tai Schan,
3. der Wang Wu,
4. der Schou Schan,
5. der Tai Hua (Hua Schan),
6. der Ki Schan,
7. der Tai Hang,
8. der Yang Tschang,
9. der Mong Men[13].

Welches sind die neun Pässe? Es sind:
1. Da Fen,
2. Ming O,
3. Ging Yüan,
4. Fang Tschong,
5. Hiau,
6. Dsing King,
7. Ling Tsï,
8. Gou Dschu,
9. Gü Yung[14].

Welches sind die neun Sümpfe? Es sind:
1. In Wu die Ebene Gü Kü.
2. In Tschu die Ebene Yün Mong.
3. In Tsin die Ebene Yang Hua.
4. In Dsin die Ebene Da Lu.
5. In Liang die Ebene Pu Tiän.
6. In Sung die Ebene Mong Dschou.
7. In Tsi die Ebene Hai Yü.
8. In Dschau die Ebene Gü Lu.
9. In Yän die Ebene Da Dschau[15].

Welches sind die acht Winde?
Von Nordosten kommt der Flammenwind.
Von Osten kommt der brausende Wind.
Von Südosten kommt der heitere Wind.
Von Süden kommt der große Sturm.
Von Südwesten kommt der kühle Wind.
Von Westen kommt der dauernde Wind.
Von Nordwesten kommt der scharfe Wind.
Von Norden kommt der kalte Wind[16].

Welches sind die sechs Flüsse? Es sind:
1. Das Wasser des Ho (Huang Ho).
2. Das rote Wasser (Tschï Schui).
3. Das ferne Wasser (Liau Schui).
4. Das schwarze Wasser (He Schui).

5. Das Wasser des Giang (Yangtse).
6. Das Wasser des Huai[17].

Das gesamte Gebiet innerhalb der vier Meere von Ost nach West ist 28 000 Li lang, von Nord nach Süd 26 000 Li[18]. Die Wasserläufe sind 8000 Li lang, die Gebiete, die Wasser aufnehmen, sind ebenfalls 8000 Li lang. Durchgehende Täler gibt es sechs, berühmte Flüsse sechshundert. Bewässerungsläufe 3000, kleine Kanäle über 10 000.

Alles Gebiet innerhalb der vier Weltpole ist von Ost nach West 597 000 Li und von Nord nach Süd ebenfalls 597 000 Li lang.

Die Sterne und der Himmel bewegen sich, aber der Himmelspol ändert seinen Ort nicht. Zur Zeit der Wintersonnenwende geht die Sonne den entfernteren Weg über alle vier Himmelspole, der da heißt dunkles Licht. Zur Zeit der Sommersonnenwende geht die Sonne den näheren Weg und geht höher oben; unterhalb des Angelpunktes ist dann Lichtwechsel von Tag und Nacht[19]. Im Süden der weißen Rasse, unter den Hartholzbäumen, wirft die Sonne am Mittag keinen Schatten – und der Laut gibt kein Echo –, das ist wohl die Mitte des Himmels[20].

Himmel, Erde und alle Dinge sind gleichsam der Leib eines Menschen. Das heißt die Große Gemeinsamkeit. Die Vielheit dagegen sind die Ohren, Augen, Nasen, Münder, die Vielheit sind die fünf Getreidearten, Hitze und Kälte. Diese heißen die mannigfaltigen Verschiedenheiten. Auf diese Weise sind alle Dinge vollkommen. Der Himmel erfüllt alle Dinge. Der Weise betrachtet sie, um ihre Arten zu erkennen. Die Erklärung findet er in dem Umstand, daß Himmel und Erde die Formen bereiten, daß Donner und Blitz erzeugend wirken. Die positive und negative Kraft sind die materielle Unterlage für das seelische Leben aller Wesen, worin Menschen und Tiere ihre Sicherheit haben[21].

2. Kapitel
Reaktion auf Verwandtes
Ying Tung

Sooft ein Herrscher oder König im Begriff ist, aufzutreten, offenbart der Himmel sicher glückliche Vorzeichen unter den Menschen. Zur Zeit des Huang Di ließ der Himmel erst einen großen Regenwurm und eine große Maulwurfsgrille erscheinen. Huang Di sprach: »Die Kraft der Erde ist siegreich.« Weil die Erdkraft im Siegen war, machte er Gelb zur höchsten Farbe und nahm die Erde in seinen Handlungen zum Vorbild.

Zur Zeit des Yü ließ es der Himmel zuerst geschehen, daß Gräser und Bäume im Herbst und Winter nicht abstarben. Da sprach Yü: »Die Kraft des Holzes ist siegreich.« Weil die Holzkraft im Siegen war, machte er Grün zur vornehmsten Farbe und nahm das Holz in seinen Handlungen zum Vorbild.

Zur Zeit Tangs ließ der Himmel erst eine Metallklinge im Wasser erscheinen. Tang sprach: »Die Kraft des Metalls ist siegreich.« Weil die Metallkraft im Siegen war, darum machte er Weiß zur vornehmsten Farbe und nahm in seinen Handlungen das Metall zum Vorbild.

Zur Zeit des Königs Wen ließ der Himmel zuerst eine rote Krähe erscheinen, die einen roten Brief im Schnabel hielt und sich auf dem Erdaltar von Dschou niederließ. Der König Wen sprach: »Die Kraft des Feuers ist siegreich.« Weil die Feuerkraft im Siegen war, darum machte er Rot zur vornehmsten Farbe und nahm in seinen Handlungen das Feuer zum Vorbild.

Wenn ein anderes Geschlecht die Herrschaft des Feuers ablösen wird, so wird es sicher durch die Kraft des Wassers geschehen. Und der Himmel wird erst offenbaren, daß die Kraft des Wassers im Siegen sein wird, darum wird er Schwarz zur vornehmsten Farbe machen und in seinen Handlungen sich das Wasser zum Vorbild nehmen[22]. Wenn die Kraft des Wassers da sein wird und man versteht es nicht, den schicksalschweren Augenblick zu ergreifen, so werden die Wirkungen sich wieder nach der Kraft der Erde hin verrücken.

Es ist wie beim Ackerbau: Was der Himmel gibt, ist nur die Zeit. Wenn man ihm aber dauernd nicht entgegenkommt, so bleibt der Feldbau am Boden liegen. Verwandtes zieht einander an. Wo gleichgestimmte Kräfte sind, vereinigen sie sich, wo die Töne gleiche Schwingungen haben, da erregen sie einander. Wenn man den Grundton angibt, so schwingen alle auf den Grundton gestimmten Instrumente mit, wenn man die Terz angibt, so schwingen alle auf die Terz gestimmten Instrumente mit. Wenn man auf ebener Erde Wasser ausgießt, so fließt das Wasser den feuchten Stellen zu. Wenn man ringsum Reisig ausbreitet und in der Mitte ein Feuer anlegt, so ergreift das Feuer das trockene Reisig.

Die Bergwolken haben Ähnlichkeit mit Gräsern und Halmen, die Wasserwolken haben Ähnlichkeit mit Fischschuppen, die Dürrewolken haben Ähnlichkeit mit Rauch und Flammen, die Regenwolken haben Ähnlichkeit mit Wasserwogen. Alle haben Ähnlichkeit mit dem, wodurch sie erzeugt sind, um es den Menschen anzudeuten. So bewirkt der Drache Regen, die Körper werfen Schatten; wo Heere geweilt, entstehen sicher Dornen und Disteln.

Die Ursache von Glück und Unglück[23] sehen die Menschenmassen im Schicksal, aber sie wissen nicht, wo seine Quelle sitzt. Wenn man die Nester ausnimmt und die Eier zerbricht, so kommt der Phönix nicht; wo man die Tiere aufschlitzt und die neugeborenen Jungen ißt, dahin kommt das Kilin nicht. Wo man die Teiche abläßt und die Fische fängt, da bleiben die Drachen und Schildkröten nicht. Unzählige Fälle gibt es, die beweisen, daß alle Dinge durch Gleichartiges angezogen werden. Die Söhne können nicht von ihren Vätern in ihrer Überzeugung vergewaltigt werden, die Beamten können nicht von ihren Fürsten in ihrer Überzeugung vergewaltigt werden. Wenn der Fürst mit ihnen in seiner Gesinnung übereinstimmt, so kommen die Diener herbei, wenn er ihnen entgegengesetzt ist, so verlassen sie ihn. Darum, obwohl der Fürst geehrt ist: Wenn er weiß für schwarz ausgibt, so können seine Diener nicht auf ihn hören. Obwohl der Vater von seinem Sohn geliebt wird: Wenn er schwarz für weiß ausgibt, so kann der Sohn ihm nicht folgen.

Huang Di (der Herr der gelben Erde)[24] sprach:

»Sei unbegrenzt und weit
Stütz dich auf Himmels Herrlichkeit
Und sei mit dem Ursprung gemeinsam in der Kraft.«

Darum heißt es: Gemeinsamkeit mit dem Himmel in Beziehung auf die Kraft ist besser als Gemeinsamkeit in den Prinzipien, Gemeinsamkeit in den Prinzipien ist besser als Gemeinsamkeit in der Macht, Gemeinsamkeit in der Macht ist besser als Gemeinsamkeit in den Umständen, Gemeinsamkeit in den Umständen ist besser als Gemeinsamkeit im bloßen Namen. Die göttlichen Herrscher hatten dieselbe Kraft wie der Himmel, die Weltkönige dieselben Prinzipien, die Länderfürsten hatten dieselbe äußere Macht, die nach Vorherrschaft Strebenden hatten dieselben Umstände. Das ist schon sehr dürftig. Die dem Untergang Verfallenen haben nur noch dieselben bloßen Namen, das ist das Roheste. Je roher die Einsicht ist, desto roher ist das, was man mit dem Himmel gemein hat. Je geistiger die Erkenntnis ist, desto geistiger ist das, was man mit dem Himmel gemein hat. Darum muß man in allen seinen Gedanken geistig sein. Die Geistigkeit war es, durch die die fünf göttlichen Herrscher und die drei Weltkönige ihre Wirkung vollbrachten. Wo eine Wirkung vollständig und Gemeinsamkeit mit einer bestimmten Wirkungsart vorhanden ist, da findet sie Menschen, die damit übereinstimmen. So war Yau gut, und alle Guten kamen herbei. Giä war böse, und alle Bösen kamen heran.

Ein Sprichwort aus der Schang-Zeit sagt: Wenn der Himmel Fluch herabsendet oder Segen spendet, so hat das beides seine Ursache. Das heißt: Glück und Unglück zieht der Mensch selber herbei.

So verhält es sich, wenn ein Staat in Unruhen gerät: Es bleibt nicht bei den inneren Unruhen, sondern er zieht sicher auch Feinde von außen an. Wenn er nur innere Unruhe hätte, würde er nicht notwendig zugrunde gehen, wenn er aber äußere Feinde auf sich zieht, so ist keine Möglichkeit mehr, bestehen zu bleiben. Man führt Krieg entweder um des Gewinnes willen oder um der Gerechtigkeit willen. Greift man nun einen von

Unruhen zerrissenen Staat an, so ist er brüchig, durch seine Brüchigkeit verspricht er dem Angreifer Gewinn. Greift man einen von Unruhen zerrissenen Staat an, so ist das im Einklang mit der Gerechtigkeit, dadurch daß der Angreifer gerecht handelt, wird er berühmt. Ruhm und Gewinn, das sind selbst für mittelmäßige Herrscher keine Beweggründe des Handelns, geschweige denn für wirklich tüchtige Herrscher. Darum sind Landabtretungen, wertvolle Geschenke, demütige Reden und Unterwürfigkeit nicht ausreichend, um die Angreifer abzuhalten, nur die innere Ordnung ist dazu imstande.

Ist ein Staat in Ordnung, so werden ihn diejenigen, die auf Gewinn aus sind, nicht angreifen und diejenigen, die auf eigenen guten Namen aus sind, nicht gegen ihn vorgehen. Aber alle Angriffskriege erfolgen entweder aus Streben nach Gewinn oder nach einem guten Namen. Wenn aber weder dem Namen noch der Sache nach etwas zu holen ist, so wird selbst ein großer und mächtiger Staat keinen Angriff unternehmen. Ein Beweis dafür ist die Geschichte, wie Schï Mo kam und Dschau Giän Dsï infolge seines Rates davon abstand, den Staat We zu überfallen, ein Zeichen übrigens, daß Dschau Giän Dsï sich darauf verstand, wann er etwas unternehmen konnte und wann er ruhig zu bleiben hatte[25].

3. Kapitel
Beseitigung der Befangenheit
Kü Yu

Die Menschen, die in unserer Zeit die Worte anderer hören wollen, sind durch vielerlei Dinge befangen, diese vielfache Befangenheit bewirkt aber, daß man falsch hört; das kommt davon, daß die Anlässe zu Befangenheit so zahlreich sind. Die hauptsächlichsten dieser Anlässe beruhen auf den Zuneigungen und Abneigungen der Menschen. Wer nach Osten ausblickt, sieht die Wand im Westen nicht, wer nach Süden schaut, erblickt die nördlichen Gegenden nicht. Denn seine Gedanken verlaufen in einer bestimmten Richtung[26].

Einst hatte jemand eine Axt verloren. Er hatte seines Nachbarn Sohn in Verdacht. Er beobachtete die Art, wie er ging: es war die Art eines Axtdiebes; seine Mienen: es waren die eines Axtdiebes; seine Worte: es waren die eines Axtdiebes; seine Bewegungen und sein ganzes Wesen, alles was er tat: alles war die Art eines Axtdiebes. Zufällig grub er dann einen Graben und fand seine Axt. Am andern Tag sah er wieder seines Nachbarn Sohn, alle seine Bewegungen und sein ganzes Wesen glichen nicht mehr der Art eines Axtdiebes. Sein Nachbarsohn hatte sich nicht verändert. Er selbst hatte sich verändert. Was war der Grund davon? Nichts anderes, als daß etwas da war, das ihn in unbefangener Beobachtung störte.

In Dschu war es alte Sitte, die Panzerschürzen aus gewobenem Seidenstoff zu machen. Gung Si Gi sprach zum Fürsten von Dschu: »Es wäre besser, gezwirnte Seidenfäden zu nehmen. Die Festigkeit des Panzers beruht darauf, daß alle Öffnungen bedeckt sind. Jetzt ist es so, daß die Bedeckung nur die halbe Kraft der Abwehr hat. Macht man dagegen die Panzer aus gezwirnten Seidenstricken, so ist die Kraft der Bedeckung vollständig.« Der Fürst von Dschu war damit einverstanden, doch sprach er: »Woher soll man die gezwirnten Seidenstricke bekommen?« Gung Si Gi erwiderte: »Was die Regierung braucht, stellt das Volk ganz von selber her.«

Der Fürst sprach: »Gut«, und erließ eine Verordnung, daß die zuständigen Beamten die Panzerschürzen aus gezwirnten Seidenstricken machen sollten.

Da Gung Si Gi wußte, daß sein Rat angenommen worden war, ließ er seine ganze Familie gezwirnte Seidenstricke herstellen.

Darüber empörten sich die Leute und sagten: »Der Grund, warum Gung Si Gi wollte, daß die Panzer aus gezwirnter Seide gemacht werden, ist nur der, daß in seiner Familie viel gezwirnte Seide hergestellt wird.«

Der Fürst von Dschu wurde mißvergnügt darüber und erließ eine abermalige Verordnung, daß die zuständigen Behörden künftig die Panzer doch nicht aus gezwirnter Seide machen lassen sollten. Hierin zeigte es sich, daß der Fürst von Dschu befangen war. Wenn es praktisch war, die Panzer aus gezwirnter Seide zu machen, was schadete es dann, wenn Gung Si Gi viel gezwirnte Seide herstellen ließ? Wenn es dagegen nicht praktisch war, die Panzer aus gezwirnter Seide machen zu lassen, so hätte es auch nichts genützt, wenn Gung Si Gi keinerlei Seidenzwirn hätte machen lassen. Die Herstellung oder Nichtherstellung von Seidenzwirn war kein zureichender Grund, um den Rat des Gung Si Gi zu beeinträchtigen. Die Gesinnung, die sich im Gebrauch der gezwirnten Seide aussprach, verdient wohl beachtet zu werden.

In Lu lebte ein häßlicher Mensch. Sein Vater ging einst aus und sah den schönen Schang Guo. Als er heimkam, sagte er zu seinen Nachbarn: »Schang Guo ist doch nicht so schön wie mein Sohn.« Nun war sein Sohn hervorragend häßlich und Schang Guo hervorragend schön. Er aber hielt den schönsten Jüngling für nicht so schön wie den häßlichsten, weil ihm die Unbefangenheit durch seine Liebe genommen war. Erst wenn man weiß, was an einem Schönen häßlich ist oder was an einem Häßlichen schön ist, dann kann man Schönheit und Häßlichkeit wirklich erkennen.

Dschuang Dsï sprach[27]: »Spielt man um Scherben, so ist einer vielleicht geschickt, geht es um Gürtelspangen, so wird er zaghaft, geht es um gelbes Gold, so verliert er alle Besinnung. Und doch ist seine Geschicklichkeit dieselbe; wenn er aber verwirrt wird, so geschieht es sicher deshalb, weil er etwas Äußeres wichtig nimmt. Wenn man Äußeres wichtig nimmt, so übt das auf das Innere einen betörenden Einfluß aus.« Von dem obengenannten Mann aus Lu kann man sagen, daß er etwas Äußeres zu wichtig nahm.

Eine Erklärung dafür gibt die Geschichte von dem Mann aus Tsi[28], der Gold haben wollte, und die Art, wie die Anhänger des Mo Di[29] in Tsi einander beneideten: Sie alle litten unter Befangenheiten. Da hat Lau Dan das Richtige getroffen. Er steht selbständig da wie ein Baum und kümmert sich nicht um die Welt. Das läßt sich nicht überbieten.

4. Kapitel
Hören auf Worte
Ting Yän

Wenn man andere reden hört, so darf man es nicht versäumen, sich ein Urteil zu bilden. Wenn man sich kein Urteil bildet, so vermag man Gut und Schlecht nicht zu unterscheiden; die Unfähigkeit aber, Gut und Schlecht zu unterscheiden, führt zur schlimmsten Verwirrung. Die Herrscher der drei ersten Dynastien vermochten Gut und Schlecht zu unterscheiden, darum beherrschten sie die Welt. Heutzutage verkommt die Welt immer mehr, der Pfad der heiligen Könige gerät in Vergessenheit. Die Fürsten der Gegenwart frönen vielfach nur ihren Lüsten, sie vergrößern ihre Glocken und Pauken, bauen luxuriöse Terrassen und Aussichtsplätze, Gärten und Parks. Dadurch bringen sie die Leute um ihr Geld. Leichtsinnig stürzen sie ihre Untertanen in den Tod, um ihrem Zorn Luft zu machen. Die Alten und Schwachen sterben vor Kälte und Hunger eines frühzeitigen Todes, die Starken und Kräftigen werden ausgerottet, aufgezehrt, erschöpft und vernichtet. Dazu kommen Tod und Gefangenschaft, Angriffskriege gegen unschuldige Staaten, um Land an sich zu reißen, Tötung von schuldlosen Untertanen, um Gewinn zu erzielen. Wünscht man dabei dann doch noch, daß die Ahnentempel in Ruhe bleiben und die Land- und Kornaltäre nicht in Gefahr kommen, so ist das etwas, das mit dem eigenen Beginnen allzu schwer sich vereinigen läßt. Wenn jemand sagen würde: »Jener Mann besitzt viele Schätze, seine Hausmauer ist vom Regen durchnäßt, sein Wachhund ist gestorben, die Umstände sind günstig, um einzubrechen«, so würde man ihn sicher verurteilen. Wenn aber jemand sagt: »Jenes Reich leidet unter Hungersnot, seine Mauern und Wälle sind niedrig, seine Verteidigungsmittel gering, man kann es überfallen«[30], so verurteilt man ihn nicht: das heißt die Gleichartigkeit dieser Vorschläge verkennen.

In den Urkunden von Dschou heißt es: »Die Vergangenheit kann man nicht zurückholen, die Zukunft darf man nicht erwarten, wer die Gegenwart richtig und klar zu benützen versteht, der heißt der Sohn des Himmels.«[31] Darum, wer heutzutage es verstünde, Gut und Schlecht zu unterscheiden, für den würde es nicht schwer sein, Großkönig zu werden. Gut und Schlecht entscheidet sich auf Grund der Gerechtigkeit, nicht der Neigung. Die Neigung zum Gewinn aber ist jetzt ganz allgemein verbreitet.

Wer in fernen Ländern reist und zehn Tage oder einen Monat unterwegs ist, der freut sich, wenn er jemand Menschenähnlichem begegnet. Ist er jahrelang weg und sieht auch nur Dinge, die er im Reich der Mitte stets gesehen, so freut er sich. Je länger jemand weg ist, desto tiefer ist seine Sehnsucht nach Menschen. Heutzutage in unserer verdorbenen Zeit ist es auch schon lange her, daß es keine weisen Könige mehr gab, darum sehnt sich das Volk nach ihnen Tag und Nacht, ohne Unterlaß. Darum, wenn ein weiser Fürst oder tüchtiger Staatsmann Liebe zum Volk besitzt, so muß er notwendig darauf achten.

Das Werk geht dem Ruhm voran, die Arbeit geht dem Werk voran, die Worte gehen der Arbeit voran. Wer sich nicht auf die Arbeit versteht, wie vermag der den Worten anderer zuzuhören? Wer sich nicht auf die Umstände versteht, wie will der die richtigen Worte zu treffen vermögen? Wer mit anderen gute Worte spricht, ist der beredt oder nicht?

Dsau Fu hatte bei Tai Dou gelernt. Pong Men hatte bei Gan Ying gelernt. Der erstere hielt sich im Rosselenken nur an die Lehren des Tai Dou; der letztere hielt sich im Pfeilschießen nur an die Lehren des Gan Ying ohne davon abzuweichen, so daß die Leute dachten, es wären ihnen jene Künste angeboren. Durch dieses Nichtabweichen brachte es der eine dahin, daß er die größten Entfernungen mit größter Geschwindigkeit zurücklegen konnte, der andere, daß er Schädliches beseitigen und Vergewaltigungen verhindern konnte[32].

Alle Menschen brauchen ebenfalls eine gewisse Übung des Geistes, ehe sie richtig zu hören vermögen. Wer diese Übung des Geistes nicht besitzt, der muß sie sich verschaffen durch Lernen; daß jemand, ohne zu lernen, richtig zu hören vermöchte, ist in alter und neuer Zeit noch nie vorgekommen. Ein Beleg dafür ist die Art, wie Bo Gui den Hui Dsï[33] tadelte, oder die Art, wie Gung Sun Ling dem Könige Dschau von Yän abzurüsten riet[34] und wie sich das bestätigte, als er heruntergekommen und hilflos war; ferner wie Kung Tschuan den Gung Sun Lung beurteilte[35] oder Dsï Dsiän dem Verfahren des Hui Dsï Schwierigkeiten machte. Die Reden dieser vier Männer betrafen vielerlei Dinge, die in anderem Zusammenhang besonders behandelt werden müssen.

5. Kapitel
Aufmerksames Hören
Gin Ting

In alter Zeit gab es einen Yü, der, während er einmal seinen Kopf wusch, sich dreimal das Haar aufstecken mußte und während einer Mahlzeit dreimal aufstehen mußte, da er gegen Männer, die die Wahrheit besaßen, zuvorkommend war und seine eigenen Unzulänglichkeiten ausgleichen wollte. Wer seine eigenen Unzulänglichkeiten ausgleichen will, der streitet nicht um äußerer Dinge willen, sondern er wartet ganz gelassen und ruhig, bis sie ihm selber zufallen, er läßt die Leute ausreden, bis sie ihm von selber mitteilen, was sie ihm zu sagen haben.

Der Herrscher eines Staates, dem der Untergang droht, macht es umgekehrt, er hält sich selbst für tüchtig und hält die anderen für gering. Wenn man die anderen für gering achtet, so richten sie sich in ihren Reden nach den Mienen des Fürsten und sagen nicht alles, was sie zu sagen haben, und der zuhörende Fürst hält sich selbst für klug und merkt gar nicht auf das, was jene meinen. Wenn so einer die ganze Welt besäße, was hülfe es ihm, da er die Finsternis für Licht, die Unordnung für Ordnung[36], das Verderben für Vollendung und die Gefahr für Sicherheit hält. Daran gingen die Dynastien Yin und Dschou zugrunde. Darum mußte ein Bi Gan sterben. Und solche Fälle gibt es noch unzählige.

Es liegt in der Natur der Fürsten, daß sie keine Fehler machen in den Dingen, über die sie Zweifel haben, sondern da Fehler machen, wo sie gar nicht zweifeln; daß sie keine Fehler machen in Dingen, die sie nicht wissen, sondern Fehler machen in Dingen, die sie zu wissen meinen. Darum ist es nötig, daß, wenn man auch keine Zweifel hat über eine Sache und sie selber schon weiß, sie dennoch prüft am Gesetz und sie ermißt nach ihrer Fähigkeit und sie am Schicksal abwägt. Wenn man es so macht, so trifft man in Billigung und Mißbilligung nie das Falsche und in Lohn und Strafe macht man keine Fehler. Wie kam es denn, daß Yau den Würdigsten auf Erden fand, als er den Schun erprobt hatte? Wie kam es, daß Schun den Würdigsten auf Erden fand, als er den Yü erprobt hatte? Sie entschieden einfach nach dem Ohr. Nach dem Ohr kann man entscheiden, wenn man auf die Grundlagen der Natur zurückzugehen versteht. Nun verstehen es unklare Menschen nicht, auf die Grundlagen der Natur zurückzugehen, und auch die nächste Klasse versteht nicht zu schauen, wodurch die fünf Herrscher und die drei Könige ihre Werke vollendet. Wie sollen sie da erkennen, daß die Zeit ungünstig ist; wie sollen sie erkennen, daß sie selbst jenen Standpunkt noch nicht erreicht haben. Die wahrhaft Großen haben die Erkenntnis; die ihnen zunächst Stehenden wissen wenigstens, daß sie nichts wissen. Wenn man etwas nicht weiß, so kann man fragen; wenn man etwas nicht kann, so kann man es lernen. Ein Sprichwort aus der Dschou-Zeit sagt: Wenn man selbst zur Besinnung kommt und daraufhin die rechte Geistesart lernt, so ist es noch nicht zu spät. Will man Tüchtigkeit lernen, so frage man, worauf die Blüte der drei ersten Dynastien beruhte. Wer aber nichts weiß und sich dünken läßt, er wisse etwas: Eine solche Gesinnung ist die Grundlage aller Übel.

Der Ruhm stellt sich nicht von selber ein; große Werke vollenden sich nicht von selbst. Ein Reich besteht nicht grundlos, es bedarf tüchtiger Männer. Der Weg der tüchtigen Männer ist groß und schwer zu erkennen, geheimnisvoll und schwer zu erblicken. Darum, wer einen tüchtigen Menschen sieht und nicht auf ihn lauscht, dem gehen seine Worte nicht zu Herzen. Wenn die Worte nicht zu Herzen gehen, so wird die Erkenntnis nicht tief. Das aber ist das größte Unglück, daß man die Worte der Tüchtigen nicht tief und völlig versteht. Ist der Herrscher tüchtig und die Zeit in Ordnung, so sind die Tüchtigen obenauf. Ist der Herrscher untüchtig und die Zeit in Unordnung, so sind die Tüchtigen unten durch. Heute ist das Haus Dschou erloschen und der Thron des Himmelssohns gestürzt. Es gibt aber keine größere Verwirrung, als wenn es keinen Himmelssohn mehr gibt[37]. Gibt es keinen Großkönig, so fallen die Starken über die Schwachen her, und die Mehrzahl vergewaltigt die Minderheit, und unaufhörliche Kriege sind die Folge. Unser Zeitalter ist ein Beispiel dafür. Darum sind in heutiger Zeit die Männer, die nach der Wahrheit streben, verborgen auf den Inseln des Meeres[38], in den Tälern der Berge und weilen in den tiefsten, verstecktesten Schluchten. Nur durch einen glücklichen Zufall vermag man sie zu finden. Hat man sie aber gefunden, so gibt es keinen Wunsch, der nicht seine Erfüllung fände, kein Werk, das nicht vollendet würde.

Tai Gung[39] (der große Herzog) angelte an der Quelle Dsï, da er zur Zeit des Dschou Sin lebte. Aber der König Wen fand ihn und wurde durch ihn König. König Wen war der Herrscher eines mittleren Lehensstaates. Dschou Sin war Großkönig. Der Großkönig hatte jenen verloren und ein Lehensfürst hatte ihn gefunden, weil der eine ihn verkannt, der andere ihn erkannt hatte. Die große Masse der Menschen braucht man nicht erst zu erkennen, um sie benützen zu können, braucht man nicht erst höflich zu behandeln, um ihnen befehlen zu können. Aber einen Mann, der die Wahrheit besitzt, muß man unter allen Umständen höflich behandeln und erkennen, dann erst wird seine Weisheit und Fähigkeit sich vollständig entfalten. Beispiele hierfür ist die Art wie Schong Schu dem Herzog von Dschou Rat erteilte und dieser auf ihn hörte. Er zeigte die Fähigkeit des Hörens. Oder wie Herzog Huan von Tsi den Unterbeamten Dsï besuchte und der Fürst Wen von We den Tiän Dsï Fang aufsuchte. Alle verstanden es, tüchtige Männer höflich zu behandeln[40].

6. Kapitel
Betonung der Grundlagen
Wu Ben

Betrachten wir die Aufzeichnungen der ältesten Zeit, so finden wir, daß unter den Gehilfen der drei Könige keine waren, deren Namen nicht einen guten Klang hatten und deren wirkliche Leistungen nicht allgemeine Sicherheit geschaffen hatten. Hierin besteht die Größe ihres Verdienstes. Im Buch der Lieder heißt es:

Riesle Regen, riesle nieder,
Steiget Wolken, feucht und schwer,
Regnet auf des Fürsten Acker
Und auf meinen hinterher.[41]

So verstanden es die Gehilfen der drei Könige alle, die öffentlichen Interessen zu ihren eigenen zu machen.

Die Gehilfen der gewöhnlichen Fürsten begehren an Namen und Leistungen nicht zurückzustehen gegen die Gehilfen der drei Könige, und doch gibt es keinen, der nicht einen schlechten Namen sich gemacht, dessen Leistungen nicht Gefahr für den Staat gebracht hätten. Das kommt daher, daß sie keine Verdienste um das öffentliche Wohl sich erwarben. Sie alle sind nur in Sorgen, wenn ihre Person nicht angesehen ist im Staate, sie sind aber nicht in Sorge, wenn ihr Herr nicht angesehen ist im Reich. Sie alle bekümmern sich nur, wenn ihre Familie nicht reich ist, aber nicht, wenn der Staat nicht groß ist. Auf diese Weise kommen sie trotz ihres Wunsches nach einem guten Namen immer mehr in Verruf, und trotzdem sie die Sicherheit der öffentlichen Zustände erstreben, bringen sie ihren Staat immer mehr in Gefahr. Ihre Sicherheit und Ehre beruht auf der Stellung, die sie ihrem Herrn zu verschaffen wissen. Die Stellung des Herrn beruht auf dem Ansehen seiner Ahnen. Das Ansehen der fürstlichen Ahnen beruht auf der Wohlfahrt des Volkes. Für Ordnung und Unordnung im Volke aber sind die Beamten verantwortlich. Im Buch der Wandlungen heißt es: »Rückkehr zum wahren Weg, wie sollte man da Fehler machen!«[42] D. h. wenn man die rechte Grundlage nicht verläßt, so werden alle Unternehmungen schließlich zu gutem Erfolg führen. Die Beamten von heutzutage sind in ihrer Amtsführung nachlässig und unordentlich, in Geldgeschäften habgierig. Ihren Einfluß beim Fürsten benützen sie zu ihrem persönlichen Vorteil. Als Führer der Leute sind sie träge und feig. Wenn sie dann dabei immer noch reichliche Belohnung von ihrem Herrn erwarten, so werden sie schwerlich einer Enttäuschung entgehen.

Angenommen, jemand sei in seinem moralischen Benehmen berechnend, ohne sich zu schämen, in Geldangelegenheiten sei er nur darauf aus, für sich selbst zu sorgen; wenn ein solcher reich wird, so hat er seinen Reichtum nicht auf andere Weise als ein Räuber erworben. Ein guter Name und Reichtum kommen nicht von selber. Sie hängen ab von wirklichen Verdiensten. Es ist Betrug, auf reichliche Belohnung zu hoffen bei geringen Verdiensten. Es ist Hinterlist, nach Ruhm und Reichtum zu streben ohne Verdienste. Den Weg des Betrugs und der Hinterlist geht ein anständiger Mensch nicht. Viele sagen: »Wenn ich angestellt werde, so wird den Staat kein Leid treffen.« Stellt man sie aber an, so ist das keineswegs der Fall. Besser wäre es, sie würden für die Tüchtigkeit ihrer eigenen Person sorgen; denn wenn sie selbst noch mit Schwierigkeiten zu kämpfen haben, wie sollte dann der Staat, der sie anstellt, von Schwierigkeiten verschont bleiben? Sich selbst haben sie in der Hand. Wenn man das, was man in der Hand hat, fahren läßt und etwas ergreift, das man nicht in der Hand hat, so ist das töricht. Wie kann man solche Leute als gut bezeichnen? Wenn man noch nicht imstande ist, einen Staat zu ordnen, so mag man bei der Ordnung des Kleinen beginnen. Beim Dienst der Eltern, im Verkehr mit Freunden läßt sich sicher etwas erreichen. Ist man aber den Eltern gegenüber nicht ehrerbietig und den Freunden gegenüber nicht aufrichtig, so hat man das Ziel noch nicht erreicht. Wie könnte man einen solchen Menschen für gut erklären! Darum, wenn man Leute beurteilt, darf man nicht nach dem urteilen, was sie noch nicht erreicht haben, sondern man muß aus dem, was sie schon erreicht haben, auf das schließen, was sie noch nicht erreicht haben. In alter Zeit machten es die Diener der Fürsten so, daß sie erst ihre Fähigkeiten ausbildeten, ehe sie ein Amt übernahmen, daß sie erst sich auf Herz und Nieren prüften, ehe sie ein Einkommen annahmen.

Auch freigebigen Fürsten gegenüber soll der Beamte zögernd im Annehmen sein. In den großen Oden heißt es: Sei ja geteilten Herzens nicht, der Herr vom Himmel schaut auf dich![43] Damit ist das Benehmen eines treuen Beamten gezeichnet[44]. Beispiele hierfür sind: wie der Fürst von Dschong nach Be Dschans Gerechtigkeit fragte, oder wie Bo I[45] auf die Fragen des Thronfolgers von We antwortete, daß der Fürst keine drückenden Steuern auflegen dürfe. Diese beiden Männer kamen der Erkenntnis der Grundlagen nahe.

7. Kapitel
Große Ziele
Yü Da

Schun hatte einst die Absicht, Vergangenheit und Gegenwart zu beschirmen. Das gelang ihm zwar nicht, aber er erreichte es wenigstens, ein göttlicher Herrscher zu werden. Yü wollte ein göttlicher Herrscher werden. Das gelang ihm zwar nicht, aber er erreichte es wenigstens, die Sitten der Barbaren an den Grenzen des Reichs zu mildern. Tang wollte das Werk Yüs fortsetzen. Das gelang ihm zwar nicht, aber er erreichte es wenigstens, die Grenzstämme zur Unterwerfung zu bringen. König Wu wollte es Tang gleichtun. Das gelang ihm zwar nicht, aber er erreichte es wenigstens, auf der Bahn eines Königs zu wandeln. Die fünf Führer der Fürsten wollten es den Königen der drei Dynastien gleichtun. Das gelang ihnen zwar nicht, aber sie erreichten es wenigstens, Häupter der Fürsten zu werden. Kung Kiu und Mo Di wollten die große Wahrheit auf Erden durchsetzen. Das gelang ihnen zwar nicht, aber sie erreichten es wenigstens, sich einen berühmten Namen zu machen. Jedes große Ziel, auch wenn es nicht erreicht wird, bewirkt, daß wenigstens etwas erreicht wird. In den Urkunden von Hia heißt es: Des Himmelssohnes Geist ist weit, beweglich und göttlich, im Krieg wie in den Werken des Friedens[46]. Darum: Worauf man achten muß, sind die Taten. Der Wert der Taten beruht auf ihrer Größe.

Die Erde ist groß. Darum beherbergt sie Tiere, wie das Tschang Hiang, Bu Ting, Ki Wu, Kün Di, Tiän Di, Bu Dschou[47]. Ist ein Gebirge groß, so leben darin Tiger, Panther, Bären, Affen und Meerkatzen. Ist ein Wasser groß, so leben darin Riesenfische, Drachen, Schildkröten, Krokodile, Aale und Störe. In den Urkunden von Schang heißt es: Im Tempel des fünften Ahnherrn kann man Wunderbares schauen. Das Haupt der Myriaden kann Pläne ersinnen[48]. In der leeren Luft gibt es keine Seen. Im Brunnen gibt es keine großen Fische. In einem jungen Wald gibt es keine hohen Bäume. Wenn man irgend etwas fertigbringen will, so muß man es auf Größe, Vielheit und Dauer anlegen. Das ist gewißlich wahr.

Meister Kung sprach[49]: »Die Schwalben streiten um ein gutes Plätzchen unter dem Dache. Alte und junge schnäbeln einander und zwitschern fröhlich zusammen. Sie halten sich für sicher und geborgen. Wenn der Schornstein des Herdes platzt, so ergreift das Feuer die Dachbalken, aber die Schwälbchen ändern ihr Benehmen nicht. Woher kommt das? Weil sie nicht wissen, daß das Unglück ihnen selber droht.« Unter den Staatsdienern gibt es nur wenige, die über den Standpunkt dieser Schwalben hinaus sind. Die Staatsdiener ergötzen sich an ihrem Rang und Stand, an ihrem Einkommen und Reichtum. Väter und Söhne und wer zur Familie gehört, bilden eine Clique in einem Staat und sind ein Herz und eine Seele, aber dadurch bringen sie die Grundlagen des Staates in Gefahr. Der Schornstein des Herdes ist nahe, aber sie merken's nicht. Ihr Verständnis reicht nicht weiter als das der Schwalben.

So heißt es: Wenn der Erdkreis in Verwirrung ist, so kann kein Staat in Frieden leben. Wenn ein Staat in Verwirrung ist, so kann keine Familie darin unangefochten leben. Wenn die Familie in Unordnung ist, dann gibt es keine Ruhe für die Person. Um das Kleine zu festigen, muß erst das Große gefestigt sein. Um das Große in Ordnung zu bringen, muß erst das Kleine in Ordnung sein. So hängen Groß und Klein, Vornehm und Gering[50] voneinander, ab, und nur gemeinsam kommen sie zum

Glück. Aber um das Kleine zu festigen, muß man das Große wichtig nehmen. Als Beispiel dafür mag dienen die Art, wie Bo I[51] den Thronfolger von We über königliche Maßregeln belehrt hat, oder wie Du Ho den Herrn Dschau Wen von Dsou über Frieden auf Erden belehrt hat, oder wie Kiang Dschang[52] den Hui Dsï bedrängt hat, indem er dem König von Tsi zum Thron verhalf.

BUCH XIV · HIAU HING LAN

Betrachtung über die kindliche Ehrfurcht

1. Kapitel
Kindliche Ehrfurcht
Hiau Hing

Wer auf Erden ein Reich oder eine Familie zu regieren hat, muß die Grundlagen wichtig nehmen und die Äußerlichkeiten hintansetzen. Unter den Grundlagen ist nicht Pflügen, Jäten, Säen und Pflanzen zu verstehen, sondern daß man auf die dazu nötigen Menschen acht hat. Sorgen für die Menschen heißt nicht, daß man sie reich macht, wenn sie arm sind, daß man sie zahlreich macht, wenn sie wenig sind, sondern daß man auf die Grundlagen ihres Daseins achtet. Von den Grundlagen des Daseins, auf die man achten muß, ist keine wichtiger als die Kindesehrfurcht. Ist ein Herrscher ehrfürchtig, so strahlt und leuchtet sein Name. Seine Untergebenen gehorchen ihm, und die ganze Welt rühmt ihn. Ist ein hoher Beamter ehrfürchtig, so dient er seinem Fürsten treu, verwaltet sein Amt uneigennützig und ist, wenn große Schwierigkeiten auftauchen, auch zum Sterben bereit. Sind die Bürger ehrfürchtig, so sind sie hurtig im Pflügen und Jäten, unerschütterlich in Verteidigung und Angriff und lassen sich nicht besiegen. Die Ehrfurcht war die hochgeachtete Grundlage der drei Erhabenen und der fünf Herrscher und der rote Faden, der sich durch alle ihre Arbeiten zog. Es gibt nur ein einziges Mittel, durch das man alles Gute herbeiziehen, alles Schlechte entfernen und die Welt in Gehorsam halten kann, und das ist die Kindesehrfurcht. Darum muß man sich bei der Beurteilung von Menschen zuerst an ihr Verhältnis zu ihren Nächsten halten und von da aus auf ihr Verhältnis zu Fernerstehenden übergehen. Man muß erst ihr Verhalten in Betracht ziehen gegen die, die für sie wichtig, und dann erst das gegen die, die für sie weniger wichtig sind. Wenn jemand ehrfurchtsvoll ist gegen seine Nächsten und wichtigen Angehörigen und nicht unehrerbietig gegen die Fernstehenden, so übt er die rechte Art der Kindesehrfurcht aus. Das war das Mittel, durch das die alten Könige die Welt in Ordnung brachten.

Wer seine Nächsten liebt, wagt es nicht, andere Leute zu hassen. Wer seine Nächsten ehrt, wagt es nicht, andere Leute zu beleidigen. Liebe und Ehrfurcht konzentrieren sich auf den Dienst der Nächsten, und der helle Schein dieser Tugenden strahlt aus auf die hundert Geschlechter und leuchtet bis zu den fernsten Meeren. So ist die Ehrfurcht des Himmelssohnes beschaffen[1].

Dsong Dsï sprach: »Unser Leib ist die von unseren Eltern hinterlassene Gestalt. Muß man nicht gewissenhaft sein in der Behandlung dieses anvertrauten Guts?«[2] Wer in seinem Betragen nicht ernst ist, hat nicht die rechte Kindesehrfurcht. Wer im Dienst des Fürsten nicht treu ist, hat nicht die rechte Kindesehrfurcht. Wer im Amt nicht gewissenhaft ist, hat nicht die rechte Kindesehrfurcht. Wer als Freund nicht aufrichtig ist, hat nicht die rechte Kindesehrfurcht. Wer im Kampf nicht mutig ist, hat nicht die rechte Kindesehrfurcht. Denn wer in diesen fünf Tugenden nicht vollkommen ist, der bringt Unglück über seine Eltern; muß man da nicht gewissenhaft sein? In den Urkunden von Schang heißt es[3]: »Es gibt dreihundert Strafen, aber der Sünden größte ist die Unehrerbietigkeit.« Dsong Dsï sprach[4]: »Fünf Mittel hatten die Könige des Altertums, um die Welt in Ordnung zu halten. Sie hielten sittlichen Wert hoch, sie hielten vornehmen Stand hoch, sie hielten das Alter hoch, sie ehrten die Reifen und liebten die Jugend. Durch diese fünf Mittel setzten die Könige des Altertums die Weltordnung fest. Sie ehrten sittlichen Wert, weil er der Weisheit nahesteht, sie hielten vornehmen Stand hoch, weil er dem Herrscher nahesteht, sie hielten das Alter hoch, weil es den Eltern nahesteht, sie ehrten die Reifen, weil sie den älteren Brüdern nahestehen, sie liebten die Jugend, weil sie den jüngeren Brüdern nahesteht.«

Dsong Dsï sprach: »Was die Eltern am Leben ließen, darf der Sohn nicht wagen zu töten, wen die Eltern einsetzten, den darf der Sohn nicht wagen abzusetzen. Was die Eltern vollkommen wollten, darf der Sohn nicht wagen zu verderben. Darum wird er im Wasser ein Schiff benützen und nicht schwimmen und zu Lande die Straße benützen und keine gefahrvollen Seitenwege. Wer seinen Leib hell hält, um den Ahnendienst aufrechtzuerhalten, den kann man ehrfurchtsvoll nennen.«

Die Pflege der Eltern geschieht auf fünffache Weise. Man richtet Häuser und Zimmer her, sorgt für bequeme Betten und Matten und für richtig zubereitete Getränke und Speisen. Auf diese Weise geschieht die Pflege des Leibes. Man bereitet fünffarbige Dinge, sorgt für bunte Bemalung und geschmackvolle Verzierung. Auf diese Art geschieht die Pflege des Auges. Man ordnet die sechs Tonarten, stimmt die fünf Noten ab, teilt sie den acht Arten von Musikinstrumenten zu. Auf diese Art geschieht die Pflege des Ohrs. Man macht die fünf Getreidearten gar und kocht die sechs Haustiere und stellt Gebratenes und Gekochtes in richtiger Übereinstimmung zusammen. Auf diese Art geschieht die Pflege des Mundes. Man befleißigt sich freundlicher Mienen, heiterer Worte und ehrfurchtsvollen Benehmens. Auf diese Art geschieht die Pflege des Willens. Diese fünf Arten abwechselnd anzuwenden und reichlich auszuführen ist die rechte Art, die Eltern zu pflegen.

Yüo Dschong Dsï Tschun[5] ging einst die Treppe hinunter und verletzte sich am Fuß. Nachdem er schon wieder geheilt war, ging er mehrere Monate nicht aus, und seine Mienen waren noch immer traurig. Da fragten ihn seine Jünger: »Warum seid Ihr noch immer traurig und geht schon seit Monaten nicht mehr aus, obwohl Euer Fuß, den Ihr beim Verlassen der Halle verletzt habt, längst wieder heil ist?« Yüo Dschong Dsï Tschun sprach: »Gut daß Ihr danach fragt. Ich habe es von Meister Dsong überkommen, und Meister Dsong hatte es von Dschung Ni[6] (Konfuzius) gehört, daß unser Leib, dem die Eltern vollkommen das Leben gegeben, von uns auch vollkommen wieder zurückerstattet werden muß. Nur wer seinen Leib nicht verunstaltet und seinen Körper nicht beschädigt, kann ehrerbietig genannt werden. Der Edle macht keinen Schritt, ohne daß er daran denkt. Ich hatte die Kindesehrfurcht vergessen, darum bin ich traurig. Denn unser Leib ist nicht unser persönliches Eigentum, sondern das hinterlassene Gut unserer Eltern und Vorfahren.«

Die Grundlage aller Belehrung des Volkes heißt: Ehrfurcht. Die Ausführung der Ehrfurcht besteht in der Pflege der Eltern. Die Pflege mag man vielleicht schon verstehen, aber die Sorgsamkeit ist das Schwierige. Die Sorgsamkeit mag man vielleicht schon verstehen, aber daß es einem natürlich wird, ist das Schwierige. Auch diese Natürlichkeit vermag man vielleicht verstehen, aber Durchhalten bis zum Ende ist das Schwierige. Wer, wenn die Eltern längst tot sind, noch immer sein Leben sorgsam führt, um keinen Makel auf den Namen der Eltern zu bringen, der versteht es, bis zum Ende durchzuhalten. Liebe ist: diese Gesinnung zu lieben. Sittlichkeit ist: in dieser Gesinnung zu wandeln. Sitte ist: in dieser Gesinnung aufzutreten. Gerechtigkeit ist: in dieser Gesinnung recht zu sein. Freude ist: in dieser Gesinnung treu zu sein. Stärke ist: in dieser Gesinnung stark zu sein. Die Heiterkeit (Musik) entsteht daraus, daß man dieser Gesinnung folgt. Die Strafen sind für die gemacht, die dieser Gesinnung widerstreben.

2. Kapitel
Wie man zu köstlichen Speisen kommt
Ben We

Wenn man etwas erstrebt und bei der Wurzel anfängt, so vergehen kaum vierzehn Tage, und man hat es. Wenn man aber nach etwas strebt und beim Wipfel beginnt, so macht man sich vergebliche Mühe. Große Werke und ein berühmter Name wachsen aus der rechten Handhabung der Regierungsmaßregeln und aus dem Einfluß der Weisen als ihrer Wurzel hervor; denn wer anders als der Weise versteht sich aufs Regieren und Beeinflussen? Darum heißt es: Die Wurzel ist, Weise zu bekommen.

Ein Mädchen aus dem Stamme Yu Sin pflückte einst Maulbeerblätter und fand dabei einen Säugling in einem hohlen Maulbeerbaum[7]. Sie brachte ihn ihrem Fürsten. Der Fürst ließ ihn durch einen Koch aufziehen[8]. Als man nach seiner Herkunft forschte, ergab sich folgendes: Seine Mutter wohnte am I-Flusse und war guter Hoffnung. Im Traum sagte ein Gott zu ihr:

»Wenn aus dem steinernen Mörser Wasser fließt, so gehe nach Osten, aber sieh dich nicht um.« Am andern Tag sah sie aus dem steinernen Mörser Wasser fließen.

Sie erzählte ihren Nachbarn ihren Traum und ging nach Osten zehn Meilen weit. Da sah sie rückwärts. Da war ihre ganze Stadt lauter Wasser, sie selbst aber wurde zur Strafe in einen hohlen Maulbeerbaum verwandelt. Darum wurde das Knäblein Yin genannt. Das ist die Geschichte von der Geburt I Yins im hohlen Maulbeerbaum.

Als er groß wurde, ward er sehr weise. Tang hörte von I Yin, da sandte er jemanden zu dem Herrn von Sin und ließ ihn um denselben bitten. Aber der Herr von Sin war nicht dafür. Doch wünschte auch I Yin, dem Tang anzugehören. Darauf bat Tang um eine Tochter des Herrn von Sin zur Frau. Darüber war der Herr von Sin erfreut und gab ihr den I Yin als Brautführer mit[9]. So verschmäht ein weiser Fürst kein Mittel, um einen tüchtigen Staatsmann zu bekommen, und ein tüchtiger Staatsmann ist zu allem bereit, um einen weisen Fürsten zum Herrn zu bekommen, und erst wenn sie einander gefunden haben, sind sie zufrieden. Ohne daß sie es sich vornehmen, stehen sie einander nahe, ohne daß sie es versprechen, sind sie einander treu. Sie bieten miteinander alle ihre Weisheit und Kraft auf, um die Gefahren zu beseitigen und den Übeln zu steuern. Von Herzen freuen sie sich aneinander. Auf diese Weise werden große Werke und Ruhm vollendet. Freilich gibt es nicht nur Staatsmänner, die ungesellig und selbstbewußt sind, sondern auch Herren, die anmaßend sind und alles selber machen wollen. Auf diese Weise aber geht der Ruhm sicher in die Brüche. und das Bestehen der Staatsgrundlagen wird gefährdet. Darum hat Huang Di Vorkehrungen getroffen, daß nach allen Seiten Weise gesucht würden, und Yau und Shun haben den Bo Yang und Sü Örl gefunden und danach Erfolg gehabt. Und es gibt Mittel, die Tugenden der Weisen zu erkennen[10].

Bo Ya schlug die Zither[11], und Dschung Dsï Ki hörte zu. Als er einst die Zither schlug, waren seine Gedanken beim Taischan. Dschung Dsï Ki sprach: »Wie schön in Deinem Zitherspiel das Steilerhabene zum Ausdruck kommt, gleich als wäre es der Taischan.«

Nach einer Weile waren seine Gedanken bei fließendem Wasser. Dschung Dsï Ki sprach abermals: »Wie schön in Deinem Zitherspiel das Rauschen zum Ausdruck kommt, gleich als von fließenden Wassern.«

Als Dschung Dsï Ki starb, da zerbrach Bo Ya seine Zither und riß die Saiten entzwei und spielte sein Leben lang nie wieder die Zither, weil er der Meinung war, daß auf der Welt niemand mehr sei, der es wert wäre, daß man ihm auf der Zither vorspiele.

Nicht nur beim Zitherspiel kommt so etwas vor, sondern mit der Tüchtigkeit verhält es sich ebenso. Aber selbst wenn man tüchtige Leute hat und sie nicht höflich behandelt, wie könnten da die tüchtigen Leute ihre Treue voll entfalten. Es ist, wie wenn der Wagenlenker nicht geschickt ist, dann kann das beste Pferd nicht von sich aus tausend Meilen weit am Tage laufen.

Als Tang den I Yin bekommen hatte, stellte er ihn im Ahnentempel dar. Er stellte ihn in das Licht des heiligen Feuers und bestrich ihn mit dem Blut des Opferschweines. Am folgenden Tage hielt er Hof und empfing ihn, da redete er mit Tang über die feinsten Gerichte.

Tang sprach: »Kann man solche Dinge zubereiten?«

I Yin erwiderte: »Euer Land ist klein, da läßt sich nicht alles beschaffen, wenn man Großkönig ist, dann läßt sich alles beschaffen. Von den Tieren der drei Naturreiche haben die im Wasser lebenden einen tranigen Geruch, die fleischfressenden einen wilden Geruch und die grasfressenden einen ranzigen Geruch. Trotz schlechten Geruchs kann etwas gut schmecken, es kommt nur auf die Zubereitung an.«

Die Grundlage aller Gerichte ist vor allem das Wasser. Es gibt fünf Geschmacksarten[12], drei Materialien[13], neun Kochweisen, neun Veränderungen der Speisen, bei denen es auf die Anwendung der verschiedenen Feuer ankommt. Zuweilen muß es rasch sein, zuweilen langsam. Den Beigeschmack des Tranigen, Wilden, Ranzigen bekommt man durch stärkere Gegenmittel weg, wenn man die rechte Reihenfolge nicht verfehlt. Bei der Mischung muß man süß, sauer und bitter, scharf und salzig richtig abwägen, man muß wissen, was von jedem früher, was später zugesetzt wird und wieviel von jedem.

Diese Verteilung ist sehr kompliziert, muß sich aber in allen Stücken nach der Regel richten. Die Veränderungen, die mit den Speisen nach dem Anrichten in der Schüssel vor sich gehen, sind so fein und kompliziert, daß man gar nicht darüber reden und sie erklären kann, es ist wie bei den subtilsten Kunstgriffen beim Schießen und Wagenlenken, wie bei der Gestaltung durch die Kräfte des Lichten und Dunklen, den festen Gesetzen der Jahreszeiten.

Die abgelagerten Speisen dürfen nicht verdorben sein, die gargekochten nicht zerkocht, die süßen nicht widerlich, die sauren nicht zusammenziehend, die salzigen nicht versalzen, die scharfen nicht brennend, die milden nicht fad, die fetten nicht abgestanden.

Die besten der Fleischspeisen sind die Lippen des Orang-Utan und geröstete Küan-Küan[14], die Schwänze junger Schwalben, das Mark von Büffeln und Elefanten[15]. Westlich von den Wanderdünen im Süden des Zinnoberberges gibt es Phönixeier, die die Leute des Landes Yü essen.

Die besten Fische sind die Rochen vom Dung-Ting-See und die Sardellen[16] des Ostmeeres. In der Nektarquelle gibt es einen Fisch, der heißt Scharlachschildkröte. Er hat sechs Beine und Perlen wie Nephrit[17]. Im Kuan-Wasser gibt es einen Fisch, der heißt Yau (Flugfisch), er sieht aus wie ein Karpfen und hat Flügel, er fliegt häufig des Nachts aus dem Westmeer ins Ostmeer.

Unter den Gemüsen sind die besten: die Algen vom Kunlungebirge, die Früchte des Baumes des Lebens[18]. Im Osten des Dschï-Gu-Berges[19], im Lande Mitteltal, gibt es die Blätter des Rotholzes und Schwarzholzes. Im Süden von Yü Wu am Ufer des Südpols gibt es ein Gemüse, das heißt der Baum der Erkenntnis[20], seine Farbe ist wie grüner Nephrit. Ferner gibt es die Petersilie des südlichen Hua-Berges und den Sellerie des Yün-Mong-Sees[21]. In Tsin Yüan gibt es ein Kraut, das heißt Erdblüte.

Unter den Gewürzen sind die besten: der Ingwer von Yang-Pu, der Zimmt von Dschau Jau, die Pilze von Yüo-Lo, Sauce aus Aalen und Stören, das Salz von Da Hia, der Tau von Dsai Go, dessen Farbe wie Nephrit ist, und die Eier von Tschang Tsche[22].

Unter den Getreidearten sind die besten: das Korn vom

schwarzen Berg, die Hirse vom Bu-Dschou-Berg, der Sorghum vom Yang-Schan, die schwarze Hirse von der Südsee.

Unter den verschiedenen Arten von Wasser sind die besten: der Tau von San-We[23], das Wasser aus den Brunnen des Kunlungebirges, das Wasser aus den Hügeln am Dsü Giang (Yangtse), das man Zitterwasser nennt, das Wasser vom weißen Berg. Auf dem Berg der hohen Quelle gibt es eine Sprudelquelle, dort ist der Ursprung des Wassers von Gi Dschou.

Unter den Früchten sind die besten: die Früchte des Apfelbaumes; im Norden des Tschang-Berges auf Tou Yüan gibt es alle Arten von Früchten, die die Götter speisen, im Osten des Berges Gi an dem Orte Tsing Niau gibt es süße Apfelsinen, die Mandarinenfrüchte von Giang Pu und die Pumalos Yün Mong, die Steinohren[24] vom Flusse Han. Um sie herbeizuholen, bedarf es eines grünen Drachens oder eines Gespanns Windsbräute[25].

Wenn man nicht erst Großkönig ist, so kann man das nicht alles vollständig bekommen, und auch wenn man Großkönig ist, muß man es nicht erzwingen wollen. Erst muß man die Wahrheit erkennen. Die Wahrheit liegt aber nicht draußen, sondern sie beruht auf uns selbst. Sind wir selbst fertig, so ist unser Königtum fertig. Ist das Königtum fertig, so sind die feinsten Gerichte alle zu unsrer Verfügung.

Darum muß man auf das Nahe achten, um das Ferne zu verstehen, man muß sich selbst vollenden, um die andern vollenden zu können: das ist die Summe der Lehren der alten Könige, es bedarf nicht eitler Vielgeschäftigkeit.

3. Kapitel
Zeitgemäßheit
Schou Schï

Der Weise scheint in seinem Handeln langsam und ist doch schnell, er scheint zögernd und ist doch geschwind: weil er auf die rechte Zeit wartet.

Der Vater des Königs Wen, der König Gi Li, mußte sich zu Tode mühen. Das lag dem König Wen gar schwer auf, außerdem hatte er auch den Schimpf seiner Gefangenhaltung in Yu Ki keineswegs vergessen. Aber die Zeit war noch nicht erfüllt. König Wu selbst mußte früh und spät ihm (dem Tyrannen Dschou Sin) unermüdlich dienen, obwohl auch er die Schande, daß man zu Ehren des Tyrannen ein Nephrittor hatte errichten müssen, nicht vergessen hatte. Aber er saß zwölf Jahre auf dem Thron, ehe er die Tat des Tages Gia Dsï vollbrachte[26]. Die Zeit ist wirklich schwer zu treffen.

Tai Gung Wang war ein Staatsmann unter den Barbaren des Ostens. Er wollte das ganze Zeitalter in feste Bahnen bringen, aber er fand nicht den Herrn dazu. Da hörte er, daß König Wen tüchtig sei. Darum angelte er im Flusse We, um ihn zu sehen[27].

Wu Dsï Sü wollte den König von Wu[28] sehen, aber er konnte es nicht erreichen. Da sprach ein Bekannter über ihn mit dem Prinzen Guang. Der empfing ihn, wurde aber so von seinem Äußeren abgestoßen, daß er, ohne auf seine Ratschläge zu hören, ihn verabschiedete. Der Bekannte fragte seinethalben erneut beim Prinzen Guang an. Der Prinz Guang sprach: »Sein Äußeres ist für mich so abstoßend.« Das brachte der Bekannte dem Wu Dsï Sü zu Ohren. Der sprach: »Dem läßt sich leicht abhelfen. Der Prinz möge im Saale hinter einem doppelten Vorhang sitzen und nur sein Gewand bis zur Hand mich sehen lassen, und ich will ihm so meinen Rat geben dürfen.« Der Prinz war zufrieden. Als Wu Dsï Sü ihm die Hälfte seines Planes vorgetragen hatte, da hob der Prinz Guang den Vorhang auf, faßte ihn bei der Hand und setzte sich zu ihm. Als er seinen Rat beendet hatte, da war der Prinz Guang hocherfreut.

Wu Dsï Sü gewann die Überzeugung, daß der Prinz Guang ganz sicher zum Herrscher von Wu bestimmt sei. Darum machte er keinen weiteren Versuch, den regierenden König zu sehen, sondern zog sich zurück und widmete sich dem Ackerbau auf dem Lande sieben Jahre lang. Als der Prinz Guang anstelle des Königs Liau König von Wu geworden war, da betraute er den Wu Dsï Sü. Wu Dsï Sü ordnete die Gesetze, war entgegenkommend gegen die Tüchtigen und Guten, suchte taugliche Staatsmänner aus, ordnete eine kriegerische Ausbildung an. Nach sechs Jahren hatte er es so weit gebracht, daß er einen entscheidenden Sieg über Tschu bei Bo Gü erfocht; in neun Schlachten wurde Tschu neunmal besiegt, und tausend Meilen weit verfolgte man die Flüchtigen. Der König Dschau floh außer Landes, und so wurde die Hauptstadt Ying eingenommen. Da schoß er selbst nach dem Königschloß und ließ dem Grab des Königs Ping von Tschu 300 Peitschenhiebe geben. Als er damals das Feld bestellte, hatte er nicht etwa die Rache für seinen Vater, der vom König von Tschu getötet worden war, vergessen, sondern er wartete auf seine Zeit.

Unter den Anhängern des Mo Di war ein gewisser Tiän Giu, der den König Hui von Tsin sehen wollte. Drei Jahre weilte er in Tsin, ohne daß es ihm gelungen wäre, ihn zu sehen. Da redete ein Bekannter von ihm mit dem König von Tschu. Er ging hin und trat vor den König von Tschu. Der König von Tschu fand Wohlgefallen an ihm und gab ihm das Abzeichen eines Feldherrn und schickte ihn in einer Mission nach Tsin. Als er ankam, sah er infolge davon den König Hui. Da sagte er zu den Leuten: »Geht der Weg nach Tsin über Tschu?«

Allerdings kommt es vor, daß einem die Nächsten die Fernsten sind und die Fernsten die Nächsten. So geht es auch oft mit der Zeit.

Wenn einer so weise wäre wie Tang und Wu, aber es wäre nicht die Zeit eines Giä und Dschou Sin, so brächte er nichts zustande. Oder aber wenn es zur Zeit eines Giä und Dschou Sin keine Tang und Wu gäbe, so käme auch nichts zustande. Darum hält sich der Weise an die Zeit wie der Schatten an den Wanderer, der sich nicht von ihm trennen kann. Darum verbirgt sich ein Staatsmann, der den rechten Weg kennt, solange seine Zeit noch nicht gekommen ist, und verkriecht sich mühsam, um seine Zeit zu erwarten.

Wenn die Zeit gekommen ist, da ist es schon vorgekommen, daß ein einfacher Bauer im leinenen Kittel Großkönig geworden ist[29] oder daß ein Lehnsfürst das Weltreich gewonnen hat[30] oder daß Leute aus niedrigstem Stande dazu aufgestiegen sind[31], drei große Könige zu beraten, oder daß ein gewöhnlicher Mensch eine Rache an einem mächtigen Fürsten vollzogen hat[32].

Darum nehmen die Weisen die Zeit so ganz besonders wichtig. Wenn das Eis hart zu frieren beginnt, pflegte Hou Dsï[33] nicht zu säen, sondern Hou Dsï wartete mit Säen, bis der Frühling da war. Darum kann einer so klug sein, wie er will, wenn er nicht die rechte Zeit trifft, bringt er nichts fertig.

Während die Baumblätter üppig im Triebe sind, mag man den ganzen Tag davon abpflücken, ohne daß es zu bemerken ist. Aber wenn der Herbstreif fällt, stehen alle Wälder kahl.

Die Schwierigkeit einer Sache beruht nicht auf ihrer Größe, sondern darauf, die Zeit zu erkennen.

Der Herr Yang von Dschong kam zu Tode, weil die Leute einen wilden Hund verfolgten[34]. Gau Guo von Tsi kam ums Leben, weil die Leute eine entlaufene Kuh verfolgten. Die Menge, aufgeregt, wie sie war, tötete aus diesem Anlasse den Gau Guo. Wenn die Zeit gekommen ist, mag selbst ein Hund oder eine Kuh die Menschen zu etwas treiben, wieviel mehr, wenn sie einen Menschen als Führer haben.

Hungrige Pferde mögen den Stall füllen, und doch bleiben sie stille, solange sie noch kein Heu gesehen. Ein ganzer Zwinger voll hungriger Hunde bleibt ganz still, solange sie noch keinen Knochen gesehen haben. Aber sowie ein Knochen oder ein Bündel Heu sichtbar wird, lassen sie sich in ihrer Aufregung nicht mehr zurückhalten. So bleiben auch die Menschen in einer üblen Zeit ganz still, solange sie keinen Weisen sehen. Aber wenn sie erst einen Weisen sehen, so strömen sie ihm unaufhaltsam zu. Sie strömen ihm zu nicht äußerlich, sondern mit ihrem Herzen.

Tsi[35] kam wegen des Anspruches auf den Titel eines Kaisers des Ostens zu Fall auf Erden, und Lu nahm ihm Sü Dschou weg. Han Dan[36] kam wegen Schou Ling in Gefahr durch seine eigenen Untertanen, und We nahm ihm Giän Schï weg[37]. Daß Lu und We trotz ihrer Kleinheit solche Erfolge gegenüber von Großstaaten errangen, kommt davon her, daß sie die rechte Zeit getroffen.

Darum, wenn ein tüchtiger Herrscher und brauchbarer Staatsmann der Bevölkerung eine Wohltat erweisen will, so ist eine Zeit der Unruhen gerade der rechte Zeitpunkt. Der

Himmel gibt eine Gelegenheit nicht zweimal. Die Zeit verweilt nicht lang, ein geschickter Arbeiter braucht seine Arbeit nicht zu wiederholen. Es kommt alles auf den rechten Augenblick an.

4. Kapitel
Gerechtigkeit im Belohnen
I Schang

Wenn die Kraft des Frühlings sich naht, so treiben die Pflanzen. Wenn die Herbstkraft naht, so sterben sie ab. Treiben und Sterben beruht auf einer Veranlassung, es erfolgt nicht von selbst. Wenn die Veranlassung vorhanden ist, so treten die Zustände an den Dingen stets ein. Wenn die Veranlassung nicht vorhanden ist, so lassen sich jene Zustände nicht hervorrufen. Die Alten erforschten diese wirkenden Ursachen, darum standen ihnen die Dinge zu freier Verfügung.

Die Macht zu belohnen und zu bestrafen, das ist es, wodurch die Oberen zu wirken vermögen. Ist die Art ihrer Anwendung der Gerechtigkeit entsprechend, so blühen die Tugenden der Treue, des Glaubens, der Liebe und Zuneigung. Wenn sie lange blühen und dauernd zunehmen, so gewöhnen sich die Menschen daran als an ihre zweite Natur. Das ist die Vollendung der Kultur. Ist die Kultur auf diese Weise vollendet, so kann man sie auch durch große Belohnung und Androhung schwerer Strafen nicht mehr hemmen. Darum bewirkt jemand, der sich auf Kultur versteht, nicht dadurch eine vollendete Kultur, daß er dauernd belohnt und straft. Im Gegenteil, wenn die Kultur feste Gewohnheiten erzeugt hat, so können sie durch Lohn und Strafe nicht mehr beseitigt werden. Das Umgekehrte ist der Fall, wenn man Lohn und Strafe in verkehrter Weise anwendet. Dann kommen Falschheit und Hinterlist, Raub und Verwirrung, Habgier und Härte auf. Wenn sie lange im Schwange gehen, ohne abgestellt zu werden, so wird den Leuten die Ausübung solcher Dinge zur zweiten Natur. Dann aber lassen sich die wilden Völker, die West- und Ostbarbaren, die Türken und die

Mongolen, die Leute von Ba[38] und Yüo auch weder durch reichen Lohn noch durch Furcht und Schrecken mehr abhalten[39].

Die Leute von Ying bauten ihre Wälle mit zwei Brettern. Wu Ki wollte darin eine Änderung schaffen[40], machte sich aber nur verhaßt.

Werden aber Lohn und Strafe abgeändert, so beruhigen sich die Leute. Die Leute[41] von Dschï und Giang, wenn sie gefangen werden, sind gar nicht besorgt um ihr Ergehen, nur darüber sind sie betrübt, daß, wenn sie sterben, sie nicht verbrannt werden. An all diesen Beispielen zeigt es sich, wie es ist, wenn sich schlechte Sitten erst einmal eingebürgert haben; darum kann man bei Anwendung von Lohn und Strafe nicht vorsichtig genug sein, daß man nicht solche Dinge einbürgert, die dem Volke schaden.

Einst war Herzog Wen von Dsin im Begriff, dem Staate Tschu[42] eine Schlacht zu liefern bei Tschong Pu. Er berief den Giu Fan zu sich und sprach: »Die Leute von Tschu sind uns an Zahl überlegen, was läßt sich dagegen tun?«

Giu Fan erwiderte: »Ich habe gehört, daß ein Fürst, der auf Formen aus ist, nicht genug bekommen kann an Äußerlichkeit, und daß ein kriegerischer Fürst nicht genug bekommen kann an Kriegslisten. Das einfachste ist, ihn auch zu überlisten.«

Der Fürst Wen erzählte die Worte des Giu Fan dem Yung Gi.

Yung Gi sprach[43]: »Wenn man einen Teich abläßt beim Fischen, so fängt man freilich etwas, aber im nächsten Jahr sind keine Fische mehr da. Wenn man ein Dickicht verbrennt, um zu jagen, bekommt man auch Tiere, aber im nächsten Jahr sind keine Tiere mehr da. Der Weg der List mag für den Augenblick einen Erfolg ermöglichen, aber er läßt sich nicht wiederholen. Es ist keine Auskunft für die Dauer.«

Der Herzog Wen richtete sich nach dem Rate des Giu Fan und besiegte den Staat Tschu bei Tschong Pu[44].

Als er aber bei seiner Rückkehr die Auszeichnungen verteilte, da verlieh er dem Yung Gi die höchste. Die Leute der Umgebung erhoben Einsprache und sagten: »Der Erfolg von Tschong Pu ist dem Rat von Giu Fan zu verdanken. Nachdem

Ew. Hoheit sich seines Rates bedient, ist es wohl nicht angängig, ihn bei der Auszeichnung zurückzusetzen.«

Herzog Wen sprach: »Die Worte des Yung Gi bringen Vorteil auf hundert Geschlechter, die Worte Giu Fans ließen sich nur eben dies eine Mal gebrauchen. Wie wäre es angängig, ein einmaliges Verdienst einem solchen vorzuziehen, das hundert Geschlechtern Vorteil bringt?«

Meister Kung hörte das und sprach: »Herzog Wen benützte im Augenblick der Schwierigkeit eine Kriegslist; damit bewies er seine Fähigkeit, seine Feinde zu besiegen. Heimgekehrt, ehrte er den Weisen, damit bewies er, daß er geistigen Wert zu belohnen verstand. Obwohl er nicht bis zum Ende diesem Anfang entsprochen hat, genügten diese Eigenschaften, ihm zur Hegemonie zu verhelfen.

Wer reichlich zu belohnen versteht, nach dem richten sich die Leute; nach wem sich die Leute richten, dem gelingt sein Werk. Wer durch Betrug Gelingen erlangt, dessen Erfolg ist nicht von Dauer, und seine Siege verwandeln sich in Niederlagen. Viele Fürsten haben auf Erden schon Siege errungen, aber zur Hegemonie haben es nur fünf gebracht. Herzog Wen ist unter diesen, weil er wußte, wie der dauernde Erfolg eines Sieges erreicht wird. Wer Sieg erlangt, aber nicht weiß, wodurch er den Sieg vollenden kann, der ist dem gleich, der gar nicht siegt. Tsin besiegte die Jungbarbaren[45], aber unterlag bei Hiau; Tschu[46] siegte bei Dschu Hia, aber unterlag bei Bo Gü. Dagegen König Wu hatte es erfaßt. Durch einen einzigen Sieg gewann er die Herrschaft über die Welt.

Wenn allerlei Listen in einem Staat im Schwange gehen, so kann er nicht zur Ruhe kommen, und seine Not kommt dann nicht nur von außen.

Als Dschau Siang Dsï[47] der Umzingelung (durch die Herren von Han, We und Dschï Bo) entgangen war, belohnte er die Männer von Verdienst, darunter Gau Schä als ersten. Dschang Mong Tan sprach: »In Dsin Yang[48] hat sich Gau Schä keinerlei besonderes Verdienst erworben, warum wird er nun bei der Belohnung besonders ausgezeichnet?« Siang Dsï sprach: »Mein Land war in Gefahr, meine Dynastie in Not, ich selbst in Verlegenheit. Da war es unter meinem ganzen Gefolge nur Gau Schä, der die Formen des Beamten mir als seinem Herrn gegenüber wahrte. Darum habe ich ihn vorgezogen.«

Kung Dsï hörte das und sprach[49]: »Siang Dsï hat es verstanden, richtig zu belohnen. Er belohnte einen Mann, und alle Beamten auf Erden lernten dadurch Höflichkeit.«

Sechs Heere sind wahrlich keine zu verachtende Macht. Im Norden hatte er Dai erobert, im Osten Tsi bedroht. Als er in Dsin Yang eingeschlossen war, da ließ er den Dschang Mong Tan heimlich über die Mauer steigen und ein geheimes Abkommen mit Huan von We und Kang von Han treffen, daß sie zusammen den Dschï Bo erschlugen. Er hieb ihm das Haupt ab und machte einen Trinkbecher daraus und hat im weiteren Verlauf die drei Familien (die den Staat Dsin unter sich teilten) in feste Verhältnisse gebracht. Das hat er alles dadurch erreicht, daß er sich auf das Strafen und Belohnen verstand.

5. Kapitel
Überlegenheit beim Angriff
Dschang Gung

Ob ein Staat in Ordnung oder Unordnung ist, ob er bestehen bleibt oder untergeht, ob er in Ruhe oder Gefahr kommt, ob er stark oder schwach ist: Immer kommt es darauf an, daß er mit seinem Gegenteil zusammenstößt, dann stellen sich die Folgen ein. Wenn die beiden feindlichen Teile auf derselben Stufe stehen, so können sie einander nichts anhaben.

So waren Giä und Dschou Sin allerdings unwürdig, aber daran, daß sie zugrunde gingen, ist schuld, daß sie mit einem Tang und Wu zusammenstießen. Daß sie aber mit einem Tang und Wu zusammenstießen, war Schicksal, nicht ihre eigene Unwürdigkeit. Tang und Wu waren allerdings würdig, daß sie aber die Weltherrschaft gewannen, das kam daher, daß sie einen Giä und Dschou Sin zu Gegnern hatten. Daß sie aber mit einem Giä und Dschou Sin zusammenstießen, das war Schicksal, nicht das Verdienst von Tang und Wu. Wenn Giä und Dschou Sin nicht einen

Tang und Wu getroffen hätten, so wären sie wahrscheinlich nicht zugrunde gegangen. Daß sie trotz ihrer Unwürdigkeit nicht zugrunde gegangen wären, wäre daher gekommen, daß ihre Schande nicht so groß geworden wäre. Wenn Tang und Wu es nicht mit einem Giä und Dschou Sin zu tun gehabt hätten, hätten sie vielleicht die Weltherrschaft nicht erlangt. Der Grund, warum sie trotz ihrer Würdigkeit die Weltherrschaft nicht erlangt hätten, wäre gewesen, daß ihr Ruhm dann nicht so hoch gestiegen wäre. Darum, wenn ein Herrscher große Verdienste hat, so hört man nichts Nachteiliges von ihm. Von einem Herrscher, der sein Reich zugrunde richtet, hört man ebensowenig etwas Günstiges.

Damit verhält es sich wie mit einem tüchtigen Landmann, der die Pflanzen auf die geeigneten Bodenarten zu verteilen weiß, der die Arbeiten des Pflügens und Jätens pünktlich verrichtet. Er erntet nicht unter allen Umständen etwas, aber allerdings, wenn einer etwas erntet, so ist es ein Mann wie er. Doch kommt es vor allem darauf an, daß ein günstiger Regen fällt. Ein günstiger Regen aber ist eine Wirkung der Natur, er läßt sich nicht durch die Tüchtigkeit eines Landmannes erzwingen.

Einst herrschte im Staate Yüo eine große Hungersnot[50]. Der König war beunruhigt und berief den Fan Li, um mit ihm zu beraten. Fan Li sprach: »Warum seid Ihr traurig, o König? Die jetzige Hungersnot ist das Glück von Yüo und das Unglück von Wu. Wu ist reich und hat Güter im Überfluß. Sein König ist jung und hat wenig Erfahrung und nur oberflächliche Gaben. Ihm ist es nur um einen Namen für den Augenblick zu tun, ohne an spätere Schwierigkeiten zu denken. Wenn ihr reiche Geschenke sendet und demütig in Wu um Korn bittet, so werden wir Nahrung bekommen. Wenn wir aber erst zu essen haben, so wird schließlich Yüo den Staat Wu erobern. Warum seid Ihr also traurig?« Der König von Yüo sprach: »Gut«, und sandte einen Boten, der in Wu um Nahrung bitten sollte.

Der König von Wu[51] wollte sie ihm geben, da erhob Wu Dsï Sü Einsprache und sagte: »Man darf ihnen nichts geben. Wu und Yüo grenzen aneinander und sind Nachbarstaaten, sie sind für einander zugänglich und es herrscht reger Verkehr zwischen ihnen. Sie sind Erbfeinde. Wenn Wu nicht Yüo vernichtet, so wird

Yüo sicher Wu vernichten. Die anderen Staaten wie Yän, Tsin, Tsi und Dsin sind Berg- und Festlandstaaten, sie können nicht durch unsere 5 Seen und 9 Ströme, unsere 17 Naturhindernisse hindurchdringen, um Wu zu erobern. Darum sage ich: Wenn nicht Wu den Staat Yüo zugrunde richtet, wird sicher Yüo den Staat Wu zugrunde richten. Wenn man ihm nun Korn liefert und Nahrung verschafft, so heißt das unsern Erbfeind stärken, während wir unsere Vorräte verringern und unsere Untertanen dadurch beunruhigen. Spätere Ruhe würde nichts mehr ausrichten. Wenn wir ihnen dagegen nichts geben, sondern sie angreifen, so ist das das angemessene Verfahren. Auf diese Weise hat unser verewigter Herr[52] die Hegemonie erlangt. Ferner ist eine Hungersnot etwas, das wechselt und wie Berg und Tal in jedem Land vorkommt.«

Der König von Wu sprach: »Nein. Ich habe gehört, daß ein gerechtes Heer keine Soldaten angreift, die sich ergeben wollen, und daß ein milder Fürst die Hungernden speist. Da nun Yüo sich uns ergeben hat, so wäre es ungütig, ihm nichts zu geben. Aber ungerecht sein und ungütig, das will ich nicht, sollte ich auch dadurch zehn Länder für Yüo erwerben.«

Darauf gab er ihnen Speise.

Keine drei Jahre waren vergangen, da brach in Wu ebenfalls eine Hungersnot aus. Man sandte nach Yüo, um Nahrung zu erbitten. Aber der König von Yüo gab ihnen nichts, sondern griff sie an, und der König Fu Tschai wurde gefangen.

Der König von Tschu wollte die beiden Staaten Si und Tsai annektieren[53]. Darum stellte er sich zunächst freundlich gegen den Fürsten von Tsai und beriet sich mit ihm. Er sprach: »Ich möchte den Staat Si haben, wie mache ich das wohl?"

Der Fürst sprach: »Die Fürstin von Si ist eine Schwester meiner Frau. Ich werde für Euch dem Fürsten von Si und seiner Gattin ein Festmahl geben und mit Euch gemeinsam hingehen. Bei dieser Gelegenheit könnt Ihr den Staat überraschen.«

Der König von Tschu sprach: »Ja.« Darauf ging er mit dem Fürsten von Tsai zu den Festlichkeiten nach Si und besetzte bei dieser Gelegenheit Si. Auf dem Rückwege verweilte er in Tsai und besetzte Tsai ebenfalls.

Dschau Giän Dsï war krank. Da berief er seinen ältesten Sohn Siang Dsï zu sich und sprach zu ihm: »Wenn ich nun tot und begraben bin, so steige in den Trauerkleidern auf den Berg Hia Wu und sieh Dich um.« Der Sohn stimmte ehrerbietig zu. Als nun Giän Dsï gestorben war, da berief sein Sohn in Trauerkleidern seine Räte und sprach: »Ich will auf den Berg Hia Wu gehen und mich umsehen.« Die hohen Räte erhoben alle Einspruch und sagten: »Die Besteigung des Hia-Wu-Berges zum Zweck, sich umzusehen, ist eine Vergnügungsreise, Vergnügungsreisen aber sind nicht angängig, solange man in Trauer ist.«

Da sprach Siang Dsï: »Es ist das meines verewigten Vaters Wille, den ich nicht zu übertreten wage.« Da waren alle Räte ehrfurchtsvoll einverstanden. Und Siang Dsï stieg auf den Hia-Wu-Berg, um die Zustände des Landes Dai zu sehen. Die Stimmung jenes Staates war sehr schön. Da sprach Siang Dsï: »Mein verewigter Vater hat mir sicher eine gute Lehre geben wollen.« Als er heimgekehrt war, bereitete er die Annexion von Dai vor und tat daher zuerst freundlich. Der Fürst von Dai war ein Frauenliebhaber. Er bot ihm deshalb seine Schwester zur Gemahlin an. Kaum war der Fürst von Dai einverstanden, da war die Schwester auch schon unterwegs und auf tausenderlei Weise erwies man sich gegen Dai aufmerksam.

Das Gebiet von Ma Gün brachte vorzügliche Pferde hervor und der Fürst von Dai beschenkte den Siang Dsï mit guten Pferden, bis die Pferde des ganzen Bezirkes alle waren. Da besuchte Siang Dsï den Fürsten von Dai und hielt ein Festmahl zu seinen Ehren ab. Erst ließ er die Tänzer, einige hundert Mann an der Zahl, Waffen in ihren Federwedeln verstecken. Dann bereitete er einen großen goldenen Pokal vor. Und als der Fürst von Dai voll süßen Weines war, da drehte er den Pokal um und gab ihm einen Schlag auf den Kopf, daß das Gehirn auf die Erde spritzte. Da ergriffen die Tänzer die Waffen, und im Handgemenge wurde das ganze Gefolge des Fürsten von Dai niedergemacht.

Darauf bestieg er den Wagen des Fürsten von Dai, um dessen Frau, seine Schwester, abzuholen. Als diese aber, noch von ferne, die Lage der Dinge erfahren hatte, da zog sie sich eine

Haarnadel heraus und erstach sich damit. Darum wird in der Familie Dschau bis auf den heutigen Tag eine scharfe Nadel als Zeichen aufbewahrt, und man spricht vom umgekehrten Pokal.

Alle diese drei Fürsten erreichten ihre Erfolge nicht mit durchaus lauteren Mitteln, aber von der Nachwelt werden sie wegen ihrer Verdienste gerühmt. Darum, wer ihre Verdienste hätte und frei wäre von ihren Fehlern, der möchte wohl die Weltherrschaft erwerben.

6. Kapitel
Arbeit an sich selbst
Schen Yän

Daß einem großer Erfolg und Ruhm beschieden wird, ist Schicksal. Wollte man aber aus diesem Grunde auf das, was man als Mensch zu tun hat, nicht achten, so wäre das nicht recht[54]. Daß Schun dem Yau begegnete, war Schicksal. Daß er aber am Lischan pflügte, am Ufer des Gelben Flusses Tongefäße formte, im Donnersee fischte, daß alle Welt an ihm seine Freude hatte und die besten Männer ihm zufielen, das war seine Leistung als Mensch.

Daß Yü dem Schun begegnete, war Schicksal. Daß er aber die ganze Welt durchzog, um tüchtige Leute zu finden, daß er dem allgemeinen Besten seine Dienste weihte, daß er die sämtlichen Wasserläufe, die Untiefen hatten oder verstopft waren, soweit sie sich regulieren ließen, in Ordnung brachte, das war seine Leistung als Mensch.

Daß Tang einem Giä, Wu einem Dschou Sin begegnete, war Schicksal. Daß aber Tang und Wu sich persönlich bildeten, gute Handlungen anhäuften, Gerechtigkeit übten und ihre Mühe und Arbeit dem Volke weihten, waren ihre Leistungen als Menschen.

Als Schun pflügte und fischte, war er in seinen Vorzügen und Schwächen gerade so wie später als Großkönig. Nur daß die Zeit noch nicht erfüllt war, war der Grund, daß er mit seinen Gesellen die Erde umgraben mußte und die Schätze des Wassers sich aneignen, daß er Schilf und Rohr flocht und Netze und

Reusen knüpfte, daß er an Händen und Füßen unaufhörlich mit Schwielen bedeckt war und nur auf diese Weise dem Übel des Hungers und der Kälte vorbeugen konnte. Als dann seine Zeit erfüllt war, da bestieg er den Thron des Großkönigs, die tüchtigen Staatsmänner fielen ihm zu, alle Menschen rühmten ihn, Männer und Frauen kamen jubelnd und freuten sich seiner. Schun selbst machte ein Lied, das hieß:

Alles unter dem Himmel
Ist des Königs Land,
Alle, die darauf wohnen,
Sind des Königs Knechte.[55]

Daraus sieht man, daß er alles besaß. Aber als er alles hatte, war er darum nicht tüchtiger. Als er nichts hatte, war er darum nicht weniger weise. Die Zeit war an allem Schuld.

Ehe Bai Li Hi die rechte Zeit getroffen, da mußte er aus Go[56] fliehen und war in Dsin gefangen. Er fütterte Rinder in Tsin, wohin er um fünf Schaffelle verkauft worden war. Gung Sun Dschï fand ihn und war erfreut darüber. Er stellte ihn dem Herzog Mu vor, und nach drei Tagen bat er, ihn mit der Leitung des Staates zu betrauen.

Herzog Mu sprach: »Wenn wir einen, den wir für fünf Schaffelle gekauft haben, mit der Leitung des Staates betrauen, werden wir uns da nicht dem Gelächter der Welt aussetzen?«

Gung Sun Dschï sprach: »Wenn einer wirklich tüchtig ist, so ist es ein Zeichen von Scharfblick, wenn ihn der Fürst anstellt. Einem tüchtigen Mann den Vorrang zu lassen ist ein Zeichen von Treue des Beamten. Wenn Eure Hoheit ein scharfblickender Fürst ist und ich ein treuer Beamter und jener wirklich tüchtig, so werden unsere eigenen Untertanen und die feindlichen Staaten in Furcht geraten. Wer hätte da noch Muße zu lachen?«

Darauf stellte ihn der Herzog an. Seine Ratschläge trafen alle das Rechte, und was er anfing, hatte Erfolg. Aber darum war er nicht tüchtiger als zuvor. Wenn Bai Li Hi trotz seiner Tüchtigkeit keinen Herzog Mu gefunden hätte, so hätte er sicher nicht diesen Ruhm erlangt. Wer weiß, ob nicht heutzutage auch irgendwo ein Bai Li Hi lebt? Darum muß ein Fürst, der Staatsmänner sucht, umfassende Nachforschungen anstellen.

Als Kung Dsï in Not kam zwischen Tschen und Tsi[57], hat er sieben Tage keine Suppe mehr gegessen. Infolge des Nahrungsmangels war Dsai Yü erschöpft. Kung Dsï spielte und sang in seinem Zimmer, Yän Hui suchte vor dem Hause Gemüse. Dsï Lu und Dsï Gung sprachen untereinander: »Unser Meister wurde vertrieben aus Lu, er mußte den Staub von seinen Füßen schütteln in We, ein Baum wurde hinter ihm gefällt in Sung, und er kam in Not zwischen Tschen und Tsai, wer ihn tötet, wird nicht bestraft, wer ihn beschimpft, wird nicht verhindert. Und dabei spielt, singt und tanzt er noch unaufhörlich. Hat wohl ein Edler so wenig Schamgefühl?« Yän Hui wußte nicht, was er erwidern sollte, er ging hinein und sagte es Meister Kung. Meister Kung legte stirnrunzelnd die Zither weg und sagte seufzend: »Yu und Sï[58] sind unverständige Menschen! Rufe sie, ich will mit ihnen reden.« Dsï Lu und Dsï Gung traten ein. Dsï Gung sprach: »Eine solche Lage ist doch wirklich ein Mißerfolg.« Meister Kung sprach: »Was ist das für eine Rede! Der Edle nennt das Erfolg, wenn er erfolgreich die Wahrheit sucht, und nennt das Mißerfolg, wenn er der Wahrheit gegenüber Mißerfolg hat. Nun habe ich die Lehre der Liebe und Pflicht in der Hand und bin damit in ein von Unglück verwirrtes Zeitalter gekommen. Das ist etwas ganz Gewöhnliches. Warum sollte man da über Mißerfolg klagen! Darum, wer sich innerlich prüft und keinen Fehler der Wahrheit gegenüber hat, wer in schwierigen Verhältnissen nicht seine Tugend preisgibt, wie sollte man den des Mißerfolges beschuldigen[59]! Wenn die große Kälte kommt, wenn Reif und Schnee fallen, dann erkennen wir erst recht, daß die Kiefern und Zypressen immergrün sind[60]. Die Erfolge des Fürsten Huan von Tsi beruhen auf dem, was er in Gü zu leiden hatte, die des Herzogs Wen von Dsin auf seiner Not in Tsau, die des Königs von Yüo[61] auf seiner Not auf dem Kuai-Gi-Berg. Wer weiß, ob diese Not zwischen Tschen und Tsai nicht mein Glück ist?« Darauf nahm er eifrig seine Laute wieder auf und spielte. Dsï Lu nahm entschlossen den Schild und tanzte dazu. Dsï Gung sprach aber:

»O, ich habe bisher noch nicht die ganze Höhe des Himmels, die ganze Tiefe der Erde gekannt. Die Alten, wenn sie die Wahrheit gefunden, waren fröhlich, einerlei, ob sie Erfolg oder Mißerfolg hatten. Denn wer die Wahrheit hat, für den sind Erfolg und Mißerfolg dasselbe. Sie folgen einander wie Hitze und Kälte, Regen und Wind. So hat Hü Yu sich ergötzt im Norden des Ying-Flusses, und der Graf von Gung[62] am Gung-Schou-Berg sein Ziel erreicht.«

7. Kapitel
Zusammentreffen
Yü Ho

Wann immer ein großer Mann den ihm entsprechenden Herrscher gefunden hat, so war es, weil die Zeit erfüllt war. Wenn die Zeit nicht erfüllt ist, so muß er warten, bis es sich trifft, ehe er Erfolg hat. Es gibt Vögel, die nur leben können, wenn sie mit ihren Gesellen zusammenkommen, und die sterben, wenn sie einsam im Walde sind[63]. Es gibt Fische[64], die nur mit anderen zusammen einen völligen Fisch ausmachen und die sterben, wenn sie einsam im Meere sind. Meister Kung wanderte überall auf Erden umher und ging oftmals die Fürsten seiner Zeit an. Von Tsi bis We war er im ganzen an über 80 Fürstenhöfen. Die Schüler, die seinen Unterricht genossen, waren 3000. Solche, die ihn verstanden, 70. Diese 70 Jünger waren alle so, daß der Herr eines Großstaates, wenn er auch nur einen von ihnen bekommen hätte, ihn als Lehrer hätte gebrauchen können. So kann man nicht sagen, daß er ohne geeignete Männer gewesen wäre, und doch hat er es nur eben zum Justizminister in Lu gebracht. Das war der Grund, warum der Kaiserthron zeitweilig leer stand und die Landesfürsten in große Verwirrung kamen.

Herrscht eine solche Verwirrung, so sind die Menschen, die fürstliche Gunst erlangen, meist Glücksritter. Sind sie nur durch einen Zufall angestellt worden, so werden sie sicher nicht ihrem Amt gewachsen sein. Wenn sie aber lange im Amt sind, ohne ihm gewachsen zu sein, so wird ihr Glück sicher in Unglück umschlagen. Und die, die viel Glück gehabt, werden sicher auch auf großes Unglück stoßen, und zwar wird das Unglück nicht sie allein treffen.

Darum verläßt sich der Edle nicht auf das Glück und wirft sich nicht weg. Er prüft sich sicher erst gründlich, ehe er sein Amt übernimmt. Und erst wenn er den Beruf dazu hat, ist er zu Unternehmungen bereit. Fürsten, die einen Rat hören können, müssen notwendig imstande sein, ein zusammenhängendes Gespräch zu verstehen. Fürsten aber, die ein solches höheres Gespräch verstehen, sind selten. Darum begegnen sie natürlich keinen anderen Menschen als solchen, die bereit sind, sich wegzuwerfen. Wer sich auf das Hören von Tönen verstehen will, muß die fünf Noten kennen. Menschen aber, die die fünf Noten kennen, sind selten. Daher ist es nicht anders möglich, als daß das, was den Leuten gefällt, oberflächlich ist.

Es kam einst ein Fremder zu dem König von Yüo, um sich vor ihm im Doppelflötenspiel hören zu lassen. Alle Noten, Yü, Güo, Gung, Dschï, Schang, waren vollkommen rein, aber der König von Yüo fand es nicht schön, während er an leichter Bauernmusik Gefallen fand. Beim Verkündigen der Wahrheit geht es auch manchmal so.

Es war einmal eine junge Frau[65], die geheiratet hatte. Da sagte jemand zu ihren Eltern: Die Ehe sichert keineswegs ihren Lebensunterhalt. Sie würde besser tun, Kleider und andere Dinge heimlich beiseite zu schaffen, um für die Zeit zu sorgen, da sie ihren Lebensunterhalt nicht mehr findet. Die Eltern waren damit einverstanden, darum hießen sie ihre Tochter immer Dinge beiseite schaffen. Die Schwiegereltern merkten es und sprachen: Eine Ehefrau, die mit ihrer Gesinnung woanders ist, darf man nicht im Haus haben. Darum verstießen sie sie. Die Eltern der verstoßenen Frau aber waren der Meinung, daß der, der ihnen den Rat gegeben, ein zuverlässiger Mann gewesen sei, und hielten ihn zeitlebens für gut. Das kam daher, daß sie die Ursache der Verstoßung nicht ahnten.

Mit dem Erlöschen von Dynastien und dem Verlust der Weltherrschaft verhält es sich auch so. Darum heißt es mit Recht:

Daß das Zusammengehörige sich trifft, darüber gibt es keine festen Regeln.

Es verhält sich wie mit der Schönheit. Jedermann liebt die Schönheit, aber nicht jeder findet sie. So hat eine Mu Mu[66] von Huang Di den Rat erhalten: »Halte streng an den weiblichen Tugenden und vergiß sie nicht, bleibe fest bei der weiblichen Korrektheit und lasse nicht nach, dann schadet deine Häßlichkeit nichts.«

Es verhält sich wie mit den Leckerbissen. Jedermann liebt köstliche Speisen, aber nicht jeder findet sie. König Wen liebte Kalmussuppe. Meister Kung hörte es und versuchte sie. Er mußte das Gesicht verziehen, als er sie aß; drei Jahre brauchte er, ehe er sich daran gewöhnt hatte.

Es war einmal ein Mann, der hatte einen solch üblen Geruch, das alle seine Verwandten, Brüder, Frauen und Bekannten es nicht in seiner Nähe aushielten. Er war darüber selber so traurig, daß er sich an das Ufer des Meeres zurückzog. Die Uferbewohner aber hatten seinen Geruch gern und folgten ihm Tag und Nacht, daß er sie gar nicht loswerden konnte. Mit den Reden verhält es sich ebenso.

In Tschen lebte ein häßlicher Mensch mit dem seltsamen Namen Dun Hia Tschou Mi. Seine Stirn war eckig wie ein Hammer, seine Schläfen breit, seine Gesichtsfarbe war schwarz wie Pech. Seine Augen hingen bis auf die Nase heraus. Er hatte lange Arme und krumme Beine.

Der Fürst von Tschen hatte eine große Freude an ihm, als er ihn sah. Er übertrug ihm die Regierung und die Ordnung seiner persönlichen Angelegenheiten. Als einst der König von Tschu die Lehensfürsten versammelte, war der Fürst von Tschen krank, so daß er nicht hin konnte. Er sandte den Dun Hia Tschou Mi hin, um sich zu entschuldigen. Der König von Tschu wunderte sich über seinen Namen und empfing ihn zunächst. Als aber der Fremde eintrat, war er nicht nur häßlich anzusehen, sondern auch seine Reden waren unangenehm[67]. Da wurde der König von Tschu zornig, versammelte seine Räte und sprach: »Wenn der Fürst von Tschen nicht gewußt hat, daß er den nicht schicken durfte, so ist er unwissend, hat er es aber gewußt und ihn doch geschickt, so ist er frech. Einen frechen und unwissenden Menschen aber muß man bekämpfen.« Darauf rüstete er ein Heer, griff Tschen an, und nach drei Monaten war es erledigt. Die Häßlichkeit jenes Menschen war so groß, daß er die Leute erschreckte, seine Reden waren so, daß sie den Staat zugrunde richteten. Aber die Liebe des Fürsten von Tschen zu ihm war so groß, daß ihm nichts über ihn ging. Bis zu seinem Untergang ließ er nicht von ihm ab.

Wenn ein Fürst einen Menschen trifft, den er nicht treffen sollte, so geht er sicher zugrunde. Daß aber Fürsten solche Männer, die sie treffen sollten, nicht ausfindig zu machen wissen, das ist der Grund, warum Staaten in Verwirrung kommen und ganze Zeitalter zugrunde gehen, und alles bittere, traurige und mühselige Schicksal der Menschen auf Erden entsteht aus dieser Ursache. Die Gründe, warum man einen Mann auszeichnen soll, sind in erster Linie sein Charakter, in zweiter Linie seine Art zu handeln, in dritter Linie einzelne Taten. Wenn einer in diesen drei Beziehungen unfähig ist, so geht das Reich sicher zugrunde. Alle Arten von schlimmen Vorzeichen stellen sich ein, und man sinkt in ein vorzeitiges Grab. Wer es auf 70–90 Jahre bringt, muß viel Glück haben. Wenn der Nachkomme eines Heiligen[68] so sein Volk zugrunde richtet und sich selber ins Unglück stürzt, wie wird es da erst anderen gehen!

8. Kapitel
Beschränkung aufs eigene Selbst
Bi Gi

Die Außendinge[69] lassen sich nicht zwingen; einerseits wurde Lung Pang hingerichtet, Bi Gan geschlachtet, Gi Dsï mußte sich wahnsinnig stellen, auf der anderen Seite aber starb auch O Lai, und Giä und Dschou Sin gingen zugrunde[70]. Alle Fürsten wünschen es, daß ihre Beamten treu sind; aber wenn sie treu sind, so trauen sie ihnen doch nicht immer. So kam es, daß Wu Yüan[71] im Yangtse-Giang ausgesetzt wurde und Tschang Hung[72] starb, dessen Blut, drei Jahre lang aufbewahrt, sich in grünen Edelstein verwandelte. Alle Väter wünschen es, daß ihre Söhne ehrfurchtsvoll seien; aber solche Söhne, die es sind, finden nicht immer die verdiente Zuneigung. Darum kam Hiau I in ungerechten Verdacht, und Dsong Schen hatte vielen Kummer[73].

Dschuang Dsï ging einst im Gebirge spazieren[74]. Da sah er einen Baum, der war sehr schön und groß mit dicken Ästen und voll üppiger Blätter. Ein Holzfäller stand daneben und nahm ihn nicht. Er fragte nach dem Grund. Da sprach jener: »Er hat nichts Brauchbares an sich.« Da sprach Dschuang Dsï: »Dem gelingt es, durch seine Untauglichkeit seines Lebens Jahre zu vollenden.«

Als er aus dem Gebirge herauskam, erreichte er eine Stadt und kehrte im Hause eines alten Bekannten ein. Der alte Bekannte war erfreut und brachte Wein und Fleisch herbei und ließ seinen Knaben für ihn eine Gans schlachten, um sie ihm aufzuwarten. Der Knabe fragte: »Eine der Gänse kann schreien, die andere kann nicht schreien, welche soll ich töten?« Der Vater des Hausherrn sprach: »Schlachte die, die nicht schreien kann.«

Des andern Tags fragten den Dschuang Dsï seine Jünger und sprachen: »Dem Baum im Gebirge ist es infolge seiner Untauglichkeit gelungen, seines Lebens Jahre zu vollenden, die Gans des Gastfreundes aber hat es mit dem Leben büßen müssen, daß sie untauglich war. An welcher Stelle möchtet ihr nun stehen, Meister?«

Dschuang Dsï lächelte und sprach: »Ich möchte in der Mitte zwischen Tauglichkeit und Untauglichkeit stehen. Wer nur scheinbar das erreicht hat, in Wirklichkeit aber noch nicht, der ist nicht sicher, Verwicklungen zu entgehen. Anders der, der Sinn und Leben versteht, der bleibt frei von Lob und Tadel. Er ist bald Drache, bald Schlange, er wandelt sich mit der Zeit und ist allem einseitigen Tun abgeneigt; bald oben, bald unten: wie es das innere Gleichgewicht erfordert. So schwebt er empor zum Urahn der Welt. Er behandelt die Welt als Welt, aber läßt sich nicht von der Welt behandeln. Wie sollte es möglich sein, ihn in Verwicklungen hineinzuzerren?«[75]

Das ist das Ideal, dem Schen Nung und Huang Di nachgestrebt. Ganz anders dagegen ist es mit den Verhältnissen der Welt und den Beziehungen der Menschen. Hier gilt es:

Was vollendet ist, wird verderben,
Was groß ist, wird verfallen,
Was scharf ist, wird schartig werden,
Was hoch ist, wird erniedrigt werden,
Was gerade ist, wird krumm werden,
Was vereint ist, wird getrennt werden,
Was geliebt ist, wird vernichtet werden,
Wer vieles weiß, wird angefeindet werden,
Wer untauglich ist, wird betrogen werden.[76]

Alles ist dem Zufall unterworfen.

Niu Küo[77] war ein großer Gelehrter aus Oberland. Einst ging er hinab nach Handan. Da fiel er unter die Räuber in der Gegend der Wasserdünen (Ou Scha). Die Räuber verlangten, was er in seinem Sacke eingepackt. Er gab es ihnen. Sie verlangten seine Kleidung und sein Gepäck. Er gab es ihnen. Niu Küo ging zu Fuß weiter. Da sprachen die Räuber untereinander: »Das muß ein Mann sein, dessen Würdigkeit auf der ganzen Welt bekannt ist. Nun haben wir ihn so schwer beschimpft, daß er uns sicher bei dem Fürsten einer Großmacht verklagen wird. Der Fürst wird dann die ganze Macht seines Staates aufbieten, um uns auszurotten, und wir werden dann sicher nicht mit dem Leben davonkommen. Da ist es besser, wir laufen ihm nach und töten ihn, um seine Spur zu vertilgen.« Darauf liefen sie ihm miteinander nach. Dreißig Li weit hatten sie zu gehen, da holten sie ihn ein und brachten ihn um. Dies geschah, obwohl sie wußten, daß er ein weiser Mann war[78].

Mong Ben[79] wollte einst über den Gelben Fluß setzen und drängte sich aus der Reihe der Fahrgäste vor. Da wurden die Fährleute zornig und schlugen ihn mit dem Ruder über den Kopf. Da er wegsah, merkten sie nicht, daß es Mong Ben war. Mitten auf dem Fluß sah Mong Ben sie mit stieren Augen an, so daß ihr Haar sich sträubte, ihre Augen hervorquollen und ihr Bart geradestand. Die Leute auf dem Schiff stoben alle vor Angst auseinander und stürzten sich ins Wasser. Wenn die Fährleute gewußt hätten, das es Mong Ben war, hätten sie nicht gewagt, ihm gerade ins Gesicht zu sehen, und niemand hätte gewagt, vor ihm ins Schiff zu steigen, geschweige denn ihn zu beschimpfen. Dies geschah also, weil sie nicht wußten, daß Mong Ben ein tapferer Held war. Ob die Leute einen kennen oder ob die Leute einen nicht kennen, beides ist kein sicheres Mittel zur Rettung. Höchstens ein mildes, freundliches Betragen kommt der Sache nahe. Aber auch das gewährt noch keine absolute Sicherheit; denn wenn man mit Menschen zu tun hat, die ein mildes, freundliches Betragen nicht zu würdigen wissen, dann hilft auch ein mildes, freundliches Betragen nichts.

Der Marschall Huang von Sung[80] besaß eine kostbare Perle. Als er wegen eines Vergehens das Land verlassen mußte, sandte der König jemanden, der nach dem Verbleib der Perle fragen sollte. Er sprach: »Ich habe sie in den Teich geworfen.« Darauf trocknete man den Teich aus, um sie zu suchen. Man fand die Perle zwar nicht, aber die Fische kamen alle dabei um. Das erläutert, wie Glück und Unglück fortzeugend wirken.

Dschou Sin handelte übel in Schang, und das daraus entspringende Unglück erfüllte die ganze Welt. Was half da ein mildes, freundliches Betragen?

Dschang I war äußerst höflich. An allen Türen und Toren, Vorhängen und Behangen, und wo immer Leute anwesend waren, ging er mit kleinen, ehrerbietigen Schritten vorüber. Selbst gegen Fuhrknechte, Mägde und kleine Knaben war er zuvorkommend, um seine Person zu sichern. Aber dennoch erreichte er nicht die Grenze seines Lebens. Er starb an einem inneren Fieber.

Dan Bau hatte sich geheimem Zauber zugewandt, er hatte sich von der Welt und ihrem Schmutz abgewandt, nährte sich nicht mehr von den Früchten des Feldes und kleidete sich nicht mehr in Baumwollkleider, er weilte in Bergen, Wäldern, Felsen und Höhlen, um sein Leben völlig zu machen. Aber ehe er seines Alters Grenze erreichte, fraß ihn ein Tiger[81].

Meister Kung ruhte auf seinen Wanderungen einmal aus. Da lief ihm sein Pferd weg und fraß von dem Korn eines Bauern. Der Bauer fing das Pferd ein. Dsï Gung bat, hingehen zu dürfen, um ihm zuzureden. Er bat den Bauern höflich und bescheiden um Rückgabe des Pferdes, aber dieser hörte nicht auf ihn. Da war ein grober Mensch, der erst seit kurzem dem Meister Kung als Jünger nachfolgte. Der sprach: »Darf ich hin und ihm zureden?« Darauf sprach er zu dem Bauern: »Pflügt Ihr denn nicht alles Land vom Ostmeer bis zum Westmeer? Wie soll es denn da mein Pferd machen, nicht von Eurem Korn zu fressen?«[82]

Das freute den Bauer sehr, und er sagte zu ihm und sprach: »Du hast auch alles so geschickt gesagt, nicht wie der da soeben.« Darauf band er das Pferd los und gab es ihm.

Daß eine so sinnlose Rede dennoch Erfolg hatte, das zeigt, daß äußerer Erfolg sich nicht mit Sicherheit bestimmen läßt. Der Edle handelt von sich aus. Er achtet die andern, obwohl er darum noch nicht notwendig von den andern geachtet wird. Er liebt die andern, obwohl er darum noch nicht notwendig von den andern geliebt wird. Andere zu achten und zu lieben steht bei uns selbst. Von andern geliebt und geachtet zu werden steht bei den andern. Der Edle sorgt unter allen Umständen für das, was bei ihm steht, nicht für das, was bei andern steht. Wer auf sich selbst beruht, trifft immer das Rechte.

BUCH XV · SCHEN DA LAN

Betrachtung über die Vorsicht bei hoher Stellung

I. Kapitel
Vorsicht bei hoher Stellung
Schen Da

Ein weiser Herrscher wird, je höher er steht, desto vorsichtiger, je mächtiger er ist, desto besorgter. Denn die Größe eines Staates beruht auf der Verkleinerung der Nachbarstaaten, jede Macht beruht auf der Besiegung der Feinde. Wer seine Feinde besiegt, verursacht vielen Groll; wer Staaten verkleinert, schafft viele Unzuträglichkeiten. Wenn man sich aber vielem Groll und vielen Unzuträglichkeiten gegenüber sieht, das ist auch für ein mächtiges Reich Grund genug zu Vorsicht und Besorgnis. Darum ist ein weiser Herrscher im Frieden der Gefahr eingedenk, im Erfolg des Mißerfolges, im Gewinn des Verlustes. In den Urkunden von Dschou heißt es[1]:

> Als nahtest du einem tiefen Abgrund,
> Als trätest du auf dünnes Eis.
> Das zeigt, wie man in allen Dingen vorsichtig sein muß.

Der Tyrann Giä war ohne Ordnung, grausam, tyrannisch, eigensinnig, habgierig. Alle Welt war in Schrecken und Furcht und litt unter ihm. Die Äußerungen über ihn waren zahlreich, sie waren wirr und unwillig. Ihre Stimmung war schwer zu erkennen. Sein Minister Gan Sin stützte sich auf Schrecken und bedrückte die Lehnsfürsten, so daß es selbst die Masse des Volkes zu fühlen bekam. Die Tüchtigen und Guten waren ratlos und ungehalten. Er tötete den Lung Pang[2], um die Rotte der Bösewichter zu befriedigen. Darüber wurden alle Leute verwirrt und wandten sich im Herzen von ihm ab. Niemand wagte, geradeheraus zu reden. Alles Leben war wie von Schrecken gelähmt. Die hohen Beamten waren alle voll Schmerz, sie verließen ihre Ämter und empörten sich. Aber Giä hielt sich nur desto mehr für tüchtig, rühmte sich seiner Fehler und nannte sein Unrecht gut.

Dadurch wurde die Autorität untergraben, und die Bürger kamen in große Unordnung. Deshalb geriet Tang in Furcht und Zittern. Er war betrübt, daß die Welt aus den Fugen war und wollte den I Yin hinschicken, um die Verhältnisse in Hia weiter zu beobachten. Aus Furcht aber, man möge dort dem I Yin nicht trauen, schoß Tang selbst zum Schein nach I Yin. I Yin suchte bei Hia Zuflucht. Nach drei Jahren kam er zurück und berichtete in Go folgendes: »Giä ist bestrickt von der Mo Hi. Er ergötzt sich an der Wan und Tan[2]. Er hat kein Mitgefühl mit seinem Volk. Sein Volk hält im Herzen seine Art nicht mehr aus. Fürst und Untertanen sind mißgünstig aufeinander. In den Herzen der Untertanen häuft sich Groll. Alle sprechen:

›Gott im Himmel will nichts von uns wissen.
Die Berufung des Hauses Hia ist zu Ende.‹«

Tang sprach zu ihm: »Was Du mir von den Verhältnissen im weiten Hia berichtest, ist alles, wie ich es mir gedacht.« Da verschwor sich Tang mit I Yin, daß sie unter allen Umständen Hia vernichten wollten.

Darauf ging I Yin wieder hin, um das weite Land von Hia zu beobachten. Er horchte Mo Hi aus. Mo Hi sprach: »Heute nacht hat dem Großkönig geträumt, daß im Westen eine Sonne stand und im Osten eine Sonne stand und daß die beiden Sonnen miteinander gekämpft haben, wobei die westliche Sonne gesiegt und die östliche Sonne nicht gesiegt habe.« I Yin ging hin und sagte es Tang. Zu jener Zeit herrschte in Schang (dem Lande Tangs) Dürre. Aber Tang ließ dennoch ein Heer marschieren, um dem Eid, den er I Yin geschworen, treu zu bleiben. So ließ er sein Heer nach Osten rücken und von Westen her in das Kronland einfallen. Ehe man die Waffen kreuzte, floh Giä schon. Man verfolgte ihn bis zum großen Sand, und sein Leib wurde zerteilt und angesichts der ganzen Welt enthauptet. Wem nicht zu raten ist, dem hilft alle Reue, die hinterher kommt, nichts mehr[4].

Als Tang zum Großkönig eingesetzt war, da freuten sich die Leute von Hia so sehr, als hätten sie einen lieben Vater gefunden. Der Hof veränderte nicht seinen Platz. Die Bauern änderten nicht ihre Felder, die Kaufleute nicht Ihre Läden. Sie liebten Yin ebenso wie früher Hia. Das heißt höchste Gerechtigkeit, das heißt höchste Ruhe, das heißt höchste Treue. Er führte den Eid, den er I Yin gegeben hatte, durch, ohne sich durch die Dürre (im eigenen Land) abhalten zu lassen. Er ehrte I Yin, und Geschlecht für Geschlecht erhielt er Opfer, solange das Haus Schang dauerte.

König Wu[5] besiegte Yin und drang ins Gebiet von Yin ein. Noch ehe er vom Wagen stieg, belehnte er die Nachkommen des Huang Di mit Dschun, die Nachkommen des Herren Yau mit Li, die Nachkommen des Herren Schun mit Tschen[6]. Als er vom Wagen gestiegen war, belehnte er die Nachkommen der Herrscher von Hia mit Ki. Nachdem er fest stand, belehnte er die Nachkommen des Tang mit Sung und verlieh ihnen das Recht zum Opfer im Maulbeerwald.

Da war der König Wu in großen Sorgen, seufzte tief und befahl unter Tränen seinem Bruder Dan, dem Herzog von Dschou, die früheren Beamten der Yin-Dynastie bei ihm einzuführen und nach den zerstreuten Gliedern der Familie auszuforschen und zu fragen, was das Volk erfreue und was es wünsche. Die früheren Beamten von Yin erwiderten: »Man wünscht, daß die Regierungsart von Pan Gong wiederhergestellt[7] wird.« Darauf stellte der König Wu die Regierungsart von Pan Gong wieder her. Er verteilte das Korn im Speicher bei der großen Brükke und verteilte das Geld der Hirschterrasse, um dem Volk zu zeigen, das er keine egoistischen Absichten habe.

Er entließ die Gefangenen, verzieh den Schuldigen, verteilte die Güter, hob die Schulden auf, um so die Verlassenen und Hilflosen zu retten. Er schmückte das Grab des Bi Gan, er reinigte den Palast des Gi Dsï[8], zeichnete das Tor des Schang Yung[9] dadurch aus, daß, wer zu Fuß vorüberging, mit kleinen, ehrerbietigen Schritten vorübereilen sollte und, wer im Wagen vorbeifuhr, absteigen mußte.

Staatsmänner, mit denen er sich einmal beraten, machte er während drei Tagen zu Fürsten. Alle Räte wurden dadurch belohnt, daß ihnen die Einkünfte von 25 Familien zugewiesen wurden. Alle Staatsmänner, die bei der Regierung mitwirkten, befreite er von Abgaben.

Darauf kehrte er über den Gelben Fluß zurück und wandte sich nach Westen, um im Ahnentempel Bericht zu erstatten. Er ließ die Pferde am Hun Schan und die Ochsen am Tau Lin (Pfirsichwald) los. Die Pferde sollten nicht mehr an Kriegswagen angespannt werden, und die Ochsen sollten nicht mehr als Zugtiere verwendet werden. Die Trommeln, Fahnen, Panzer, Waffen wurden mit Blut eingerieben und in den Arsenalen aufbewahrt, und bis an sein Lebensende benützte er sie nicht wieder. So war die Tugend des Königs Wu. Darum waren an der Lichthalle des Hauses Dschou die Außentüren nicht geschlossen, um der Welt zu zeigen, daß nichts verborgen werde. Denn nur wenn nichts zu verbergen ist, kann man die höchste Verborgenheit wahren.

Als König Wu[10] Yin besiegte, machte er zwei Gefangene; die fragte er: »Gab es in Eurem Land schlimme Vorzeichen?« Der eine Gefangene sprach: »Wohl gab es in unserem Land schlimme Vorzeichen: Bei Tag sah man die Sterne, und es regnete Blut. Das waren die schlimmen Vorzeichen in unserm Land.« Der andere Gefangene erwiderte: »Das sind wohl schlimme Zeichen gewesen, aber dennoch nicht die schlimmsten. In unserm Land gab es aber äußerst schlimme Zeichen: Der Sohn hörte nicht auf den Vater, der jüngere Bruder nicht auf den älteren, und die Befehle des Fürsten wurden nicht ausgeführt. Das waren die schlimmsten Zeichen.«

König Wu erhob sich von seiner Matte und verneigte sich zweimal vor ihm, nicht um den Gefangenen zu ehren, sondern um seine Worte zu ehren.

Darum heißt es im Buch der Wandlungen:

»Wenn man unter Furcht und Zittern auf den Schwanz des Tigers tritt, wird schließlich alles gut werden.«[11]

Dschau Siang Dsï[12] griff den Staat I an und nahm die beiden Städte Lau Jen und Dschung Jen. Als ein Bote kam, es ihm zu melden, saß Siang Dsï gerade beim Essen. Da schob er den Reis zur Seite und sah traurig aus. Seine Umgebung sprach: »Wenn man an einem Morgen zwei Städte unterwirft, das ist doch etwas, worüber sich jedermann freuen würde[13]. Ihr aber scheint betrübt. Weshalb?« Siang Dsï[14] erwiderte: »Wenn der Giang und der Ho Hochwasser haben, so dauert es höchstens drei Tage lang. Ein Wirbelwind und ein Platzregen dauert des Morgens nur eine Weile lang. Nun hat das Haus Dschau noch keinen großen Schatz von Tugenden angesammelt. Und dennoch haben wir an einem Morgen zwei Städte erobert, könnte das nicht vielleicht darauf hindeuten, daß uns der Untergang droht?«

Meister Kung[15] hörte das und sprach: »Das Haus Dschau wird wohl aufblühen. Denn Trauer bringt Segen und Freude Untergang.« Siegen ist nicht das Schwerste. Den Sieg festhalten: darin liegt die Schwierigkeit Ein tüchtiger Herrscher hält auf diese Weise den Sieg fest, darum reicht sein Glück bis auf spätere Geschlechter. Tsi, Tschu, Wu, Yüo: alle diese Staaten haben einmal gesiegt, und dennoch haben sie sich schließlich den Untergang zugezogen; denn sie verstanden es nicht, den Sieg festzuhalten. Nur ein Herrscher, der auf rechtem Wege ist, kann seinen Sieg festhalten.«

Meister Kung[17] war so stark, daß er die Riegel eines Stadttors aufheben konnte, und dennoch verschmähte er es, durch seine Kraft berühmt zu werden. Meister Mo Di war in Angriff und Verteidigung selbst einem Gung Schu Pan über, und dennoch verschmähte er es, durch seine kriegerischen Leistungen berühmt zu werden. Wer sich gut aufs Festhalten des Sieges versteht, der wird sich künstlich zur Schwäche zwingen.

2. Kapitel
Abwägen der Verdienste
Küan Hün

Zweierlei Gewinn läßt sich nicht auf einmal erlangen. Zweierlei Treue läßt sich nicht vereinigen. Wenn man nicht auf kleinen Gewinn zu verzichten versteht, so wird man großen Gewinn nicht erlangen. Wenn man geringe Treue nicht zu entbehren versteht, so wird große Treue sich nicht nahen. Darum ist kleiner Gewinn der Verderb des großen Gewinns, kleine Treue der Räuber der großen Treue: Der Weise verzichtet auf das Kleine, um das Große zu gewinnen.

Einst kämpfte der König Gung von Tschu mit dem Herzog Li von Dsin auf dem Hügel Yän. Das Heer von Tschu wurde besiegt, der König Gung wurde verwundet[18].

Zu Beginn der Schlacht war der Marschall Dsï Fan[19] durstig gewesen und hatte zu trinken verlangt. Da brachte ihm sein Diener Schu Yang Gu ein Gefäß mit Wein ins Zelt. Dsï Fan fuhr ihn an und sprach: »Ha, nimm den Wein weg.« Schu Yang Gu sprach: »Es ist kein Wein!« Dsï Fan sprach: »Nimm ihn sofort weg!« Schu Yang Gu sprach wieder: »Es ist ja gar kein Wein!« Da nahm Dsï Fan ihn an und trank ihn. Dsï Fan war aber ein Mann, der dem Wein ergeben war, so daß, wenn er einmal anfing zu trinken, er nicht eher aufhören konnte, bis er betrunken war.

Nachdem die Schlacht zu Ende war, wollte der König Gung noch einmal angreifen und einen Kriegsrat halten. Da ließ er den Marschall Dsï Fan dazuholen. Dsï Fan ließ sich wegen einer Herzkrankheit entschuldigen. Da kam König Gung persönlich, um nach ihm zu sehen. Als er aber das Zelt betrat, roch er den Weingeruch und kehrte um, indem er sprach: »Bei der heutigen Schlacht bin selbst ich verwundet worden, aber wir alle haben uns auf die Anordnungen des Marschalls verlassen, und nun benimmt sich der Marschall so! Damit beweist er, daß er die Sicherheit des Staates Tschu gänzlich außer acht läßt und unsere Truppen ohne Erbarmen schlachten läßt. Mit dem kann ich keine Schlacht mehr liefern.« Darauf zog er sein Heer zurück. Den Marschall Dsï Fan aber ließ er enthaupten und ausstellen.

Schu Yang Gu hatte Wein nicht gebracht, um den Dsï Fan betrunken zu machen. Er hatte es gut gemeint, aber was er angestellt hatte, hatte die Wirkung, ihn ums Leben zu bringen. Darum heißt es: Kleine Treue ist der Räuber der großen Treue.

Einst beauftragte der Herzog Hiän von Dsin den Sün Si[20], vom Staate Yü freien Durchgang zu erlangen, um dessen Nachbarstaat Go angreifen zu können. Sün Si sprach: »Ich bitte, den Fürsten von Yü durch Überreichung des Karfunkelsteins von Tschui Gi und eines Gespanns von Pferden aus Kü bestechen zu dürfen. Wenn ich dann das Recht des Durchzugs verlange, wird er es sicher gewähren.«

Der Herzog Hiän sprach: »Der Karfunkelstein von Tschui Gi ist ein Familienschatz meines Hauses; das Viergespann der Pferde von Kü sind meine besten Rosse. Wenn er meine Kostbarkeiten annimmt und mir den freien Durchgang verweigert, was dann?«

Sün Si sprach: »O nein, wenn er uns den Durchgang verweigern will, wird er sicher unsere Geschenke nicht annehmen. Nimmt er sie aber an und gewährt uns den Durchgang, so ist es ja nur, als nähmen wir den Stein aus der inneren Schatzkammer und legten ihn in die äußere Schatzkammer, als brächten wir die Pferde aus dem inneren in den äußeren Stall. Warum wollt ihr Euch deswegen betrüben?«

Da willigte der Herzog Hiän ein und sandte den Sün Si, um das Viergespann der Pferde von Kü vor dem Palast des Fürsten von Yü als Gabe darzustellen und fügte noch den Karfunkelstein von Tschui Gi hinzu, indem er um freien Durchgang bat, um Go angreifen zu können.

Der Fürst von Yü war lüstern nach dem Schatz und den Rossen und wollte die Zusage geben. Da erhob Gung Dschï Ki Einsprache und sagte: »Man darf es nicht zugeben. Die Staaten Yü und Go verhalten sich zueinander wie Zähne und Wangen. Die Zähne sind auf die Wangen angewiesen und die Wangen auf die Zähne. Das ist der Zustand von Yü und Go. Die Alten pflegten zu sagen: Sind die Lippen fort, so frieren die Zähne. Go ist auf Yü angewiesen, um nicht zugrunde zu gehen. Yü ist aber auch auf Go angewiesen, um nicht zugrunde zu gehen. Wenn wir ihnen freien Durchzug gewähren, so geht Go am Morgen zugrunde, und Yü folgt ihm am Abend. Wie sollte man unter diesen Umständen den Durchzug erlauben können?«

Der Fürst von Yü hörte nicht auf ihn und gewährte den freien Durchzug. Sün Si griff Go an und besiegte es, dann kehrte er um und griff Yü an und besiegte es ebenfalls. Dann nahm Sün Si den Karfunkelstein und die Rosse und erstattete seinem Herrn Bericht.

Der Herzog Hiän sprach vergnügt: »Der Karfunkelstein ist noch derselbe, und auch die Rosse haben nur ein wenig längere Zähne bekommen.«

Darum heißt es: Kleiner Gewinn ist der Verderb großen Gewinns.

Der Staat Dschung Schan[21] besaß die Souveränität über das Gebiet von Su Yu, das Dschï Bo angreifen wollte, doch war das Land durch seine gebirgige Lage unzugänglich. Da ließ er eine große Glocke gießen und auf zwei Wagen, die nebeneinander fahren mußten, setzen, um sie dem Fürsten von Su Yu zum Geschenk zu machen. Der Fürst von Yü wollte schon die Hügel abtragen und die Täler auffüllen lassen, um die Glocke einzuholen. Da erhob Tschï Dschang Man Dschï Einsprache und sagte: »In den Liedern heißt es: Mach dir zum Grundsatz, dein Reich zu festigen[22]. Aus welchem Grunde sollten wir das von Dschï Bo geschenkt bekommen? Dschï Bo ist ein Mensch, der habgierig und treulos ist. Er hat sicher im Sinn, uns anzugreifen, aber weil kein Weg in unser Land führt, hat er die große Glocke machen lassen, die die Breite von zwei Wagen einnimmt, und sie Euch geschenkt. Wenn Ihr nun die Hügel abtragen und die Täler auffüllen laßt, um die Glocke einzuholen, so wird ihr sicher ein Heer folgen.«

Er fand kein Gehör. Nach einer Weile erhob er abermals Vorstellungen. Da sprach der Fürst: »Wenn ein großes Reich uns eine Freude machen will, da ziemt es Euch nicht, zu widestreben.«

Tschï Dschang Man Dschï sprach: »Wenn ein Beamter nicht gewissenhaft und treu ist, so ist das eine Sünde. Wenn man aber auf seinen treuen und gewissenhaften Rat nicht hört, so hat er das Recht, seine Person in Sicherheit zu bringen.« Darauf verkürzte er die Radachsen[28] an seinem Wagen und reiste ab.

Er war erst sieben Tage in We angekommen, als der Staat Su Yu vernichtet wurde.

Der Fürst ließ sich von seiner Begierde nach der Glocke überwältigen. Weil er sich von dieser Begierde nach der Glokke überwältigen ließ, darum fand der Rat, der die Ruhe von Su Yu bedeutete, kein Gehör. Es verlohnt sich, zu erforschen, was jeweils beim Anhören von guten Ratschlägen für Gedanken überwiegen. Die besten Menschen lassen immer das Wichtigere in ihren Überlegungen ausschlaggebend sein.

Tschang Guo Gün[24] führte die Heere von fünf Staaten zum Angriff gegen den Staat Tsi heran. Der König von Tsi befahl dem Feldherrn Dschu Dsï, den Heeren der ganzen Welt am Flusse Dsi entgegenzutreten. Der König von Tsi wollte es zu einer Schlacht treiben, darum sandte er jemanden zu Dschu Dsï, der ihn beschämen und schelten sollte, mit folgendem Auftrag: »Wenn Du nicht kämpfst, so soll Dein ganzes Geschlecht ausgerottet und Deine Ahnengräber ausgegraben werden.« Das empfand Dschu Dsï bitter und wünschte darum, daß Tsi eine Niederlage erleiden möchte. Deshalb eröffnete er eine Schlacht gegen die Heere sämtlicher Staaten auf Erden. Als die Schlacht eben dabei war, heiß zu werden, ließ er das Signal zum Rückzug geben und wandte sich zur Flucht, und die Heere aller Staaten auf Erden warfen sich auf ihn. Deshalb floh Dschu Dsï mit einem einzigen Kriegswagen, ohne daß jemand wußte, wohin, und es hat auch niemand mehr was von ihm gehört.

Den Rest des Heeres führte nun Da Dsï[25]. Der beabsichtigte, sein Heer beim Tsin-Dschou-Tore der Hauptstadt von Tsi zu sammeln. Da er aber kein Geld für Belohnungen hatte, sandte er jemanden zum König, um Geld zu erbitten. Da wurde der König von Tsi zornig und sprach: »Dieser verfluchte Bube, wie könnte ich dem das Geld geben!« Darauf kam es zur Schlacht mit dem Heer von Yän. Tsi erlitt eine schwere Niederlage. Da Dsï fiel, mußte der König von Tsi nach Gü flüchten. Darauf drangen die Leute von Yän von Norden her in die Hauptstadt von Tsi ein und stritten miteinander um das Gold im schönen Schatzhaus[26], das sehr viel war.

Das zeigt, wie einer, der nach kleinem Vorteil gierig ist, den großen Vorteil verliert.

3. Kapitel
Herablassung den Würdigen gegenüber
Hia Hiän

Staatsmänner, die im Besitz der Wahrheit sind, sind allerdings erst stolz gegen die Herrscher. Untaugliche Herrscher sind aber auch stolz gegen die Staatsmänner, die im Besitz der Wahrheit sind. Wenn sie einander aber immer so stolz behandeln, wie wollen sie da zusammenkommen? Es ist wie mit den Anhängern des Kung und des Mo, die einander verurteilen, wie mit den Staaten Tsi und Tschu, die einander zu unterwerfen suchten. Ein tüchtiger Herrscher macht das aber nicht so. Wenn ihn ein solcher Staatsmann auch stolz behandelt, so ist er selbst nur um so höflicher gegen ihn, wie könnte jener es dann auf die Dauer übers Herz bringen, sich ihm nicht zuzuwenden? Wem sich aber die Staatsmänner zuwenden, dem folgt die ganze Welt und erkennt ihn als Herrscher an. Ein Herrscher ist, wer Herr ist auf Erden, ein Fürst ist, wer die ganze Welt zu sich herführt[27].

Wer die Wahrheit gefunden hat, der kann es bis zum Rang des Himmelssohnes bringen und wird doch nicht hochmütig sein, er kann seinen Besitz über die ganze Welt ausdehnen und wird doch nicht eingebildet werden. Aber er kann auch niedrig sein und im einfachen Kleid umhergehen und doch nicht sein Schicksal beklagen, er kann so arm sein, daß er selbst an Nahrung und Kleidung Mangel leidet, und dennoch frei sein von Furcht und Sorge. Seine Wahrhaftigkeit ist ehrlich, denn er besitzt die Wahrheit als Eigentum; seine Erkenntnis ist frei von Zweifeln, denn er weiß, worauf er sich verlassen kann. Er geht seine eigenen Wege und läßt sich nicht beeinflussen und abbringen. Er paßt sich allen Verhältnissen an und vermag daher in seinem Einfluß der Natur gleichzukommen[28]. Er ist klar, und darum fest in seinem Herzen. Er ist unvoreingenommen und frei von Trug und Hinterlist. Er ist verborgen, und seine Willenskraft ist langfristig. Er ist dunkel und unerforschlich tief. Er ist entschlossen und gefeit gegen alle Versuchungen. Er ist harmlos und nicht rechthaberisch. Er ist einfältig und verschmäht Klugheit und Vorsicht. Er ist gelassen und nimmt Lob und Tadel der

Welt leicht. Der Himmel ist sein Vorbild, sein Wandel ist in Tugend, die Wahrheit ist sein Herr.

Er wandelt sich mit den Dingen und kommt nie in Verlegenheit und an ein Ende. Seine Seele erfüllt Himmel und Erde, ohne sich zu erschöpfen. Sein Geist umspannt das Weltall in Zeit und Ewigkeit und kennt keine Grenzen.

Man weiß nicht, woher er kommt und wohin er geht; man weiß nicht, zu welcher Tür er hervorgetreten ist und welchen Anfang er gemacht hat oder welchen Ursprung er genommen hat. Er ist so groß, daß außer ihm nichts mehr ist, und so klein, daß in ihm nichts Inneres mehr ist: Das ist die höchste Vornehmheit.

Wenn ein Staatsmann es so weit gebracht hat, so sind selbst die fünf Herrscher nicht imstande, ihn nach Belieben als Freund zu behandeln, und Könige können ihn nicht nach Belieben zum Lehrer gewinnen. Erst wenn ein Herrscher sein Herrscherbenehmen ablegt, kann er sich ihnen nähern und sie erlangen.

Yau[29] trat nicht als Herrscher vor Schan Güan, sondern befragte ihn, wie man einen Höheren befragt[30]. Yau war Himmelssohn, Schan Güan ein Mann in schlechtem Gewand. Weshalb behandelte er ihn dennoch mit solch ausgesuchter Höflichkeit? Schan Güan war ein Mann im Besitz der Wahrheit. Und einen Mann, der die Wahrheit besitzt, darf man nicht stolz behandeln. Yau sagte sich, daß er an Tugend und Weisheit jenem nicht gleichkomme, darum befragte er ihn in demütiger Haltung. Das war Großartigkeit der Gesinnung. Wer aber außer einem Mann von vollendeter Großartigkeit der Gesinnung vermag es, Würdige mit der nötigen Höflichkeit zu behandeln?

Dan, der Herzog von Dschou, war der Sohn des Königs Wen und Bruder des Königs Wu und der Oheim des Königs Tschang. Aber er empfing siebzig Männer, die in ärmlicher Gasse unter einem baufälligen Dache wohnten. Was König Wen begonnen, aber nicht vollenden konnte, das hat Dan, der Herzog von Dschou, mit dem jungen Fürsten Tschong (für den er die Regierung führte) auf dem Arm vollendet. Darum heißt es: Ein König vollendet seine Aufgabe nur, wenn er sich persönlich tüchtigen Männern unterstellt[31]. Herzog Huan von Tsi besuchte den Unterbeamten Dsi an einem Tage dreimal, ohne vorgelassen zu werden. Sein Gefolge sprach: »Wenn ein mächtiger Fürst wie Ihr an einem Tage dreimal bei einem einfachen Bürger vorspricht, ohne ihn zu Gesicht zu bekommen, da ist's wahrlich besser, abzustehen.«

Aber Herzog Huan sprach: »Nein. Indem ein Staatsmann Einkommen und Rang nicht wichtig nimmt, zeigt er seinem Herrn gegenüber Geringschätzung. Aber sein Herr, der die Hegemonie und Weltherrschaft nicht wichtig nähme, zeigte auch seinen Staatsmännern gegenüber Geringschätzung. Wenn auch der Minister Einkommen und Rang gleichgültig nimmt, wie könnte ich es wagen, die Hegemonie oder die Weltherrschaft unwichtig zu nehmen?«

Die Leute erwähnen immer nur die häuslichen Vorgänge bei dem Herzog Huan, aber obwohl seine häuslichen Verhältnisse keineswegs in Ordnung waren, hat er doch mit fester Hand die Fürsten geleitet. Wenn er außer diesem Werk auch noch seine häuslichen Verhältnisse in Ordnung gebracht hätte, so wäre es ein Geringes für ihn gewesen, die Weltherrschaft zu erreichen.

Dsï Tschan war Kanzler von Dschong. Er besuchte den Hu Kiu Dsï Lin und saß unter dessen Schülern auf dem Platz, den er nach seinem Alter einnahm. Seinen Kanzler hatte er vor der Tür stehen lassen. Als Kanzler eines Großstaates auf seine Würde verzichten, nur bedacht sein auf seine Gesinnung und Betragen, von Herzen bereit, sich andere zum Vorbild zu nehmen: das war Dsï Tschans Art. Darum war er achtzehn Jahre Kanzler in Dschong. Er hatte während dieser Zeit nur drei schwere Strafen und zwei Hinrichtungen verhängt. Und dennoch hat er es so weit gebracht, daß Pfirsiche und Pflaumen über die Wege hereinhängen konnten, ohne daß sie jemand pflückte, daß Geldstücke auf den Straßen liegen konnten, ohne daß sie jemand aufhob[32].

Der Fürst Wen von We[33] besuchte den Duan-Gan Mu. Er blieb vor ihm stehen, und auch als er ermüdet war, wagte er nicht zu ruhen. Zurückgekehrt empfing er den Dse Huang. Da kauerte er sich bequem in der Halle nieder, als er mit ihm sprach. Dse Huang war darüber mißvergnügt. Aber der Fürst

Wen sprach: »Wenn ich dem Duan Gan Mu ein Amt anbiete, so nimmt er es nicht an, biete ich ihm Reichtümer an,so weist er sie zurück. Du aber wolltest ein Amt, und ich gab Dir die Stelle des Kanzlers, du wolltest Einkünfte, und ich gab Dir die Stelle eines hohen Rats. Ist es nicht zu viel verlangt, daß Du, nachdem Du alle diese Wohltaten von mir erhalten hast, nun auch noch besonders höfliche Behandlung erwartest?« Darum beachten tüchtige Herrscher in ihrer Behandlung der Menschen die Regel, daß sie die, die keine materiellen Gunstbezeugungen annehmen, mit Ehrerbietung behandeln. Die wirklichen Staatsmänner vermag man nicht höher zu ehren als durch Beherrschung der eigenen Wünsche. Versteht man seine Wünsche zu beherrschen, so werden die Befehle befolgt. Von dem Fürsten Wen mag man mit Recht sagen, daß er gerne die Staatsmänner geehrt habe. Darum hat er seinen südlichen Nachbarstaat Tschu bei Liän Ti besiegt und seinen östlichen Nachbarstaat Tsi bei Tschang Tschong (der großen Mauer) und hat dabei den Fürsten von Tsi gefangengenommen und dem Großkönig dargebracht. Der Großkönig aber hat ihm dafür den Titel eines Hohen Rates verliehen.

4. Kapitel
Vergeltung
Bau Gong

Wenn ein Land auch klein ist, es ist dennoch groß genug, um alle tüchtigen Männer auf Erden zu ernähren, und die Anzahl seiner Wagen ist groß genug, um alle tüchtigen Männer auf Erden zu fahren, und seine Güter sind reich genug, um alle tüchtigen Männer auf Erden zu ehren. Dadurch aber, daß er alle tüchtigen Männer der Welt auf seiner Seite hatte, wurde der König Wen Großkönig. Wenn man nun auch nicht immer gleich es bis zum Großkönig bringt, so ist es doch ganz leicht, auf diese Weise seinem Land den Frieden zu sichern. Das war der Grund, daß Dschau Süan Mong mit dem Leben davonkam, daß der Fürst Dschau Wen von Dschou berühmt wurde und daß Mong

Tschang Gün mit den Herren von Tschu fertigwurde. Alle Männer, die sich hervortaten, entweder dadurch, daß sie große Werke vollbracht haben, oder dadurch, daß sie ihr Reich in Sicherheit gebracht haben, oder dadurch, daß sie in gefährlicher Lage sich selbst retteten, haben auf keine andere Weise als auf diese ihre Erfolge erreicht. Fähige[34] Staatsmänner kann man nicht mit Gewalt sich aneignen.

Einst[35] war Dschau Süan Mong[36] auf dem Wege nach Güan. Da sah er unter einem knorrigen Maulbeerbaum einen Hungers Sterben, der dalag und sich nicht mehr aufrichten konnte. Dschau Süan Mong ließ halten, stieg ab und speiste ihn mit seinem Proviant. Zweimal schluckte er, ehe er die Augen aufmachen konnte. Süan Mong fragte ihn: »Wie bist Du so verhungert?«

Er erwiderte: »Ich hatte ein Amt in Güan und wollte nach Hause, da ging mir unterwegs der Mundvorrat aus. Zu betteln schämte ich mich und mochte auch nichts mit Gewalt nehmen, deshalb kam ich in diese Lage.«

Darauf gab ihm Süan Mong zwei Scheiben Dörrfleisch. Er nahm es dankend an, doch ohne es zu essen. Nach dem Grunde befragt, erwiderte er: »Ich habe eine alte Mutter, der ich es mitbringen will.« Süan Mong sprach: »Iß nur alles, ich gebe Dir wieder anderes.« Und er gab ihm noch zwei Bündel Dörrfleisch und hundert Geldstücke. Dann ließ er ihn gehen.

Zwei Jahre darauf wollte der Herzog Ling von Dsin den Süan Mong töten. Er versteckte Krieger im Hause, um ihn zu überfallen, und setzte dem Süan Mong Wein vor. Süan Mong aber merkte es und ging mitten im Trinkgelage hinaus. Da befahl der Herzog Ling den im Haus versteckten Kriegern, ihm so schnell wie möglich zu folgen und ihn zu töten. Ein einzelner überholte alle übrigen. Als er dem Süan Mong ins Gesicht sah, sprach er: »O, steigt rasch auf Euren Wagen, ich bitte, für Euch sterben zu dürfen.« Süan Mang sprach: »Wie heißt Du denn?« Jener aber kehrte um und sprach: »Was kommt auf den Namen an? Ich bin der Verhungerte unter dem krummen Maulbeerbaum.« Damit wandte er sich gegen die übrigen Verfolger und wurde im Kampf getötet. Süan Mong aber kam mit dem Leben davon.

Das ist, wie es in den Urkunden heißt: »Bei der Tugendübung kommt es nicht auf die Größe der Leistung an.«[37] Süan Mong hat einen Krieger freundlich behandelt und dadurch sein eigenes Leben gerettet, wie wird erst die Wirkung sein, wenn man die Menge der Untertanen freundlich behandelt?

Darum heißt es in den Liedern[38]:

»All die tapfern, wackern Krieger
Schirmen Fürsten gleich den Schilden«

und[39]

»Es drängen sich der Krieger Scharen,
Um König Wen sein Reich zu wahren.«

Wie darf es darum ein Fürst versäumen, seine Mannen zu schätzen! Aber freilich ist es schwer, einen Staatsmann zu erkennen. Man muß seine Wohltaten vielen zugute kommen lassen. Wenn man sie vielen zuwendet, so übersieht man keinen.

Dschang I entstammte einer Seitenlinie des Hauses Siang We. Als er sich aufmachte, westwärts nach Tsin zu wandern, kam er durch das Gebiet des östlichen Dschou. Ein Gast redete über ihn zu dem Fürsten Dschau Wen und sprach: »Dschang I aus dem Hause We ist ein tüchtiger Staatsmann. Er ist auf der Durchreise nach Westen zum Staate Tsin, ich wünschte, daß Eure Hoheit ihn mit Auszeichnung behandelten.« Da besuchte ihn der Fürst Dschau Wen und sprach zu ihm: »Ich habe gehört, daß Ihr nach Tsin wollt. Mein Reich ist zu klein, als daß ich es wagen könnte, Euch hierzubehalten. Doch obwohl Ihr nun auf der Wanderung seid, ist es noch nicht vollkommen sicher, daß Ihr alles nach Wunsch trefft. Wenn das der Fall ist, so bitte ich Euch, mir zuliebe sofort wieder umzukehren. Ist mein Land auch klein, so bitte ich doch, es mit Euch teilen zu dürfen.«

Dschang I machte einen weiten Bogen um ihn und verneigte sich ehrerbietig vor ihm zweimal.

Dschang I reiste ab, Fürst Dschau Wen gab ihm das Geleite und sorgte für seinen Reiseunterhalt bis an die Grenze von Tsin.

Nachdem er dort eine Zeitlang geblieben war, fand der König Hui Wohlgefallen an ihm und machte ihn zu seinem Kanzler. Wen aber Dschang I am allerfreundlichsten behandelte im ganzen Reich, das war der Fürst Dschau Wen. Obwohl das Gebiet von Dschou nur ein Staat mit 1000 Kriegswagen war, ehrte er ihn mehr als Staaten mit 10 000 Kriegswagen. Er veranlaßte den König Hui, ihn als Lehrer zu ehren. Bei dem Fürstentag von Fang Dse mußte der König von We ihm den Wagen lenken und der König von Han ihm zur Rechten sitzen. Sein Ruhm ist bis heute noch nicht erloschen. Das verdankte er den Bemühungen von Dschang I.

Mong Tschang Gün[40] war im Besitz der Grenzfeste Süo, die vom Staate Tschu angegriffen wurde. Schun Yü Kun ging im Auftrag des Königs von Tsi als Gesandter nach Tschu. Auf der Heimreise kam er durch Süo. Mong Tschang Gün ließ ihn mit höchster Auszeichnung behandeln und gab ihm selbst das Geleit bis auf den Anger vor der Stadt. Da sprach er zu Schun Yü Kun: »Die Leute von Tschu greifen Süo an; nehmt es mir daher nicht übel, wenn ich künftig nicht mehr werde aufwarten können.« Schun Yü Kun sprach nur: »Ich habe ehrfurchtsvoll Euren Befehl vernommen.«

Als er nach Tsi gekommen und seinen Bericht vollendet hatte, sprach der König: »Was habt ihr in Tschu alles gesehen?« Jener erwiderte: »Tschu ist eine starke Macht, andererseits ging Süo auch über seine Kräfte hinaus.« Der König sprach: »Was heißt das?« Er erwiderte: »Süo ging über seine Kräfte, als es für den Ahn des Königshauses von Tsi einen Ehrentempel errichten ließ. Tschu ist stark und greift Süo an, dabei wird der Ehrentempel in Süo sicher gefährdet werden. Darum sagte ich: Süo ging über seine Kräfte, und Tschu ist eine starke Macht.« Da erheiterten[41] sich die Mienen des Königs und er sprach: »Ei, ein Tempel unseres Ahnen ist dort, da wollen wir doch schnell Truppen aufbieten und ihm zu Hilfe eilen.« So wurde Süo gerettet. Wenn Süo in seiner Not flehentlich und demütig um Hilfe bei Tsi gebeten hätte, so hätte es auch im günstigsten Fall nicht so viel erlangt.

Darum: Wer gut zu reden versteht, der richtet sich mit seinen Worten nach den Umständen. Wer die Not anderer wie seine eigene Gefahr ansieht, was bedarf der der Gewalt? Die Anwendung von Gewalt ist zu gemein. Wenn es vorkommt, daß die Worte des Redenden kein Gehör finden, so liegt der Fehler davon nicht immer nur an dem Angeredeten, sondern oft auch an dem Anredenden.

5. Kapitel
Anpassung beim Reden
Schun Schuo

Wer gut zu reden versteht, der macht es wie ein geschickter Ringer, der die Kraft der andern zu seiner Kraft macht, indem er sie, wenn sie auf ihn zukommen, vollends herzieht oder, wenn sie sich von ihm abwenden, vollends nach hinten stößt. Er stellt keine eigene Idee auf, sondern wächst mit dem anderen und wird mit ihm groß und redet zu ihm wie das Echo. Er nimmt Teil an des anderen Blüte und Niedergang, je nachdem der andere einem von beiden sich zuwendet. Wenn da einer noch so stark und klug ist: Man hat sein Leben in der Hand. Wenn man mit günstigem Winde einem ruft, ist darum der Ton nicht lauter (obwohl man ihn weiter hört). Wenn man von erhöhter Stelle aus Umschau hält, ist darum das Auge nicht klarer (obwohl man weiter schaut). Man nützt nur die Verhältnisse aus.

Hui Ang[42] trat vor den König Kang von Sung. Der König stampfte mit dem Fuß auf, räusperte sich und sprach erregten Tones: »Was uns erfreut, ist Heldenmut und Kraft. Wir mögen nicht Gerechtigkeit und Liebe. Womit kannst Du, o Fremdling, uns belehren?« Hui Ang erwiderte: »Ich habe ein Mittel, dadurch wird der Mensch fest, daß auch eines Helden Stoß nicht in ihn eindringt und eines Starken Schlag ihn nicht trifft. Hat der große König denn dafür gar keinen Sinn?« Der König sprach: »Gut, das ist's, was wir zu hören wünschen.«

Hui Ang fuhr fort: »Wenn einer uns sticht, ohne daß es eindringt, und schlägt, ohne zu treffen, so bleibt es doch immer eine Schande für uns, angegriffen zu werden. Ich habe ein Mittel, das bewirkt, daß die andern, selbst wenn sie Helden sind, uns nicht zu stechen *wagen,* selbst wenn sie stark sind, uns nicht zu schlagen *wagen*. Hat der große König denn gar keinen Sinn dafür?« Der König sprach: »Das ist's, was wir zu wissen wünschen!« Hui Ang fuhr fort: »Wenn einer uns nicht zu stechen wagt oder nicht zu schlagen wagt, so fehlt ihm darum doch nicht die Absicht dazu. Ich habe ein Mittel, das bewirkt, daß die Menschen gleich von vornherein gar nicht die Absicht haben, uns zu schädigen. Hat der große König denn dafür gar keinen Sinn?« Der König sprach: »Gut, das ist's, was wir gerne möchten!«

Hui Ang fuhr fort: »Wenn die andern keine böse Absicht gegen uns haben, so heißt das noch nicht, daß sie uns lieben und uns von Herzen Gutes gönnen. Ich habe ein Mittel, das bewirkt, daß alle Männer und Frauen auf Erden die Hälse recken und sich auf die Zehen stellen und mit Freuden uns lieben und uns alles Gute gönnen. Das ist noch besser als Heldenmut und Kraft. Über all jenen vier Stufen[43] zu weilen, hat der große König denn dafür gar keinen Sinn?« Der König sprach: »Das ist's, was wir zu erlangen wünschen.«

Hui Ang sprach: »Das ist's, was Kung und Mo hatten. Kung Kiu und Mo Di hatten kein Land, über das sie Fürsten waren, kein Amt, durch das sie vornehm waren, und dennoch reckten alle Männer und Frauen auf der ganzen Welt die Hälse und stellten sich auf die Zehen und wünschten ihnen Glück und Frieden. Nun seid Ihr, o großer König, der Herr eines Großstaates; wenn Ihr wirklich die Absicht habt, so werden innerhalb der vier Grenzen alle es zu genießen haben; das ist weit mehr als Kung Kiu und Mo Di vermochten.« Der König von Sung vermochte darauf nichts zu erwidern. Hui Ang entfernte sich dann mit eiligen Schritten. Da sprach der König zu seiner Umgebung: »Das nenne ich Beredtsamkeit! Der Fremdling hat durch sein Reden uns überwältigt.«

Der König von Sung war ein schlechter Fürst, und dennoch konnte er dazu gebracht werden, daß er wenigstens innerlich zustimmte durch Ausnützung der günstigen Gelegenheit. Durch Ausnützung der Gelegenheit kann der Geringe und der Arme dem Vornehmen und Reichen überlegen werden und der Kleine und Schwache den Großen und Starken bändigen.

Tiän Dsan[44] trug geflickte Kleider, als er vor den König von Tschu trat. Der König von Tschu sprach: »Herr, wie sind doch Eure Kleider so schlecht!« Tiän Dsan sprach: »Es gibt noch schlechtere Kleider als diese.« Der König von Tschu sprach: »Darf man es hören?« Er erwiderte: »Panzer sind schlechter als diese Kleider.« Der König sprach: »Was heißt das?« Er erwiderte: »Im Winter friert man darin, im Sommer machen sie heiß. Es gibt keine schlechteren Kleider als die Panzer. Ich bin arm, darum gehe ich schlecht gekleidet. Nun seid Ihr, großer König, der Herr eines Großstaates und habt an Reichtum nicht Euresgleichen, und dennoch liebt Ihr es, Eure Untertanen in Panzer zu kleiden. Das möchte ich nicht! Denkt Ihr etwa, Ihr seid im Recht? In Panzern führt man Kriege, da muß man den anderen die Hälse abschneiden und die Eingeweide durchwühlen, man muß anderer Leute Städte und Mauern zerstören und anderer Leute Väter und Brüder verletzen. Das alles sind Dinge, die keinen guten Namen haben. Oder denkt Ihr etwa, es bringe Euch wirklichen Vorteil? Aber wer auf Schaden anderer Leute aus ist, auf dessen Schaden sind die anderen auch aus. Wer anderen Gefahr bereitet, dem bereiten die anderen auch Gefahren. In Wirklichkeit bringt das also durchaus keinen Frieden. Darum würde ich an Eurer Stelle beides verschmähen.« Der König von Tschu wußte nichts zu erwidern. Und obwohl Tiän Dsans Worte nicht vollständig befolgt wurden, muß man von ihm doch sagen, daß er seine Worte zu wählen wußte. Allerdings hatte er den Sinn eines Einflusses durch die stille Macht der Persönlichkeit noch nicht erfaßt[45].

Guan Dschung war dem Fürsten von Lu in die Hände gefallen. Der fesselte ihn und sperrte ihn in einen Käfig. So ließ er ihn von Dienern auf einen Wagen setzen und nach Tsi ausliefern. Die Diener sangen während des Ziehens. Guan Dschung fürchtete, man könne ihn in Lu noch anhalten und töten, deshalb wollte er so rasch wie möglich nach Tsi. Darum sprach er zu den Dienern: »Ich will für Euch singen und Ihr haltet Schritt mit meinem Gesang.« Er sang nun eine Marschmelodie, auf die sich gut gehen ließ, so daß die Diener nicht müde wurden und den Weg sehr rasch nahmen. Guan Dschung verstand es, die

Umstände zu benützen. Die Diener kamen auf ihre Rechnung, und Guan Dschung kam ebenfalls auf seine Rechnung durch diese List. Daß er auf diese Weise dem Fürsten einer Großmacht zur Hegemonie im Reiche verholfen hat, war noch wenig. Aber der Herzog Huan war allerdings ein Mann, dem man nicht leicht zum Großkönigtum hätte verhelfen können.

6. Kapitel
Nicht großartig sein
Bu Guang

Der Weise richtet sich in seinen Unternehmungen immer nach den Umständen. Die Umstände aber hat man nicht immer in der Hand. Darum will er nicht zu viel auf einmal. Gelingt es dann, so ist's gut, gelingt es nicht, so ist's auch gut. Denn was er auf der einen Seite nicht kann, wird durch das, was er auf der andern Seite kann, ausgeglichen, wie etwa Wagen und Schiff einander abzulösen vermögen. Im Norden gibt es ein Tier, das heißt Springmaus[45]. Vorn gleicht es einer Maus und hinten einem Hasen. Wenn es läuft, so überschlägt es sich (wegen seiner kurzen Vorderbeine), und wenn es geht, fällt es immer um. Darum sammelt die Springmaus immer für den Hippogryphen[47] wohlschmeckende Kräuter und gibt sie ihm. Wenn nun die Springmaus in Not kommt, so nimmt sie der Hippogryph auf den Rücken und trägt sie fort. Da gleicht der eine durch das, was er kann, das aus, was der andere nicht kann.

Die drei Freunde Bau Schu, Guan Dschung und Schau Hu wollten miteinander den Staat Tsi in Ordnung bringen in der Meinung, daß der Prinz Giu sicher auf den Thron komme. Da sprach Schau Hu: »Wir drei sind im Staate Tsi wie die drei Beine eines Dreifußes; fehlt eines, so ist er nicht vollständig. Der Prinz Siau Be wird sicher nicht auf den Thron kommen, darum ist es am besten, wir unterstützen alle drei den Prinzen Giu.«

Guan Dschung sprach: »Nein. Die Leute hassen die Mutter des Prinzen Giu und übertragen diesen Haß auch auf den Prinzen Giu. Siau Be dagegen hat in früher Jugend seine Mutter verloren, darum bemitleiden ihn die Leute. Man kann daher noch nicht wissen, wie es geht. Es wäre wohl besser, wenn einer von uns dem Prinzen Sian Be dienen würde; denn daß einer der beiden Prinzen auf den Thron von Tsi kommt, das ist ganz sicher.« So hieß er den Bau Schu dem Prinzen Siau Be als Berater dienen, Guan Dschung und Schau Hu blieben bei dem Prinzen Giu. Der Prinz Giu war auswärts. Darum war es allerdings schwer, die Dinge mit Sicherheit zu bestimmen. Dennoch traf Guan Dschung so ziemlich das Rechte. Daß doch nicht alles gelungen ist, das war Schicksal. Was in der Menschen Macht war, das hat er getan.

Einst[48] griff der Staat Tsi Lin Kiu an. Der Fürst von Dschau sandte den Kung Tsing an der Spitze eines Heeres von todesmutigen Kriegern dem Platz zu Hilfe. In der nun folgenden Schlacht erlitt Tsi eine schwere Niederlage, sein Feldherr fiel, und die Beute von Dschau betrug 2000 Kriegswagen und 30000 Gefallene, über deren Leichen man zwei Triumphpyramiden errichten wollte[49].

Da sprach Ning Yüo zu Kung Tsing: »Schade! Es wäre besser, die Gefallenen zurückzugeben, um den Staat Tsi von innen anzugreifen[50]. Ich habe gehört, daß in alter Zeit die tüchtigsten Feldherrn dem verfolgenden Feind unerschütterlichen Widerstand leisteten, dem Besiegten dagegen nicht folgten, sondern sich dreißig Li weit vom Schlachtfeld zurückzogen, um dem Gegner seine Toten zu überlassen. Wenn der Gegner die Leichen bekommt, so werden dadurch seine Geldmittel erschöpft. Während die Kriegswagen und Panzer im Kampfe verloren gingen, werden die Schatzkammern durch die Beerdigungskosten geleert werden: das heißt Angriff von innen her.«

Kung Tsing sprach: »Wenn aber der Feind Tsi die Leichen nicht beerdigt, was dann?«

Ning Yüo sprach: »Kämpfen und nicht siegen ist die erste Schuld, die ein Feldherr auf sich lädt; wenn er die Leute, mit denen er auszieht, nicht wieder zurückbringt, das ist die zweite Schuld; wenn er die Leichen, die man ihm überläßt, nicht aufnehmen würde, das wäre die dritte. Die Untertanen würden um dieser dreifachen Schuld willen ihre Vorgesetzten hassen. Die

Oberen vermöchten ihre Untergebenen nicht zu verwenden, die Untergebenen den Oberen nicht zu dienen. Das wäre nur ein verschärfter Angriff.«

Ning Yüo gilt mit Recht für einen Mann, der sich auf Diplomatie und Strategie in gleicher Weise verstand. Strategisch siegte er durch seine Stärke, diplomatisch siegte er durch seine Handlung. Wenn man diplomatisch ebenso wie militärisch überlegen ist, welcher Feind vermöchte einem da zu widerstehen?

Herzog Wen von Dsin wollte einst die Landesfürsten unter seinem Vorsitz vereinigen[51]. Da sprach Giu Fan: »Es geht nicht; denn die Welt kennt noch nicht Eure edle Gesinnung.« Der Herzog sprach: »Was ist zu tun?« Giu Fan sprach: «»Der Großkönig mußte sich vor dem Aufruhr des Schu Dai nach dem Staate Dschong flüchten. Wollt Ihr ihn nicht in seine Hauptstadt zurückführen, um die großen Grundsätze der Gerechtigkeit festzustellen und außerdem Euch selbst einen Namen zu machen?«

Herzog Wen sprach: »Ja, kann ich das denn?«

Giu Fan sprach: »Wenn die Sache gelingt, werden wir eine Macht schaffen, die die des Königs Wen fortsetzt, und einen Erfolg uns erwerben, der dem des Königs Wu entspricht. Landgebiet und innere Sicherheit fallen uns dann zu. Gelingt es nicht, so haben wir uns wenigstens dafür eingesetzt, die Risse des zerfallenen Hauses Dschou zu bessern und dem Großkönig in einer Schwierigkeit beizustehen. Auf diese Weise erwerben wir uns den Namen eines Kulturstaates. Tragt keine Bedenken, o Fürst!«

Der Herzog Wen hörte auf ihn und befestigte mit Hilfe der Jung-Barbaren von Tsau Dschung und der Di-Barbaren von Li Tu den Großkönig in dem Erblande von Dschou. Infolgedessen verlieh ihm der Großkönig das Gebiet von Nan Yang. So gelang es ihm, die Hegemonie der Fürsten zu übernehmen und die öffentliche Moral zu festigen, und obendrein hatte er den Vorteil, ein großes Werk vollbracht zu haben.

Den Herzog Wen kann man mit Recht weise nennen, das verdankte er dem Rat des Giu Fan. Siebzehn Jahre lebte er in der Verbannung, vier Jahre war er in sein Reich zurückgekehrt, und schon hatte er die Hegemonie errungen. Das kam davon, weil er stets auf Männer wie Giu Fan hörte.

Als Guan Dsï und Bau Schu den Herzog Huan von Tsi bei der Regierung unterstützten, da hatten die Bauern des Ostens sich anzustrengen. Als dann Guan Dsï gestorben war und Menschen wie Schu Di und I Ya ans Ruder kamen, da bewirkten sie, daß die Bürger des Reiches stets untätig ihre Zeit verbrachten, nicht ahnend, daß jene Mühen schließlich dem Staate Tsi zugute hätten kommen müssen. Eines tüchtigen Mannes Segen bewirkt, daß seine Söhne und Enkel Recht und Sitte kennen. Wer Recht und Sitte kennt, der kommt aus, selbst wenn er sich nicht auf Politik versteht.

7. Kapitel
Wichtignehmen der Benutzung der Umstände
Gui Yin

Was die drei ersten Dynastien als kostbares Gut erachteten, das waren die Umstände. Wenn man die Umstände für sich hat, so hat man nicht seinesgleichen.

Yü regelte die drei Ströme und die fünf Seen. Er grub den Wassern des Berges I-Küo ein Bett, daß sie quer durch das Festland flossen und sich in das Ostmeer ergossen, weil er die Kraft des Wassers benützte.

Schun ließ sich an einem Orte nieder, da bildete sich ein Marktflecken; am zweiten Orte, da bildete sich eine Stadt; am dritten, da bildete sich eine Großstadt. Da übertrug ihm Yau das Reich, weil er die Gesinnung der Menschen zu nutzen verstand.

Tang und Wu besiegten mit 1000 Kriegswagen die Königsgeschlechter von Hia und Schang, da sie die Volksgunst zu benutzen verstanden.

Wenn man nach Tsin will, so kann man stehend hingelangen, weil es Wagen gibt. Wenn man nach Yüo will, kann man sitzend hingelangen, weil es Schiffe gibt. Der Weg nach Tsin und Yüo ist weit, und doch kann man ruhig stehen und behaglich sitzen und kommt hin, wenn man die Beförderungsmittel benützt.

Der König Wu sandte einen Boten, um Yin zu beobachten. Jener kam zurück und berichtete in Ki Dschou: »Yin ist in schlimmer Verwirrung.« Der König sprach: »Wie weit geht seine Verwirrung?« Jener erwiderte: »Die Schmeichler und Betrüger haben die Ehrlichen überwunden.« Der König sprach: »Es ist noch nicht Zeit.« Jener ging wieder hin, kam zurück und berichtete: »Die Verwirrung ist noch schlimmer geworden.« Der König sprach: »Wie weit ist es gekommen?« Jener erwiderte: »Die Würdigen verlassen den Hof.« König Wu sprach: »Es ist noch nicht Zeit.« Jener ging wieder hin, kam zurück und berichtete: »Jetzt ist die Verwirrung aufs äußerste gestiegen.« König Wu sprach: »Wie weit ist es gekommen?« Jener erwiderte »Die Untertanen wagen nicht mehr, ihrer Unzufriedenheit Ausdruck zu geben.« Der König Wu sprach: »Ei!« und sagte es dem Tai Gung Wang an.

Tai Gung Wang erwiderte: »Wenn Schmeichler und Betrüger die Ehrlichen überwinden, das nennt man Grausamkeit. Wenn die Tüchtigen das Land verlassen, das nennt man Verderben. Wenn das Volk seiner Unzufriedenheit keinen Ausdruck mehr zu geben wagt, das nennt man Schreckensherrschaft. Da ist die Verwirrung auf dem Gipfel, es kann nicht mehr schlimmer werden.«

Deshalb wählte er 300 Kriegswagen und 3000 Tigerkämpfer[52] aus und bestimmte in einer Audienz den Tag Gia Dsï als Termin, daß Dschou Sin gefangen werden sollte.

So wußte König Wu bestimmt, daß ihm niemand gewachsen sein werde. Denn wenn man die Verhältnisse zu benutzen versteht, wer vermöchte einem da zu widerstehen.

Als König Wu an den Fluß We kam, da hatte der König von Yin den Giau Go ausgesandt, um das Heer von Dschou zu erwarten. König Wu empfing ihn. Da sprach Giau Go: »Markgraf des Westens, wo geht Ihr hin? Betrüget mich nicht!«

König Wu sprach: »Ich betrüge Dich nicht. Ich gehe nach Yin.«

Giau Go sprach: »Und wann kommt Ihr?«

König Wu sprach: »Am Tage Gia Dsï werde ich auf dem Anger von Yin stehen. Ihr möget das berichten.«

Giau Go ging weg, da fiel ein großer Regen, der Tag und Nacht nicht aufhörte. Aber Wu rückte in Eilmärschen unaufhörlich vor.

Die Ratgeber im Heer machten alle Einwände und sprachen: »Die Soldaten werden krank, bitte, haltet ein.«

König Wu sprach: »Ich habe schon durch Giau Go seinem Herrn den Tag Gia Dsï als Termin melden lassen. Wenn ich nun an Gia Dsï nicht ankomme, so erscheint Giau Go als unwahr. Erscheint Giau Go als unwahr, so wird sein Herr ihn sicher töten. Ich rücke so schnell vor, um den Giau Go zu retten vor dem Tode.«

So kam König Wu tatsachlich am Tage Gia Dsï auf dem Anger von Yin an. Der König von Yin hatte sein Heer schon aufgestellt. Als er nun nach Yin kam, benützte er die Umstände, kämpfte und erlangte einen großen Sieg. Das war, weil König Wu im Rechte war. Wenn nämlich der andere tut, was die Menschen wünschen, und ich tue, was die Menschen hassen, so nützt es nichts, wenn ich mein Heer vor ihm aufstelle. So traf es sich wirklich, daß König Wu erntete, ohne gesät zu haben.

Als König Wu in Yin einzog, hörte er von einem angesehenen Mann in Yin. König Wu ging hin, ihn zu besuchen, und befragte ihn nach den Ursachen des Unterganges von Yin. Jener erwiderte: »Wenn Ihr, o König, sie zu wissen wünscht, so kommt bitte morgen Mittag wieder.«

König Wu ging mit dem Herzog Dan von Dschou am anderen Tage früh zur verabredeten Stunde wieder hin, aber sie fanden ihn nicht vor.

König Wu verwunderte sich. Aber der Herzog von Dschou sprach: »Ich weiß einen Grund. Er ist ein edler Mensch. Billigen kann er seinen Herrn nicht, seine Sünden Euch anzusagen, das mochte er nicht. Aber die Gründe von Yins Untergang waren, daß man Dinge ausmachte, die man nachher nicht tat, daß man Versprechen gab, die man nicht hielt. Das hat er Euch durch sein Verhalten mitgeteilt.«

Die Astronomen erforschen die Sterne und erforschen daraus die Jahreszeiten: das kommt von den Umständen. Die Zeitberechner sehen nach dem Lauf des Mondes und erkennen daraus, wann Neumond sein wird: das heißt, sie machen sich die Umstände zunutze. Yü kam zu dem Volke der Nackten. Er ging nackt hinein und kleidete sich erst an, als er wieder herauskam: er richtete sich nach den Umständen. Mo Di trat vor den König von Tschu, gekleidet in Brokat und die Mundorgel blasend: er richtete sich nach den Umständen. Kung Dsï ließ sich durch Mi Dsï Hia bei der Fürstin Li einführen[53]: er richtete sich nach den Umständen. Daß Tang und Wu in einer Zeit der Verwirrung lebten und dem bedrückten Volk zu Hilfe kommen konnten, indem sie ihren Ruhm ausbreiteten und ihre Werke vollendeten: das kam von den Umständen. Darum, wenn man sich nach den Umständen zu richten versteht, hat man Erfolg. Wenn man eigenwillig ist, so mißlingt es einem. Wer die Umstände für sich hat, dem ist niemand gewachsen. Selbst wenn einer noch so ein großes Land und noch so viele Untertanen hätte, es hülfe ihm doch nichts.

8. Kapitel
Erforschung der Neuzeit
Tscha Gin

Warum ahmen die Besten nicht die Ordnungen der alten Könige nach?

Nicht etwa, weil diese Ordnungen nicht gut gewesen wären, sondern weil man sie gar nicht nachahmen kann. Die Ordnungen der alten Könige sind durch die vergangenen Geschlechter hindurch auf uns gekommen. Manches haben andre dazu getan, manches haben andre davon genommen. Wie sollte man sie da nachahmen können? Aber selbst wenn andre nichts dazu und nichts davon getan hätten, könnte man sie doch nicht wohl nachahmen, ebensowenig wie man die Verordnungen des Auslandes nachahmen kann.

Die Ordnungen des Altertums und der Gegenwart sind verschieden im Ausdruck und getrennt durch ihre Grundsätze. So stimmen die alten Verordnungen häufig nicht mit den modernen Ausdrücken überein. Es verhält sich da wie mit Nationen von verschiedenen Sitten. Sie stimmen überein in der ihrem Tun zugrunde liegenden Absicht, aber sie sind verschieden in dem, was sie tun.

Undeutlich ausgestoßene Befehle erfreuen nicht. Wenn Schiffe und Wagen, Kleider und Hüte, Geschmack, Musik und Farben verschieden sind, so verurteilen die Menschen, die geneigt sind, sich selber immer recht zu geben, einander gegenseitig.

Die Gelehrten auf Erden sind reich an geschickten Reden und scharfen Worten. Sie verwirren alles, weil sie nicht nach dem wirklichen Tatbestand streben, sondern nur darauf aus sind, einander ins Unrecht zu setzen und zu besiegen.

Wie könnte man die Anordnungen der früheren Könige überhaupt nachahmen? Und selbst wenn man sie nachahmen könnte, so ist es doch so, daß man sie gar nicht nachahmen sollte.

Denn alle Ordnungen der früheren Könige standen in Beziehung zu ihrer Zeit. Die Zeit aber kommt nicht mit jenen Ordnungen zurück. Selbst wenn daher solche Ordnungen auf uns kommen würden, so sollte man sie nicht nachahmen. Darum suche man die abgeschlossenen Ordnungen der früheren Könige auf und ahme das nach, worauf das Wesen jener Ordnungen beruht. Was ist es nun, worauf das Wesen jener Ordnungen der alten Könige beruht? Worauf die Ordnungen der früheren Könige beruhten, das war der Mensch. Aber wir sind auch Menschen. Darum, wenn man sich selbst prüft, lernt man die anderen kennen; denn das Altertum und die Neuzeit sind im Grunde dasselbe, ebenso wie die andern Menschen mit dem eigenen Ich gleichgeartet sind. Staatsmänner, die die Wahrheit verstehen, halten es für wertvoll, aus dem Nahen das Ferne, aus der Gegenwart das Altertum, aus dem was sie gesehen, das, was sie nicht gesehen, zu erkennen.

Darum, wenn man den Schatten des Sonnenzeigers im Hofe prüft, so kann man daraus den Lauf von Sonne und Mond, den Wechsel von Licht und Finsternis erkennen. Sieht man das Eis in einer Flasche, so erkennt man daraus, daß es kalt auf Erden wird und Fische und Schildkröten sich verbergen.

Wenn man einen Bissen Fleisch kostet, so erkennt man den Geschmack des ganzen Topfes und die Mischung des ganzen Kessels.

Die Leute von Tschu wollten den Staat Sung überfallen. Man sandte Leute voraus, die die Furten des Yungflusses vorher abstecken sollten. Aber der Yungfluß trat über seine Ufer. Das wußten jedoch die Leute von Tschu nicht, sondern sie gingen den Stangen nach, als sie bei Nacht den Fluß durchquerten. Dabei ertranken über tausend Mann. Die ganze Armee wurde demoralisiert und zerstörte ihre Zelte. Vorher, als die Markierungen angebracht wurden, da konnten sie zur Wegführung dienen. Nachdem aber das Wasser seinen Lauf geändert hatte und angeschwollen war, gingen die Leute von Tschu noch immer den Stangen nach, um die Furt zu finden. Das war der Grund ihres Unterganges. Wenn Herrscher der Gegenwart die Ordnungen der alten Könige nachahmen, geht es oft auch so: Denn die Zeiten sind von denen, da die alten Könige ihre Ordnungen aufstellten, verschieden. Wenn man nun aber doch immer behauptet: »Das sind die Ordnungen der alten Könige!« und der Meinung ist, daß durch ihre Nachahmung alles wohl regiert wäre, so ist das ein sehr trauriger Irrtum.

Wollte man bei der Regierung gar keine gesetzlichen Ordnungen zugrunde legen, so gäbe es Verwirrung, wollte man die gesetzlichen Ordnungen unverändert festhalten, so wäre das Torheit. Aber durch Torheit und Verwirrung läßt sich kein Staat erhalten. Die Welt ändert sich, die Zeit wechselt, darum ist es gehörig, daß auch die gesetzlichen Ordnungen verändert werden. Es ist wie ein guter Arzt, der den tausenderlei Veränderungen der Krankheit auch tausenderlei Arzneien entgegensetzen muß. Wenn die Krankheit sich ändert und man wollte die Arznei nicht ändern, so würde das, was vorher den Leuten das Leben gerettet, nun zur Ursache ihres frühzeitigen Todes.

Darum: Bei allen Unternehmungen muß man sich genau an die bestehenden Ordnungen halten. Aber man muß die Veränderung der Ordnungen entsprechend dem Wechsel der Zeiten vornehmen. Wenn man sich nach diesem Grundsatze richtet, so wird man in allen Dingen frei von Fehlern bleiben.

Das Volk wagte es nicht, über die öffentlichen Ordnungen seine Meinung abzugeben, die Beamten müssen sich bis in den Tod unverbrüchlich an sie halten. Dagegen ist es die Aufgabe eines weisen Herrschers, entsprechend der Zeit die Ordnungen abzuändern.

So haben die 71 Heiligen, die auf Erden regierten, alle verschiedene Ordnungen gehabt, nicht etwa, weil sie es darauf abgesehen hätten, es anders zu machen als die andern, sondern weil Zeit und Umstände verschieden waren. Darum heißt es: »Sucht man ein gutes Schwert, so sehe man darauf, daß es schneidet, nicht darauf, daß es das Mo-Ye-Schwert[54] ist. Sucht man ein gutes Pferd, so sehe man darauf, daß es seine 1000 Meilen läuft, nicht darauf, daß es Ki oder Au[55] heißt.« Das Erreichen von Erfolg und Ruhm, das waren die 1000-Meilen-Pferde der Könige der alten Zeit.

Im Lande Tschu setzte ein Mann über den Giang. Da fiel sein Schwert aus dem Schiff ins Wasser. Darauf machte er an der Stelle einen Einschnitt in das Schiff und sprach: »An dieser Stelle ist mein Schwert hinuntergefallen.« Als das Schiff hielt, da tauchte er an der Stelle, wo er den Einschnitt gemacht hatte, ins Wasser und suchte es.

Aber während das Schiff weitergefahren war, war das Schwert nicht mitgefahren. Ist es daher nicht töricht, das Schwert auf diese Weise zu suchen? Aber wenn man die alten Ordnungen in seinem Reich durchführen will, so ist das genau dasselbe. Die Zeiten sind inzwischen weitergeschritten, aber die Ordnungen sind nicht mitgeschritten. Würde es daher nicht schwierig sein, auf diese Weise Ordnung zu schaffen?

Es fuhr einmal ein Mann über den Giang. Da sah er einen andern Mann, der ein kleines Kind an der Hand hielt, das er eben in den Fluß werfen wollte. Das Kind aber schrie. Nun fragte er nach den Umständen. Da sprach jener: »Ach, sein Vater schon konnte gut schwimmen.«

Aber wenn der Vater gut schwimmen konnte, ist es denn damit gesagt, daß auch das Kind ihm in der Fähigkeit des Schwimmens nachschlage? Wenn man auf diese Weise vorgeht, so kommt man zu Unmöglichkeiten. Aber der Staat Tschu macht es bei seinen Regierungsmaßregeln ähnlich[56].

BUCH XVI · SIÄN SCHÏ LAN

Betrachtung über das Vorherwissen

1. Kapitel
Das Vorherwissen
Siän Schï

Immer wenn ein Reich zugrunde geht, so gehen seine Weisen erst fort. Das ist dieselbe Sache zu allen Zeiten gewesen[1].

Das Schicksal des Landes richtet sich nach der Hauptstadt, das Schicksal der Hauptstadt nach den Bürgern, die Bürger nach den Weisen. Wenn ein weiser Herr die Weisen für sich hat, so hat er das Volk, hat er das Volk, so hat er die Stadt, hat er die Stadt, so hat er das Land. Hat er das Land, was braucht er dann persönlich überall herumzureisen? Andere ermahnen für ihn seine Untertanen. Damit hat er das Wichtigste erreicht.

Der Großannalist von Hia, namens Dschung Gu, nahm seine Aufzeichnungen und Gesetzesordnungen hervor, hielt sie in der Hand und weinte. Aber der Herr von Hia, Giä, wurde nur immer schlimmer in seinem verblendeten und grausamen Wesen. Da entfloh der Großannalist Dschung Gu nach Schang.

Tang (der Herr von Schang) freute sich darüber und sprach zu den Fürsten: »Der König von Hia wandelt nicht auf dem rechten Weg. Er ist grausam gegen das Volk, unterdrückt seine Verwandten, beschimpft seine verdienstvollen Diener, verachtet seine Weisen, verwirft das Recht und hört auf Schmeichler. Die Massen sind alle unzufrieden mit ihm, die ordnungstreuen Beamten haben freiwillig bei mir in Schang Zuflucht gesucht.«

Der Geheimsekretär von Yin, namens Hiang Dschï, sah, daß Dschou Sin immer zügelloser wurde, da packte er seine Aufzeichnungen und Ordnungen auf einen Wagen und floh nach dem Lande Dschou.

Der König Wu war sehr erfreut und sprach zu den Fürsten: »Der König von Schang ist zuchtlos geworden, er hat sich dem

Wein ergeben, den Gi Dsï hat er entfernt und treibt sich mit Weibern und Knaben herum. Die Ta Gi führt die Regierung. Lohn und Strafe werden willkürlich verhängt, ohne die Ordnungen zu beachten. Drei Unschuldige hat er gemordet. Das Volk ist aufs äußerste empört. Die ordnungstreuen Beamten haben sich nach dem Lande Dschou geflüchtet.«

Der Großannalist von Dsin, Tu Schu, sah, daß Dsin in Verwirrung war, er sah, daß der Herzog von Dsin hochmütig und ohne Tugend und Gerechtigkeit war. Deshalb wandte er sich mit seinen Aufzeichnungen und Ordnungen nach Dschou.

Der Herzog We von Dschou[2] empfing ihn und fragte ihn: »Welcher Staat auf Erden wird zuerst untergehen?« Er erwiderte: »Dsin wird zuerst untergehen.« Der Herzog We fragte nach der Ursache.

Er erwiderte: »Ich weilte in Dsin und wagte nicht, geradeheraus zu reden. Darum suchte ich den Herzog von Dsin aufmerksam zu machen, indem ich ihn auf üble Vorzeichen am Himmel hinwies, wo Sonne, Mond und Sterne häufig von ihrer Bahn abwichen. Aber er sprach: ›Was können diese Dinge tun?‹

Darauf wies ich ihn abermals hin auf die menschlichen Verhältnisse, wo viele Ungerechtigkeiten vorkamen, so daß das Volk murrte. Aber er sprach: ›Was kann das schaden?‹

Darauf wies ich ihn abermals darauf hin, daß die Nachbarstaaten unwillig seien und die Weisen sich mißbilligend äußern. Aber er sprach: ›Was kann das ausmachen?‹

Damit bewies er, daß er nicht wußte, wodurch sein Untergang bedingt ist. Darum sage ich: Dsin wird zuerst untergehen.«

Nach drei Jahren ging Dsin tatsachlich zugrunde. Da besuchte der Herzog We abermals den Tu Schu und fragte ihn: »Wer kommt nun daran?«

Er erwiderte: »Dschung Schan kommt zunächst daran.«

Der Herzog We fragte nach der Ursache, da erwiderte er: »Der Himmel erzeugte die Menschen und bestimmte, daß sie in Züchten leben sollten. Die Züchtigkeit ist die Pflicht der Menschen, das, wodurch sie sich von Vögeln, Tieren und Hirschen unterscheiden und worauf die Stellung von Fürst und Diener, Vorgesetzten und Untergebenen beruht. Aber die Sitten in Dschung

Schan sind so, daß sie den Tag zur Nacht machen und die Nacht wieder an den Tag anschließen. Männer und Weiber sitzen beieinander und liebkosen sich unaufhörlich. Alles ist voll Unzucht, Ausgelassenheit, Gesang und Sentimentalität. Und der Herrscher vermag es nicht, diesen volksverderblichen Sitten entgegenzutreten. Darum sage ich: Dschung Schan kommt zunächst daran.«

Nach zwei Jahren ging Dschung Schan tatsachlich zugrunde. Da besuchte der Herzog We den Tu Schu abermals und fragte: »Wer kommt nun daran?« Tu Schu erwiderte nichts. Als aber der Herzog We in ihn drang, da erwiderte er: »Ihr kommt zunächst an die Reihe!«

Da erschrak der Herzog We und suchte nach tüchtigen Leuten in seinem Staate. Er fand den I Dschï und den Tiän I und ehrte sie. Er fand den Schi Liu und Dschau Piän und machte sie zu Ratgebern. Er schaffte 39 lästige Verordnungen ab. Das sagte er dann dem Tu Schu. Der erwiderte: »So mag es vielleicht noch zu Euern Lebzeiten gut gehen. Ich habe gehört: Wenn ein Reich blühen soll, so schickt ihm der Himmel Weise und aufrichtige Statsmänner. Wenn ein Reich zum Untergang bestimmt ist, so schickt ihm der Himmel zuchtlose Menschen und schmeichlerische Staatsmänner.« Als Herzog We starb, da stand sein Sarg neun Monate und konnte nicht begraben werden, und Dschou zerfiel in zwei Hälften. Darum darf man die Worte der Männer der Wahrheit nicht geringachten.

Auf den Opferkesseln[8] der Dschou-Dynastie waren Oger abgebildet, Tiere mit einem Kopf und ohne Leib. Sie fressen Menschen, aber noch ehe sie sie hinuntergeschluckt haben, ereilt sie selbst das Unheil, das zeigt die Vergeltung. Wer übel handelt, dem geht es ebenso.

Bo Gui kam nach Dschung Schan. Der König von Dschung Schan wollte ihn dabehalten, aber Bo Gui lehnte beharrlich ab, bestieg seinen Wagen und fuhr davon. Darauf kam Bo Gui nach Tsi. Der König von Tsi wollte ihn auch dabehalten und ihm ein Amt geben, aber er lehnte ebenfalls ab und ging weg. Als man ihn nach dem Grund fragte, sagte er: »Die beiden Länder sind dem Untergang verfallen. Was sie gelernt haben, ist ein fünffaches Zuende.«

»Und was ist dieses fünffache Zuende?« Er sprach: »Wenn es nichts Unbedingtes mehr gibt, so ist das Vertrauen zu Ende; wenn es nichts Rühmliches mehr gibt, so ist der gute Name zu Ende; wenn es keine Anhänglichkeit mehr gibt, so ist die Liebe zu Ende; wenn die Wanderer keine Wegzehrung haben und die Einheimischen keine Speise, so ist der Besitz zu Ende. Wenn man sich nicht anderer zu bedienen weiß und sich auch nicht selbst zu führen weiß, so sind die Erfolge zu Ende. Wenn in einem Staate diese fünf Dinge zu Ende sind, so geht er sicher zugrunde, wenn er nicht ganz besonderes Glück hat. Sowohl auf Dschung Schan als auf Tsi trifft das zu. Wenn die Könige von Dschung Schan und Tsi das hören könnten und würden es abstellen, so würden sie sicher nicht zugrunde gehen. Aber das Übel ist, sie hören es nicht, und wenn sie es hörten, so würden sie es nicht glauben.«

Darum sollten die Herrscher sich alle Mühe geben, gut hören zu lernen. Denn es half dem Staate Dschung Schan nichts, daß er fünfmal Gebietsteile an Dschau abtrat[4], es half dem Staate Tsi nichts, daß er ein allgemeines Aufgebot erließ und seine Heere am Flusse Dsi aufstellte[5]. Denn sie verwarfen, was sie hätte retten können, und schufen, was ihnen den Untergang brachte.

2. Kapitel
Ausschau in der Welt
Guan Schï

Wenn es auf Erden auch Staatsmänner gibt, die die Wahrheit besitzen, so gibt es doch in einem einzelnen Lande nur wenige. Wenn in einem Umkreis von 1000 Meilen auch nur ein Staatsmann ist, so ist das schon, als stießen sie sich mit den Ellbogen. Wenn in mehreren aufeinanderfolgenden Geschlechtern auch nur ein Weiser ist, so ist das schon, als träten sie sich auf die Fersen. Da nun die Staatsmänner und Weisen so schwierig zu haben sind, und da man andererseits, wenn man gut Regiment will, notwendig auf ihre Hilfe bei der Regierung angewiesen ist, woher sollen sie da kommen? Ja, wenn es glücklicherweise welche gibt, so werden sie noch nicht einmal sicher erkannt. Werden sie aber nicht erkannt, so ist es gerade so, als gäbe es gar keine. Darum sind die Zeitalter guten Regiments immer so selten und die Zeitalter der Verwirrung so häufig. So gibt es nicht vier Männer, die wirklich königliche Art hatten, und keine sechs Männer, die es verstanden, die Lehensstaaten unter fester Hand zu leiten. Während Staaten, die dem Untergang verfallen sind, auf Sichtweite beieinander liegen und Herrscher, die in Gefangenschaft geraten, immer gleichzeitig mehrere da sind.

Gewinnt man einen Staatsmann, so bleibt man frei von diesen Leiden.

Das Haus Dschou hat im ganzen 400 Lehensstaaten errichtet, und Staaten, die sich ihm freiwillig unterwarfen, waren es über 800. Heute sind sie nicht mehr vorhanden, und wenn sie noch vorhanden sind, so sind sie eben in Verhältnissen, die ihren Untergang bedingen[6]. Ein tüchtiger Fürst, der solches weiß, wird Tag für Tag sorgfältig sein, um es wenigstens zu Lebzeiten hinauszuführen. Es muß sein wie beim Bergsteigen. Der Bergsteiger steht selber schon an einem hohen Ort. Aber rechts und links hat er noch steile Felsen vor sich und Berge, die noch höher sind als sein Standort. So geht es auch, wenn man mit einem Würdigen zusammenlebt. Wenn man selber auch schon tüchtig ist, so sieht man doch in seiner Umgebung noch ein höheres Ideal von Tüchtigkeit verwirklicht.

So hat der Herzog Dan von Dschou gesagt: »Wer schlechter ist als ich, mit dem lebe ich nicht zusammen; denn er ist für mich nur eine Hemmung. Wer auf derselben Stufe steht wie ich, mit dem lebe ich nicht zusammen; denn er wird mir keinen Nutzen bringen. Nur die Tüchtigen!« Unter allen Umständen sollte man mit Leuten umgehen, die tüchtiger sind als wir. Das Mittel aber, durch das man mit Leuten, die tüchtiger sind als wir, zusammenleben kann, ist, sie höflich zu behandeln.

Wenn ein Fürst tüchtig und eine Generation wohl regiert ist, so sind die Tüchtigen obenauf, wenn aber der Fürst untüchtig und das Geschlecht in Unordnung ist, so sind die Tüchtigen unten. Gegenwärtig ist das Haus Dschou erloschen, und es gibt keinen Weltherrscher mehr. Aber es gibt keine größere Unordnung, als wenn es keinen Weltherrscher gibt. Gibt es keinen Weltherrscher, so überwältigen die Starken die Schwachen, und die Mehrzahl vergewaltigt die Minderzahl. Man vernichtet sich gegenseitig mit Waffengewalt, ohne sich Ruhe zu gönnen, und die Schönredner gewinnen Einfluß. So steht es heutzutage.

Darum, wenn man Staatsmänner, die die Wahrheit besitzen, finden will, so muß man sie an Flüssen und Meeren, in Bergen und Tälern, in abgelegenen und verborgenen Gegenden suchen. Da kann man vielleicht, wenn man Glück hat, noch einen finden. So angelte Ta Gung am Dsï-Fluß: denn er lebte zur Zeit des Tyrannen Dschou Sin; darum fand ihn König Wen. König Wen besaß nur eine mittlere Macht, Dschou Sin war Weltherrscher. Daß ihn der Herr eines Mittelstaates fand und ein Weltherrscher ihn verlor, das kommt daher, daß ihn der eine erkannte und der andre nicht.

Die große Masse des Volkes kann man verwenden, ohne sie erst zu kennen, man kann ihnen befehlen, ohne sie erst höflich behandeln zu müssen. Dagegen die Staatsmänner, die die Wahrheit besitzen, muß man erst kennen und erst höflich behandeln, ehe sie ihre volle Weisheit und Fähigkeit entwickeln.

Als Yän Dsï[7] nach Dsin ging, da sah er einen Menschen, der trug einen umgewendeten Pelzrock und schleppte Heu auf dem Rücken und ruhte aus am Rand der Straße. Er hielt ihn für einen edlen Mann. Darum ließ er ihn fragen: »Weshalb bist du in diese Lage gekommen?« Jener erwiderte: »Die Leute von Tsi haben mich als Sklaven verkauft, mein Name ist Yüo Schï Fu.« Yän Dsï sprach: »O!« Dann ließ er sein linkes Wagenpferd ausspannen, um ihn loszukaufen. Er nahm ihn mit sich auf dem Wagen nach Hause. Zu Hause angekommen, redete er weiter nicht mit ihm, sondern ging in das Haus hinein. Yüo Schï Fu ward böse und wollte die Beziehungen abbrechen. Yän Dsï sandte jemanden, um ihn aufzuhalten und ihm sagen zu lassen: »Bisher hatten wir noch keinen Verkehr, nun habe ich Euch aus der Not befreit, damit habe ich Euch doch nichts zuleide getan.

Yüo Schï Fu sprach: »Ich habe gehört, ein Edler wird mißachtet von denen, die ihn nicht kennen, aber er wird geachtet von denen, die ihn kennen. Darum bitte ich, den Verkehr abbrechen zu dürfen.«

Da kam Yän Dsï persönlich heraus, suchte ihn auf und sprach: »Bisher habe ich nur Euer Äußeres gesehen, nun habe ida aber einen Blick in Euer Inneres getan. Ich habe gehört, wer den Tatbestand ermitteln will, hält sich nicht am Ton der Rede auf, wer den Wandel eines Menschen beobachtet, hält sich nicht über seine Worte auf. Ich will mich entschuldigen, und dann hoffe ich, daß Ihr mir's nicht weiter übelnehmt.«

Yüo Schï Fu sprach: »Da Ihr mich so höflich behandelt, so kann ich nicht anders, als ehrfurchtsvoll Euch zu Willen sein.« Darauf machte ihn Yän Dsï zu seinem Ratgeber. Gewöhnliche Menschen werden, wenn sie etwas geleistet haben, auf ihre Tugend eingebildet. Sind sie eingebildet auf ihre Tugend, so werden sie hochmütig. Nun hatte Yän Dsï die Leistung vollbracht, daß er jenen aus seiner üblen Lage befreit hatte, und dennoch demütigte er sich vor ihm. Darin stand er hoch über dem Durchschnitt. Das aber ist der Weg zu wirklichen Leistungen.

Der Meister Liä Dsï[8] war so arm, daß ihm der Hunger aus den Augen sah. Ein Fremder erzählte es dem Kanzler Dsï Yang von Dschong und sprach: »Liä Yü Kou gilt für einen Weisen, der im Besitz der Wahrheit ist. Er wohnt im Reiche Eurer Hoheit und ist arm. Wollt Ihr etwa dafür gelten, daß Ihr die Weisen nicht schätzt?« Darauf ließ Dsï Yang von Dschong durch einen Beamten mehrere Dutzend Scheffel Getreide ihm überbringen.

Meister Liä Dsï trat vor das Tor, empfing den Boten, verneigte sich zweimal und lehnte ab. Als der Bote weg war und Meister Liä Dsï wieder hineingegangen war, da blickte ihn seine Frau an, preßte die Hand aufs Herz und sprach: »Ich habe gehört, daß Weib und Kind eines Mannes, der im Besitz der Wahrheit ist, eitel Freude und Wonne haben. Wir aber müssen Hunger leiden. Nun kam der Herr und schickte dir Speise, und du nimmst sie nicht einmal an, wahrlich ein bittres Los!«

Meister Liä Dsï sprach lächelnd zu ihr: »Der Fürst kennt mich nicht selbst, sondern auf anderer Leute Reden hin hat er mir Getreide geschickt. Da kann es ebensogut einmal passieren, daß er mir Übles tut, ebenfalls auf anderer Leute Reden hin. Darum habe ich es nicht angenommen.«

Schließlich kam es richtig dazu, daß bei einem Tumulte, der sich unter dem Volke erhob, Dsï Yang getötet wurde.

Wenn man den Lebensunterhalt von einem Manne annimmt, so muß man sein Leben für ihn lassen, wenn er in Not kommt, sonst ist man pflichtvergessen. Läßt man aber sein Leben, so stirbt man für einen Übeltäter. Für einen Übeltäter zu sterben ist aber nicht recht.

Meister Liä Dsï entging auf diese Weise der Notwendigkeit, entweder pflichtwidrig oder unrecht zu handeln. Darin zeigte er sich tatsächlich als überlegene Persönlichkeit!

Ferner hat er, obwohl er unter Hunger und Kälte zu leiden hatte, nicht unbesehen jede Gabe angenommen, sondern hat erst den Charakter des Gebers in Betracht gezogen. Daß er erst den Charakter des andern in Erwägung zog, ehe er handelte, darin zeigte er seine große Lebenserfahrung.

3. Kapitel
Begreifen können
Dschï Dsiä

Die Augen des Menschen sehen dadurch, daß sie auf etwas blikken; schließt man die Augen, so ist es ebenso, als wenn man gar nichts sähe. Darauf beruht der Unterschied zwischen Aufblikken und Schließen der Augen. Ein Mann mit verschlossenen Augen kann nichts sehen, weil er seine Augen nie aufmacht; deshalb können die Eindrücke vom Auge nicht ergriffen werden. Wenn man keine Eindrücke zu ergreifen vermag und doch vom Sehen redet, so ist das irrig.

Mit der Erkenntnis verhält es sich ebenso. Die Ursachen, die das Begreifen bewirken, sind für den Erkennenden dieselben wie für den Nichterkennenden. Aber die beiden Menschen unterscheiden sich darin, daß der eine das, was der andere begreifen kann, nicht begreift. Die Begriffsfähigkeit des Klugen reicht weit, die Begriffsfähigkeit des Toren reicht nur in die Nähe.

Wenn man nun einem Manne, dessen Begriffsfähigkeit nur für Naheliegendes ausreicht, fernwirkende Dinge mitteilt, woher sollte das gegenseitige Verständnis in diesem Falle kommen? Ohne gegenseitiges Verständnis kann man einen aber trotz aller Mühe nicht aufklären.

Ein Westbarbar sah einen Tuchbleicher und fragte: »Aus was macht man das lange Ding da?« Jener zeigte auf den Hanf und wies ihn vor. Da wurde der Barbar böse und sprach: »Wer will aus dem wirren Ding da machen können das lange Ding da?«

Darum, wenn eine Stadt zugrunde geht, so liegt es nicht daran, daß keine weisen Staatsmänner und keine Würdigen vorhanden wären, sondern daran, daß der Fürst sie nicht begreifen kann. Das Unglück derer, die nichts begreifen, ist, daß sie sich selbst für klug halten, so daß sie wahre Weisheit sicher nicht begreifen. Wenn man aber nichts begreift und dazuhin sich selbst für klug hält, so ist das Verblendung. Und wenn es so steht, so hat der Staat keine Grundlage für sein Bestehen und der Fürst keine Grundlage für seine Sicherheit mehr.

Wenn jemand nicht begreift, aber selber weiß, daß er nicht weise ist, so hat man noch nie gehört, daß sein Staat untergegangen oder der Fürst in Gefahr geraten wäre.

Guan Dschung war krank[9]. Der Herzog Huan besuchte ihn und fragte ihn: »Eure Krankheit, Vater Dschung, ist schwer, was habt Ihr mir noch für eine Belehrung zu geben?«

Guan Dschung sprach: »Die Bauern von Tsi haben ein Sprichwort: Solange man im Amte weilt, soll man nichts bei sich behalten, geht man fort, so soll man nichts mit sich begraben lassen. Nun gehe ich auf eine weite Reise, was sollte da von mir noch zu erfragen sein?« Herzog Huan sprach: »Bitte, seid nicht allzu bescheiden!«

Da erwiderte Guan Dschung: »Ich wünschte, daß Ihr den I Ya, den Eunuchen Schu Diau, den Zauberer von Tschang und den Prinzen Ki Fang von We fernhalten möget!«

Der Herzog sprach: »I Ya hat seinen Sohn gebraten, um mir eine Freude zu machen, und sollte dennoch Mißtrauen verdienen?«

Guan Dschung erwiderte: »Es liegt nicht in der menschlichen Natur, daß einer seine Kinder nicht liebt. Wenn einer es über sich bringt, sein Kind zu schlachten, zu was wird er dann seinem Fürsten gegenüber erst fähig sein!«

Der Herzog sprach abermals: »Der Schu Diau hat sich selbst kastriert, um mir immer nahe sein zu können, und dennoch sollte er Mißtrauen verdienen?«

Guan Dschung erwiderte: »Es liegt nicht in der menschlichen Natur, seinen eigenen Leib nicht zu schonen; wenn einer nun das seinem eigenen Leib gegenüber über sich bringt, zu was sollte er da erst seinem Fürsten gegenüber nicht fähig sein?«

Herzog Huan sprach abermals: »Der Zauberer von Tschang versteht sich auf Leben und Tod, er kann Besessenheit vertreiben, und dennoch sollte er Mißtrauen verdienen?«

Guan Dschung erwiderte: »Leben oder Tod unterliegt dem Willen der Vorsehung, Besessenheit beruht auf Geistesschwäche. Wenn Ihr nicht auf den Willen der Vorsehung traut und Euer Wesen zu wahren wißt, sondern Euch auf den Zauberer von Tschang verlaßt, so wird der um dessentwillen zu allem fähig sein.«

Der Herzog Huan sprach abermals: »Der Prinz Ki Fang von We dient mir jetzt nun schon 15 Jahre lang. Als sein Vater starb, wagte er nicht, zu seiner Beweinung in seine Heimat zurückzukehren. Und dennoch sollte er Mißtrauen verdienen?« Guan Dschung erwiderte: »Es liegt nicht in der menschlichen Natur, seinen Vater nicht zu lieben. Wenn einer das seinem Vater gegenüber fertigbringt, wozu wird er erst seinem Fürsten gegenüber fähig sein!«

Der Herzog sagte: »Ja.« Und als Guan Dschung gestorben war, da trieb er jene alle von sich.

Aber da schmeckte das Essen nicht mehr gut, das Schloß war nicht mehr in Ordnung, der Herzog litt an Besessenheit, und der Hof entbehrte der guten Formen.

Drei Jahre ging es so, da sagte der Herzog: »Der Vater Dschung ist doch wohl zu weit gegangen, wer will behaupten, daß Vater Dschung in allem recht hat?« Darauf berief er jene alle wieder zu sich.

Im folgenden Jahr wurde er krank. Da ging der Zauberer von Tschang von ihm heraus und sprach: »An dem und dem Tag wird er sterben.« Darauf machten I Ya, der Eunuch Schu Diau und der Zauberer von Tschang eine Verschwörung, sie schlossen das Schloßtor ab, bauten eine hohe Mauer und ließen niemanden zu ihm, indem sie das für einen Befehl des Herzogs ausgaben.

Eine der Frauen des Herzogs kletterte über die Mauer und kam zu dem Ort, wo der Herzog war. Der Herzog sprach: »Ich möchte etwas zu essen.« Die Frau sprach: »Ich kann nirgends etwas bekommen.« Der Herzog sprach wieder: »Ich möchte etwas zu trinken.« Die Frau sprach: »Ich kann nirgends etwas bekommen.« Der Herzog sprach: »Warum?« Die Frau erwiderte: »Der Zauberer von Tschang kam aus dem Inneren des Palastes heraus und sprach: ›An dem und dem Tag wird der Herzog sterben!‹ Da machten I Ya, der Eunuch Schu Diau und der Zauberer von Tschang eine Verschwörung, schlossen das Tor des Schlosses, bauten eine hohe Mauer und lassen niemanden herein. Darum kann ich nichts bekommen. Und der Prinz Ki Fang von We hat durch eine Urkunde vierzig Ortschaften an We abgetreten.«

Da seufzte der Herzog tief auf, die Tränen traten ihm ins Auge, und er sprach: »Ach! die Weisen sehen doch immer weiter! Wenn ich sterbe, wie werde ich erröten müssen, wenn ich dem Vater Dschung gegenübertreten soll.« Darauf verhüllte er das Gesicht mit seinem Ärmel und hauchte seinen Geist aus im Schloß des langen Lebens. Drei Monate blieb er unbeerdigt, so daß die Würmer zur Haustür hinauskrochen und man deshalb das Hoftor schließen mußte, damit sie nicht gesehen wurden. Das kam daher, weil er schließlich doch nicht auf die Worte des Guan Dschung gehört hatte.

Der Herzog Huan nahm nicht die Schwierigkeiten unwichtig, auch mißachtete er den Guan Dschung nicht. Aber es fehlte ihm an dem weiten Blick des Begreifens. Weil er ihn nicht begriff, darum machte er den wohlgemeinten Rat jenes Mannes zunichte und bevorzugte jene, die er lieb und wert hielt.

4. Kapitel
Bereuen der Fehler
Hui Guo

In ein Loch, das acht Fuß tief ist, kann ein Mensch mit seinem Arm nicht hinunterreichen. Warum nicht? Weil er zu kurz ist. Auch die Erkenntnis ist manchmal zu kurz. Dann kann man einem noch so geschickt zureden und die Wahrheit kann noch so einleuchtend sein: er vermag sie doch nicht zu sehen.

So kam es dazu, daß ein Gi Dsï[10] zur Erfolglosigkeit verurteilt war in Schang und daß ein Fan Li den Giang-Strom hinunterschwamm.

Einst rüstete Herzog Mu von Tsin ein Heer, um den Staat Dschong zu überfallen.

Tsiän Schu erhob Einspruch und sagte: »Es geht nicht. Ich habe gehört, daß man einen Staat zu Wagen nur auf eine Entfernung von 100 Meilen, zu Fuß nur auf die Entfernung von 30 Meilen überfallen kann. Denn dann sind die Leute noch stark und ihre Kraft ist noch unvermindert, so daß sie dem Feind widerstehen, ihn vernichten können und imstande sind, schnell wieder von ihm wegzukommen. Nun aber muß man mehrere 1000 Meilen marschieren und kommt dazu durchweg durch das Gebiet von fremden Fürsten. Ich kann mir nicht denken, wie es unter diesen Verhältnissen möglich sein sollte, einen Staat zu überraschen.«

Aber der Herzog Mu hörte nicht darauf. Da begleitete Tsiän Schu das Heer bis vor das Tor und sagte weinend: »O, dieses Heer! Jetzt sehen wir es ausziehen, und nie werden wir es zurückkommen sehen.«

Tsiän Schu hatte auch zwei Söhne namens Schen und Schï, die mit dem Heere auszogen.

Da sprach Tsiän Schu zu seinen Söhnen: »Wenn Dsin unserem Heere entgegentritt, wird das sicher bei Hiau geschehen. Wenn ihr fallt, so sorgt dafür, daß es nicht auf dem südlichen Ufer geschieht, sondern auf dem nördlichen Ufer, damit ich eure Leichen leichter finden kann.«

Herzog Mu von Tsin hörte das und sandte jemanden, um den Tsiän Schu folgendermaßen zu tadeln: »Wenn ich ein Heer aussende, so kann man doch nicht wissen, wie es gehen wird. Wenn du nun es weinend begleitest, so heißt das mein Heer beweinen.«

Tsiän Schu erwiderte: »Ich erlaube mir nicht, das Heer zu beweinen. Ich bin aber alt und habe zwei Söhne, die beide mit dem Heere ausgezogen sind. Ehe sie zurückkehren, werden entweder sie fallen oder ich gestorben sein, darum weinte ich.«

Das Heer[11] kam auf seinem Marsche durch Dschou. Dort lehnte sich Wang Sun Man an seine Tür und sah ihm nach und sprach: »Diesem Heer droht sicher ein Unglück. Wenn ihm kein Unglück begegnet, so will ich nie wieder über die Wahrheit reden. Der Staat Tsin ist nichts anderes als ein vom Hause Dschou eingesetzter Lehnsstaat. Wenn das Heer eines solchen Staates am Schloß des Großkönigs vorbeikommt, so muß es mit verhüllten Panzern und umwickelten Waffen geschehen. Die beiden äußeren Wagenkämpfer müssen absteigen, um dem Großkönig ihre Ehrerbietung zu erweisen. Nun fahren sie in vollem Flaggenschmuck daher, die Linksstehenden beugen sich nicht einmal zum Gruß über das Wagengeländer. Und in 500 Wagen sind die Rechtsstehenden auf den Wagen gesprungen. Es ist zwar eine stattliche Macht, aber wenn sie es so an Anstand fehlen lassen, können sie nicht ohne Unglück durchkommen.«

Als das Heer das Gebiet von Dschou durchzogen hatte, da kamen zwei Kaufleute aus dem östlichen Dschong, die westwärts nach Dschou zu Markte wollten, namens Süan Gau und Hi Schï. Als die dem Heer von Tsin begegneten, sprachen sie: »Ei, dieses Heer kommt sicher von weit her, das will sicher Dschong überfallen.« Darauf machten sie aus, daß Hi Schï dem Heere entgegengehen sollte, um scheinbar im Namen des Grafen von Dschong dessen freundliche Gesinnung auszudrücken. Er sprach: »Mein Fürst hat freilich schon lange gehört, daß der Feldherr Eures großen Staates im Begriff sei zu kommen. Als nun Euer Heer nicht kam, da war mein Fürst und seine Krieger beständig um Euch in Sorge. Er fürchtet, daß die Soldaten ermattet und ohne Proviant sein möchten nun schon so lange Zeit. Darum hat er mich abgesandt, seine Anteilnahme auszudrücken durch Übersendung von zwölf Ochsen als Proviant.«

Die drei Feldherrn von Tsin erwiderten: »Da mein Fürst niemand besseres hatte, sandte er uns drei, Bing, Schu und Schi nach Osten, um am Weg von Dsin zu warten. Nun sind wir aus Versehen verirrt und auf Euer Gebiet geraten. Wir wagen Eure Geschenke nicht abzulehnen.« Darauf verneigten sie sich zweimal mit dem Haupt bis zur Erde und nahmen die Geschenke an. Die drei Feldherrn gerieten jedoch in Furcht und berieten untereinander: »Wir sind mehrere tausend Meilen weit durch vieler Herren Länder gezogen, um einen Staat zu überfallen, und noch ehe wir da sind, haben es jene schon erfahren. Sicher haben sie sich vollkommen gerüstet. Jetzt ist es Zeit, das Heer zurückzuführen und uns vor ihnen zurückzuziehen.«

Nun traf es sich gerade, daß der Herzog Wen von Dsin gestorben war, aber noch nicht begraben. Da sprach Siän Dschen zum Thronfolger, dem Herzog Siang: »Das Heer von Tsin muß man unter allen Umständen angreifen.« Der Herzog Siang sprach: »Der Leichnam meines verewigten Vaters liegt noch im Saal; wenn ich nun sehe, daß es vorteilhaft ist, das Heer von Tsin anzugreifen, und ich greife es jetzt nur aus diesem Grunde an, so dürfte das doch wohl mit den Pflichten eines pietätvollen Sohnes unvereinbar sein.«

Siän Dschen sprach: »Sie haben uns nicht ihr Beileid ausgesprochen, sie haben kein Mitgefühl mit unserer Trauer gezeigt, das ist soviel, als wenn sie unsern Fürsten getötet und seine Hinterbliebenen bedrückt hätten. Unter diesen Umständen muß man angreifen.« Der Beamte bat, mit aller Macht anzugreifen, und schließlich gab der Herzog Siang gezwungen nach. Da schnitt Siän Dschen das Heer von Tsin bei Hiau ab und griff es an. Er schlug es gänzlich und brachte die drei Feldherrn gefangen zurück.

Als Herzog Mu es hörte, nahte er sich in Trauerkleidern zur Audienz und sprach zu den Versammelten: »Der Himmel meinte es nicht gut mit unserem Staate Tsin, daß er mich veranlaßt hat, nicht auf den Rat des Tsiän Schu zu hören und dadurch in dieses Unglück zu kommen!«

Der Herzog Mu von Tsin wollte nicht diese Niederlage bei Hiau, allein sein Verständnis war zu kurz. Weil sein Verständnis zu kurz war, darum glaubte er nicht. Weil er jenen Worten nicht glaubte, darum kam sein Heer nicht wieder. Darum: Es gibt kein größeres Übel, als wenn einer im Verständnis zu kurz ist.

5. Kapitel
Freude an der Vollendung
Lo Tschong

Große Weisheit hat keine äußerliche Gestalt, gut Ding will lange Weile haben, starke Töne erklingen selten.

Als Yü die Gewässer der Flüsse ableitete, da war das Volk dabei tätig, indem es Ziegel und Scherben sammelte. Als das Werk vollendet war, da war es zum Nutzen von 10 000 Geschlechtern. Yü hatte einen weiten Blick und das Volk wußte es nur nicht. Darum kann man mit dem Volk nicht zusammen planen und beginnen, aber man kann sich mit ihm zusammen des vollendeten Werkes freuen.

Als Kung Dsï[12] eben erst in Lu angestellt war, da machte I, ein Mann aus Lu, ein Spottgedicht auf ihn:

Den Kerl im Hirschepelz und Schurz
Mag man verwerfen nach Belieben,
Den Kerl in Schurz und Hirschepelz
Mag man verwerfen ohne Fehl.

Nach drei Jahren hatte es Kung Dsï soweit gebracht, daß die Männer auf der rechten Seite der Straße gingen und die Frauen auf der linken. Wenn jemand einen Wertgegenstand verloren hatte, nahm ihn niemand fort. Die Art der großen Weisheit ist wirklich schwer zu verstehen.

Als Dsï Tschan angefangen hatte, den Staat Dschong zu ordnen, da sorgte er dafür, daß die Felder alle Grenzgräben bekamen und hoch und niedrig fest geregelte Kleidung trug[13]. Da machten die Leute aus dem Volk Spottverse über ihn:

»Wir haben Felder,
Und Dsï Tschan nimmt sie weg.
Wir haben Kleider,
Und Dsï Tschan sammelt sie ein.
Wer den Dsï Tschan umbringt,
Dem helfen wir.«

Nach drei Jahren machten die Leute wieder Verse über ihn:

»Wir haben Felder,
Dsï Tschan mehrt sie uns.
Wir haben Kinder,
Dsï Tschan lehrt sie uns.
Wenn Dsï Tschan stürbe,
Wer könnt' ihn ersetzen!«

Wenn der Herzog Giän von Dschen oder der Herzog Ai von Lu[14], als das Volk spottete, deshalb jene Männer entlassen hätten, so wären in jenen Ländern nicht solche Erfolge erreicht worden. Und Dsï Tschan und Kung Dsï hätten sicher als unfähig gegolten, ja nicht nur als unfähig, sondern selbst wenn man sie als Verbrecher bestraft hätte, wäre das Volk damit einverstanden gewesen. Heutzutage hält jedermann die Herzöge Giän und Ai für tüchtig und Dsï Tschan und Kung Dsï für fähig, das kommt, weil jene beiden Fürsten es verstanden, gerechte Leute zu verwenden.

Als Schiffe und Wagen erfunden wurden, brauchte es drei Menschenalter lang, bis man sich bei ihrem Anblick zufriedengab. Etwas Gutes einzuführen ist wahrlich nicht leicht. Darum, wenn man auf das Gerede der Leute hört, kommt kein Werk zustande; daß Werke zustande kommen, das beruht auf der Tüchtigkeit der Fürsten.

Der Staat We[15] griff Dschung Schan an unter der Führung von Yüo Yang. Als er Dschung Schan erobert hatte, kehrte er heim und erstattete Bericht, dabei ließ er merken, daß er sein Verdienst hoch einschätzte.

Der Fürst Wen merkte es und befahl dem Sekretär und sprach: »Bring einmal alle Denkschriften herbei, die von den

Beamten und Ratgebern eingereicht wurden.« Der Sekretär brachte zwei Kisten voll herbei. Da ließ der Fürst den Yüo Yang sie lesen. Alle widerrieten den Angriff auf Dschung Schan.

Da trat der Feldherr einige Schritte zurück, verneigte sich zweimal ehrfurchtsvoll nach Norden zu und sprach: »Die Eroberung von Dschung Schan ist nicht mein Verdienst, sondern das Eurer Hoheit. Wie wenig fehlte doch, daß alle die Kritiker das Unternehmen zu Fall gebracht hätten. Daß Dschung Schan nicht genommen worden wäre, dazu hätte es nicht dieser zwei Kisten voll Schriftstücke bedurft. Ein kleiner Zettel hätte genügen können, um es zu hintertreiben.«

Der Fürst Wen war ein tüchtiger Herrscher, und doch verhielten sich die Dinge so; wie soll es da erst bei mittelmäßigen Fürsten gehen. Das Schlimme bei mittelmäßigen Fürsten ist, daß sie sich nicht des Handelns enthalten können und daß man daher nicht ihnen gegenüber sich das Handeln ersparen kann[16].

Wenn dagegen bei allen unabänderlichen Unternehmungen der Fürst in seinen Blicken und seiner Gesinnung, seinen Bewegungen und Handlungen das Vorgehen des Mannes, dem er sein Vertrauen geschenkt hat, durchaus billigt: Wer sollte dann unter den Beamten es wagen, Zweifel und Verdächtigungen gegen jenen vorzubringen? Wenn der Fürst und sein Diener einheitlich zusammenwirken, so gibt es keine mißlungenen Unternehmungen. Das war der Grund, warum Tang und Wu solch große Vorteile über die Dynastien Hia und Schang erhielten und weshalb es dem König Gou Dsiän gelang, seine Rache durchzuführen. Wenn Fürsten mit geringer Macht durch einheitliches Zusammenwirken solche Erfolge errangen, wieviel mehr sollte erreicht werden von Fürsten großer und mächtiger Staaten!

Der König Siang von We trank einst mit seinen Beamten zusammen. Als er etwas angeheitert war, brachte er als Trinkspruch aus: »Ich wünsche, daß meine Beamten alle ihre Absichten verwirklichen können!«

Da stand Schï Ki auf und sprach: »Unter den Beamten gibt es tüchtige und untüchtige, wenn die Tüchtigen ihr Ziel erreichen, so ist das ja ganz gut, wenn aber die Untüchtigen ihren Willen durchsetzen, so ist es nicht gut.«

Der König sprach: »Wenn nur alle so gute Beamte wären wie Si-Men Bau.« Schï Ki erwiderte: »In We wurde als Durchschnitt für die Grundstücksabgaben 100 Mou zugrunde gelegt, nur in den Feldern von Yä wurden 200 Mou zugrunde gelegt, weil die Felder schlechter sind. Nun fließt aber der Dschang-Fluß daran vorbei. Wenn Si-Men Bau das nicht gewußt hat, so war er töricht; hat er es aber gewußt und nicht gesagt, so war er nicht loyal. Aber einen törichten oder illoyalen Beamten darf man nicht zum Vorbild nehmen.« Der König von We erwiderte nichts darauf. Am anderen Tage aber berief er den Schï Ki und fragte ihn: »Kann man den Dschang-Fluß tatsächlich zur Bewässerung der Felder verwenden?« Schï Ki bejahte.

Der König sprach: »Wollt Ihr die Sache nicht für mich durchführen?« Schï Ki sprach: »Ich fürchte, Eure Hoheit werden nicht durchhalten können.«

Der König sprach: »Wenn Ihr es wirklich durchführen wollt, so werde ich durchaus auf Eure Worte hören.«

Da versprach es Schï Ki ehrfurchtsvoll, doch sagte er zum König: »Ich werde mir bei der Durchführung sicher den großen Haß des Volkes zuziehen. Im schlimmsten Fall werde ich getötet werden, im besten Fall angeklagt. Aber wenn ich nun getötet oder verklagt werde, bitte ich Eure Hoheit, jemand anderes zur Durchführung des Werkes zu ernennen.«

Der König sagte zu und ernannte ihn zum Gouverneur von Yä. So ging Schï Ki hin, um die Sache durchzuführen. Er zog sich den stärksten Groll des Volkes zu, das ihn verklagen wollte.

Schï Ki wagte es nicht mehr, sich öffentlich zu zeigen, so zog er sich vor den Leuten zurück. Da ernannte der König jemand anderes, um das Werk zu Ende zu führen. Als das Wasser floß, da hatten die Leute großen Vorteil davon. Sie machten untereinander ein Loblied auf Schï Ki, das lautete:

»In Yä hatten wir einen weisen Herrn,
Das war der Herr Schï,
Der leitete den Dschang-Fluß ab zur Bewässerung.
Was seit alters unfruchtbares Salzland war,
Das erzeugt jetzt Reis und Weizen.«

Wenn das Volk wüßte, was durchführbar ist und was nicht, so bedürfte man nicht der Weisen.

Wenn tüchtige Herrscher und treue Diener nicht die Toren zu leiten und die Unwissenden zu belehren verstehen, so wird ihr Name nicht ruhmgekrönt und sie hinterlassen keine großen Werke. Schï Ki wußte wohl, wie er sich die Schwierigkeiten hätte fernhalten können, aber er nahm sie auf sich, weil er seinem Herrn ergeben war. Der König Siang von We hatte wirklich die Fähigkeit, entschlossen im Guten zu sein. Wer wirklich entschlossen im Guten ist, der wird sich auch durch das Getümmel der Menge nicht irremachen lassen. Der Grund, warum es so schwer ist, ein großes Werk zu vollbringen, ist das Geschrei der Menge. Der Untergang von ganzen Staaten kann dadurch herbeigeführt werden. Darum muß man unter dem Geschrei der Menge sein Urteil zu wahren wissen. Ein mittelmäßiger Herr wird durch das Geschrei der Menge bewogen, dem Guten Einhalt zu tun. Ein tüchtiger Herr wird durch das Geschrei der Menge bewogen, das Werk zu vollenden.

6. Kapitel
Prüfung der unmeßbaren Einflüsse
Tscha We

Wenn Ordnung und Unordnung, Bestehen und Untergang so deutlich voneinander geschieden wären wie ein hoher Berg von einem tiefen Tal, wie weißer Kalk von schwarzem Lack, so wäre keine Weisheit nötig, ein Narr wüßte auch Bescheid. Nun verhält es sich aber mit Ordnung und Unordnung, Bestehen und Untergang nicht also, sondern es ist so, daß man diese Unterschiede bald erkennen kann, bald nicht, bald sehen kann, bald nicht.

Darum: Selbst wenn weise Staatsmänner und tüchtige Fürsten sich in gemeinsamer Überlegung abmühen, um das Rechte zu erlangen, so kann es noch immer geschehen, daß Vorfälle wie die des Aufstands von Guan Schu[17] und Tsai Schu vorkommen und Verschwörungen wie die, als die acht Staaten der Ostbarbaren aufsässig wurden. So sind die Anfänge von Ordnung und Unordnung, Bestehen und Untergang so fein wie die feinen Härchen der Herbstpelze. Wenn man diese Herbsthärchen zu beurteilen versteht, so kommen in großen Dingen keine Mißgriffe vor.

Im Staate Lu[18] bestand der Brauch, daß wenn Staatsangehörige als Sklaven oder Sklavinnen in fremden Ländern dienten, diejenigen, die sie loskauften, das Geld dafür sich von der Staatskasse ersetzen lassen konnten. Dsï Gung kaufte einst Bürger von Lu aus fremden Diensten los, aber verzichtete auf den Ersatz des aufgewandten Geldes. Meister Kung sprach: »Das hast du falsch gemacht! Die Folge wird nun die sein, daß künftig die Bürger von Lu (auch wenn sie Gelegenheit hätten) ihre Mitbürger nicht mehr loskaufen. Hättest du das Geld genommen, so wäre das kein Verstoß gegen den Anstand gewesen. Da du das dir zustehende Geld nicht nahmst, bist du schuld, wenn künftig keine Sklaven mehr losgekauft werden.« Dsï Lu rettete einmal jemanden vor dem Ertrinken. Der Gerettete schenkte ihm zum Dank ein Rind. Dsï Lu nahm es an. Da sprach Meister Kung: »Künftig werden es sich die Leute von Lu angelegen sein lassen, Ertrinkende zu retten!«

Meister Kung vermochte aus den kleinsten Anfängen deren Wirkungen in weiter Ferne vorauszusagen.

In Tschu lag eine Grenzstadt mit Namen Be Liang. Ein Mädchen aus dieser Stadt sammelte einst mit einem Mädchen aus einer Grenzstadt von Wu zusammen Maulbeerblätter auf dem Grenzgebiet. Im Scherz wurde das Mädchen aus Be Liang verletzt. Da nahmen die Leute von Be Liang ihr verletztes Kind und machten den Eltern des Mädchens von Wu Vorwürfe. Die Leute von Wu empfingen sie nicht höflich genug, da wurden die Leute von Tschu böse, schlugen sie tot und ließen sie liegen. Nun gingen die Leute von Wu hin, um Rache zu nehmen, und schlachteten die ganze Familie des Mädchens. Da wurde der Herr von Be Liang böse und sprach: »Was? Die Leute von Wu wagen, meine Stadt anzugreifen?« Er bot Soldaten auf, griff die feindliche Stadt an und tötete sämtliche Einwohner, alt und jung.

König I Mo von Wu hörte die Sache, er wurde böse, bot Soldaten auf, brach in die Grenzstadt von Tschu ein, eroberte sie und machte sie dem Erdboden gleich; dann zog er ab. Infolge davon kam es zu einer heftigen Feindschaft zwischen Wu und Tschu.

Der Prinz Guang von Wu führte ein Heer gegen Tschu, und es kam zur Schlacht mit Tschu bei Gi Fu. Er brachte den Leuten von Tschu eine schwere Niederlage bei und nahm ihre drei Feldherrn Pan Dsï Tschen, Siau We Dsï und Tschen Hiä Miä gefangen. Darauf wandte er sich gegen Ying, die Hauptstadt von Tschu, und nahm die Gattin des Königs Ping von Tschu gefangen mit nach Hause. Das ist der Hergang der Schlacht bei Gi Fu[19].

Die Weisesten verstehen die Zukunft, die weniger Weisen die Vergangenheit, die noch weniger Weisen die Gegenwart. Wer aber alles nicht versteht, bringt sein Reich in Gefahr und sich selbst in Not.

Im Buch der kindlichen Ehrfurcht heißt es: »Wer hoch ist, ohne sich in Gefahr zu bringen, vermag dauernd sein Ansehen zu wahren. Wer reich ist, ohne verschwenderisch zu sein, vermag dauernd seinen Reichtum zu wahren. Wem Glück und Ansehen nicht von der Seite weichen, nur der vermag die sozialen Ordnungen in seinem Lande zu wahren und seinem Volk den Frieden zu geben.« Das aber verstand der Staat Tschu nicht.

Der Prinz Gui Schong von Dschong[20] griff an der Spitze eines Heeres den Staat Sung an. Hua Yüan aus Sung trat ihm an der Spitze eines Heeres bei Da Gi entgegen. Sein Wagenlenker war Yang Dschen. Am Tage vor der Schlacht ließ Hua Yüan Schafe schlachten und speiste damit seine Leute, nur Yang Dschen bekam nichts davon ab.

Am andern Tage sprach der Wagenlenker während der Schlacht zornig zu Hua Yüan: »Gestern hattet Ihr die Dinge in der Hand, heute habe ich die Dinge in der Hand.« Mit diesen Worten trieb er die Pferde mitten in das Heer von Dschong hinein. Das Heer von Sung erlitt eine schwere Niederlage. Hua Yüan wurde gefangen.

Wenn die Maschinerie einer Armbrust auch nur durch ein Körnchen gestört ist, so geht sie nicht los. Eine Schlacht ist eine große Maschinerie; wenn man nun seine Soldaten vorher speist und dabei den eigenen Wagenlenker vergißt und infolgedessen besiegt und gefangen wird, so geschieht es einem ganz recht.

Darum muß man vor einer Schlacht erst alles genau überlegen und alles vorbereiten. Man muß die Kräfte des Feindes ebenso wie die eigenen kennen, dann erst darf man es wagen.

Die Familie Gi aus Lu[21] veranstaltete einst mit der Familie von Gou einen Hahnenkampf. Die Familie Gou versah ihren Hahn mit einer Schutzkappe; darauf versah die Familie Gi den ihrigen mit Sporen. Dennoch siegte der Hahn der Familie Gi nicht. Da wurde Freiherr Ping von Gi böse, und schlug den Palast der Familie Gou zu seinen eigenen Gebäuden. Da wurde Dschau Bo von Gou böse und verleumdete jenen beim Herzog Dschau von Lu und sprach: »Beim großen Opfer im Tempel Eures verewigten Vaters Siang waren im ganzen nur zwei Reihen von Tänzern anwesend. Die übrigen waren alle bei der Familie Gi angestellt. Schon lange ist die Familie Gi auf Abwegen und verachtet ihren Herrn, wenn man sie nicht streng bestraft, so kommt die Sicherheit des Staates in Gefahr.«

Der Herzog Dschau wurde böse, und ohne den Fall näher zu untersuchen, beauftragte er den Dschau Bo von Gou, an der Spitze eines Heeres die Familie Gi anzugreifen. Und er drang wirklich in deren Palast ein.

Da berieten die beiden Schwesterfamilien von Gi, Dschung Sun und Schu Sun, miteinander und sprachen: »Ohne das Haus Gi werden unsere Familien in absehbarer Zeit zugrunde gehen.«

Darauf rüsteten sie Bewaffnete und zogen vor jenen Palast, den sie vom Nordwesttor aus betraten. Die drei Familien schlossen darauf einen gemeinsamen Bund. Dschau Bo von Gou unterlag und kam im Kampfe um. Darauf geriet der Herzog Dschau in Furcht und entfloh nach Tsi und starb schließlich in Gan Hou, einer Stadt in Dsin. Wenn dem Herzog Dschau von Lu etwas, das er hörte, zu Kopfe stieg, so fragte er gar nichts mehr danach, ob es berechtigt war oder nicht. Herzog Dschau verzweifelte daran, mit der Macht von Lu der Familie Gi siegreich entgegentreten zu können, und wußte dabei noch nicht einmal, daß die Familien Dschung und Schu infolge ihrer Befürchtungen mit Gi sich vereinigen würden, um Schwierigkeit zu machen. Dadurch bewies er, daß er sich nicht auf die Gedanken der Menschen verstand. Wer sich aber nicht auf die Gedanken der Menschen versteht, der mag noch so hoch stehen: Was nützt es ihm zu seiner Sicherheit!

Wenn man befürchten mußte, mit der Landesmacht von ganz Lu nicht einmal der einen Familie von Gi Herr zu werden, was sollte da erst daraus werden, wenn man sich der Feindschaft von drei ungefähr gleich mächtigen Häusern aussetzen wollte. So falsch waren die gemeinsam angestellten Berechnungen.

Aber nicht nur um die Familien Dschung und Schu handelte es sich, vielmehr waren alle Leute in Lu voll Befürchtungen. Diese allgemeinen Befürchtungen bedeuteten, daß man in Wirklichkeit das ganze Volk zum Feind hatte. Da war es noch das größte Glück, daß es dem Herzog Dschau gelang, bis Gan Hou zu kommen und dort zu sterben.

7. Kapitel
Beseitigung der Verblendung
Kü Yu

Ein Anhänger des Mo Di[22] aus der Ostgegend namens Siä Dsï reiste nach Westen, um den König Hui von Tsin zu besuchen. Der König Hui fragte einen Anhänger des Mo Di aus Tsin namens Tang Gu Go nach ihm. Tang Gu Go befürchtete, daß der König den Siä Dsï ihm vorziehen könnte. So erwiderte er: »Der Siä Dsï ist ein Sophist aus dem Osten. Er ist ein gefährlicher Mensch, der eifrig darauf aus ist, für seine Ratschläge einen jungen Herrscher zu interessieren.« Darum erwartete der König ihn mit heimlichem Grimm.

Als Siä Dsï ankam, legte er dem König seine Ratschläge vor. Aber der König hörte nicht darauf, deshalb wurde Siä Dsï unwillig, verabschiedete sich und ging.

Wer Worte anhört, tut es doch stets, um etwas Gutes zu bekommen. Waren aber die Worte wirklich gut, was schadete es dann, ob jener eifrig darauf aus war, junge Herrscher zu interessieren? War aber das, was jener sagte, nicht gut, was hätte es dann genützt, selbst wenn er nicht die Absicht gehabt hätte, junge Herrscher zu interessieren? Indem der König Hui die Worte des Siä Dsï nicht um ihrer Güte willen für wahr hielt, sondern, nur weil er dachte, daß jener die Absicht habe, einen jungen Herrscher zu gewinnen, für verkehrt hielt, hat er einen großen Fehler in Beziehung auf die rechte Art zu hören gemacht.

Wer so gesinnt ist, der kann sich so viele Mühe geben, wie er will im Empfangen von Fremden, er mag Auge und Ohr noch so sehr ermüden, er erreicht doch nicht, was er meint. Das war der Grund, warum der Geschichtschreiber Ding sein verkehrtes Wesen treiben konnte. Diesem Geschichtschreiber Ding gelang es nämlich mit Hilfe spiritistischer Umtriebe, andere zu beschuldigen und ohne Schuld töten zu lassen, worüber die ganze Beamtenschaft in Aufregung geriet und der Staat beinahe zugrunde gegangen wäre. Wenn die Menschen alt werden, so pflegt ihr Leib zu zerfallen, während ihre Weisheit immer mehr zunimmt. Dagegen der König Hui verfiel im Alter sowohl leiblich als geistig.

Der König We von Tschu lernte die Urkunden bei Schen Yin Hua. Das mißfiel dem Dschau Li.

Der König We liebte den Sport. Ein Beamter half ihm beim Sport, der sagte im Auftrag des Dschau Li zum König: »Die Leute im Volk behaupten alle, Ihr seiet der Schüler des Schen Yin Hua.«

Der König war mißvergnügt und war daher dem Schen Yin Hua gegenüber unfreundlich.

Jener Beamte war ein verschlagener Mensch. Mit einem Wort brachte er es dahin, daß der König We nicht auf die Lehren der verewigten Könige hörte und Staatsmänner von großer Bildung nicht ankamen, während Dschau Li seine Selbstsucht ausüben konnte. Darum muß man sorgfältig auf die Reden von verschlagenen Leuten achten. Ferner macht ein Herrscher, der oft böse wird, den Falschen die Bahn frei. Wenn den Falschen die Bahn frei gemacht ist, dann ist es schwierig, die Schlechten abzuhalten und zu beseitigen[23]. Wenn man einen Pfeil in Bewegung setzt, so fliegt er weit, wenn man Wasser in Bewegung setzt, so trocknet es. Wenn man einen Herrscher in Bewegung setzt, so macht er Verkehrtheiten. Wer aber Verkehrtes treibt, ist kein Edler. Nur wer feste Grundsätze hat, ist sicher davor, daß er nicht in Bewegung gesetzt werden kann.

Es lebte einst ein alter Mann[24] mit einem andern Mann als Nachbar zusammen. Der Nachbar hatte einen dürren Wutungbaum. Da sprach der alte Mann davon, daß dieser Wutungbaum zu nichts zu brauchen sei. Darauf hieb ihn der Nachbar ab. Da erbat ihn sich der alte Mann als Brennholz. Der Nachbar aber wurde unwillig und sprach: »Wenn die Nachbarn so hinterlistig sind, wer kann da noch ihr Nachbar sein?« Dieser Mann war verblendet. Denn ob jener den Baum sich als Brennholz ausbat oder nicht, hatte doch keinerlei Einfluß darauf, ob der dürre Wutungbaum gut war oder nicht.

Ein Mann aus Tsi[25] war gierig nach Gold. Am frühen Morgen kleidete er sich an, setzte seine Mütze auf und ging an einen Ort, wo Gold verkauft wurde. Angesichts der Leute raffte er Gold an sich und wollte es wegtragen. Der Büttel verhaftete ihn und band ihn. Dann fragte er ihn: »Es standen doch so viele Leute umher, wie konntet Ihr da andrer Leute Gold wegnehmen?«

Er sprach zum Büttel: »Ich sah durchaus nicht die Menschen, ich sah nur das Gold.« Das ist wirklich ein Beispiel großer Verblendung.

Wenn die Menschen durch irgend etwas verblendet sind, so nehmen sie tatsächlich den Tag für die Nacht, weiß für schwarz und Yau für Giä.

Auch ist der Schaden der Verblendung sehr groß. Die Fürsten von Staaten, die dem Untergang verfallen sind, sind stets verblendet. Darum muß man sich erst von seinen Verblendungen trennen, ehe man weise wird. Wer sich von seinen Verblendungen trennen kann, der vermag seine ursprüngliche Bestimmung zu erfüllen.

8. Kapitel
Richtigstellung der Begriffe
Dschong Ming

Wenn die Begriffe richtig sind, herrscht Ordnung, wenn die Begriffe versagen, herrscht Verwirrung. Daß die Begriffe versagen, ist aber die Schuld der Schwätzer. Die Schwätzer nennen das Unmögliche möglich, das Nichtwirkliche wirklich, das Unrichtige richtig, das, was nicht falsch ist, falsch. Dagegen sind die Reden des Edlen geeignet, das, was wirklich an einem Menschen tüchtig ist, was tatsächlich an einem Menschen untauglich ist, zu bezeichnen und das deutlich zu machen, wodurch Ordnung hochkommt und wodurch Verwirrung entsteht, zu zeigen die Verhältnisse der Dinge und worauf das Leben der Menschen beruht.

Wo immer Verwirrung herrscht, da sind die Strafen und die Bezeichnungen nicht treffend. Ein Fürst, auch wenn er untauglich ist, scheint doch immer Weise anzustellen, Gute zu hören und das Richtige zu tun. Das Übel ist nur, daß das, was er als tüchtig bezeichnet, darauf hinausläuft, daß es die Befolgung des Untüchtigen bewirkt, das, was er als gut bezeichnet, darauf hinausläuft, daß es die Befolgung des Unrechts bewirkt, das, was er als richtig bezeichnet, darauf hinausläuft, daß es die Befolgung von Verkehrtheiten bewirkt. Auf diese Weise haben sich Strafen und Bezeichnungen von der Wahrheit entfernt, und der Laut bezeichnet etwas anderes, als das durch ihn vertretene Ding. Tüchtig ist soviel wie untüchtig, gut ist soviel wie unrecht, richtig ist soviel wie verkehrt. Wenn dann der Staat nicht in Verwirrung, die eigene Person nicht in Gefahr gerät, worauf will man dann noch warten!

Der König Min von Tsi verstand es, Staatsmänner zu begünstigen, aber verstand nicht, was man unter einem Staatsmann zu verstehen hat. Darum, als Yin Wen[26] ihn über diese Dinge ausfragte, wußte der König nichts zu erwidern. Deshalb fand ein Gung Yü Dan bei ihm Glauben, ein Dscho Tschï Anstellung. Durch Anstellung des Dscho Tschï und Vertrauen auf Gung Yü Dan erwies sich der König als sein eigener Feind.

Yin Wen trat vor den König Min von Tsi. Der König Min sagte zu Yin Wen: »Ich liebe sehr die Staatsmänner.« Yin Wen sprach: »Ich möchte wissen, was Eure Hoheit für einen Staatsmann hält.« Da wußte der König dem Yin Wen nichts zu erwidern.

Yin Wen sprach: »Wenn es einen Mann gäbe, der ehrfurchtsvoll den Eltern dient, im Dienst des Fürsten treu, den Freunden gegenüber wahrhaftig und in der Gesellschaft seines Heimatsortes verträglich ist: Könnte, wer diese vier Dinge besitzt, als Staatsmann bezeichnet werden?«

Der König von Tsi sprach: »Das ist wirklich einer, der als Staatsmann zu bezeichnen ist.«

Yin Wen fragte: »Wenn Ihr eines solchen Mannes habhaft werden könntet, würdet Ihr ihn dann als Beamten anstellen?«

Der König sprach: »Das möchte ich sehr gerne, nur kann ich keinen finden.«

Yin Wen sprach: »Angenommen, dieser Mann würde in öffentlicher Sitzung des Rats beleidigt und würde sich doch nicht schlagen: Würdet Ihr ihn dann immer noch als Beamten anstellen?«

Der König sprach: »Nein, wenn ein höherer Beamter beleidigt wird, ohne sich zu schlagen, so ist das eine Ehrenberaubung. Wer seiner Ehre beraubt ist, den kann ich in meinem Dienst nicht brauchen.«

Yin Wen sprach: »Obwohl jener Mann, als er beleidigt wurde, sich nicht schlug, verlor er dadurch nicht die vier obengenannten Tugenden. Solange er die vier Tugenden nicht verlor, hat er nicht eine einzige Eigenschaft verloren, um derentwillen er Beamter geworden war. Aber obwohl er keine der Eigenschaften verlor, um derentwillen er Beamter geworden war, würdet Ihr ihn dennoch nicht mehr als Beamten wollen[27]? Ist dann überhaupt das, was Ihr vorher als Staatsmann bezeichnet, ein Staatsmann?«

Der König wußte nichts darauf zu erwidern.

Yin Wen sprach: »Wenn z. B. jemand sein Volk regieren wollte, indem er die Leute verurteilt, die Unrecht tun, und ebenso die Leute verurteilt, die kein Unrecht tun, wenn er die Leute bestraft, die sich vergehen, und ebenso die Leute bestraft, die sich nicht vergehen, und er sich darüber beklagen wollte, daß das Volk schwer zu regieren sei: Wäre das angängig?«

Der König verneinte.

Yin Wen sprach: »Wenn ich es sagen darf, so scheinen mir einige Unterbeamte in Tsi nach diesem Vorbilde zu regieren.«

Der König sprach: »Wenn ich wirklich so regiere, dann kann ich mich freilich nicht beklagen, daß das Volk sich nicht regieren läßt, aber ich vermute, daß es doch wohl noch nicht so weit gekommen ist.«

Yin Wen sprach: »Nachdem ich die Sache erwähnt, darf ich die Auskunft nicht schuldig bleiben; gestattet daher, daß ich meine Meinung sage: Des Königs Gebot lautet: Wer andere tötet, soll sterben, wer andere verwundet, soll bestraft werden. Wenn nun unter den Bürgern sich solche befinden, die des Königs Gebot ganz besonders respektieren, so werden sie, selbst wenn sie beleidigt werden, nicht wagen, sich zu schlagen, eben um des Königs Gebot vollkommen zu halten. Und nun sagt der König: Wenn einer beleidigt wird und sich nicht zu schlagen wagt, das ist schimpflich. Allein unter schimpflich ist etwas anderes zu verstehen, als was Ihr als schimpflich bezeichnet. Wenn Ihr einen, den Ihr als Beamten berufen, aus dem Dienste entlaßt, so bezeichnet Ihr ihn damit als schuldig. Das heißt aber, daß Ihr einen bestraft, der sich nicht vergangen hat.«

Der König von Tsi wußte nichts darauf zu erwidern.

Weil der König in allen Gesprächen so war, ging sein Reich zugrunde, und er selbst kam in Gefahr, daß er fliehen mußte nach Gu und dann nach We. Und doch war das Königreich Tsi[28] der erste Lehensstaat des Hauses Dschou, der dem Tai Gang Wang als Zeichen der Anerkennung verliehen worden war, und der Herzog Huan hatte, auf ihn gestützt, die Hegemonie ausgeübt, weil er die Unterscheidung von Wesen und Schein, die Guan Dschung machte, verstanden hatte.

BUCH XVII · SCHEN FEN LAN

Betrachtung über die Abgrenzung der Befugnisse

I. Kapitel
Abgrenzung der Befugnisse
Schen Fen

Jeder Herrscher muß erst die Befugnisse richtig abgrenzen, dann kann erst Ordnung geschaffen, unlautere, betrügerische, lügnerische und gemeine Machenschaften zum Aufhören gebracht werden, und üble Einflüsse und gefährliche Seuchen finden dann keinen Eingang mehr. Die Beherrschung der Persönlichkeit und die Beherrschung des Staates müssen sich nach denselben Grundsätzen richten. Wenn man z. B. ein allen gemeinsames Landgebiet gemeinschaftlich bebaut, so geht es langsam, weil Lässigkeit in der Arbeit vorkommt. Verteilt man das Landgebiet, so geht es geschwind, weil keine Lässigkeit mehr vorkommt. Ein Herrscher hat auch sein Gebiet. Wenn Fürst und Beamte auf demselben Gebiet sich betätigen, so hat der Beamte Gelegenheit, seine Unredlichkeit zu verbergen, der Fürst dagegen hat keine Möglichkeit, seine Verantwortlichkeit abzuschieben.

Gut zu handeln ist schwer, Gutes zu fordern ist leicht. Woher weiß ich das? Wenn ein Mensch mit einem Rennpferd um die Wette laufen wollte, so wäre das Pferd dem Menschen überlegen. Wenn aber der Mensch auf dem Wagen steht und an das Pferd Anforderungen stellt, so ist der Mensch dem Pferd überlegen. Wenn ein Herrscher es liebt, die Geschäfte von Untertanen zu besorgen, so ist es, als würde er neben dem Pferde herlaufen; er zeigt sich sicher in vielen Stücken unzugänglich. Aber ein Herrscher hat auch seinen Wagen. Er soll auf seinem Wagen sitzen bleiben und ihn nicht verlassen, dann werden sich alle Guten bis aufs äußerste in seinem Dienste anstrengen, die Schmeichler aber und Schurken, die schlauen und geschickten

Schwätzer werden kein Unterkommen finden, die starken, entschlossenen, uneigennützigen, geraden, treuen und wahren Staatsmänner werden sich von allen Seiten zu seinem Dienst herbeidrängen.

Der Wagen des Herrschers besteht darin, daß er andere zu verwenden weiß. Wer die rechte Art Menschen zu verwenden beherrscht, der hat die Möglichkeit, über alle vier Weltpole seinen Einfluß auszudehnen. Wer es nicht versteht, andere zu verwenden, sondern auf sich selber eingebildet ist, der nimmt seinen Leuten ihr Wissen und ihre Fähigkeiten weg, er gibt fortwährend Erlasse und Belehrungen heraus und ist stets geneigt, sich selber zu betätigen. Auf diese Weise kommen die Beamten in Unruhe und Verwirrung, die Untergebenen übergehen ihre Vorgesetzten, alle Verkehrtheiten erheben sich gleichzeitig, und die höchste Macht fällt anderen zu als dem Fürsten, so daß er nichts mehr zu Ende zu führen und nichts mehr zu belehnen haben wird. Das sind die Zustände eines Staates, der für den Untergang reif ist.

Daß der berühmte Wagenlenker Wang Liang es verstanden hat, seine Pferde zu gebrauchen, beruhte darauf, daß er sie zu beherrschen wußte, indem er sie kurz im Zügel hielt, so daß kein Pferd es wagte, nicht seine ganze Stärke herzugeben. Ein Herrscher, der seine Sache versteht, hat auch Zügel, durch die er seine Beamten in der Hand hat. Was sind das für Zügel? Die Feststellung der Begriffe und die Begrenzung der Befugnisse sind die Zügel der Herrschaft. Er setzt die wirklichen Leistungen fest und begrenzt danach die Bezeichnungen, so daß er den Tatbestand erfaßt. Er hört auf die Worte und prüft die entsprechenden Taten, so daß keiner lässig oder widerspenstig zu sein wagt. Die Namen entsprechen häufig nicht der Sache und die Handlungen entsprechen häufig nicht ihrem Zweck, darum muß ein Herrscher notwendig die Bezeichnungen und Befugnisse festsetzen. Wenn die Bezeichnungen und Befugnisse nicht abgegrenzt sind, so ist es gerade, als wenn er Hemmungen haßte und dabei alles nur immer mehr hinderte. Die Verantwortung für solche Hemmungen liegt nicht bei den Beamten, sondern bei dem Herrscher. Unter den Beamten von Yau und Schun gab es nicht nur pflichttreue, unter den Beamten von Yü und Tang gab es nicht nur treue, aber sie wurden alle auf die rechte Weise behandelt. Die Beamten eines Giä und Dschou Sin waren nicht alle schlecht, die Beamten eines Yu und Li waren nicht alle unwürdig, allein sie entbehrten der rechten Leitung.

Wenn z. B. jemand einen Ochsen suchte und ihn Pferd nennte oder ein Pferd suchte und es Ochs nennte, so würde er sicher nicht finden, was er suchte. Wenn er dann obendrein streng und ärgerlich würde, so würden seine Knechte sicher ungehalten und mürrisch werden, und die Ochsen und Pferde kämen dadurch in Unordnung und Verwirrung. So sind die Beamten wie jene Knechte im Gleichnis, und die Menschen im allgemeinen die Ochsen und Pferde. Wenn ihre Bezeichnungen nicht richtiggestellt, ihre Befugnisse nicht geschieden werden und dann häufig mit Strafen vorgegangen wird, so führt das zur größten allgemeinen Verwirrung.

Wenn man von einem redet als verständig und bewandert und er ist in Wirklichkeit töricht und unschlüssig, wenn man einen lobt als hoch und tüchtig und er ist in Wirklichkeit gemein und niedrig, wenn man einen preist als rein und lauter und er ist in Wirklichkeit in unreines Wesen versunken, wenn man ihn anstellt als uneigennützig und rechtlich und er ist in Wirklichkeit gierig und verkehrt, wenn man einen anstellt als tapfer und mutig und er ist im Gegenteil träge und feige, so sind alle diese fünf Fälle solche, da man ein Pferd Ochs nennt und die Namen nicht richtig sind. Darum, wenn die Namen nicht richtig sind, so hat der Fürst Mühsal und Bitternis und die Beamten sind in Unordnung und unzufrieden. Der Untergang des Staates, der Verlust des Nachruhms kommt davon her. Wenn man etwas weiß machen will und es wird immer schwärzer, wenn man etwas sucht und es immer weniger findet, ist es infolge dieses Vorgehens.

Darum: Wer Ordnung schaffen will, muß zuallererst die Namen richtigstellen. Sind die Namen richtiggestellt, so hat der Herrscher keine Sorgen. Ist er frei von Sorgen, so braucht er die Kraft seiner Augen und Ohren nicht zu überanstrengen.

Er fragt und befiehlt nicht; er weiß es besser und will doch nicht alles besser machen; er ist milde und nicht anmessend; er leistet etwas und bildet sich nichts darauf ein.

Was unbeweglich ist wie die Erde, läßt sich nicht beweglich machen. Was beweglich ist wie das Wasser, läßt sich nicht unbeweglich machen. Wer aber die Dinge nach ihrer Natur zu gebrauchen versteht, der wird nicht von den Dingen der Außenwelt beherrscht und ist nicht gewillt zu dienen. Er ist rein und still und darum allgemein. Sein Geist durchdringt die sechs Weltrichtungen. Sein Charakter leuchtet bis jenseits des Meeres. Seine Gedanken erschauen das Unendliche, sein Ruhm dauert unaufhörlich. Das heißt das Wesen der Dinge feststellen in dem großen Ozean, der da heißt das Nichtsein.

Beim Erlangen des Sinns vergißt man die Menschen, aber man bekommt so die Menschen erst recht. Aber darin besteht nicht der Sinn. Beim Erkennen des Lebens vergißt man das Erkennen, aber man bekommt so das Erkennen erst recht. Aber darin besteht nicht das Leben. Höchstes Erkennen bezieht sich nicht auf das Nächstliegende. Aber durch seine Ruhe macht es auch das Nächstliegende klar. Aber darin besteht nicht seine Klarheit. Höchste Klarheit ordnet nicht die Einzelheiten, aber durch ihre Muße ordnen sich die Einzelheiten von selbst. Aber darin besteht nicht die Muße. Der wahre Mensch hat keine Einzelgeschicklichkeiten. Aber er ist vollkommen und darum zu allem geschickt. Aber darin besteht nicht seine Vollkommenheit. Darum: Wer seine Vollkommenheit freihalten kann von Einzelgeschicklichkeiten, wer seine Muße freihalten kann von den Einzeldingen, wer sein Erkennen freihalten kann von dem Naheliegenden, dessen Erkenntnis ist wunderbar.

Auf diese Weise vermag er der ursprünglichen himmlischen Idee seines Wesens zu folgen, sein Lebensatem vermag im Raum der ewigen Stille zu wandern. Sein Leib vermag an dem natürlichen Platze zu weilen. Er ist völlig im Besitz aller Dinge, ohne daß er den Herrn spielt. Er spendet der ganzen Welt Segen und niemand weiß, woher es kommt. Und selbst wenn einer es in diesen fünf Stücken noch nicht zur Vollkommenheit gebracht hat, so ist auch das Streben danach schon etwas wert.

2. KAPITEL
Was der Fürst wahren muß
GÜN SCHOU

Wer den Sinn erfaßt hat ist ruhig. Wer ruhig ist, meidet das Wissen. Wer den Wert des Nichtwissens erkennt, mit dem kann man über den Weg des Fürsten reden.

So heißt es: Wer die Wünsche des Inneren nicht herausläßt, heißt geschlossen. Wer die Wünsche der Außenwelt nicht in sich hineinläßt, heißt gefestigt. Wer in sich geschlossen und nach außen gefestigt ist, der hat das Geheimnis der Wirkung des Himmels. Er hat das Maß in der Hand, aber benützt es nicht zum Messen, er hat die Meßschnur, aber benützt sie nicht zum Richten. Des Himmels Größe ist seine Ruhe. Wer ruhig ist und noch dazuhin standfest, der vermag das Vorbild der Welt zu sein. Der Leib birgt die Seele in sich, die Seele birgt die Weisheit in sich, so ist die Weisheit tief verborgen und dennoch wirklich, doch läßt sie sich nicht erspähen. In der Großen Regel heißt es[1]: »Der Himmel bestimmt unsichtbar das Schicksal der Menschen hienieden.« Die Verborgenheit ist es, wodurch die Äußerungen hervorgebracht werden.

Darum heißt es: »Ohne aus der Tür zu gehen, erkennt man die Welt, ohne aus dem Fenster zu blicken, erkennt man des Himmels Lauf[2]. Je weiter einer in die Ferne schweift, desto geringer wird sein Erkennen.« Darum kommen Menschen, die auf vieles hören, und Staatsmänner, die mit Gewalt alles wissen wollen, in Verlegenheit. Überanstrengung der Sinne und des Denkens schadet nur. Die sophistischen Begriffsspaltereien[3] von fest und weiß, die Spitzfindigkeiten über das Dickste auf der Welt und so weiter gehen fehl. Dadurch daß man nicht ausgeht, kommt man hinaus, dadurch daß man nichts macht, macht sich alles. Das heißt: durch positive Kraft Positives, durch negative Kraft Negatives anziehen.

Wenn das Wasser am äußersten Punkt des Ostmeers angelangt ist, so kommt es wieder zurück[4]. Nach der größten Sommerhitze wandelt sich das Wetter und wird kalt. So hat auch der erhabene[5] Himmel keine Gestalt, und doch verdanken alle Wesen ihm ihr Dasein, der höchste Geist macht nichts und alle Dinge gestalten sich durch ihn, der große Weise tut keine Arbeit und sämtliche Beamte leisten alle ihr Bestes. Das ist es, was man Belehrung ohne Lehren und Unterweisung ohne Worte nennt.

Darum: Es gibt etwas, woran man erkennt, wenn ein Fürst verrückt ist: wenn nämlich seine Worte alle das Rechte treffen. Es gibt etwas, woran man erkennt, wenn ein Fürst betört ist: wenn nämlich seine Worte alle stimmen. Ein wahrer Fürst trifft das Rechte, wenn er nicht immer das Rechte trifft, er stimmt am besten, wenn nicht alle seine Worte immer stimmen. Das Rechte zu treffen und zu stimmen ist nicht Sache des Fürsten, sondern der Beamten.

Darum, wer es versteht ein Fürst zu sein, der will nicht alles besser wissen; die nächste Stufe ist einer, der nicht alles selber machen will. Denn wenn er alles besser wissen will, so irrt er sich zuweilen, wenn er alles selber machen will, so kommt ihm zuweilen ein Fehler vor. Solche Irrtümer und Fehler sind es, durch die die Beamten irregemacht werden, sie sind der Punkt, wo Mißbräuche sich einschleichen.

Bei einem Wagen bedarf es verschiedener Handwerker, damit er zustande kommt, aber ein Staat, sollte der nicht viel mehr sein als ein Wagen? Vieles Wissen und viele Kenntnisse sind nötig, nicht aus einem Material auf einerlei Weise läßt sich ein Wagen herstellen. (Ein Staat kommt noch viel schwieriger in Ordnung.) Durch Eines Tausendfaches bewegen, durch keine vorgefaßte Meinung es hervorbringen, um so die Geschäfte zu vollenden: das kann nur jemand, der den höchsten Sinn besitzt.

Ein Mann aus Lu schenkte dem König Yüan von Sung einen Knoten. Der König ließ einen Befehl durch sein ganzes Land gehen, daß alle geschickten Leute kommen sollten und den Knoten auflösen. Aber niemand vermochte ihn aufzulösen. Ein Schüler von Erl Schuo[6] bat um die Erlaubnis, hingehen und ihn auflösen zu dürfen. Aber er konnte nur eine Hälfte auflösen, die andere Hälfte konnte er nicht lösen. Da sprach er: »Es ist nicht so, daß man ihn auflösen kann und nur ich ihn nicht aufzulösen vermag, sondern er läßt sich überhaupt nicht auflösen.« Man befragte den Mann von Lu. Der sprach: »Ja, man kann ihn wirklich nicht auflösen. Ich habe ihn gemacht und weiß, daß er nicht auflösbar ist. Aber einer, der ihn nicht gemacht hat und doch weiß, daß man ihn nicht lösen kann, der muß noch geschickter sein als ich.« So hat der Schüler des Erl Schuo den Knoten dadurch gelöst, daß er ihn nicht gelöst hat.

Der Musikmeister von Dschong, namens Wen, spielte den ganzen Tag die Laute. Bevor er begann, verneigte er sich zweimal vor seiner Laute und sprach: »Ich will dich nachahmen, ich will deine Unerschöpflichkeit nachahmen.« Der Musikmeister Wen gehörte zu den Leuten, die den Pfeil nach einer Stelle vor dem Tiere schießen und es auf diese Weise treffen.

Darum: »Zu vieles Denken schadet nur. Zu vieles Weinen bringt nur den Untergang näher. Zu viele Bemühung um Einzelfähigkeiten bringt nur Unheil. Zu viel Rechthaben macht verrückt.«

So schwebt die höchste Gottheit umher und verbirgt sich, daß niemand ihr Gesicht sieht. Höchste Weisheit verändert die Gewohnheiten und Sitten der Menschen, und niemand weiß, wie es zugeht. Sie verläßt die Welt und sondert sich von der Menge ab und ist mit ihr in allem doch einig. Sie beherrscht die Menschen bescheiden und demütig, und niemand vermag, ihr in den Weg zu treten. Auf diese Weise durchschaut man die Machenschaften der Betrüger, und die Gefährlichen, Heimlichen, Schmeichler und Schwätzer haben keine Möglichkeit, sich einzuschleichen. Damit Falsches und Gefährliches eindringen kann, bedarf es notwendig einer Veranlassung. Und was ist diese Veranlassung? Wenn der Herr etwas machen will. Wenn nämlich der Herrscher selber alles machen will, lassen die Beamten ihr Amt im Stich und sind dem Herrn zu Willen in dem, was er macht. Lassen sie sich dann auch einmal Fehler zuschulden kommen, so kann der Fürst sie nicht tadeln. So nimmt der Fürst immer mehr ab, und die Beamten nehmen immer mehr zu.

Wenn der, der ruhig sein sollte, tätig ist, und die, die tätig sein sollten, untätig sind, so wird der Hohe niedrig und der Niedrige hoch. Das ist der Grund, warum ein Staat verfällt und seine Feinde ihn angreifen.

Hi Dschung erfand den Wagen, Dsang Giä erfand die Schrift, Hou Dsi[7] erfand den Ackerbau, Gau Yau erfand die Strafen, Kun Wu erfand die Töpferei, Hia Gun erfand die Stadtmauern. Was diese sechs Männer erfanden, traf alles das Richtige. Aber trotzdem lag es nicht im Bereiche dessen, was ein Herrscher verstehen muß.

Darum heißt es: Der Erfinder muß sich mühen, der Verwerter hat es leicht. Aber nur wer die Art des Herrschers an sich hat, erlangt die eigentliche Berufung; darum vermag er, der ganzen Welt ihre Arbeit zuzuweisen, ohne Gewalt brauchen zu müssen. Das ist die Art des vollkommenen Menschen.

3. Kapitel
Sachgemäße Beanspruchung
Jen Schun

Jeder Beamte hat das Amt, für Ordnung zu sorgen; kommt Unordnung auf, so ist das sein Fehler. Wenn nun die Unordnung frei von Tadel bleibt, so wird die Unordnung immer größer. Wenn ein Fürst Gewalt liebt und sein Können gerne bewundern läßt, wenn er gerne sich hervordrängt und selber gelten will, so hält der Beamte seine Stellung dadurch fest, daß er die Fehler seines Fürsten ungerügt läßt und sich durch Unterwürfigkeit in Gunst zu setzen weiß. So macht der Fürst statt des Beamten den Beamten. So folgt der Beamte ihm in allen Stükken, um seinen Besitz zu mehren. Und das Verhältnis von Fürst und Beamten wird unklar.

Sie haben hörende Ohren und hören nicht, sie haben sehende Augen und sehen nicht, sie haben einen erkennenden Verstand und richten sich nicht danach. Das kommt von den Umständen. Damit das Ohr hören kann, muß es ruhig sein, damit das Auge sehen kann, muß es hell sein, damit der Verstand erkennen kann, muß er vernunftgemäß sein. Wenn Fürst und Beamte ihre Rollen tauschen, so verkommen diese drei Sinne. Der Herrscher eines dekadenten Staates hat wohl Ohren, zu hören, wohl Augen, zu sehen, wohl Verstand, zu erkennen, aber wenn Fürst und Beamte in Unordnung sind, wenn der Unterschied zwischen Hoch und Niedrig vernachlässigt wird, so mag er wohl hören, aber was hört er denn? Er mag wohl sehen, aber was sieht er denn? Er mag wohl erkennen, aber was erkennt er denn? Umherschweifen der Gedanken und Zerstreutheit führen dazu, daß ein Tor zu nichts kommt. Kommt er zu nichts, so erkennt er nichts. Erkennt er nichts, so glaubt er nichts.

Die Tiere ohne Knochen (die Insekten, die im Frühjahr entstehen und vor dem Herbst sterben) kann man nicht dahin bringen, daß sie wissen, was Eis ist. Wenn ein Landesfürst diese Worte zu beherzigen versteht, so hat das Unglück keine Möglichkeit, über ihn zu kommen. Aber er darf sich wirklich nicht auf die Fähigkeit seiner Augen, Ohren und seines Verstandes verlassen.

Nur wenn er die Stellungen in Ordnung bringt und vernunftgemäß handelt, wird es ihm gelingen.

Der Fürst Dschau Li von Han sah einst bei der Besichtigung der Opfertiere, die im Ahnentempel geopfert werden sollten, daß das Schwein zu klein war. Da ließ der Fürst Dschau Li es gegen ein anderes umtauschen. Der Beamte brachte aber dasselbe Schwein wieder. Der Fürst Dschau Li sprach: »Ist das nicht immer noch das Schwein von vorhin?« Der Beamte hatte nichts zu erwidern, und die Diener erhielten den Befehl, ihn zur Strafe abzuführen. Die Umgebung sprach: »Woher wußten Eure Königliche Hoheit, daß es dasselbe Schwein war?« Der Fürst erwiderte: »Ich habe es an seinem Ohr wiedererkannt.«

Schen Bu Hai hörte es und sprach: »Woher weiß man, daß einer taub werden wird? Wenn sein Ohr allzu scharfhörig ist. Woher weiß man, daß einer blind werden wird? Wenn sein Auge allzu klar sieht. Woher weiß man, daß einer am Verrücktwerden ist? Wenn seine Worte allzu treffend sind[8]. Darum heißt es: Tue das Hören ab und horche auf nichts, so wirst du scharfhörig. Tue das Sehen ab und schaue nach nichts, so wirst du klarsichtig. Tue das Wissen ab und forsche nach nichts, so wirst du umfassend. Wenn man diese drei Sinne und ihre Funktionen abtut, so herrscht Ordnung. Wenn man aber die drei Sinne funktionieren läßt, so herrscht Verwirrung.« Damit soll gesagt sein, daß man sich auf Gehör, Gesicht, Verstand und Wissen nicht verlassen kann. Denn was Ohr, Auge, Verstand und Wissen erkennen, ist äußerst unvollkommen, und was sie hören und sehen, ist äußerst unbedeutend. Wenn man auf Grund dieser unvollkommenen und unbedeutenden Erkenntnis in allseitiger Fühlung mit der Welt stehen, widersprechende Sitten in Einklang bringen, die Menge der Untertanen in Ordnung bringen will, so lassen sich solche Prinzipien sicher nicht durchführen.

Auf eine Entfernung von zehn Meilen kann das Ohr nichts mehr hören. Was außerhalb von Vorhängen und Mauern ist, kann das Auge nicht mehr sehen. Einen drei Morgen Land bedeckenden Palast vermag der Verstand nicht zu überschauen. Wie will man es da machen, um im äußersten Osten nach Kaiwu zu kommen oder im Süden das Do Ying Volk zu unterwerfen oder im Westen die Schou Mi zu bändigen oder im Norden sich um das Dschan-Örl-Volk zu kümmern?

Darum ist es für Fürsten überaus wichtig, daß sie diese Worte überdenken. Denn Ordnung und Verwirrung, Ruhe und Gefahr, Bestand und Untergang kommen immer nur auf einem einzigen Weg den Menschen zu. Darum:

»Die höchste Erkenntnis tut ab die Erkenntnis, höchste Liebe vergißt der Liebe. Höchste Tugend ist nicht Tugend.« Ohne Worte, ohne Gedanken wartet man ruhig die Zelt ab. Ist der rechte Zeitpunkt da und erregt er den Verstand, so wird der, welcher Muße hat, gewinnen. Das Gesetz des Entsprechens bewirkt, daß durch Ruhe und Stille, Allseitigkeit und Einfachheit, Anfang und Ende geschlichtet wird.

Wenn auf diese Weise die menschlichen Verhältnisse geordnet werden, so braucht man nicht erst ein Lied anzustimmen und findet schon Begleitung, man braucht nicht erst voranzugehen und findet schon Folge.

Die Könige des Altertums haben wenig selbst getan und vieles angeregt. Anregen ist die Kunst des Fürsten, Handeln ist die Pflicht der Beamten. Handeln bringt Unruhe, Anregen gibt Ruhe. So wird es auf Anregung des Winters kalt und auf Anregung des Sommers heiß. Was braucht sich ein Fürst zu schaffen zu machen! So gibt es ein Wort: »Es ist für einen Fürsten besser, wenn er kein Wissen und kein Handeln pflegt, als wenn er Wissen und Handeln hat.« Das trifft das Wahre.

Einst bat ein ausführender Beamter den Herzog Huan von Tsi[9] um Anweisungen. Herzog Huan sprach: »Sprich darüber mit Vater Guan Dschung.« Nach einiger Zeit kam er wieder mit einer Sache zu dem Herzog. Der Herzog sprach wieder: »Sage es dem Vater Guan Dschung.« Das wiederholte sich dreimal. Da sprach jener: »Ein über das andere Mal wird man an Vater Guan Dschung verwiesen, da ist es freilich leicht, ein Fürst zu sein.«

Herzog Huan sprach: »Ehe ich den Vater Guan Dschung gefunden hatte, da hatte ich es schwer, nachdem ich aber den Vater Guan Dschung gefunden habe, weshalb sollte ich es mir da nicht leichtmachen?« Herzog Huan hatte den Guan Dschung gefunden, und alle seine Geschäfte wurden dadurch leicht; wieviel mehr wird das der Fall sein, wenn man die Kunst des sinngemäßen Handelns gefunden hat.

Als Meister Kung in Not war zwischen Tschen und Tsai[10], da hatte er einst sieben Tage lang keine Suppe mehr gegessen und auch kein Getreide mehr gekostet. Als er bei Tage schlief, hatte Yän Hui Reis erbeten. Er hatte welchen bekommen und bereitete ihn zu. Als er beinahe gar war, da sah Meister Kung, wie Yän Hui seine Hand in den Kessel streckte und davon aß. Nach einer Weile war das Essen gar. Da trat er vor den Meister Kung und brachte ihm das Essen. Meister Kung tat so, als habe er nichts gesehen. Er erhob sich und sprach: »Heute habe ich im Traum meinen seligen Vater gesehen, ich will ihm erst von dieser unberührten Speise etwas opfern.«

Yän Hui erwiderte: »Es geht nicht. Vorhin ist etwas Ruß in den Kessel geflogen. Es war mir zu schade, etwas von dem Essen wegzuwerfen, darum habe ich mit der Hand hineingegriffen und die rußige Stelle aufgegessen.«

Da seufzte Meister Kung und sprach: »Worauf man am ehesten trauen kann, sind die eigenen Augen. Aber selbst dem Augenschein darf man nicht immer trauen. Worauf man sich am ehesten verlassen kann, das ist der eigene Verstand, aber selbst der eigene Verstand ist nicht immer zuverlässig. Kinder, merkt es euch, es ist wirklich nicht leicht, die Menschen zu kennen.« Darum ist das Erkennen noch nicht das Schwierigste, sondern das, wodurch Kung Dsï die Menschen erkannte, das ist das Schwierigste.

4. Kapitel
Nicht Selbermachen
Wu Gung

Wenn eines Menschen Gesinnung nur wirklich gut ist, so mag er Herrscher sein, auch wenn er nichts weiß. So spricht Meister Li[11]: »Hunde sind nötig, um Hasen zu jagen. Wenn aber die Hasen selber zu Hunden werden, so gibt es keine Hasen mehr.«[12] Mit einem Fürsten, der sein eigener Minister zu sein pflegt, verhält es sich ähnlich. Denn wenn einen Fürsten seine Beamten beeinträchtigen, so kommt es immer vor, daß andere sie daran hindern. Wenn aber ein Fürst sich selbst beeinträchtigt, so wagt niemand, ihn daran zu hindern. Darum ist der Gipfel der Beeinträchtigung für einen Fürsten, wenn er seinen eigenen Beamten spielt. Einen Kehrbesen, den man täglich gebraucht, bewahrt man nicht in einem Kasten auf. Darum: Gebrauch nützt ab, Unruhe macht trübe, Geschäftigkeit macht müde. Abnützung, Trübe, Müdigkeit, diese drei Dinge sind nichts für einen Fürsten.

Da Yau erfand den sechzigjährigen Jahreszyklus. Kiän Ju erfand die Ziffern. Yung Tschong erfand die Zeitrechnung. Hi Ho erfand die Berechnung des Tages, Schang I die Berechnung des Monats, Hou I die Berechnung des Jahrs. Hu Tsau erfand die Kleider, I I erfand den Bogen, Dschu Yung erfand die Märkte (Warenaustausch), I Di erfand den Wein. Gau Yüan erfand den Hausbau, Yü Sü erfand das Schiff, Bo I erfand die Brunnen, Tschï Ki erfand den Mörser, Tschong Ya erfand die Bändigung der Pferde, Han Ai erfand das Wagenfahren, Wang Bing erfand die Zähmung des Rindes, Schï Huang erfand das Zeichnen, Wu Pong erfand die Heilkunst, Wu Hiän erfand das Orakel[13].

Mit Hilfe dieser zwanzig Beamten ordneten die Heiligen die Welt. Die heiligen Könige verstanden nicht die Arbeiten dieser zwanzig Beamten, aber sie veranlaßten, daß diese zwanzig Beamten ihre ganze Geschicklichkeit erschöpften und ihre Fähigkeiten ausnützten, weil die heiligen Könige über ihnen standen. Was die heiligen Könige nicht selbst konnten, dafür hatten sie ihre Leute, die es konnten. Was sie nicht selbst wußten, dafür hatten sie ihre Leute, die es wußten. Sie pflegten ihren Geist, bildeten ihren Charakter, und so bekamen sie schöpferische Kräfte. Wozu brauchten sie durchaus ihren Leib zu bemühen und ihre Augen und Ohren abzunützen? Darum war die Tugend der heiligen Könige so strahlend wie die Sonne, wenn sie eben aufgegangen ist und alle sechs Weltgegenden erleuchtet, und doch blieben sie ungebeugt und unerschöpft. Sie leuchteten wie der Sonne Schein, die alle Wesen verwandelt, und es gab nichts Unmögliches für sie. Ihr Geist war in Berührung mit dem einen großen Leben, durch nichts wurden sie gebeugt, und ihre Gedanken wurden durch nichts beschränkt. Ihre Seele pflegte Verkehr mit Göttern und Geistern, so fein und geheimnisvoll, daß niemand ihre Gestalt zu sehen vermochte. So saßen sie mit dem Gesicht nach Süden auf ihrem Herrscherthron, und alle Verkehrtheiten besserten sich von selbst, und die ganze Welt kehrte zur Natur zurück. Die Menschen freuten sich alle ihres Lebens und pflegten und nährten ihre göttliche Natur, und nichts blieb unvollendet.

Darum, wer es versteht zu herrschen, der beherrscht die Verhältnisse seiner Natur, und alle Beamten sind in Ordnung, alle Untertanen sind anhänglich, alle Bezeichnungen sind im klaren.

Guan Dsï[14] berichtete dem Herzog Huan: »Felder urbar zu machen, Städte groß zu machen, Land zu kultivieren und mit Korn zu bepflanzen, so daß der Boden voll ausgenützt wird, das verstehe ich nicht so gut wie Ning Su. Ich bitte, ihn zum Ackerbauminister zu bestellen. In den Formen des Verkehrs, als da sind: auf- und abgehen, höfliche Reden, vorgehen und sich zurückziehen: im Verständnis dieser Dinge bin ich nicht so bewandert wie Schï Pong. Ich bitte, ihn zum Zeremonienmeister zu machen. Früh bei Hofe zu sein und spät ihn wieder zu verlassen, des Fürsten Launen zu widerstehen, unter allen Umständen zuverlässig zu mahnen und zu raten, den Tod nicht zu scheuen, Ansehen und Reichtum nicht wichtig zu nehmen: in diesen Dingen bin ich nicht so stark wie Dung Go Ya[15]. Ich bitte, ihn zum Großzensor zu bestellen. Auf großen Ebenen und weiten Flächen es fertigzubringen, daß die Streitwagen nicht ihre Geleise kreuzen, die Krieger nicht ihre Fersen wenden, die Krieger eines großen Heeres so anzufeuern, daß sie todesmutig in die Schlacht ziehen: darin bin ich nicht so geschickt wie der Prinz Tschong Fu[16]. Ich bitte, ihn zum Feldmarschall zu ernennen. Prozesse zu entscheiden und das Richtige zu treffen, niemals einen unschuldig zu töten und keinen unverdientermaßen vor Gericht zu stellen: das kann ich nicht so gut wie Hüan Dschang[17]. Ich bitte, ihn zum Oberrichter zu bestellen. Wenn Eure Hoheit den Staat ordnen und das Militär stark machen wollen, so sind diese fünf Männer genug. Wenn Eure Hoheit außerdem die Hegemonie oder Weltherrschaft erstreben, so bin ich außerdem noch da.«

Der Herzog Huan sprach: »Gut!« Und er setzte die fünf Männer alle in die ihnen entsprechenden Stellen ein und befahl ihnen, daß sie bei Guan Dschung ihre Instruktionen einholen sollten. Daß der Herzog es erreichte, daß er in zehn Jahren neunmal die Lehensfürsten zusammenberufen konnte und die ganze Welt in der Hand hatte, das verdankte er den Fähigkeiten des Guan Dschung und der fünf Männer. Guan Dschung war nur ein Beamter und übernahm dennoch nicht Dinge, die er nicht vollständig beherrschte, sondern bediente sich der sämtlichen Fähigkeiten der fünf Männer. Wieviel mehr muß es erst ein Fürst so machen. Ein Fürst, der weiß, was er können und nicht können muß, den kann man als Herrscher des Volkes gebrauchen. Dann werden geheime, törichte und gefährliche Reden als das anerkannt, was sie sind. Die Beamten und Angestellten erschöpfen im Dienste ihre Kraft und bieten ihr gesamtes Wissen auf. Zur Zeit, als die fünf Herren und drei Königsgeschlechter über das Volk herrschten, da taten die Untergebenen auch nichts weiter, als daß sie ihre Kräfte erschöpften und ihr Wissen aufboten. Ein Fürst, der es versteht, sich nichts einzubilden auf seine Fähigkeiten, Mut, Kraft, Wahrheitsliebe und Treue, der kommt diesen Tugenden nahe. Jeder Herrscher, der in stiller Ruhe lebt, auf die umgestaltende Kraft seines Charakters vertraut und sich darauf beschränkt, nur das Wichtigste anzuhören, dessen Leben und Geist wird immer mehr zunehmen, Auge und Ohr werden immer schärfer, die Beamten nehmen alle ihre Ämter wichtig, und keiner wagt es, leichtsinnig oder träge zu sein. Jeder tut seine Arbeit, um seinem Titel Ehre zu machen. Wenn so Namen und Wirklichkeit einander entsprechen, so kann man das als Kenntnis der Wahrheit bezeichnen.

5. Kapitel
Kenntnis des richtigen Verhaltens
Dschï Du

Ein weiser Fürst ist nicht der, der alles im einzelnen betrachten will, sondern der sich darüber klar ist, was ein Fürst besitzen muß. Ein Fürst, der sich aufs Herrschen versteht, ist nicht einer, der alles selber ausführen will, sondern einer, der die Beamten richtig zu benützen versteht. Weil er die Beamten richtig zu benützen versteht, darum erspart er sich Mühe, und der Staat ist in Ordnung. Weil er sich klar ist über das, was ein Fürst besitzen muß, darum ist seine Macht unbeschränkt, und die Ränke werden verhindert. Weil die Ränke verhindert werden, so kommen die Schwätzer nicht herbei, und alle Zustände sind klar. Die inneren Zustände bedürfen nicht der Ausschmückung, und die Verhältnisse zeigen sich in ihrer wirklichen Gestalt. Das heißt höchste Ordnung.

In Zeiten höchster Ordnung lieben die Leute nicht eitle Reden und leere Worte, sie lieben nicht falsche Lehren und umlaufende Theorien. Die Tüchtigen und Untauglichen zeigen sich alle ihrem wahren Wesen nach, sie führen aus, was sie auf dem Herzen haben, und verzieren ihre ursprüngliche Art nicht. Sie dienen ihren Oberen in Einfalt und Arglosigkeit. Wenn dies der Fall ist, so lassen sich Geschickte und Ungeschickte, Toren und Weise, Mutige und Ängstliche leicht leiten, so entspricht jeder seiner Funktion. Wer ein Amt hat, der wartet seines Amtes, ohne daß er auf Gerede hört; wer noch nicht im Amt ist, von dem verlangt man wirkliche Leistungen, um seine Worte zu belegen. Wenn über diese beiden Dinge feste Grundsätze herrschen, so dringen nutzlose Worte gar nicht bis an den Hof. Der Fürst richtet sich nach den Verhältnissen der Natur und tut ab alle Vorliebe und Abneigung. Er macht die Demut zum Grundsatz und nennt das Anhören nützlicher Reden Audienzen.

Die Audienzen bezwecken eine gemeinsame Überlegung der Grundsätze der Vernunft und des Rechts, ein gemeinsames Festsetzen der Gesetze und Ordnungen. Wenn der Fürst sich nach den Verhältnissen der Natur richtet, so kommen Staatsmänner mit Vernunft und Recht herbei und die Anwendung von Gesetzen und Ordnungen wird festgesetzt, während die unruhigen Köpfe und Störenfriede sich zurückziehen und die Habgierigen und Lügner fernbleiben. Darum ist der wichtigste Gesichtspunkt für die Ordnung der Welt die Beseitigung der Ränkevollen. Der wichtigste Gesichtspunkt für die Beseitigung der Ränkevollen ist die Ordnung der Beamten. Der wichtigste Gesichtspunkt für die Ordnung der Beamten ist die Ordnung des rechten Weges. Der wichtigste Gesichtspunkt für die Ordnung des rechten Weges besteht in der Erkenntnis des Natürlichen. So sagt der Meister Hua Dsï[18]: »Gründlich, nicht vielerlei, ernstlich das Eine festhalten, was not ist.« Die Besserung der Natur ist wahre Freude. Alle Menschen sollen nicht allgemeine Bildung haben, sondern es beschränke sich jeder auf die Pflege einer einzigen Fähigkeit. Wenn man mit Aufbieten seiner ganzen Fähigkeit etwas fertiggebracht hat, so kommen auch die Barbaren ringsum zum Frieden. Das ist ein himmlischer Schatz, der nicht allgemein und doch allgemein ist. Dadurch ragte Schen Nung hervor, und Yau und Schun glänzten dadurch.

Wenn ein Fürst sich selber für weise und die andern für töricht hält, wenn er sich selbst für gescheit und die andern für dumm hält, so werden die Törichten und Dummen sich an ihn machen, und er wird sie in seiner Weisheit und Klugheit belehren. Wenn er aber viele Belehrungen erteilt, so werden sich die, die um Rat bitten, noch stärker vermehren. Wenn aber die, die um Rat bitten, sich immer noch vermehren, so wird es schließlich gar niemanden mehr geben, der nicht um Rat bittet. Ein Fürst mag noch so klug und weise sein, so ist er doch nicht allwissend. Wenn einer aber, ohne allwissend zu sein, die unendlichen Fragen seiner Umgebung beantworten soll, so müßte er schließlich einmal ans Ende seiner Weisheit kommen. Wenn aber ein Herrscher häufig seinen Untergebenen gegenüber sich Blößen gibt und seine Blößen nicht einmal bemerkt, so steigert sich das Übel bis zur Selbstverblendung. Ein solcher Herrscher ist doppelt umnachtet und unfähig, sein Reich zu erhalten[19]. Darum richtet sich ein vernünftiger Herrscher nach den vorhandenen Gepflogenheiten und sucht nichts selber zu machen.

Er beauftragt, aber gibt keine Einzelanweisungen. Er meidet das viele Sinnen und die vielen Ideen, er ist still und bescheiden und wartet auf Worte, die nicht großsprecherisch sind, auf Handlungen, die nicht anmaßend sind. Er prüft die Benennungen und achtet auf die ihnen entsprechenden Tatsachen und kümmert sich um die Berichte von den zuständigen Beamten. Seine Art ist es, nichts zu wissen, sein Schatz besteht darin, immer zu fragen: Was nun?

Yau sprach: »Was muß ich tun, um alles Land, wohin die Sonne und der Mond scheinen, unserem Einfluß zugänglich zu machen?«

Schun sprach: »Was muß ich tun, um alles Land noch jenseits der vier Steppen zu unterwerfen?«

Yü sprach: »Was muß ich tun, um das ferne Land Tsing Be zu ordnen und das Land Giu Yang zu bekehren und jene Gegenden, wo alles Seltsame sich findet?«

Zur Zeit des Freiherrn Dschau Siang Dsï[20] war Jen Dong Kommandant von Dschung Mou. Er gab dem Dschau Siang Dsï folgenden Rat: »In Dschung Mou gibt es einen Mann namens Dschan Sü Gi, ich bitte, ihn empfangen zu wollen.«

Siang Dsï empfing ihn und machte ihn zum hohen Rat zweiter Klasse. Der Kanzler sprach: »Der Genannte ist Euch doch erst vom Hörensagen bekannt, und Ihr habt ihn noch nicht persönlich nachgeprüft. Ist es denn eine so geringe Sache, Rat zweiter Klasse zu werden? Das ist nicht der Brauch in unserem Staate Dsin.«

Siang Dsï sprach: »Als ich den Jen Dong anstellte, habe ich ihn mir persönlich angesehen und ihn geprüft, wenn ich nun die Leute, die Jen Dong mir empfiehlt, alle auch noch persönlich nachprüfen wollte, so würde ich mit solchen Nachprüfungen nicht mehr fertig werden. Darum hab ich ihn zum Rat zweiter Klasse gemacht, ohne weiter nachzuprüfen.«

Siang Dsï stellte seine Leute an nach dem Grundsatz »Was muß ich tun?« Darum gaben sich die besten Männer für ihn alle Mühe. Das Leidwesen der Fürsten besteht darin, daß sie zwar Leute beauftragen, aber ihre Ratschläge nicht annehmen, oder daß sie zwar ihre Ratschläge annehmen, aber mit Leuten, die nichts davon verstehen, sich darüber in Überlegungen einlassen. Wer über einen Fluß will, muß sich einem Schiff anvertrauen, wer in die Ferne will, muß sich einem guten Pferd anvertrauen, wer die Herrschaft auf Erden will, muß sich weisen Ratgebern anvertrauen. Männer wie I Yin, Bai Li Hi, Lü Schang und Guan I Wu[21], das waren die Schiffe und Pferde derer, die die Herrschaft auf Erden in die Hände bekamen. Daß diese Herrscher ihre nächsten Verwandten nicht angestellt, war keine Rücksichtslosigkeit. Daß sie andrerseits einen Koch, einen Angler, einen Feind und einen Gefangenen betraut, war keine Voreingenommenheit, sondern es war der notwendige Weg, Staat und Gesellschaft zu festigen und große Werke zu vollbringen. Es ist genauso, wie ein erfahrener Baumeister, wenn er ein Haus baut, die Größe ausrechnet und danach das Holz auszusuchen versteht und nach der Abschätzung der Arbeit die Zahl der Arbeiter zu bemessen weiß.

So waren Siau Tschen[22] und Lü Schang kaum in einflußreicher Stellung, als die Welt auch schon die Herren von Yin und Dschou als Weltherrscher anerkannte; kaum war ein Guan I Wu und Bai Li Hi in maßgebender Stellung, als auch schon die Welt die Fürsten von Tsi und Tsin als Oberherrn anerkannte. Es geht da nicht anders als mit dem Schiff und dem Pferd.

Aber nicht nur die Herrscher, die es zum König oder Oberherrn brachten, hatten ihre Leute, die ihnen halfen, auch die Herrscher, die ihren Staat zugrunde richteten, hatten ebenfalls ihre Leute dazu. Ein Giä hatte den Yang Sin[23], ein Dschou Sin hatte den O Lai, ein Fürst von Sung hatte den Tang Yang, der Fürst von Tsi hatte den Su Tsin, und die Welt wußte, das jene Staaten zugrunde gehen würden. Wenn man ohne den entsprechenden Mann das entsprechende Werk zustande bringen will, das ist so, als wenn man um die Sommersonnenwende die Nacht lang haben wollte oder wenn man einen Fisch schießen wollte und dabei nach dem Himmel zielte und dann doch hoffte, ihn zu treffen. Selbst einem Schun und Yü wäre dieser Versuch wohl mißlungen, wieviel mehr einem gewöhnlichen König.

6. Kapitel
Achten auf die Umstände
Schen Schï

Wer es an Zuverlässigkeit fehlen läßt und doch verlangt, daß die Leute ihm glauben, der täuscht sich. Wer es an Einfluß fehlen läßt und doch sein Reich zu wahren sucht, der kommt in Gefahr.

Ein Fisch, so groß, daß er ein Schiff verschlingen kann, ist auf dem Trockenen nicht einmal den Ameisen gewachsen.

Wo die Gewalt gleich ist, kann keiner den andern anstellen. Wo zwei an Macht einander gewachsen sind, kann keiner den andern annektieren. Wo zwei an Ordnung der Verhältnisse einander ebenbürtig sind, kann keiner den andern bessern. Darum muß man die Unterschiede von Klein und Groß, Unwichtig und Wichtig, Wenig und Viel, Ordnung und Verwirrung sorgfältig erwägen, denn sie sind das Tor für Glück und Unglück.

Die Staaten, in denen man Hüte und Gürtel trägt, in denen Schiffe und Wagen allgemein im Gebrauch sind, bei denen man zum Verkehr keine Dolmetscher braucht, erstrecken sich über eine Fläche von 3000 Meilen im Geviert. Die Großkönige der alten Zeiten wählten die Mitte dieser Welt, um dort ihre Hausmacht zu gründen, sie wählten die Mitte des Gebiets ihrer Hausmacht, um daselbst ihre Residenz zu gründen, sie wählten die Mitte dieser Residenz, um daselbst ihren Ahnentempel zu gründen. Auf der ganzen Erde war als Umfang für einen Lehensstaat 1000 Meilen im Geviert festgesetzt und auf diese Weise das Höchstmaß der Zweckmäßigkeit erreicht. Nicht daß man die Lehensstaaten nicht hätte größer machen können, aber es war vorzuziehen, daß sie nicht zu groß und nicht zu zahlreich bevölkert waren. Daß so viele Lehen eingerichtet wurden, geschah nicht aus Voreingenommenheit für die Tüchtigen, sondern um auf diese Weise die Ausübung der Staatsgewalt zu erleichtern und das Ansehen zu fördern. Dadurch entstand eine Gemeinschaft der Interessen und der Pflichten. Durch die Ausdehnung der Interessen- und Pflichtgemeinschaft wurde der Lehensherr frei von ebenbürtigen Gegnern. Darauf, daß er keine Gegner zu fürchten hatte, beruhte seine Sicherheit. Darum läßt es sich beobachten, daß im Altertum diejenigen, welche viele Lehensstaaten errichteten, dauernden Glücks und eines berühmten Namens teilhaftig wurden.

Die Dynastie Schang regierte 17 Generationen lang über die Welt, weil sie ihren Besitz mit der Welt teilte.

Die Großkönige hielten es mit den Lehensstaaten so, daß je näher ein Staat war, er desto größer war, je ferner, desto kleiner. Ferne am Meer gab es Lehensfürsten, die nur zehn Meilen im Geviert besaßen. Indem sie durch die Großen die Kleinen, durch die Wichtigen die Unwichtigen, durch die Bevölkerten die Dünnbevölkerten zum Dienst anhalten ließen, erreichten es die Großkönige, daß ihr Haus gefestigt wurde.

Darum heißt es: Will man mit Hilfsmitteln von Kleinstaaten wie Fong und Bi etwas ausrichten, so ist es bemühend; mit den Kräften eines Mittelstaates wie Lu oder Dsou geht es bedeutend leichter, mit denen der größeren Staaten wie Sung und Dschong erreicht man an einem Tage das Doppelte, mit Großstaaten wie Tsi und Tschu erledigt sich die Sache so leicht, wie man ein Netz am Umfassungsseil emporziehen kann. Je größer die Macht ist, die man zur Anwendung bringt, desto leichter fällt der erwünschte Erfolg.

Hätte Tang nicht sein Stammland We gehabt und König Wu nicht sein Stammland Ki, so hätte ihre Tüchtigkeit noch zehnmal so groß sein können und sie hätten ihr Werk doch nicht vollbracht. Wenn selbst so tüchtige Herrscher wie Tang und Wu sich noch auf Macht stützen mußten, wieviel mehr müssen das Fürsten tun, die einem Tang und Wu nicht gleichkommen. Darum, wenn man mit einer großen Macht eine kleine in Schranken hält, so geht es gut, will aber ein Kleinstaat eine Großmacht in Schranken halten, so geht er daran zugrunde. Wenn man mit Gewichtigem das Leichte beeinflußt, so folgt es, will man mit Leichtem das Gewichtige beeinflussen, so mißlingt das.

Von hier aus betrachtet zeigt es sich, daß wenn man seine Zeit in feste Bahnen und das Leben der Menschheit in Frieden bringen will, man sich Verdienste und Ruhm erwerben muß, die auf Wannen und Schüsseln[24] eingegraben zu werden wert sind, die auf Vasen und Spiegel gestempelt werden, und dennoch kann die Macht nicht zu groß und können die Mittel nicht zu zahlreich sein. Hat ein tüchtiger Staatsmann, der einem verworfenen Geschlechte gegenübertritt, eine große Macht und zahlreiche Mittel zur Verfügung, so wird er ohne Schwierigkeiten die Herrschaft der Welt erringen.

Alle Leute auf Erden sind heutzutage mühselig und beladen. Je mühseliger und beladener jedoch die Menschen sind, desto leichter wird es einem Könige gemacht; denn als König rettet er ja die Mühseligen und Beladenen. Auf dem Wasser muß man ein Schiff benützen, auf dem Lande den Wagen, im Sumpf die Lehmschuhe, im Sand die Siebschuhe, im Gebirge Bergschuhe; indem man sich der richtigen Mittel bedient, kommt man voran[25]. Wer die Macht in der Hand hat, dessen Befehle werden ausgeführt. Wessen Stellung geehrt ist, dessen Lehren werden angenommen. Wer sich in Respekt zu setzen weiß, vor dem wagen sich schlechte Elemente nicht hervor: das ist die Art, wie man Menschen in Schranken hält. Darum ist es leicht, mit 10000 Kriegswagen einen Staat von 1000 Kriegswagen zum Gehorsam zu bringen, mit 1000 Kriegswagen ein Adelshaus zum Gehorsam zu bringen, mit der Macht eines Hauses einen einzelnen Mann zum Gehorsam zu bringen. Wer es aber umgekehrt versuchen will, und wäre er ein Yau oder ein Schun: er wird es nicht vermögen.

Die Lehnsfürsten sind nicht freiwillig andern untertan, sondern nur, weil es nicht anders geht. Wer keine Macht zur Verfügung hat, wie will der sich andere unterwerfen? Dadurch, daß man die Wichtigkeit der einzelnen Staaten erwägt, daß man ihre Größe beurteilt und dementsprechend viele Lehnsstaaten einrichtet, befestigt man die eigene Macht. Das Königtum beruht auf der Macht. Das Königtum beruht darauf, daß es keinen andern Gleichmächtigen gibt. Kommt ein anderer der Macht des Königs gleich, so muß das Königtum zugrunde gehen. Wer es versteht, daß es klüger ist, kleine Lehnsstaaten zu haben als große, daß es besser ist, geringere Bevölkerung zu haben als zahlreiche, der weiß, wie man es machen muß, um keinen Nebenbuhler neben sich zu haben. Wenn einer es versteht, über aller Konkurrenz zu stehen, so bleibt alles Vergleichen und Abwägen, aller Neid und alle Eifersucht fern.

Darum war es der Grundsatz der alten Könige, daß, wenn ein Himmelssohn eingesetzt war, die Lehnsfürsten nicht mit ihm verwechselt werden konnten, wenn ein Lehnsfürst eingesetzt war, die Staatsminister nicht mit ihm verwechselt werden konnten, wenn ein Thronfolger eingesetzt war, die nachgeborenen Söhne nicht mit ihm verwechselt werden konnten. Aus solchen Verwechslungen entsteht ein Streit, aus Streit entsteht Unordnung. Darum, wenn die Lehnsfürsten ihre Rangordnung nicht mehr haben, so kommt die ganze Welt in Unordnung, wenn der Adel keine Stufen mehr hat, so kommt der Hof in Unordnung, wenn Haupt- und Nebenfrau nicht klar in ihren Rechten getrennt sind, so kommt die Familie in Unordnung, wenn Erstgeborene und Nachgeborene nicht gesondert sind, so kommt der Ahnentempel in Unordnung.

Schen Dsï sprach[26]: »Wenn ein Hase läuft und 100 Mann verfolgen ihn, so ist der eine Hase allerdings nicht genug, um unter 100 Mann verteilt zu werden, aber sie laufen ihm nach, weil noch nicht bestimmt ist, wem er gehören wird. Solange sein Besitz noch nicht festgestellt ist, würde selbst Yau sich bemühen, wieviel mehr die gewöhnlichen Menschen. Wenn aber auf dem Markte eine Menge Hasen feilgeboten werden, so sieht sich kein Vorübergehender danach um, nicht weil er keinen Hasen wollte, sondern weil die Besitzverhältnisse schon geregelt sind. Wenn das Teil eines jeden festgesetzt ist, so wird auch der Gemeinste keinen Streit anfangen.« Darum beruht die Beherrschung der Welt und die Ordnung des Staates auf der Bestimmung der Standesunterschiede. König Dschuang von Tschu belagerte Sung neun Monate lang[27], der König Kang belagerte Sung fünf Monate lang, König Schong belagerte Sung zehn Monate lang. Dreimal griff der Staat Tschu den Staat Sung an und konnte ihn nicht vernichten. Nicht daß er nicht zu vernichten gewesen wäre. Aber wenn ein Sung das andere angreift, wie will man da zu Ende kommen[28]? Alle großen Verdienste wurden dadurch erworben, daß zwischen den Gegnern ein Unterschied war an Tüchtigkeit, Stärke und innerer Ordnung.

Herzog Giän von Tsi[29] hatte einen Beamten namens Dschu Yü Yang, der machte dem Herzog Vorstellungen und sprach: »Die beiden Beamten Tschen Tschong Tschang und Dsai Yü sind miteinander verfeindet. Ich fürchte, daß es zum offenen Kampf zwischen ihnen kommen könnte. Wenn es zu einem hartnäckigen Kampfe kommt, droht aber dem Fürsten Gefahr. Ich rate daher, einen von den Beamten zu entfernen.«

Herzog Giän sprach: »Das sind Dinge, die dein beschränkter Untertanenverstand nicht versteht.«

Nicht lange danach griff Tschen Tschong Tschang den Dsai Yü tatsächlich in offener Audienzversammlung an, und der Herzog kam in seinem eigenen Palast zu Schaden[30]. Da seufzte der Herzog tief auf und sprach: »Weil ich nicht auf die Worte des Dschu Yü Yang gehört habe, darum bin ich in diese Not gekommen.«

Er hatte seine Macht und seinen Einfluß verloren, da war es einerlei, ob er es bereute, nicht auf die Worte des Dschu Yü Yang gehört zu haben, oder nicht. Das kam daher, weil er nicht das festhielt, was man festhalten kann und muß, sondern das, worauf man sich nicht verlassen kann. Die Geschichte von den Dreifüßen von Dschou und ihren Bildern zeigt dieselben Grundsätze angewandt[31]. Diese Grundsätze sind für alle Handlungen eines Fürsten maßgebend.

7. Kapitel
Nicht zweierlei
Bu Erl

Wenn man auf die Menge der Menschen hören will bei der Leitung des Staates, so kommt der Staat in allerkürzester Zeit in Gefahr. Woher weiß ich, daß es so ist?

Lau Dsï[32] hält die Weichheit hoch, Kung Dsï hält die Liebe hoch, Mo Di hält die Einfachheit hoch, Guan Yin Hi hält die Reinheit hoch, Meister Liä Dsï hält die Leere hoch, Tschen Piän hält die Gleichheit hoch, Yang Dschu hält den Egoismus hoch, Sun Bin hält die Macht hoch, Wang Liau hält die Offensive hoch, Ni Liang hält die Defensive hoch. Diese zehn gehören alle zu den bedeutendsten Staatsmännern auf Erden.

Darum verurteilen sie einander bald, bald geben sie einander recht. Die Stücke, worin sie einander verurteilen, sind ebenso zahlreich wie die, in denen sie einander recht geben, und ebenso sind die Dinge, die sie für recht halten, ebenso zahlreich wie die, die Sie für unrecht halten. Wenn aber Recht und Unrecht noch nicht festgesetzt ist, so äußern sich Freude und Zorn, Kampf und Streit. Ich verwerfe nicht den Kampf, verwerfe nicht den Streit an sich, was ich verwerfe, das sind die Ursachen des Kampfes und Streites. Kampf und Streit sind berechtigt als Erscheinungen, wenn Recht und Unrecht schon feststehen. Aber heutzutage setzt man vielfach nicht erst Recht und Unrecht fest, sondern kämpft und streitet zuerst schon heftig. Das ist die schlimmste Torheit, die es gibt. ... (Hier ist offenbar eine bedeutende Lücke im Text. Möglich, daß die Worte, die im Buch X/3 stehen und dort keinen Sinn geben, hierher gehören[33].)

Becken und Trommeln dienen dazu[34], um das Ohr einheitlich zu beeinflussen. Die Übereinstimmung der Regierungserlasse dient dazu, um die Gesinnungen einheitlich zu beeinflussen. Daß man den Klugen nicht die Möglichkeit gibt zu Kniffen, und den Toren nicht die Möglichkeit gibt, dumme Streiche zu machen, dient dazu, um die Menge des Volkes einheitlich zu beeinflussen. Daß man den Mutigen nicht gestattet vorauszueilen und den Furchtsamen nicht gestattet, hinten zu bleiben, dient dazu, die Kraftentfaltung einheitlich zu beeinflussen. Darum: Wo Einheit herrscht, ist Ordnung, wo Verschiedenheit herrscht, ist Verwirrung. Wo Einheit herrscht, ist Sicherheit, wo Verschiedenheit herrscht, ist Gefahr im Verzuge. Wenn man alle die auseinanderstrebenden Richtungen in Übereinstimmung zu bringen versteht, so tun Toren und Weise, Geschickte und Ungeschickte alle ihr Äußerstes und wenden alle ihre Fähigkeiten an, als kämen sie aus einer Quelle. Aber so etwas vermag nur das Genie mit seiner intuitiven Erkenntnis ohne Formeln, mit seinem natürlichen Können ohne Unterweisung. Alle mühsame Anstrengung und sorgfältige Gewöhnung genügen zur Erreichung dieses Erfolges noch nicht.

8. Kapitel
Festhalten am Einen
Dschï I

Himmel und Erde, die dunkle und die lichte Kraft vermögen die verschiedenartigsten Dinge hervorzubringen, ohne ihr Wesen zu ändern. Das Auge vermag die Unterschiede von hell und dunkel zu erkennen, ohne in seiner Sehkraft beeinträchtigt zu werden; das Ohr vermag die hohen und tiefen Töne zu unterscheiden, ohne in seiner Hörkraft beeinträchtigt zu werden. So hält ein König die Einheit fest und wird dadurch der Herrscher aller Wesen. Ein Heer braucht nötig einen Führer, durch den es einheitlich wird, ein Staat braucht nötig einen Herrscher, durch den er einheitlich wird. Die Welt braucht nötig einen Himmelssohn, durch den sie einheitlich wird. Der Himmelssohn braucht nötig das Eine, durch das er allmächtig wird.

Herrscht einer, so gibt es Ordnung, herrschen zwei, so gibt es Verwirrung. Wenn in einem Viergespann vier Lenker wären und jeder eine Peitsche schwänge, so brächte man es nicht zum Tor hinaus – weil die Einheitlichkeit der Leitung fehlte.

Der König von Tschu fragte den Dschan Dsï über die Staatsregierung[35]. Dschan Dsï erwiderte: »Ich weiß etwas über die persönliche Lebensführung, nichts über die Führung eines Staates.« Natürlich war es nicht die Meinung des Dschan Dsï, daß ein Staat keiner Führung bedürfe. Sondern seine Meinung war, daß die Grundlage der Führung eines Staates in der persönlichen Lebensführung liegt. Ist die eigne Person in Ordnung, so kommt die Familie in Ordnung; ist die Familie in Ordnung, so kommt der Staat in Ordnung; ist der Staat in Ordnung, so kommt die Welt in Ordnung. Darum heißt es: »In der eignen Person leitet man die Familie, in der Familie leitet man den Staat, im Staat leitet man die Welt.« Diese vier Dinge sind verschieden nach ihrer äußeren Stellung, aber in ihren Grundlagen übereinstimmend. Darum finden die Grundsätze des berufenen Weisen keine Grenze in ihrer Anwendungsmöglichkeit sondern vermögen sich auf die ganze Welt zu erstrecken und selbst die Bewegungen von Sonne und Mond zu regeln, aber ebenso lassen sie sich einschränken auf die engsten Grenzen des persönlichen Lebens. Aber auch der liebevollste Vater kann das nicht seinem Sohne vererben, auch der treueste Beamte kann das nicht seinem Herrscher darbringen, nur wer den Sinn dafür hat, kann es begreifen.

Tiän Piän[36] wollte dem König von Tsi die Methode der Ordnung darlegen. Der König von Tsi erwiderte ihm und sprach: »Ich bin im Besitz des Staates Tsi, deshalb möchte ich etwas über die Regierung von Tsi hören.«

Tiän Piän erwiderte: »Meine Worte handeln nicht von Regierungsmaßregeln, aber es lassen sich Regierungsmaßregeln daraus machen. Es ist wie mit einem Walde: Er enthält keine Balken, aber es lassen sich Balken daraus machen. Ich bitte Ew. Majestät, selbst die Anwendung davon auf die Regierung von Tsi zu machen.«

Tiän Piän hat immer noch nur das Nächstliegende erwähnt. In vollem Umfang genommen: Wie sollte sich die Anwendungsmöglichkeit solcher Grundsätze auf die Regierung von Tsi beschränken?

Alle Wandlungen, alles Verlangen
Wird gestillt und schön gemacht!
Alle Wesen, alle Dinge
Werden recht und gleich gemacht!
Pong Dsu erlangte hohes Alter,
Drei Dynastien überlebte er!
Die fünf Herrscher dadurch strahlten,
Schen Nung, dadurch blühte er!

Wu Ki[37] sprach zu Schang Wen: »Kommt es im Dienst des Fürsten wirklich nur auf das Glück an?«

Schang Wen sprach: »Wie meint Ihr das?« Wu Ki sprach: »Wenn es sich darum handelt, innerhalb des ganzen Königreichs die Ordnung durchzuführen, die Kultur zu fördern, die Sitten zu bessern, so daß Fürst und Diener ihre Pflicht kennen und Väter und Söhne ihre Stellung kennen: Wer kann das besser, Ihr oder ich?«

Schang Wen sprach: »Darin komme ich Euch nicht gleich.«

Jener sprach weiter: »Dadurch, daß man heute Einführungsgeschenke macht und in den Dienst eines Fürsten tritt, dessen Ruhe sichern, dadurch, daß man morgen sein Siegel abgibt und seinen Dienst verläßt, dessen Ruhe gefährden: Wer kann das besser, Ihr oder ich?«

Schang Wen sprach: »Darin komme ich Euch nicht gleich.«

Jener fuhr fort: »Wenn Krieger und Rosse in Schlachtordnung aufgestellt sind und der Feind vor der Schlachtreihe steht[38], dann durch einen einzigen Trommelwirbel die sämtlichen Krieger so zu begeistern, daß sie mit derselben Freude in den Tod gehen, wie sie leben: Wer kann das besser, Ihr oder ich?«

Schang Wen sprach: »Darin komme ich Euch nicht gleich.«

Wu Ki sprach: »Ihr gebt also selber zu, daß Ihr in allen drei Stücken mir nicht gleichkommt, und doch ist Eure Stellung höher als die meinige; darum sage ich: Glück und nichts weiter ist es, worauf es beim Fürstendienst ankommt!«

Schang Wen sprach: »Gut! Ihr habt mich gefragt, ich will nun auch Euch fragen: Wenn die Verhältnisse unsicher sind, der Fürst noch jung, die Menge der Beamten einander beargwöhnen, die Masse des Volkes unruhig: Soll man dann den Staat lieber Euch anvertrauen oder lieber mir?«

Wu Ki schwieg still und erwiderte nichts. Nach einer Weile sagte er: »Lieber Euch!«

Schang Wen sprach: »Das ist der Grund, warum ich Euer Vorgesetzter bin.«

Wu Ki kannte seine Überlegenheit, aber er kannte nicht seine Mängel, er kannte seine Vorzüge, aber er kannte nicht seine Schwächen, darum war er wohl der Verwaltung des Kreises Si-ho (Westfluß) gewachsen, aber er wurde überwältigt von Wang Tso[39]! Und er kam in große Not, so daß er nicht einmal eines natürlichen Todes starb.

Ebenso war der König von Wu zwar dem Staate Tsi überlegen, aber er war dem Staate Yüo nicht gewachsen[40]. Der Staat Tsi war zwar dem Staate Sung überlegen, aber er war dem Staat Yän nicht gewachsen[41]. Darum ist nur der imstande, seinen Staat zu bewahren und seine Person zu vervollkommnen, der den Wechsel von Vorteil und Nachteil, Gewinn und Verlust kennt.

BUCH XVIII · SCHEN YING LAN

Betrachtung über wohlüberlegte Antworten

1. Kapitel
Wohlüberlegte Antworten
Schen Ying

Ein Fürst muß sorgfältig prüfen, was er äußert und wie seine Mienen und Antworten beschaffen sein sollen. Jeder Fürst, der Einsicht hat, wird mit seinen Worten nicht gerne anderen zuvorkommen. Sondern er wird den Grundsatz befolgen: Der andere soll singen, ich begleite, der andere soll voran, ich folge. Was der andere ausgibt, nehme ich ein, was der andere sagt, das nehme ich als Maßstab für ihn. An seine wirklichen Leistungen lege ich dann den aus seinen Worten geschöpften Maßstab an. Dann werden die, die etwas zu sagen haben, es nicht wagen, in den Tag hineinzureden, und der Fürst hat sie dann in der Hand.

Kung Sï bat um seinen Abschied. Der Fürst von Lu sprach: »Die Fürsten auf der ganzen Welt sind auch wie ich, wo wollt Ihr denn hin?«

Kung Sï erwiderte: »Ich habe gehört, der Edle ist wie ein Vogel: Wird er erschreckt, so fliegt er davon.«

Der Fürst von Lu sprach: »Wenn ich ein untauglicher Fürst bin und alle andern sind auch so, so geht Ihr dem einen untauglichen Fürsten aus dem Wege und lauft einem andern untauglichen Fürsten zu. Denkt Ihr denn, daß Ihr alle Fürsten auf Erden zu beurteilen versteht? Wenn ein Vogel auffliegt, so fliegt er von dem Ast weg, da er erschreckt wurde, und fliegt an einen anderen Ort, da er nicht erschreckt wird. Ob er aber, wenn er von einem Ort, da er erschreckt wird, wegfliegt, einen anderen finden wird, da er nicht erschreckt wird, das kann er nicht zum voraus wissen. Wenn er aber vor einem Schrecken flieht und sich einem andern Schrecken zuwendet, wozu fliegt da der Vogel überhaupt weg?«

Kung Sï hatte allerdings einen Fehler gemacht in seiner Antwort an den Fürsten von Lu.

Der König Hui von We[1] lies durch einen Boten dem Fürsten Dschau von Han sagen: »Der Staat Dschong ist von dem Hause Hen vernichtet worden. Ich möchte, daß Ihr seine Nachkommen wieder in ihr Erbe einsetzt. Das entspricht der Pflicht, die uns gebietet, das Zugrundegehende zu erhalten und erloschene Geschlechter fortzusetzen. Wenn Ihr den Staat wieder einsetzt, so werdet Ihr Euch einen großen Namen machen.«

Der Fürst Dschau war darüber in Unruhe. Der Prinz Schï Wo bat um die Erlaubnis, die Antwort auszurichten. Als der Prinz Schï Wo nach We kam, trat er vor den König Hui und sprach: »Eure Regierung hat uns befohlen, die Erben von Dschong wieder einzusetzen. Das ist etwas, das wir nicht wagen. Unser Staat ist von Eurer Regierung mehrfach geschädigt worden. Als vor Zeiten der Nachkomme des Herzogs Tschu namens Schong Schï von dem Staate Dsin[2] in Tung Ti festgesetzt wurde, hat Euer Staat kein Erbarmen gegen uns gezeigt, und nun heißt Ihr uns, das Zugrundegehende zu erhalten und das ausgestorbene Geschlecht fortzusetzen. Das wagen wir nach dem Vorgefallenen nicht zu tun.«

Der König von We schämte sich und sprach: »Das war nicht mein eigener Gedanke, ich bitte, die Sache weiter nicht mehr zu berühren.« Hier wurde eine ungerechte Handlung hervorgehoben, um eine andere ungerechte Handlung zu decken. Denn wenn auch der König von We nichts zu erwidern wußte, so blieb die pflichtwidrige Handlung des Staates Han dennoch in ihrem vollen Umfang bestehen und die Beredsamkeit des Prinzen Schï Wo diente nur dazu, ein Unrecht zu entschuldigen und einen gemachten Fehler zu vollenden.

Der König Dschau von We fragte den Tiän Tschu: »Als ich noch Thronfolger war, hörte ich Euch darüber reden, daß es ganz leicht sei, als Weiser zu leben. Ist das wirklich so?«

Tiän Tschu sprach: »Ja, das habe ich behauptet.«

Der König Dschau sprach: »Seid Ihr dann selber ein Weiser?«

Tiän Tschu sprach: »Mancher erkennt einen Weisen, noch ehe er ein Werk vollbracht hat. So hat Yau den Schun erkannt. Andere erkennen einen Weisen erst[3], nachdem er große Werke vollbracht hat, und Ihr fragt mich, ob ich ein Weiser sei; ist das etwa ein Zeichen, daß Ihr ein Yau seid?«

Darauf wußte der König Dschau nichts zu erwidern.

Zu der Antwort, die Tiän Tschu dem König Dschau gab, ist folgendes zu bemerken. Der König hatte nicht gesagt, daß er die Weisen zu erkennen wisse, sondern hatte nur gefragt, ob Tiän Tschu ein Weiser sei, worauf dieser dem König unter Verschiebung der Frage mit einer Behauptung über das Erkennen der Weisen antwortete. Der König Dschau war eigentlich im Recht. Daß Tiän Tschu ihn ins Unrecht setzte, war ein Zeichen, daß er nicht besonders scharfsinnig war.

Der König Hui von Dschau sagte zu Gung-Sun Lung: »Ich bemühe mich nun schon seit über zehn Jahren, eine Abrüstung herbeizuführen. Aber es gelingt mir nicht. Ist Abrüstung unmöglich?«

Gung-Sun Lung erwiderte: »Der Gedanke der Abrüstung entspringt einer Gesinnung allgemeiner Menschenliebe. Aber allgemeine Menschenliebe darf nicht ein bloßer leerer Name sein, sondern man muß sie durch die Tat beweisen. Als die beiden Bezirke Eures Gebietes Ning und Li Schï von dem Staate Tsin annektiert wurden, da trauertet Ihr in Sack und Asche. Ein andermal griffet Ihr Euren östlichen Nachbarstaat Tsi an und erobertet eine Stadt, da veranstaltetet Ihr ein Festmahl mit Wein. Als Tsin Land gewann, da trauertet Ihr in tiefer Trauer, als Tsi Land verlor, da hieltet Ihr ein Festmahl. Das zeigt nicht die Gesinnung der allgemeinen Menschenliebe. Das ist der Grund, warum die Abrüstung sich nicht verwirklichen läßt. Das ist so, als wenn z. B. jemand unhöflich und rücksichtslos wäre und Höflichkeit beanspruchte oder wenn einer parteiisch und voreingenommen wäre und doch Gehorsam für seine Befehle verlangte oder wenn einer dauernd durch neue Verordnungen die alten umstieße und doch erwartete, daß sein Land in Ruhe ist, oder wenn einer grausam und habgierig wäre und doch erwartete, daß gefestigte Verhältnisse herrschen. Das würde selbst ein Huang Di nicht zuwege bringen.«

Der Thronerbe von We wollte die Abgaben erhöhen, um Getreidevorräte zu sammeln. Das Volk wurde unzufrieden. Da sprach er darüber mit Bo I und sagte: »Das Volk ist doch zu töricht. Die Vorräte, die ich sammle, sollen doch dem Volke zugute kommen, was verschlägt es denn, ob sie sie selbst aufstapeln oder ob sie von der Regierung aufgestapelt werden?«

Bo I sprach: »Nicht also, sondern wenn Korn unter der Bevölkerung vorhanden ist, ohne daß die Regierung darüber Bescheid weiß, so ist es besser, daß es von der Regierung aufbewahrt wird. Wenn aber die Regierung das Korn aufbewahrt, ohne daß die Bevölkerung über seinen Verbleib Bescheid weiß, so wäre es besser, es würde von der Bevölkerung aufbewahrt. Darum muß man immer von sich aus schließen, wie etwas von anderen verstanden wird, dann werden unsere Befehle stets Gehorsam finden.« Wenn ein Staat lange dauert, gewinnt er Festigkeit. Ist er fest, so geht er nicht leicht zugrunde. Nun sind aber selbst die Dynastien Yü, Hia Yin und Dschou alle zugrunde gegangen. Und bei allen lag die Ursache darin, daß sie nicht von sich auf andere zu schließen verstanden.

Prinz Ta war Kanzler in Dschou. Schen Hiang hatte eine Unterredung mit ihm und zitterte dabei. Prinz Ta verspottete ihn und sprach: »Ihr zittert ja, während Ihr mit mir sprecht, ist das etwa, weil ich Kanzler bin?«

Schen Hiang sprach: »Das ist allerdings eine Ungewandtheit von mir. Aber doch möchte ich fragen, an wem der größere Fehler liegt, wenn Ihr im Alter von zwanzig Jahren durch Eure Kanzlerwürde einen alten Mann vor Euch zittern macht?«

Der Prinz Ta wußte darauf nichts zu erwidern. Das Zittern ist ein Zeichen von Mangel an Gewohnheit (im Verkehr mit Vornehmen). Andere vor sich zittern machen ist ein Zeichen von Arroganz und Hochmut. Wenn der Höhergestellte im Verkehr zuvorkommend und bescheiden ist, und doch noch jemand vor ihm zittert, so liegt der Fehler dann nicht an dem Höhergestellten. Darum, wenn jemand gelegentlich auch einen Verstoß macht, so soll man seine zuvorkommende und bescheidene Art nicht ändern, dann macht ein solcher Verstoß keinerlei Schwierigkeit. Wenn man aber arrogant und hochfahrend ist, dann mag das wohl der Fall sein.

2. Kapitel
Wichtignehmen der Worte
Dschung Yän

Ein Herrscher muß seinen Worten Wichtigkeit geben.

Gau Dsung war Weltherrscher. Nachdem er den Thron bestiegen hatte, weilte er drei Jahre im Trauerzelt, um seinen Vater leidtragend, und redete nichts.

Die höheren Minister und Räte gerieten darüber in Besorgnis und wurden traurig. Da redete Gau Dsung und sprach: »Mir ist der Beruf zuteil geworden, die vier Weltgegenden in Zucht zu halten, da fürchte ich, daß meine Worte diesem Berufe nicht entsprechen möchten, darum redete ich nicht.«

So wichtig nahmen die Großkönige der alten Zeiten ihre Worte; darum waren sie frei von Fehlern.

Der König Tschong[4] spielte mit seinem Bruder Tang Schu Yü. Er nahm ein Paulowniablatt und machte ein Szepter daraus, das gab er Tang Schu Yü und sprach: »Damit belehne ich Dich.«

Tang Schu Yü freute sich und sagte es dem Herzog von Dschou. Darauf fragte der Herzog von Dschou den König: »Eure Majestät hat Tang Schu Yü belehnt?«

Der König Tschong sprach: »Ich habe nur mit Tang Schu Yü gescherzt.«

Der Herzog von Dschou erwiderte: »Es ist uns gesagt, ein Großkönig rede nichts im Scherz. Was der Großkönig redet, das zeichnen die Chronisten auf, das besingen die Sänger, das besprechen die Staatsmänner.«

Darauf wurde Tang Schu Yü mit dem Staate Dsin belehnt.

Von dem Herzog Dan von Dschou kann man wohl sagen, daß er gut zu raten verstand. Durch ein einziges Wort lehrte er den König Tschong sein Wort wichtig nehmen, die Pflicht der Liebe zum Bruder erkennen und die Befestigung des Königshauses fördern[5].

Der König Dschuang von Tschu war schon drei Jahre auf dem Throne, ohne daß er Hof abgehalten hätte. Er liebte es nur, Rätsel zu raten.

Tschong Gung Gia[6] trat vor ihn, um ihn zu mahnen. Der König sprach: »Ich habe mir doch alle Mahner verbeten, weshalb kommt Ihr nun doch, mich zu mahnen?« Jener erwiderte: »Ich wage nicht, als Mahner zu kommen, ich möchte nur mit Euch Rätsel raten.«

Der König sprach: »Nun, dann gebt mir Euer Rätsel auf.« Jener erwiderte: »Ein Vogel saß auf einem Hügel im Süden. Drei Jahre lang regte er sich nicht, flog auch nicht und sang auch nicht. Was ist das für ein Vogel?«

Der König erriet es und sprach: »Der Vogel, der drei Jahre auf dem Hügel im Süden saß, regte sich nicht, weil er erst seinen Willen festigen wollte, er flog nicht, weil er erst sich die Schwingen wachsen lassen wollte, er sang nicht, weil er sich erst die Regeln der Menschen beschauen wollte. Dieser Vogel flog noch nicht, wenn er aber anfängt zu fliegen, wird er zum Himmel emporsteigen. Er hat bis jetzt noch nicht gesungen, wenn er aber singt, so wird er die Menschen erschrecken. Geht nur weg, ich weiß, was Ihr meint.«

Am andern Tage hielt der König Hof. Fünf Männer stellte er an, zehn Männer entließ er. Alle Beamten waren hoch erfreut, und das Volk von Tschu beglückwünschte sich untereinander.

So heißt es im Buch der Lieder[7]:

Was lange währt, wird endlich gut,
Wer lange spart, gibt endlich viel.

Das kann man auf den König Dschuang anwenden.

Das Rätsel des Tschong Gung Gia war noch besser als der Scherz des Tai Dsai Pi[8]. Tai Dsai Pis Scherz fand Gehör bei dem König Fu Tschai von Wu, und der Staat Wu ging dadurch in Trümmer. Tschong Gung Gias Rätsel wurde erraten von dem König von Tschu, und der Staat Tschu erlangte dadurch die Hegemonie.

Der Herzog Huan von Tsi beriet sich mit Guan Dschung darüber, den Staat Gü anzugreifen. Aber noch ehe der Beschluß bekannt war, wurde schon in der Hauptstadt darüber gesprochen. Der Herzog Huan wunderte sich darüber und sprach: »Ich habe mit Euch darüber beraten, Gü anzugreifen; wie kommt es nun, daß, ehe ich etwas bekannt gegeben habe, schon in der Stadt darüber gesprochen wird?«

Guan Dschung sprach: »Da lebt sicher ein großer Weiser in der Stadt.«

Der Herzog Huan sprach: »Ei, unter den Fronarbeitern neulich war einer, der eine Hacke hielt und heraufsah. Vielleicht war es der?«

Darauf gab er den Befehl, daß dieselben Arbeiter ohne Schichtwechsel noch einmal zur Arbeit antreten sollten. Nach einer Weile kam unter ihnen Dung Go Ya heran.

Guan Dschung sprach: »Sicher ist es der.« Darauf erhielt der Zeremonienmeister den Befehl, ihn herzuführen. Er kam und blieb vor der Treppe stehen.

Meister Guan fragte ihn: »Habt Ihr darüber gesprochen, daß man Gü angreifen werde?«

Er antwortete: »Ja.«

Auf die Frage: »Ich habe nichts davon gesagt, daß Gü angegriffen werden solle, wie kommt Ihr nur darauf, davon zu reden, daß man Gü angreifen wolle?« erwiderte er: »Es heißt: der Vornehme versteht zu planen, der Niedrige versteht zu erraten. Ich habe es, mit Verlaub, erraten.«

Guan Dschung sprach: »Da ich aber doch gar nicht von der Bekämpfung von Gü geredet habe, woraus habt ihr es denn erraten?« Jener erwiderte: »Es heißt: Der Edle hat einen dreifach verschiedenen Gesichtsausdruck. Entweder blickt er offen und heiter, das ist der Ausdruck beim Anhören von Musik, oder sieht er traurig und still aus, das ist die Miene der Trauer. Oder endlich sieht er mutig und voll drein, Hände und Füße stramm haltend, das ist die Miene des Krieges. Als ich gestern Euch auf der Terrasse sah, da blicktet Ihr voll Mut drein und Eure Hände und Füße waren stramm, das war die Miene des Krieges. Ihr öffnetet den Mund und schlosset ihn nicht. Wovon Ihr redetet, war also Gü, Ihr hobt den Arm und deutetet, die Richtung, die Ihr wieset, war nach Gü, da überlegte ich mir, mit Verlaub, daß unter allen Fürsten einzig Gü sich unbotmäßig zeigte, darum redete ich davon.«

Was das Ohr hört, sind Laute. Nun aber hat Dung Go Ya keinen Laut gehört, sondern aus Mienen und Handbewegungen seine Schlüsse gezogen; so hatte er die Fähigkeit zu hören, ohne mit dem Ohr etwas zu vernehmen. Darum konnten der Herzog Huan und Guan Dschung, obwohl sie sich aufs Geheimhalten verstanden, vor ihm nichts verbergen. So hört der Weise das, was keinen Laut gibt, und sieht, was keine Gestalt hat. So machten es Dschan Ho, Tiän Dsï Fang und Lau Dan.

3. Kapitel
Gewandheit im Verstehen
Dsing Yü

Die Weisen verstehen einander, ohne daß sie erst der Worte bedürften, sie reden zueinander ohne Worte.

Unter den Leuten am Meer[9] war einer, der liebte die Libellen. Jeden Morgen ging er an den Meeresstrand und ging den Libellen nach. Die Libellen kamen zu Hunderten unabläßlich herbei, vorn und hinten, rechts und links war alles voll Libellen. Den ganzen Tag spielte er mit ihnen, und sie wichen nicht von ihm. Da sprach sein Vater zu ihm: Ich höre, die Libellen sind immer um dich. Fang doch ein paar und bring sie mir, daß ich damit spiele. Am nächsten Tage ging er an den Strand, aber die Libellen waren alle verschwunden.

Schong Schu[10] beriet den Herzog Dan von Dschou und sprach: »Die Halle ist klein, der Leute sind viele, wenn ich leise rede, versteht Ihr mich vielleicht nicht, rede ich aber laut, so hören uns die andern: Soll ich nun laut reden oder leise?«

Herzog Dan von Dschou sprach: »Redet leise.« Schong Schu sprach: »Es handelt sich um eine Sache: Rede ich in Andeutungen, so drücke ich mich vielleicht nicht deutlich aus, rede ich gar nicht, so kommt sie nicht zustande: Soll ich andeutungsweise reden, oder soll ich gar nicht reden?«

Herzog Dan von Dschou sprach: »Redet gar nicht[11].«

So verstand es Schong Schu, ohne Worte seinen Rat zu geben, und Herzog Dan von Dsthou verstand es, auch ohne Worte zu hören. Das ist Hören ohne Worte, Planen ohne Worte, Handeln, ohne daß man's merkt.

Der König von Yin mochte noch so schlecht sein, die Leute von Dschou durften nicht darüber reden. Wenn sie aber den Mund hielten und nichts darüber redeten, sondern sich miteinander nur durch Andeutungen verständigten, so mochte Dschou Sin noch so viel Argwohn hegen und erfuhr doch nichts davon. Wo das Auge ohne Gestalten sah und das Ohr ohne Laute hörte, da mochte Schang noch so viele Horcher haben und konnte doch nichts erspähen. Wo die Abneigungen und Zuneigungen übereinstimmen, da sind gemeinsame Ziele und Wünsche, die auch kein Kaiser auseinanderbringen kann.

Meister Kung sah den Wen Bo Süo Dsï. Ohne etwas zu sagen, ging er wieder weg. Dsï Gung sprach: »Schon lange begehrtet Ihr den Wen Bo Süo Dsï zu sehen. Nun habt Ihr ihn gesehen und nichts mit ihm gesprochen: warum das?«[12]

Meister Kung sprach: »Sowie ich einen Blick auf diesen Mann warf, da sah ich den ewigen Sinn des Daseins hervorleuchten. Da war dann alles Reden überflüssig. Ehe ich diesen Mann sah, kannte ich nur seine Prinzipien, seit ich ihn gesehen, habe ich seine Gesinnungen und Prinzipien alle erkannt, denn der ewige Sinn ist identisch.«

Was brauchen die Weisen der Worte, um einander zu erkennen!

Der Herzog von Bo[13] fragte den Meister Kung und sprach: »Kann man mit andern in geheimen Anspielungen reden?« Meister Kung antwortete nicht. Der Herzog von Bo sprach: »Wie ist's, wenn man einen Stein ins Wasser wirft?« Meister Kung sprach: »Taucher können ihn holen.« Der Herzog von Bo sprach: »Und wie steht's, wenn man Wasser in Wasser gießt?« Meister Kung sprach: »Das Wasser der Flüsse Dschï und Miän, das zusammengeflossen war, konnte der Koch I Ya noch am Geschmack unterscheiden.« Da sprach der Herzog von Bo: »Dann kann man also sich mit andern nicht durch geheime Andeutungen verständigen?«

Meister Kung sprach: »Wieso nicht? Es braucht nur einen, der den Sinn der Worte versteht, dann geht es.« Der Herzog von Bo verstand den Sinn davon nicht. Wer die Meinung versteht, entnimmt sie nicht aus den Worten. Die Worte sind nur das Anhängsel des Gedankens, wie einer, der Fische fangen will, sich naß machen muß oder einer, der Tiere fangen will, laufen muß, nicht zum Vergnügen, sondern weil es nicht ohne das geht. Darum ist die höchste Rede die, die des Redens zu entraten weiß, das höchste Handeln ist das, das des Handelns zu entraten weiß. Das, worum die Menschen mit geringer Erkenntnis sich streiten, sind immer nur Äußerlichkeiten. Das war der Grund, warum der Herzog von Bo schließlich im Kerker zugrunde ging.

Herzog Huan von Tsi versammelte die Lehensfürsten, dabei kam der Fürst von We zu spät. Der Herzog besprach sich bei Hofe mit Guan Dschung darüber, We zu züchtigen. Als er sich nach Schluß der Audienz in seine Gemächer zurückzog, da sah ihn seine Frau, eine geborene Prinzessin von We. Sie trat vor die Halle, verneigte sich zweimal und bat für den Fürsten von We um Verzeihung.

Der Herzog sprach: »Ich habe keinen Grund, gegen We vorzugehen, weshalb bittest du für ihn?«

Sie erwiderte: »Ich sah, wie Ihr hereinkamt mit großen Schritten und erregten Mutes, daran erkannte ich Eure Absicht, einen Staat anzugreifen. Als Ihr mich sahet, verändertet Ihr Eure Mienen, daran erkannte ich, daß es gegen We gehen soll.«

Am nächsten Tag begrüßte der Herzog den Guan Dschung und hieß ihn vortreten. Guan Dschung sprach: »Eure Hoheit hat also den Plan gegen We aufgegeben?«

Der Herzog sprach: »Vater Dschung, woher wißt Ihr das?«

Guan Dschung sprach: »Als Eure Hoheit die bei Hofe Versammelten begrüßten, waret Ihr besonders höflich und sprachet leise; als Ihr mich erblicktet, kamet Ihr in Verlegenheit; daher weiß ich es.«

Der Fürst sprach: »Gut! Ihr, Vater Dschung, besorgt das Äußere, meine Frau besorgt das Innere: Da weiß ich, daß ich nie zum Spott der Fürsten werden werde.« Herzog Huan hat über seine Geheimnisse nicht gesprochen, und doch merkte sie Guan Dschung an seinen Mienen und dem Ton seiner Rede und seine Frau aus seinen Schritten und seiner Stimmung. Obwohl daher Herzog Huan nicht redete, war er vor ihnen doch offenbar, wie wenn eine Fackel die Finsternis erhellt.

Herzog Siang von Dsin schickte einen Gesandten nach Dschou mit der Botschaft: »Unser Fürst ist krank, er hat das Orakel der Schildkröte befragt und erhielt die Antwort, daß der Geist des San-Tu-Berges feindlichen Einfluß ausübe. Ich bin von meinem Fürsten gesandt, freien Durchzug zu erbitten, um ein Heilopfer darbringen zu können.«

Der Großkönig[14] erteilte die Genehmigung und empfing den Gesandten bei Hofe.

Als er weggegangen war, sprach Tschang Hung zu Lu Kang Gung: »Ein Heilopfer für den Berg San Tu darzubringen und vom Großkönig empfangen zu werden, das sind friedliche und schöne Dinge, und doch sah der Gesandte so kriegerisch aus, ich fürchte, es handelt sich um andere Dinge, und ich schlage vor, daß wir uns darauf rüsten.« Da rüstete Lu Kang Gung Waffen, Kriegswagen und Krieger, um bereit zu sein.

Und in der Tat benützte Dsin das Opfer als Vorwand, um zuerst den Yang Dsï mit 120 000 Mann die Gi-Furt überschreiten zu lassen und die Staaten Liau, Yüan und Liang Man zu überfallen, und alle drei wurden vernichtet. So weiß der Weise es zu erforschen, wenn Sache und Name sich nicht decken, danach hat Tschang Hung geurteilt. So sind Worte nicht hinreichend, um geheime Dinge zu entscheiden; nur wer den Sinn der Worte zu erfassen versteht, der ist dazu imstande.

4. Kapitel
Trennung des Gedankens vom Ausdruck
Li We

Das Reden hat den Zweck, den Gedanken deutlich zu machen. Wenn Wort und Gedanke auseinanderfallen, so ist das unheilvoll. In unruhigen Staaten ist es Sitte, daß viele Gerüchte im Umlauf sind, ohne Rücksicht auf ihre Wahrheit, mit der einzigen Absicht, andere zu verleumden oder aber sie zu loben. Lob und Verleumdung richten sich nach der Partei, der einer angehört. Und all dieses Geschwätz steigt wie Rauch zum Himmel auf, so daß zwischen Tüchtigen und Unbrauchbaren kein Unterschied mehr ist. Auf diese Weise ein Reich zu regieren ist selbst für einen tüchtigen Herrscher wohl kaum möglich. Wieviel weniger erst für einen untüchtigen. Das Übel der Betörung besteht darin, daß man sich selbst für nicht betört hält und dadurch betört ist. In solcher Betörung ist Selbsterkenntnis ebensowenig möglich wie in dicker Finsternis ein Lichtschein. Ein Fürst, dessen Reich dem Untergang entgegengeht, hält sich nie für betört, und darum wird er der Genosse des Giä, Dschou-Sin, Yu und Li. Es gibt überhaupt keine andere Art, auf die ein Reich zugrunde geht.

Im Staate Dschong gab es viele Leute, die bei Prozessen die Gesetzbücher verdrehten. Dsï Tschan verbot das Gesetzverdrehen. Dong Si stellte darauf falsche Zeugen zur Verfügung. Dsï Tschan verbot, das Gesetz durch Zeugen auszulegen. Da stellte Dong Si falsche Augenzeugen auf. Die Befehle Dsï Tschans waren unerschöpflich, aber Dong Si[15] war ebenso unerschöpflich in Mitteln, sie zu hintergehen. Auf diese Weise war keine Unterscheidung mehr möglich zwischen dem Erlaubten und Unerlaubten. Wenn Erlaubtes und Unerlaubtes nicht mehr zu unterscheiden sind und man mit Lohn und Strafe einschreiten will, so wird die Verwirrung um so schlimmer, je strenger man mit Strafen vorgeht. Das ist das Schlimmste, vor dem sich eine Regierung zu hüten hat. So führt Scharfsinn, der nicht mit dem Vernünftigen in Einklang ist, zum Betrug, Erkenntnis, die nicht im Einklang mit dem Vernünftigen ist, zu Hinterlist. Solche hinterlistigen und betrügerischen Menschen pflegten von den Königen des Altertums hingerichtet zu werden. Die Vernunft ist die Wurzel des Rechts.

Der Fluß We in Dschong war sehr groß. Ein reicher Mann aus Dschong ertrank darin. Ein andrer fischte seinen Leichnam auf. Die Familie des Reichen wollte ihn auslösen. Aber jener verlangte sehr viel Geld. So verklagte ihn die Familie bei Dong Si.

Dong Si sprach: »Laß ihn nur, es wird ja doch niemand sonst den Leichnam kaufen.«

Der den Leichnam aufgefischt hatte, wurde darüber ungehalten und verklagte die Familie seinerseits bei Dong Si.

Dong Si sprach: »Laß sie nur! Sie können den Leichnam doch sonst nirgends kaufen.«

So machen es die Menscben, die treue Beamte ins Unglück bringen. Hat ein solcher Beamter kein Werk getan, durch das er sich die Anhänglichkeit seiner Untergebenen erworben, so verleumden sie ihn eben darum, daß er nichts tue, um das Volk zu gewinnen; hat er was getan, womit er die Anhänglichkeit des Volks gewonnen, so verleumden sie ihn damit, daß er nur darum etwas leiste, um die Anhänglichkeit des Volks zu gewinnen.

Unbesonnene Herrscher, die ein solches Verfahren nicht durchschauen, sind darum aufs äußerste zu beklagen.

Bi Gan und Tschang Hung sind auf diese Weise umgekommen, Gi Dsï und Schang Yung sind dadurch in Not gekommen, Dschou Gung und Schau Gung sind dadurch in Verdacht gekommen, Fan Li und Wu Dsï Sü wurden deshalb verworfen. Tod und Leben, Gefahr und Sicherheit haben hier ihren Ursprung.

Dsï Tschan regierte Dschong, Dong Si machte sich zur besonderen Aufgabe, ihm Schwierigkeiten zu bereiten. Er verabredete sich mit den Leuten, die Prozesse hatten: Für große Prozesse nahm er ein Gewand, für kleinere Jacke und Hosen. So gab es bald unzählige Leute, die ihm Gewänder und Kleidungsstücke brachten und sich von ihm im Prozessieren unterweisen ließen. Unrecht wurde zu Recht und Recht zu Unrecht, so daß schließlich Recht und Unrecht nicht mehr feststanden und Erlaubtes und Nichterlaubtes von Tag zu Tag sich änderten. Wen er gewinnen lassen wollte, ließ er gewinnen, wen er verurteilen lassen wollte, ließ er verurteilen. So kam der Staat Dschong in große Verwirrung und im Volk schwirrte Geschwätz umher. Dsï Tschan wurde der Sache endlich satt, er ließ Dong Si hinrichten und seine Verbrechen bekanntmachen. Da fügte sich der Sinn der Leute, Recht und Unrecht befestigten sich, Gesetz und Recht waren in Geltung. – Heutzutage gibt es viele, die ihren Staat gut regieren möchten, aber sie schreiten nicht dazu vor, solche Menschen wie Dong Si hinrichten zu lassen. Deshalb wird die Verwirrung immer größer, je mehr sie Ordnung schaffen wollen.

In Tsi lebte ein Knecht, dessen Herr unkam, ohne daß er ihm in den Tod folgte. Er begegnete einem alten Bekannten auf der Straße. Der Bekannte sprach: »Wie, du lebst noch?«

Er erwiderte: »Ja, man dient einem andern doch stets seines Vorteils wegen, nun ist das Sterben nicht vorteilhaft, darum bin ich nicht gestorben.«

Der Bekannte sprach: »Kannst du denn noch andern Leuten unter die Augen treten?«

Er erwiderte: »Glaubst du denn, daß, wenn man tot ist, man etwa dann andern unter die Augen treten kann?«

Diese Gesinnung bewirkt, wenn sie sich erst allgemein verbreitet, daß niemand mehr für seinen Fürsten und Herrscher sterben mag. Das ist ein großes Unrecht. Und doch waren seine Worte unwiderleglich. Daraus ergibt sich klar, daß Worte nicht ausreichen, solche Fragen zu entscheiden.

Die Worte sind nur das Äußere der Gedanken. Es ist töricht, wenn man nur das Äußere ansehen wollte und darüber die Gedanken vernachlässigte. Darum kam es den Alten nur darauf an, die Gedanken der Menschen kennenzulernen, dann kümmerten sie sich nicht weiter um ihre Worte; denn man hört die Worte, um daraus die Gedanken zu sehen. Hört man die Worte, ohne die Gedanken zu erfassen, so kann man geradesogut die entgegengesetzten Worte hören, und es kommt auf dasselbe hinaus.

In Tsi lebte ein Mann namens Schun Yü Kun, der dem Fürsten von Liang We im Sinn eines Vielverbands von Nord nach Süden zuredete. Der König von We war der Meinung, daß er gut geredet habe. Er stellte ihm zehn Wagen zur Verfügung und hieß ihn nach Tschu gehen. Als er sich verabschiedete und im Begriff war, zu gehen, da riet er dem König von We zu einer west-östlichen Vereinigung, zu einem Anschluß an Tsin. Da hielt ihn der König von We fest. Auf diese Weise verlor er sowohl den Anschluß an den Vielverband als auch den an den Staat Tsin. Daraus ergibt sich, daß es besser ist, wenig zu verstehen als vielerlei, und daß Beredsamkeit nicht soviel wert ist wie Mangel an Beredsamkeit.

Die Dschou-Dynastie ließ deshalb einen Dreifuß herstellen, auf dem der kunstreiche Tschui dargestellt war, wie er sich in den Finger biß. So wollten die alten Könige zeigen, daß allzu große Geschicklichkeit vom Übel sei[16].

5. Kapitel
Unsichere Worte
Yin Tsï

Ohne Worte kann man keine Abmachungen treffen. Aber wenn man sich nur an die Worte hält, so entsteht daraus Verwirrung. In den Verwirrung stiftenden Worten sind aber noch andere Worte verborgen: die Meinung des Herzens. Wenn die Reden die wahre Absicht des Herzens nicht verdecken, so kommen sie der Absicht nahe. Die Bedeutung der Rede liegt darin, das Herz zu offenbaren. Wenn Herz und Rede auseinander gehen und der Herrscher es nicht merkt, so reden die Untergebenen vieles, was sie nicht tun, und tun vieles, was sie nicht sagen. Wenn Reden und Handlungen einander widersprechen: das ist das größte Unglück.

Auf einer Zusammenkunft bei Kung Hiung schlossen die Staaten Tsin und Dschau einen Bund. Die Bedingungen waren: Von nun ab soll, wenn Tsin etwas beabsichtigt, Dschau ihm Unterstützung zuwenden, und wenn Dschau etwas beabsichtigt, soll Tsin ihm seine Unterstützung zuwenden.

Nicht lange danach rüstete sich Tsin, um den Staat Liang We anzugreifen. Dschau wollte demselben zu Hilfe kommen. Der König von Tsin war darüber entrüstet und sandte einen Boten, um dem König von Dschau Vorwürfe zu machen. Er sprach: »Im Vertrag heißt es, daß, wenn Tsin etwas beabsichtigt, Dschau ihm helfen soll. Nun beabsichtigt Tsin, den Staat Liang We anzugreifen, und Dschau will nun jenem zu Hilfe kommen, das entspricht nicht unsern Abmachungen.«

Der König von Dschau[17] sagte es dem Ping Yüan Gün. Ping Yüan Gün sagte es dem Gung-Sun Lung. Gung-Sun Lung sprach: »Man kann auch einen Boten an den König von Tsin schicken, der ihn folgendermaßen zur Rede stellt: Dschau beabsichtigt, den Staat Liang We zu retten, und Tsin hilft uns dennoch nicht dabei, das entspricht nicht den Abmachungen.«

Kung Tschuan und Gung-Sun Lung besprachen sich bei Ping Yüan Gün. Sie zeigten dabei großen Scharfsinn und Beredsamkeit. Dabei kamen sie auf den Satz, daß das Schaf drei Ohren habe[18]. Gung-Sun Lung redete über die drei Ohren des Schafes sehr beredt. Kung Tschuan war nicht einverstanden. Nach einer Weile verabschiedete er sich und ging weg.

Am Tag darauf ging Kung Tschuan zu Hofe. Ping Yüan Gün sprach zu Kung Tschuan: »Gestern zeigte sich Gung-Sun Lung sehr beredt.« Kung Tschuan sprach: »Ja, er hat dem Schaf beinahe drei Ohren angeredet, aber doch ist die Sache nicht so einfach. Ich möchte eine Frage an Euch stellen. Wenn man sagt, das Schaf habe drei Ohren, so ist das sehr schwer zu beweisen und in Wirklichkeit dennoch nicht so. Behauptet man, das Schaf habe zwei Ohren, so ist das ganz leicht einzusehen und entspricht noch dazuhin der Wirklichkeit. Ich weiß nun nicht, ob Ihr dem leicht Einzusehenden und Wirklichen zustimmt oder dem schwer zu Beweisenden und Falschen.« Ping Yüan Gün erwiderte nichts. Am andern Tage sprach er zu Gung-Sun Lung: »Du mußt dich nicht mit Kung Tschuan aufs Disputieren einlassen.«

Der Minister Dschuang Bo von Tschu hieß seinen Vater an den Himmel sehen und sprach: »Wie sieht die Sonne am Himmel aus?« Er sprach: »Ganz rund.« Dschuang Bo sah die Zeit nach: Tatsächlich stand die Sonne im Meridian. Da befahl er dem Oberzeremonienmeister anzuspannen. Der sprach: »Es sind keine Pferde da.« Dann befahl er seinem Kammerdiener, ihm seinen Hut zu bringen. Er fragte den Kutscher über die Zähne der Pferde. Der sprach: »Es hat zwölf große Zähne, mit den kleinen zusammen sind es dreißig.«

Jemand hatte sich für einen Diener verbürgt, daß er nicht weglaufen werde. Aber jener Diener lief weg. Dschuang Bo entschied, daß der Diener ohne Schuld sei[19].

In Sung lebte ein Mann namens Tschong Dsï, der ein braunes Kleid verloren hatte. Er suchte es auf der Straße. Da sah er eine Frau, die ein braunes Kleid anhatte. Er packte sie und ließ sie nicht mehr los und wollte ihr das Kleid wegnehmen, indem er sprach: »Ich habe heute ein braunes Kleid verloren.« Die Frau sprach: »Ihr mögt wohl ein braunes Kleid verloren haben, aber dieses Kleid ist von mir selbst gemacht.« Tschong Dsï sprach: »Du tust am besten, mir sofort das Kleid herauszugeben. Das Kleid, das ich verloren habe, war ein schönes, gefüttertes, braunes Kleid, das, das du anhast, ist nur einfach und dünn. Wenn du nun dieses dünne braune Kleid für mein schönes, gefüttertes gibst, so hast du immer noch den Vorteil davon.«

Der König von Sung sprach zu seinem Kanzler: »Wir haben schon viele Leute hinrichten lassen, und doch fürchten mich die ganzen Beamten nur um so weniger. Woher kommt das?«

Tang Yang erwiderte: »Die Leute, die Ihr verurteiltet, waren alles schlechte Menschen. Weil Ihr die Schlechten bestraft, darum fürchten sich die Guten nicht vor Euch. Wenn Ihr wünscht, daß alle Beamten Euch fürchten, so empfiehlt es sich mehr, ohne Rücksicht, ob gut oder schlecht, von Zeit zu Zeit einen zu bestrafen. Auf diese Weise werden Euch alle Beamten fürchten.«

Nicht lange darauf ließ der Fürst von Sung den Tang Yang selber hinrichten. Die Antwort des Tang Yang wäre besser ungesagt geblieben.

Hui Dsï ordnete im Dienst des Königs Hui von Liang-We die Gesetze. Als er damit fertig war, machte er sie im Volk bekannt. Die Leute fanden sie alle gut. Darauf brachte er sie dem König Hui. Der König Hui fand sie ebenfalls gut. Da zeigte sie der König dem Di Dsiän. Di Dsiän sprach: »Gut!« Der König Hui fragte: »Lassen sich diese Gesetze anwenden?« Di Dsiän sprach: »Nein, anwenden lassen sie sich nicht.« Der König Hui sprach: »Wie ist das denn, daß, obwohl sie gut sind, sie doch nicht durchführbar sind?« Di Dsiän erwiderte: »Wenn man einen großen Balken tragen will, so ruft der vordere Träger ›Yü Hu‹ und der hintere erwidert ihm. Dieser Rhythmus ist für Balkenträger gut genug. Wohl gibt es die feine Musik von Dschang und We, aber sie eignet sich zur Begleitung beim Balkentragen nicht so gut wie die Silben Yü Hu, Yü Hu. Ein Reich ist auch ein solch großer Balken.«

6. KAPITEL
Sich nicht unterkriegen lasen
BU TSCHU

Ein gescheiter Mann, der denkt, er habe die große Wahrheit erfaßt, ist noch nicht soweit. Dennoch ist er in seinem Verkehr mit der Außenwelt schwer in Verlegenheit zu bringen. Aber obwohl sich seine Worte schwer widerlegen lassen, kann man doch noch nicht wissen, ob ihn Glück oder Unglück trifft. Wer gescheit ist und seinen Verstand dazu anwendet, die Gebote der Vernunft und Pflicht zu erkennen, dem schlägt sein Verstand zum Glück aus. Wer gescheit ist und seinen Verstand dazu benützt, seine Fehler zu beschönigen und die Toren zu betrügen, dem schlägt sein Verstand zum Unglück aus.

Warum man im Altertum die Kunst des Kriegswagenfahrens so hoch schätzte, das war, weil man dadurch die Grausamen vertreiben und die Verkehrten abhalten konnte.

König Hui von Liang-We sprach zu Hui Dsï: »In alter Zeit waren die Fürsten der Staaten immer die Tüchtigsten. Nun komme ich Euch an Tugend nicht gleich, darum will ich Euch mein Reich abtreten.« Hui Dsï lehnte ab. Der König drang in ihn und sprach: »Mein Reich gehört zu den größten, die es gibt. Wenn ich es nun einem weisen Mann abtrete, so kommen dadurch die Habsucht und die Eifersucht der Menschen zum Stillstand. Darum möchte ich, daß Ihr auf mich hört!« Hui Dsï sprach: »Wenn es so ist, wie Ihr sagt, so kann ich nicht auf Euch hören. Ihr seid ein mächtiger Fürst. Daß Ihr Euren Staat einem andern schenkt, mag angehen. Ich aber bin ein einfacher Mann aus dem Volk, dem Gelegenheit geboten ist, einen Großstaat zu bekommen; wenn ich nun ablehne, so trägt das erst recht dazu bei, die Habsucht und Eifersucht im Volk aufhören zu machen.« In alter Zeit waren die, die im Besitz der Staaten waren, immer weise. Ein Weiser, der das Weltreich überkam, war Schun. So wollte der König aus Hui Dsï einen Schun machen. Ein Weiser, der das Weltreich ablehnte, war Hü Yu. Also wollte Hui Dsï ein Hü Yu sein. Aber die Leistungen eines Yau, Schun und Hü Yu bestanden nicht nur darin, daß der eine das Reich an Schun abgab und daß Hü Yu es ablehnte, sondern ihre andern Handlungen standen auch im Einklang damit. Da nun das andre fehlte und jene Menschen dennoch es Yau, Schun und Hü Yu gleichtun wollten, kam es dahin, daß König Hui, vom Staate Tsi besiegt, in Sack und Hut seine Unterwerfung anbot in Güan, und daß der König We von Tsi sich kaum bereit finden ließ, sie anzunehmen, und daß Hui Dsï verkleidet von We wegfahren mußte und es ihm kaum gelang, aus dem Gebiet von We zu entkommen. Darum darf man in seinen Taten nicht einen glücklichen Zufall sich als ein wirkliches Verdienst zuschreiben.

Kuang Dschang sprach zu Hui Dsï in Anwesenheit des Königs Hui von We: »Die Heuschrecken tötet der Bauer, wenn er sie fängt, warum wohl? Weil sie dem Korn schaden. Ihr reist umher, oft mit mehreren Hundert Wagen und mehreren Hundert Nachfolgern, mindestens mit einigen Dutzend Wagen und einigen Dutzend Nachfolgern. Das heißt auch, nicht arbeiten und doch essen, der Schaden davon fürs Korn ist noch schlimmer als der von den Heuschrecken angerichtete.«

Der König Hui sprach: »Hui Dsï wird es schwerhaben, dir zu erwidern. Immerhin mag er seine Meinung sagen.«

Hui Dsï sprach: »Wenn man heutzutage eine Stadtmauer baut, so stehen die einen oben und stampfen die Erde fest, andre schleppen drunten in Körben Erde herbei. Wieder andre haben die Pläne in der Hand und beaufsichtigen den Bau. Ich gehöre zu den Aufsehern mit den Plänen in der Hand. Wenn man eine Seidenspinnerin in Seide verwandeln würde, könnte sie nicht mehr die Seide verarbeiten. Wenn man einen Zimmermann in Holz verwandeln würde, so könnte er nicht mehr das Holz verarbeiten. Wenn man einen Weisen in einen Bauern verwandeln wollte, so könnte er nicht mehr die Bauern in Ordnung halten. Ich bin aber einer, der die Fähigkeit hat, die Bauern in Ordnung zu halten. Warum willst du mich denn durchaus mit den Heuschrecken vergleichen?«

Hui Dsï hatte sich also zur Aufgabe gemacht, den Staat We in Ordnung zu bringen. Aber seine Ordnung war keine Ordnung. Zur Zeit des Königs Hui kämpfte We in 50 Schlachten und wurde zwanzigmal besiegt, und die Gefallenen überstiegen alle Schätzungen.

Der beste Feldherr und der Lieblingssohn des Königs wurden gefangengenommen. Die Torheit seiner großen Pläne diente der Welt zum Gelächter, und man wies mit den Fingern auf ihre Fehler hin. Dazuhin bat er den Geschichtsschreiber des Hauses Dschou, seinen Namen noch berühmter zu machen[20]. Er belagerte Han Dan drei Jahre lang, ohne es erobern zu können. Seine Soldaten erschöpften sich an dieser Aufgabe und die Finanzen des Staates waren aufgebraucht. Da kamen von allen Seiten Heere gegen We gezogen und alle Untertanen verurteilten ihn und auch die Fürsten rühmten ihn nicht. Er mußte sich bei Di Dsiän (dessen Warnung er vorher in den Wind geschlagen) entschuldigen. Darauf hörte er auf die Ratschläge dieses Mannes, und so blieb seine Dynastie noch vor dem Untergang bewahrt. Aber die Schätze waren in alle Winde zerstreut, und sein Gebiet war ihm von allen Seiten verkleinert worden, und der Niedergang von We fing damit an.

Dschung Fu ist ein hoher Titel. Sein Reich abzutreten ist eine ernste Sache. Wenn Hui Dsï auch behauptete, daß er diese Anerbietungen zurückgewiesen habe, so fand er keinen Glauben; daß aber seine Worte Gehör fanden und ein solches Unheil die Folge war, war ein Zeichen, daß seine Ratschläge nicht geschickt waren. Wenn aber ein ungeschickter Mensch ein Reich in Ordnung bringen will, so richtet er den größten Schaden an in diesem Land. Zum Glück hatte nur der König von We auf ihn gehört. Was er also wirklich geleistet, war eine allgemeine Schädigung des Reiches, und das nannte er dann in Ordnung bringen; da war die Verurteilung des Kuang Dschang wirklich angebracht.

Als Bo Gui zum erstenmal mit Hui Dsï zusammenkam, riet ihm Hui Dsï, stark zu sein. Bo Gui antwortete nichts. Hui Dsï ging weg, da sagte Bo Gui zu den Leuten in seiner Umgebung: »Jemand hatte eine jüngere Frau eben geheiratet. Wenn die Braut ankommt, soll sie ruhig und ernst sein, vorsichtig im Gesichtsausdruck und sanft in den Bewegungen. Ein Junge hatte aus Reisig eine Fackel entzündet, die hell brannte. Da sprach die

Braut: ›Die Fackel brennt zu stark.‹ Als sie in die Türe trat, war auf der Schwelle ein Loch. Die Braut sprach: ›Das muß man zustopfen, sonst verletzt sich noch jemand am Fuß.‹ Das waren beides Dinge, die für die Braut nicht sehr angenehm waren, aber die Art, wie sie sich beklagte, war zu schroff. Hui Dsï sah mich heut auch zum erstenmal, dabei war sein Rat auch allzu schroff.«

Hui Dsï hörte es und sprach: »Nicht also! Im Buch der Lieder heißt es:

Ein hehrer und freundlicher Herr
Ist der Vater seines Volkes.

Hehr bedeutet groß, freundlich bedeutet freigebig. Wenn das Wesen eines Herrn groß und freigebig ist, so ist er der Vater seines Volkes. Die Eltern aber warten auch nicht erst lange, ehe sie ihre Kinder belehren. Was braucht er mich mit einer jungen Braut zu vergleichen, heißt es etwa im Buch der Lieder: Eine hehre und freundliche Braut?«

Wer andre schmutzig schilt, der wird von ihnen wieder schmutzig gescholten. Wer andre verkehrt schilt, der wird von ihnen wieder verkehrt gescholten. Auf welche Weise er andre schilt, wird er wieder von ihnen gescholten werden. Bo Gui sagte: »Hui Dsï hatte mich erst kürzlich kennengelernt und mir gleich zu schroff geraten.« Hui Dsï hörte es und schalt ihn und verglich sich dabei mit den Eltern des Bo Gui; war das nicht noch schroffer als Bo Gui? Er war wirklich zu schroff in seinen Worten.

7. Kapitel
Antworten
Ying Yän

Bo Gui sagte zu dem König von Liang-We: »Wenn man einen Tiegel von Schï Kiu benützt, um Hühner zu kochen, und nimmt zuviel Fleischbrühe dazu, so werden sie fade und ungenießbar; nimmt man wenig Brühe dazu, so wird das Fleisch angebrannt und nicht gar. Aber sieht man den Tiegel an, so sieht er wundervoll aus, nur daß man ihn nicht brauchen kann. Die Worte des Hui Dsï gleichen auch einem solchen Tiegel.«

Hui Dsï hörte es und sprach: »Nein, wenn man drei Heere, die hungrig sind, neben dem Tiegel lagern läßt und ihnen darin Reis kocht, so gibt es nichts Praktischeres als solch einen Tiegel.«

Bo Gui hörte es und sprach: »Er ist zu nichts nütze, höchstens, daß man vielleicht Reis darin kocht.«

Bo Guis Worte waren ungehörig, er verachtete den König von We allzusehr. Indem er die Worte des Hui Dsï als wundervoll aber unbrauchbar bezeichnete, machte er dem König von We den Vorwurf, daß er einen Menschen, dessen Worte unbrauchbar waren, zum höchsten Minister gemacht habe; damit war gesagt, daß er einen Menschen, dessen Worte unbrauchbar waren, für gut hielt.

Gung-Sun Lung riet dem König Dschau von Yän abzurüsten. König Dschau sprach: »Sehr gut, ich will mit Euch die Sache beraten.« Gung-Sun Lung sprach: »Ich erlaube mir, zu vermuten, daß Ew. Majestät das nicht tun werden.«

Der König sprach: »Weshalb?«

Gung-Sun Lung sprach: »Einst hattet Ihr die Absicht, Tsi zu vernichten, da hattet Ihr alle Staatsmänner auf Erden, die ein Interesse an der Vernichtung von Tsi hatten, in Eurem Sold. Alle, die um die Pässe und wichtigen festen Plätze von Tsi und die Uneinigkeiten zwischen Fürst und Beamten wußten, hattet Ihr auch in Eurem Sold. Wenn Ihr trotz dieser Kenntnisse Tsi nicht hättet vernichten wollen, so hättet Ihr sie wohl nicht alle besoldet. Schließlich vernichtetet Ihr tatsächlich Tsi und rechnetet es Euch zum Verdienst an. Wenn Ihr nun sagt: Ich bin sehr damit einverstanden abzurüsten, während die Staatsmänner aus aller Herren Länder, die sich an Eurem Hofe aufhalten, alle sich auf das Kriegswesen besonders gut verstehen, so schließe ich daraus, daß Ihr es doch nicht tun werdet.«

Der König wußte nichts zu erwidern.

Sï-Ma Hi[21], der zeitweise am Hofe von Dschung Schan weilte, wollte einen Lehrer der Sekte des Mo in Verlegenheit bringen, indem er in Anwesenheit des Königs von Dschung Schan über die Abhandlung gegen den Angriffskrieg sprach.

Er sprach: »Ihr lehrt also die Verurteilung des Angriffskriegs?«

Der Anhänger des Mo Di sprach: »Ja.«

Si-Ma Hi sprach: »Wenn der König ein Heer ausschickte, um den Staat Yän anzugreifen, so würdet Ihr ihn also verurteilen?«

Jener sprach: »Ja. Würdet Ihr etwa seine Handlung billigen?«

Sï-Ma Hi sprach: »Ja.«

Jener sprach: »Wenn nun Dschau ein Heer ausrüstet und Dschung Schan angreift, so würdet Ihr das auch billigen. Nicht wahr?«

Sï-Ma Hi wußte nichts darauf zu erwidern.

Lu Yüo sagte zu Dschou Po[22]: »Wenn Ihr nicht durchaus auf Euer Vaterland Dschau versessen seid, so wird die ganze Welt Eurem Beispiel folgen.« Dschou Po sprach: »Wir möchten freilich, daß die ganze Welt unserm Beispiel folgt, aber wenn uns die Welt folgt, so hat den Vorteil davon der Staat Tsin.« Lu Yüo entgegnete ihm: »Nun, Ihr gönnt doch dem Staat Tsin seinen Vorteil.« Dschou Po sprach: »Ja.« Lu Yüo sprach: »Wenn Ihr damit einverstanden seid, warum schließt Ihr Euch dann nicht an Tsin an?«

Der Herzog von Liang-We beauftragte den Mong Ang[23], die Kreise Giang, Fen und An I dem König von Tsin abzutreten. Der König war darüber erfreut und beauftragte den Ki Gia[24], für den Mong Ang bei dem König von We die Stelle eines Landesinspektors zu beantragen. Der König von We war mißvergnügt darüber und entgegnete dem Ki Gia: »Mong Ang ist mein Beamter, ich möchte aber lieber den Dsang zum Landesinspektor machen als den Mong Ang. Ich bitte Euren König, mir jemand anderen zu empfehlen.« Ki Gia ging hinaus und begegnete dem Mong Ang im Hof. Mong Ang sprach: »Wie steht es mit Eurer Sache?« Ki Gia sprach: »Ihr seid bei Eurem Herrn sehr wenig gut angeschrieben. Euer Herr sagte, er wolle lieber den Dsang als Landesinspektor als Euch.«

Mong Ang trat vor den König und sprach: »Was hat der Gesandte von Tsin geredet?« Der König sprach: »Er hat für dich um die Stelle eines Landesinspektors nachgesucht.« Mong Ang sprach: »Und was hat ihm Eure Majestät entgegnet?« Der König sprach: »Ich habe gesagt, daß ich lieber Dsang als dich wolle.«

Mong Ang seufzte tief auf und sprach: »Es geschieht Euch recht, daß Ihr unter die Herrschaft von Tsin kommen werdet. Warum habt Ihr Verdacht, daß Tsin mir wohlgesinnt ist? Wenn Ihr den Fu Niu mit der Abtretungsurkunde von Giang, Fen und An I nach Tsin geschickt hättet, so wäre Tsin dem Fu Niu wohlgesinnt. Wenn ich auch nicht tüchtig bin, sollte ich denn nicht einmal soviel wert sein wie Fu Niu? Einst hat Eure Majestät drei Generäle zu Beamten genommen und hat bei ihrer Anstellung zu Ihnen gesagt: Ihr müßt dem Ang gehorchen wie mir selbst. Damals hieltet Ihr mich hoch. Nun habt Ihr Eure Meinung geändert und schätzt mich gering und macht, daß ich von andern verachtet werde. Selbst wenn ich noch so tüchtig wäre, wie könnte ich mich dagegen wehren?«

Drei Tage später hörte der König auf die Vorschläge des Ki Gia (und machte Ang zum Landesinspektor).

Jeder Herrscher muß für den Vorteil seiner hohen Beamten sorgen. Nun hat Mong Ang wegen einer ganz geringen Landesabtretung ein hohes Amt bekommen. Woher wollte der Fürst von We schließlich Land genug haben, da ein hohes Amt doch jeder seiner Diener gerne haben wollte. Mong Ang verschaffte dem Staate Tsin die Erfüllung seiner Wünsche. Tsin verschaffte seinerseits dem Mong Ang die Erfüllung seiner Wünsche. Auf diese Weise war das Verlangen schon belohnt. Weshalb sollte er noch mehr verlangen? Wenn We auch noch so stark gewesen wäre, hätte es dennoch nicht unaufhörlich solche Wünsche auf diese Weise entschädigen können. Und wieviel weniger, da es doch schwach war? Daß der König von We dem Mong Ang das Amt des Landesinspektors gab, um ihn vor dem Vorwurf von Tsin zu bewahren, war eine Torheit.

Als der König von Tsin auf den Thron gekommen war[15], nannte er sich Kaiser in I Yang. Hü Guan beredete den König von Liang We (daß er ihm huldigen solle). Der König von We war im Begriff, Tsin zu huldigen, da sagte der Beamte We Ging zu ihm: »Was ist wichtiger, das Land Ho Ne oder die Hauptstadt Liang?« Der König sprach: »Liang ist wichtiger.« Er fragte wieder: »Was ist wichtiger, die Hauptstadt Liang oder Eure Person?« Der König sprach: »Meine Person ist wichtiger.« Er fragte wieder: »Wenn Tsin das Gebiet Ho Ne verlangte, würdet Ihr es ihm geben?« Der König sprach: »Ich würde es nicht geben!« We Ging sprach: »Das Gebiet von Ho Ne ist von den drei genannten Dingen das geringste. Eure Person ist das wertvollste der drei. Wenn Tsin das Geringwertigste verlangen würde, so würdet Ihr ihm nicht willfahren, wenn er aber das Wertvollste verlangt, so wollt Ihr ihm willfahren. Ich erlaube mir, damit nicht einverstanden zu sein.« Der König sprach: »Ganz recht!« und ging nicht nach Tsin.

Obwohl Tsin in Tschang Ping einen großen Sieg errang, brauchte es doch drei Jahre, ehe der Sieg endgültig entschieden war. Die Truppen waren erschöpft, die Nahrungsmittel teuer. Zu jener Zeit waren für Liang We die beiden Dschou als Sicherheit im Norden. Liang We war noch vorhanden, es hatte Tau erobert und We verkleinert, im ganzen hatte es noch ein Gebiet von 600 Meilen im Geviert. So war die wirkliche Lage. Da war die Huldigung an Tsin noch verfrüht, da wäre es nicht nötig gewesen, erst den Rat des We Ging abzuwarten. Wenn man noch nicht zu huldigen braucht und dennoch huldigt, so entspringt daraus das Übel, daß, wenn es Zeit ist zum Huldigen, man die Huldigung versäumt. Darum muß man sich genau überlegen, ob es an der Zeit ist zu huldigen oder nicht.

8. Kapitel
Vorbereitung der Mittel
Gü Be

Wenn Schützen wie Hou I und Pong Mong einen berühmten Bogen von Fang Yüo hätten, aber keine Sehne, so könnten sie nichts treffen. Beim Treffen kommt es nicht nur auf die Sehne an, aber die Sehne ist das Mittel des Bogens. Wenn man ein großes Werk vollbringen will, bedarf man auch eines solchen Mittels. Wenn man das rechte Mittel nicht findet, so mag man tüchtiger sein als Tang und Wu und wird trotz aller Mühe kein Werk zustande bringen. König Tang war beschränkt auf We Bo, König Wu war in dürftiger Lage in Bi Ying. I Yin lebte als Koch[26] in der Küche, Tai Gung hatte sich verborgen als Fischer: Nicht weil ihre Tüchtigkeit zu gering war, nicht weil ihre Weisheit zu unbedeutend war, sondern weil sie nicht die Mittel hatten. Darum, wer ein großes Werk vollbringen will, der bedarf bei aller Tüchtigkeit der Mittel, um es zustande zu bringen.

Bi Dsï Dsiän sollte den Kreis Tan Fu verwalten. Da er fürchtete, der Fürst von Lu werde auf Verleumder hören, so daß er seine Pläne nicht ausführen könne, bat er bei seinem Abschied um zwei Beamte aus der nächsten Umgebung des Fürsten von Lu. Er ging mit ihnen zusammen nach Tan Fu. Da kamen alle Beamten des Kreises vor ihn. Bi Dsï Dsiän ließ aber die beiden Hofbeamten Schriftstücke ausfertigen. Die beiden waren kaum im Begriff zu schreiben, da stieß Bi Dsï Dsiän von der Seite her an ihren Ellbogen. So schrieben die Beamten ihre Schriftstücke nicht schön. Da wurde Bi Dsï Dsiän noch dazu böse auf sie. Die beiden Beamten waren darüber sehr erbittert und nahmen ihren Abschied und kehrten zurück. Bi Dsï Dsiän sprach: »Ihr habt Eure Arbeiten sehr schlecht geschrieben, macht, daß Ihr wieder fortkommt.« Die beiden Beamten kehrten zurück und berichteten dem Fürsten von Lu: »Für Bi Dsï Dsiän kann man keine schriftlichen Arbeiten besorgen.« Der Fürst fragte: »Warum nicht?« Die Beamten sagten: »Bi Dsï Dsiän hieß uns schreiben, dabei stieß er uns dauernd an den Arm, und als dann das Geschriebene schlecht wurde, da wurde er noch dazuhin sehr böse, so daß alle seine Beamten ihn verlachten; darum nahmen wir unsern Abschied und gingen weg.«

Der Fürst von Lu seufzte tief und sprach: »Bi Dsï Dsiän hat mir auf diese Weise meine Untüchtigkeit vorgehalten. Ich hinderte den Bi Dsï Dsiän häufig daran, seine Pläne auszuführen. Wenn Ihr beiden nicht gewesen wäret, so hätte ich mich beinahe verfehlt.« Darauf sandte er eine nahestehende Person nach Tan Fu und ließ dem Bi Dsï Dsiän sagen: »Von nun an betrachte ich Tan Fu nicht mehr als meinen Besitz, sondern als Euren Besitz. Wenn etwas im Interesse von Tan Fu liegt, so führt es unter allen Umständen durch. Alle fünf Jahre stattet mir über die wichtigsten Vorfälle Bericht.« Bi Dsï Dsiän erklärte ehrerbietig sein Einverständnis und konnte von da an seine Pläne in Tan Fu durchführen.

Nach drei Jahren kam Wu Ma Ki in kurzem härenem Gewand und zerrissenem Pelz nach Tan Fu, um die Verhältnisse dort zu beobachten. Da sah er einen, der bei Nacht Fische fing. Er fing einen Fisch und ließ ihn wieder schwimmen. Wu Ma Ki fragte ihn: »Man fischt doch, um Fische zu bekommen. Weshalb lässest du denn den Fisch, den du gefangen hast, wieder schwimmen?« Jener erwiderte: »Der Herr Bi wünscht nicht, daß man kleine Fische fängt. Der Fisch, den ich schwimmen ließ, war noch zu klein.« Wu Ma Ki kehrte zurück und sagte zu Meister Kung: »Die Tugend von Bi Dsï Dsiän ist sehr groß. Er hat es fertiggebracht, daß die Leute im Dunkeln sich benehmen, als stünde die strengste Strafe ihnen drohend vor Augen. Darf ich fragen, wodurch es Bi Dsï Dsiän so weit gebracht hat?« Meister Kung sprach: »Ich habe ihm gesagt, was im eigenen Ich wahr ist, das wirkt auf die Ferne. Bi Dsï Dsiän führt sicher dieses System in Tan Fu durch. Daß Bi Dsï Dsiän es fertiggebracht hat, dieses System durchzuführen, kommt davon her, daß der Fürst von Lu so lange mit ihm zugewartet hat, bis er es fertiggebracht hat. Daß der Fürst von Lu ihm solange Zeit ließ, bis er es fertiggebracht hatte, kommt davon her, daß Bi Dsï Dsiän erst seine Vorbereitungen getroffen hatte. Aber wenn man auch seine Vorkehrungen trifft, so ist man des Gelingens doch keineswegs unter allen Umständen sicher. Es liegt an der Tüchtigkeit des Fürsten von Lu. Ein drei Monate altes Kind weiß, wenn Prachtwagen und Kronen vor ihm sind, nicht, daß das etwas Begehrenswertes ist, oder wenn Beile und Äxte ihm von hinten drohen, daß das etwas Gefährliches ist. Aber die Liebe seiner Mutter versteht es; denn sie ist wirklich echt. Darum, wenn die Wahrheit wirklich wahr ist, so ist sie in Übereinstimmung mit den Verhältnissen aller Wesen. Wenn der Verstand wirklich verständig ist, so durchdringt er den Himmel. Selbst das Wesen des Holzes und Steines läßt sich bewegen, wieviel mehr Wesen von Fleisch und Blut! Darum ist von allen Mitteln, Ordnung zu schaffen, keines so wirksam wie die Wahrheit. Die Trauer eines Menschen läßt sich besser aus seinen Tränen erschließen als aus seinen Worten. Der Zorn eines Menschen läßt sich besser aus seinen Kämpfen erschließen als aus seinen Worten. Wer über Ordnung redet und nicht wahr ist, der vermag die Menschenherzen nicht geistig zu bewegen.«

BUCH XIX · LI SU LAN

Betrachtung über die Überwindung der Weltlichkeit

1. Kapitel
Die Überwindung der Weltlichkeit
Li Su

Woran es auf Erden fehlt, das sind Vernunft und Gerechtigkeit. Wovon zuviel vorhanden ist, das sind Unüberlegtheit und Leichtsinn. Es liegt in der Natur der Menschen, daß das, was fehlt, teuer ist, und das, was im Überfluß vorhanden, geringgeschätzt wird. Darum werden bei Privatleuten und Beamten die Tugenden der Reinheit, Unbestechlichkeit, Geradheit um so mehr geehrt, je mehr sie Not erdulden. Ja wenn sie in den Tod gehen, so schätzt sie die Welt erst recht: denn solche Tugenden sind selten.

Wenn man aber die Maßstäbe der Vernunft und Gerechtigkeit anwendet, um einen Schen Nung und Huang Di daran zu prüfen[1], so wird man selbst an ihnen noch etwas zu tadeln finden, wieviel mehr an einem Schun oder Tang. Der »fliegende Hase« und der »Schlanke« waren die beiden besten Pferde des Altertums, und doch hatten sie ihre natürlichen Unvollkommenheiten. Darum, wenn man das Holz alles nur nach der Schnur auswählen wollte, so könnte man keine Häuser fertigbekommen.

Schun wollte den Thron abtreten an seinen Freund, den Bauern von Schï Hu[2]. Der Bauer von Schï Hu sprach: »Der Fürst ist ein eifriger unermüdlicher Mann, der sich durch Gewalt zu schützen sucht.« Damit erklärte er, daß er Schuns Wesen nicht für vollkommen erachtete, darum nahm er seine Sachen auf den Rücken, seine Frau trug die ihrigen auf dem Kopf, die Kinder führten sie an der Hand, und so flohen sie vor ihm auf eine Insel im Meer und kamen ihr ganzes Leben lang nicht wieder zurück.

Schun wollte nun den Thron abtreten an seinen Freund Wu Dsï aus dem Norden. Wu Dsï aus dem Norden sprach: »Ein seltsamer Mensch ist doch der Fürst. Er lebte in den Feldern und wanderte zu den Toren eines Yau hinein. Und dabei hätte er es nun bewenden lassen können. Nun will er aber mit seiner Schande auch noch mich beflecken, darüber muß ich mich schämen.« Damit stürzte er sich in den Seeabgrund von Tsang Ling[3].

Als Tang den Giä anzugreifen im Begriff war, beriet er sich mit Biän Sui darüber, was zu tun sei. Biän Sui wies ihn ab und sprach: »Das ist nicht meine Sache.« Tang sprach: »Wer ist sonst brauchbar?« Biän Sui sprach: »Ich weiß es nicht.« Da wandte sich Tang an Wu Guang, um mit ihm zu beraten. Wu Guang sprach: »Das ist nicht meine Sache!« Tang sprach: »Wer ist sonst brauchbar?« Wu Guang sprach: »Ich weiß es nicht.« Tang sprach: »Wie steht es mit I Yin?« Wu Guang sprach: »Er ist energisch und vermag Schande zu ertragen, sonst weiß ich nichts von ihm.« Darauf beriet sich Tang mit I Yin und griff Giä an und unterwarf ihn. Er wollte die Herrschaft an Biän Sui abtreten. Biän Sui lehnte ab und sprach: »Als Ihr den Giä angreifen wolltet, fragtet Ihr mich, Ihr hieltet mich wohl durchaus für einen Mörder. Nachdem Ihr den Giä besiegt, wollt Ihr mir den Thron überlassen, Ihr haltet mich wohl durchaus für habgierig. Ich lebe in einem Zeitalter der Verwirrung, und nun kommt ein Mensch ohne Vernunft und beschimpft mich schon zum zweitenmal. Ich halte dieses Gerede nicht auf die Dauer aus.« Damit stürzte er sich in den Ying-Fluß und ertränkte sich.

Darauf bot Tang den Thron dem Wu Guang an, indem er sprach: »Seit alters ist es üblich, daß was der Kluge ausgedacht und der Starke vollendet, von dem Gütigen benützt wird. Wollt Ihr nicht den Thron einnehmen, ich will Euer Kanzler sein.«

Wu Guang lehnte ab und sprach: »Seinen Herren zu vernichten ist nicht pflichtgemäß, Menschen zu töten ist nicht gütig, wenn andre die Schwierigkeiten auf sich genommen, den Nutzen davon einzustreichen, das wäre nicht uneigennützig. Wer nicht gerecht ist, heißt es, von dem soll man keinen Gewinn annehmen. Einer Welt ohne Ordnung soll man nicht angehören. Und nun wollt Ihr mich dazu noch ehren. Ich halte es nicht aus, Euch dauernd vor Augen zu haben.« Damit nahm er einen Stein auf den Rücken und stürzte sich in den Mu-Fluß.

Der Bauer von Schï Hu, der Wu Dsï aus Norden, Biän Sui und Wu Guang betrachteten die Weltherrschaft als etwas, das außerhalb der Welt sei, das den Blicken der Menschen entzogen sei. Sie sahen Ehre und Reichtum als etwas an, das, wenn es sich vermeiden ließ, sie nicht auf sich nahmen. Sie hatten hohe Ideale und schliffen ihren Wandel, sie waren befriedigt in ihren Gedanken, und die Außenwelt konnte ihnen nichts anhaben. Sie ließen sich nicht beflecken durch den Gewinn, sie ließen sich nicht verlocken durch die Macht. Sie schämten sich, in einer sündigen Welt zu wohnen. Nur diese vier Männer besaßen hohe Ideale.

Ein Schun und Tang umfaßten die Welt, schirmten sie und duldeten sie, sie hatten begonnen, weil sie nicht anders konnten. Sie hatten gehandelt, weil es an der Zeit war. Die Liebe und das allgemeine Beste waren ihr Fundament, die Menschen waren es, denen ihre Pflicht galt. Sie glichen einem Fischer. Es gibt kleine und große Fische, trotzdem er den rechten Köder hat, bewegt sich die Angel oder bewegt sich nicht[4].

Tsi und Dsin waren im Kriege. Ein Soldat aus Ping O verlor seine Hellebarde und eroberte eine Lanze. Da wandte er sich und zog sich zurück und war innerlich unbefriedigt. Er sprach zu einem Manne auf dem Wege: »Ich habe meine Hellebarde verloren und eine Lanze gewonnen, kann ich damit nach Hause kommen?« Der Wanderer sprach: »Eine Hellebarde ist eine Waffe, eine Lanze ist ebenfalls eine Waffe. Wenn man eine Waffe verloren und dafür eine andere gewonnen hat, wie sollte man da nicht nach Hause kommen dürfen?«

Da ging er weiter, aber war doch noch immer unbefriedigt mit sich selbst. Da begegnete er dem Obersten von Gau Tang, namens Schu Wu Sun. Er trat seinem Pferd in den Weg und sprach: »Heute bei der Schlacht habe ich meine Hellebarde verloren und eine Lanze gewonnen, kann ich mich da zu Hause sehen lassen?« Schu Wu Sun sprach: »Eine Hellebarde ist keine Lanze, eine Lanze ist keine Hellebarde. Wenn Du Deine Hellebarde verloren hast und auch eine Lanze dafür gewonnen hast, wie kannst Du denken, Du habest Deine Pflicht getan?«

Da seufzte der Soldat von Ping O tief und kehrte in die Schlacht zurück. Er lief, was er konnte, und kam noch eben recht. Er kämpfte, bis er fiel.

Schu Wu Sun sprach: »Es heißt, wenn ein Edler einen in Not gebracht hat, so nimmt er sie auch auf sich.« Er spornte sein Pferd und folgte ihm. Auch er fiel und kehrte nicht zurück.

Wenn ein solcher Mann ein Heer zu führen hätte, würde er sicher sich nie zur Flucht wenden, wenn er den Fürsten zu schützen hätte, würde er sicher mit seinem Leben für ihn einstehen.

Nun fielen die beiden ohne besonderes Verdienst. Der Grund war, daß sie an einem unwichtigen Posten standen. Wer an einem unwichtigen Posten steht, kennt das Große nicht. Woher will man wissen, daß es auf Erden keine solchen Leute wie diesen Soldaten und Schu Wu Sun mehr gibt? Deshalb muß ein Fürst, der einen treuen und uneigennützigen Diener will, es sich angelegen sein lassen, danach zu suchen.

Zur Zeit des Herzogs Dschuang von Tsi gab es einen Mann namens Bin Be Dsü, der träumte von einem starken Mann, der trug einen weißseidenen Hut mit roten Schnüren, er hatte ein grünes Leinengewand und neue weiße Schuhe an, an der Seite trug er eine lange Schwertscheide. Der fuhr ihn an und spuckte ihm ins Gesicht. Da erschrak er und wachte auf, da war es nur ein Traum gewesen. Er saß die ganze Nacht wach und war mißvergnügt. Am andern Tage rief er seinen Freund und sagte zu ihm: »Von Jugend auf habe ich den Mut hochgeschätzt, nun bin ich 60 Jahre alt, und ich habe noch keine Beschimpfung erlitten. Heute nacht hat mich einer beschimpft, ich muß ihn ausfindig machen. Hoffentlich finde ich ihn, dann ist es gut, finde ich ihn nicht, so muß ich mir das Leben nehmen.« Darauf ging er jeden Morgen mit seinem Freund an die Straßenkreuzungen. Als er ihn nach drei Tagen noch immer nicht gefunden hatte, zog er sich zurück und tötete sich.

Wenn man es von der Seite der Verpflichtung ansieht, so lag eine solche nicht vor. Dennoch muß man den Mann darum achten, daß er eine Beschimpfung unter keinen Umständen duldete.

2. Kapitel
Hochhalten der Gerechtigkeit
Gau I

Der Edle benimmt sich so, daß jede Bewegung der Gerechtigkeit entspringt und jede Tat Gerechtigkeit verwirklicht. Dann mögen ihn die gewöhnlichen Menschen als erfolglos bezeichnen, er ist dennoch erfolgreich. Wenn eines Menschen Taten nicht die Gerechtigkeit verwirklichen und seine Bewegungen nicht der Gerechtigkeit entspringen, dann mögen ihn die gewöhnlichen Menschen für erfolgreich halten, er ist dennoch erfolglos. Was der Edle für Erfolg oder Mißerfolg hält, ist verschieden von dem, was die gewöhnlichen Menschen dafür halten. Darum, wenn sein Verdienst einer Belohnung entsprechend ist, nimmt er sie an, wenn sein Vergehen einer Strafe entsprechend ist, so läßt er sie sich gefallen. Wenn eine Belohnung unverdient ist, so nimmt er sie nicht an, auch wenn sie ihm angeboten wird. Wenn er eine Strafe verdient hat, so nimmt er sie auf sich, selbst wenn man sie ihm erlassen wollte.

Vom Standpunkt eines Staates aus gemessen, sind solche Männer von dauerndem Gewinn. Wenn sie dauernd um einen Herren sind, so muß er notwendig in sich gehen. Und nur wenn er kein schlechtes Gewissen hat, kann er handeln.

Meister Kung trat vor Herzog Ging von Tsi[5]. Herzog Ging wollte ihm die Einkünfte des Gebiets von Lin Kiu zum Lebensunterhalt verleihen. Meister Kung lehnte es ab. Heimgekehrt, sprach er zu seinen Jüngern: »Ich habe gehört, der Edle nimmt Bezahlung nur an, wenn sie seinen Leistungen entspricht. Ich habe den Herzog Ging beraten. Er hat meinen Rat noch nicht ausgeführt und will mir Lin Kiu verleihen, das zeigt, daß er mich durchaus nicht kennt.« Darauf befahl er seinen Jüngern, rasch anzuspannen, dann verabschiedete er sich und ging.

Meister Kung war ein einfacher Gelehrter, in Lu hatte er es nur bis zum Oberrichter gebracht, und doch konnte sich selbst der Herr des Weltreiches schwerlich mit seinem Wandel messen, und selbst die Berater der ersten drei Dynastien waren nicht herrlicher als er; denn er warf sich beim Nehmen und Geben nicht weg.

Meister Mo Dsï hieß seinen Jünger Gung Schang Go nach Yüo reisen[6]. Gung Schang Go erzählte dem König von Mo Dsïs Lehren. Der König von Yüo war damit einverstanden und sagte zu Gung Schang Go: »Wenn dein Meister gewillt ist, nach Yüo zu kommen, so will ich ihm von dem alten Gebiet von Wu das Ufer des Flusses Yin, das 300 Gemeinden zählt[7], als Einkommen verleihen.«

Gung Schang Go kehrte zurück und berichtete es dem Meister Mo Dsï. Meister Mo Dsï sprach: »Bist du der Ansicht, daß der König von Yüo fähig ist, meine Worte zu hören und meine Lehren anzuwenden?« Gung Schang Go sprach: »Vermutlich ist er noch nicht soweit.«

Mo Dsï sprach: »Nicht nur der König von Yüo kennt meinen Sinn nicht, selbst du kennst meinen Sinn noch nicht. Wenn der König von Yüo auf meine Worte hört und nach meinen Lehren handelt, so bin ich zufrieden, wenn ich Nahrung und Kleidung habe und als Gast Untertan bei ihm sein kann, ohne ein Amt zu begehren. Wenn der König von Yüo nicht auf meine Worte hört und nicht nach meinen Lehren handelt, so kann er mir ganz Yüo schenken und ich kann doch nichts mit ihm anfangen.

Wenn der König von Yüo meine Worte nicht hört und sich nicht nach meinen Lehren richtet und ich nehme ein Lehen von ihm an, so habe ich meine Gerechtigkeit verkauft. Wenn ich meine Gerechtigkeit verkaufen will, was brauche ich dazu nach Yüo zugehen, das kann ich hier im Mittelreich auch!«

Die Leute muß man sorgfältig beurteilen. Die Bauern von Tsin kommen oft um kleinen Vorteils willen mit ihren Brüdern in Prozesse und mit ihren Verwandten in Unfrieden. Mo Dsï nun hätte einen Staat bekommen können und verzichtete darauf, weil er fürchtete, es könne seiner Gerechtigkeit Eintrag tun: das zeigt, daß er seine Tugend ganz anders zu wahren verstand als die Bauern von Tsin.

Der Staat Tschu stand im Krieg mit Wu. Die Soldaten von Tschu waren in der Minderzahl, die von Wu in der Mehrzahl. Da sprach Dsï Nang, der Feldherr von Tschu: »Wenn ich mit Wu kämpfe, werde ich sicher besiegt. Wenn ich das Heer des Königs einer Niederlage zuführe, so bringe ich dadurch Schande auf den Namen des Königs und schädige das Land. Das bringe ich als treuer Beamter nicht über mich.«

Infolgedessen zog er sich zurück, ohne dem König Meldung gemacht zu haben. Als er auf dem Anger vor der Stadt angekommen war, sandte er einen Boten an den König und bat um die Erlaubnis, sich töten zu dürfen. Der König sprach: »Ihr habt Euch zurückgezogen, weil es Vorteil brachte. Nun hat es wirklich Vorteil gebracht, weshalb wollt Ihr Euch töten?« Dsï Nang sprach: »Wenn auf dem Rückzug keine Strafe liegt, dann werden in Zukunft Eure Offiziere alle Unvorteilhaftigkeit vorschützen und mir nachmachen, sich zurückzuziehen. Auf diese Weise wird schließlich der Staat Tschu zum schwächsten auf Erden.« Mit diesen Worten stürzte er sich in sein Schwert und tötete sich.

Der König sprach: »Ich will die Gerechtigkeit des Feldherrn vollmachen.« Darauf gab er ihm einen dünnen, nur drei Zoll starken Sarg aus Sterkulienholz und legte Beil und Block darauf[8].

Das Unglück der Fürsten besteht darin, daß solange sie bestehen, sie nicht wissen, worauf ihr Bestand beruht, und wenn sie untergehen, nicht wissen, wodurch ihr Untergang herbeigeführt wird. Darum kommt Bestehen und Untergang in dauerndem Wechsel.

Der Aufschwung von We und Ki[9], der Anschluß sämtlicher Staaten an diese Dynastien, entsprang solchen Verhältnissen. Tschu bestand 42 Generationen lang und wurde betroffen von den Unruhen zu Gan Hi und des Herzogs von Bo und die Flucht von den Feldherrn Dschong Siang und Dschou Hou von Dsin. Und heute ist es trotzdem ein Großstaat mit 10000 Kriegswagen, weil es seinerzeit Beamte hatte wie Dsï Nang und andere, die ebenso treu waren wie Dsï Nang; nicht das Verdienst einer einzigen Generation hat das zustande gebracht.

Zur Zeit des Königs Dschau von Tschu[10] gab es einen Staatsmann namens Schï Du, der von Natur gerecht und ohne Selbstsucht war. Der König trug ihm Regierungsgeschäfte auf. Da kam auf der Straße ein Mord vor. Schï Du ließ den Mörder verfolgen, da war es sein eigener Vater. Er wandte seinen Wagen und kehrte zurück. Er trat vor den König und sprach: »Der Mörder ist mein Vater. Ich bringe es nicht über mich, an meinem Vater die gesetzliche Strafe zu vollziehen. Einen Schuldigen in Schutz zu nehmen und so das Staatsgesetz zunichte zu machen geht auch nicht. Wenn ein Beamter sich gegen das Gesetz verfehlt hat, so ist es seine Pflicht, die Strafe zu erdulden.« Darauf kniete er vor dem Schaffot nieder und bat um seine Hinrichtung.

Der König sprach: »Daß Du den Täter bei der Verfolgung nicht eingeholt hast, ist kein strafwürdiges Vergehen, geh nur wieder an Deine Arbeit.«

Schï Du lehnte ab und sprach: »Wer nicht für seinen Vater eintritt, ist kein ehrfürchtiger Sohn; wer im Dienst des Fürsten das Recht beugt, ist kein treuer Beamter. Daß der König ihm verzeiht, ist seine Gnade. Daß aber der Beamte nicht die Gesetze außer Kraft treten läßt, ist seine Tugend.«

Darauf verließ er das Schaffot nicht eher, bis im Hofe des Königs sein Haupt gefallen war. Weil er das Gesetz beugte, das hochzuhalten ihm aufgetragen war, wollte er unter allen Umständen sterben; da es sein Vater war, der das Gesetz übertreten hatte, brachte er es nicht über sich, ihn zu bestrafen. Als der König ihm verzeihen wollte, nahm er es nicht an. So zeigte sich Schï Du als treuer Beamter und als guter Sohn.

3. Kapitel
Hochhalten der Tugend
Schang De

Den Erdkreis und ein Reich zu regieren, dafür gibt es keine bessere Methode, als sich auf die Tugend zu stützen und die Gerechtigkeit auszuüben. Wenn man Tugend und Gerechtigkeit übt, so braucht man keine Belohnung, damit das Volk sich Mühe gibt, man braucht keine Strafe, damit das Verkehrte aufhört. Auf diese Weise regierten Schen Nung und Huang Di. Wenn man Tugend und Gerechtigkeit übt, so können der große Ozean und die Wasser und alle Ströme uns nichts anhaben, die Höhe des Huaberges und die Steilheit des Guaigiberges uns nicht hindern, die geübten Truppen eines Königs Ho Lü von Wu, die Krieger eines Sun Wu und Wu Ki uns nicht zurückhalten. So durchdrang die Tugend der alten Könige Himmel und Erde und erfüllte die vier Meere. Ost und West, Süd und Nord, alles Land, wo Sonne und Mond scheinen, das der Himmel schirmt und die Erde trägt, liebte sie und gedachte ihrer unaufhörlich. Sie waren demütig, wahrhaft und gerecht, da wurde das ganze Volk wie sie. Sie bekämpften die Feinde und niemand wußte, wie sie es machten, das heißt dem Weg des Himmels folgen. Sie lehrten das Volk sein Benehmen ändern und seine Sitten bessern, ohne daß es wußte, von wem es beeinflußt wurde. Das heißt den Gefühlen des Volkes folgen. So blieben die Männer des Altertums persönlich verborgen, aber ihre Verdienste leuchteten. Ihr Leib war schon zur Ruhe gegangen, und ihr Name war noch immer berühmt. Ihre Worte drangen durch, und ihre Wandlungskraft äußerte sich. Der allgemeine Nutzen breitete sich auf Erden aus, und das Volk wußte nichts davon. Wie bedurfte es da noch strenger Strafen und reichlicher Belohnungen? Strenge Strafen und reiche Belohnungen sind die Regierungsmaßregeln niedergehender Zeiten. Die drei Miau-Stämme fügten sich nicht. Da bat Yü um Truppen, sie zu bekämpfen. Schun sprach: »Es geht auch durch Tugend!« Er übte seine Tugend drei Jahre lang, und die drei Miau-Stamme fügten sich.

Meister Kung hörte das und sprach: »Wer die Wirklichkeit der Tugend versteht, für den sind die Berge Mong Men und Tai Hang nicht zu steil!« So heißt es: Die Tugend ist in ihrer Wirkung noch schneller als die Regierungsschnellpost. In der Lichthalle der Dschou standen die Metallinstrumente hinten, um zu zeigen, daß die Tugend das erste und die kriegerische Kraft das zweite ist. Schun hat es auch so gemacht. Er stimmte mit der Dschou-Dynastie überein in der Geringschätzung der kriegerischen Kraft.

Der Herzog Hiän von Dsin entfernte wegen seiner Nebenfrau Li Gi den Kronprinzen. Der Kronprinz Schen Schong wohnte in Kü O. Der Prinz Tschung Örl wohnte in Pu. Der

Prinz I Wu wohnte in Kü. Da sprach die Li Gi zu dem Kronprinzen: »Vorgestern abend hat der Fürst deine Mutter Giang im Traum gesehen.« Darauf opferte der Kronprinz seiner verstorbenen Mutter und überbrachte das übrige Opferfleisch seinem Vater, dem Herzog. Die Li Gi vertauschte es gegen vergiftetes Fleisch. Der Herzog wollte das Opferfleisch kosten, da sagte die Konkubine: »Das Fleisch ist von weit hergekommen, bitte, laßt es erst jemand anderes kosten.« Der Kostende starb. Da gab man seinem Hund davon, und auch der Hund starb. Deshalb beschuldigte der Fürst den Kronprinzen. Der Kronprinz verschmähte es, sich zu rechtfertigen, indem er sprach: »Wenn mein Vater die Li Gi nicht in seiner Wohnung hat, so fühlt er sich nicht behaglich, ohne sie schmeckt ihm das Essen nicht.« Darauf stürzte er sich in sein Schwert und tötete sich.

Da floh der Prinz I Wu von Kü nach dem Staate Liang, der Prinz Tschung Örl floh von Pu nach dem Staate Di. Er verließ Di wieder und kam durch We. Der Herzog Wen von We behandelte ihn ohne Höflichkeit. Als er über Lu Wu nach Tsi kam, war der Herzog Huan von Tsi gerade gestorben. Da verließ er Tsi und ging nach Tsau. Der Herzog Gung von Tsau sah, daß er zusammengewachsene Rippen hatte, da ließ er ihn sich entkleiden und im Weiher Fische fangen[11]. Danach verließ er Tsau und ging nach Sung. Der Herzog Siang von Sung behandelte ihn mit Höflichkeit. Er ging nach Dschong. Herzog Wen von Dschong ehrte ihn nicht. Da mahnte Be Dschan den Herzog und sprach: »Es heißt: Ein weiser Herr behandelt einen Unglücklichen nicht als Unglücklichen. Nun sind die Leute, die dem Prinzen von Dsin folgen, lauter tüchtige Männer. Wenn Ihr sie nicht höflich behandeln wollt, ist es besser, Ihr tötet sie.« Der Fürst von Dschong hörte nicht auf ihn. Darauf verließ jener Dschong und wandte sich nach Tschu. Der König Tschong von Tschu behandelte ihn verächtlich. Da verließ er Tschu und ging nach Tsin. Herzog Mu von Tsin führte ihn in seine Heimat zurück. Als die Verhältnisse in Dsin in Ordnung waren und Tschung Örl Herzog geworden war, da rüstete er ein Heer, griff Dschong an und verlangte die Auslieferung des Be Dschan. Be Dschan sprach zu dem Fürsten von Dschong: »Ihr tut am besten daran, mich auszuliefern.« Der Fürst von Dschong sprach: »Es war ja meine Schuld.« Be Dschan sprach: »Ich bin gerne bereit zu sterben, um von unserem Land das Verderben abzuwenden.« Da ging Be Dschan in das Lager der Truppen von Dsin. Der Herzog Wen wollte ihn in siedendem Öl kochen lassen. Be Dschan ergriff mit den Händen den Kessel und rief: »Ihr Soldaten alle, hört meine Worte! Von heute an dürft ihr nicht mehr treu gegen euren Fürsten sein, denn wer gegen seinen Fürsten treu ist, der wird gekocht.« Herzog Wen entschuldigte sich bei ihm. Er zog sein Heer zurück und schickte ihn nach Dschong zurück.

Be Dschan war seinem Fürsten treu, und sein Fürst entging dadurch der Gefahr, die ihm von Dsin drohte. Er tat seine Pflicht gegenüber dem Fürsten von Dschong, und der Herzog Wen selbst war darüber erfreut.

So groß ist der Nutzen der Pflichttreue.

Es war einmal ein Schulhaupt der Schule des Mo Di, namens Mong Schong, der mit dem Fürsten der Stadt Yang Tschong in Tschu befreundet war. Der Fürst von Yang Tschong bat ihn, ihm sein Gebiet zu bewahren. Dabei nahm er einen Nephritring und zerbrach ihn, damit er als Erkennungszeichen diene. Er machte mit ihm aus: »Wenn das Nephritstück, das ein Bote bringt, paßt, so höre auf ihn.« Da starb der König von Tschu. Die Minister beschlossen darauf, den Staat Wu anzugreifen. Sie sammelten ihre Truppen am Ort der Bestattung. Der Fürst von Yang Tschong war auch dabei. Die Regierung von Tschu verhängte eine Strafe über ihn, worauf der Fürst von Yang Tschong wegging. Der Staat Tschu zog darauf sein Gebiet ein. Mong Schong sprach: »Wenn man ein Gebiet erhalten hat auf Grund eines Erkennungszeichens und das Erkennungszeichen nicht vergessen wird und man doch nicht stark genug ist, seine Besetzung zu verhindern, so bleibt nichts anderes übrig, als zu sterben.«

Da erhob sein Schüler Sü Yüo Einsprache und sagte: »Wenn dein Tod für den Fürsten von Yang Tschong von Nutzen wäre, so wäre es in der Ordnung, für ihn zu sterben. Da er ihm aber keinen Nutzen bringen würde und die Überlieferung der Lehren des Mo Di durch deinen Tod auf Erden erlöschen würde, so ist es nicht angängig zu sterben.« Mong Schong sprach: »Nein!

Ich stehe zu dem Fürsten von Yang Tschong entweder im Verhältnis des Lehrers oder des Freundes oder des Beamten. Wenn ich nicht für ihn sterbe, so werden künftig die Menschen, die einen ehrwürdigen Lehrer suchen, ihn nicht in der Schule des Mo Di suchen, ebensowenig werden die, die einen würdigen Freund oder guten Beamten begehren, ihn in unserer Schule suchen. Wenn ich für ihn sterbe, so handle ich nach meiner Pflicht als Anhänger des Mo Di und setze sein Werk fort. Ich werde das Amt des Schulhauptes dem Tiän Siang Dsï in Sung übertragen. Tiän Siang Dsï ist ein würdiger Gelehrter, was sollte da zu befürchten sein?«

Da sprach Sü Yüo: »Wenn es sich so verhält, wie Ihr sagt, dann bitte ich, zuerst sterben zu dürfen, um Euch den Weg zu bereiten.«

Darauf trat er zurück und schnitt sich vor Mong Schong den Kopf ab. Der sandte deshalb zwei Jünger, um das Amt des Schulhauptes an Tiän Siang Dsï zu übertragen. Darauf tötete sich Mong Schong, und 183 Jünger starben mit ihm zusammen. Die beiden Abgesandten, nachdem sie ihren Auftrag an Tiän Siang Dsï überbracht hatten, wollten ebenfalls zurückkehren, um in Tschu für Mong Schong zu sterben.

Tiän Siang Dsï wollte sie zurückhalten, indem er sprach: »Meister Mong hat die Würde des Schulhauptes bereits auf mich übertragen.« Aber sie hörten nicht auf ihn, sondern kehrten zurück und töteten sich.

Die Anhänger des Mo Di waren der Meinung, daß sie, wenn sie nicht auf die Worte des Schulhauptes gehört hätten, wenn sie nicht die strengen Strafen und hohen Belohnungen gekannt hätten, nicht zu dieser Tat imstande gewesen wären. Heutzutage ist man vielfach der Meinung, daß man die Menschen durch strenge Strafen und hohe Belohnungen zur Ordnung führen kann, das betrachteten aber die Leute früherer Zeiten als etwas Nebensächliches[12].

4. Kapitel
Verwendung des Volks
Yung Min

Bei der Verwendung des Volks ist die beste Methode, durch die Pflicht zu wirken, die nächste, durch Lohn und Strafe zu wirken. Wenn die Pflicht nicht ausschlaggebend ist, so bringt man die Leute nicht dazu, daß sie zum Sterben bereit sind; wenn Lohn und Strafe nicht genügend verteilt werden, so bewirken sie nicht, daß das Volk etwas tut oder unterläßt. Unter solchen Umständen aber hat es weder in alter noch in neuer Zeit jemanden gegeben, der sein Volk hätte benützen können. Es gibt keine festen Regeln darüber, wie man ein Volk benützen darf, und so gibt es auch keine festen Regeln darüber, wie man es nicht benützen darf; es kommt alles darauf an, daß man die rechte Art hat.

Ho Lü von Wu hatte nur 30000 Mann zu seiner Verfügung. Wu Ki hatte nur 50000 Mann zur Verfügung. Großstaaten, die 30–50000 Mann aufbringen können, gibt es viele, und doch können sie nach außen nicht die Feinde abhalten, im Innern nicht ihr eignes Reich bewahren. Nicht daß ihre Untertanen nicht zu gebrauchen wären: Sie verstehen es nicht, wie sie gebraucht werden müssen; was hilft es dann, wenn der Staat groß ist, die Lage günstig und die Krieger zahlreich? Seit alter Zeit gab es viele Weltherrscher, die zugrunde gingen, weil sie es nicht verstanden, ihre Untertanen zu benützen. Darum muß man die Theorien der Verwendung des Volkes sorgfältig beachten. Ein Schwert schlägt nicht allein zu, ein Wagen läuft nicht von selbst, es bedarf eines, der sie dazu veranlaßt. Sät man Weizen, so erntet man Weizen; sät man Hirse, so erntet man Hirse: darüber wundert sich kein Mensch. Beim Gebrauch des Volkes kommt es auch darauf an, was man sät. Es gibt keine größere Verblendung, als achtlos zu sein im Säen und dann doch zu hoffen, daß man sein Volk verwenden könne.

Zur Zeit des Yü gab es 10000 Staaten auf Erden. Zur Zeit des Tang gab es noch über 3000 Staaten. Heute besteht keiner von ihnen mehr. Denn alle verstanden es nicht, ihre Untertanen zu benützen. Daß das Volk nicht benützt werden kann, kommt davon, daß Lohn und Strafe nicht ihr volles Gewicht haben. Tang und Wu stützten sich auf die Untertanen von Hia und Schang, denn sie wußten es, wie man die Leute verwenden muß. Guan Dschung und Schang Yang stützten sich auf die Leute von Tsi und Tsin, weil sie auch wußten, wie man die Leute verwenden muß. Die Verwendung der Leute beruht auf bestimmten Bedingungen. Kennt man die Bedingungen, so gibt es niemanden, der nicht gebraucht werden könnte. Mit der Verwendung des Volks verhält es sich wie mit einem Netz, das durch ein Hebeseil und ein Verschlußtau reguliert wird. Sowie man am Hebeseil zieht, so geht das ganze Netz mit all seinen Maschen in die Höhe; sowie man am Verschlußtau zieht, so dehnen sich alle Maschen aus. Worin bestehen nun dieses Hebeseil und Verschlußtau bei einem Volk? Es sind Liebe und Haß. Was lieben sie? Was hassen sie? Sie lieben Ehre und Nutzen und hassen Schande und Schaden. Schande und Schaden sind der Grund, daß die Strafen das rechte Gewicht bekommen. Ehre und Nutzen sind der Grund, daß die Belohnungen das rechte Gewicht bekommen. Wenn Strafen und Belohnungen alle gerecht und wirksam sind, so gibt es kein Volk, das sich nicht verwenden ließe.

Ho Lü übte seine Leute inmitten der fünf Seen. Sie schlugen sich alle mit den Schwertern an die Schultern, daß das Blut auf die Erde floß, und ließen sich fast nicht mehr zurückhalten. Gou Dsiän übte seine Leute in Tsin Gung, die Leute stürzten sich um die Wette ins Wasser und Feuer, so daß über 1000 verunglückten. Man mußte mit dem Becken das Zeichen zum Aufhören geben. Das kam daher, weil Lohn und Strafe ihr Gewicht hatten.

Ein Mo-Yä-Schwert wird nicht schärfer in der Hand eines Tapferen oder stumpfer in der Hand eines Feigen, und doch erreicht ein Tapferer etwas damit, während ein Feiger nichts zustande bringt: das kommt, weil der eine etwas kann, der andre nicht.

Die Leute von Su Scha bekämpften ihren eigenen Fürsten und schlossen sich an Schen Nung an. Die Leute von Mi Hu fesselten ihren Herrn und lieferten ihn an König Wen aus. Tang und Wu verstanden es, nicht nur ihre eignen Leute zu gebrauchen, sie vermochten auch Leute zu gebrauchen, die nicht ihre eignen waren.

Wenn man Leute gebrauchen kann, die nicht die eignen sind, so kann man sich einen berühmten Namen machen, auch wenn der Staat klein und die Krieger wenig sind. In alter Zeit kam es häufig vor, daß einer, der aus der Mitte der geringen Leute hervorging, sein ganzes Zeitalter in Ordnung bringen konnte: Sie alle vermochten Leute zu gebrauchen, die nicht ihre Untertanen waren. Die rechte Gesinnung, die es versteht, auch Leute, die nicht die eigenen Untertanen sind, zu gebrauchen, beruht darauf, daß man es nicht unterläßt, die Verhältnisse sorgfältig zu prüfen. Die Methoden der drei ersten Dynastien bestanden in nichts anderem, als daß sie die Zuverlässigkeit zu ihrer Richtschnur machten.

Ein Mann aus Sung war auf Reisen. Sein Pferd ging nicht voran. Da schlug er es tot und warf es in den Fluß Gi. Dann reiste er weiter, und wieder wollte sein Pferd nicht voran. So schlug er auch das zweite tot und warf es in den Fluß Gi. So machte er es dreimal. Mehr konnte auch ein Dsau Fu nicht die Pferde in Furcht setzen. Wenn man aber nicht die Geschicklichkeit des Dsau Fu hat und nur seine Einschüchterungsmittel, so hilft es gar nichts zum Wagenfahren. Den Untüchtigen unter den Herrschern geht es ebenso: Sie verstehen nicht die Art, mit den Menschen umzugehen, sondern wenden nur Abschreckungsmittel an. Je mehr sie das Volk einschüchtern, desto weniger ist das Volk zu gebrauchen. Herrscher, die ihre Staaten einbüßten, taten es meist deshalb, weil sie durch Einschüchterung ihre Leute benutzen wollten. Ganz ohne Einschüchterung kann man nicht auskommen, aber sie ist nicht genügend, daß man sich allein auf sie verlassen könnte. Es ist so, wie das Salz als Würze dient. Das Salz kann nur als Zutat gebraucht werden. Wenn es nicht richtig angewandt ist, so verdirbt es die Speisen, denen es beigefügt wird, und macht sie ungenießbar. Mit der Furcht verhält es sich ebenso, sie darf auch nur als Zutat benützt werden, um zu wirken. Wozu soll sie als Zutat dienen? Zur Liebe und Bereicherung des Volkes. Wenn die Gesinnung der Liebe zum Volk und der Wunsch, ihm zu nützen, am Tage liegen, so läßt sich auch durch Furcht wirken. Wenn das Volk zu sehr eingeschüchtert wird, so wird dadurch die Liebe zum Volk und das Sorgen für seine Wohlfahrt erstickt. Wenn die Liebe und Sorge für die Wohlfahrt erstickt sind und man nur mit aller Macht auf Einschüchterung aus ist, so gerät man sicher in Fehler. Das war die Ursache, weshalb Yin und Hia zugrunde gingen. Der Fürst hat den Vorteil der Macht, er kann Ämter austeilen. Wenn er den Vorteil der Macht festhält und das Recht, Ämter zu verteilen, nicht aus der Hand lassen will, so darf er diese Gesichtspunkte nicht außer acht lassen. Nur wer diese Abhandlung vollkommen durchschaut, bringt es fertig, daß seine Leute ohne Beschränkung in ihren Schranken bleiben.

5. Kapitel
Die richtige Würde
Schï we

Die alten Könige verwendeten ihre Leute, wie man gute Pferde lenkt: Man mutet ihnen nicht viel zu und erneuert ihre Kraft durch Beschränkung. Wenn sie auch laufen möchten, so dürfen sie nicht. Darum kann man mit ihnen 1000 Meilen weit kommen. Wer seine Leute zu verwenden versteht, macht es ebenso. Die Leute bitten Tag und Nacht, verwendet zu werden, und erreichen es nicht. Wenn sie es dann erreichen, von ihrem Herrn verwendet zu werden, strömen die Leute herbei, wie wenn man aufgestautem Wasser einen Abfluß eröffnet, von dem es 1000 Klafter herunterstürzt: Wer kann ihm widerstehen?

In den Büchern von Dschou[13] heißt es: »Wen seine Leute für gut halten, den ernähren sie, mit wem seine Leute nicht zufrieden sind, dem sind sie feind. Statt Feinde zu haben in großer Zahl, wäre es besser, gar keine Untertanen zu haben.« König Li war Großkönig. Aber seiner Feinde waren viel, darum mußte er nach Dschï fliehen. Und seine Söhne und Enkel wurden vom Unheil erreicht. Wenn es nicht den Herzog Hu von Schau gegeben hätte, so wären seine Enkel ausgerottet worden. Die Herren von heutzutage sind meist auf zahlreiche Untertanen aus, aber sie verstehen es nicht, gut mit ihnen auszukommen, so machen sie nur ihre Feinde zahlreich. Wenn sie mit ihren Untertanen nicht gut auskommen, so ist es eben so, als hätten sie sie nicht. Wer seine Leute besitzen will, muß notwendig ihr Herz gewinnen, das heißt, er muß ihre Liebe haben. Der bloße Besitz ihres Leibes ist kein wirklicher Besitz.

Schun war ein Mann aus dem Volk und kam in Besitz des Weltreichs. Giä war Großkönig und fand seine Ruhe nicht, das kam davon her. Diese Theorie des Besitzes verdient eine genaue Untersuchung. Tang und Wu verstanden diese Theorie, darum machten sie sich durch ihre Werke einen Namen. Die berühmten Fürsten der alten Zeit regierten durch Liebe und Pflicht, befriedigten durch Sympathie und Nutzen und leiteten durch Gewissenhaftigkeit und Treue. Sie waren darauf aus, das Unglück des Volkes zu beseitigen und sein Glück zu fördern. Darum verhielten sich die Leute zu ihren Herrschern wie das Wachs zum Siegel: Drückt man ein viereckiges Siegel darauf, so wird es viereckig, drückt man ein rundes darauf, so wird es rund; oder wie die Getreidearten zum Boden, entsprechend seiner Art vermehren sie sich hundertfältig. Das war der Grund, warum die fünf Herrscher und drei Könige keinen Gegner hatten. Selbst nach ihrem Tode hinterließen sie auf die nachfolgenden Geschlechter noch einen Eindruck von göttlicher Macht, denn sie verstanden sich auf die Behandlung der Menschen.

Der Fürst Wu von Liang We[14] weilte in Dschung Schan. Er fragte den Li Ko: »Woher kommt es, daß der Staat Wu zugrunde ging?« Li Ko sprach: »Er war beständig in Kriege verwickelt und siegte beständig.«

Der Fürst Wu sprach: »Dauernd kriegen und dauernd Siegen ist das Glück eines Staates. Woher kommt es, daß einer dadurch zugrunde geht?« Er erwiderte: »Wenn man dauernd Kriege führt, so wird das Volk erschöpft, wenn man dauernd siegt, so wird der Herrscher stolz. Ein stolzer Herrscher, der über ein erschöpftes Volk regiert und seinen Staat dadurch nicht zugrunde richtet, ist selten auf der Welt. Wer stolz ist, wird leichtsinnig; wer leichtsinnig ist, kennt keine Grenzen in seinem Begehren.

Durch Erschöpfung entsteht Groll. Ein Volk, das Groll hegt, kennt keine Grenzen in seinen schlimmen Gedanken. Da nun Fürst und Volk beide die Grenzen überschritten hatten, so ist es nur zu verwundern, daß Wu so spät erst zugrunde ging. Das war die Ursache, daß Fu Tschai sich in Gan Sui selbst ums Leben brachte.«

Dung Yä Dsï[15] bot sich dem Herzog Dschuang von Lu als Wagenlenker an. Vorwärts und rückwärts ging es nach der Schnur. Rechts und links ging es nach dem Zirkel.

Herzog Dschuang sprach: »Gut. Auch Dsau Fu konnte es nicht besser.« Er ließ ihn hundert Pferde einschätzen auf ihre Leistungsfähigkeit, aber die wenigsten erreichten das Maß.

Yän Ho trat vor den Herzog.

Der Herzog Dschuang sprach: »Seid Ihr dem Dung Yä Dsï schon begegnet?« Jener erwiderte: »Ja, ich bin ihm begegnet. Seine Pferde werden sicher zusammenbrechen.« Herzog Dschuang sprach: »Wie sollten sie zusammenbrechen?«

Kurz danach kam Dung Yä Dsï mit zusammengebrochenen Pferden an. Herzog Dschuang ließ Yän Ho rufen und fragte ihn: »Woher wußtet Ihr, daß sie zusammenbrechen würden?«

Yän Ho erwiderte: »Er konnte nach der Schnur vorwärts und rückwärts, nach dem Zirkel rechts und links, so daß auch ein Dsau Fu es nicht besser hätte machen können. Als ich ihm begegnete, sah ich, daß er noch immer seine Pferde beanspruchte, daher wußte ich, daß seine Pferde zusammenbrechen würden.«

So gebrauchen auch die Verderber ihrer Staaten ihre Untertanen ohne Rücksicht auf die Natur der Menschen, ohne Überlegung der menschlichen Gefühle.

Sie machen ihre Belehrungen zahllos und rechnen Unkenntnis als Fehler an; sie mehren ihre Befehle immerzu und verurteilen die, die ihnen nicht nachkommen. Sie vergrößern die Gefahren und bestrafen die, die sie nicht zu bestehen wagen. Sie erschweren die Verantwortung und lassen die, die ihr nicht gewachsen sind, büßen. Wenn die Leute vorangehen, so hoffen sie auf Belohnung, wenn sie zurückhalten, so fürchten sie die Verurteilung[16]. Sie wissen, daß ihre Kraft nicht ausreicht, dennoch können sie vielleicht das vorgeschriebene Ziel erreichen, doch wenn sie es erreichen, so weiß es der Fürst und verfolgt sie noch weiter mit Strafen. So lockt man durch Bestrafung die Übertretungen hervor. Daher kommt es dann, daß Vorgesetzte und Untertanen sich hassen. Wenn die Sittenregeln zu zahlreich sind, so kann man sie nicht richtig erfüllen. Wenn die Arbeiten zu zahlreich sind, so kann man sie nicht zustande bringen. Wenn die Befehle zu häufig sind, so werden sie nicht mehr gehört. Wenn der Verbote zu viele sind, so werden sie nicht mehr beachtet.

Die Verbote eines Giä und Dschou Sin waren zahllos, dadurch kamen die Untertanen in Hilflosigkeit, und sie selbst gerieten in Gefangenschaft. Zu diesem Äußersten kamen sie, weil sie nicht die richtige Würde hatten.

Dsï Yang von Dschong war zu hart und streng. Als daher einer seiner Diener einen Bogen zerbrochen hatte, fürchtete er, daß er dafür hingerichtet werden würde. Darum ließ er jenen tollen Hund herein, bei dessen Verfolgung Dsï Yang getötet wurde[17].

Unter den Dreifüßen von Dschou war einer, der war ganz schief; seine Form war sehr hoch, aber oben und unten war er schief, um anzudeuten, daß durch Übertreibung Mißerfolg kommt.

6. Kapitel
Leitung der Wünsche
We Yü

Wenn die Menschen ohne Wünsche wären, so könnte der Herrscher so tüchtig sein, wie er wollte, und könnte sie dennoch nicht gebrauchen. Wer keine Wünsche hat, dem ist der Großkönig geradeso gleichgültig wie irgendein Knecht, dem ist der Besitz der ganzen Welt so gleichgültig, als wenn er nicht soviel Platz hätte, um eine Stecknadel darauf zu stecken. Das Lebensalter eines Pong Dsu ist ihm so gleichgültig wie das eines früh verstorbenen Kindes. Der Stand eines Großkönigs ist der geehrteste Stand, der Besitz der Welt ist der größte Reichtum, das Alter eines Pong Dsu ist das höchste Alter; wenn einer aber wirklich frei von Wünschen ist, so können alle diese drei Dinge ihn nicht reizen, etwas zu tun. Der Stand eines Knechts ist der niedrigste Stand, nicht soviel Platz haben, um eine Nadel darein zu stecken, ist die größte Armut, als unmündiges Kind zu sterben ist der vorzeitigste Tod, aber wenn einer wirklich frei von Wünschen ist, so sind diese drei Dinge nicht imstande, ihn von irgend etwas abzuschrecken.

Wenn einer auch nur einen einzigen Wunsch hat, so mag man ihn im Norden bis Da Hia, im Süden bis Be Hu (wo die Sonne im Norden steht), im Westen bis San We (drei Klippen), im Osten bis Fu Mu (krummes Holz) schicken, und er wird nicht wagen, es für zu schwierig zu erklären. Man kann ihn veranlassen, einem schneidenden Schwert entgegenzugehen, durch einen Regen von Pfeilen zu schreiten, Wasser und Feuer zu durchlaufen, und er wird nicht wagen, sich zu weigern. Er wird des Morgens in aller Frühe aufstehen und sich mit Pflügen alle Mühe geben. Der Ackerbau ist das gewöhnlichste, anstrengendste und ungeehrteste Geschäft, und doch wird er nicht wagen, davon abzulassen. Darum, wenn ein Mensch viele Wünsche hat, so kann man ihn auch zu vielem gebrauchen. Wer wenig Wünsche hat, den kann man auch zu wenigem gebrauchen. Wer gar keine Wünsche hat, den kann man überhaupt nicht verwenden. Wenn ein Mensch aber auch viele Wünsche hat und der Herrscher versteht es nicht, ihn zu leiten, so wird dieser Mensch, auch wenn er seine Wünsche erreicht, doch nicht zu brauchen sein. Darum muß man es wohl überlegen, auf welche Weise man die Menschen leiten muß, damit sie ihre Wünsche erreichen. Wer sich aufs Herrschen versteht, der wird es machen, daß seine Leute dauernd Bedürfnisse haben, die sie durch seine Leitung befriedigen, darum wird er sie auch dauernd zu seinen Zwecken benützen können.

Die Man und I, die Zungenwender, die Staaten mit verschiedenen Sitten und Gebräuchen haben andere Kleider, Hüte, Gürtel, Häuser, Wohnungen, Schiffe, Wagen, Geräte, Klänge, Farben, Wohlgeschmäcke (als das Reich der Mitte), aber in Beziehung darauf, daß sie Bedürfnisse haben, sind sie gleich. Das haben auch die drei Dynastien nicht ändern können. Aber daß sie, obwohl sie das nicht ändern konnten, dennoch ihre Werke vollbrachten, kam daher, daß sie ihrer Natur entsprachen. Ein Giä und Dschou Sin konnten davon auch nicht abweichen. Aber daß ihr Reich zugrunde ging, obwohl sie davon nicht abweichen konnten, das kommt daher, daß sie ihrer Natur widerstrebten. Wer ihr widerstrebt, ohne zu wissen, daß er widerstrebt, der ist versunken in den Gewohnheiten. Wenn man an etwas lange gewöhnt ist und nicht davon läßt, so wird es zur zweiten Natur. Wie die Natur auf diese Weise anders wird, als sie ursprünglich war, das muß man sorgfältig erforschen. Wer die Wahrheit nicht kennt, wie kann der diese Unnatur entfernen? Wer die Unnatur nicht entfernen kann, der vermag nicht in seinen Bedürfnissen das Rechte zu treffen. Wer in seinen Bedürfnissen nicht richtig ist, der wird, wenn es sich um seine Person handelt, eines unnatürlichen Todes sterben, wenn es sich um einen Staat handelt, den Ruin eines Staates herbeiführen. Darum richteten sich die heiligen Könige des Altertums nach dem, was sie als die göttliche Natur in den Menschen erkannt hatten, und befriedigten dementsprechend die Bedürfnisse des Volkes. So gab es unter dem Volk niemanden, der ihren Befehlen nicht gehorchte, und alle ihre Werke kamen zustande. So hielten sich die Heiligen an das Eine und die vier Barbaren nahten sich alle: das bedeutet eben die genannte Art und Weise.

Wer sich an das Eine hält, der ist am geehrtesten. Wer am geehrtesten ist, der hat keinen Gegner. Die heiligen Könige suchten ihr Heil darin, daß sie keine Feinde hatten, darum waren sie dem Leben der Menschen gewachsen.

Wenn z. B. eine Herde Hunde beisammen ist und ganz ruhig sich verträgt und man wirft ein gebratenes Huhn unter sie, so streiten sie miteinander und zerbrechen sich die Knochen oder zerreißen sich die Sehnen, weil die Streitlust erwacht ist. Wenn die Streitlust da ist, so streiten sie, wenn die Lust, nicht zu streiten, da ist, so streiten sie nicht. So verhält es sich auch mit den Menschen; aber den Wettstreit in die gewünschten Bahnen lenken, das versteht unter 10 000 Staaten nicht einer. Wer einen

Staat wohl regiert, der veranlaßt seine Leute zum Wettstreit in der Ausübung ihrer Pflicht, wer seinen Staat in Verwirrung bringt, veranlaßt seine Leute zum Wettstreit in pflichtwidrigen Dingen. Ein starker Staat veranlaßt seine Bürger zum Wettstreit in der Bereitschaft, von ihm gebraucht zu werden. Ein schwacher Staat veranlaßt seine Bürger zum Wettstreit, sich dem Dienst des Staates zu entziehen. Darauf, ob Wettstreit in Erfüllung der Pflicht und Bereitschaft zum Dienst des Staates herrscht oder Wettstreit in pflichtwidrigem Verhalten und dem Versuch, sich dem Dienst des Staates zu entziehen, beruht Glück und Unglück, das der Himmel nicht bedecken und die Erde nicht tragen kann.

Herzog Wen von Dsin griff Yüan an. Er machte mit seinen Soldaten aus, daß er in sieben Tagen damit fertig sein wolle. Sieben Tage vergingen und Yüan unterwarf sich noch nicht. Da befahl er, es auf sich beruhen zu lassen. Seine Ratgeber sprachen: »Yüan ist im Begriff, sich zu ergeben. Das Heer bittet, noch etwas zu warten.« Der Herzog sprach: »Wahrhaftigkeit ist der größte Schatz des Staates. Yüan zu bekommen und darüber diesen Schatz zu verlieren ist etwas, das ich nicht tue.« So ließ er die Sache auf sich beruhen.

Im folgenden Jahr griff er es wieder an. Er machte mit seinen Soldaten aus, nicht eher heimzukehren, als bis sie Yüan gewonnen. Die Leute von Yüan hörten das, da ergaben sie sich.

Der Fürst von We[18] hörte es und war der Meinung, daß die Wahrhaftigkeit des Herzogs Wen den höchsten Grad erreiche; so fiel er dem Herzog Wen zu. Das ist damit gemeint, wenn es in dem bekannten Worte heißt: Er griff Yüan an und erlangte We. Der Herzog war nicht ohne Wunsch, Yüan zu bekommen, aber durch Unwahrhaftigkeit Yüan zu erlangen war ihm weniger erwünscht, als Yüan gar nicht zu erlangen. Nur durch absolute Wahrhaftigkeit wollte er es erlangen, darum fiel ihm nicht nur We zu. Von Herzog Wen kann man sagen, daß er sich darauf verstand, sich zum Ziel der Wünsche der Leute zu machen.

7. Kapitel
Wert der Zuverläsigkeit
Gui Sin

Ein Fürst braucht Zuverlässigkeit. Wer zuverlässig und immer wieder zuverlässig ist, dem fallen alle zu. So heißt es in einer Urkunde von Dschou: Wahrlich, wahrlich, wenn die Worte nicht zuverlässig sind, so kommt nichts zustande. Darum ist die Wirkung der Zuverlässigkeit groß. Wenn Zuverlässigkeit herrscht, so kann man mit bloßen Worten lohnen. Wenn man mit bloßen Worten belohnen kann, so ist alles Gebiet zwischen den sechs Polen unsre Schatzkammer. Soweit die Zuverlässigkeit herrscht, läßt sich alles beherrschen. Was man beherrschen kann und nicht gebraucht, das geht in den Besitz von andern über. Was man beherrschen kann und gebraucht, das ist unser eigener Besitz. Wenn sie unser Besitz sind, so können wir alle Dinge in Himmel und Erde benützen. Ein Herrscher, der diese Lehre einsieht, wird in kurzem die Weltherrschaft erringen. Ein Beamter, der diese Lehre versteht, ist geeignet, der Gehilfe eines Weltherrschers zu werden. Wäre der Lauf des Himmels nicht zuverlässig, so käme das Jahr nicht zustande. Wäre der Lauf der Erde nicht zuverlässig, so könnten die Pflanzen nicht wachsen. Die Natur des Frühlings ist windiges Wetter. Wäre der Wind nicht zuverlässig, so würden die Blüten nicht befruchtet. Würden die Blüten nicht befruchtet, so würden die Früchte nicht reifen. Die Natur des Sommers ist die Hitze, wäre die Hitze nicht zuverlässig, so könnte die Erde das Wachstum nicht fördern. Könnte die Erde das Wachstum nicht fördem, so würden die Feldfrüchte keinen Samen bringen. Die Natur des Herbstes ist Regen. Wäre der Regen nicht zuverlässig, so würde das Korn nicht stark, so würde das Getreide nicht reif. Die Natur des Winters ist Kälte, wäre die Kälte nicht zuverlässig, so würde die Erde nicht hart. Wäre die Erde nicht hart, so könnten die Fesseln des Eises sich nicht lösen[19]. So groß Himmel und Erde sind, so schöpferisch die Jahreszeiten sind, sie können doch ohne Zuverlässigkeit nicht die Dinge hervorbringen, wieviel mehr ist sie bei menschlichen Angelegenheiten vonnöten!

Wenn Fürst und Beamte nicht zuverlässig verbunden sind, so gibt es im Volk üble Nachrede, und die Sicherheit des Staates kommt in Gefahr. Wenn die Beamten nicht zuverlässig sind, so scheut die Jugend nicht das Alter, und Vornehm und Gering verachten einander. Wenn Lohn und Strafe nicht zuverlässig sind, so übertritt das Volk leicht die Gesetze, und man kann es nicht zum Gehorsam gegen die Befehle bringen. Wenn Freunde nicht zuverlässig sind, so kommen sie auseinander, hegen geheimen Groll gegeneinander und können miteinander nicht verbunden bleiben.

Wenn die Handwerker nicht zuverlässig sind, so werden die Geräte schlecht und gefälscht, Zinnober, Lack und die übrigen Farben werden nachgeahmt. Die Zuverlässigkeit ist es, mit der man beginnen kann und enden kann, mit der man in Ehre und Erfolg, in Niedrigkeit und Mißerfolg auskommen kann. Zuverlässigkeit und immer wieder Zuverlässigkeit, die wie ein doppeltes Gewand die Brust umgibt, reicht in ihren Wirkungen bis zum Himmel. Wenn man auf diese Weise die Menschen regiert, so fällt fetter Regen und süßer Tau, Kälte und Hitze und alle Jahreszeiten kommen zu ihrer Zeit.

Herzog Huan von Tsi griff Lu an[20]. Der Fürst von Lu wagte nicht leichthin den Kampf, so räumte er das ganze Gebiet außerhalb einer Zone von 50 Li um die Hauptstadt. Lu bat, daß ihm die Herrschaft in dem Gebiet von Lu zugestanden werde, so werde er sich unterwerfen. Der Herzog Huan gestand es zu[21]. Tsau Hui sprach zu Herzog Dschuang von Lu: »Möchtet Ihr lieber sterben und nochmals sterben oder leben und nochmals leben?« Herzog Dschuang sprach: »Was heißt das?« Tsau Hui sprach: »Wenn Ihr auf meine Worte hört, so wird Euer Reich groß und Eure Person in Friede und Freude kommen, das heißt leben und nochmals leben. Wenn Ihr nicht auf meine Worte hört, so wird Euer Reich verwüstet werden und Eure Person in Gefahr und Schande kommen, das heißt sterben und abermals sterben.«

Herzog Dschuang sprach: »Ich will dir folgen.« Am Tag darauf, als der Bund beschworen werden sollte, da steckten Herzog Dschuang und Tsau Hui beide ein Schwert zu sich und nahten so dem Altar. Herzog Dschuang packte mit der Linken den Herzog Huan, und mit der Rechten zog er das Schwert und kehrte es gegen sich selbst und sprach: »Früher war die Hauptstadt von Lu mehrere Hundert Li von der Grenze entfernt, jetzt ist sie nur noch 50 Li entfernt. Da kann ich nicht mehr bestehen, und auf alle Fälle droht mir der Tod, so will ich mich hier gleich auf der Stelle töten.«

Guan Dschung und Bau Schu eilten herbei. Da ergriff Tsau Hui sein Schwert und stellte sich zwischen die beiden Treppen und sprach: »Die beiden Fürsten sind im Begriff, ihre Abmachungen zu ändern, da hat sich sonst niemand dareinzumischen.«

Herzog Dschuang sprach: »Legt den Fluß Wen als Grenze fest, so mag es gehen. Sonst will ich sterben.«

Guan Dschung sprach: »Das Land dient zum Schutz des Fürsten, nicht der Fürst zum Schutz des Landes, sagt es ihm zu.« Darauf wurde die Grenze südlich vom Fluß Wen festgesetzt. So wurde die Sache auch beschworen. Als Herzog Huan zurückgekehrt war, da wollte er das Gebiet nicht herausgeben.

Aber Guan Dschung sprach: »Das geht nicht. Wenn die andern Euch durch Einschüchterung zwangen und Ihr es nicht gemerkt habt, so kann man das nicht weise nennen. Als Ihr Euch in der Gefahr befandet, hattet Ihr nicht den Mut des Widerspruchs. Das kann man nicht tapfer nennen. Nachdem Ihr etwas versprochen, es nicht hergeben zu wollen, das kann man nicht zuverlässig nennen. Wer weder weise noch tapfer noch zuverlässig ist, der kann keinen Namen und Werke hinterlassen. Gebt es ihnen. Habt Ihr auch das Land verloren, so habt Ihr doch die Zuverlässigkeit gewonnen. Wenn Ihr um 400 Li Land den Namen eines zuverlässigen Mannes auf der Welt gewonnen habt, so schneidet Ihr immer noch gut ab. Herzog Dschuang ist unser Feind, Tsau Hui ist ein Verbrecher. Wer selbst Feinden und Verbrechern gegenüber zuverlässig ist, wieviel mehr wird er es andern gegenüber sein.«

Daß Herzog Huan neunmal die Fürsten vereinigen konnte und sie kamen, daß alle zumal auf ihn hörten, als er einmal das Haus Dschou rettete, kam eben davon her. Guan Dschung kann man als jemanden bezeichnen, der es verstand, die Dinge auf ihre Folgen zu prüfen. Er hat aus Beschämung Ehre, aus Verlegenheit Erfolg gemacht. Obwohl zunächst ein Verlust da war, kam nachher ein Gewinn daraus. Da zeigt sich, daß man nicht alles zugleich haben kann.

8. Kapitel
Schwierigkeit der Auswahl
Gu Nan

Vollkommen sein bei der Auswahl der Menschen ist wirklich schwer, das liegt in der Natur der Sache. Man hat selbst einem Yau den Vorwurf gemacht, daß er seinen Sohn nicht geliebt habe, einem Schun, daß er seinem Vater ungehorsam gewesen, einem Yü, daß er den Thron für seine Familie begehrt habe, einem Tang und Wu, daß sie ihre Herren verdammt und getötet haben, den fünf Führern der Fürsten, daß sie andre Staaten annektiert und beraubt haben. Von diesem Standpunkt aus betrachtet, gibt es keine Vollkommenheit auf Erden. Darum richtet sich der Edle bei seinen Anforderungen an die Menschen nach dem Menschlichen, bei seinen Anforderungen an sich selbst nach der Pflicht. Wenn man von den Leuten nicht mehr als das menschenmögliche verlangt, so ist man leicht zu befriedigen. Ist man leicht zu befriedigen, so gewinnt man die Menschen. Wenn man die Anforderungen an sich selbst nach Maßgabe der Pflicht macht, so tut man nicht leicht etwas Unrechtes. Wenn man nicht leicht etwas Unrechtes tut, so wird der Wandel gut. So kann man allen Dingen in der Welt nachkommen und bleibt noch im Überschuß.

Ein Untüchtiger macht es nicht also. Er stellt seine Anforderungen an die andern Menschen nach Maßgabe der Pflicht und die Anforderungen an sich selbst nach Maßgabe des Menschlichen. So ist er bei seinen Anforderungen schwer zufriedenzustellen. Ist man aber schwer zufriedenzustellen, so verliert man die Anhänglichkeit der Menschen. Wenn man nur Menschliches von sich fordert, so macht man es sich leicht. Wenn man es sich leicht macht, so wird der Wandel nachlässig. Darum findet man auf der weiten Welt keinen Platz mehr zur Unterkunft. So zieht man sich selbst Gefahr und seinem Staate den Untergang zu. Das war der Wandel eines Giä und Dschou Sin, eines Yu und Li.

Ein Stück Holz, das auch nur einen Fuß lang ist, hat sicher Astlöcher. Ein Nephrit, der auch nur einen Zoll groß ist, hat sicher Flecken. Die alten Könige wußten, daß die Dinge nicht vollkommen sind. Darum richteten sie sich bei der Auswahl nach einer guten Seite. Der Herr von Gi bedrohte die herzogliche Gewalt. Meister Kung hätte ihn gern auf das Rechte aufmerksam gemacht, aber mußte fürchten, abgewiesen zu werden. So nahm er den Lebensunterhalt von ihm entgegen und änderte seine Reden. In Lu verspottete man ihn deshalb. Meister Kung sprach: »Der Drache lebt vom Reinen und bewegt sich im Reinen, der ungehörnte Flügeldrache lebt vom Reinen, aber bewegt sich im Trüben. Der Fisch nährt sich vom Trüben und bewegt sich im Trüben. Ich kann mich nicht mit dem Drachen messen, aber mag mich auch nicht zu den Fischen heruntergeben, ich gleiche dem ungehörnten Flügeldrachen.«

Wer etwas vollbringen will, wie kann der immer genau nach der Schnur handeln? Wer einen Ertrinkenden retten will, muß sich naß machen, wer einen Entlaufenen einfangen will, muß rennen.

Fürst Wen von Liang We hatte einen jüngeren Bruder namens Gi Tschong und einen Freund namens Dschai Huang. Er wollte einen von ihnen zum Kanzler machen und konnte sich nicht entscheiden. Da fragte er den Li Ko. Li Ko sprach: »Wenn Ihr einen von ihnen zum Kanzler machen wollt, so fragt, ob Lo Tong (den Gi Tschong empfohlen) oder Wang-Sun Gou-Duan (den Dschai Huang empfohlen) besser ist.«

Fürst Wen sprach: »Sehr gut, Wang-Sun Gou-Duan ist unfähig. Er ist von Dschai Huang empfohlen. Lo Tong ist tüchtig, er ist von Gi Tschong empfohlen.« So ernannte er den Gi Tschong zum Kanzler. Wenn man Gehör bei einem Fürsten hat, so muß man in der Beurteilung der Menschen vorsichtig sein.

Gi Tschong war der Bruder, Dschai Huang war der Freund des Fürsten, und dennoch kannte er sie nicht, woher konnte er da einen Lo Tong und Wang-Sun Gou-Duan kennen? Daß man einen Fernerstehenden und Untergeordneten besser kennen sollte als einen Verwandten, mit dem man dauernd umgeht, ist unnatürlich. Wenn man nach der natürlichen Neigung einen Kanzler wählen wollte, das wäre verkehrt, aber die Worte des Li Ko zu dem Fürsten Wen waren ebenfalls verkehrt. Aber wenn auch beides falsch war, so verhielt es sich doch wie Gold und Holz zueinander. Das Gold ist wohl weich, aber doch noch immer härter als Holz.

Mong Tschang Gün fragte den Bo Gui: »Der Name des Fürsten Wen übertrifft noch den des Herzogs Huan, und doch reichen seine Leistungen nicht an die der fünf Führer der Fürsten heran. Wie kommt das?« Bo Gui sprach: »Fürst Wen hatte Dsï Hia zum Lehrer und Tiän Dsï Fang zum Freund und verehrte den Duan Gan Mu. Darum ist sein Name berühmter als der des Herzogs Huan. Als er aber einen Kanzler auswählte, fragte er, ob Gi Tschong oder Dschai Huang besser sei, darum reichen seine Leistungen nicht an die der fünf Führer der Fürsten. Der Kanzler ist das Haupt aller Beamten. Wenn man einen dazu ernennt, muß man eine große Auswahl in Betracht ziehen. Er aber wählte nur unter jenen beiden, damit blieb er hinter jenen, die ihre Feinde anzustellen wußten, weit zurück. Wenn man jemanden zum Freunde oder Lehrer wählt, so sucht man allgemeine Eigenschaften. Wenn man seine Verwandten bevorzugt, so sucht man seine persönliche Bequemlichkeit. Wenn man aber das Persönliche über das Allgemeine stellt, so ist das eine Regierungsart, die den Staat zugrunde richtet. Daß er dennoch einen berühmten Namen erwarb, kam davon her, daß jene drei Männer ihn unterstützten.«

Ning Tsi[22] wollte eine Anstellung beim Herzog Huan von Tsi, aber wußte nicht, wie ankommen[23]. So diente er einem reisenden Kaufmann als Karrentreiber nach Tsi. Des Nachts übernachtete er außerhalb des Stadttors. Herzog Huan ging vor die Stadt, einen Gast zu empfangen. So wurden die Stadttore geöffnet, die Karren wurden beseitigt, helle Fackeln leuchteten und ein großes Gefolge kam hinter ihm. Da fütterte Ning Tsi gerade seinen Ochsen unter dem Wagen. Als er den

Herzog Huan sah, da seufzte er, schlug an das Horn des Ochsen und sang.

Herzog Huan hörte es und ergriff die Hand seines Begleiters und sprach: »Wie seltsam der singt, das ist kein gewöhnlicher Mensch.« Und er befahl, daß man ihn auf dem hinteren Wagen mitführe.

Als Herzog Huan zurückgekehrt war, fragten die Leute seines Gefolges, was man mit jenem anfangen solle. Der Herzog Huan ließ ihm Hut und Kleider schenken, dann empfing er ihn. Ning Tsi beriet ihn bei dieser Audienz über die Regierung des Innern. Am Tag darauf trat er wieder vor den Herzog Huan und beriet ihn über die Regierung der Welt. Herzog Huan war hocherfreut und wollte ihn anstellen. Da widersprach das Heer der Beamten: »Der Fremde ist aus We. We ist nicht weit von Tsi. Es würde wohl besser sein, wenn Ihr jemand hinschicktet, um zu fragen, ob er wirklich tüchtig ist. Dann ist es noch immer Zeit genug, ihn anzustellen.«

Herzog Huan sprach: »Nein, denn wenn man nach ihm fragt, so fürchte ich, es kommen etwa kleine Unzulänglichkeiten von ihm heraus. Aber um kleiner Unzulänglichkeiten eines Menschen willen seine großen guten Eigenschaften ungenützt zu lassen, das ist es, weshalb ein Fürst oft die Staatsmänner auf Erden verliert.«

Bei allem, was man hört, kommt es auf gewisse Bedingungen an. Daß nun Herzog Huan nach einem einmaligen Hören gar nicht weiter nachfragte, kommt davon, daß er mit den Bedingungen, die zugrunde lagen, einverstanden war. Es ist wirklich schwer, einen vollkommenen Menschen zu finden. Wenn man beim Abwägen der Vorzüge und Nachteile findet, daß die Vorzüge bei einem Menschen überwiegen, dann muß man ihn befördern. Das hat Herzog Huan verstanden.

BUCH XX · SCHÏ GÜN LAN

Betrachtung über die Wahrung der Herrschaft

1. Kapitel
Die Wahrung der Herrschaft
Schï Gün

Es liegt in der Natur des Menschen, daß er sich mit seinen Nägeln und Zähnen nicht genug verteidigen kann, daß er durch seine Haut nicht genügend gegen Hitze und Kälte geschützt ist, daß seine Sehnen und Knochen nicht stark genug sind, damit er den Nutzen sich zueigne und den Schaden meide, daß sein Wagemut nicht groß genug ist, alle Angriffe der Wildheit und Rohheit zurückzuweisen. Und doch ist er imstande, alle Dinge sich untertan zumachen, die Tiere und Vögel zu beherrschen und selbst die listigen Schlangen zum Gehorsam zu bringen und zu bewirken, daß Kälte und Hitze, Dürre und Nässe ihm nicht schaden können: Kommt das alles nicht allein davon her, daß er Vorbereitungen treffen kann und gesellschaftlich zusammenlebt? Die Gesellschaft kann sich zusammentun, weil das zum gegenseitigen Vorteil dient. Daß aus der Vergesellschaftung sich dieser Vorteil ergibt, kommt von der Einrichtung des Herrschers her. Ist ein Herrscher vorhanden, so bringt die Vergesellschaftung Vorteil, und die menschlichen Vorbereitungen können vollständig gemacht werden.

In der Urzeit gab es wohl keine Fürsten. Die Menschen lebten in Haufen zusammen und vereinigten sich zu Herden. Jeder kannte seine Mutter, aber nicht seinen Vater. Die Trennung der Verwandtschaft, der Brüder, der Eheleute, der Geschlechter waren noch nicht vorhanden, noch keine Unterscheidung des Standes und Alters war da, keine Sitten des Tuns und Lassens, der Nachgiebigkeit und Geduld kannte man, keine Annehmlichkeiten der Kleider, Schuhe, Gürtel, Wohnung und Nahrungsvorsorge gab es, keine Vorkehrungen an Geräten, Schiffen, Wagen,

Mauern und Dämmen waren bekannt. Diese Übel kamen davon her, daß es noch keine Fürsten gab. Darum darf man die Pflicht zwischen Fürsten und Untertanen nicht unbeachtet lassen.

Seit uralter Zeit gab es viele Staaten, die zugrunde gingen. Aber doch wurden die Fürsten nicht abgeschafft, weil sie für die ganze Welt von Vorteil waren; darum setzte man solche ab, die keine rechten Fürsten waren, und setzte solche ein, die die Herrschaft ausüben konnten. Was bringt die Herrschaft? Sie bringt Vorteil und zeigt diesen Vorteil den Menschen.

Östlich von Fe Bin, im Gebiet der mongolischen Barbaren, in Da Giä, Ling Yü, dort wo in Lu Yä, Yau Schan und Yang Dau die Riesen wohnen, gibt es viele Völker ohne Fürsten. Im Süden des Yang- und Han-Flusses, im Gebiet der 100 Yüo-Staaten, in Bi Kai, in Fu Fong, Yü Mi, in den Staaten der Bo Lou, Yang Yü, Huan Dou gibt es viele Völker ohne Fürsten. Im Westen im Gebiet der Di, Giang, Hu Tang, Li Schui, unter den Leuten von Pu, von Yä, am Fluß der Leute von Piän und Dso, im Gebiet der Dschou Jen, Sung Lung, Tu Jen gibt es viele Gebiete ohne Fürsten. Im Norden des Passes der Wildgänse, wo die Adler und Geier hausen, im Lande der Hü Kui, im Lande der Tau Tiä und Kiung Ki, im Gebiet von Schu Ni und Dan Örl sind viele Stämme ohne Fürsten. Diese Stämme in allen Himmelsgegenden, die keine Fürsten haben, sind wie die Hirsche und Tiere, die Jungen lassen sich von den Alten bedienen, die Alten fürchten die Starken, die Kräftigen gelten für tüchtig, die Stolzen und Hochmütigen sind geehrt, Tag und Nacht schädigen sie einander, unauflöslich geht der Kampf ohne Pause fort, bis sie sich gegenseitig aufgerieben haben.

Die Heiligen haben dieses Elend tief durchschaut, darum haben sie für die Welt lange nachgedacht, und als bestes fanden sie, einen Himmelssohn einzusetzen. Indem sie sich lange über die beste Form der Regierung eines Volkes besannen, fanden sie als beste Auskunft die Einsetzung eines Fürsten. Sie setzten Fürsten ein: nicht aus Begünstigung der Fürsten, sie setzten den Himmelssohn ein: nicht aus Begünstigung des Himmelssohnes, sie setzten Beamte ein: nicht aus Begünstigung der Beamten. Erst als die Tugend verfiel und die Welt in Unordnung kam, bediente sich der Himmelssohn der Welt zu seinem Vorteil, die Fürsten ihrer Staaten zu ihrem Vorteil, die Beamten ihrer Ämter zu ihrem Vorteil. Das war der Grund für das wechselnde Blühen und Untergehen der Staaten und für den beständigen Ausbruch von Aufruhr und Unruhen. Darum machen treue Beamte und unbestechliche Staatsmänner es sich zur Aufgabe, nach innen die Fehler ihres Fürsten aufzudecken und nach außenhin bereit zu sein, auf ihrem Posten zu sterben.

Yü Yang wollte den Dschau Siang Dsï töten, deshalb schnitt er sich Bart und Augenbrauen ab und verstümmelte sich selbst, um sein Äußeres unkenntlich zu machen. Er verkleidete sich in einen Bettler und kam zu seiner Frau, um zu betteln. Seine Frau sprach, als sie ihn sah: »Er gleicht meinem Manne ganz und gar nicht in Gestalt und Aussehen, aber seine Stimme gleicht meinem Manne aufs Haar.« Da schluckte er Kohlen, um seine Stimme zu verändern. Sein Freund, als er ihn sah, sprach: »Was du beabsichtigst, ist schwer, und du wirst es nicht vollbringen. Was deine Absicht betrifft, so ist sie zu loben, aber deine Klugheit ist nicht weit her. Wenn du mit deinen Fähigkeiten dich bei Dschau Siang Dsï zum Dienste melden würdest, würde Dschau Siang Dsï sicher dir nahe kommen, und wenn du ihm erst nahe kommen kannst, so ist deine Absicht leicht auszuführen und dein Werk läßt sich sicher vollbringen.« Yü Yang lachte und erwiderte: »Das heißt um des alten Vertrauten willen den neuen Vertrauten verraten, wegen des alten Herrn dem neuen Herrn Unrecht tun. Es gibt keine schlimmere Verwirrung der Pflichten zwischen Herrn und Knecht als das, und so würde ich den Sinn meines Tuns verlieren. Der Grund für das, was ich tue, ist, die Pflicht zwischen Herrn und Knecht ans Licht zu bringen, nicht mir meine Tat zu erleichtern.«

Dschu Li Schu diente dem Herzog Au von Gü[1]. Er war der Meinung, daß er verkannt werde, und verließ ihn. Er wohnte am Meeresstrand. Im Sommer lebte er von Wassernüssen, im Winter lebte er von Eicheln. Einst geriet der Herzog Au von Gü in Not. Da verabschiedete sich Dschu Li Schu von seinem Freund, um hinzugehen und für jenen zu sterben. Sein Freund sprach: »Du hieltest dich für verkannt, darum gingst du weg, nun willst du doch wieder hin, um für ihn zu sterben, da wäre ja kein Unterschied zwischen denen, die ihre Diener kennen, und denen, die sie verkennen.« Dschu Li Schu sprach: »Nein! Ich hielt mich für verkannt, darum verließ ich ihn. Wenn er nun sterben muß und ich gehe nicht mit ihm in den Tod, dann hätte er mich ja seinerzeit richtig erkannt. Ich werde für ihn sterben, um die Fürsten späterer Zeiten zu beschämen, die ihre Diener verkennen.« Auf diese Weise wollte er den Wandel der Fürsten anfeuern und das Gewissen der Herren schärfen. Wenn ihr Wandel angefeuert und ihr Gewissen geschärft wird, so werden sie vielleicht imstande sein, ihre treuen Diener zu erkennen. Wenn die treuen Diener erkannt werden, so ist die Herrschaft gefestigt.

2. Kapitel
Dauernder Nutzen
Tschang Li

Die Staatsmänner auf Erden sorgen für das dauernde Wohl der Welt und genießen persönlich ihren Anteil. Doch wenn auch der Vorteil des Augenblicks doppelt so groß wäre, aber für die Zukunft ein Nachteil daraus entspränge, so sind sie nicht dafür zu haben. Und wenn auch ein dauerndes Wohlbefinden möglich wäre, das aber nur ihren persönlichen Nachkommen zugute käme, so würden sie es nicht bewirken. Von hier aus angesehen, gibt Tschu Wu Yü viel Anlaß zur Verurteilung. Obwohl er mit einem Bo Tschong Dsï Gau, Dschou Gung Dan, Jung I gleicher Gestalt war, war er in seinen Interessen weit von ihnen verschieden. Als Yau die Welt regierte, setzte er den Bo Tschong Dsï Gau als Lehensfürsten ein. Yau trat den Thron an Schun ab, dieser an Yü.

Da ließ Bo Tschong Dsï Gau sein Fürstentum im Stich und ging hin, zu pflügen. Als Yü ging, um ihn aufzusuchen, pflügte er gerade auf dem Felde. Yü eilte höflich zu ihm, stellte sich bescheiden zur Seite und sprach: »Als Yau die Welt regierte, wart Ihr Lehensfürst. Nun ist die Regierung an mich gekommen, weshalb habt Ihr da Euer Amt niedergelegt?«[2] Bo Tschong Dsï

Gau sprach: »Zur Zeit Yaus bedurfte es nicht der Belohnungen, und die Leute gaben sich Mühe, es bedurfte nicht der Strafen, und die Leute blieben in Scheu. Die Leute wußten noch nichts von Unwillen oder Freude, sie waren einfältig wie die Kindlein. Jetzt sind Belohnungen und Strafen zahlreich, und die Leute streiten um Vorteil und sind nicht untertänig. Das ist der Anfang zum Verfall der Tugend und dem Aufkommen der Gewinnsucht. Die Unruhen späterer Zeiten nehmen hier ihren Anfang. Weshalb geht Ihr nicht fort? Stört mich nicht in meiner Feldarbeit!« Darauf wandte er sich lachend ab und bedeckte die Samen, ohne sich noch einmal umzusehen. Ein Fürst zu sein bedeutet, daß der Name berühmt und herrlich ist und daß das wirkliche Befinden bequem und glücklich ist und alle Nachkommen den Überfluß zu genießen haben. Das wußte Bo Tschong Dsï Gau, ohne erst fragen zu müssen. Und doch legte er die Stellung eines Fürsten nieder, um künftigen Unruhen vorzubeugen.

Sin Kuan von Lu trat vor den Herzog Mu von Lu und sprach: »Von nun an weiß ich, daß unser erster Fürst, Herzog Dan von Dschou, nicht so klug war in der Wahl seines Lebens wie Tai Gung Wang. Seinerzeit wurde Tai Gung Wang belehnt mit dem Meeresufer von Ying Kiu. Das Meer ist tief, die Berge hoch: so war es ein festes Land. Darum wurde das Land immer größer und die Nachkommen immer blühender. Unser Ahn, Herzog Dan von Dschou, wurde mit Lu belehnt. Das hatte keine durch Bergwälder und Flußtäler festen Grenzen. Es stand auf allen Seiten den andern Fürsten offen. Deshalb schrumpfte das Gebiet immer mehr zusammen, und die Nachkommen kamen immer mehr herunter.« Als Sin Kuan hinausgegangen war, trat Nan Gung Ko ein. Der Herzog sprach: »Kuan hat soeben den Herzog Dschou verurteilt, seine Worte scheinen richtig zu sein.«

Nan Gung Ko erwiderte: »Kuan ist noch jung und weiß nichts. Habt Ihr nicht gehört, wie Tschong Wang die Hauptstadt von Dschou bestimmte?« Er sagte: »Wir haben uns eine Niederlassung in Dschou gebaut, damit, wenn ich etwas Gutes an mir habe, die Leute herbeikommen und es sehen können, wenn ich etwas Schlechtes an mir habe, die Leute leicht herbeikommen und mich tadeln können. Darum heißt es: Die Guten besitzen das Reich, die Bösen verlieren es. Das ist seit alters der Brauch. Wie sollte ein Weiser wünschen, daß seine Nachkommen sich dauernd hinter Gebirgen verschanzen, um dauernd ohne Moral bestehen zu können. Ein niedrig denkender Mensch fürwahr ist Kuan! Wenn man eine Schwalbe an die Stelle eines Schwans oder Phönixes versetzen würde, so würde sie nicht das Rechte treffen. Denn was sie sucht, sind Spalten in den Ziegeln und schattige Winkel an den Häusern. Wie kann sie jene Wesen verstehen, die, wenn sie sich einmal erheben, gleich 1000 Meilen weit kommen und sich nirgends niederlassen, wo nicht hehre Tugend und große Gerechtigkeit herrscht. Wenn törichte und niedere Menschen sich an die Stelle von Weisen versetzen, machen sie es ebenso. Es ist wahrlich sehr bedauerlich, daß sie unberechtigterweise jene verurteilen!«

Jung I verließ Tsi und ging nach Lu. Das Wetter war grimmig kalt, und das Stadttor war schon geschlossen, als er ankam. Er übernachtete mit einem seiner Schüler auf dem Anger vor der Stadt. Da wurde es immer kälter. Er sprach zu seinem Jünger: »Wenn du mir deine Kleider gibst, kann ich am Leben bleiben, wenn ich dir meine Kleider gebe, kannst du am Leben bleiben. Ich bin ein Staatsmann und mag um des Reiches willen noch nicht sterben. Du bist ein unbedeutender Mensch, auf dessen Tod nicht so viel ankommt. Darum gib mir dein Kleid.« Der Jünger sprach: »Wenn ich ein unbedeutender Mensch bin, wie kann ich dir denn dann mein Kleid geben?« Jung I seufzte tief und sprach: »Wehe, daß ich meine Wahrheit nicht ausführen kann.« Damit zog er seine Kleider aus und gab sie seinem Jünger. Um Mitternacht starb er, und sein Jünger blieb infolge davon am Leben.

Ob Jung I wirklich imstande gewesen wäre, sein ganzes Zeitalter in Ordnung zu bringen, kann man nicht wissen. Was aber seine Gesinnung anlangt, andern Gutes zuzuwenden, darin kann er nicht übertroffen werden. Er verstand es, in seinem Herzen den rechten Unterschied in der Liebe zu machen, darum konnte man angesichts des sicheren Todes seinen Sinn erkennen.

3. Kapitel
Erkenntnis der Amtspflichten
Dschï Fen

Männer von sittlicher Klarheit kennen die Pflichttreue bis zum Tod. Wer die Pflichttreue bis zum Tod kennt, der wird nicht mehr verwirrt werden von Gewinn und Schaden, Leben oder Untergang. So war Yän Dsï von Tsui Schu durch einen Eid gebunden und hat seine Pflicht doch nicht versäumt[3]. Gi Dsï von Yän Ling wollten die Leute von Wu zum König machen, aber er wollte es nicht. Sun Schu Au wurde dreimal zum Kanzler ernannt und zeigte keine Freude darüber. Dreimal verlor er das Amt des Kanzlers und war darüber nicht traurig. Sie alle besaßen sittliche Klarheit. Wenn man sittliche Klarheit besitzt, so können einen die Außendinge nicht verwirren.

In Tschu lebte ein Mann[4] namens Tsï Fe, der ein kostbares Schwert in Gan Sui erlangte. Bei der Rückkehr mußte er über den Giang. Als sie in die Mitte gekommen, kamen zwei Flußdrachen[5] und nahmen das Schiff zwischen sich. Tsï Fe sprach zu den Schiffsleuten: »Habt Ihr schon gesehen, daß man mit dem Leben davonkommt, wenn zwei Drachen das Schiff umgeben?« Die Schiffsleute sprachen: »Das haben wir noch nicht gesehen.« Tsï Fe schwang die Arme und zog sich aus, nahm sein Schwert und sprach: »Das sind zwei Stücke faulen Fleisches und verweste Knochen im Fluß. Wie sollte ich so an meinem Leben hängen, daß ich ihnen mein Schwert preisgebe, um mich zu retten?« Damit stürzte er sich in den Fluß und tötete die Drachen. Nachdem er sie getötet hatte, stieg er wieder ins Schiff und alle Leute im Schiff hatten ihm ihr Leben zu verdanken.

Der König von Tschu hörte es und gab ihm ein Amt und Adelstitel. Meister Kung sprach: »Gut wahrlich! Die Meinung des Tsï Fe war es, nicht um der beiden Stücke faulen Fleisches und verwester Knochen willen sein Schwert zu opfern.«

Als Yü einst nach Süden ging auf eine Besichtigungsreise, kam er über den Giang. Da kam ein gelber Drache und nahm das Schiff auf den Rücken. Die Leute im Schiff wechselten die Farbe und waren fassungslos. Yü blickte auf zum Himmel und sprach seufzend: »Ich habe meinen Beruf vom Himmel bekommen. Ich tue, was in meiner Kraft steht, um mein Volk zu ernähren. Leben und Tod stehen in Gottes Hand, was sollte ich mich vor einem Drachen fürchten!« Da ließ der Drache die Ohren hängen, senkte den Schwanz und entfernte sich. So verstand Yü die Pflichten bis zum Tod und die Wege zu Nutzen und Schaden. Alle Menschen entwickeln sich aus den Kräften des Lichten und Dunklen. Das Lichte und Dunkle ist vom Himmel geschaffen. In der Natur gibt es freilich Niedergang, Mangel, Verlust und Rückgang, aber es gibt auch Blüte, Fülle, Gewinn und Fortschritt. So gibt es im Menschenleben Verlegenheit, Ratlosigkeit, Demütigung und Mangel, aber es gibt auch Fülle, Völligkeit, Erfolg und Vollendung. Das alles ist das Gesetz, nach dem der Himmel alle Wesen umfaßt. Diesem Gesetz kann man nicht entgehen. Darum haben die Heiligen des Altertums nicht aus Besorgnis um ihr Leben ihr höheres Leben geopfert, sondern sie waren fröhlich auf alles gefaßt.

Yän Dsï mußte dem Tsui Schu einen Eid schwören. Tsui Schu verlangte, daß er schwören sollte: »Wenn ich nicht zu Tsui halte, sondern zu der herzoglichen Familie, so soll Unheil mich dafür treffen.« Yän Dsï bückte sich und trank vom Opferblut, dann blickte er auf und rief zum Himmel: »Wenn ich nicht zu der herzoglichen Familie, sondern zu Tsui halte, so soll Unheil mich dafür treffen.« Tsui Schu war unzufrieden. Er richtete seine Waffe nach jenes Brust und erfaßte mit dem Haken seiner Hellebarde Yän Dsïs Hals und sprach zu ihm: »Wenn du die Worte deines Schwures änderst, so werde ich den Staat Tsi mit dir teilen. Wenn du deine Worte nicht änderst, so ist's um dich geschehen!«

Yän Dsï sprach: »Herr Tsui, kennst du denn nicht das Lied:

Üppig rankt der Schlingen Ranke,
Rankt an Baum und Zweigen hoch,
Gütiger und milder Herrscher
Sucht das Glück ohn' falsche Mittel.[6]

Denkst du etwa, ich solle schlechte Mittel gebrauchen, um das Glück zu finden?«

Da sprach Tsui Schu: »Du bist ein Meister, dich darf ich nicht töten.« Darauf zog er die Waffe zurück und ging weg. Yän Dsï ergriff die Wagenschnur und stieg auf. Sein Wagenlenker wollte eilig fliehen. Yän Dsï faßte ihn bei der Hand und sprach: »Sachte, du mußt die Regeln nicht außer acht lassen! Fährst du rasch, so rettet das uns nicht unter allen Umständen das Leben. Fährst du sachte, so sind wir nicht unter allen Umständen verloren. Der Hirsch lebt auf dem Berg, aber sein Schicksal hängt in der Küche. So hängt auch mein Schicksal irgendwo.«

Von Yän Dsï kann man sagen, daß er das Schicksal verstand. Schicksal ist das, was so ist, wie es ist, ohne daß man sagen könnte, warum, und das woran alle Klugheit und Überlegung menschlicher Handlungen nichts ändern kann. Darum ist das Schicksal etwas, das man nicht dadurch gewinnt, daß man ihm nachläuft, das man aber auch nicht dadurch vermeiden kann, daß man ihm davongeht. Wirkliche Staatsmänner wissen, daß es sich so verhält, darum entscheiden sie sich in ihren Handlungen der Pflicht gemäß und beruhigen sich dabei.

Bo Gui fragte den Prinzen Hia Hou Ki von Dsou[7]: »Schnurgerade sich ans Rechte halten, in seiner Gesinnung sich durch nichts beirren lassen, darin tun die drei[8] hohen Würdenträger von Dsin es allen zuvor. Nun habe ich mich deshalb in Dsin aufgehalten und wiederholt die drei hohen Würdenträger von Dsin gefragt, aber ich habe noch nie gehört, was es heißt, schnurgerade sich ans Rechte halten und sich durch nichts beirren lassen. Ich möchte es nun von Euch hören.«

Hia Hou Ki sprach: »Ich bin zu gering, daß Ihr mich danach fragt.«

Bo Gui sprach: »Ich bitte Eure Hoheit, nicht allzu bescheiden zu sein.«

Hia Hou Hi sprach: »Wenn man etwas für recht hält, soll man es tun. Und wenn man es tut, kann einen nichts auf Erden daran hindern. Wenn man etwas für unrecht hält, soll man es lassen, und wenn man es läßt, kann einen nichts auf Erden dazu zwingen.«

Bo Gui sprach: »Kann man einen denn nicht durch Aussicht auf Gewinn zwingen und durch Einschüchterung hindern?«

Hia Hou Ki sprach: »Wer sich nicht um des Lebens willen zwingen läßt, wie sollte den Gewinn zwingen, wer sich nicht durch den Tod abschrecken läßt, wie sollte den Schaden abschrecken können?«

Bo Gui wußte nichts zu erwidern. Darauf verabschiedete sich Hia Hou Ki und ging hinaus.

Es ist ein Unterschied, was einen Weisen und was einen unbedeutenden Menschen zum Handeln bringt. Ein unbedeutender Mensch wird durch Lohn und Strafe zum Handeln getrieben, ein Weiser durch die Pflicht. Darum besinnt sich ein guter Herrscher, wo er durch Pflicht und wo er durch Lohn und Strafe wirken kann. Dann vermag er Weise und Unbedeutende alle zu gebrauchen.

4. Kapitel
Heranziehung der Gleichgesinnten
Dschau Le

Arten, die übereinstimmen, ziehen einander an. Wenn die Gesinnung übereinstimmt, findet Vereinigung statt. Töne, die gleich sind, klingen miteinander mit. So, wenn man die Tonika anschlägt, klingt die Tonika mit. Wenn man die Terz anschlägt, so klingt die Terz mit. Durch den Drachen wird der Regen veranlaßt. Durch den Körper wird der Schatten bewegt. Das, wodurch Glück und Unglück kommt, nennen die gewöhnlichen Menschen Schicksal, ohne zu wissen, aus welchen Bedingungen es entsteht. So herrscht, wenn ein Staat in Verwirrung ist, nicht nur Verwirrung, sondern er zieht sicher auch noch äußere Feinde an. Wenn er nur in innerer Verwirrung wäre, so würde er nicht notwendig zugrunde gehen. Wenn er aber auch noch äußere Feinde anzieht, so kann er unmöglich länger bestehen. Soldaten werden gebraucht, wenn es Vorteil bringt oder um der Gerechtigkeit willen. Wenn man einen Staat, der in Verwirrung ist, angreift, so muß er sich unterwerfen. Unterwirft er sich, so haben die Angreifer den Nutzen. Einen Staat in der Verwirrung anzugreifen entspricht der Gerechtigkeit. Diese Gerechtigkeit bringt dem Angreifer Ehre. Wenn etwas Ehre und Vorteil bringt, so werden es selbst mittelmäßige Fürsten unternehmen, wieviel mehr erst tüchtige Herrscher. Darum sind Landabtretungen, Schätze, Waffen, demütige Worte und Unterwerfung nicht imstande, den Angriff abzuwenden.

Wenn Ordnung herrscht, so wird einer, der Gewinn sucht, nicht angreifen, wem es um Ruhm zu tun ist, der wird ihn nicht bekämpfen; denn jeder Angriff geschieht entweder um des Gewinns oder um des Ruhmes willen. Wenn weder Ruhm noch Vorteil zu holen sind, wird selbst ein starker Staat keinen Angriff unternehmen.

Der Ursprung des Militärs liegt weit zurück. Der Herrscher Yau kämpfte am Ufer des Roten Wassers, um die Miau-Barbaren des Südens zu unterwerfen. Shun schlug das Volk der Miau nieder und änderte seine Sitten. Yü griff die Tsau, We, Kü, Au und Yu Hu[9] an, um seine Kultur durchzuführen. So war der Gebrauch des Militärs schon vor der Zeit der drei Dynastien vorhanden. Wenn ein Land in Unordnung war, bediente man sich des Militärs, wenn es in Ordnung war, hielt man damit inne. Wenn man ein Volk, das in Ordnung lebt, angreift, so gibt es kein größeres Übel. Wenn man ein in Verwirrung befindliches Land nicht züchtigt, so kommt das Volk zu dauerndem Schaden. Das ist der Wechsel, der durch Ordnung und Unordnung bedingt ist, der Grund für die Anwendung friedlicher oder kriegerischer Maßnahmen. Friedliche Maßnahmen sind der Beweis der Sympathie. Kriegerische Maßnahmen sind die Äußerung der Antipathie. Wenn Sympathie und Antipathie der Gerechtigkeit folgen, so haben friedliche und kriegerische Maßregeln ihre festen Grundsätze. Darauf beruht die Größe der Heiligen. Das ist wie die Folge von Kälte und Hitze. Wenn die Zeit kommt, so entstehen ihre Wirkungen. Der Heilige kann die Zeit nicht machen, aber er kann in seinen Handlungen der Zeit entsprechen. Wenn die Handlungen der Zeit entsprechen, so ist der Erfolg groß.

Schï Yin Dschï war der Gesandte von Tschu an Sung. Der Minister der Arbeiten, Dsï Han, bewirtete ihn. Da sah er, daß die Mauer des südlichen Hauses überhängend war und nicht repariert wurde. Vom westlichen Haus her lief das Wasser durch die Halle, und man hatte dem nicht abgeholfen. Schï Yin Dschï fragte nach dem Grund. Der Arbeitsminister Dsï Han sprach: »Der Nachbar im Süden ist ein Handwerker, ein Schuster. Ich wollte ihn entfernen, da sprach sein Vater: ›Ich bin auf mein Schusterhandwerk angewiesen zum Unterhalt von drei Generationen. Wenn Ihr mich nun umziehen heißt, so wissen die Leute von Sung nicht mehr, wo sie ihre Schuhe kaufen sollen, und wir haben dann nichts mehr zu essen. Ich bitte Euch, Mitleid zu haben mit meiner Armut.‹ Deshalb habe ich ihn dann nicht entfernt. Das westliche Haus ist hoch gelegen, mein Palast liegt tiefer, darum ist es vorteilhaft, daß das Wasser diesen Weg nimmt. Darum habe ich es nicht abgeleitet.«

Schï Yin Dschï kehrte nach Tschu zurück, als der König von Tschu eben im Begriff war, ein Heer auszurüsten und Sung anzugreifen. Da erhob Schï Yin Dschï bei dem König von Tschu Einsprache: »Sung darf man nicht angreifen. Sein Fürst ist tüchtig, sein Kanzler gütig. Wer tüchtig ist, gewinnt die Leute, wer gütig ist, vermag die Leute zu verwenden. Wenn Tschu den Staat Sung angreift, wird es keinen Erfolg haben und zum Gespött der Welt werden.« So ließ man Sung liegen und griff Dschong an. Meister Kung hörte es und sprach: »Was innerhalb der Mauern des Palastes gepflegt wird, das vermag die feindlichen Angriffe auf eine Entfernung von 1000 Li zunichte zu machen. Das hat der Arbeitsminister Dsï Han gezeigt.«[10] Sung lag inmitten von drei Großstaaten, und doch hatte es zur Zeit des Dsï Han von keiner Seite her unter Angriffen zu leiden, und das ganze Gebiet lebte in Wohlstand, solange er Kanzler war, unter den Herzogen Ping, Yüan und Ging, bis an sein Lebensende. Denn er war gütig und einfach. Darum war das Lichtschloß mit Stroh gedeckt und hatte Pfosten aus Bambus und drei Stufen aus Erde, um den Wert der Einfachheit zu zeigen.

Dschau Giän Dsï war Im Begriff, We zu überfallen. Da sandte er den Schi Mo hin, um den Staat auszukundschaften. Ein Monat war ausgemacht, aber es vergingen sechs Monate, ehe er zurückkehrte. Dschau Giän Dsï sprach: »Warum so spät?« Schi Mo sprach: »Wenn man auf Vorteil sinnt und doch zu Schaden kommt, so ist das nicht klug. Nun ist Gü Bo Yü Kanzler und Schï Yu steht ihm zur Seite. Kung Dsï ist Ratgeber und Dsï Gung führt den Befehl angesichts des Fürsten, und dieser hört sehr auf ihn. Im Buch der Wandlungen heißt es: ›Er zerstreut seine Partei, großes Heil.‹ Die Zerstreuenden sind weise. Die Partei sind die vielen. Die Größe ist der Anfang des Heils. ›Er zerstreut seine Partei, großes Heil‹ bedeutet also, daß er viele tüchtige Männer zu Gehilfen hat.«[11]

Darauf rüstete Dschau Giän Dsï ab und unternahm nichts. Alles was man überlegt, ist zweifelhaft. In zweifelhaften Fällen soll man die Taten nach der Gerechtigkeit beschließen. Wenn man sich der Gerechtigkeit zu folgen entschließt, so haben die Pläne keinen Mißerfolg. Wenn man in seinen Plänen keinen Mißerfolg hat, so folgen einem Ruhm und wirklicher Vorteil. Wenn ein tüchtiger Herrscher etwas unternimmt, so braucht es nicht erst ein Niederholen der Flagge oder den Tod des einen Feldherrn, um Sieg oder Niederlage zu erkennen: Er erforscht die wirkenden Ursachen, und Gewinn und Verlust, Ehre und Schande werden dadurch fest bestimmt. Darum waren tüchtige Männer dasjenige, worauf man unter den drei ersten Dynastien besonderen Wert legte.

5. Kapitel
Befreiung aus Hemmungen
Da Yü

Die Menschen haben 360 Gelenke, neun Öffnungen, neun innere Organe, sechs Eingeweide: Die Haut soll dicht sein, die Adern sollen durchlässig sein, die Sehnen und Knochen sollen fest sein, das Herz und der Sinn sollen in Harmonie sein, die Lebenskraft (Prana) soll in Bewegung sein: dann hat die Krankheit keinen Anknüpfungspunkt und das Übel hat keine Möglichkeit des Entstehens. Die Festsetzung von Krankheiten und das Entstehen von Übeln kommt von der Hemmung der Lebenskraft. Wenn das Wasser stockt, so wird es schlammig. Wenn die Bäume Saftstockung haben, wachsen Würmer darin, wenn das Gras stockt, so fault es. Die Staaten haben auch Hemmungen: Wenn die Tugend des Herrschers nicht durchgreift und die Wünsche des Volkes nicht vor den Thron gelangen: das sind die Hemmungen im Staatsleben. Wenn die Hemmungen im Staatsleben lange dauern, so entstehen alle Übel gleichzeitig, und unzählige Unglücksfälle drängen sich herbei. Daß die Oberen und Unteren kaltherzig gegeneinander werden, kommt daher. Darum schätzen die Heiligen die großen Staatsmänner und treuen Beamten, weil sie es wagen, durch offenherzige Worte die Hemmungen zu beseitigen.

König Li von Dschou war grausam gegen sein Volk. Die Leute im Staate murrten alle. Herzog Schau sagte es ihm: Die Leute halten es nicht mehr aus. Der König ließ durch einen Zauberer aus We die Leute ausfindig machen, die murrten. Wenn er einen gefunden hatte, wurde er getötet. So wagte niemand im Volk mehr, etwas zu sagen, sondern sie sahen sich nur noch auf den Straßen an. Der König freute sich darüber und sprach zum Herzog Schau: »Ich kann das Murren beseitigen.« Herzog Schau sprach: »Es ist nur verstopft, nicht beseitigt. Wenn man die Reden der Leute verstopft, so ist das noch gefährlicher, als wenn man einen Fluß aufstaut. Wenn der Fluß eingedämmt wird, so zerreißt er die Dämme und er richtet um so größeren Schaden an.

Mit dem Volke ist es ebenso. Darum, wer sich auf Flußregulierung versteht, der reinigt sein Bett, daß das Wasser abfließen kann. Wer sich auf die Regierung des Volkes versteht, der bringt es durch Bekanntmachungen zum Reden. Deshalb, wenn der Himmelssohn Hof hält, so läßt er durch seine Herzöge, hohen Räte und Staatsmänner aufrichtige Warnungen aussprechen und liebt es, die dargebrachten Lieder erfahrener Männer zu lernen, die Blinden schlagen den Takt und der Sänger singt sie vor, die Leute aus dem Volk geben so ihre Überlieferungen weiter, die nahestehenden Beamten geben ihre Ratschläge, die Verwandten machen seine Fehler gut und prüfen alles. Auf Grund davon faßt der König dann wohlüberlegt seine Beschlüsse. Deshalb gibt es dann unter dem Volk nichts Gutes, das übersehen worden wäre, und auf seiten der Regierung kein unrichtiges Betragen. Nun habt Ihr den Leuten aus dem Volk den Mund verstopft und fördert die Fehler der Großen, da ist Gefahr, daß das den Grundlagen des Staates Unheil bringt.«

Der König hörte nicht darauf. Nach drei Jahren verbannten die Bürger den König nach Dschï. So sind die üblen Folgen der Stockung. Stockung ist Heimlichkeit. Auf den Dreifüßen von Dschou war eine Maus dargestellt, die von einem Pferd zertreten wurde, weil sie die Heimlichkeit liebt. Heimlichkeiten sind Sitten, die zum Untergange der Staaten führen.

Guan Dschung bewirtete einst den Herzog Huan. Schon war es Abend geworden. Da aber der Fürst guter Laune war, so forderte er Fackeln. Guan Dschung sprach: »Ich habe mich für ein Fest bei Tage vorbereitet, aber nicht auf ein nächtliches Fest. Eure Hoheit wollen die Tafel aufheben.« Der Fürst war mißvergnügt darüber und sprach: »Ihr seid schon alt, Vater Dschung, wie oft wird es sein, daß wir fröhlich zusammen feiern können. Wir wollen die Nacht zu Hilfe nehmen.« Guan Dschung sprach: »Ihr seid im Irrtum, Fürst; wer reichliche Genüsse liebt, wird mager an der Tugend; wer in die Freuden der Tafel sich versenkt, den werden Sorgen treffen; wer träge ist zur Zeit der Manneskraft, der verliert seine Zeit; wer lässig ist in seinem Alter, der geht ruhmlos zu Grabe. Ich habe mir heute um Euch Mühe gegeben, warum wollt Ihr jetzt noch im Weine schwelgen?«

Dem Guan Dschung muß man es zugestehen, daß er sich auf den rechten Wandel verstand. Gewöhnlich sind es die Vergnügungen, in denen die guten Sitten zu Fall kommen. Aber er wurde im Vergnügen nur immer tadelloser. Oder es ist die Ehre, die die Sitten verderbt; aber er genoß der Ehre, daß sein Fürst bei ihm bleiben wollte, und er lies es ihm nicht zu. Fest entschlossen handelte er nach den Grundsätzen der Vernunft, ohne sich durch Ehre und Vergnügungen beirren zu lassen. So diente er seinem Fürsten. Und das war der Grund, warum Herzog Huan die Führerschaft im Reich erlangte.

Liä Dsing Dsï Gau hatte großen Einfluß bei dem König Min von Tsi. Er liebte violette Kleider, einen weißen Seidenhut und Schnabelschuhe zu tragen, besonders wenn er zu Hofe ging. Eines Tages regnete es, und als er von Hofe kam, hielt er sein Kleid auf und kam so vom Audienzsaal herab. Er sprach zu seiner Umgebung: »Wie sehe ich denn aus?« Seine Leute sagten: »Ganz schön und gut.« Da ging Liä Dsing Dsï Gau nach einem Brunnen und besah sich darin, da sah er ganz schlecht und schmutzig aus wie ein Landstreicher. Da sprach er seufzend: »Meine Leute schmeicheln mir, weil ich Einfluß habe bei dem König von Tsi. Wieviel mehr wird erst dem geschmeichelt werden, bei dem ich Einfluß habe.«

Dem Fürsten eines Großstaates schmeicheln die Menschen nicht wenig, und wenn er niemanden hat, in dem er sich spiegeln kann, dann steht ihm das Verderben vor der Tür. Aber wen kann man als Spiegel brauchen? Doch niemand anders als die Staatsmänner! Jedermann hat es gern, wenn der Spiegel sein Bild deutlich zeigt, und haßt es doch, wenn die Staatsmänner sein Bild deutlich zeigen. Und doch ist der Dienst, den uns der Spiegel leistet, indem er uns unser Bild zeigt, nur gering im Vergleich mit dem Dienst, den uns die Staatsmänner leisten, indem sie uns unser Bild zeigen. Wer aber das Geringe sucht und das Große versäumt, der weiß nicht, worauf es ankommt.

Dschau Giän Dsï sprach: »Küo liebt mich, aber Do liebt mich nicht. Wenn Küo mir Vorhaltungen macht, tut er es immer, wenn niemand dabei ist. Wenn aber Do mir Vorhaltungen zu machen hat, so macht es ihm Spaß, mich mitten unter den Leuten zu tadeln. Er will mich durchaus in Verlegenheit bringen.«

Da erwiderte Yün Do: »Küo will Euch Verlegenheiten ersparen, aber er will Euch keine Fehler ersparen. Ich möchte Euch Fehler ersparen, aber ich habe nicht die Absicht Euch vor jeder Verlegenheit zu hüten. Ich habe einmal einen Chieromanten sagen hören: Wer eine dicke Haut im Gesicht hat und von erdgelber Hautfarbe ist, dem machen Verlegenheiten nichts aus. Wenn ich Euch nicht stelle inmitten der Menschen, so fürchte ich, daß Ihr Euch nicht bessert.«

Das war eine tüchtige Seite an Dschau Giän Dsï. Wenn ein Fürst tüchtig ist, so wagen seine Minister, gerade zu reden. Giän Dsï erkannte aber die Tüchtigkeit des Do nicht an: das war der Grund, warum er endlich aus Dschau fliehen mußte, und wieviel mehr geht es Leuten so, die noch weniger sind als ein Dschau Giän Dsï.

6. Kapitel
Abhandlung über den Wandel
Hing Lun

Der Wandel des Herrschers ist verschieden von dem der geringen Leute. Wenn auch die Lage nicht günstig ist und die Zeit nicht geeignet, muß man in allen Dingen Vollkommenheit erstreben, um Vollendung zu erreichen, so wird man das Leben des Volkes in die Hand bekommen. Das Leben des Volkes in der Hand zu haben ist ein schweres Amt, man darf dabei nicht an die eigene Zufriedenheit denken. Wenn ein geringer Mann diese Absicht im Staate ausführen wollte, so würde seine engste Umgebung ihn nicht dulden.

Yau trat das Weltreich an Schun ab. Damals war Gun[12] ein Lehensfürst, er ergrimmte über Yau und sprach: »Wer die Wahrheit des Himmels erlangt hat, ist Weltherrscher, wer die Lehre des Weltherrschers erlangt hat, gehört unter die drei höchsten Ratgeber. Ich habe die Lehre des Herrschers erlangt, und doch hat er mich nicht unter die drei höchsten Ratgeber aufgenommen.« Damit hat Yau unrecht getan. Er wollte unter allen Umständen den Posten eines der drei höchsten Räte erlangen, dabei war er grimmiger als ein Raubtier. Er beabsichtigte, einen Aufruhr zu machen. Er war wie ein stößiges Raubtier und dachte, dadurch seine Stadt zu schirmen, und dachte, indem er seinen Schwanz erhob, könne er ihn als Feldzeichen benützen. Wenn man ihn rief, kam er nicht, sondern tobte sich draußen in den Feldern aus und bereitete so dem Herrscher Kummer, darauf verbannte ihn Schun auf den Flügelberg (Yüschan) und schlachtete ihn mit einem scharfen Messer (von Wu). Yü, sein Sohn, wagte nicht, darüber zu zürnen, sondern diente dem Schun sogar noch und wurde zum Verwalter der Erd- und Wasserarbeiten ernannt, um die Wasser der Flüsse und Seen abzuleiten. Seine Haut war schwarz gebrannt, keinen Schritt wagte er zuviel zu machen und wagte nicht, frei zu atmen, um das Wohlgefallen des Herrschers zu erlangen.

Dschou Sin war ein schlechter Herrscher. Er tötete den Grafen Me und machte Fleischspeisen aus ihm, er tötete den Fürsten Gui und machte gekochtes Fleisch aus ihm. Damit bewirtete er die Lehensfürsten im Tempel. König Wen vergoß Tränen und seufzte darüber. Dschou Sin fürchtete, daß er einen Aufruhr erregen könnte, und wollte den König Wen töten und Dschou vernichten. König Wen sprach: »Wenn auch ein Vater vom Wege abgewichen ist, so wird sein Sohn doch nicht wagen, seinem Vater nicht zu dienen. Wenn auch ein Fürst nicht gütig ist, so wird ein Beamter deshalb doch nicht wagen, seinem Fürsten nicht zu dienen. Wer sollte ein Recht haben, gegen den König sich zu empören?« Darauf verzieh ihm Dschou Sin. Die Leute auf Erden hörten das und waren der Meinung, daß König Wen Ehrfurcht vor seinem Oberen und Mitleid mit seinen Unteren habe.

Im Liederbuch heißt es:

»Wen Wang allein
Vermag, vorsichtig zu sein.
Er versteht dem Herrn zu dienen
Und darum viel Glück zu verdienen.«[13]

Tsi griff Sung an. Der König von Yän sandte Dschang Kui, der die Truppen von Yän Tsi zu Hilfe führen sollte. Der König von Tsi tötete ihn. Als der König von Yän das hörte, da flossen ihm die Tränen stromweise herunter, dann berief er seine Beamten und sagte zu ihnen: »Ich wollte ihm helfen und Tsi tötete meinen Abgesandten, nun will ich ein Heer ausrüsten, um Tsi anzugreifen.« Ein Feldherr hatte schon den Befehl entgegengenommen. Da trat Fan Yu vor den König und widersprach ihm: »Einem würdigen König will ich gerne dienen. Ihr aber seid kein würdiger Herr, darum bitte ich um meinen Abschied, denn ich möchte Euch nicht länger dienen.«

König Dschau sprach: »Was ist dein Grund?« Jener erwiderte: »In der Schlacht bei Sung Hia geriet Euer Vater in die Hand der Leute von Tsi und mußte seine Diener dahinten lassen. Ihr wart darüber aufs äußerste entrüstet, aber dennoch dientet Ihr dem König von Tsi weiterhin. Denn Eure Kraft war gegen Tsi nicht ausreichend. Nun ist Dschang Kui getötet worden und Ihr wollt Tsi angreifen, damit nehmt Ihr Dschang Kui wichtiger als Euren Vater.«

Der König sprach: »Du hast recht.« Darauf bat Fan Yu den König, die Soldaten zurückzurufen. Der König sprach: »Ja, aber was dann?« Fan Yu erwiderte: »Ich bitte, daß Ihr Trauergewänder anzieht und Euren Palast verlaßt und auf dem Anger wohnt, einen Gesandten nach Tsi schickt und ehrfurchtsvoll Euch entschuldigt mit den Worten: ›Das alles ist meine Schuld. Ihr seid ein würdiger Herr, wie wolltet Ihr die Abgesandten der Lehensfürsten alle töten? Und unsern Abgesandten von Yän habt Ihr getötet, sicher hat unser Staat nicht genügend Vorsicht in der Wahl des rechten Mannes walten lassen. Ich will Buße tun und bitte um Verzeihung.‹«

Als der Gesandte nach Tsi kam, war der König von Tsi gerade bei einem großen Festmahl. Seine Umgebung und seine Beamten waren sehr zahlreich. Darum ließ er den Gesandten vor sich kommen, um Bericht zu erstatten. Der Gesandte berichtete: »Der König von Yän ist sehr besorgt, und läßt um Verzeihung bitten.« Als er fertig war, ließ der König ihn die Sache nochmals wiederholen, um sich vor seiner Umgebung und seinen Beamten zu rühmen. Darauf sandte er einen Gesandten in niedrigem Rang, um dem König von Yän sagen zu lassen, daß er wieder in seinen Palast ziehen solle. Das war der Grund, warum Tsi später am Dsï Fluß eine große Niederlage erlitt, so daß es in größte Not kam und 70 Städte verlor, die es, wenn Tiän Dan nicht gewesen wäre, wahrscheinlich nicht zurückgewonnen hätte. König Min war auf seinen großen Staat Tsi stolz und ging zugrunde. Tiän Dan hatte nur noch die Stadt Dsï Mo und vollbrachte ein großes Werk.

In den Liedern heißt es in diesem Sinne:

»Wen man verderben will, muß man erst schwer beladen,
Wen man zu Boden werfen will, muß man erst hoch erheben,
Beladen zu werden, ohne zu verderben,
Erhoben zu werden, ohne zu Fall zu kommen;
Das kann nur einer, der den rechten Weg hat.«[14]

König Dschuang von Tschu sandte Wen Wu We nach Tsi. Er ging durch Sung, ohne erst um Durchgangserlaubnis zu bitten.

Als er zurückkam, sprach Hua Yüan zum Herzog Dschau von Sung: »Als er hinging, bat er nicht um Durchgangserlaubnis, bei der Rückkehr bat er ebenfalls nicht um Durchgangserlaubnis, damit hat er uns als ein abhängiges Gebiet behandelt. Außerdem hat er, als der Fürst von Tschu mit uns auf die Jagd ging, den Wagenführer Eurer Hoheit in Mong Dschu geschlagen. Ich bitte, daß er hingerichtet wird.« So tötete man Wen Wu We auf dem Damm des Flusses Yang Liang.

König Dschuang spielte gerade mit seinem Ärmel, als er es hörte, da sprach er: »Ach!« schleuderte seinen Ärmel zurück und stand auf. Er kam bis in den Hof, ehe man ihm die Schuhe nachbringen konnte, bis zum Tor, ehe man ihm sein Schwert umbinden konnte, und bis zum Markt Pu Schu, ehe sein Wagen ihn einholte. Darauf zog er auf den Anger und versammelte ein Heer, mit dem er Sung neun Monate lang belagerte. Es entstand eine solche Hungersnot in der Stadt, daß die Leute ihre Kinder austauschten und sie aufaßen, Knochen spalteten und damit kochten. Da führte der Herzog von Sung entblößten Leibes ein Opfertier heraus, demütigte sich, unterwarf sich und erklärte, daß er nicht mehr könne. Er sprach: »Wenn Euer großer Staat uns zu schonen beabsichtigt, so werden wir alles tun, was Ihr befehlt.«

König Dschuang sprach: »Der Herzog von Sung redet vernünftig.« Darauf zog er sein Heer 40 Li weit zurück und weilte unter dem Tor von Lu, dort wurde der Friede geschlossen, dann kehrte er heim.

Der Verlauf aller Ereignisse beruht auf dem Herrscher. Das Übel der Herrscher kommt davon her, daß sie, ehe Not an Mann geht, ihre Leute gleichgültig behandeln. Wenn man die Leute gleichgültig behandelt, so treibt man die Unternehmungen leicht zu weit. Nun war ein Beamter ohne Berechtigung getötet worden, darum führte der König von Tschu persönlich ein Heer ins Feld, um ihn zu rächen, das war entschieden ein Zeichen, daß ihm seine Leute nicht gleichgültig waren. Als der Herzog von Sung sich unterwarf und seine Erschöpfung ankündigte, zog er sein Heer zurück. Das zeigt, daß er die Dinge nicht auf die Spitze trieb. Darum konnte er die Fürsten in

Han Yang versammeln und sie an seinem Siegesmahl teilnehmen lassen, denn er hatte sich in seinen Handlungen nach der Gerechtigkeit gerichtet. Durch bloße Macht hätte er das nicht erreicht.

7. Kapitel
Übermut
Giau Dsï

Der Fürst eines untergehenden Staates ist stets hochmütig, auf sein Wissen eingebildet und verachtet die andern. Wer hochmütig ist, vernachlässigt die Staatsmänner. Wer eingebildet ist, will alles selber machen. Wer andere verachtet, der sieht sich nicht vor. Mangel an Vorsicht zieht das Unheil an. Wer alles selber machen will, bringt seinen Thron in Gefahr. Wer seine Staatsmänner vernachlässigt, der verliert die Fühlung mit dem Volk. Wer die Fühlung mit dem Volk nicht verlieren will, muß den Staatsmännern mit Hochachtung begegnen. Wer seinen Thron nicht gefährden will, muß die Herzen der Menge gewinnen. Wer sich kein Unheil zuziehen will, der muß für alles gerüstet sein. Diese drei Dinge sind die großen Pfade der Herrscher.

Der Herzog Li von Dsin war verschwenderisch und ausschweifend. Er hörte gerne auf Verleumdungen. Er wollte alle seine Räte abschaffen und die Leute seiner persönlichen Umgebung in Stellung bringen. Sü Dschung sprach zu Herzog Li: »Zuerst muß man die drei Hi töten, denn ihr Stamm ist groß und sie haben sich viel Abneigung zugezogen. Wenn man einen großen Stamm austilgt, so wird man seine Bedrängungen los.« Der Herzog sprach: »Es sei!« und ließ durch Tschang Yü Giau den Hi Tschou, Hi I und Hi Dschï bei Hofe töten und ihre Leichen auf dem Markt ausstellen.

Darauf besuchte Herzog Li das Haus der Familie Dsiang Li, da kamen Luan Schu und Dschung Hang Yän, bedrohten ihn mit Waffengewalt und nahmen ihn gefangen. Von den Fürsten kam ihm keiner zu Hilfe. Im Volk hatte niemand Mitleid mit ihm. So töteten sie ihn nach drei Monaten.

Das Leid des Fürsten besteht darin, daß er sich darauf versteht, andern zu schaden, ohne daß er weiß, daß, wenn man einen andern ungerecht zu Schaden bringt, das Unglück einen selbst ereilt. Warum? Weil sein Wissen zu kurz ist. Ist das Wissen zu kurz, so weiß man sich nicht zu ändern. Wer sich nicht zu ändern vermag, der bringt sich durch alle seine Handlungen selbst in Gefahr.

Fürst Wu von Liang We hielt einen Rat und traf das Rechte. Da fuchtelte er mit den Armen und redete mit lauter Stimme in der Halle: »Ihr alle, meine Räte, seid nicht so klug wie ich.« So stand er eine Weile da, dann wiederholte er seine Worte zwei- und dreimal. Da nahte sich ihm Li Hui mit ehrerbietigen Schritten und sprach: »Als einst König Dschuang von Tschu bei einer Beratung das Rechte traf, so daß ein großer Erfolg dadurch erzielt wurde, da zog er sich von der Sitzung zurück und sah bekümmert aus. Seine Umgebung fragte ihn: ›Eure Majestät hatten großen Erfolg erzielt, Ihr zogt Euch vom Hof zurück und seht bekümmert aus, dürfen wir um eine Erklärung bitten?‹ Der König sprach: ›Dschung Hui[15] hat ein Wort gesprochen, mit dem ich einverstanden bin. Wenn ein Fürst so viel Geisteskraft besitzt, daß er einen Lehrer für sich gewinnt, der wird König; wer einen Freund für sich gewinnt, bleibt erhalten, wer aber Leute wählt, die weniger wert sind als er selbst, der wird zugrunde gehen. Nun bin ich gewiß untüchtig, aber die Ratschläge aller meiner Diener waren noch nicht einmal so brauchbar wie die meinigen, darum fürchte ich, daß mir der Untergang droht.‹ Solche Sorgen machen sich Könige, die für die Hegemonie im Reich geeignet sind, und Eure Hoheit weiß sich nur selbst zu rühmen. Geht das wohl an?«

Fürst Wu sprach: »Gut!«

Das Unglück der Fürsten ist nicht, daß sie zuwenig von sich halten, sondern daß sie zuviel von sich halten. Wenn sie zuviel von sich halten, so lassen sie sich nichts sagen. Wenn sie sich nichts sagen lassen, so versiegt die Quelle des Rates. Von Li Hui kann man sagen, daß er es verstand, seinen Fürsten zurechtzuweisen. Durch Anführung eines einzigen Beispiels brachte er den Fürsten Wu dazu, daß er den Weg der Fürsten verstand.

König Süan von Tsi baute einen großen Palast, so groß, daß er hundert Morgen bedeckte und im Saal dreihundert Familien hätten wohnen können. Die ganzen Hilfskräfte des Großstaates Tsi wurden herbeigezogen, und schon war er drei Jahre im Bau und noch immer nicht fertig. Die Beamten alle wagten dem König nicht zu widersprechen. Da fragte Tschun Gü den König Süan und sprach: »Der König von Tschu wählte unter den Ordnungen und musikalischen Überlieferungen des verewigten Fürsten aus und nahm die Musik unwichtig. Darf ich fragen, ob man unter diesen Umständen sagen kann, daß Tschu wirklich einen Herrn hat?« Der König sprach: »Es hat keinen Herrn.« Jener fuhr fort: »Es gab Tausende von tüchtigen Beamten, und keiner wagte, Einsprache zu erheben. Darf ich fragen, ob man da sagen kann, daß es in Tschu wirklich Beamte gab?« Der König sprach: »Es gibt dort keine Beamten!« Jener fuhr fort: »Nun bauen Eure Majestät einen großen Palast, so groß, daß er hundert Morgen bedeckt und im Saal 300 Familien wohnen könnten. Alle Hilfsmittel des Großstaates Tsi werden aufgeboten, drei Jahre wird schon daran gearbeitet, und noch immer ist er nicht fertig. Und unter den Beamten ist keiner, der Einsprache zu erheben wagt, darf ich fragen: Haben Eure Majestät Beamte?« Der König sprach: »Ich habe keine Beamten.«

Tschun Gü sprach: »Ich bitte, Euch verlassen zu dürfen«, damit eilte er hinaus. Der König sprach: »Meister Tschun, Meister Tschun, komm doch zurück! Warum hast du so spät erst Einsprache erhoben. Ich verspreche dir, von heute ab es einzustellen.« Darauf rief er schleunigst seinen Schreiber und sprach[16]: »Schreibe es auf. Ich war untüchtig und baute einen großen Palast, da hat Meister Tschun mich davon abgebracht.«

In der Beurteilung und Warnung der Fürsten muß man genau sein. Alle andern Beamten wagten nicht, zu warnen, nicht daß sie es nicht wünschten. Tschun Gü war in seinem Wunsch mit den andern einig, er zeichnete sich nur dadurch aus, daß er seine Warnung erfolgreich anbringen konnte. Ohne Tschun Gü wäre König Süan beinahe zum Gelächter der ganzen Welt geworden.

Von hier aus betrachtet, zeigt sich, daß die Herrscher, die ihr Reich verlieren, meist dem König Süan gleichen. Ihr Unglück ist nur, daß sie keinen Tschun Gü haben. So muß ein treuer Beamter, der seinen Herrn warnen will, besonders vorsichtig sein, wie er seine Warnung anbringt. Das ist die Wurzel von Erfolg und Mißerfolg.

Dschau Giän Dsï ertränkte seinen Diener Luan Giau im Gelben Fluß, indem er sprach: »Ich liebte schöne Frauen, und Luan Giau verschaffte sie mir. Ich liebte Paläste, Säle, Terrassen und hängende Gärten, und Luan Giau besorgte sie für mich. Ich liebte gute Pferde und schöne Wagen, und Luan Giau wußte sie zu verschaffen. Nun liebe ich seit sechs Jahren tüchtige Staatsmänner, und Luan Giau hat mir noch nicht einen einzigen empfohlen. So hat er meine Fehler gefördert und mein Gutes gehemmt.«[17]

So verstand es dieser Giän Dsï unter Anwendung höchster Vernunft, seine Beamten verantwortlich zu machen. Wer auf vernünftige Weise seine Diener verantwortlich macht, ist ein Herr, dem man im Guten helfen kann, den man aber nicht in Ungerechtigkeit hineinziehen darf, dem man zum Graden verhelfen kann, aber nicht zu Verdrehtheiten verlocken darf. Darauf beruhte die hohe Kultur der drei ersten Dynastien.

8. Kapitel
Beachten der Anzeichen
Guan Biau

Im Beurteilen der Gesinnung der Menschen und in der Beobachtung der Entwicklung der Dinge muß man erfahren sein, muß man tief blicken. Der Himmel ist wohl hoch, und doch ruhen Sonne und Mond, Sterne und Tierkreiszeichen, Wolken und Wind, Regen und Tau zu keiner Zeit. Die Erde ist wohl groß, und doch hören Wasser und Quellen, Kräuter und Bäume, Pelztiere und Federtiere, Glatte und Schuppige niemals auf. Was auch zwischen Himmel und Erde wohnt, im Raume zwischen den sechs Richtungen, ist darauf eingerichtet, daß es einander fördere und nütze, aber es gibt daneben Unzähliges, das einander Schaden und Gefahr bringt. Mit den menschlichen Angelegenheiten verhält es sich ebenso. Die Taten folgen der Gesinnung, die Gesinnung folgt den Trieben. Wenn die Triebe kein Maß haben, so hat die Gesinnung kein Maß. Wenn die Gesinnung eines Menschen kein Maß hat, so kann man nicht wissen, wie er handeln wird. Das Herz des Menschen ist verborgen und geheimnisvoll, man kann es schwer erkennen, tief und unergründlich, man kann es schwer ermessen. Darum ist der Heilige mit seinem Sinn auf die Handlungen gerichtet. Worin der Heilige den andern Menschen überlegen ist, das ist sein Vorherwissen. Er weiß die Dinge vorher, weil er stets ihre Anzeichen und Folgen prüft. Was ein Vorauswissen abgesehen von diesen Anzeichen und Folgen anlangt, so ist ein Yau und Schun darin ganz in derselben Lage wie alle andern. Obwohl die Folgen leichter zu erkennen sind und die Anzeichen schwieriger, so kann doch auch ein Heiliger hier nichts im Sturm erreichen. Die Menschen der Menge kennen den Weg nicht, auf dem man dahin gelangt, und weil sie den Weg nicht kennen, so halten sie ein solches Vorauswissen entweder für übernatürlich oder für zufällig. Aber es ist weder übernatürlich noch zufällig, sondern den Naturgesetzen nach kann es nicht anders als eintreffen. Ein Gou Tschong Dsï und Wu Ki kamen diesem Ziel nahe.

Gou Tschong Dsï ging als Sondergesandter von Lu nach Dsin. Als er durch We kam, da hielt ihn der Minister Yu Dsai Gu Tschen auf und bewirtete ihn. Er hatte ein Musikchor aufgestellt, aber ließ nicht musizieren. Als sie vom Weine warm geworden waren, beschenkte er ihn mit einem kostbaren Nephrit. Als Gou Tschong Dsï von seiner Reise zurückkam und wieder durch We kam, da ging er nicht wieder hin, um sich zu verabschieden. Sein Wagenlenker fragte: »Kürzlich hat Euch Yu Dsai Gu Tschen doch bewirtet, und Ihr habt Euch sehr darüber gefreut. Wie kommt es, daß Ihr jetzt auf der Rückreise nicht bei ihm vorsprecht, um Euch zu verabschieden?« Gou Tschong Dsïsprach: »Daß er mich aufhielt und bewirtete, war ein Zeichen, daß er Gefallen an mir gefunden hatte, damit, daß er zwar Musik aufstellte, aber nicht musizieren ließ, deutete er mir einen geheimen Kummer an. Damit, daß er mir, vom Weine warm geworden, einen wertvollen Nephrit schenkte, hat er ihn mir zur

Aufbewahrung anvertraut. Daraus ist zu schließen, daß in We innere Wirren bevorstehen.« Kaum war er dreißig Li von We entfernt, da hörte er, daß Ning Hi einen Aufruhr machte, in dem Yu Dsai Gu Tschen für seinen Fürsten starb.

Da wandte er seinen Wagen und beweinte ihn dreimal, dann kehrte er heim. Zu Hause angekommen, ließ er die Familie seines Freundes holen und sonderte ihnen einen Teil seines Hauses zur Wohnung ab, er teilte sein Einkommen mit ihnen und sorgte für ihren Lebensunterhalt. Als der Sohn des Verstorbenen herangewachsen war, gab er ihm den Nephrit zurück.

Meister Kung hörte davon und sprach: »Mit einem Weisen kann man sich geheim verständigen. Einem Guten kann man Besitztümer anvertrauen: das hat Gou Tschong Dsï bewiesen.«

Gou Tschong Dsï beobachtete den Yu Dsai Gu Tschen tief und ahnungsvoll. Ohne daß er seine Verhältnisse kannte, verstand er seine Absicht, das heißt in der Tat Menschenkenntnis.

Wu Ki verwaltete (im Staate Liang We) das Gebiet im Westen des Gelben Flusses. Wang Tso verleumdete ihn bei dem Fürsten Wu von Liang We. Der Fürst Wu ließ ihn abberufen. Als Wu Ki nach An Men kam, hielt er den Wagen an und ruhte, er blickte nach der Gegend im Westen des Flusses und weinte, daß ihm die Tränen in Strömen herunterrollten. Sein Diener sprach: »Soweit ich Eure Gesinnung kenne, betrachtet Ihr den Verlust der Welt nicht ernster als den Verlust eines alten Paars von Schuhen. Warum weint Ihr so, da Ihr aus der Gegend am Gelben Fluß scheiden müßt?«

Wu Ki trocknete die Tränen und antwortete ihm: »Das verstehst Du nicht. Wenn der Fürst mich wirklich verstanden hätte und mich meine sämtlichen Fähigkeiten hätte entfalten lassen, so wäre Tsin zu vernichten möglich gewesen, und in dem Land am Gelben Fluß hätte man die Ordnung eines weisen Königs einführen können. Da nun aber der Fürst auf die Reden von Verleumdern gehört und mich nicht verstanden hat, wird das Gebiet am Gelben Fluß an Tsin fallen, ehe eine lange Zeit vorbei ist, und der Staat Liang We wird von da an abwärts gehen.«

Wu Ki verließ Liang We wirklich und ging nach Tschu. Das Gebiet im Westen des Gelben Flusses fiel alles an Tsin, We wurde von Tag zu Tag schwächer, während Tsin sich immer mehr ausdehnte. Das hatte Wu Ki vorausgesehen und darüber geweint.

Von den guten Pferdekennern des Altertums urteilte Han Fong Schï nach Mund und Zähnen, Ma Tschau nach den Bakken, Dsï Nü Li nach den Augen, We Gi nach der Mähne, Hü Pi nach der Schwanzgegend, Tou Fa Go nach Brust und Rippen, Guan Tsing nach den Lippen, Tschen Bo nach den Beinen, Tsin Ya nach der Vorderhand, Dsan Gün nach der Hinterhand. Alle diese zehn Männer waren die berühmtesten Pferdekenner auf Erden (und ein Wang Liang von Dschau und Bo Lo und Giu Fang Güan von Tsin übertrafen sie noch an Scharfsinn)[18]. Die Kennzeichen, nach denen sie urteilten, waren verschieden, aber alle verstanden es, wenn sie ein einziges Anzeichen des Pferdes sahen, zu beurteilen, wie hoch oder niedrig seine Gelenke waren, wie sicher oder stolpernd es ging, wie stark oder zart seine Kraft war, wie lang oder kurz seine Leistungsfähigkeit. Aber es ist nicht nur beim Beurteilen von Pferden so: Die Menschen haben auch solche geheimen Zeichen, die Ereignisse und Staaten: alle haben solche Merkmale. Das Wissen des Heiligen umfaßt in Vergangenheit und Zukunft Jahrtausende: Nicht daß er die Dinge errät, sondern er hat seine Gründe für das, was er sagt. Die Wahrsagebücher, wie ein Lü Tu oder Pan Bo, sind auf diese Weise entstanden[19].

DRITTER TEIL

DIE SECHS ABHANDLUNGEN

BUCH XXI · KAI TSCHUN LUN

Abhandlung über den Frühlingsanfang

1. Kapitel
Abhandlung über den Frühlingsanfang
Kai Tschun Lun

Wenn der Frühling wiederkehrt, so läßt sich der Donner hören, und die Winterschläfer regen sich. Wenn der Frühregen fällt, so wachsen Kräuter und Bäume. Wenn Essen, Trinken und Wohnung geeignet sind, so sind die neun Körperöffnungen, die hundert Gelenke und tausend Adern alle frei und gesund. Wenn ein König sein Wesen reich macht und alles Gute um sich sammelt, so kommen Phönixe und Heilige alle zu ihm. Der Graf Ho von Gung[1] bildete seinen Wandel, er liebte die Weisen und Guten, und alle innerhalb der vier Meere kamen herbei unter seinen Schutz. Zur Zeit des Königs Li von Dschou stand der Thron des Weltherrschers leer, und doch kam die ganze Welt noch herbei und erkannte die Dynastie an.

Von hier aus zeigt sich, daß die Dinge gewisse Beziehungen zueinander haben. Darum heißt es: Wenn man zu handeln versteht, wird man etwas zustande bringen. Mit einem guten Redner verhält es sich ebenso. Wenn all seine Worte der Vernunft entsprechen, so werden Gewinn und Verlust, Nutzen und Schaden bestimmt; das ist nicht die Ansicht eines Einzelmenschen.

Der König Hui von Liang We war gestorben, und es war bereits ein Tag für die Beerdigung festgesetzt. Da schneite es sehr, so daß der Schnee den Rindern bis an die Augen ging. Die Beamten erhoben Vorstellungen dem Thronfolger gegenüber und sprachen: »Wenn man bei solch tiefem Schnee die Bestattung vornimmt, so werden die Leute überanstrengt, und außerdem werden die öffentlichen Kassen für die Ausgaben kaum ausreichen. Wir bitten, einen späteren Termin zu bestimmen.«

Der Thronfolger sprach: »Wenn ein Sohn, um der Mühsal des Volkes oder der Ausgaben aus den öffentlichen Kassen willen die Bestattung seines verstorbenen Vaters nicht ausführen wollte, so würde er seine Pflicht verletzen. Redet also nicht mehr davon.« Darauf wagte von den Beamten keiner, einen Einwand geltend zu machen. Mau wandte sich darauf an den Staatsminister[2]. Der Staatsminister sprach: »Ich weiß noch nicht, wie ich zu ihm reden soll. Vielleicht versteht es Hui Schï.« Darauf legte er die Sache dem Hui Schï vor. Hui Schï sagte zu. Er spannte an, trat vor den Thronfolger und sprach: »Die Bestattung ist schon festgesetzt?« Der Thronfolger bejahte. Hui Schï sprach: »Einst wurde der König Gi Li[3] am Ende des Berges Wo bestattet. Da spülte das Luan–Wasser sein Grab auf, so daß man die Vorderinschrift des Sarges sehen konnte. König Wen sprach: ›Ach, mein verewigter Vater will sicher einmal wieder die Beamten und Untertanen sehen. Darum hat der Himmel durch das Luan-Wasser ihm den Anblick verschafft.‹ Darauf ließ er ihn ausgraben und im Schlosse aufbahren. Und alle Untertanen sahen ihn. Nach drei Tagen erst ließ er ihn wieder bestatten. So tat König Wen seine Pflicht. Nun ist die Zeit für die Bestattung Eures Vaters schon festgesetzt, und da kommt ein Schnee, der den Rindern bis an die Augen geht, so daß man sie schwer ausführen kann. Ihr aber, um den Tag nicht zu versäumen, scheut Euch nicht, die Bestattung zu überhasten? Ich bitte, daß Ihr einen andern Tag festsetzt. Euer Vater will sicher noch ein wenig warten; um die Geister des Bodens zu beruhigen und dem Volke Ruhe zu gönnen, darum ließ er einen so tiefen Schnee fallen. Wenn Ihr aus diesem Anlaß die Frist verlängert, so ahmt Ihr die Pflichttreue des Königs Wen nach. Wenn Ihr es nicht tut, so scheint es, als schämtet Ihr Euch, den König Wen nachzuahmen.«

Der Thronfolger sprach: »Sehr gut. Ich will ehrfurchtsvoll einen andern Tag für die Bestattung festsetzen.«

Hui Schï hat keine leeren Worte gemacht und hat es außerdem bewirkt, daß der Thronfolger von We die Bestattung seines Vaters nicht übereilte, indem er aus diesem Anlaß die Pflichttreue des Königs Wen besprach. Die Pflichttreue des Königs

Wen der Welt vor Augen zu führen ist wahrlich kein kleines Verdienst.

Das Haus Han befestigte seine neue Hauptstadt und hatte fünfzehn Tage festgesetzt als Termin für die Vollendung. Duan Kiau war der Aufsichtsbeamte. Eine Abteilung brauchte zwei Tage zu lang. Duan Kiau ließ den Beamten festnehmen und einsperren. Der Sohn des Gefangenen ging hin und sagte es dem Grenzbeamten Dsï Gau und sprach: »Nur Ihr seid imstande, meinen Vater vom Tode zu retten. Ich möchte Euch die Sache anvertrauen.« Der Grenzbeamte Dsï Gau sagte zu und besuchte den Duan Kiau. Er stützte sich und stieg mit ihm auf die Stadtmauer. Der Grenzbeamte Dsï Gau blickte sich rechts und links um, dann sprach er: »Das ist eine schöne Stadtmauer, wahrlich ein großes Werk. Dafür wirst Du sicher reich belohnt werden. Seit uralten Zeiten ist es noch nicht vorgekommen, daß ein solch großes Werk vollendet wurde, ohne daß man jemanden zu bestrafen hatte.«

Darauf ging der Grenzbeamte Dsï Gau wieder weg. Duan Kiau sandte in derselben Nacht jemanden hin, der dem gefangenen Beamten die Fesseln löste und ihn freiließ.

Darum heißt es: Der Grenzbeamte Dsï Gau hat für ihn ein gutes Wort eingelegt, und zwar hat er es getan, ohne zu verraten, was er im Sinn hatte. Duan Kiau hat auf ihn gehört und dementsprechend gehandelt, und zwar hat er auch gehandelt, ohne zu verraten, was er tat. So geheimnisvoll wirkte der Rat auf die Tat. Von dem Grenzbeamten Dsï Gau kann man sagen, daß er gut zu reden verstand.

Der Bruder des Schu Hiang, Yang Schä Hu, war mit Luan Ying befreundet. Luan Ying zog sich den Unwillen des Fürsten von Dsin zu. Und der Herr von Dsin tötete auch den Yang Schä Hu mit ihm zusammen, und auch Schu Hiang wurde zu Sklaverei und Fesselung verurteilt.

Ki Hi sprach: »Es heißt, wenn ein Gemeiner an der Macht ist, so ist es unheilvoll, ihm nicht entgegenzutreten. Wenn ein Edler in Not ist, so ist es unheilvoll, ihn nicht zu retten.« So ging er hin, besuchte den Fan Süan Dsï, redete ihm zu, gab ihm einen Rat. Er sprach: »Es heißt, wer sich auf die Regierung eines Staates versteht, der geht in seinen Belohnungen nicht zu weit und ist in seinen Strafen nicht lässig. Wenn man mit den Belohnungen zu freigebig ist, so ist zu fürchten, daß auch Schlechte etwas abbekommen. Wenn man in den Strafen zu lässig ist, so ist zu fürchten, daß auch Edle davon betroffen werden. Wenn man unglücklicherweise einen Fehler machen muß, so ist es immer noch besser, daß Belohnungen Unwürdigen zuteil werden, als daß ein Edler in Strafen verwickelt wird. So hat Yau die Strafen gehandhabt: Er ließ den Gun durch Shun hinrichten und stellte dennoch dessen Sohn Yü an. So handhabte die Dschou-Dynastie ihre Strafen: Guan Schu und Tsai Schu wurden hingerichtet, während ihr Bruder Dschou Gung als Kanzler angestellt wurde: das heißt nicht lässig sein im Strafen.«

Darauf ließ Fan Süan Dsï durch einen Gefängniswärter den Schu Hiang befreien.

Wenn man andere retten will, so kann man, trotzdem man sich Gefahren aussetzt und selbst Beschämung und Belästigung nicht vermeidet, doch oft nichts ausrichten. Ki Hi redete von den Tugenden der alten weisen Könige, und Schu Hiang wurde deshalb frei; da zeigt sich, wie unentbehrlich Kenntnisse sind. Und es geht gar oft so.

2. Kapitel
Erforschung der Tüchtigen
Tscha Hiän

Wenn ein guter Arzt von zehn Kranken, die er behandelt, neun heilt, so wird er von Zehntausenden aufgesucht. Nun bewirkt ein tüchtiger Mann die Vollbringung ruhmvoller Werke, so daß er einem guten Arzt verglichen werden mag, und dennoch verstehen es die Fürsten nicht, einen solchen schleunigst aufzusuchen; das ist doch ein großer Fehler.

Beim Schachspiel bedarf es nicht der Tapferkeit, der günstigen Gelegenheit, des Orakels oder Gebetes, der beste Spieler wird stets Siegen. Um ruhmvolle Werke zu vollbringen, verhält es sich ebenso: Es kommt darauf an, daß man tüchtige Männer gewinnt.

Fürst Wen von Liang We hatte Bu Dsï Hia zum Lehrer, Tiän Dsï Fang zum Freund und ehrte den Duan Gan Mu, und sein Reich war in Ordnung, ohne daß er sich persönlich in Unbequemlichkeiten zu stürzen brauchte. Wozu haben es die tüchtigen Herrscher auf Erden nötig, sich abzumühen und abzusorgen, es handelt sich nur darum, daß sie das festhalten, was entscheidend ist. Dann fallen Schnee, Reif und Regen zur rechten Zeit, so daß alle Gewächse gedeihen, die Leute aus dem Volke kommen in Ordnung, Krankheiten, Dämonen und Seuchen bleiben fern. Darum heißt es: Yau war so ruhig wie ein Kleiderständer, um damit auszudrücken, daß er wenig zu tun hatte.

Fu Dsï Dsiän verwaltete Dan Fu. Er spielte die Zither, und ohne daß er seine Halle verließ, war Dan Fu in Ordnung. Wu Ma Ki (der nach ihm den Posten bekam) stand auf, wenn noch die Sterne am Himmel standen und kehrte erst heim, wenn schon wieder die Sterne am Himmel standen, Tag und Nacht gönnte er sich keine Ruhe, alles tat er selber, und Dan Fu war ebenfalls in Ordnung. Wu Ma Ki befragte Meister Fu nach dem Grunde davon. Meister Fu sprach: »Ich verlasse mich auf die Menschen. Ihr verlaßt Euch auf die eigene Kraft. Wer sich nur auf seine eigene Kraft verläßt, der hat viel Mühe. Wer Leute hat, auf die er sich verlassen kann, der hat es bequem.«

Meister Fu war ein Edler, er brachte seine Glieder in Ruhe, machte seine Ohren und Augen vollkommen, brachte Herz und Kräfte ins Gleichgewicht, und seine Angestellten sorgten für gerechte Regierung. Er gebrauchte einfach das rechte Mittel. Wu Ma Ki machte es nicht so: Er nützte sein Leben ab, bemühte Hand und Fuß, erließ zahlreiche Belehrungen und Ermahnungen. Obwohl er auf diese Weise Ordnung schuf, erreichte er doch noch keine Vollkommenheit[4].

3. Kapitel
Hoffnung auf Tüchtige
Ki Hiän

Wer Zikaden mit Feuer fangen will, muß dafür sorgen, daß sein Feuer hell ist, und dann den Baum schütteln. Wenn das Feuer nicht hell ist, so nützt alles Schütteln des Baumes nichts. Die Helligkeit des Feuers beruht nicht nur auf dem Feuer, sondern auch auf der Dunkelheit der Umgebung. Heutzutage ist die Dunkelheit tief. Wenn ein Fürst seine Tugend leuchten lassen kann, so fallen ihm die Staatsmänner der ganzen Welt zu, wie die Zikaden ins helle Feuer fliegen. Ein Reich kommt nicht von selber zur Ruhe, der Name wird nicht von selber berühmt, sondern das kommt erst, wenn man tüchtige Staatsmänner zu gewinnen weiß.

Giän Dsï von Dschau saß eines Tages da und seufzte tief: »Wie seltsam! Seit zehn Jahren beabsichtige ich, We anzugreifen und doch gelingt es mir nicht.« Ein Mann aus seiner Umgebung sprach: »Dschau ist groß und mächtig, We ist schwach und klein, wenn Ihr nicht ernstlich wollt, so mag es hingehen, wenn Ihr aber ernstlich wollt, so könnt Ihr We sofort angreifen.« Giän Dsï sprach: »Es ist nicht so, wie Du sagst. Es sind zehn Staatsmänner aus We bei mir hier. Als ich es angreifen wollte, da sagten alle zehn, es sei nicht recht. Wenn ich es nun angegriffen hätte, so würde ich gegen die Gerechtigkeit verstoßen.«

So vermochte zur Zeit des Giän Dsï We durch zehn Männer die Truppen von Dschau niederzuhalten bis zum Tode des Giän Dsï. Von We kann man sagen, daß es verstand, die rechten Männer zu gebrauchen. Zehn Staatsmänner gingen auf Reisen und das Land hatte Frieden. Von Giän Dsï kann man sagen, daß er geneigt war, gutem Rat zu folgen. Indem er auf die zehn Staatsmänner hörte, entging er dem Vorwurf, kleine Staaten überfallen und schwache Staaten annektiert zu haben.

Als der Fürst Wen von Liang We am Gehöft des Duan Gan Mu vorbeikam, verneigte er sich in seinem Wagen. Sein Diener sprach: »Weshalb verneigen sich Eure Hoheit?« Der Fürst sprach: »Ist das nicht das Gehöft von Duan Gan Mu? Duan Gan Mu ist ein würdiger Mann, ich wage es nicht, mich nicht vor ihm zu verneigen. Außerdem habe ich gehört, daß Duan Gan Mu nicht mit mir tauschen möchte, wie sollte ich wagen, ihn hochmütig zu behandeln? Duan Gan Mu ist ausgezeichnet durch seine Tugend, ich bin ausgezeichnet durch mein Land. Duan Gan Mu ist reich an Gerechtigkeit, ich bin reich an Besitz.«

Sein Diener sprach: »Ja, warum stellen ihn dann Ew. Hoheit nicht an?« Darauf bat der Fürst den Duan Gan Mu, sein Kanzler zu werden, aber Duan Gan Mu nahm es nicht an. Darauf setzte ihm der Fürst ein Einkommen von einer Million Malter Korn aus und ging immer hin, ihn zu besuchen. Darüber waren alle Bürger erfreut und sangen untereinander sein Lob:

»Unser Herr liebt rechte Leute,
Darum ehrt er Duan Gan Mu,
Unser Herr liebt treue Leute,
Darum erhöht er Duan Gan Mu.«

Nicht lange danach zog Tsin mit einem Heere aus, um Liang We anzugreifen. Da erhob Sï Ma Tang (Sï Ma Yü) Einsprache bei dem Fürsten von Tsin und sprach: »Duan Gan Mu ist ein würdiger Mann, und der Fürst von We ehrt in, das weiß die ganze Welt. Da ist es besser, ihn nicht mit Krieg zu überziehen!«

Der Fürst von Tsin war einverstanden und zog seine Soldaten zurück, ohne einen Angriff zu wagen.

Von Fürst Wen von Liang We kann man sagen, daß er es verstand, Krieg zu führen. Es heißt, daß ein Edler Kriege führt, so daß, ehe er den Feind erblickt, sein Sieg schon errungen ist. Das ist damit gemeint. Die gewöhnlichen Menschen machen es nicht so. Ihre Trommeln ertönen wie der Donner, ihre Signale erschüttern die Erde, der Staub wirbelt zum Himmel auf, die Pfeile fliegen dicht wie Regen, Verwundete und Tote werden auf Wagen weggebracht, man schreitet durch Gedärm und watet im Blut, und die unschuldigen Leute, die gefallen sind, erfüllen ganze Seen. Bestehen oder Untergang des Staates hängt davon ab. Da kann man dann nicht wissen, wie lang der Staat noch bestehen wird und wie lange der Herrscher noch am Leben bleibt. Das kommt davon her, daß er sich von Liebe und Pflicht so weit entfernt hat.

4. Kapitel
Untersuchung der Handlungen
Schen We

Das Ich ist das Subjekt des Handelns, die Welt ist das Objekt des Handelns. Wer unterscheiden kann, worauf es beim Handeln ankommt, der erkennt das Wichtigere und das Unwichtigere.

Wenn jemand seinen Kopf abschneiden würde, um seinen Hut zu wechseln, wenn er seinen Leib töten würde, um seine Kleider zu ändern, den würde man sicher für betört halten. Warum? Der Hut dient ja nur zum Schmuck des Kopfes, die Kleider zum Schmuck des Leibes. Wenn man das, was geschmückt werden soll, tötet, um das, womit man es schmücken will, zu erlangen, so weiß man nicht, was man tut.

Aber die Art, wie die Welt dem Gewinn nachläuft, gleicht häufig diesem Betragen, denn wenn man seinen Leib in Gefahr bringt, sein Leben schädigt, sich um den Hals bringt und den Kopf abschneiden läßt, um sein Leben dem Gewinn zu opfern, so ist das auch Unwissenheit.

Der große König Tan Fu wohnte in Bin. Die Di-Barbaren griffen ihn an. Er brachte ihnen einen Tribut an Fellen und Seide dar, aber sie nahmen ihn nicht an. Er brachte ihnen einen Tribut von Perlen und Edelsteinen dar, aber sie waren nicht zufrieden; denn was sie wollten, war sein Land. Da sprach der große König Tan Fu: »Mit den älteren Brüdern zusammenzuleben und ihre jüngeren Brüder zu töten, mit den Vätern zusammenzuleben und ihre Söhne zu töten, das bringe ich nicht über mich. Bleibt alle ruhig hier, ob ihr meine Untertanen seid oder die der Di, was macht das für einen Unterschied? Außerdem habe ich gehört, daß man nicht um dessentwillen, wodurch die Menschen ernährt werden sollen, die Menschen schädigen darf.« Damit gab er seinem Pferd die Peitsche und ritt weg. Die Leute aber vereinigten sich und folgten ihm, so daß ein Reich am Fuß des Berges Ki entstand.

Von dem großen König Tan Fu mag man sagen, daß er es verstand, das Leben zu ehren. Wer das Leben zu ehren versteht, der wird auch, wenn es sich um Ehre und Reichtum handelt, nicht nur um der Nahrung willen das Leben schädigen, noch, selbst wenn er in Niedrigkeit und Armut weilt, nicht um des Gewinnes willen seinen Leib in Verwicklung bringen. Wenn jemand Stellung und Besitz von seinen Vorfahren überkommen hat, so nimmt er es sicher nicht leicht, es zu verlieren. Aber das Leben geht noch auf viel ältere Quellen zurück, und doch nimmt man seinen Verlust oft leicht. Ist das nicht ein großer Irrtum?

Die Staaten Han und Liang We stritten miteinander um Landgebiet. Meister Hua Dsï trat vor den Fürsten Dschau Li von Han. Fürst Dschau Li sah traurig aus. Da sprach Meister Hua Dsï: »Wenn heute die Welt eine Urkunde schriebe und Euch unterbreitete, des Inhalts: Wenn Ihr sie mit der linken Hand ergreifet, so soll Eure rechte Hand verloren sein, wenn Ihr sie mit der Rechten ergreifet, so soll Eure Linke verloren sein, doch wenn Ihr sie angreifet, so werde Euch die Weltherrschaft sicher sein: Würdet Ihr sie ergreifen oder nicht?«

Der Fürst Dschau Li sprach: »Ich würde sie nicht ergreifen.« Meister Hua Dsï sprach: »Sehr richtig! Von hier aus zeigt sich, daß die beiden Arme wichtiger sind als die ganze Welt. Der Leib ist noch wichtiger als die Arme. Der Staat Han dagegen ist bei weitem unwichtiger als die ganze Welt, und worum heute der ganze Streit geht, das ist noch weit unwichtiger als Han. Und doch bekümmert Ihr Euren Leib und schädigt Euer Leben, nur darum besorgt, daß Ihr das strittige Gebiet erringet?«

Fürst Dschau Li sprach: »Gut. Ich habe zwar viele, die mir Ratschläge erteilen, aber diesen Rat hat mir noch keiner gegeben.«

Von Meister Hua Dsï kann man sagen, daß er Wichtiges und Unwichtiges zu unterscheiden wußte. Wenn man weiß, was wichtig und was unwichtig ist, dann macht man in seinen Reden keinen Fehler.

Prinz Mou von Dschung Schan sprach zu Dschan Dsï: »Wenn man leiblich in der Einsamkeit weilt, aber das Herz noch immer nicht frei ist von dem Gedanken an die königlichen Paläste, was ist dann zu tun?«

Dschan Dsï sprach: »Man muß das Leben wichtig nehmen. Wenn man das Leben wichtig nimmt, so nimmt der Gewinn an Wichtigkeit ab.«

Prinz Mou von Dschung Schau sprach: »Wenn man das wohl weiß, aber sich nicht überwinden kann, was dann?«

Dschan Dsï sprach: »Wenn man sich nicht überwinden kann, so ist es besser, sich seinen Wünschen zu überlassen, dann leidet wenigstens der Geist keinen Schaden. Wenn man sich nicht überwinden kann und sich zwingt, seinen Wünschen zu entsagen, so bringt man sich in doppelte Schwierigkeit. Menschen, die in solch doppelter Schwierigkeit sind, werden aber niemals alt.«

5. Kapitel
Liebe zum Gleichartigen
Ai Le

Wer seine Liebe andern Dingen zuwendet und nicht die Menschen liebt, der kann nicht gütig genannt werden. Wer seine Liebe andern Geschöpfen nicht zuwendet und nur die Menschen liebt, der kann innerlich noch als gütig bezeichnet werden. Die Liebe besteht in der Liebe zu den Wesensverwandten. Wer die Menschen liebt, der verhält sich zum Volke also, daß man ihn bereichern kann und er wird doch nicht von seiner Liebe ablassen. Schen Nung, der göttliche Landmann, lehrte: Wenn ein Mann im rechten Lebensalter nicht pflügt, so wird um seinetwillen jemand in der Welt Mangel leiden müssen. Wenn eine Frau im rechten Lebensalter nicht spinnt und webt, so wird um ihretwillen jemand in der Welt Kälte leiden müssen. Darum wandte er sich in eigener Person dem Feldbau und seine Gattin in eigener Person dem Weben zu, um zu zeigen, wie der Nutzen der Menschheit zu bewirken ist. Wenn die Weisen eine Reise von einem Meer zum andern nicht für zu weit achten, sondern dauernd an den Höfen der Fürsten verkehren, so tun sie es nicht um ihres eigenen Gewinnes willen, sondern es ist ihnen um die Menschen zu tun. Wenn ein Fürst es so weit bringt, daß es ihm in erster Linie um die Menschen zu tun ist, so fällt ihm die Welt zu. Ein Weltherrscher muß nicht notwendig feste Rüstungen, scharfe Waffen, auserlesene Soldaten und geübte Krieger haben, er muß nicht notwendig andere Städte zerstören und anderer Leute Untertanen töten: In alter Zeit gab es viele Weltherrscher, und doch waren sie in ihren Taten nicht übereinstimmend; nur darin waren sie eins, daß sie das, was jeweils am wichtigsten war, vornahmen, daß sie darauf aus waren, den Menschen Vorteil zuzuwenden und Nachteil abzuwenden.

Gung Schu Ban machte für den König von Tschu die hohe Wolkenleiter, um die Hauptstadt von Sung anzugreifen. Mo Dsï hörte es und ging von Lu aus hin, er zerriß seine Kleider und umwickelte sich die Füße; Tag und Nacht ruhte er nicht, so kam er nach zehn Tagen und zehn Nächten in Ying, der Hauptstadt von Tschu, an. Er trat vor den König von Tschu und sprach: »Ich bin ein geringer Mann aus dem Norden und habe gehört, daß Ew. Majestät Sung angreifen will. Ist das wirklich wahr?« Der König bejahte. Da sprach Mo Dsï: »Wollt Ihr Sung nur angreifen, wenn Ihr es sicher gewinnen könnt, oder werdet Ihr es auch angreifen, wenn Ihr es nicht bekommt und außerdem ein Unrecht damit tut?« Der König sprach: »Wenn ich Sung sicher nicht bekomme und noch dazu ein Unrecht tue, warum sollte ich es angreifen?« Mo Dsï sprach: »Sehr gut, doch ich bin der Meinung, daß Ihr Sung sicher nicht bekommen werdet.« Der König sprach: »Gung Schu Ban ist der geschickteste Meister auf Erden und hat schon Instrumente zum Angriff auf Sung gemacht.« Mo Dsï sprach: »Ich bitte, daß Ihr Gung Schu Ban einmal zur Probe angreifen laßt, und ich werde zur Probe die Verteidigung führen.« Darauf führte Gung Schu Ban die Instrumente zum Angriff auf Sung vor, und Mo Dsï führte die Mittel zur Verteidigung von Sung vor. Gung Schu Ban plante neunmal einen Angriff und Mo Dsï schlug ihn neunmal zurück, so daß er schließlich nicht eindringen konnte. Deshalb gab es Tschu auf, Sung anzugreifen. Das ist die Geschichte, wie Mo Dsï durch seine Methoden Tschu abzuwehren und die Not Sungs zu heben vermochte.

Heilige Könige und weise Staatsmänner, die nicht den Gewinn ihres Volkes sich zum obersten Grundsatz gemacht hätten, gibt es nicht. In alter Zeit, ehe das Drachentor[5] geöffnet und der Lü-Liang-Felsen durchgraben war, da kam der Gelbe Fluß aus dem Mong-Men-Gebirge hervor und überschwemmte alles durch seine Wirbelfluten, und alle Hügel, fruchtbaren Gefilde, Ebenen und Höhen waren unter Wasser. Das nannte man die Sintflut. Da kanalisierte Yü den Gelben Fluß und leitete den Yangtse ab und machte den Damm am Pong-Li-See und trocknete die Erde des Ostens aus, so daß tausendachthundert Staaten darauf leben konnten. Das ist das Werk von Yü. Niemand hat sich bitterer um das Volk abgemüht als Yü.

Kuang Dschang sprach zu Hui Dsï: »Eure Lehre verurteilt die oberen Stände. Nun habt Ihr dem König von Tsi gerade dazu verholfen, daß er König wurde; das ist doch inkonsequent.«

Hui Dsï sprach: »Wenn jemand unter allen Umständen den Kopf seines geliebten Sohnes schlagen will, ist es besser, er schlägt statt dessen einen Stein.«

Kuang Dschang sprach: »Wenn Ihr einen Stein dafür nehmen wolltet und es gäbe Euch niemand einen?«

Hui Dsï sprach: »So würde ich ihn selber holen, denn der Kopf des Sohnes ist wichtig, der Stein ist unwichtig; wenn man etwas Unwichtiges schlägt, um das Wichtige zu retten, das geht doch wirklich an.«

Kuang Dschang sprach: »Warum führte der König von Tsi aber dauernd Kriege und schlägt ohne Aufhören die andern?«

Hui Dsï sprach: »Die Größten können Weltherrscher werden, die Nächsten die Hegemonie im Reich erlangen. Wenn ich nun dem König von Tsi zur Weltherrschaft verhelfen und dadurch das Leben der Menschen verlängern und den Tod der Leute vermeiden kann, so ersetze ich den Kopf des geliebten Sohnes durch einen Stein. Warum soll ich das nicht tun?«

Wenn die Menschen frieren, so sehnen sie sich nach dem Feuer, in der Hitze sehnen sie sich nach Eis, in der Dürre sehnen sie sich nach Feuchtigkeit, in der Nässe nach Trockenheit. Kälte und Hitze, Nässe und Trockenheit sind Gegensätze, und doch bringen sie in gleicher Weise den Menschen Nutzen. Es gibt nicht nur einen Weg, den Menschen zu nützen, man muß nur alles zu seiner Zeit tun.

6. Kapitel
Wichtigkeit der Raschheit
Gui Tsu

Bei der Kraft kommt es auf das Durchstoßen an, beim Wissen kommt es auf die Raschheit an. Wenn das Erreichen dasselbe ist, so ist das Rasche am höchsten zu werten. Wenn der Sieg der gleiche ist, so ist der spätere der geringere. Was an einem Renner wertvoll ist, das ist, daß er in einem Tag tausend Li zurücklegen kann. Wenn er zehn Tage dazu braucht, so unterscheidet er sich nicht von einer Mähre. Was an den kleingespitzten Pfeilen das Wertvolle ist, das ist, daß sie mit dem Ton der Sehne zugleich ankommen. Wenn sie einen ganzen Tag brauchten, um anzukommen, so wäre es dasselbe, wie wenn sie gar nicht ankämen.

Wu Ki sprach zu dem König von Tschu: »Woran Tschu Überfluß hat, das ist Land. Was es zu wenig hat, das sind Einwohner. Aber wie Ihr es machen könntet mit dem, woran Ihr Mangel habt, das, woran Ihr Überfluß habt, zu bereichern, dazu kann ich Euch keinen Rat geben.« Darauf ließ der König seine Vornehmen in die unbewohnten Gegenden ziehen und sie bewohnt machen; sie litten sehr darunter. Als der König von Tschu gestorben war, da kamen die Vornehmen alle herbei. Der Leichnam lag noch im Saal, da schossen die Vornehmen gemeinsam nach Wu Ki. Wu Ki schrie laut: »Ich sage Euch, ich werde auch zu den Waffen greifen.« Damit griff er ihre Pfeile auf und lief weg. Er beugte sich über den Leichnam und stieß die Pfeile in ihn und sprach mit lauter Stimme: »Die Schar der Beamten behandelt den König als einen Verderber des Reiches, Wu Ki soll dafür sterben.«

Nun bestimmte das Gesetz, daß der, der Waffen in Berührung mit dem Leichnam des Königs bringt, strengste Bestrafung bis aufs dritte Glied zu erleiden habe. So war Wu Ki rasch besonnen[6].

Als Herzog Siang von Tsi den Thron bestiegen, haßte er den Prinzen Wu Dschï und zog sein Einkommen ein. Wu Dschï war mißvergnügt darüber und tötete den Herzog Siang. Dessen

Sohn, der Prinz Giu, floh nach Lu, der andere, Prinz Siau Bo, floh nach Gü. Nachdem die Bürger von Tsi den Wu Dschï getötet hatten, war kein Herrscher da.

Da kehrten die Prinzen Gin und Siau Bo beide zurück und kamen gleichzeitig an. Sie stritten um den Vortritt in den Palast. Guan Dschung nahm den Bogen und schoß den Prinzen Siau Bo und traf ihn ans Gürtelschloß. Bau Schu, der den Wagen des Prinzen Siau Bo lenkte, ließ den Prinzen rasch sich niederlegen. Guan Dsï dachte, Siau Bo sei tot, und sprach zu dem Prinzen Giu: »Nun können wir in Ruhe gehen, der Prinz Siau Bo ist schon tot.« Das benützte Bau Schu, um in größter Eile zuerst einzufahren. So kam es, daß der Prinz Siau Bo Fürst wurde.

Bau Schus Geistesgegenwart, die im gleichen Moment, als der Schuß traf, den Prinzen sich niederlegen ließ, war schnell wie ein Pfeil.

Der Fürst Wu von West-Dschou dingte einen Mörder, der den Beamten Ling Hui von Ost-Dschou töten sollte. Ling Hui ließ sich zu Boden fallen und ließ seinen Sohn sofort ihn folgendermaßen beweinen: »Wer hat meinen Vater erstochen?« Der Mörder hörte das und dachte, er sei wirklich tot, und meldete das seinem Herrn. Da aber seine Meldung nicht stimmte[7], dachte der Fürst von Ost-Dschou, er habe ihn angelogen, und ließ ihn streng bestrafen.

Das Geschlecht Dschau griff Dschung Schan an. In Dschung Schan lebte ein sehr starker Mann namens Wu Kiu Yung. Der zog ein Eisenhemd an und nahm eine Eisenstange und zog so in den Kampf. Wen er traf, den zerschmetterte er. Wo er vorstürmte, da brach er durch. Er nahm den einen Wagen und zerstieß damit den andern, er nahm einen Menschen und zerstieß damit den andern, und so kam er (obwohl verwundet) zu seinem Feldherrn zurück, ehe er starb.

BUCH XXII · SCHEN HING LUN

Abhandlung über vorsichtigen Wandel

1. KAPITEL
Abhandlung über vorsichtigen Wandel
SCHEN HING LUN

Auf den Wandel muß man sorgfältig achthaben. Wenn man nicht achtgibt, so ist es, als stürzte man sich in eine tiefe Schlucht: dann ist die Reue zu spät. Der Edle denkt bei seinem Wandel daran, daß er mit der Gerechtigkeit übereinstimmt. Der Gemeine denkt bei seinem Wandel nur an Gewinn und erreicht doch keinen Gewinn. Wer den Gewinn des Nichtaufgewinnausseins erkannt hat, mit dem kann man vernünftig reden.

Der Prinz Ping von Tschu hatte einen Beamten namens Fe Wu Gi, der den Kronprinzen Giän haßte und ihn beseitigen wollte. Der König suchte für seinen Sohn eine Frau im Staate Tsin, die sehr schön war. Wu Gi redete dem König zu, sie selbst zu heiraten. Der König nahm sie selbst und war gegen den Kronprinzen kalt und abweisend.

Wu Gi riet dem König und sprach: »Dsïn hat die Vorherrschaft erlangt, weil es mitten im Reich liegt. Dschu ist abgelegen, darum können wir nicht mit ihm wetteifern. Das beste wäre, Tschong Fu stark zu befestigen und den Kronprinzen dorthin zu setzen, um den Norden zu erobern. Eure Majestät halten den Süden fest, auf diese Weise wird man den ganzen Erdball erlangen.«

Der König war zufrieden und wies dem Kronprinzen Tschong Fu zum Aufenthalt an. Nachdem er ein Jahr dort geweilt hatte, machte Fe Wu Gi ihn beim König verhaßt, indem er sprach: »Der Kronprinz Giän hat sich mit Liän Yin zusammengetan. Sie wollen, auf Fang Tschong gestützt, sich empören.«

Der König sprach: »Er ist doch mein Sohn, was will er denn noch mehr?«

Jener sprach: »Er hat noch den Haß wegen der Heirat, und außerdem fühlt er sich vernachlässigt[1]. Die Staaten Tsi und Dsin helfen ihm noch dabei. Sie beabsichtigen, Tschu zugrunde zu richten. Ihre Pläne sind schon beinahe reif.«

Der König glaubte ihm, ließ den Liän Yin verhaften, darauf entfloh der Kronprinz Giän.

Der Rat zur Linken, Hi Wan und alle Bürger des Reiches waren für den Prinzen. Wu Gi wollte darum auch ihn ums Leben bringen. Darum sprach er zum Kanzler Dsï Tschang: »Hi Wan beabsichtigt, Euch zum Weine einzuladen.« Ebenso sagte er zu Hi Wan: »Der Kanzler will in Dein Haus zu einem Weingelage kommen.«

Hi Wan sprach: »Ich bin nur ein geringer Mann und nicht wert, daß der Kanzler unter mein Dach kommt. Wenn er käme, wäre es eine Schande für ihn. Und was sollte ich ihm vorzusetzen haben?«

Wu Gi sprach: »Der Kanzler liebt Panzer und Waffen. Ihr könnt Eure Waffen hervorsuchen und an Eurem Tore aufstellen. Wenn der Kanzler kommt, wird er sie sicher betrachten. Dann könnt Ihr nachher sie ihm vorführen lassen.«

Als der verabredete Tag erschien, da stellte jener vor seinem Tore rechts und links Panzer und Waffen auf.

Nun sprach Wu Gi zum Kanzler: »Beinahe hätte ich Euch ins Unglück gebracht. Hi Wan will Euch töten. Die Waffen hat er schon an seinem Tore aufgestellt.« Der Kanzler sandte jemanden hin, um nachzusehen, und glaubte ihm. Darum griff er den Hi Wan in seinem Hause an und tötete ihn.

Die Bürger des Reiches waren sehr aufgebracht darüber, und alle seine Gehilfen verurteilten den Kanzler. Der Baron Schen Hü sprach zu dem Kanzler: »Dieser Fe Wu Gi ist der größte Verleumder in Tschu. Er hat den Kronprinzen Giän außer Landes gejagt und den Liän Yin ums Leben gebracht. Er hält dem König Augen und Ohren zu. Nun habt Ihr ihn auch noch benützt, um Unschuldige zu töten, und dadurch dem Verleumder zu Einfluß verholfen, das bringt Euch selbst in Gefahr.«

Da sprach der Kanzler Dsï Tschang: »Es ist mein Fehler. Ich will es wiedergutmachen.« Darauf tötete er den Fe Wu Gi und rottete sein ganzes Geschlecht aus, um die Bürger des Volkes zu befriedigen.

Fe Wu Gi war in all seinem Beginnen nicht auf Gerechtigkeit bedacht, sondern dachte nur daran, andere zu schädigen, ohne zu bedenken, daß die andern auch ihn schädigen konnten, und dadurch hat er seine ganze Familie vernichtet.

Die beiden Barone von Tsi, Tsui Schu und King Fong, verschworen sich, den Herzog Dschuang von Tsi zu töten. Nachdem Herzog Dschuang getötet war, setzten sie den Herzog Ging ein, und Tsui Schu wurde sein Kanzler. King Fong wollte nun auch den Tsui Schu töten, um an seiner Stelle Kanzler zu werden. Er stachelte daher die Söhne des Tsui Schu an, um die Nachfolge zu streiten, und tatsächlich fingen diese an, sich untereinander zu bekämpfen. Tsui Schu ging zu King Fong und sagte es ihm. King Fong sprach zu Tsui Schu: »Bleib vorerst hier. Ich werde Soldaten ausrüsten, um sie zu töten.« So befahl er dem Lu Man Biä, Soldaten zu nehmen und sie zu töten. Jener tötete die ganze Familie des Tsui Schu und alle seine Verwandten und verbrannte alle seine Schlösser. Darauf kehrte er zurück und berichtete Tsui Schu: »Ich habe sie getötet.«

Tsui Schu kehrte heim, aber er fand keine Heimat mehr vor. Deshalb erhängte er sich selbst. King Fong wurde zum Kanzler des Herzogs Ging. Der Herzog Ging aber litt darunter, und als King Fong eines Tages auf die Jagd ging, da wollte der Herzog Ging zusammen mit Tschen Wu Yü und Gung Sun Dsau und Gung Sun Tschai den King Fong töten. King Fong widersetzte sich mit seinem ganzen Anhang. Aber er konnte nicht widerstehen und mußte fliehen. Er ging nach Lu. Da machte Tsi dem Staate Lu Vorwürfe. Darauf verließ er Lu und ging nach Wu. Der König von Wu belehnte ihn mit Dschu Fang. Der König Ling von Tschu hörte es und versammelte die Fürsten, um Wu anzugreifen. Er belagerte Dschu Fang und eroberte es. King Fong wurde gefangengenommen. Man ließ ihn Beil und Block auf dem Rücken tragen und sandte ihn in dem ganzen Heer der Fürsten umher. Man befahl ihm, zu rufen: »Macht es nicht so wie ich, King Fong von Tsi. Ich habe meinen Fürsten getötet und seinen verwaisten Sohn vergewaltigt und einen Rat des Volkes ums Leben gebracht.« Darauf wurde er getötet.

Wenn auch jemand so würdig ist wie Huang Di, muß er doch sterben, wenn auch einer so weise ist wie Yau und Schun, muß er doch sterben. Und wenn auch jemand so tapfer ist wie Mong Ben, so muß er doch sterben. Die Menschen müssen freilich alle sterben. Aber King Fong hat den zweifachen Tod erlitten. Seine Person erlitt Schmach, seine eigene Familie sah er nicht wieder, weil sein Wandel so böse war.

Die Verbrecher betreiben ihre Unternehmungen so, daß sie anfangs einander helfen, aber mit der Zeit hassen sie einander. Wer recht handelt, dem geht es nicht so. Anfangs arbeitet er mit seinesgleichen zusammen, allmählich fassen sie Vertrauen zueinander, und endlich gewinnen sie einander lieb, und die Nachwelt nimmt sie zum leuchtenden Vorbild.

2. Kapitel
Ungerechtigkeit
Wu I

Die alten Könige haben in ihren Beurteilungen das Rechte getroffen: Die Gerechtigkeit ist die Grundlage aller Handlungen und die Wurzel alles Vorteils; das liegt aber außerhalb des Gesichtskreises mittelmäßig begabter Menschen. Weil es außer ihrem Gesichtskreis liegt, wissen sie es nicht. Weil sie das nicht wissen, so laufen sie dem Gewinn nach. Aber wenn sie auch dem Gewinn nachlaufen, er ist ihnen darum doch noch nicht sicher. Das zeigten Gung Sun Yang[2], Dschong Ping, Sü Ging und Gung Sun Giä.

Wenn man der Gerechtigkeit entsprechend handelt, so gibt es keine mißlingenden Unternehmungen. Wenn ein Beamter mit einem andern Beamten auf Verrat sinnt, finden sie vielleicht Genossen. Wieviel mehr ist das der Fall, wenn ein Fürst mit seinem Beamten auf Gerechtigkeit sinnt. Wer sollte nicht sein Genosse sein! Nicht nur seine Untertanen tun mit, alle Welt nimmt an seinem Werke teil.

Gung Sun Yang war kein Verwandter des Fürsten von Tsin und auch kein alter Bekannter, aber er war für Tsin gut zu brauchen. Er wollte sein Amt ausfüllen; das konnte er nur dadurch machen, daß er einen Staat angriff. So wurde er zum Feldherrn von Tsin und griff Liang We an. Der Fürst von We sandte den Prinzen Ang als Feldherrn aus, um ihm entgegenzutreten. Gung Sun Yang aber (der selbst aus We stammte) war während seines Aufenthalts in We mit dem Prinzen Ang befreundet gewesen. Nun sandte er einen Boten zum Prinzen Ang und ließ ihm sagen: »Daß ich ins Ausland gereist bin, um angesehen zu werden, geschah nur Euch zuliebe. Nun hat der Staat Tsin mich als Feldherrn ausgesandt, und We hat Euch ausgesandt, um mir entgegenzutreten. Wie sollten wir es übers Herz bringen, einander zu bekämpfen. Saget Ihr das Eurem Herrn, ich will meinem Herrn auch davon sagen.« Darauf schlossen sie einen Waffenstillstand und waren im Begriff, ihre Heere zurückzuziehen.

Da sandte er noch einen Boten an den Prinzen und ließ ihm sagen: »Wenn wir jetzt zurückkehren, läßt sich noch nicht sagen, wann wir uns wiedersehen werden. Ich möchte noch einmal mit Euch zusammensitzen, um Abschied zu nehmen.« Der Prinz sagte zu, obwohl die Beamten von We ihm abrieten. Der Prinz aber hörte nicht auf sie, sondern traf mit Gung Sun Yang zusammen. Gung Sun Yang aber hatte Soldaten und Wagen und Reiter in den Hinterhalt gelegt und nahm den Prinzen Ang gefangen.

Als Herzog Hiau von Tsin gestorben war und der König Hui auf den Thron kam, faßte er wegen dieser Sache ein Mißtrauen gegen Gung Sun Yangs Charakter und wollte ihn bestrafen. Da kehrte Gung Sun Yang mit seinen Angehörigen und seiner Mutter nach We zurück. Aber Siang Pi nahm ihn nicht auf, indem er sprach: »Nach der Art, wie Ihr Euren Freund, den Prinzen Ang, verraten habt, kenne ich Euch nicht mehr!«

Daraus geht hervor, wie vorsichtig Staatsmänner in ihrem Wandel sein müssen.

Dschong Ping war dem König von Tsin gegenüber Beamter und dem Ying Hou gegenüber ein guter Bekannter. Er verriet seinen Freund und empörte sich wider seinen Herrn nur des

Vorteils willen. Zur Zeit, als er Feldherr von Tsin war, standen ihm alle Ehren der Welt zur Verfügung; denn er war gewissenhaft. Was man durch Gewissenhaftigkeit erlangt, das verliert man sicher durch Leichtsinn. Als er Tsin verließ und nach Dschau und Liang We ging, da traf ihn alle Niedrigkeit der Welt und alle Schande. Da sein Wandel gemein und schändlich war und ihm nicht mehr das Ansehen des Feldherrn von Tsin zur Seite stand, was konnte er da anderes als Mißerfolg erwarten.

Der Staat Dschau verfolgte den Li Hai. Li sagte zu Sü Ging, er solle mit ihm zusammen nach We zu Gung Sun Yü gehen. Gung Sun Yü empfing sie und nahm sie bei sich auf. Da verriet es Sü Ging den Behörden von We und ließ den Li Hai verhaften. Infolgedessen wurde Sü Ging in Dschau Beamter und wurde zum Mitglied des Rats der Fünf ernannt. Und doch wollte niemand mit ihm zusammen zu Hofe gehen, und selbst mit seinen Söhnen und Enkeln verkehrte niemand freundschaftlich.

Gung Sun Giä verriet die geheimen Besprechungen mit seinem Fürsten dem Minister Tschu Li. Dafür wurde er im Dienst von Tsin bis zum Mitglied des Rats der Fünf befördert. Sein Verdienst war nicht klein, und doch durfte er sich in den drei Hauptstädten (von Dschau, Han[3] und Liang We) nicht mehr blicken lassen. Wieviel mehr wird es jemandem so gehen, der nicht seine Verdienste hat und dennoch also tut wie er.

3. Kapitel
Zweifel durch Ähnlichkeit
I Sï

Wodurch die Menschen in die größten Ungewißheiten und Zweifel kommen, das sind die Ähnlichkeiten der Dinge. Worunter die Juweliere so sehr leiden, das ist, daß manche Steine dem Nephrit so sehr gleichen. Worunter die Schwertkundigen zu leiden haben, das ist, daß es Schwerter gibt, die dem Gan-Dsiang-Schwert aus Wu gleichen. Worunter die tüchtigen Herrscher zu leiden haben, das ist, daß Menschen, die gewandt und redebegabt sind, den erfahrenen Menschen gleichen.

Herrscher, die ihr Land zugrunde richten, gleichen Weisen; Beamte, die ihr Land zugrunde richten, gleichen Treuen. Die Ähnlichkeit der Dinge ist es, wodurch die Törichten in große Verblendung geraten und worüber die Weisen besonders scharf nachdenken müssen.

So weinte Mo Dsï, als er einen Scheideweg sah.

Dschou hatte seine Residenz in Fong und Hau, nahe bei den Jungbarbaren. Man hatte mit den Lehensfürsten ein Abkommen getroffen, daß Wachttürme errichtet werden sollten[4], auf denen Trommeln standen, die man weit und breit hören konnte. Wenn die Jungbarbaren einfielen, so schlug man die Trommeln, dann kamen alle Soldaten der Fürsten dem Großkönig zu Hilfe.

Eines Tages, als die Jung einfielen, da ließ der König Yu die Trommeln schlagen und die Heere der Fürsten kamen alle herbei. Darüber freute sich die Lieblingsfrau des Königs, Bau Sï, und lachte darüber. Der König Yu wünschte, daß Bau Sï lache, deshalb ließ er mehrmals die Trommeln schlagen und die Heere der Fürsten kamen mehrmals herbei, aber es waren keine Feinde da. Später kamen einmal die Feinde aus Jung wirklich herbei, und der König Yu ließ die Trommeln schlagen. Aber die Heere der Fürsten kamen nicht. Infolge davon verlor der König Yu das Leben am Fuße des Berges Li, und jedermann auf Erden lachte seiner.

So hat er nun in der Zeit, da keine Feinde da waren, die Zeit, da wirklich Feinde kamen, verscherzt. Wenn ein tüchtiger Mann einen kleinen Fehler hat, so kann dadurch ein großes Unglück veranlaßt werden. Die Verworfenheit der Bau Sï bestand darin, daß sie den König Yu um eines kleinen Vergnügens willen in großes Verderben stürzte, so daß er elendiglich zugrunde ging und die hohen Räte alle fliehen mußten. Darum ging auch Bau Sï selbst zugrunde, und der König Ping mußte deshalb die Hauptstadt nach Osten verlegen, die Fürsten Siang von Tsin und Wen von Dsïn bemühten sich um die Anerkennung des Königs, der ihnen Landgebiet abtreten mußte.

Im Norden von Liang liegt ein Ort namens Li Kiu. Dort hauste ein seltsamer Dämon, der es liebte, die Gestalt von anderer Leute Söhnen, Brüdern oder Neffen anzunehmen. Ein alter

Mann aus dem Ort ging eines Tages auf den Markt und kam angetrunken nach Hause. Da nahm der Dämon von Li Kiu die Gestalt seines Sohnes an. Er tat so, als ob er ihn führen wollte, und behandelte ihn unterwegs sehr schlecht.

Als der Alte heimgekommen und von seinem Rausch erwacht war, schalt er seinen Sohn: »Ich bin Dein Vater, habe ich Dich je nicht liebevoll behandelt? Warum hast Du mich unterwegs so schlecht behandelt, als ich betrunken war?«

Sein Sohn weinte und stieß mit dem Kopf auf die Erde und sprach: »Ich bitte um Verzeihungl Das ist nicht vorgekommen. Gestern abend bin ich ins Ostdorf gegangen, um Schulden einzutreiben, Du kannst dort nachfragen.«

Der Vater glaubte ihm und sprach: »Ach, dann war es sicher der seltsame Dämon, von dem ich schon gehört habe.« Er nahm sich vor, am andern Tage wieder auf den Markt zugehen, um zu trinken, weil er den Dämon treffen und totstechen wollte. So ging er am andern Morgen auf den Markt und betrank sich. Sein wirklicher Sohn fürchtete, sein Vater könne nicht mehr heimkommen, deshalb ging er ihm entgegen.

Als nun der Alte seinen eigenen Sohn sah, zog er sein Schwert und tötete ihn. Der Alte war durch den Dämon, der seinem Sohn ähnlich sah, so verblendet worden, daß er seinen wirklichen Sohn tötete. Wenn einer durch die scheinbaren Staatsmänner verblendet wird und darüber die echten Staatsmänner verliert, dessen Weisheit gleicht der des Alten von Li Kiu.

Man muß die Spuren der Berückung durch den Schein sorgfältig prüfen. Es kommt auf den Menschen an, ob einer sie erforschen kann. Wenn Schun der Kutscher wäre und Yau links und Yü rechts säßen und sie kämen in einen Sumpf, so müßten sie einen Hirtenknaben fragen. Kämen sie ins Wasser, so müßten sie einen alten Fischer fragen. Warum? Weil jene sich auskennen. Wenn zwei Zwillinge sich auch noch so ähnlich sehen, ihre Mutter kann sie unterscheiden, weil sie sich auskennt.

4. Kapitel
Einheitlichkeit des Wandelns
I Hing

Was die alten Könige am meisten haßten, war die Unzuverlässigkeit. Durch Unzuverlässigkeit kommen die Beziehungen zwischen Fürst und Minister, Vater und Sohn, Alter und Jugend, Freund und Freund, Mann und Frau in Verfall. Wenn diese zehn Beziehungen alle in Verfall geraten, so ist das die größte Unordnung, die man sich denken kann. Alle sozialen Beziehungen kommen in Ordnung durch Aufrechterhaltung jener zehn Klassen. Wenn diese zehn Klassen verlorengehen, so unterscheidet sich der Mensch nicht mehr von Hirschen, Tigern und Wölfen. Der Stärkste hat dann die Macht. Wenn jemand unzuverlässig ist, so gibt es keine Ruhe für den Fürsten, keine Freude für die Eltern, keine Ehre für die älteren Brüder, keine Liebe für die Freunde, keine Achtung für den Gatten.

Wes Land stark und groß ist, der hat deshalb noch lange nicht die Weltherrschaft. Aber wer die Welt beherrscht hat, dessen Land ist sicher stark und groß. Wodurch bringt ein Weltherrscher seine Wirkung zustande? Durch seine Würde und den Vorteil, den er zu gewähren vermag. Wenn er nicht stark und groß ist, so ist seine Würde keine wirkliche Würde, und der von ihm gewährte Vorteil kein wirklicher Vorteil. Wenn seine Würde nicht wirkliche Würde ist, so vermag sie niemanden einzuschüchtern. Wenn der von ihm gewährte Vorteil kein wirklicher Vorteil ist, so vermag er niemanden anzufeuern. Darum sorgt ein tüchtiger Herrscher dafür, daß seine Würde und sein Vorteil nicht ihresgleichen haben. Dann wird das, was er verbietet, aufhören, und das, wozu er anfeuert, wird sicher geschehen. Wessen Würde und Vorteil ihresgleichen haben, der mag sein Volk anstrengen, wenn er nur zuverlässig ist, so wird er Weltherrscher. Wenn aber die Würde und der Vorteil eines Herrschers nicht ihresgleichen haben und er ist unzuverlässig, so geht er zugrunde. Wenn Kleine und Schwache in ihrem Wandel unzuverlässig sind, so mißtrauen die Großen und Starken ihnen. Es liegt aber in der Natur des Menschen, daß er den nicht lieben kann, dem er mißtraut. Wenn einer klein und schwach ist und ist unbeliebt bei den Großen, so vermag er nicht zu bestehen.

Darum ist der Weg der Unzuverlässigkeit einer, auf dem die Weltherrscher, wenn sie ihn gehen, ihr Reich verlieren, die Starken und Großen, wenn sie ihn gehen, in Gefahr geraten, die Schwachen und Kleinen, wenn sie ihn gehen, vernichtet werden.

Wenn ein Wanderer einen großen Baum sieht, so zieht er sich aus, hängt seinen Hut daran, lehnt sein Schwert daran und schläft darunter. Ein großer Baum ist nicht von Natur ein guter Bekannter und intimer Freund des Menschen, und doch legt er sich so ruhig in seinen Schatten nieder, weil er ihm vertraut.

Wenn auf einem Berg ein großer Baum steht, so benützen ihn die Menschen als Stelldichein, weil er leicht zu kennen ist. Wieviel mehr ist das mit einem Staatsmann so! Denn einen Staatsmann, der pflichtgetreu wandelt, kann man kennen. Was man mit ihm verabredet hat, das ist sicher und gewiß. Wieviel mehr erst ein starker und großer Staat. Wenn man die Handlungsweise eines großen und starken Staates wirklich kennen kann, so ist es für ihn nicht schwer, die Weltherrschaft zu erlangen.

Warum die Menschen ein Schiff benützen, das ist, weil es schwimmt und nicht untergeht. Warum die Welt die Edlen schätzt, das ist, weil sie recht handeln können und keines Unrechts fähig sind.

Meister Kung fragte das Orakel und zog das Zeichen »Anmut«.[5] Das hielt er für unheilbringend. Dsï Gung sprach: »Anmut ist doch ein günstiges Zeichen, warum sollte es unheilbringend sein?« Meister Kung sprach: »Weiß ist weiß und schwarz ist schwarz, aber was sollte denn an der Anmut günstig sein?« Darum, was der Edle an den Dingen am meisten haßt, das ist, wenn sie nichts Bestimmtes haben. Was die Welt am meisten haßt, das ist, wenn einer unzuverlässig in seinem Handeln ist. Wenn einer unzuverlässig ist, so machen selbst Räuber nichts mit ihm aus und Diebe planen nichts mit ihm zusammen. Räuber und Diebe sind große Verbrecher und finden doch Genossen ihrer Taten; wieviel mehr Leute, die etwas Großes vollbringen wollen. Wer etwas Großes vollbringen will, der muß so sein, daß die Welt leicht bereit ist, ihm zu helfen, dazu braucht er nötig Männer, die zuverlässig sind.

5. Kapitel
Das Aufsuchen von Männern
Kiu Jen

Um die Person zu festigen, dem Reiche Frieden zu bringen und die Welt zu ordnen, bedarf es tüchtiger Männer. Seit alter Zeit haben die Welt regiert einundsiebzig Heilige. Wenn man die Frühling- und Herbstannalen nachliest, so sind es vom Herzog Yin von Lu bis auf den Herzog Ai zwölf Generationen. Wodurch sie ihr Reich gewonnen oder verloren, das ging immer auf dieselbe Weise zu. Wenn man einen Würdigen findet, so wird das Reich stets in Frieden kommen, der Name stets berühmt werden. Wenn man die Würdigen verliert, so kommt das Land stets in Gefahr und der Name stets in Schande. Die Könige des Altertums strebten nach Würdigen auf allerlei Weise. Sie suchten sie, auch wenn sie noch so niedrig und noch so verachtet, noch so fern und noch so mühsam zu erlangen waren.

Wenn Yü auf Gung Dschï Kis oder Wu auf Wu Dsï Hüs Worte gehört hätten, so könnten diese beiden Staaten heute noch bestehen. Auf diese Weise könnten die Staaten langlebig werden. Wenn es Leute gab, die das Alter der Menschen verlängern konnten, so waren sie überall auf Erden willkommen. Nun gibt es ein Mittel, um Staaten langlebig zu machen, und doch suchen es die Fürsten nicht, das ist ihr Fehler.

Yau übertrug dem Schun die Weltherrschaft; er ließ ihn durch die Fürsten verehren; er gab ihm seine beiden Töchter zu Frauen und seine zehn Söhne zu Dienern. Er selbst stellte sich mit dem Gesicht nach Norden und kam an seinen Hof, obwohl Schun aus niedrigem Stand war.

I Yin war ein Küchendiener, Fu Yüo war ein Strafarbeiter von Yin, beide wurden sie Kanzler von Großkönigen; und doch waren sie aufs äußerste verachtet gewesen.

Yü kam im Osten bis nach Fu Mu, wo die Sonne hinter den neun Furten aufgeht, und bis zur Ebene von Tsing Giang, bis zu dem Ort der hohen Bäume und dem Berg, der bis zum Himmel reicht, nach dem Land des Vogeltals und des grünen Hügels und dem Reich der Schwarzzähne.

Im Süden kam er bis zu dem Reich der Zehenkreuzer (Giau Dschï), Sun Pu, Sü Man, wo rotes Korn, Lackbäume und heiße Sprudelquellen auf dem Berge der neun Lichter sind, zu dem Ort, wo die geflügelten Menschen und nackten Leute wohnen, und in das Land, wo es keinen Tod gibt.

Im Westen kam er bis zum Land San We (Drei Klippen), und unterhalb des Zauberberges, wo die Leute wohnen, die Tau trinken und Luft schlürfen, auf den Goldberg in die Gegend, wo die Einarmigen und Dreigesichtigen leben.

Im Norden kam er bis in das Land der Gerechten, in die armen Gegenden des Sommermeeres, bis auf den Berg Hong, in das Land der Küan Jung (Mongolen), in die Ebene des Sonnenjägers (Kua Fu), an den Ort von Yü Kiang, an den großen Wasserozean und den Berg mit den vielen Steinen und gönnte sich keine Rast noch Ruhe. So war er besorgt für die Massen des Volkes. Seine Haut war schwarzgebrannt, seine Eingeweide und Körperöffnungen waren verstopft, und er konnte nicht mehr ordentlich ausschreiten; das alles, um Würdige zu finden, um alle Vorteile der Erde zu gewinnen. Solche Mühe gab er sich. Er erlangte den Verkehr des Gau Yau, Hua (Bo I), Dschen Kui und Hong Go, alle fünf unterstützten den Yü.

Darum erwarb er sich Verdienste, die auf Erz und Steinen eingegraben und auf Wannen und Wassergefäßen eingeschrieben wurden.

Vor alters trat Yau vor Hü Yu inmitten der Sümpfe von Pe und sprach: »Wenn zehn Sonnen am Himmel stehen und man das Fackellicht doch nicht auslöschen wollte, wäre das nicht überflüssige Mühe? Wenn Ihr König werdet, so wird die Welt dadurch in Ordnung kommen. Darf ich die Welt Euch übergeben?«

Hü Yu lehnte ab und sprach: »Ist's, weil die Welt nicht in Ordnung wäre? Aber sie ist ja schon in Ordnung. Ist's um meinetwillen? Das kleine Dschau-Dsiau-Vögelchen nistet im Wald und braucht nur einen Zweig[6]. Die Spitzmaus trinkt im Gelben Fluß und braucht doch nur soviel, um ihren Leib zu füllen. Herr, kehrt heim! Wozu brauche ich die Welt!« Darauf zog er sich zurück an den Fuß des Berges Ki nördlich vom Flusse Ying und lebte von seiner Hände Arbeit, ohne jemals in seinem Leben irgendeine Äußerung zu tun über die Regierung der Welt.

Darum verhält sich ein würdiger Herrscher zu seinen würdigen Dienern so, daß er sich von keinem Ding der Außenwelt abhalten läßt, von den nächsten Freunden und vertrauten Verwandten sich nicht bewegen läßt, sie zu schädigen. Darum versammeln sich die Würdigen um ihn. Wo die Würdigen sich sammeln, da bleiben Himmel und Erde vor Verderben geschützt, die Götter und Geister bringen keinen Schaden, die Unternehmungen der Menschen sind nicht ausgeklügelt; das ist die Wurzel der fünf beständigen Regeln.

Gau Dsï Dschung argwöhnte, daß Hü Yu das Reich von Yau annehmen könnte; da rief er Mau Gung Kiän und Kung Bo Tschan zu sich, und alle Nachreden verstummten[7].

Der Hof von Dsin wollte Dschong angreifen und schickte den Schu Wang dorthin auf Besuch, um nachzusehen, ob sie dort Leute haben oder nicht. Dsï Tschan sang ihm ein Lied vor:

»Wenn du mein gedenkst,
So folg ich dir geschürzten Kleids durchs Wasser We.
Wenn du mein nicht gedenkst,
Find ich dann nicht einen andern?«

Schu Hiang kam zurück und sprach: »In Dschong gibt es wirklich Männer; solange Dsï Tschan dort ist, kann man es nicht angreifen. Es liegt nahe bei Tsin und Tschu und ist seinen Liedern nach auf mancherlei von uns gefaßt. Man darf es nicht angreifen.« Darauf stand man in Dsin davon ab, Dschong anzugreifen.

Meister Kung sprach: »In den Liedern heißt es: Es gibt keine Macht außer durch tüchtige Männer.«

Dsï Tschan brauchte nur ein Lied zu zitieren, und Dschong entging dem Verderben.

6. Kapitel
Prüfung der Überlieferung
Tscha Tschuan

Wenn man Worte hört, darf man sie nicht ungeprüft lassen. Wenn sie mehrfach überliefert werden, so wird aus weiß schwarz und aus schwarz weiß. Der Hund gleicht dem Pavian, der Pavian gleicht einem weiblichen Affen, der weibliche Affe gleicht dem Menschen, und doch steht der Mensch dem Hund fern. Das ist der Grund, warum Toren sich sehr irren. Wenn man etwas, das man hört, beurteilt, so ist es ein Glück. Wenn man etwas hört ohne Urteil, so wäre es besser, gar nichts gehört zu haben.

Herzog Huan von Tsi hörte durch Bau Schu über Guan Dschung. König Dschuang von Tschu hörte über den Sun Schu Au bei Schen Yin Schï: (Daß sie sie anstellten) darin zeigten sie ihre Urteilsfähigkeit. Darum wurden jene Staaten zu Führerstaaten im Reich.

Der König Fu Tschai von Wu hörte durch den Tai Dsai Pi über den König Gou Dsiän von Yüo[8]. Dschï Bo hörte von Dschang Wu über den Freiherrn Dschau Siang Dsï. Das war urteilslos, darum gingen ihre Staaten zugrunde und sie selber kamen ums Leben.

Wenn man Worte hört, muß man sorgfältig sich danach richten, von wem sie kommen und sie nach den Grundsätzen der Vernunft prüfen.

Herzog Ai von Lu befragte den Meister Kung: »Der Musikmeister Kui soll nur einen Fuß gehabt haben. Ist das wahr?« Meister Kung sprach: »Einst wollte Schun durch die Musik die ganze Welt beeinflussen. Da ließ er durch Dschung Li den Kui in der Steppe aufsuchen und vor den Thron bringen. Schun machte ihn zum Musikmeister. Kui stimmte die sechs Röhren, harmonisierte die fünf Noten, um sie mit den acht Kräften der Diagramme in Übereinstimmung zu bringen, und die ganze Welt unterwarf sich. Dschung Li wollte noch jemanden suchen, aber Schun sprach: ›Die Musik ist das Geistigste in der Welt, das Wichtigste und Wertvollste; nur Heilige können sie in Harmonie bringen. Das ist die Wurzel der Musik. Kui kann sie so abstimmen, daß die ganze Welt in Ruhe kommt. Dieser Kui allein ist als Einziger genug.‹ Darum heißt es: Der Kui als Einziger ist genug, nicht: Er hat einen einzigen Fuß.«

Die Familie Ding in Sung hatte zu Haus keinen Brunnen und ging nach auswärts, um Wasser zu holen. Immer war ein Mann unterwegs. Als sie zu Haus einen Brunnen gegraben hatten, sagten sie: »Ich habe einen Brunnen gegraben und damit einen Mann mehr gewonnen.« Jemand hörte es und sagte es weiter: »Die Ding-Familie hat einen Brunnen gegraben und einen Mann darin gefunden.« Die Leute der Hauptstadt verbreiteten es, so daß es zuletzt dem Fürsten von Sung zu Ohren kam. Der Fürst sandte jemanden hin, um bei der Familie Ding nachzufragen. Die Familie sagte: »Wir haben die Arbeitskraft eines Mannes gewonnen, nicht haben wir einen Mann im Brunnen gefunden.«

Wenn man solche Dinge hören will, ist es besser, man hört gar nichts.

Dsï Hia ging nach Dsin und kam durch We. Da war einer, der studierte Geschichte und las: »Das Heer von Dsin ging als drei Schweine über den Fluß.« Dsï Hia sprach: »Nein, es heißt im Jahre Gi Hai. Das Zeichen Gi sieht ähnlich aus wie das Zeichen für drei. Das Zeichen für Schwein sieht ähnlich aus wie das Zeichen für Hai.« Als er nach Dsin kam, fragte er; da hieß es wirklich: Das Heer von Dsin ging im Jahre Gi Hai über den Fluß.

Oft gibt es Worte, die sinnlos scheinen und doch einen Sinn haben, oft auch solche, die einen Sinn zu haben scheinen und doch keinen haben. Den Faden von Sinn und Unsinn muß man sorgfältig unterscheiden. Das ist's, warum der Heilige vorsichtig ist. Wie zeigt sich diese Vorsicht? Er hält sich an die Verhältnisse der Dinge und Menschen, um das Gehörte zu beurteilen: dann findet sich das Richtige.

BUCH XXIII · GUI DSCHÏ LUN

Abhandlung über die Wichtigkeit der Geradheit

1. KAPITEL
Abhandlung über die Wichtigkeit der Geradheit
GUI DSCHÏ LUN

Ein tüchtiger Herrscher nimmt nichts wichtiger als einen Staatsmann. Warum er einen Staatsmann wichtig nimmt, ist, weil er geradeheraus redet. Wenn die Worte gerade sind, so tritt das Verkehrte deutlich hervor. Woran aber ein Herrscher zu leiden hat, das ist, daß er die Verkehrten zu erkennen sucht und dabei doch die geraden Worte haßt.

Das ist so, als wenn man die Quelle verstopft und doch das Wasser haben möchte. Woher soll denn das Wasser kommen? Wenn man das, was man wünscht, unwichtig nimmt, das, was man haßt, wichtig nimmt, woher soll dann das, was man wünscht, kommen?

Mong I trat vor den König Süan von Tsi. Der König sprach: »Ich höre, daß Ihr die Aufrichtigkeit liebt. Ist das so?« Jener erwiderte: »Wie wäre ich aufrichtig? Es heißt, ein Mann, der die Aufrichtigkeit liebt, wohnt nicht in einem ungeordneten Staat und tritt nicht vor einen unreinen Herrscher. Nun habe ich es erreicht, vor Euch zu treten, und wohne in Tsi, wie könnte ich da von mir behaupten, die Aufrichtigkeit zu lieben?« Der König Süan wurde zornig und sprach: »Das ist ein ungebildeter Mann.« Schon war er im Begriff, ihn strafen zu lassen, da sagte Mong I: »In meiner Jugend interessierte ich mich für dieses Betragen, erwachsen übte ich mich in seiner Durchführung. Weshalb könnt Ihr nicht mit einem ungebildeten Menschen zusammen sein, um seine Vorliebe für Aufrichtigkeit zur Geltung zu bringen?« Darauf hieß ihn der König gehen.

Wenn Mong I auch vorsichtig war in seinen Worten in der Gegenwart des Königs, so würde er ihm doch sicher nie geschmeichelt haben. Wenn man aber jemanden gefunden hat, der seinem Herrn nicht schmeichelt, so ist das nicht wenig. Das ist es, was die tüchtigen Herrscher suchen und die untüchtigen hassen.

Hu Yüan beriet den König Min von Tsi: »Die Dreifüße der Yin-Dynastie sind im Hof der Dschou-Dynastie aufgestellt worden. Die Erdaltäre von Yin wurden von Dschou mit einem Dach zugedeckt. Ihre Musik, die die heiligen Tänze mit Schild und Speer begleitete, diente zum bloßen Vergnügen der Menschen. Die Musik einer untergegangenen Dynastie kann man nicht im Tempel brauchen. Die Erdaltäre einer untergegangenen Dynastie dürfen nicht den Himmel sehen. Die Geräte einer untergegangenen Dynastie werden im Hofe aufgestellt, um als Warnung zu dienen. Laßt Euch das zur Warnung gereichen, daß nicht einst die großen Musikröhren von Tsi in anderer Staaten Hof aufgestellt werden, daß nicht der Altar des großen Herzogs einst überdeckt werde, daß nicht die Musik von Tsi von den Leuten zum Vergnügen gespielt wird.« Der König von Tsi hörte nicht auf die Worte von Hu Yüan. Darum ging dieser von ihm und beweinte drei Tage lang den Staat. Er sprach:

»Wer zuerst flieht, wird noch schöne Kleider tragen,
Die zu spät erst fliehen wollen,
Werden die Kerker füllen.
Ich sehe, wie künftig die Leute nach Osten strömen
und nicht wissen, wo sie bleiben sollen.«

Der König von Tsi fragte den Richter: »Welche Strafe setzt Ihr darauf, den Untergang des Staates im voraus zu beweinen?« Der Richter sprach: »Das Abhacken der Füße.« Der König sprach: »Man soll dem Gesetz seinen Lauf lassen.« Darauf ließ der Richter das Beil und den Block vor dem Osttor aufstellen. Er wollte ihn nicht töten, sondern vertreiben.

Hu Yüan hörte es und ging hinkend bei ihm vorüber. Der Richter sprach: »Auf das Beweinen des Staates steht die Strafe des Fußabhackens, seid Ihr zu alt oder zu unklug?«

Hu Yüan sprach: »Was heißt unklug sein?« Darauf sagte er: »Es kommen Menschen von Süden, als Hecht treten sie ein und als Haifisch weilen sie, so daß der Hof des Schlosses dem Gras anheimfällt und die Stadt zur Wüste wird. Yü hatte einen Bi Gan, Wu hatte einen Dsï Sü, Tsi hat Hu Yüan. Aber man hört nicht auf seine Worte, sondern hackt ihm die Füße ab vor dem Osttor. Während man mir die Füße abhackt, trete ich ein in die Gemeinschaft jener beiden.«

Hu Yüan hatte nicht den Wunsch, sich die Füße abhacken zu lassen, sondern weil das Land in Unordnung war, die Regierung auf Abwegen war, jammerten ihn die Erdaltäre und das Volk, darum stieß er solche Worte aus. Indem er solche Worte ausstieß, tat er es nicht, um zu kritisieren, sondern um das Verfallene zu retten. Darum setzte er sich der Gefahr aus. Die Zustände waren so, daß Dschu Dsï Tsi verließ und Da Dsï (als Feldherr) in den Tod gehen mußte.

Dschau Giän Dsï griff We an. Bei der Belagerung führte er selbst den Oberbefehl. Als die Schlacht begann, stand er von ferne, und zwar weilte er unter einem mit Rhinozeroshaut überdeckten Kriegswagen. Als er die Trommel als Zeichen zum Vorrücken schlug, gingen die Truppen nicht voran. Da warf Giän Dsï die Schlegel weg und seufzte: »Ach, was haben die Truppen sich so bald verschlechtert.«

Da trat der Offizier Dschu Go ein, nahm den Helm ab, präsentierte den Speer und sprach: »Ihr seid nicht fähig. Wieso sind die Truppen verschlechtert?« Da stieg dem Giän Dsï der Ärger zu Gesicht, und er sprach: »Ich habe niemanden zum Feldherrn gemacht, sondern führe selbst die Truppen an, und du machst mir ins Gesicht den Vorwurf der Unfähigkeit. Wenn du dich dafür rechtfertigen kannst, mag es angehen, wenn nicht, mußt du sterben.« Jener erwiderte: »Früher hatte unser verewigter Herzog Hiän, nachdem er fünf Jahre den Thron bestiegen, neunzehn Staaten annektiert eben mit solchen Truppen. Als aber Herzog Hui zwei Jahre auf dem Thron war, zeigte es sich, daß er ausschweifend und grausam und nur schönen Mädchen zugetan war, so überfiel uns Tsin, und sie drangen bis 70 Meilen von unserer Hauptstadt Giang vor. Es waren eben dieselben Truppen. Als Herzog Wen zwei Jahre den Thron bestiegen hatte, flößte er ihnen wieder Mut ein, so daß nach drei Jahren das Heer wieder voll Mut und Selbstvertrauen war. So schlug er in den Schlachten um Tschong Pu fünfmal die Truppen von Tschu. Er belagerte We und eroberte Tsau und legte seine steinernen Erdaltäre nieder und festigte den Thron des Himmelssohns und machte sich einen geehrten Namen auf der ganzen Welt. Das tat er mit eben denselben Truppen. So könnt auch Ihr, o Herr, nicht führen. Wie sollten die Truppen sich verschlechtert haben?«

Darauf verließ Dschau Giän Dsï seinen mit Rhinozeroshaut gepanzerten Kriegswagen und stellte sich an einen Platz, den Steine und Pfeile erreichen konnten. Sowie er nun die Trommel rührte, da folgten sämtliche Truppen seinem Zeichen.

Dschau Giän Dsï sprach: »Noch mehr, als wenn ich tausend mit Leder bezogene Kriegswagen gewonnen hätte, hat es mir genützt, daß ich dies eine Wort des Offiziers Dschu Go gehört.«

Dem Offizier Dschu Go kann man das Zeugnis geben, daß er verstand, seinen Feldherrn zu mahnen. Mitten im Kampf, als Trommel und Schlegel gebraucht wurden, erreichte er es ohne Verschärfung der Strafe oder Erhöhung des Lohnes, nur durch ein einziges Wort, daß die ganzen Truppen mutig für ihren Fürsten in den Tod gingen.

2. Kapitel
Aufrichtige Mahnung
Dschï Giän

Wenn die Worte alles erwähnen, so erregen sie leicht Zorn, wird Zorn erregt, so droht dem Sprecher Gefahr. Wer außer einem Weisen sollte es wagen, sich der Gefahr auszusetzen? Denn wer nicht ein Weiser ist, dem ist es nur um den Vorteil zu tun. Aber was könnte es einem, der nur auf Vorteil aus ist, nützen, sich der Gefahr auszusetzen? Darum hat ein schlechter Herrscher keine Weisen. Wenn einer keine Weisen hat, so bekommt er die Wahrheit nicht gründlich zu hören. Wenn er aber die Wahrheit nicht gründlich zu hören bekommt, so scharen sich die Schranzen um ihn, und alle möglichen Schlechtigkeiten kommen auf. So bleibt keine Möglichkeit des Bestehens mehr übrig. Des Reiches Bestand schafft dem Herrscher Ruhe. Er hat aber stets seine Gründe. Wer die Gründe nicht kennt, geht zugrunde, ob er gleich bestünde, der kommt in Gefahr, ob er gleich lebte. Darum darf man das nicht unüberlegt lassen.

Herzog Huan von Tsi und Guan Dschung, Bau Schu und Ning Tsi tranken einst zusammen Wein und wurden heiter. Da sprach Herzog Huan zu Bau Schu: »Wollt Ihr nicht auf unser Wohl trinken?« Da nahm Bau Schu den Becher, trank ihn aus und sprach: »Möge der Herzog nie der Zeit vergessen, da er nach Gü sich hatte flüchten müssen, möge Guan Dschung nie vergessen, wie er gefesselt in Lu war, möge Ning Tsi nie vergessen, wie er die Rinder fütterte und unter dem Wagen saß.«

Der Herzog Huan stand auf, verneigte sich zweimal und sprach: »Ja, wenn ich und die beiden deine Worte nie vergessen, so droht den Erdaltären hoffentlich niemals Gefahr.« Zu jener Zeit konnte man dem Herzog Huan gründlich die Wahrheit sagen. Darum war er imstande, die Hegemonie zu erlangen.

König Wen von Tschu erhielt Hunde von Yü Huang und einen Dolch von Wan Lu. Da ging er auf die Jagd in Yin Mong und kam drei Monate nicht heim. Er bekam ein schönes Mädchen aus Dan, da verliebte er sich in sie, so daß er ein ganzes Jahr nicht mehr bei Hofe erschien. Der Prinzenerzieher Schen sprach: »Der verewigte König hat das Orakel gefragt, und weil es günstig lautete, hat er mich zum Prinzenerzieher gemacht. Nun habt Ihr Hunde von Yü Huang und einen Dolch aus Wan Lu bekommen, da gingt Ihr auf die Jagd und kamt drei Monate nicht heim, und als Ihr ein schönes Weib aus Dan bekamt, bliebt Ihr ein ganzes Jahr vom Hofe fern. Dafür verdient Ihr Schläge.« Da sprach der König: »Ich habe die Kinderkleider abgelegt und zähle unter die Fürsten, darum bitte ich, mir eine andere Strafe zudiktieren zu wollen und mich nicht zu schlagen.«

Der Prinzenerzieher Schen sprach: »Ich habe vom verewigten König mein Amt erhalten und wage nicht, es zu vernachlässigen. Wenn Ihr keine Schläge Euch geben laßt, so macht Ihr das Gebot des verewigten Königs zunichte. Ich will lieber Euch beleidigen als den verstorbenen König.« Der König sprach: »Gut!« Man brachte eine Matte herbei, und der König kauerte darauf nieder. Der Prinzenerzieher machte aus 50 Gerten eine Rute, kniete nieder und legte sie dem König auf den Rücken. So tat er zweimal, dann sprach er zum König, er könne jetzt aufstehen. Aber der König sprach: »Die Schande der Schläge ist dieselbe, da kannst du mich auch vollends richtig schlagen.« Schen sprach: »Ich habe gehört, einen Edlen kann man durch das Ehrgefühl packen, einem Gemeinen muß man's zu fühlen geben. Wenn Ihr Euch nicht aus Ehrgefühl bessert, was nützt es dann, Euch zu prügeln?« Darauf ging Schen schnell hinaus. Er lief ins tiefe Wasser hinein und sagte, er habe den Tod verdient. König Wen sprach: »Ich bin an allem schuld, der Prinzenerzieher Schen hat nichts Unrechtes getan!« Darauf besserte sich der König. Er berief den Prinzenerzieher Schen wieder in seine Umgebung, tötete die Hunde von Yü Huang, zerbrach den Dolch von Wan Lu und verbannte die Frau von Dan. Darauf annektierte Tschu 39 Staaten. Daß Tschu so mächtig wurde, das hat der Prinzenerzieher Schen fertiggebracht, indem er dem König gründlich die Wahrheit sagte.

3. Kapitel
Kenntnis der Veränderungen
Dschï Hua

Wer durch Tapferkeit einem andern dient, der muß zum Sterben bereit sein. Wer aber, ehe er ans Sterben geht, vom Sterben spricht, der kommt nicht in Betracht; denn obwohl ihn der Fürst kennt, ist es doch gerade so, als kennte er ihn nicht.

Was an der Weisheit das Wertvolle ist, ist, daß man die Veränderungen kennt. Die Betörten unter den Fürsten sind nicht also. Wenn die Änderungen noch nicht da sind, so wissen sie nichts davon, wenn sie da sind, so nützt es nichts mehr, wenn sie sie kennen. Unter den Dingen gibt es solche, die man vernachlässigen darf, und solche, die man nicht vernachlässigen darf. Der Tod der eigenen Person und der Untergang des Staates ist aber nichts, das man vernachlässigen darf. Das ist etwas, das die guten Fürsten wichtig nehmen und die betörten Fürsten leicht nehmen. Wenn man das leicht nimmt, wie wäre es möglich, daß das Reich nicht in Gefahr geriete und das eigene Leben nicht in Bedrängnis käme. Gefahr und Bedrängnis führt zum Tod der eigenen Person und der Vernichtung des Staates. Das kommt davon her, daß man nicht zum voraus die Veränderungen weiß.

So ging es dem König Fu Tschai von Wu. Wu Dsï Sü war nicht unwissend über die kommenden Veränderungen. Er ermahnte den König, aber der hörte nicht auf ihn. Darum sank Wu in Trümmer, und das Unglück dehnte sich selbst auf den Ahnentempel aus.

König Fu Tschai von Wu war im Begriff, mit seinem Heere auszuziehen, um Tsi zu bekämpfen. Wu Dsï Sü sprach: »Es geht nicht. Tsi und Wu unterscheiden sich durch Sitten und Gewohnheiten, und ihre Sprachen sind gegenseitig unverständlich. Wenn wir ihr Land erobern, so können wir es nicht bewohnen, wenn wir ihre Bürger unterwerfen, so können wir sie nicht gebrauchen. Wu und Yüo dagegen sind angrenzende Nachbarstaaten. Ihre Gebiete greifen ineinander über und sind zueinander gehörig. Die Sitten sind dieselben, die Sprachen sind verständlich. Wenn wir ihr Land erobern, können wir es bewohnen, wenn wir ihre Bürger unterwerfen, können wir sie gebrauchen. Yüo verhält sich zu uns ebenso. Die Macht von Wu und Yüo können nicht nebeneinander bestehen. Yüo ist für Wu wie eine Krankheit des Herzens und der Eingeweide. Obwohl sich diese Krankheit noch nicht äußert, so ist ihr Schaden tief und innerlich. Tsi ist für Wu nur wie eine Erkrankung an Krätze oder Flechten. Es ist nicht so wichtig, sie zu heilen, denn sie tut keinen Schaden. Wenn man nun Yüo sich überläßt und Tsi bekämpft, so ist es, als fürchte man sich vor einem Tiger und wollte deshalb einen jungen Eber töten. Wenn man auch damit fertig wird, so ist damit doch nicht das Unglück der Folgezeit behoben.«

Tai Dsai Pi sprach: »Nein. Es gibt nur die zwei Staaten Tsi und Dsin, die noch nicht auf die Befehle des Königs hören. Wenn nun der König Tsi angreift und besiegt, so braucht er mit seinem Heer sich nur dem Staate Dsin zu nähern, und es wird sich sicher unterwerfen. So bedarf es nur einer Expedition, um die zwei Staaten zur Unterwerfung zubringen. Dann werden sicher alle Großstaaten den Befehlen des Königs gehorchen.« Fu Tschai war einverstanden. Er hörte nicht auf die Worte des Wu Dsï Sü, sondern befolgte den Rat von Tai Dsai Pi. Wu Dsï Sü sprach: »Wenn der Himmel den Staat Wu zugrunde richten will, so macht er, daß Ihr im Kampfe siegt, wenn der Himmel unsern Staat Wu nicht zugrunde richten will, so macht er, daß Ihr nicht im Kampfe siegt.« Fu Tschai hörte dennoch nicht auf ihn.

Da hob Wu Dsï Sü sein Gewand auf beiden Seiten in die Höhe und ging mit hohen Schritten zum Hof hinaus. Er sprach: »Wehe, auf dem Hof des Schlosses von Wu werden sicher noch Dornen und Disteln wachsen.« Fu Tschai zog mit seinem Heere aus und griff Tsi an. Es kam zur Schlacht bei Ai Ling, in der Tsi völlig besiegt wurde. Als das Heer zurückkehrte, wollte er den Wu Dsï Sü hinrichten lassen. Wu Dsï Sü sprach vor seinem Tode: »Ach, daß ich doch ein Auge hätte, daß ich sehen könnte, wie die Leute von Yüo in Wu einmarschieren.« Darauf tötete er sich selbst. Fu Tschai nahm seinen Leichnam und ließ ihn den Giang hinuntertreiben[1]. Er ließ auch seine Augen ausstechen und über das Osttor von Wu heften, indem er sprach: »Wie solltest du es zu sehen bekommen, daß die Leute von Yüo in unser Land eindringen.«

Nach einigen Jahren rächte sich Yüo an Wu, die Hauptstadt wurde geplündert, die Dynastie vernichtet, die Erdaltäre zerstört, der Ahnentempel dem Erdboden gleichgemacht, und Fu Tschai geriet persönlich in Gefangenschaft.

Als Fu Tschai vor dem Tode stand, sprach er: »Wenn die Toten noch Bewußtsein haben, mit welchem Gesicht soll ich dann dem Wu Dsï Sü entgegentreten.« Dann nahm er ein Tuch, bedeckte sein Gesicht damit und starb.

Als das Unglück noch nicht da war, ließ er sich nicht warnen. Als das Unheil da war, da half es ihm auch nichts mehr, daß er zur Einsicht kam. Darum war die Erkenntnis des Fu Tschai, daß er sich vor Wu Dsï Sü zu schämen habe, noch schlimmer als gar keine Erkenntnis.

4. Kapitel
Handlungen wider die Vernunft
Go Li

Die Fürsten, die ihr Reich verlieren, verlieren es alle auf dieselbe Weise. Obwohl die Zeiten verschieden sind, obwohl ihre Handlungen sich unterscheiden, der Grund, aus dem sie ihr Reich verlieren, ist derselbe: daß ihre Vergnügungen nicht dem Rechten entsprechen. Wenn die Vergnügungen nicht dem Rechten entsprechen, vermag man sein Reich nicht zu behalten.

Dschou Sin hatte Berge von Hefe, Seen von Wein, Haine von Fleisch und die glühende Kupferstange, durch die die Menschen getötet wurden; er hatte einen geschnitzten Pfosten, an dem er die Lehnsfürsten wie an einem Ziehbrunnen ins Wasser ließ: das war nicht recht. Er tötete die Tochter des Fürsten von Gui und nahm ihr Armband, er ließ die Schienbeine der beiden Männer, die durchs Wasser gingen, aufhacken, um ihr Mark zu sehen[2]. Er tötete den Grafen von Ne und sandte sein zerhacktes Fleisch an den König Wen: das war nicht recht.

Der König Wen nahm es scheinbar an, aber er klagte es den Lehnsfürsten. Dschou Sin machte ein Haus aus Edelsteinen und baute den hundert Morgen großen Palast, er ließ schwangere Frauen aufschlitzen, um ihre Leibesfrucht zu sehen, er tötete den Bi Gan, um sein Herz zu sehen: das war nicht recht.

Kung Dsï hörte es und sprach: »Wenn Dschou Sin auch nur eine Öffnung in seinem Herzen gehabt hätte, so wäre Bi Gan nicht gestorben.«

Das waren die Gründe, warum Hia und Schang untergingen. Der Herzog Ling von Dsin war ohne Zucht. Er schoß von oben nach den Leuten, um zu sehen, wie sie den Kugeln auswichen. Er befahl seinem Koch, Bärentatzen zu kochen. Da sie nicht gar waren, tötete er ihn. Dann hieß er durch seine Sklavinnen seinen zerhackten Leichnam im Hof herumtragen, um Schrecken zu verbreiten: das war nicht recht. Dschau Dun eilte herbei und erhob Einsprache, aber wurde nicht gehört. Der Herzog ward zornig auf ihn und wollte ihn durch Dsu Ni töten lassen. Dsu Ni sah ihn und brachte es nicht über sich, ihn zu töten, und sprach: »Ich habe es nicht vergessen, die Führer des Volkes zu ehren. Die Führer des Volkes zu töten ist nicht loyal, des Fürsten Befehl zu mißachten ist nicht treu, besser, als einen dieser Fehler zu begehen, ist es, zu sterben.« Damit rannte er mit dem Kopf gegen einen Sophorabaum im Hof und tötete sich.

König Min von Tsi hatte sein Land verloren und weilte in We. Da sprach er zu Gung Yü Dan: »Welche Art von Fürst bin ich?« Yü Dan sprach: »Ihr seid ein weiser Herrscher. Ich habe gehört, daß es im Altertum Leute gab, die auf die Weltherrschaft verzichteten, ohne sich irgendwelchen Unwillen merken zulassen. Bisher habe ich es nur vom Hörensagen gewußt, nun sehe ich es an Euch tatsächlich vor mir. Ihr hattet den Titel des Kaisers des Ostens, Ihr hattet die Herrschaft über die Welt. Nun habt Ihr Euer Land verloren und weilt in We, und dennoch seid Ihr wohl von Aussehn, und Eure Mienen strahlen. Das zeigt, daß Ihr das Reich nicht wichtig nehmt.«

Der König sprach: »Sehr gut! Du kennst mich! Seit ich mein Land verloren habe und in We bin, mußte ich meinen Gürtel dreimal weiter machen.«

Der König Kang von Sung erbaute einen hohen Turm. Er ließ Blut in einem Ledersack daran aufhängen. Er schoß danach in Helm und Panzer von unten, bis das Blut auf die Erde herunterfloß. (Das nannte er Gott schießen.) Seine Umgebung beglückwünschte ihn und sprach: »Des Königs Tüchtigkeit ist größer als die der Könige Tang und Wu. Tang und Wu haben nur Menschen besiegt, der König hat Gott besiegt, darüberhinaus gibt es nichts Größeres mehr.« Der König von Sung war darüber hoch erfreut. Er trank Wein in seinem Gemach, und man rief: »Heil zehntausend Jahre dem König!« Im Saal stimmten alle mit ein. Da im Saale alle einstimmten, stimmten auch im Hofe alle ein. Und als die Leute vor dem Tore im äußeren Hof es hörten, wagten sie nicht, nicht mit einzustimmen: das war nicht recht.

5. Kapitel
Abgeschlossenheit
Yung Se

Mit den Fürsten, die im Begriff sind, ihr Reich zu verlieren, kann man nicht geradeheraus reden. Wenn man nicht geradeheraus mit ihnen reden kann, so gibt es keine Möglichkeit für sie, auf ihre Fehler aufmerksam gemacht zu werden, und das Gute hat keine Möglidikeit, an sie heranzukommen. Wenn es nicht an sie heran kann, so sind sie abgeschlossen.

Zur Zeit des Herzogs Mu von Tsin waren die Jung groß und mächtig. Der Herzog Mu von Tsin schenkte ihrem Fürsten zwei Kapellen von weiblichen Musikanten und einen guten Koch. Der Häuptling der Jung war hoch erfreut. Aus diesem Anlaß hielt er fortdauernd Festgelage ab und hörte Tag und Nacht nicht auf. Von den Leuten seiner Umgebung sagten einige, Tsin werde einen Überfall machen, da schoß er sie mit dem Bogen tot. Aber Tsin machte wirklich einen Überfall, da war der Häuptling der Jung betrunken und schlief beim Weinfaß. Schließlich banden sie ihn lebendig und schleppten ihn fort. Ehe er gefangen war, konnte man ihn nicht zur Einsicht bringen, und selbst als er gefangen war, merkte er es noch immer nicht. Da wäre selbst der beste Ratgeber in Verlegenheit gekommen.

Tsi[3] griff Sung an. Der König von Sung schickte jemanden an die Stelle, wo Tsi einfiel. Der Bote kam zurück und sprach: »Die Soldaten von Tsi sind schon in der Nähe, die Leute unseres Landes sind in Furcht.« Die Umgebung des Königs sprach zu ihm: »Das ist, wie man zu sagen pflegt, daß das Fleisch von selber Maden entstehen läßt. Wenn man bedenkt, wie stark Sung und wie schwach Tsi ist, wie sollte so etwas möglich sein?« Der König von Sung wurde zornig und tötete den Boten ungerechterweise. Dann sandte er wieder jemanden, der den Einfall der Truppen von Tsi beobachten sollte. Der Bote meldete dasselbe wie der vorige. Der König wurde abermals zornig und ließ auch ihn ungerechterweise töten. So ging es dreimal. Darauf schickte er wieder einen, der den Einfall der Truppen von Tsi beobachten sollte. Die Truppen von Tsi waren tatsächlich schon nahe, und die

Bürger des Landes waren tatsächlich in Angst. Der Bote begegnete seinem Bruder, der sprach: »Das Reich ist in großer Gefahr, wo willst Du hin?« Der Bote sprach: »Ich soll im Auftrag des Königs den Einfall der Truppen von Tsi beobachten. Unerwarteterweise sind sie schon ganz nahe, und die Leute des Landes sind in Angst. Nun habe ich dazu noch ein persönliches Unglück; die vor mir den Einfall der Truppen von Tsi beobachtet haben, sind getötet worden, weil sie berichtet haben, daß der Feind nahe sei. Wenn ich ihm nun den wahren Sachverhalt berichte, bin ich des Todes, wenn ich ihm nicht die Wahrheit berichte, so fürchte ich, daß ich auch getötet werde. Was soll ich tun?« Sein Bruder sprach zu ihm: »Wenn du der Wahrheit gemäß berichtest, so mußt du noch eher sterben als die andern und noch eher als sie zugrunde gehen.« Darauf berichtete er dem König: »Ich weiß gar nicht, wo der Feind ist, die Bürger des Landes sind ganz im Frieden.« Der König war hoch erfreut. Die Leute der Umgebung sprachen alle: »Denen, die vorher hingerichtet wurden, geschah recht.« Der König schenkte ihm viel Gold. Da kam der Feind. Der König stürzte sich auf einen Wagen und entfloh. Jener Mann aber wurde reich in einem andern Staate.

Wenn man auf einen Berg steigt, so sieht man einen Ochsen wie ein Schaf, ein Schaf wie ein Ferkel. Und doch ist die Gestalt eines Ochsen anders als die eines Schafes und die Gestalt eines Schafes anders als die eines Ferkels. Das ist der Fehler des Standpunkts des Beobachters. Und wenn einer böse wird, daß Rinder und Schafe so klein sind, das ist ein ganz verrückter Mensch. Daß jener Fürst nun diese Verrücktheit zeigte im Lohnen und Strafen, das war der Grund, warum die Dynastie Dai von Sung zugrunde ging.

Der König von Tsi wollte, daß Shun Yü Kun den Kronprinzen unterrichte. Schun Yü Kun lehnte ab und sprach: »Ich bin untüchtig und nicht würdig, diese große Verantwortung zu übernehmen. Es wäre besser, wenn Ihr den Angesehensten im Lande wähltet.« Der König von Tsi sprach: »Ich verlange nicht von dir, daß du den Kronprinzen zu dem erziehst, was ich bin. Ich habe alles von Natur. Will ich denn von dir, daß du einen Yau aus dem Kronprinzen machst? Mach nur einen Schun aus ihm. Lehne nur nicht ab.«

Alles erfolgreiche Reden hat bestimmte Gesetze, daß nämlich der Unweise auf den Weisen hört, der, der unrecht hat, sich nach dem richtet, der recht hat. Wenn jener sich aber selbst für weiser als Yau und Schun hielt, wie konnte dieser es anfangen, mit ihm zu reden. Hätte er geredet, so hätte jener sicher nicht darauf gehört. Aber man hat noch nie von einem solchen Fürsten gehört, der am Leben geblieben wäre.

Der König Süan von Tsi liebte das Bogenschießen. Er hatte es gerne, wenn die Leute ihn wegen seiner Kraft beim Bogenschießen rühmten. Der Bogen, den er gewöhnlich brauchte, war nur drei Dan stark. Er zeigte ihn seiner Umgebung. Die Leute seiner Umgebung versuchten alle, den Bogen zu spannen und hielten inne, als sie ihn zur Hälfte gespannt hatten. Alle sagten: »Dieser Bogen ist mindestens neun Dan stark. Wer außer dem König könnte ihn spannen?«

Der König Süan hatte nur so viel Kraft, daß er höchstens einen drei Dan starken Bogen spannen konnte, und doch war er sein Lebtag der Meinung, daß er einen neun Dan starken Bogen benütze: Ist das nicht bedauernswert?

Außer einem aufrichtigen Staatsmann bringt es niemand über sich, seinem Fürsten nicht zu schmeicheln. Aber es ist vom Schicksal so bestimmt, daß die aufrichtigen Staatsmänner auf Erden immer wenig sind und gegen die Mehrzahl nicht aufkommen. Darum beruht das Unheil der Fürsten, die ihr Reich in Verwirrung stürzen, immer darauf, daß sie drei Dan für neun Dan halten.

6. Kapitel
Aufsuchung der Ursachen für Unruhen
Yüan Luan

Eine Unruhe hat stets eine bestimmte Reihenfolge. Der Staat Tsin hatte fünf große Unruhen, drei kleine Unruhen und drei Unruhen, die mit Waffengewalt niedergeschlagen werden mußten. Darum heißt es in den Liedern: »Geh nicht am Tor des Aufruhrs vorbei.« Dadurch bleibt man der Verwirrung fern. Das

Glück läßt sich durch Sorgen nicht unter allen Umständen erlangen, aber das Unglück läßt sich durch Sorgen unter allen Umständen vermeiden. Der König Wu erhielt die Weltherrschaft durch kriegerische Erfolge, aber er hielt sie fest durch Künste des Friedens. Er ließ die Speere umkehren und die Bogen abspannen, um so der Welt zu zeigen, daß er nicht mehr Krieg führen wolle. Dadurch bewahrte er das Weltreich.

Herzog Hiän von Dsin ernannte die Nebenfrau Li zur Palastdame und machte ihren Sohn Hi Tsi zum Kronprinzen. Da führte Li Ko die Bürger des Staates an, um Hi Tsi zu töten (nach dem Tode von Herzog Hiän). Darauf setzte Sün Si den Bruder des Ermordeten, den Prinzen Dscho, ein. Nachdem Hi Tsi begraben war, da führte Li Ko abermals die Bürger des Staates gegen Prinz Dscho und tötete ihn. So hatte Dsin keinen Fürsten. Da bestach der Prinz I Wu durch Versprechen reichlicher Landabtretungen den Staat Tsin, um ihm auf den Thron zu verhelfen. Der Herzog Mu von Tsin sandte ein Heer, um ihm auf den Thron zu verhelfen. Und die Leute von Dsin setzten ihn als ihren Fürsten ein. Das war Herzog Hui. Als Herzog Hui eingesetzt war, da vergaß er die Hilfe Tsins und gab ihm kein Land. Da führte Herzog Mu von Tsin ein Heer gegen Dsin. Der Herzog Hui von Dsin trat ihm entgegen. Es kam zur Schlacht mit Tsin bei Han Yüan. Das Heer von Dsin erlitt eine große Niederlage. Tsin nahm den Herzog Hui gefangen mit zurück. Er wurde in Ling Tai gefangengehalten. Nach zehn Monaten war der Friede mit Dsin hergestellt. Der Herzog Hui wurde zurückgesandt, doch mußte er den Thronfolger Yü als Geisel in Tsin zurücklassen. Der Thronfolger Yü entfloh und kam zurück. Als Herzog Hui starb, wurde Yü als Fürst eingesetzt. Das war Herzog Huai. Der Herzog Mu von Tsin war böse auf ihn, weil er heimlich entflohen war, darum ließ er den Prinzen Tschung Örl mit einem Heere den Herzog Huai angreifen. Er tötete den Herzog Huai bei Gau Liang und setzte Tschung Örl ein. Das war Herzog Wen. Der Herzog Wen spendete sein Vermögen, um Darniederliegenden zu helfen, Arme und Hilflose zu unterstützen und Leute, die von Plagen und Unglück betroffen worden, zu retten. Er verbot Ausschweifung und Luxus, er machte Steuern und Abgaben gering und verzieh den Verbrechern, er beschränkte die öffentlichen Ausgaben, benützte das Volk der Zeit gemäß und schlug daher das Heer von Tschu bei Tschong Pu und half dem König Siang von Dschou zu seinem Recht. Er befreite Sung und vertrieb die Besatzung, die Tschu nach Gu (in Tsi) gelegt hatte. Innen und außen fielen ihm alle zu. So kam es, daß die Verwirrung von Dsin ein Ende nahm.

Der Herzog Hiän hörte auf die Nebenfrau Li und hielt sich an Liang Wu und Yu Schi, tötete den Thronfolger Schen Schong, und infolgedessen entstanden im Staate fünf große Unruhen, drei Fürsten wurden getötet, ein Fürst geriet in Gefangenschaft. Von den hohen Beamten und Großfürsten starben Hunderte, und der Staat war zwanzig Jahre lang im Unglück. Von alters her kommen die Unruhen nicht auf dieselbe Weise, aber die Not, in die Unruhe stiftende Menschen geraten, ist immer dieselbe.

Das kommt daher, daß die Dinge und die Gedanken in Beziehung auf die Tatsachen nicht übereinstimmen. Daß Dinge und Gedanken nicht übereinstimmen, kommt davon her, daß das Gemüt abwesend ist. Darum kommt es selten vor, daß ein Mensch, der Unruhe stiftet, persönlich dem Unglück entgeht.

BUCH XXIV · BU GOU LUN

Abhandlung über die Wahrung eines würdigen Benehmens

1. Kapitel
Abhandlung über die Wahrung eines würdigen Benehmens
Bu Gou Lun

Der Weise ist in seinen Handlungen so, daß, wenn es sich um Ehre handelt, er nicht auf unwürdige Weise sie erstrebt, auch wenn der Fürst auf ihn hört, sich nie zum Schmeichler erniedrigt. Nur wenn es der Vernunft entspricht, unternimmt er etwas; nur wenn es der Pflicht entspricht, tut er etwas. Das ist der Wandel eines treuen Beamten. Ein weiser Fürst findet daran Wohlgefallen, aber ein unweiser Fürst findet kein Wohlgefallen daran. Nicht daß er diesen Ruf hassen würde, auch wenn ein Herrscher unwürdig ist, so stimmt er in seiner Liebe zu dem Ruf eines treuen Beamten mit einem tüchtigen Herrscher überein. Aber wenn es sich um die praktische Durchführung handelt, dann unterscheidet er sich von einem weisen Herrscher. Auf diesem Unterschied beruht der Unterschied in den geleisteten Werken, Ruhm, Glück und Unglück. Auf diesem Unterschied beruht es, daß Wu Dsï Sü das Wohlgefallen des Königs Ho Lü und die Abneigung von dessen Sohn Fu Tschai sich zuzog, daß Bi Gen zu Lebzeiten sich die Abneigung des Herrschers von Schang zuzog, während er noch nach seinem Tode das Wohlgefallen des Herrschers von Dschou fand.

Als der König Wu auf den Anger von Yin kam, fiel ihm sein Strumpfband herunter. Fünf Männer fuhren heran, aber weigerten sich, ihm das Strumpfband aufzuheben. Sie sprachen: »Wir dienen dem Fürsten nicht um des Strumpfbandes willen.« Da legte der König Wu links die weiße Federflagge und rechts das goldene Beil nieder und ordnete sein Strumpfband selbst.

Meister Kung sprach, als er es hörte: »Diese fünf Männer waren von der Art, wie die Gehilfen eines Mannes, der die Weltherrschaft erringt, sein müssen, die sich ein unwürdiger Herr nicht gefallen lassen würde. So gibt es Dinge, zu denen selbst der Weltherrscher nicht den einfachsten Bürger zwingen kann, noch ein Weltreich einen einzelnen Staat.«

Der Herzog Mu von Tsin empfing den Beamten von Jung namens Yu Yü. Er fand Wohlgefallen an ihm und wollte ihn bei sich behalten. Aber Yu Yü weigerte sich. Da sagte es der Herzog Mu dem Tsiän Schu an. Tsiän Schu sprach: »Eure Hoheit mögen es dem Palastaufseher Liau sagen.« Der Palastaufseher Liau erwiderte: »Der Herrscher von Jung versteht nichts von Musik und Kochkunst. Es würde sich empfehlen, ihm diese Dinge zu schenken.« Darauf übersandte der Herzog von Mu jenem zwei Kapellen von Musikantinnen und einen guten Koch. Der König von Jung freute sich darüber und wurde dadurch zu Ausschweifungen verführt, er trank Tag und Nacht ohne Unterbrechung Wein. Yu Yü erhob ernstlich Warnungen, aber der König hörte nicht auf ihn. Deshalb wurde jener böse und ging zum Herzog Mu über. Dem Tsiän Schu fehlte nicht die Befähigung zu der Tat des Palastaufsehers Liau. Seine Grundsätze verboten ihm also zu handeln. Der Herzog Mu hatte die Fähigkeit, solche Beamte bei sich zu haben, die imstande waren, nach rechten Grundsätzen zu handeln, darum gelang es ihm, die Scharte von Hiau wieder auszuwetzen und sein Gebiet im Westen bis Ho Jung zu erweitern.

Der Herzog Mu von Tsin hatte den Bai Li Hi als Kanzler. Dsin sandte den Schu Hu, Tsi den Dung Go Kiän nach Tsin zu Hofe. Der Rat Gung Sun Dschï bat, sie zu empfangen. Der Herzog Mu sprach: »Gäste zu empfangen, ist das deine Sache?« Jener erwiderte: »Nein.« Der Herzog fragte: »Hat der Kanzler dich geschickt?« Jener erwiderte: »Nein.« Der Herzog sprach: »Dann ist diese Sache nicht deine Sache. Unser Staat Tsin ist abgelegen und unkultiviert, und es dienen uns die Barbaren. Selbst wenn jeder seine Sachen besorgt, so fürchte ich noch immer, daß die andern Fürsten sich über uns lustig machen. Nun tust du etwas, das nicht deine Sache ist. Geh heim, ich werde eine Strafe über dich verhängen.« Gung Sun Dschï ging weg und teilte die Sache dem Bai Li Hi mit. Bai Li Hi legte Fürbitte für ihn ein. Der Herzog sprach: »Diese Angelegenheit untersteht dir als Kanzler. Wenn Dschï unschuldig ist, was legst du Fürbitte für Ihn ein; wenn er aber schuldig ist, dann gilt erst recht: Was legst du Fürbitte für Ihn ein?« Bai Li Hi ging hinaus und lehnte dem Gung Sun Dschï gegenüber die Vermittlung ab. Da zog sich Gung Sun Dschï zurück und gestand sein Vergehen vor der Öffentlichkeit ein. Bai Li Hi ließ durch den zuständigen Beamten ihn entsprechend bestrafen. Die Festsetzung der Pflichten der Beamten ist es, worin die Alten als Vorbilder dienen können. Weil der Herzog Mu von Tsin also gesinnt war, war es nur in der Ordnung, daß er die Obmacht über die Westbarbaren erlangte.

Herzog Wen von Dsin war im Begriff, den Staat Yü anzugreifen. Der Beamte Dschau Tsui legte ihm die Pläne zur Besiegung von Yü dar. Der Herzog Wen nahm seine Pläne an und siegte tatsächlich. Nach der Rückkehr machte sich der Herzog an die Verteilung der Belohnungen. Dschau Tsui sprach: »Wollt Ihr den Urheber belohnen oder den, der die Sache ausgeführt? Wenn Ihr die Ausführenden belohnen wollt, so sind hier die Reiter und Wagenlenker. Wenn Ihr den Urheber belohnen wollt, so habe ich den Plan von Hi Dsï Hu (Schu Hu) gehört.« Der Herzog Wen berief den Hi Dsï Hu und sprach: »Dschau Tsui hat mir einen Plan zur Besiegung Yüs vorgelegt, durch den Yü auch tatsächlich besiegt wurde. Als ich ihn belohnen wollte, sagte er, er habe es von dir gehört und ich solle dich belohnen.« Dsï Hu sprach: »Reden ist leicht, handeln schwer, ich habe nur davon geredet.«

Der Herzog sprach: »Du brauchst nicht abzulehnen.« Hi Dsï Hu wagte nicht, sich durchaus ablehnend zu verhalten, so nahm er denn die Belohnung an.

Wenn man Belohnungen austeilt, so muß man es reichlich machen, dann findet man viele Gehilfen. Nun hatte Hu nicht selbst den Plan vorgelegt, und dennoch wurde ihm Belohnung zuteil. Das war der Grund, warum auch untergeordnete Beamte ihre Fähigkeiten alle aufwandten und ihren ganzen Scharfsinn erschöpften. Herzog Wen von Dsin war lange vertrieben, als er zurückkam, lagen schwere Unruhen hinter dem Staate, und dennoch vermochte er es, die Hegemonie zu erringen; daran ist ein solches Benehmen schuld.

2. Kapitel
Lob der Tüchtigen
Dsan Nong

Ein Weiser versteht es, die Menschen nach ihrer Menschlichkeit zu schätzen, ein Mittlerer schätzt sie nach ihren Taten, und ein Untüchtiger schätzt sie nach ihren Geschenken. Zehn gute Pferde zu bekommen ist nicht soviel wie *einen* Pferdekenner wie Bo Lo zu bekommen. Zehn gute Schwerter zu bekommen ist nicht soviel wie *einen* Schwertfeger wie Ou Yä zu bekommen, tausend Geviertmeilen Land zu bekommen ist nicht soviel wie *einen* Heiligen zu bekommen. Shun bekam Gau Yau, und er bekam es in die Hand (der Welt den Frieden zu geben). Tang bekam den I Yin, und er bekam durch ihn die Untertanen von Hia. König Wen bekam den Lü Wang und unterwarf durch ihn die Yin-Dynastie. Einen Heiligen zu bekommen, was das wert ist, kann man nicht nach Geviertmeilen abmessen.

Als Guan Dsï von dem Staate Lu in Fesseln gehalten war, wollte Herzog Huan (von Tsi) den Bau Schu zum Kanzler machen. Bau Schu sprach: »Wenn Eure Hoheit die Hegemonie zu erhalten wünschen, so ist dort Guan I Wu, dem ich nicht gleichkomme!« Herzog Huan sprach: »Guan I Wu ist mein Feind, er hat nach mir geschossen, das geht nicht.« Bau Schu sprach: »Guan I Wu hat im Dienst seines Fürsten geschossen. Wenn Ihr ihn zum Beamten bekommt, so wird er auch in Eurem Dienst nach andern schießen.« Herzog Huan hörte nicht auf ihn und wollte Bau Schu zwingen, den Kanzlerposten anzunehmen. Bau Schu weigerte sich hartnäckig, das Amt des Kanzlers anzunehmen. Da gab der Herzog Huan schließlich nach und hörte auf ihn. Darauf schickte er jemanden nach Lu und ließ sagen: »Guan I Wu ist mein Feind, ich möchte ihn bekommen, um selbst Hand an ihn legen zu können.« Der Fürst von Lu willigte ein. Er ließ durch einen Diener seine Hände in Leder nähen und seine Augen mit Leim zustreichen, steckte ihn in einen Ledersack und lud ihn auf einen Wagen.

Als er das Gebiet von Tsi erreicht hatte, sandte Herzog Huan einen Boten, der ihn in einem Hofwagen abholte, er ließ ihn reinigen mit kostbarem Feuer, er ließ ihn mit Opferblut bestreichen. So wurde er lebend ins Land gebracht. Darauf gab er den Befehl, den Ahnentempel zu reinigen, er ließ ein Opfermahl und Sitze aufstellen und brachte ihn so vor das Angesicht der Ahnen. Er sprach: »Seit ich Guan I Wus Worte hörte, wird mein Auge immer klarer und mein Ohr verständiger. Ich wage nicht, eigenmächtig vorzugehen, darum wage ich es, Euch, meinem verewigten Ahnen, Mitteilung davon zu machen.« Darauf sah er sich um und sprach zu Guan Dsï: »Guan I Wu, sei du mein Gehilfe.« Guan I Wu trat zurück und verneigte sich zweimal bis zur Erde. Damit nahm er den Befehl entgegen und ging zum Tempel hinaus.

Guan Dsï regierte den Staat Tsi. Was er angriff, das gelang. Herzog Huan belohnte stets zuerst den Bau Schu, indem er sprach: »Bau Schu ist es, der dem Staate Tsi den Guan I Wu verschafft hat.«

Herzog Huan verstand es, in der rechten Weise zu belohnen. Alle Belohnung muß bis zum Urheber gehen. Wenn der Urheber belohnt wird, so kann sich kein Fehler einschleichen.

Sun Schu Au und Schen Yin Hong hatten Freundschaft miteinander geschlossen. Sun Schu Au weilte drei Jahre in Ying[1], ohne daß sein Ruf bis zum König von Tschu gedrungen wäre. Seine Tugenden wurden (in der Hauptstadt) nicht bekannt. Da sprach Schen Yin Hong zu Sun Schu Au: »Darin, das Rechte zu raten, so daß der Fürst darauf hört, die Pläne so darzustellen, daß der Fürst ihnen Vertrauen schenkt und danach tut, seinen Fürsten so zu fördern, daß er im günstigsten Fall es bis zum Weltherrscher, mindestens aber bis zur Vormacht im Reiche bringt, darin komme ich dir nicht gleich. Der Welt es gleich zu tun, den Sitten der gewöhnlichen Menschen sich anzupassen, zum Rechten zu raten und alles ins Klare und in Harmonie zu bringen, um dadurch das Wohlgefallen des Fürsten zu erlangen: in diesem Falle bin ich dir über. Willst du nicht wieder nach Hause an die Feldarbeit gehen? Ich will für dich Bahn machen.«

Schen Yin Hong reiste nach Ying und wohnte fünf Jahre dort, da wollte ihn der König von Tschu zum Kanzler machen. Schen Yin Hong lehnte ab und sprach: »In Ki Sï lebt ein gewöhnlicher Bauer, namens Sun Schu Au, das ist ein Heiliger. Eure Hoheit müssen ihn unter allen Umständen anstellen. Ich komme ihm nicht gleich.« Darauf sandte der König von Tschu einen Boten, der den Sun Schu Au in einem königlichen Wagen abholen mußte, und ernannte ihn zum Kanzler. Nach zwölf Jahren hatte darauf der König Dschuang von Tschu die Vorherrschaft auf Erden erlangt: das war das Verdienst des Schen Yin Hong. Es gibt kein größeres Verdienst, als Weise zu empfehlen.

3. Kapitel
Selbsterkenntnis
Dsï Dschï

Wenn man erkennen will, ob etwas eben und gerade ist, so gebraucht man Wasserwage und Richtschnur. Wenn man erkennen will, ob etwas rund oder rechteckig ist, so gebraucht man Zirkel und Winkelmaß. Wenn ein Herrscher sich selbst kennenlernen will, so braucht er aufrichtige Staatsmänner. Darum hat der Großkönig seine Gehilfen und Lehrer, die ihm seine Fehler zeigen. Ein Mensch kann sich nicht selber kennen, ein Herrscher noch weniger. Bestehen und Untergang, Friede und Gefahr darf man nicht von außerhalb erwarten, sondern es kommt alles darauf an, daß man sich selber kennt. Yau hatte eine Trommel, durch die er auf Mißstände aufmerksam gemacht zu werden wünschte. Schun hatte ein Holz, auf dem man niederschreiben konnte, was man gegen ihn zu sagen hatte. Tang hatte Staatsmänner, deren Pflicht es war, seine Fehler zu beobachten. König Wu hatte eine Handtrommel, durch die er gewarnt werden wollte. Und doch waren sie besorgt, daß sie sich selbst nicht erkennen möchten. Die tüchtigen Herrscher von heutzutage stehen einem Yau und Schun, Tang und Wu nicht gleich und haben die Art, ihre Fehler verdecken zu lassen: Woher wollen sie die Selbsterkenntnis nehmen?

Der König Tschong von Tschu und der Herzog Dschuang von Tsi ermangelten der Selbsterkenntnis und wurden getötet. Der König Fu Tschai von Wu und der Graf Dschï Bo ermangelten der Selbsterkenntnis und gingen zugrunde. Der König Kang von Sung und der Fürst von Dschung Schan ermangelten der Selbsterkenntnis und wurden vernichtet. Der Herzog Hui von Dsin und Dschau Ko ermangelten der Selbsterkenntnis und wurden gefangengenommen. Die Feldherrn Dsan Tui und Pang Güan und der Thronfolger[2] Schen von Liang We ermangelten der Selbsterkenntnis und kamen ums Leben: So gibt es kein größeres Unglück als Mangel an Selbsterkenntnis.

Als Fan[3] auf der Flucht war, da fanden die Leute des Volks eine große Glocke. Sie wollten sie davontragen, aber die Glocke war zu groß zum Wegtragen. Sie wollten sie mit einem Hammer zerschlagen, aber die Glocke ertönte laut. Da fürchteten sie, andere Leute könnten es hören und sie ihnen entreißen. Da hielten sie sich die Ohren zu. Daß man nicht haben möchte, daß andere Leute etwas hören, das mag wohl angehen, aber daß man es deshalb selbst nicht hören will, ist sehr töricht. Wenn aber ein Herrscher seine Fehler nicht hören will, ist das nicht ebenso? Wenn er nicht haben möchte, daß andere seine Fehler erfahren, so mag das noch angehen.

Fürst Wen von Liang We saß beim Mahle. Da befahl er allen seinen Räten, über ihn zu reden. Einige nannten ihn gütig, andere gerecht, wieder andere[4] weise. Als die Reihe an Jen Dso kam, da sprach er: »Der Fürst ist untüchtig. Er hat Dschung Schan erobert und nicht seinen Bruder, sondern seinen Sohn damit belehnt, daraus sieht man, daß der Fürst untüchtig ist.« Fürst Wen war mißvergnügt darüber, so daß man es ihm anmerken konnte. Da ging Jen Dso mit schnellen Schritten hinaus. Da kam die Reihe an Dschai Huang. Dschai Huang sprach: »Der Fürst ist ein weiser Fürst, ich habe gehört, daß wenn ein Fürst weise ist, seine Beamten aufrichtig reden. Nun hat Jen Dso aufrichtig geredet, daran erkenne ich, daß der Fürst weise ist.«

Der Fürst Wen mußte lachen und sprach: »Kann man ihn zurückkommen lassen?«

Dschai Huang sprach: »Warum sollte man ihn nicht zurückkommen lassen können? Ich habe gehört, daß treue Beamte treu bis zum Ende sind und auch den Tod nicht fürchten. Jen Dso ist wohl noch draußen vor der Tür.« Dschai Huang ging hin, um nach ihm zu sehen, und richtig war Jen Dso noch vor der Tür. Er rief ihn im Namen des Fürsten herein. Als Jen Dso eintrat, da stieg der Fürst Wen von seinem Throne und ging ihm entgegen. Und er ließ den Jen Dso sein Leben lang am Ehrenplatz sitzen.

Der Fürst Wen hätte ohne den Dschai Huang beinahe einen treuen Beamten verloren. Dem Fürsten nach Gefallen zu reden und dadurch einen tüchtigen Mann ans Licht zu bringen, das war etwas, das Dschai Huang verstand.

4. Kapitel
Gerechte Belohnungen
Dang Schang

Die Menschen haben keinen Weg, den Himmel zu erkennen, deshalb erkennen die Menschen den Himmel an den vier Jahreszeiten, der Kälte und der Hitze, Sonne, Mond und Sternen. Wenn der Lauf der Jahreszeiten, der Kälte und Hitze, von Sonne, Mond und Sternen richtig ist, so erlangt alles, was Odem hat, seinen rechten Platz und freut sich seines Lebens.

Die Beamten haben auch keinen Weg, ihren Herrscher zu erkennen, sie erkennen ihn an der Art, wie er Lohn und Strafen, Würden und Einkommen verteilt. Wenn der Herrscher Lohn und Strafen, Würden und Einkommen gerecht verteilt, so strengen Nahe und Ferne, Tüchtige und Untüchtige ihre ganze Kraft an, um dem Fürsten zur Verfügung zu stehen.

Als Herzog Wen von Dsin in sein Reich zurückkam, da teilte er Belohnungen aus an die, die ihm in die Verbannung gefolgt waren, aber Tau Hu ward übergangen. Seine Umgebung fragte den Fürsten: »Ihr seid in das Reich zurückgekehrt und habt schon dreimal Würden und Einkommen ausgeteilt, aber Tau Hu wurde übergangen, dürfen wir erfahren, was die Gründe dafür sind?«

Der Herzog Wen sprach: »Wer mir in Gerechtigkeit geholfen und mich im rechten Benehmen geleitet hat, dem habe ich höchsten Lohn verliehen. Wer mich im Guten belehrt und mich zur Weisheit ermahnt hat, den habe ich in zweiter Linie belohnt. Wer meinen Wünschen entgegentrat, wer mich häufig an meine Fehler erinnerte, den habe ich in letzter Linie belohnt. Diese drei Belohnungen waren für verdienstvolle Beamte. Wenn ich die Menschen, die sich um unsern Staat Mühe gegeben haben, belohnen werde, so wird Tau Hu der erste unter ihnen sein.«

Der Geschichtsschreiber Hing von Dschou hörte das und sprach: »Der Herzog von Dsin wird wohl die Vorherrschaft auf Erden erringen. Die heiligen Könige des Altertums stellten die Tugend der Leistung voran, der Herzog von Dsin hat das richtig getroffen.«

Die Frau des jungen Herrn von Tsin[5] namens Yung Yän Biän machte einen Aufstand. Alle tüchtigen Beamten waren darüber mißvergnügt und versteckten sich; die Leute des Volkes verurteilten voll Bitterkeit die Regierung.

Der Prinz Liän war nach Liang We geflohen und hörte von den Unruhen. Da wollte er zurückkommen und ging im Vertrauen auf die Beamten und die Bevölkerung nach der Festung von Dschong. Yu Dschu Jan war Kommandant der Festung und ließ ihn nicht ein. Er sprach: »Meine Pflicht erheischt es, nicht zwei Herren zu dienen. Geht weiter, Prinz!« Der Prinz Liän ging und kam in das Land der Di und wollte von dort aus durch die Feste Yän Schï eindringen. Kun Gai ließ ihn ein. Die Fürstin hörte es und erschrak sehr. Sie ließ im Namen der Regierung Soldaten gegen ihn marschieren. Der Befehl lautete: Ein Feind an der Grenze. Da sprachen die Soldaten und Offiziere, als sie zuerst aufgerufen wurden, alle: »Wir wollen den Feind bekämpfen!« Unterwegs änderten sie ihre Meinung und sprachen: »Wir wollen den eingefallenen Feind nicht bekämpfen, sondern als unsern Fürsten begrüßen.« So kam Prinz Liän mit den Soldaten gemeinsam nach Yung und schloß die Fürstin ein, die sich selbst den Tod gab. So wurde der Prinz Liän als Herzog Hiän eingesetzt. Er war böse auf Yu Dschu Jan und wollte ihn schwer bestrafen, er schätzte den Kun Gai und wollte ihn reich belohnen. Da erhob sich Giän Tu gegen ihn und sagte: »Das ist nicht recht! Prinzen von Tsin, die landesflüchtig sind, gibt es noch viele. Wenn man also handelt, dann werden die Beamten um die Wette die landesflüchtigen Prinzen hereinlassen. Das wäre für Eure Hoheit nicht vorteilhaft.« Herzog Hiän stimmte zu. Darum vergab er das Vergehen des Yu Dschu Jan und verlieh dem Kun Gai das Amt eines hohen Rates und gab der Besatzung der Festung zwanzig Zentner Getreide pro Mann.

Von Herzog Hiän kann man sagen, daß er sich aufs Belohnen und Strafen verstand. Belohnungen dürfen nicht nach Gunst verliehen werden, Bestrafungen nicht nach Abneigung verhängt werden, sondern man muß darauf sehen, was sie für Wirkungen haben. Wenn die Wirkung gut ist, so muß man auch einen, dem man abgeneigt ist, belohnen, wenn die Wirkung nicht gut ist, so muß man auch einen, dem man geneigt ist, bestrafen. Das war der Grund, weshalb die alten Könige die Unruhen zu beseitigen und die Gefahren zu stillen verstanden.

5. Kapitel
Erweiterung der Ziele
Bo Dschï

Die alten Könige, wenn sie wichtige Unternehmungen hatten, verstanden es, das abzuwenden, was diesen Unternehmungen schädlich war. Darum erreichten sie stets, was sie wünschten, und hielten ab, was sie haßten. Darauf beruht der Ruhm ihrer Werke. Die gewöhnlichen Herrscher machen es nicht so. Wenn sie große Unternehmungen haben, verstehen sie es nicht, das abzuwenden, was diesen Unternehmungen schädlich ist. Darum bringen sie nichts fertig. Der Unterschied zwischen tüchtigen und untauglichen Herrschern besteht darin, daß die einen das ihren Unternehmungen Schädliche abwenden können, die andern nicht.

Wenn ein Reh schnell läuft, kann ein Pferd es nicht einholen. Wenn man es doch schließlich fängt, so geschieht es, weil es immer sich umsieht. Ein Rennpferd kann in einem Tage tausend Meilen machen, wenn der Wagen leicht ist. Wenn man ihn schwer belädt, kommt es kaum einige Meilen voran, weil die Last zu schwer ist. Wenn tüchtige Männer etwas angreifen, so hört man nie, daß sie es nicht fertiggebracht haben. Wenn sie aber dennoch keinen großen Ruhm erwerben und nicht ihrem ganzen Geschlecht nützen können, so geschieht es, weil sie zu viele Toren und Untaugliche zu schleppen haben.

Sommer und Winter können nicht zugleich herrschen. Unkraut und Korn können nicht zusammen wachsen. Wenn das neue Korn reif ist, geht das alte Korn zu Ende. Alle Tiere, die Hörner haben, haben keine oberen Zähne. Wenn die Früchte zahlreich sind, ist der Baum stets dürftig. Wenn man seine Weisheit auf Kleinliches richtet, so hat man keinen Erfolg: das sind unveränderliche Naturgesetze.

Darum darf der Großkönig nichts vollkommen haben wollen, nichts auf die Spitze treiben, nichts zu voll haben wollen. Was allzu vollkommen ist, hat sicher seine Lücken, was auf die Spitze getrieben wird, schlägt sicher in sein Gegenteil um, was voll ist, wird sicher abnehmen. Die alten Könige wußten, daß man von allen Dingen nicht eine doppelte Vollkommenheit erwarten kann. Darum betonten sie das Wichtigste und beruhigten sich dabei.

Kung Dsï, Mo Dsï und Ning Yüo waren alle Privatleute. Sie waren in Sorge um die Welt und meinten, daß es nichts Besseres gäbe als die Methoden der alten Könige. Darum lernten sie sie Tag und Nacht. Und was sie bei diesem Studium unterstützen konnte, das unterließen sie nicht. Was ihnen für diese Studien nicht von Vorteil war, davon hielten sie sich fern. Man hat von Kung Kiu und Mo Di sagen gehört, daß sie den ganzen Tag (ihre Lieder und Urkunden) rezitierten und ihre Lehren ausübten, und nachts selbst den König Wen und den Herzog Dan von Dschou sahen und befragten. Wenn man in seinen Bestrebungen so genau ist, was sollte man da nicht verstehen, was sollte man da nicht fertigbringen! Darum heißt es: Wer genau und pünktlich ist, dem sagen es die Geister. Nicht daß Geister es ihm sagen würden, sondern seiner Genauigkeit und Pünktlichkeit hat er es zu verdanken.

Wenn einer ein kostbares Schwert oder ein gutes Pferd hätte und würde unermüdlich damit spielen und es unersättlich betrachten, so bleiben kostbare Taten und der gute Weg dennoch ungetan und unbegangen; man kann sie zu nichts weiterem gebrauchen. Wenn man dadurch Sicherheit des Lebens und Ruhm erwerben wollte, so würde das schwerlich gehen.

Ning Yüo war ein gewöhnlicher Mann aus Dschung Mou, er war der Mühen des Ackerbaus überdrüssig. Da sprach er zu seinem Freunde: »Wie kann ich diese harte Arbeit loswerden?« Sein Freund sprach: »Das beste Mittel ist, zu studieren. Wenn man dreißig Jahre studiert hat, so versteht man alles.« Ning Yüo sprach: »Geht es nicht mit fünfzehn Jahren? Wenn andere ruhen, so werde ich nicht ruhen, wenn andere schlafen, so will ich nicht schlafen!« Nach fünfzehn Jahren war er so weit, daß der Herzog We von Dschou[6] ihn zu seinem Lehrer ernannte.

Der Pfeil ist schnell, aber er fliegt nur zwei Meilen weit, weil er aufhört. Der Schritt des Menschen ist langsam, aber er kommt hundert Tagereisen weit, weil er nicht aufhört. Wenn nun ein Ning Yüo mit seiner Begabung so lange nicht aufgehört hat, ist es da nicht ganz in der Ordnung, daß er es bis zum Lehrer eines Fürsten gebracht hat?

Yang Yu Gi und Yin Ju waren beide in ihrer Kunst erfahren. Im Hof des Schlosses von Tschu ließ sich immer ein übernatürlicher weißer Affe sehen. Die besten Schützen von Tschu konnten ihn nicht treffen. Da bat der König von Tschu den Yang Yu Gi, ihn zu schießen. Yang Yu Gi spannte den Bogen, nahm einen Pfeil und ging hin und schoß dahin, wo der Affe noch nicht war, und so traf er ihn. Als er abschoß, da fiel der Affe mit dem Pfeil gleichzeitig zur Erde. Yang Yu Gi traf den Affen, weil er vorher die Richtung des Treffens getroffen hatte.

Yin Ju lernte Wagenfahren drei Jahre lang und konnte es noch nicht. Er war sehr traurig darüber. Da träumte ihm bei Nacht, daß er das Tsiu-Gia-Rennen[7] des Wagens bei seinem Lehrer gelernt habe. Am Tag darauf ging er zu seinem Lehrer.

Sein Lehrer sah ihn und sprach zu ihm: »Ich will nicht zurückhalten mit meiner Belehrung, ich hatte nur gedacht, daß du noch nicht reif seiest. Heute will ich dich nun das Tsiu-Gia-Rennen lehren.« Yin Ju trat einige Schritte zurück, verneigte sich zweimal und sprach: »Ich habe die Belehrung schon heute Nacht im Traum empfangen. Ich will euch erst meinen Traum erzählen.« Und richtig war das, was er geträumt hat, wirklich das Tsiu-Gia-Rennen.

Von diesen beiden Männern kann man sagen, daß sie es verstanden, zu lernen, daß sie es verstanden, sich durch nichts stören zu lassen. Darin können sie den Menschen späterer Geschlechter als Vorbild dienen.

6. Kapitel
Wert der Zuverlässigkeit
Gui Dang

Daß der Name sehr berühmt wird, kann man nicht erzwingen, man muß ihn auf seine Weise erstreben. Beim Beherrschen der Dinge kommt es nicht auf die Dinge an, sondern auf den Menschen. Bei der Beherrschung der Menschen kommt es nicht auf die Taten an, sondern auf den Herrscher.

Bei der Beherrschung der Herrscher kommt es nicht auf die Herrscher an, sondern auf den Himmelssohn. Bei der Beherrschung des Himmelssohns kommt es nicht auf den Himmelssohn an, sondern auf seine Wünsche. Bei der Beherrschung der Wünsche kommt es nicht auf die Wünsche an, sondern auf das Wesen. Das Wesen ist die Wurzel aller Dinge. Es darf weder übertrieben noch unzureichend sein. Alles kommt auf das Natürliche an. Das ist das Gesetz von Himmel und Erde. Wo rotes Fleisch zu sehen ist, da sammeln sich die Raben. Wenn die Katze im Zimmer ist, so zerstreuen sich die Mäuse. Wenn die Trauerkleider ausgebreitet sind, so wissen die Leute, daß Trauer ist. Wenn Pfeifen und Zithern aufgestellt sind, so wissen die Leute, daß es Musik gibt. Tang und Wu brachten ihren Wandel in Ordnung, und alle Welt folgte ihnen. Giä und Dschou Sin ließen sich die Zügel schießen, und alle Welt empörte sich. Da bedurfte es nicht erst der Worte. Der Edle prüft sich selbst und damit ist es getan.

In Tschu lebte ein Mann, der die Physiognomien der Menschen zu beurteilen verstand. Was er sagte, traf stets ein. So wurde er in dem ganzen Staate berühmt. König Dschuang empfing ihn und befragte ihn. Jener erwiderte: »Ich verstehe mich nicht auf die Physiognomie der Menschen, sondern ich verstehe es, die Menschen nach ihren Freunden zu beurteilen. Wenn ich einen Mann aus dem Volk sehe, dessen Freunde alle ehrfurchtsvoll und brüderlich, ernst und vorsichtig sind und die Gesetze des Staates fürchten, so wird sein Haus von Tag zu Tag reicher werden und er selbst wird immer mehr geehrt: Das ist ein Mann des Heils!

Wenn ich einen Fürstendiener sehe, dessen Freunde alle treu und wahr, tugendhaft und dem Guten zugetan sind, so wird er dem Fürsten von Tag zu Tag besser dienen, und sein Amt wird immer höher werden. Das ist ein Beamter des Heils.

Wenn ich einen Herrscher sehe, dessen Hofbeamte meist tüchtig sind und dessen Umgebung meist gewissenhaft ist, und wenn der Herr Fehler hat, ihn um die Wette mahnen, so wird der Staat immer sicherer, der Fürst immer geehrter, die Welt immer mehr zur Unterwerfung geneigt, das ist ein Fürst des Heils!

Ich kenne nicht die Physiognomie, sondern ich verstehe es, die Freunde der Menschen zu beobachten.«

König Dschuang billigte das. Eilig sammelte er tüchtige Staatsmänner um sich. Unermüdlich war er bei Tag und bei Nacht. Darauf erlangte er die Vorherrschaft auf Erden.

Darum, wenn ein tüchtiger Herrscher dauernd tüchtige Männer sieht, so besitzt er an ihnen nicht nur einfach einen wertvollen Zuwachs seines Hofes, sondern sie bewirken, daß sein Streben auf Großes sich richtet.

Unter den Angelegenheiten gibt es keine großen und kleinen, alle hängen sie miteinander zusammen. Jagen und Rennen, Schießen und Hunderennen sind nicht Dinge, die ein Tüchtiger unterläßt; er tut sie, aber er nimmt dennoch täglich zu an Weisheit. Ein untüchtiger Fürst tut solche Dinge, und seine

Weisheit wird täglich mehr umnebelt. Ein altes Wort sagt: Wenn Hochmut und Betörung nicht den Untergang nach sich ziehen, worauf will man dann noch warten?

In Tsi gab es einen Mann, der die Jagd liebte. Er versäumte viel Zeit und wartete lange vergeblich, ohne ein Wild zu fangen. Daheim schämte er sich vor seinen Hausgenossen. Auswärts schämte er sich vor seinen Freunden und Nachbarn. Er überlegte, warum er nichts gefangen. Da zeigte es sich, daß der Hund schlecht war. Wollte er einen guten Hund kaufen, so war er zu arm dazu. Darauf kehrte er heim und wandte sich eifrig dem Landbau zu. Durch den eifrigen Landbau wurde die Familie reich. Nachdem die Familie reich war, konnte er einen guten Hund kaufen. Nachdem er einen guten Hund hatte, fing er zahlreiche Tiere, und seine Jagdbeute war immer größer als die der andern. Nicht nur auf der Jagd, in allen Dingen geht es so.

Daß einer die Hegemonie an sich gebracht, der nicht zuvor dem Landbau sich gewidmet und dadurch die Hegemonie errungen, ist noch nie vorgekommen. In diesem Punkte unterscheiden sich tüchtige und untüchtige Menschen. Die Wünsche der Tüchtigen und Untüchtigen sind auf dasselbe gerichtet. Ein Yau war in diesem Stück ebenso wie die Könige Giä, Yu und Li, wie er es aber angefangen hat, sein Ziel zu erreichen, darin unterschied er sich von ihnen. Darum muß ein tüchtiger Herrscher alles erst prüfen. Wenn er der Meinung ist, daß etwas nicht anginge, so tut er es nicht. Wenn er etwas für angängig hält, dann tut er es. Was er tut, tut er sicher auf die rechte Weise, so daß ihm durch nichts ein Schaden erwachsen kann. Auf diese Weise vermehren sich die Werke ins Tausendfache.

BUCH XXV · SÏ SCHUN LUN

Abhandlung über scheinbares Gelingen

1. Kapitel
Abhandlung über scheinbares Gelingen
Sï Schun Lun

Die Sachen sehen oft so aus, als wäre alles verkehrt, und doch gelingt es. Oft sieht es aus, als müßte es gelingen, und doch mißrät es. Wer weiß, daß Gelingen zu Mißraten führen kann und daß Mißraten zum Gelingen führen kann, mit dem kann man über die Wandlungen reden.

Wenn etwas ganz lang ist, so wird es wieder kurz. Wenn etwas ganz kurz ist, so wird es wieder lang. Das ist des Himmels Lauf.

König Dschuang von Tschu wollte Tschen angreifen. Darum sandte er jemanden hin, um die Verhältnisse zu erkunden. Der Bote sagte: »Tschen darf man nicht angreifen.« Der König Dschuang sprach: »Warum nicht?« Jener erwiderte: »Die Mauern und Türme sind hoch, die Gräben tief, die Vorräte zahlreich.« Da sagte der Beamte Ning Guo: »Tschen kann man angreifen. Tschen ist ein kleines Land. Wenn seine Vorräte zahlreich sind, so zeigt das, daß die Steuerlasten schwer sind; dann sind aber die Untertanen mit ihren Oberen unzufrieden. Wenn Mauern und Türme hoch und die Gräben tief sind, so muß die Kraft des Volkes erschöpft sein. Wenn man ein Heer aufbietet zum Angriff, so läßt sich Tschen erobern.«

Der König Dschuang hörte auf ihn, und richtig wurde Tschen erobert.

Warum Tiän Tschong Dsï das Land Tsi bekommen und es sich bis heute in seiner Familie erhalten hat, das ist, weil er einen Bruder hatte mit Namen Wan Dsï, der gütig und außerdem tapfer war.

Die Leute von Yüo boten Soldaten auf, um einen Strafzug gegen Tiän Tschong Dsï zu unternehmen, indem sie sagten:

»Warum hat er seinen Fürsten getötet und das Land an sich gerissen?« Tiän Tschong Dsï litt darunter. Da bat Wan Dsï, an der Spitze der Staatsmänner und hohen Räte dem Heer von Yüo entgegenzutreten. In der Schlacht werde er sicher besiegt werden, nach seiner Besiegung werde er sicher fallen.

Tiän Tschong Dsï sprach: »Daß du durchaus mit Yüo kämpfen willst, das geht an. Aber daß du unter allen Umständen besiegt werden und fallen willst, das verstehe ich nicht.«

Wan Dsï sprach: »Seit du das Reich hast, hassen dich die Untertanen, und die Guten und Tüchtigen sind entschlossen, in den Tod zu gehen. Ich bin mit in die Schande verwickelt. Nach meiner Ansicht ist der Zustand des Landes äußerst gefährlich. Da nun Yüo ein Heer geschickt hat und ich mit ihnen kämpfe und besiegt werde, so werden die Guten und Tüchtigen alle getötet werden. Würden sie nicht getötet, so würden sie nicht wagen, zurückzukehren. Dann wohnst du mit den Waisen zusammen in Tsi, und meiner Ansicht nach kommt dann das Land sicher zur Ruhe.«

Wan Dsï brach auf. Tiän Tschong Dsï geleitete ihn unter bitteren Tränen. Fallen und besiegt werden, das hassen alle Menschen, und hier gereichte es umgekehrt zum Frieden. Daraus sieht man, daß die Dinge auf Erden nicht alle auf dieselbe Weise gehen. Darum müssen die Fürsten in ihrer Aufnahmefähigkeit und die Staatsmänner in ihrer Erfahrung umfassend sein.

Yin Do verwaltete Dsin Yang. Ehe er hinging, befragte er den Dschau Giän Dsï (über seine Pflichten). Dschau Giän Dsï sprach: »Wenn du hinkommst, so mußt du die Wälle vor der Stadt einebnen. Ich will nächstens hingehen. Wenn ich dann die Wälle sehe, so ist es mir, als sehe ich den Dschung Hang Yin und Fan Gi I (die sie einst im Kampf gegen mich aufgeworfen).« Yin Do ging hin und erhöhte die Wälle noch mehr. Als nun Dschau Giän Dsï nach Dsin Yang kam, da sah er die Lager. Er wurde zornig und sprach: »Ach, dieser Yin Do verhöhnt mich.« Darauf blieb er außerhalb der Stadt und war im Begriff, den Yin Do hinrichten zu lassen. Da widersprach Sun Ming Dsin und sprach: »Nach meiner Meinung verdient Yin Do noch eine Belohnung. Yin Dos Meinung ist: Wenn man Freuden begegnet, wird man übermütig, wenn einen Kummer trifft, so geht man in sich und bessert sich. Das ist die Art der Menschen. Wenn Ihr diese Wälle seht, so erinnern sie Euch an schwere Zeiten, wieviel mehr erst die Beamten und das Volk. Etwas, das für das Land vorteilhaft und für den Fürsten günstig ist, hat Yin Do zu tun gewagt, obwohl er sich dadurch selbst in die äußerste Gefahr brachte, bestraft zu werden. Den Befehlen gehorchen und so die Zufriedenheit des Fürsten zu erlangen, das kann jeder, wieviel mehr hätte das Yin Do gekonnt. Überlegt Euch das.«

Dschau Giän Dsï sprach: »Ohne deine Worte hätte ich beinahe einen schweren Fehler gemacht.« Darauf belohnte er den Yin Do mit der Belohnung, die er auf Abwendung von öffentlichen Gefahren ausgesetzt hatte.

Von den Fürsten sind die Höchsten in ihrem Wohlgefallen und Zorn in Übereinstimmung mit der Vernunft. Die nächste Stufe nehmen die ein, die nicht mit der Vernunft in Einklang sind, aber doch immer wieder sich bessern. Obwohl sie keine großen, weisen Herrscher sind, so sind sie doch der schlechten Welt gewachsen. Ein solcher Fürst war Dschau Giän Dsï. Das Unglück der Fürsten unserer Zeit besteht darin, daß sie sich schämen, etwas nicht zu wissen, und sich ihrer Taten rühmen, daß sie gern ihre Fehler beschönigen und nur ungern auf Mahnungen hören. Auf diese Weise bringen sie sich in Gefahr. Es gibt aber nichts, vor dem man sich mehr schämen sollte, als daß man sich selbst in Gefahr bringt.

2. Kapitel
Unterscheidung der Arten
Biä Le

Wenn man weiß, daß man nichts weiß, das ist das Höchste. Das Übel derer, die Fehler machen, ist, daß sie etwas nicht wissen und doch denken, sie wissen es. In vielen Fällen geht es so, daß es aussieht, als sei etwas so und ist doch nicht so. Darum sind zahllose Staaten zugrunde gegangen und zahllose Menschen ums Leben gekommen. Unter den Kräutern gibt es Asarum und

Cissus. Wenn man eines davon allein ißt, so kann man daran sterben. Wenn man sie mit andern Kräutern gemischt ißt, so verlängern sie das menschliche Leben. Wenn man 10 000 Schierlingsarten zusammenmischt, so sind sie nicht tödlich. Lack ist flüssig, Wasser ist flüssig. Wenn man die beiden flüssigen Dinge zusammenbringt, so werden sie fest. Wenn man den Lack naß macht, so wird er trocken. Gold ist weich, Zinn ist weich; wenn man die beiden weichen Metalle mischt, so werden sie hart. Wenn man sie erhitzt, so werden sie flüssig. Das eine wird dadurch, daß man es naß macht, trocken, das andere dadurch, daß man es erhitzt, flüssig. Daraus ersieht man, daß man von einer Art nicht sicher auf eine andere schließen kann.

Ein kleines Geviert ist von derselben Art wie ein großes Geviert. Ein kleines Pferd ist von derselben Art wie ein großes Pferd. Aber kleines Wissen ist nicht von derselben Art wie großes Wissen.

In Lu gab es einen Mann namens Gung Sun Dscho, der sagte zu einem anderen: »Ich kann Tote lebendig machen.« Der andere fragte, wie das zugehe. Da erwiderte er: »Ich kann einseitige Schlagflüsse heilen. Wenn ich nun von der Arznei, mit der ich solche Schlagflüsse heile, die doppelte Dosis gebe, so wird sie einen Toten zum Leben erwecken.«

Unter den Dingen gibt es freilich solche, die etwas Kleines bewirken, aber nicht etwas Großes bewirken können, die die eine Hälfte bewirken können, aber nicht das Ganze.

Ein Schwertkenner sprach: »Weißes Metall macht das Schwert fest, gelbes macht es elastisch. Wenn Gelb und Weiß vereint wird, so ist das Schwert fest und elastisch, diese Schwerter sind die besten.« Einer machte ihm Schwierigkeiten und sprach: »Das Weiße ist der Grund, daß das Schwert nicht elastisch ist, das Gelbe, daß es nicht fest ist. Wenn also Weiß und Gelb gemischt ist, so ist das Schwert nicht fest und elastisch. Außerdem, wenn ein Schwert elastisch ist, so verbiegt es sich leicht, wenn es fest ist, so bricht es leicht. Ein Schwert, das sich leicht verbiegt und bricht, wie kann man das ein scharfes Schwert nennen?« Das Schwert hatte seine Natur nicht verändert, und doch nannte es der eine gut, der andere schlecht, das kam nur von der Auffassung her. Darum, wenn man richtig zu hören versteht, so müssen die Schwätzer verstummen. Wenn man nicht richtig zu hören versteht, so ist zwischen einem Yau und einem Giä kein Unterschied. Das ist die Not der treuen Beamten und der Grund, warum tüchtige Männer verworfen werden.

Wenn man Gerechtigkeit im Kleinen übt, so hat man im Kleinen Glück, wenn man sie im Großen übt, so hat man im Großen Glück. Mit dem Unheil ist es nicht so. Wenig ist immer noch schlimmer als gar nichts. Wenn man nach einem Ziel schießt, so will man einen kleinen Punkt treffen. Wenn man nach Tieren schießt, so will man die Großen treffen. Man kann von einem Ding nicht mit Sicherheit auf ein anderes schließen.

Gau Yang Ying war im Begriff, ein Haus zu bauen. Sein Hausmaurer sprach zu ihm: »Es geht noch nicht, das Holz ist noch zu frisch, wenn man Lehm daraufbringt, so wird es sich biegen. Wenn man mit frischem Holz baut, so wird es vielleicht für den Augenblick gut, aber auf die Dauer ist es sicher von Übel.« Gau Yang Ying sprach: »Wenn man sich nach deinen Worten richtet, so wird also ein Haus nie zerfallen. Je trockener das Holz wird, desto fester wird es. Je trockener der Lehm wird, desto leichter wird er. Wenn man nun auf etwas, das immer fester wird, etwas tut, das immer leichter wird, so schadet es sicher nichts.« Der Maurer wußte darauf nichts zu erwidern, so gehorchte er und baute das Haus. Als das Haus fertig war, war es sehr schön; mit der Zeit zerfiel es aber tatsächlich.

Gau Yang Ying liebte es, kleinlichen Scharfsinn zu beweisen, aber er verstand die großen Naturgesetze nicht.

Ki, Au und Lü Örl[1], wenn sie die Sonne hinter sich haben und nach Westen laufen, so finden sie doch, wenn sie abends ankommen, die Sonne vor sich. So gibt es Dinge, die das Auge nicht wahrnehmen kann, und Dinge, die der Verstand nicht erkennen kann, und die man nicht zahlenmäßig berechnen kann, ohne daß man weiß, warum das so ist, wie es ist. Darum richtet sich der Heilige nach den Naturgesetzen und nicht nach den Meinungen seines Herzens.

3. Kapitel
Das Vorhandensein von Maßstäben
Yu Du

Ein weiser Herrscher hat beim Hören Maßstäbe, darum macht er keinen Fehler dabei. Wenn man beim Hören einen Maßstab hat, so kann man nicht betrogen werden, so kann man nicht unsicher gemacht, nicht eingeschüchtert, nicht zur Ausgelassenheit verführt werden. Weil man das Wissen eines Durchschnittsmenschen zwar nicht vermissen kann in dem, was er schon weiß, wohl aber vermissen kann in dem, was er noch nicht weiß, darum sind die Menschen leicht zu betrügen, unsicher zu machen, einzuschüchtern und zur Ausgelassenheit zu verführen. Das ist ein Zeichen, daß die Erkenntnis nicht auf festem Urteil beruht.

Jemand fragte den Hu Gi Dsï: »Woher kann man wissen, daß Schun fähig ist?« Gi Dsï sprach: »Yau hat tatsächlich es verstanden, die Welt in Ordnung zu bringen. Was Schun über die Ordnung der Welt sagte, das stimmte damit überein, wie zwei Hälften eines Talismans. Darum kann man wissen, daß er fähig ist.«

»Wenn man das auch weiß, woher soll man wissen, daß er das nicht alles aus selbstsüchtigen Gründen tut?«

Gi Dsï sprach: »Alle, die die Welt zu ordnen verstehen, müssen die Grundgesetze des Lebens beherrschen, da sind sie natürlich ohne Selbstsucht. Wenn man im Sommer keinen Pelz trägt, so ist es nicht, um den Pelz zu schonen, sondern weil es zu warm ist. Wenn man im Winter keinen Fächer benützt, so ist es nicht, um den Fächer zu schonen, sondern weil es zu kalt ist. Wenn ein Heiliger nicht selbstsüchtig ist, so ist er es nicht, um die öffentlichen Ausgaben zu sparen, sondern weil er selbstbeherrscht ist. Wenn jemand sich selbst beherrscht, so vermag er die unreinen Begierden zum Aufhören zu bringen, wieviel mehr ein Heiliger! Hü Yu war nicht etwa besonders stark, sondern er verstand sich auf die Gesetze des Lebens. Wenn man die versteht, dann ist aller Gewinn, der begehrt werden kann, etwas Äußerliches.«

Die Jünger und Anhänger des Kung Dsï und Mo Di erfüllen die ganze Welt. Sie alle belehren die Welt über die Methoden von Liebe und Pflicht. Wenn diese Lehren ausgeführt werden, so können die Methoden sich nicht bewähren, wieviel weniger das, was über diese Methoden gelehrt wird. Woher kommt das? Weil dann die Methoden von Liebe und Pflicht etwas Äußerliches sind. Wenn man durch etwas Äußerliches etwas Innerliches besiegen will, so wird man nicht einmal bei ganz gewöhnlichen Menschen Erfolg haben, wieviel weniger bei Fürsten. Nur wenn man sich auf die Gesetze des Lebens versteht, so wird die Lehre der Methode von Liebe und Pflicht ganz von selbst Erfolg haben.

Die Könige des Altertums konnten nicht alles wissen. Sie hielten sich an Eines, und alles kam in Ordnung. Daß die Leute dieses Eine nicht festhalten können, kommt davon her, daß sie sich von den Außendingen betören lassen. Darum heißt es: Man muß die Vorurteile der Gedanken durchdringen, die Verwirrungen des Herzens auflösen, die Verwicklungen des Charakters beseitigen, die Hindernisse des rechten Wegs überwinden. Vornehmheit, Reichtum, Berühmtheit, Ansehen, Name, Gewinn: diese sechs Dinge schaffen den Gedanken Vorurteile. Äußeres, Bewegungen, Mienen, Prinzipien, Stimmungen, Gedanken: diese sechs Dinge schaffen im Herzen Verwirrung. Abneigung, Zuneigung, Freude, Zorn, Trauer, Fröhlichkeit: diese sechs Dinge verwickeln den Charakter. Weisheit, Fähigkeit, Abwendung, Zuwendung, Nehmen, Verlassen: diese sechs Dinge behindern den rechten Weg.

Wenn diese vier Sechsergruppen nicht in der Brust sich umtreiben, so wird man recht. Ist man recht, so wird man ruhig. Ist man ruhig, so wird man rein und klar. Ist man rein und klar, so wird man frei. Ist man frei, so braucht man nichts zu tun, und dennoch bleibt nichts ungetan.

4. Kapitel
Unterschied der Ämter
Fen Dschï

Die Könige des Altertums besaßen nicht, was sie gebrauchten, und doch hatten sie es, als wäre es ihr Eigentum, denn sie verstanden den Weg der Fürsten. Der Edle muß im Leeren weilen und im Stillen wandeln und darf keine eigene Weisheit haben wollen, dann kann er alle Weisen auf Erden für sich gebrauchen.

Seine Weisheit muß darin bestehen, daß er sich für unfähig hält, dann kann er alle Fähigen gebrauchen. Seine Fähigkeit muß darin bestehen, daß er am Nichthandeln festhalten kann, dann kann er alle Handelnden gebrauchen. Nicht eigne Weisheit, nicht eigne Fähigkeit, nicht eignes Handeln: das ist es, woran ein Fürst festhalten muß.

Die Betörten unter den Fürsten machen es nicht also. Sie wollen an Weisheit die andern übertreffen, sie wollen an Taten die andern übertreffen. Damit begeben sie sich in das Amt eines Dieners. Wer sich in das Amt eines Dieners begibt und es doch nicht zu Stockungen kommen lassen will, der kommt nicht zustande, und wenn es ein Schun wäre.

König Wu hatte fünf Gehilfen[2]. Der König Wu besaß in den von diesen Männern besorgten Geschäften keine Fähigkeit. Und doch sagte die ganze Welt, daß König Wu die Welt gewonnen habe. So hat König Wu das, was er nicht selbst zu eigen hatte, wie ein Eigentum in Besitz gehabt, denn er verstand den Weg des Fürsten. Wer den Weg des Fürsten versteht, der kann die Weisen Pläne schmieden lassen, der kann die Tapferen zürnen lassen, der kann die Redegewandten reden lassen. Wenn z. B. ein Pferd von einem Bo Lo ausgesucht und einem Dsau Fu geleitet wird, so kann ein weiser Fürst im Wagen sitzen und 1000 Meilen im Tag zurücklegen, ohne daß er die Mühe des Aussuchens der Pferde und ihrer Lenkung auf sich zu nehmen braucht und hat dennoch den Erfolg davon. Das ist, weil er es versteht, was für ein Gespann er benützen muß.

Wenn die geladenen Gäste voll süßen Weines sind, die Sänger, Tänzer, Pauker und Pfeifer ihre Rollen spielen, so dankt man am andern Tag nicht denen, die einem das Vergnügen verschafft, sondern dem Gastgeber; denn der Gastgeber hat alles veranstaltet.

Die alten Könige bewirkten ihre Taten und Ruhm auch auf ähnliche Weise. Wer viele Fähige und Tüchtige gebraucht, der schafft große Werke und Ruhm auf Erden. Und man lobt dafür nicht die, die es getan, sondern man lobt ihren Herrn. Denn der Herr wußte sie zu gebrauchen.

Wenn man z. B. ein Gebäude baut, so stellt man stets tüchtige Handwerker an. Warum? Wenn die Handwerker nicht geschickt sind, wird das Gebäude nicht gut. Ein Staat ist etwas Wichtiges. Wenn er nicht gut imstande ist, so ist das weit schlimmer als bei einem einzelnen Haus. Ein geschickter Handwerker benützt beim Hausbau bei Rundungen den Zirkel, bei Ecken das Winkelmaß, was eben und gerade werden soll, dazu benutzt er Wasserwage und Richtschnur. Wenn das Haus fertig ist, so kümmert man sich nicht um Zirkel, Winkelmaß und Richtschnur, sondern man belohnt den Handwerker. Wenn dann die geschickten Handwerker ein Gebäude fertig haben, so fragt man nicht mehr nach den geschickten Handwerkern, sondern jedermann sagt: Wie schön ist doch das Haus des Herrn N., das Schloß des Fürsten N. Das verdient sorgfältige Überlegung.

Die Fürsten, die den Weg der Fürsten nicht verstehen, machen es nicht so. Sie meinen, die andern seien ihnen nicht gleich an Fähigkeiten. Betrauen sie einen Tüchtigen, so werden sie böse auf ihn und reden mit Untüchtigen über ihn. Das ist der Grund, warum Werk und Ruhm nicht zustande kommen und das Reich in Gefahr gerät.

Die Schlehen sind der Besitz des Dornbusches, der Pelz gehört dem Fuchs, und doch ißt man die Schlehen des Dornbusches und kleidet sich in den Pelz des Fuchses. So haben sich die alten Könige nicht ihres eigenen Besitzes bedient und hatten ihn doch im Besitz. Tang und Wu bekamen an einem Tage alle Untertanen der Häuser Hia und Schang und gewannen das ganze Land von Hia und Schang und den ganzen Reichtum von Hia und Schang. Weil sie das Volk zur Ruhe brachten, darum wagte niemand auf Erden, sie zu gefährden. Weil sie das Land als

Lehen weggaben, darum wagte niemand auf Erden, unzufrieden zu sein. Weil sie von ihrem Reichtum Belohnungen verliehen, darum wetteiferte die ganze Welt. Sie brauchten nicht We und Ki Dschou, ihre Stammländer, dranzugeben, und doch nannte sie die ganze Welt gütig und gerecht: weil sie es verstanden, das, was nicht ihnen gehörte, zu benützen.

Schong, der Herzog von Bo, setzte sich in den Besitz des Staates Tschu. Aber er brachte es nicht über sich, von seinen Schätzen an andre auszuteilen. Nach sieben Tagen sagte Schï Ki: »Das Unglück ist da. Wenn Ihr nichts andern austeilen wollt, so verbrennt die Schätze, damit nicht andere sie benützen, um uns zu schaden.« Herzog von Bo brachte auch das nicht über sich. Nach neun Tagen drang der Herzog Schä ein und verteilte die Schätze der Schatzkammern unter die Massen und verteilte die Waffen des hohen Zeughauses unter das Volk, um es zu bewaffnen. Darauf griff er den Herzog von Bo an. Nach neunzehn Tagen fiel der Herzog von Bo.

Das Land gehörte nicht ihm, und doch wollte er es als seinen eigenen Besitz haben, das ist der Gipfel der Habsucht. Daß er auf die Schätze nicht um der andern willen verzichten konnte, und nicht einmal um seiner selbst willen, das ist der Gipfel der Torheit. Der Geiz des Herzogs von Bo war wie die Liebe der Eule zu ihren Jungen[3].

Herzog Ling von We wollte bei kaltem Wetter einen Weiher anlegen lassen. Da erhob Wan Tschun Einsprache und sagte: »Wenn man zur kalten Jahreszeit eine Arbeit beginnt, so ist zu fürchten, daß es den Leuten schadet.« Der Herzog sprach: »Ist es denn kaltes Wetter?« Wan Tschun sprach: »Eure Hoheit sind in Fuchspelz gekleidet und sitzen auf Bärenfellen, und außerdem steht in der Ecke ein Herd, darum empfindet Ihr die Kälte nicht. Aber die Leute haben zerrissene Kleider, die sie nicht flicken können, ihre Schuhe sind zerrissen, und sie können sie nicht nähen. Wenn Ihr es auch nicht kalt findet, so frieren doch die Leute.« Der Herzog sprach: »Gut«, und ließ die Arbeit einstellen.

Seine Umgebung aber erhob Einspruch und sagte: »Ihr wolltet einen Teich graben lassen und wußtet nichts von der Kälte. Aber Wan Tschun wußte es! Nun habt Ihr auf das Urteil Wan

Tschuns hin die Arbeit einstellen lassen, da wird der Lohn dafür dem Wan Tschun zufallen, während die Vorwürfe auf Euch fallen werden.«

Der Herzog sprach: »Nein. Wan Tschun war in Lu ein ganz gewöhnlicher Mann, und ich habe ihn erhoben. Die Leute haben noch nichts von ihm gesehen, darum will ich, daß die Leute seine Vorzüge hierdurch erkennen. Außerdem, wenn Wan Tschun einen Vorteil hat, so kommt er auch mir zugute, denn das Gute Wan Tschuns ist ja mein Gutes.«

Die Art, wie Herzog Ling von We über Wan Tschun sprach, zeigt, daß er den Weg des Fürsten verstand. Der Fürst hat kein Amt, aber die Ämter auszuteilen ist das Amt, das er bekommen hat. Geschick und Ungeschick liegt bei den Untergebenen; Lohn und Strafe liegt bei den Gesetzen. Was hat der Fürst dabei zu tun? Wenn es so ist, so werden die Belohnten den Fürsten nicht wegen seiner Gnade preisen, und die Bestraften können sich nicht beklagen. Jeder muß es bei sich selber suchen. Das ist die höchste Regierungskunst.

5. Kapitel
Die rechte Art des Handelns
Tschu Fang

Wer regieren will, muß zuerst die Stellungsunterschiede festsetzen: Fürst, Beamter, Vater, Sohn, Gatte, Gattin. Wenn diese sechs Beziehungen fest geordnet sind, so übertreten die Unteren nicht ihre Grenzen und die Oberen werden nicht leichtsinnig im Handeln. Die Jungen sind nicht gewalttätig und falsch, die Alten sind nicht gleichgültig und träge.

Metall und Holz haben verschiedene Funktionen, Wasser und Feuer haben verschiedene Geschäfte, das Schattige und das Lichte stimmen nicht überein in ihren Wirkungen. Aber ihr Nutzen für die Menschen ist derselbe.

So wird durch den Unterschied das Gemeinsame gesichert. Durch das Gemeinsame wird ihre Verschiedenheit gefährdet. Der Unterschied zwischen Gemeinsamkeit und Verschiedenheit, die

Unterscheidung zwischen Vornehm und Gering, die Pflichten der Jugend und des Alters, diese Dinge waren es, denen die alten Könige ihre Aufmerksamkeit zuwandten, und sie sind die Grundsätze, durch die Verwirrungen geschlichtet werden können.

Der Bogenschütze sieht haarscharf, aber er beachtet die Wand nicht, an der die Scheibe hängt. Ein Maler sieht auf die kleinsten Härchen, aber er nimmt die Umrisse leicht. Das heißt das Wesentliche verstehen. Wenn man sich nicht auf das Wesentliche versteht, so mag man die Begabung eines Yau und Schun haben und kann doch nicht regieren. Jede Verwirrung beginnt in der Nähe und breitet sich von da in die Ferne aus, sie fängt beim Stamm an und verbreitet sich von da auf die Zweige. Mit der Ordnung ist es ebenso.

Bai Li Hi weilte in Yü, und Yü ging zugrunde. Er weilte in Tsin, und Tsin erlangte die Vorherrschaft. Hiang Dschï weilte in Schang, und Schang wurde vernichtet, er weilte in Dschou, und Dschou erlangte die Weltherrschaft. Als Bai Li Hi in Yü weilte, war seine Weisheit nicht zur Torheit geworden. Als Hiang Dschï in Schang weilte, waren seine Ratschläge nicht schlecht. Aber es fehlte am Stamm (Wesentlichen). Als Bai Li Hi in Tsin weilte, war seine Weisheit nicht größer geworden. Als jener in Dschou weilte, waren seine Ratschläge nicht besser als zuvor. Aber das Wesentliche war vorhanden. Das Wesentliche ist eben die Festsetzung der Stellungsunterschiede.

Der Fürst von Tsi befahl Dschang Dsi mit Han und We zusammen Tschu anzugreifen. Tschu befahl dem Tang Miä, mit einem Heer ihnen entgegenzutreten. Die Heere standen einander gegenüber sechs Monate lang, und es kam zu keinem Kampf. Da schickte der Fürst von Tsi den Dschou Dsui, um den Dschang Dsï zum Angriff zu drängen. Seine Botschaft war sehr streng gehalten. Dschang Dsï erwiderte dem Dschou Dsui: »Der König kann mich töten, absetzen, meine Familie ausrotten, aber er kann mich nicht dazu bringen zu kämpfen, wenn man nicht kämpfen darf, oder nicht zu kämpfen, wenn man kämpfen muß.« Die Leute von Tschu hatten sich nämlich hinter den Bi-Fluß zum Kampf aufgestellt. Dschang Dsï schickte jemand, um zu sehen, ob sich der Fluß ableiten lasse. Da schossen die Leute von Tschu nach ihm, und er konnte dem Fluß nicht nahen. Da war ein Heusammler am Ufer, der sagte zu dem Aufklärungsposten von Tsi: »Die Tiefe des Wassers an den verschiedenen Stellen läßt sich leicht feststellen. Wo die Leute von Tschu dicht stehen zur Bewachung, das sind die seichten Stellen. Wo sie in der Bewachung es leichter nehmen, das sind die tiefen Stellen.« Der Aufklärungsposten nahm den Wildheuer auf seinen Wagen und brachte ihn zu Dschang Dsï. Dschang Dsï war über seine Worte hoch erfreut. Darauf sammelte er seine Soldaten und überfiel die von den Leuten von Tschu stark bewachten Stellen. Und Tang Miä fiel tatsächlich. Dschang Dsï war ein Mann, der die Stellung eines Feldherrn verstand.

Der Fürst Dschau Li von Han zog aus auf die Vogeljagd. Von den Zügeln war einer schief und locker. Fürst Dschau Li saß im Wagen und sagte zu seinem Kutscher: »Ist nicht der eine Zügel schief und locker?« Sein Kutscher sagte: »Ja.« Als sie auf den Jagdplatz kamen, da schoß Fürst Dschau Li Vögel. Da zog der im Wagen rechts Befindliche den lockeren Zügel an während des Wartens. Nachdem Fürst Dschau Li die Jagd beendigt, ließ er anspannen, um heimzufahren. Als er den Wagen bestiegen hatte, fragte er nach einer Weile: »Der Zügel, der vorher schief und locker war, ist jetzt angezogen, warum?« Sein rechter Begleiter sagte von hinten: »Ich habe ihn inzwischen angezogen.« Da tadelte Fürst Dschau Li den Kutscher und den Mann rechts im Wagen[4] und setzte sie beide ab. Darum, wer unvorsichtig ist im Erraten der Wünsche des Fürsten, den wird selbst ein weiser Fürst nicht brauchen. Wenn z. B. jemand ohne Befehl des Fürsten von sich aus etwas anordnet und dadurch den Staat rettet, wenn einer das Gewicht abschätzt so genau, als hätte er eine Waage, wenn einer Vierecke und Kreise zeichnen kann, so genau wie mit Zirkel und Winkelmaß, so ist das persönliche Geschicklichkeit, aber es ist nicht das auf die Dauer anwendbare Gesetz. Das Gesetz ist etwas, in dem alle übereinstimmen, dessen Befolgung sich Weise und Toren gleich angelegen sein lassen müssen. Pläne, die zu weit gehen, darf man nicht befolgen, Leistungen, die zu weit gehen, darf man nicht dulden, solche Dinge waren es, die die alten Könige verschmähten.

6. Kapitel
Achtung aufs Kleine
Schen Siau

Die Oberen sind geehrt, die Unteren gering. Die Geringen können sich nicht in kleinen Dingen mit den Oberen messen wollen. Dadurch werden die Oberen übermütig. Im Übermut verachten sie das Kleine. Durch Verachtung des Kleinen kommt es dahin, daß die Oberen die Unteren nicht mehr verstehen und die Unteren die Oberen nicht mehr verstehen. Wenn Obere und Untere einander nicht mehr verstehen, so verurteilen die Oberen die Unteren, und die Unteren grollen den Oberen. In der Natur der Beamten liegt es, daß sie nicht Leuten helfen können, denen sie grollen. In der Natur der Herrscher liegt es, daß sie die nicht lieben können, die sie mißbilligen. Auf diese Weise verlieren Obere und Untere in hohem Maße den rechten Weg. Darum ist ein weiser Fürst vorsichtig im Kleinen, wenn er lobt oder tadelt.

Wenn ein Damm Ameisen in sich beherbergt, so ist die Folge, daß Städte überschwemmt werden und Menschen ums Leben kommen. Wenn aus dem Herd ein Funke entfällt, so verbrennt das Haus und die Scheune geht in Flammen auf. Wenn ein Feldherr auch nur einen Befehl aus Versehen falsch gibt, so wird das Heer besiegt und er wird getötet. Wenn ein Fürst es auch nur in einem Wort versieht, so geht der Staat zugrunde, sein Name kommt in Schande und wird zum Gelächter der Nachwelt.

Herzog Hiän von We hatte Sun Lin Fu und Ning Dschï zum Essen eingeladen. Da ließen sich Wildgänse im Park nieder und der Förster berichtete es. Der Herzog begab sich in den Park, um die Gänse zu schießen. Währenddessen warteten die beiden auf den Fürsten. Es wurde Abend, ehe der Herzog zurückkam. Als er endlich kam, nahm er seine Pelzmütze nicht ab, als er die beiden begrüßte. Die beiden waren darüber mißvergnügt. Sie vertrieben den Herzog Hiän und setzten den Prinzen Kiän ein.

Herzog Dschuang von We hatte den Thron bestiegen. Da wollte er den Schï Pu vertreiben. Eines Tages stieg er auf einen Turm, um die Aussicht zu genießen. Da sah er die Stadt der Jungbarbaren und fragte: »Was ist das?« Die Diener sprachen:

»Das ist die Stadt der Jungbarbaren.« Herzog Dschuang sprach: »Ich gehöre der kaiserlichen Familie Gi an, wie wagen es die Jungbarbaren, in meinem Staat zu wohnen?« Darauf gab er Befehl, ihre Häuser zu beschlagnahmen und die Stadt zu zerstören. Zu dieser Zeit machte gerade der Staat Dsin einen Angriff auf We. Das benützten die Leute aus der Stadt der Jungbarbaren, um in Gemeinschaft mit Schï Pu den Fürsten Dschuang zu töten und den Prinzen Ki einzusetzen.

Das kam daher, daß kleine Dinge nicht wichtig genommen wurden. Es liegt in der Natur des Menschen, daß er nicht über einen Berg stolpert, wohl aber über einen Ameisenhügel.

Herzog Huan von Tsi saß drei Jahre auf dem Thron. Drei Worte hatte er gesprochen, und die ganze Welt rühmte seine Weisheit, und alle seine Beamten waren mit ihm zufrieden. Er hatte die Raubtiere beseitigen lassen und die Getreide fressenden Vögel und die seidenen Netze zum Hasenfangen.

Wu Ki regierte die Gegend im Westen des Ho. Er wollte die Leute von seiner Wahrhaftigkeit überzeugen. Er stellte bei Tag und Nacht eine Stange vor dem Südtor auf. Dann ließ er bekanntmachen: Wer morgen die Stange vor dem Südtor umhauen kann, der soll zur Belohnung zum Rat ernannt werden. Am andern Tag aber wurde es Abend, ohne daß einer die Stange umgehauen hätte; denn die Leute sagten untereinander: Das ist sicher nicht wahr. Da sprach einer: »Ich will es einmal versuchen und hingehen. Wenn ich keine Belohnung bekomme, so tut es ja auch weiter nichts.« Darauf hieb er die Stange um und trat vor Wu Ki. Wu Ki empfing ihn persönlich und stellte ihn als Rat an.

Nach einigen Tagen ließ er wieder eine Stange aufstellen und ließ dasselbe wieder in der Stadt bekanntmachen. Da strömten die Leute aus der Stadt herbei und versammelten sich am Tor und stritten sich, wer die Stange ausreißen dürfe. Dabei wurde die Stange nur fester in die Erde getrieben, und keiner bekam die Belohnung.

Von da an glaubten die Leute, daß es Wu Ki mit Lohn und Strafe ernst sei. Wenn aber die Leute Vertrauen zu Lohn und Strafe haben, was läßt sich dann nicht alles erreichen; nicht etwa nur Kriege führen!

BUCH XXVI · SCHÏ YUNG LUN

Abhandlung über das Äußere der Staatsmänner

1. Kapitel
Abhandlung über das Äußere der Staatsmänner
Schï Yung Lun

Der rechte Staatsmann ist nicht einseitig und parteiisch. Er ist müde, aber fest, er ist bescheiden, aber gründlich. Sein Äußeres ist großartig, und er ist nicht kleinlich darauf bedacht, in jedem Fall seine Prinzipien durchzusetzen. Er nimmt Kleinigkeiten unwichtig, aber seine Absichten halten am Großen fest. Er scheint nicht tapfer, aber nichts kann ihm Furcht einflößen. Er ist wie ein Wolf so fest im Zufassen und Wagemut, aber er läßt sich nicht beschämen und beschädigen. Angesichts der Not und in schwierigen Lagen ist er unerschütterlich bei seiner Pflicht, ohne von ihr abzulassen. Wenn er an hoher Stelle weilt und als Fürst begrüßt wird, so wird er nicht übermütig und verschwenderisch. Vom ersten Tage an, da er ein Volk beherrscht, sind seine Wünsche darauf gerichtet, die ganze Welt zur Anerkennung zu bringen. Er ist in seinen Geschäften großartig und nicht auf kleinen Gewinn aus. Seine Augen und Ohren verschmähen das Gemeine, und doch kann man mit ihm ein ganzes Zeitalter in Ordnung bringen. Reichtum und Ehre sucht er nicht, Armut und Niedrigkeit meidet er nicht. Er schätzt charaktervollen Wandel und hält die Vernunft hoch und schämt sich der List, um sich zu schützen. Er ist weitherzig und verurteilt die andern nicht, aber im Herzen ist er äußerst streng. Er läßt sich von Äußerem schwer beeinflussen und wird sich nie zu etwas Unwürdigem herablassen. Das ist das Äußere eines Staatsmannes.

In Tsi lebte ein Hundekenner. Sein Nachbar beauftragte ihn, einen Rattenfänger zu kaufen. Nach Verlauf eines Jahres hatte er einen gefunden, von dem er sagte: Das ist ein guter Hund. Der Nachbar fütterte ihn mehrere Jahre lang, aber er fing keine Ratten. Da sagte er es dem Hundekenner. Der sprach: »Das ist ein guter Hund, seine Neigung geht auf Hirsche, Wildschweine und Rehe, nicht auf Ratten. Wenn du willst, daß er Ratten fängt, so mußt du ihn am Hinterbein fesseln.« Der Nachbar fesselte ihn am Hinterbein, und richtig fing er Ratten.

Die Kraft eines Streitrosses, das Streben einer Wildgans kann von Menschen erkannt werden, weil sie wahr sind. Mit den Menschen verhält es sich ebenso. Wenn einer wahrhaft etwas ist, so wird er geistig von den andern verstanden. Wie sollten dazu Worte ausreichen, es einem andern zu erklären. Das ist das Reden ohne Worte.

Ein Fremder trat vor den Weisen Tiän Piän (von Tsi). Er war genau nach der Sitte gekleidet, alle seine Bewegungen waren in Übereinstimmung mit den Regeln, sein Benehmen war gesetzt und elegant, seine Worte bescheiden und klug. Nachdem Tiän Piän ihn angehört hatte, verabschiedete er ihn. Der Fremde ging hinaus, Tiän Piän folgte ihm mit den Augen. Da sprach einer seiner Schüler zu Tiän Piän: »Ist dieser Fremde ein Staatsmann?« Tiän Piän sprach: »Ich fürchte, er ist kein Staatsmann. Denn was der Fremde verbarg und unterließ, ist gerade das, was ein Staatsmann tut und übt. Was dagegen ein Staatsmann verbirgt und unterläßt, das tat und übte der Fremde. Ich fürchte, der Fremde ist kein Staatsmann.«

Wenn das Feuer einen Winkel erleuchtet, ist die größere Hälfte des Zimmers im Dunkel. Wenn die Knochen und Gelenke früh verwachsen, so bekommt man Triefaugen und wächst sicher nicht groß.

Wenn einer vieles plant so kann er es nicht überlegen. Wer sich anstrengt, alles zu sehen, der sieht viel, aber nicht deutlich. Seine Gesinnung wird nicht unparteiisch sein, und darum bringt er nichts zustande. Wer nur empfangen will und dem Geben abgeneigt ist, der wird, auch wenn sein Reich groß ist, nicht die Weltherrschaft erlangen. Und das Unheil naht sich schnell.

Darum ist das Benehmen des Edlen schön wie der Nephrit des Dschungschanberges und hoch wie ein Baum auf dem Berge, vorsichtig und sorgfältig und in Achtung vor den

Schöpfungskräften, und er wagt es nicht, selbst zufrieden zu sein. Eifrig ist er; ob er Erfolg hat oder Mißerfolg, er zeigt keine Ausgelassenheit, sondern sein Herz ist einfältig und bescheiden.

Tang Schang war einst Geschichtsschreiber. Ein guter Bekannter war der Meinung, daß Tang Schang sich über dieses Amt freute, und fragte den Tang Schang darüber. Tang Schang sprach: »Es ist nicht so, daß ich nicht Geschichtsschreiber bleiben könnte, aber ich schäme mich dessen und will es nicht bleiben.« Sein Bekannter glaubte es nicht.

Als nun Liang We Han Dan belagerte, da beriet Tang Schang den König Hui von We, die Belagerung aufzugeben. Dafür bekam er (vom Staate Dschau) zum Dank den Kreis Bo Yang. Da erst glaubte sein Bekannter, daß ihm das Amt eines Geschichtsschreibers zu gering gewesen war. Nach einer Weile bat der Bekannte den Tang Schang für seinen Bruder um eine Anstellung. Tang Schang sprach: »Wenn der Fürst von We gestorben ist, dann soll dein Bruder an seiner Stelle König werden.« Da wandte sich der Bekannte, verneigte sich zweimal und glaubte ihm diesen Scherz. Glaubhafte Dinge nicht zu glauben und unglaubhafte Dinge zu glauben, das ist das Übel der Toren. Wenn man die menschlichen Leidenschaften kennt, aber sie nicht selbst abtun kann, was hilft es einem dann, wenn man die ganze Welt gewinnt?

Es gibt kein größeres Unglück als die Dummheit. Das Übel der Dummheit besteht darin, daß man unter allen Umständen es selber machen will. Wenn man es selber machen will, so laufen einem die Toren und gemeinen Menschen nach und loben einen. Wenn man unter solchen Umständen ein Land hat, so wäre es besser, man hätte keines. Der Brauch der Alten, ihren Thron dem Weisesten zu hinterlassen, ist auf diese Weise entstanden. Nicht daß sie ihre Nachkommen gehaßt hätten, nicht daß sie sich einen großen Namen hätten machen wollen, sondern es kam ihnen auf die Sache an.

2. Kapitel
Betonung des Großen
Wu Da

Wenn man die alten Urkunden durchliest, so findet man, daß die Gehilfen der drei großen Könige sowohl alle berühmte Namen hatten als auch den Tatsachen nach in Sicherheit waren.

Der Grund war, daß sie große Werke vollbrachten. Die Gehilfen der gemeinen Herrscher hatten in Beziehung auf Namen und Tatsachen dieselben Wünsche wie die Gehilfen der drei Könige, aber alle kamen sie in üblen Ruf, und ihre Taten brachten sie in Gefahr, weil sie keine großen Werke vollbrachten. Sie alle waren nur darum bekümmert, daß sie selbst die höchste Stellung im Staat einnehmen, aber nicht darum, daß ihr Fürst die höchste Stellung auf Erden einnehme. Das war der Grund, daß sie, während sie Ruhm begehrten, nur Schmach fanden, während sie Sicherheit begehrten, nur desto mehr in Gefahr gerieten.

Meister Kung sprach: »Die Schwalben und Sperlinge suchen um die Wette ein gutes Plätzchen unter dem Dach eines einzigen Hauses aus, Mutter und Kinder füttern einander, und es ist ein Vergnügen und eine Freude. Sie denken, sie seien in Sicherheit. Da fliegt vom Schornstein ein Funken empor, und der Dachbalken gerät in Brand. Die Schwalben und Sperlinge sind immer noch gleich fröhlich; warum? Weil sie nicht wissen, daß das Unglück auch über sie kommen wird. Ist das nicht töricht? Es gibt aber wenige Beamte, die klüger sind als Schwalben und Spatzen. Die Beamten werden immer reicher und vornehmer. Ihre Familie bildet eine mächtige Partei im Staate. Es ist ein Vergnügen und eine Freude. Während so die Sicherheit des Staates immer mehr gefährdet wird, ist es wie mit dem Schornstein. Und doch merken sie bis zuletzt nichts. Sie sind nicht klüger als Schwalben und Sperlinge. Wenn die ganze Welt in Unordnung ist, gibt es keinen Staat, der im Frieden leben könnte. Wenn ein ganzer Staat in Unordnung ist, gibt es keine Familie, die in Frieden leben könnte. Wenn die ganze Familie in Unordnung ist, so kann kein einzelner in ihr in Frieden leben. Das ist die Lehre davon. Darum: Die Sicherheit des Kleinen beruht auf der Sicherheit des Großen, die Sicherheit des Großen beruht auf der Sicherheit des Kleinen. Kleine und Große, Vornehme und Geringe sind aufeinander angewiesen, damit alle ihre Freude genießen können.«

Bo I beriet den Thronfolger von We über die Lehren der Weltherrschaft. Der Thronfolger erwiderte ihm: »Ich habe eine Macht von 1000 Kriegswagen und bin bereit, deine Belehrung zu empfangen!« Bo I erwiderte: »Wu Ho könnte 30000 Pfund heben, wieviel eher ein Pfund.«

Du Ho beriet den Fürsten Dschau Wen von Dschou über die Mittel, die Welt zum Frieden zu bringen. Fürst Dschau Wen sprach zu Du Ho: »Ich möchte erst die Mittel kennenlernen, um meinen Staat Dschou zum Frieden zu bringen.« Du Ho sprach: »Wenn meine Worte nicht ausführbar sind, so kann auch Dschou nicht in Frieden kommen. Wenn meine Worte ausführbar sind, so kommt Dschou von selbst in Frieden.«

Das ist eine Methode, zum Frieden zu kommen, ohne daß man darauf ausgeht.

Der Fürst von Dschong[1] fragte den Be Dschan: »Ich höre, daß du es nicht für deine Pflicht hältst, für deinen Fürsten zu sterben oder für ihn in die Verbannung zu gehen. Ist das wahr?« Be Dschan antwortete: »Ja. Wenn ein Fürst nicht auf meine Worte hört, so daß ich meine Grundsätze nicht durchführen kann, so diene ich einem solchen Fürsten nicht. Wenn aber einer auf meine Worte hört und meine Grundsätze befolgt, wie sollte es dann Tod oder Verbannung geben?«

Be Dschans Weigerung, für seinen Fürsten zu sterben oder in die Verbannung zu gehen, stand höher als das, daß andre für ihre Fürsten sterben und in die Verbannung gehen.

Einst wollte Schun die Gegenden außerhalb der Meere unterwerfen, doch gelang es ihm nicht, aber es reichte ihm immer noch, göttlicher Herrscher zu werden. Yü wollte göttlicher Herrscher werden, doch gelang es ihm nicht, aber es reichte ihm immer noch dazu, König zu werden innerhalb der vier Meere. Tang und Wu wollten es ihm gleichtun, doch es gelang ihnen nicht, aber es reichte ihnen immer noch, als Könige erfolgreich zu sein. Die fünf Hegemonen wollten es Tang und Wu nachtun, doch gelang es ihnen nicht, aber es reichte ihnen immer noch, die Führung der Fürsten in die Hand zu bekommen. Kung und Mo wollten die große Wahrheit auf Erden durchführen, doch gelang es ihnen nicht, aber es reichte ihnen immerhin, ihren Namen berühmt zu machen. Wenn also die große Absicht nicht gelingt, so gelingt doch mindestens etwas. Darum muß man nach Großem trachten.

3. Kapitel
Wichtignehmen des Ackerbaus
Schang Nung

Das Mittel, womit die heiligen Könige des Altertums ihre Leute leiteten, war, daß sie den Ackerbau wichtig nahmen. Wenn die Leute Ackerbau treiben, so bringt die Erde nicht nur Gewinn hervor, sondern das Wichtigste ist die Gesinnung der Leute. Wenn die Leute Ackerbau treiben, so werden sie ehrlich, wenn sie ehrlich sind, so sind sie leicht zu verwenden. Wenn sie leicht zu verwenden sind, so kommt das ganze Gebiet in Ruhe und der Fürst ist geehrt. Wenn die Leute Ackerbau treiben, so werden sie schwerfällig, wenn sie schwerfällig sind, so kommen wenig egoistische Gedanken auf. Wenn es wenig egoistische Gedanken gibt, so kommen die öffentlichen Gesetze in Gang. Und die Kraft des Volkes richtet sich auf Eines. Wenn die Leute Ackerbau treiben, so werden sie wohlhabend. Wenn sie wohlhabend sind, so wandern sie nicht leicht aus; wenn sie nicht leicht auswandern, so sterben sie in ihrer Heimat und denken an nichts anderes.

Wenn die Leute die wesentliche Beschäftigung aufgeben und sich mit Nebenarbeiten abgeben, so lassen sie sich nichts befehlen. Wenn sie sich nicht befehlen lassen, so sind sie weder zur Verteidigung noch zum Kampf geeignet. Wenn die Leute die wesentliche Beschäftigung aufgeben und sich mit Nebenarbeiten abgeben, so verlieren sie ihre Wohlhabenheit. Wenn sie nicht wohlhabend sind, so nehmen sie das Auswandern leicht. Wenn sie das Auswandern leicht nehmen und der Staat kommt in Schwierigkeit, so denken sie nur darauf, ihn zu verlassen, und sind nicht auf das Ausharren bedacht. Wenn die Leute die wesentliche Beschäftigung aufgeben und sich mit Nebenarbeiten abgeben, so lieben sie die Klugheit. Wenn sie die Klugheit lieben, so kommt viel Hinterlist auf. Wenn viel Hinterlist herrscht, so gibt es viele Mittel, um die Gesetze zu umgehen. Dann wird Recht zu Unrecht und Unrecht zu Recht.

Hou Dsi sprach: »Warum man das Pflügen und Weben wichtig nehmen muß, das ist, weil das die ursprüngliche Kultur ist.« Darum pflügt der Himmelssohn an der Spitze der Fürsten das kaiserliche Opferfeld persönlich, und die Räte und Staatsmänner haben alle ihre Beschäftigung dabei. Darum, wenn man die Zeit für das Wichtignehmen des Ackerbaus verwendet, so sind die Bauern nicht in der Hauptstadt zu sehen. Dadurch lehrt man die Menschen die Gaben der Erde verehren.

Die Königin fütterte an der Spitze der neun Hofdamen die Seidenraupen auf dem Anger und pflanzte Maulbeerbäume auf dem staatlichen Land, so waren während des ganzen Jahres hänferne und seidene Arbeiten da, um die Erziehung der Frau zu fördern.

Darum brauchte der Gatte nicht zu weben und hatte Kleidung, die Gattin brauchte nicht zu pflügen und hatte Nahrung. Männer und Frauen lebten in Arbeitsteilung, um so ihr Leben zu verlängern. Das ist die Art der Heiligen.

So nahmen sie die Zeit wichtig und sparten die Tage. Wer nicht alt war, durfte nicht müßig sein, wer nicht krank war, durfte nicht ruhen, wer nicht tot war, auf den wurde nicht verzichtet. Ein Bauer eines Feldes erster Klasse kann neun Menschen ernähren, der Bauer eines geringen Feldes fünf, und zwar eher mehr als weniger. Einer ist mit Besorgung des Feldes beschäftigt, zehn haben dadurch zu essen, und die Haustiere sind alle noch mit inbegriffen. Das ist der Weg, die Erde voll auszunützen. Wenn man aber die Arbeiten, die an der Zeit sind, nicht erledigt und die Erdarbeiten nicht getan werden, so können Lehrer und Schüler und alle Leute des Volkes keine Hüte und Mützen tragen, und selbst bei Hochzeitsfeiern und Opferfesten sammeln sich nicht die Mengen zum fröhlichen Mahle beim Wein. Ohne es nach oben zu berichten, darf der Bauer es nicht wagen, andere Arbeit zu tun. Wenn es seine Zeit beeinträchtigen könnte, so wird verboten, unkultiviertes Land in Angriff zu nehmen. Abgesehen davon, daß er nicht eine Frau desselben Familiennamens heiraten darf, geht der Landmann auf die Brautwahl nicht außerhalb des Dorfes, und die Mädchen heiraten nicht nach auswärts, um die Landwirtschaft in ruhige Geleise zu bringen. Das Verbot, unkultivierten Grund in Bearbeitung zu nehmen, erfolgt aus fünf Gründen: Ehe das eigene Feld gepflügt und bestellt ist, bekommt er keinen Hanf und darf keinen Mist abgeben. Ehe einer noch nicht alt ist, darf er sich keinen Garten anlegen. Ehe einer genügende Kräfte hat, darf er kein eigenes Stück Land in Bestellung nehmen. Ein Bauer darf nicht verreisen. Ein Kaufmann darf seinen Beruf nicht wechseln; weil es die Zeit beeinträchtigen würde. Damals sind Verbote betreffs der Jahreszeiten erlassen. In den Bergen darf man nicht (nach Belieben) Bäume fällen und abholzen. In den Mooren dürfen die Leute das Gras nicht anzünden, um es als Dünger zu benützen. Netze und Hasenfallen dürfen nicht zur Tür hinaus, Fischnetze und Reusen dürfen nicht ins Wasser. In den Seen dürfen ohne Genehmigung der Schiffsaufseher keine Leute unter irgendwelchem Vorwand sich zu schaffen machen, wenn es nicht an der Zeit ist.

Wenn das Volk seine Kraft nicht auf seine Felder verwendet, so gehen die Handwerker nicht zur Arbeit und der Staat ist schwer zu regieren, und die drei ungewissen Dinge kommen herbei[2]. Das heißt das Fundament vernachlässigen und die Gesetze übertreten. Dadurch geht der Staat zugrunde.

Alle Leute, die über sieben Fuß groß sind, gehören zu den dreierlei Beamten. Die Bauern sorgen für das Korn, die Handwerker für die Geräte, die Kaufleute für den Warenaustausch.

Wenn die zeitgemäßen Dinge nicht besorgt sind, so kommt eine große Hungersnot. Wenn man die Zeit des Bauers zum Häuserbau nimmt, so entstehen unaufhörliche Nöte, auch ohne daß sein Getreide zugrunde geht. Wenn man die Zeit des Bauers nimmt und ihn zum Anlegen von Seen benützt, so ist es ebenso, wie wenn man bei der Beerdigung flötet, weil man nicht auf sein Vergnügen verzichten mag. Dann kommen die Nachbarn und plündern.

Wenn man die Zeit des Bauers nimmt zu militärischen Zwecken, so heißt das Unglück schleifen, dann kommt jahrelang die Sichel nicht in Bewegung.

Wenn man dem Volk mehrfach die Zeit raubt, so kommen große Hungersnöte. Wenn die Pflüge auf dem Feld ruhen und die Leute plaudern und singen vom frühen Morgen bis zum Abend, so geht viel Korn zugrunde. Das kommt alles davon, daß man die Wirkungen sieht, aber nicht die Ursachen kennt.

4. Kapitel
Benützung der Erde
Jen Di

Hou Dsi sprach: »Kannst Du aus Tiefland Hochland machen? Kannst Du die Fehler eines Grundstückes ausgleichen und es fruchtbar machen? Kannst Du für Feuchtigkeit sorgen und das Land in Sicherheit bringen? Kannst Du das Wachstum beschützen und das Land in Ruhe bringen auf die Dauer? Kannst Du machen, daß das Unkraut nicht gedeiht? Kannst Du machen, daß Deine Felder alle ein gutes Klima bekommen? Kannst Du machen, daß die Halme mehrere Knoten lang werden und doch fest bleiben? Kannst Du machen, daß die Ähren groß und gleichmäßig befruchtet sind? Kannst Du machen, daß die Körner rund werden und nur die Spreu dünn? Kannst Du machen, daß der Reis sättigend und nahrhaft wird? Wenn nicht, was hilft dann alles andere?«

Beim Pflügen kommt es vor allem darauf an, daß die Starken zart und die Zarten stärker werden, daß die Mäßigen geschäftig werden und die Geschäftigen sich Muße gönnen, daß das magere Land fetter und das fette magerer wird, daß die Eiligen langsamer und die Langsamen eiliger werden, daß das feuchte Land trockener werde und das trockene Land feuchter. Vom besten Land läßt man einen Morgen brach, vom geringen Land einen Drittelmorgen. Man pflügt fünfmal und jätet fünfmal, man muß sorgfältig erwägen, wie tief und in welchem Abstand man pflanzen muß.

Fettes Land hat einen Vorteil: Großes Gras wächst nicht darauf, auch gibt es keine Heuschrecken darauf.

Wenn es heuer guten Reis gibt, so nächstes Jahr guten Weizen. Darum hat man einen sechs Fuß großen Pflug, um die Morgen damit zu ermessen, die Pflugschar ist acht Zoll breit, die Furchen damit zumachen. Die Maße der Hacke sind die folgenden: Die Hacke ist sechs Zoll breit, um das Korn zu teilen. Der Hackenstiel ist einen Fuß lang, das ist sein Maßstab.

Die Erde kann man je nach Bedarf fetter oder magerer machen. Will man sie fetter machen, so hält man sie feucht, dadurch werden die Saaten fester und die Erde locker. Man jätet zur trockenen Zeit, dadurch wird die Erde fett und die Krume weich.

Das Gras gibt seinen Ertrag im ersten Herbstmonat. Siebenundfünfzig Tage nach der Wintersonnenwende beginnt das Schilf zu wachsen. Das Schilf wächst am frühesten von allen Grasarten. Zu dieser Zeit beginnt man zu pflügen. Am Ende des ersten Sommermonats verlieren drei Pflanzen[3] die Blätter, und die Gerste wird geerntet. Zur Sommersonnenwende welkt der Lattich[4] und das Zwillingsblatt[5] wächst, da pflanzt man Hanf und Bohnen. Nun muß man die Leute benachrichtigen, daß die Früchte der Erde alle zu Ende sind. Alles Gras wächst von der Frühlingstagundnachtgleiche an. Wenn das Hi-Schou-Gras wächst, verliert der Weizen die Blätter. Dann muß man sich an die Ernte machen. Nun muß man die Leute benachrichtigen, daß alles zu Ende ist.

Zu allen fünf Zeiten muß man jeweils das pflanzen, was jeweils gedeiht, und das, was abstirbt, einernten. Der Himmel schickt die Zeiten, die Erde läßt alles wachsen, ohne daß sie mit den Menschen zu Rate gingen. Gibt es Ertrag, so opfert man der Erde, gibt es keinen Ertrag, so opfert man ihr auch. Man lasse das Volk nicht die Zeit versäumen, man lasse es nicht unwichtige Dinge besorgen und nichts von Armut und Reichtum wissen. Die nützlichen Geräte treten alle in Tätigkeit, wenn die Zeit gekommen ist, und verschwinden wieder, wenn die Zeit vorbei ist. Auf diese Weise kann man alt und jung dazu bringen, alle ihre Kräfte aufzubieten. Auf diese Weise wird in der halben Zeit das Doppelte geleistet. Wer die Verhältnisse nicht kennt, der arbeitet der Zeit entgegen, ehe sie gekommen ist, und nimmt sie wichtig, wenn sie schon vorüber ist. Wenn sie aber da ist, dann läßt er sie ungenützt verstreichen. Er läßt seine Leute Unzeitgemäßes treiben. Wenn dann die Leute die Zeit verderben und dann noch um die guten Zeiten jammern, das ist das Schlechteste, was man tun kann. Wenn das, was man angreift, Mühe macht, wenn man nicht weiß, was wichtig und unwichtig ist, so wandern die Leute aus. Wer spät sät und früh erntet, wer früh sät und spät erntet, dessen Korn ist wenig und die Mühe bleibt vergeblich.

5. Kapitel
Unterscheidung der Erdarten
Biän Tu

Der Anfang alles Pflügens beruht auf der guten schwarzen Erde, denn sie hält wenig Feuchtigkeit und trocknet lange nicht aus. Man muß die Pflanzlöcher tief machen. Nur wenn man die Löcher tief genug macht, ist genügend Nahrung da. Wurzeln von Pflanzen im Boden machen, wenn sie untergepflügt werden, die Erde fruchtbar. Das Graben der Löcher kommt in zweiter Linie. Felder erster Klasse muß man vollständig bebauen, aber auch bei Feldern geringer Art muß man selbst die feuchten Stellen bebauen. Man darf den dreierlei Räubern kein Land anvertrauen. Wo in allen vier Jahreszeiten nur spärlich etwas aufgeht, wo die Gräben groß und die Felder klein sind und die Frucht von Wassergetier aufgefressen wird, wo die Saaten grade und dürftig stehen, das ist Raub an der Erde.

Wo man sät, ohne Reihen zu ziehen, wo man pflügt, aber nicht lange genug, da berauben die Saaten einander gegenseitig. Wo, wenn man das Unkraut nicht jätet, es überwuchert, und wenn man jätet, die Wurzeln bloßgelegt werden, das ist Raub der Halme. Diese drei Räubereien muß man abstellen, dann bekommt man viel Korn.

Der heutige Ackerbau beschäftigt die Leute, aber er gibt keinen entsprechenden Ertrag; denn teils pflügen die Leute, ehe es an der Zeit ist, andere wieder kommen zu spät. Wenn Kälte und Hitze nicht gemildert werden, so leidet das Korn darunter.

Wenn man die Äcker zu hoch und mit zu steilen Rändern macht, so wird Ihnen die Fruchtbarkeit entzogen. Wenn man sie mit Erdwällen umgibt, so werden sie ungleichmäßig in Licht und Feuchtigkeit. Wenn ein Wind kommt, so wirft er das Getreide nieder. Wenn man hoch häufelt, so geht das Korn leicht aus der Wurzel. Wenn es zu kalt ist, wird das Korn nicht reif, wenn es zu heiß ist, geht es zu sehr ins Stroh. In jeder Jahreszeit gibt es fünf bis sechs Gründe, daß das Korn nicht fortkommt, darum kann man keine großen Ernten einbringen. Es können nicht alle Pflanzen leben bleiben, aber es können alle zugrunde gehen. Die Pflanzen mit unfesten Wurzeln sterben zuerst, und alle Räuber schädigen sie. Wenn man das Korn erst sah, so schien Überfluß vorhanden zu sein, aber wenn man näher zusieht, so ist es alles nur Schein.

Ein Bauer, der sein Feld zu bestellen weiß, aber nicht merkt, wenn er das Korn zu wenig dicht und nicht zur rechten Zeit gepflanzt hat, wenn er die Lage seines Feldes zu beurteilen versteht, aber nicht merkt, wenn der Pflanzen zu wenig gepflanzt sind, wenn er nicht jätet, sein Feld überwuchern läßt, und wenn er jätet, die Wurzeln des Kornes entblößt: der schadet seiner Arbeit.

Darum muß man die Äcker groß und eben machen, die Gräben klein und tief. Unten muß man das Grundwasser sich zunutze machen und von obenher den Sonnenschein, dann erst kann alles gedeihen. Das Getreide muß man in lockere Erde pflanzen, aber es muß in festem Boden heranwachsen. Man muß beim Pflanzen aufmerken, daß man die Pflänzchen nicht zu dicht und nicht zu spärlich setzt. Die Düngung darf nicht ungenügend, aber auch nicht im Übermaß angewandt werden. Wenn eine Ernte reif ist, muß man an die zweite Aussaat gehen. Man muß dabei auf die Pflege des Gesäten aussein. Die zweite Pflanzung muß grade sein; wenn die Pflänzchen gradestehen, wachsen sie rascher. Der Dünger muß gleichmäßig verteilt werden, so wird das Korn fruchtbar. Wenn die Äcker groß und eben sind, so versäumt man nicht die Grundlage. Von den Halmen muß ein Fünftel in der Erde sein; wenn die Halme in Reihen stehen, so wachsen sie schnell. Wenn sie einander, solange sie klein sind, nicht stören, so wachsen sie groß. Quer gesehen müssen sie in Reihen stehen, und längs gesehen müssen sie in Reihen stehen. Wenn man die Reihen richtig macht, so kann der Wind dazwischen hindurchstreichen. Wenn man den Wind durch die Mitte des Kornes streichen läßt, so ist es sehr günstig. Die Saaten müssen, solange sie noch zart sind, freistehen. Wenn sie wachsen, dann stehen sie dichter beisammen. Wenn sie reifen, so stützen sie einander. Wenn man diese drei Regeln beachtet, so gibt es viel Getreide.

Das Übel beim Reis ist, wenn er nicht zugleich wächst, während er doch zugleich stirbt. So wird das, was früher gewachsen ist, zu vollen Ähren, während das später Gewachsene nur Spreu gibt. Darum muß man beim Pikieren darauf aus sein, die großen Pflanzen zu fördern und die kleinen zu entfernen. Wenn Pflanzen üppig sind, so darf man sie nicht zu dicht stehen lassen. Wenn Pflanzen zu dürftig sind, so darf man sie nicht allein stehen lassen, sondern muß sie zusammenpflanzen. Wenn üppige Pflanzen zu dicht stehen, so bringen sie viel Spreu. Wenn dürftige Pflanzen allein stehen, so gehen sie häufig ein. Wer sich nicht aufs Getreide versteht, der beseitigt beim Pikieren die großen Pflänzchen und pflegt die kleinen. Er wird kein Korn ernten, sondern Spreu. Wenn erstklassige und geringe Felder nicht im rechten Verhältnis zueinander stehen, so stirbt das Korn. Wenn die Erde zu schwer ist, so stirbt das Korn ab, ehe es durchdringen kann. Wenn die Erde zu leicht ist, so bleibt das Getreide niedrig und wächst nicht[6].

6. Kapitel
Beurteilung der Zeit
Schen Schï

In allen Ackergeschäften ist reichliche Pflege wertvoll. Wenn man Holz nicht zur Zeit fällt, so ist es nicht fest und wird sicher faulen. Wenn das Korn reif ist und nicht geerntet wird, so kommt sicher eine Landplage. Das Korn wird gepflanzt vom Menschen, wachsen läßt es die Erde, nähren tut es der Himmel. Darum, wenn man pflanzt, muß man Platz lassen für den Fuß, wenn man jätet, muß man Platz lassen für die Hacke, wenn man es erntet, muß man Platz haben für die Hand. Das ist der Lauf des Ackerbaus.

Wenn man zeitiges Getreide bekommt, so ist der Stengel lang und die Ähren groß, die Wurzel groß und die Zweige klein, die Knoten in großen Zwischenräumen und die Ähre groß, die Samen sind rund und die Spreu dünn, die Körner sind fett und nahrhaft. Solches Korn wird nicht leicht vom Winde umgeweht.

Zu frühes Korn hat an den Zweigen und Blättern Grannen und ist kurz und quer. Die Ähre ist groß und üppig, der Geschmack ist wie der der guten Körner, aber nicht duftend.

Zu spätes Korn hat Grannen an den Verzweigungen und Blättern, und die Spitzen sind nicht senkrecht. Die Ähren sind mager und fallen aus, noch während sie grün sind. Sie haben viele taube Samen, die nicht voll sind.

Zeitige Hirse hängt Sprossen und Stengel, die Grannen der Ähren sind lang. Wenn man die Körner reibt, so haben sie dünne Spreu. Sie lassen sich leicht zerstoßen, beim Essen machen sie keinen trockenen Mund und duften. Solche Hirse wird nicht leicht durch das Kochen verdorben.

Zu frühe Hirse hat große Wurzeln und schießt üppig auf, die Stengel sind nicht aufrecht und wachsen nicht. Die Blätter wachsen lang und die Ähren sind kurz.

Zu späte Hirse hat kurze Stengel, die durcheinander wachsen, kurze Ähren mit dicker Spreu. Die kleinen Körner sind zu weich und haben keinen Duft.

Zeitiger Reis hat große Wurzeln und üppige Stengel, lange Halme mit seltenen Knoten. Die Ähren hängen wie Pferdeschwänze herunter. Sie haben große Körner ohne Grannen, wenn man die Körner in der Hand zerreibt, so haben sie dünne Spreu. Sie lassen sich leicht stoßen und sind duftig zu essen.

Solcher Reis zieht kein Wasser.

Zu früher Reis hat große Wurzeln und die Blätter und Stengel sind gleich groß. Er hat kurze Halme und kurze Ähren, viele trübe Spelzen und dicke Spreu. Die Körner sind dünn und haben viele Grannen.

Zu später Reis hat dünne Stengel, die nicht üppig sind, dikke Spreu und viele taube Ähren. Die Körner sind klein und nicht zu brauchen. Wenn man warten will, bis er sicher reif ist, so kann man zum Himmel aufblicken und darüber sterben.

Zeitiger Hanf hat viele Sprossen, die wachsen, die Knoten sind selten, die Farbe ist frisch grün, die Wurzel ist klein, die Zweige fest, er hat dicke Fasern, die gleichmäßig sind. Er reift spät und wächst üppig. Zur Tagundnachtgleiche wächst er zum zweitenmal. Solcher Hanf wird nicht von Heuschrecken gefressen.

Zeitige Bohnen haben lange Ranken und kurze Wurzeln. Die Bohnen werden in vierzehn Tagen fertig, sie haben viele Zweige und Knoten, die Blätter sind zahlreich und fleischig. Die großen Bohnen sind rund, die kleinen duften, wenn man sie reibt; wenn man sie wiegt, sind sie schwer; wenn man sie ißt, sind sie süß und duftend. Solche Bohnen werden nicht von Raupen gefressen. Wenn man zu früh pflanzt, so wachsen die Ranken zu üppig, die Blätter werden geil, die Knoten weit auseinanderstehend. Die Bohnen sind klein und haben keine Samen.

Zu spät gepflanzte haben kurze Stengel und lockere Knoten, die Wurzeln sind hohl und nicht fest.

Zeitiger Weizen hat lange Halme und schwarze Hälse, in vierzehn Tagen wachsen sie reihenweise. Sie haben dünne Haut, die rötlich aussieht. Wenn man ihn wiegt, ist er schwer. Wenn man ihn ißt, schmeckt er süß und duftend, er macht eine glatte Haut und gibt Kraft. Solcher Weizen wird nicht von Maden zerfressen.

Zu früher Weizen wird, ehe die Sommerregen kommen, im Mark krank und hat Maden und allerlei Krankheiten. Die nächste Art ist nieder und hat viele Knoten. Zu später Weizen ist schwach im Halm und die Ähren sind grün. Die Farbe ist schwach und die Sprosse schön. So ist zeitiges Getreide üppig, unzeitiges Korn mager. Wenn sie in den Halmen gleich hoch sind, so wiegt das zeitige mehr und ist größer. Wenn die Körner gleich sind und man stößt sie, so gibt das zeitige mehr aus. Wenn die Körner gleich sind und man ißt sie, so sind die zeitigen für längere Zeit sättigend.

Zeitiges Korn hat einen angenehmen Geruch, einen süßen Geschmack und ist nahrhaft. Wenn man es 100 Tage lang ißt, so werden Ohren und Augen wacker und der Verstand klug, alle Glieder werden stark, Krankheitsstoffe dringen nicht ein, der Leib wird nicht krank.

Huang Di sprach: »Manches tut man nicht zur Zeit, aber die Feldbestellung muß stets zur Zeit geschehen.«

ANHANG

ANMERKUNGEN

BUCH I

1. Ying Schï oder Schï sind die Sterne α und β des Pegasus, Schen sind die sieben wichtigsten Sterne des Orion, We sind die neun Sterne des Skorpion. Gia und I sind die beiden ersten Zahlen im Zehnerzyklus der sogenannten himmlischen Stämme Tiän Gan.
2. Tai Hau, der große Sonnenaufgang, wird mit dem legendären Herrscher Fu Hi identifiziert, der durch die Kraft des Holzes herrschte. Es werden ihm Opfer dargebracht im Osten.
3. Gou Mang (der Säer) ist der Sage nach ein Sohn von Schau Hau (dem jungen Leuchtenden). Er wirkte in der Kraft des Holzes und wurde nach seinem Tode als der Schutzgeist des Holzes (d. h. der Vegetation) verehrt.
4. Die Schuppentiere, deren Haupt der Drache ist, gehören in der chinesischen Naturphilosophie zum Osten, ebenso wie die Note Güo dem Holz bzw. Osten entspricht. Güo ist die Terz.
5. Die Tonart Tai Tsu (großes Dikkicht) ist eine männliche Tonart. Die fünf Klänge sind:

   Gung (Grundton, Tonika),
   Schang (Sekunde),
   Güo (Terz),
   Dschï (Quinte),
   Yü (Sexte).

   Die chinesische Tonleiter kennt die Quarte und die Septime nicht. Dagegen sind die zwölf Halbtöne der Oktave vorhanden in den zwölf Pfeifen (sechs 律 lü Yangtöne, d. h. ganze Töne und sechs 呂 lü Yingtöne, d. h. halbe Töne).

   Angenommen also, c wäre die erste der Yangpfeifen 律, so sind die übrigen d, e, fis, gis, ais; die Yinpfeifen wären dann: cis, dis, f, g, a, h. Die Tonleiter, bestehend aus den fünf Klängen, wäre mit c als Grundton: c, d, e, g, a.

   Wenn cis der Grundton ist, verschiebt sich alles um einen halben Ton und entsprechend weiter. Die Art, wie diese zwölf Töne einander erzeugen, ist geschieden nach Yang- und Yinpfeifen. Die Yangpfeifen »nehmen eine Frau«, d. h. sie erzeugen die Oberdominante, die weiblich ist:

   1–8 (c–g)
   3–10 (d–a)
   5–12 (e–h)
   7–2 (= 14 fis–cis)
   9–4 (= 16 gis–dis)
   11–6 (= 18 ais–f).

   Die Yinpfeifen dagegen »bekommen einen Sohn«, d. h. sie erzeugen die Unterdominante:

   8–3 (g–d),
   10–5 (a–e)
   12–7 (h–fis)
   2(14)–9 (cis–gis)
   4(16)–11 (dis–ais)
   6–1 (f–c),

   womit der Kreis geschlossen ist.

Für die Tonleiter aber wollte man sich nicht auf zu fernliegende Verwandtschaften einlassen:
Gung (1) nimmt die Dominante (Dschï = 8) zur Frau, diese bekommt Schang (3 Unterdominante von 8) als Sohn, der nimmt seine Dominante Yü (10) zur Frau, mit der er den Enkel Güo (5) erzeugt. Diesem Enkel seine Frau zu geben (12), verbot die Rücksicht auf den Wohllaut.
Bei einer angenommenen Länge von neun Zoll für die erste der Pfeifen wird die daraus entstandene Nr. 8

$$\frac{3-1}{3} \cdot 9 = 6 \text{ Zoll lang sein.}$$

Nr. 8 erzeugt dann Nr. 2, die

$$\frac{3+1}{3} \cdot 6 = 8 \text{ Zoll lang ist usw.}$$

Diese Zahlen sind jedoch nur theoretisch richtig.
Jedem der Monate ist eine der zwölf Pfeifen zugeordnet und zwar in folgender Reihenfolge:

1. Monat:	Huang Dschung	Zeichen:	Dsï (Mitternacht)
2. Monat:	Da Lü	Zeichen:	Tschou
3. Monat:	Tai Dsu	Zeichen:	Yin
4. Monat:	Gia Dschung	Zeichen:	Mau
5. Monat:	Gu Siän	Zeichen:	Tschen
6. Monat:	Dschung Lü	Zeichen:	Sï
7. Monat:	Sui Bin	Zeichen:	Wu
8. Monat:	Lin Dschung	Zeichen;	We
9. Monat:	I Dse	Zeichen:	Schen
10. Monat:	Nan Lü	Zeichen:	Yu
11. Monat:	Wu I	Zeichen:	Sü
12. Monat:	Ying Dschung	Zeichen:	Hai

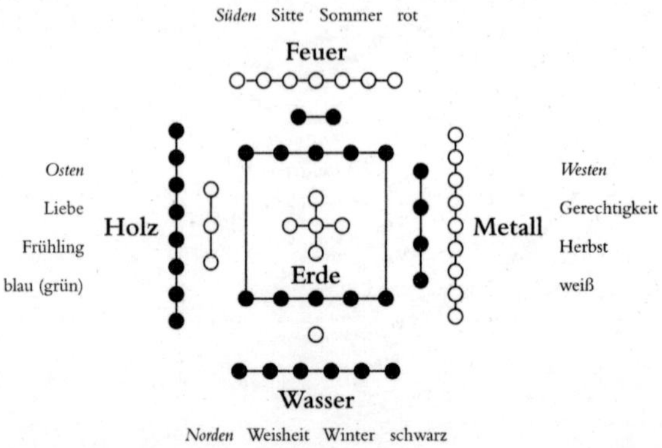

6. Von den fünf Elementen ist Holz das dritte, daher seine Zahl 5 + 3 = 8, vgl. Abbildung linke Seite.
7. Da im Frühling der Osten bzw. das Holz die Herrschaft führt, so wird auch der Geruch und der Geschmack des Holzes (sauer ist unter den fünf Geschmacksarten und muffig unter den Geruchsarten dem Holz zugeordnet) für diese Monate festgesetzt.
8. Der erste Frühlingsmonat hat den Charakter der Bewegung, die Bewegung geht durch die Tür, daher das Opfer für die Türgeister. Die Türgeister bedeuten den Anfang, vgl. den römischen Janus.
9. Die Milz gehört zum Holz, daher als erste Opfergabe verwandt. Nach anderer Auffassung gehört sie zur Erde. Das Holz überwindet die Erde, daher das Opfer der Milz, vgl. Abbildung unten.
10. Der Fischotter tötet mehr Fische, als er fressen kann, und legt sie auf dem Eise umher, das wird »Opfern« genannt.

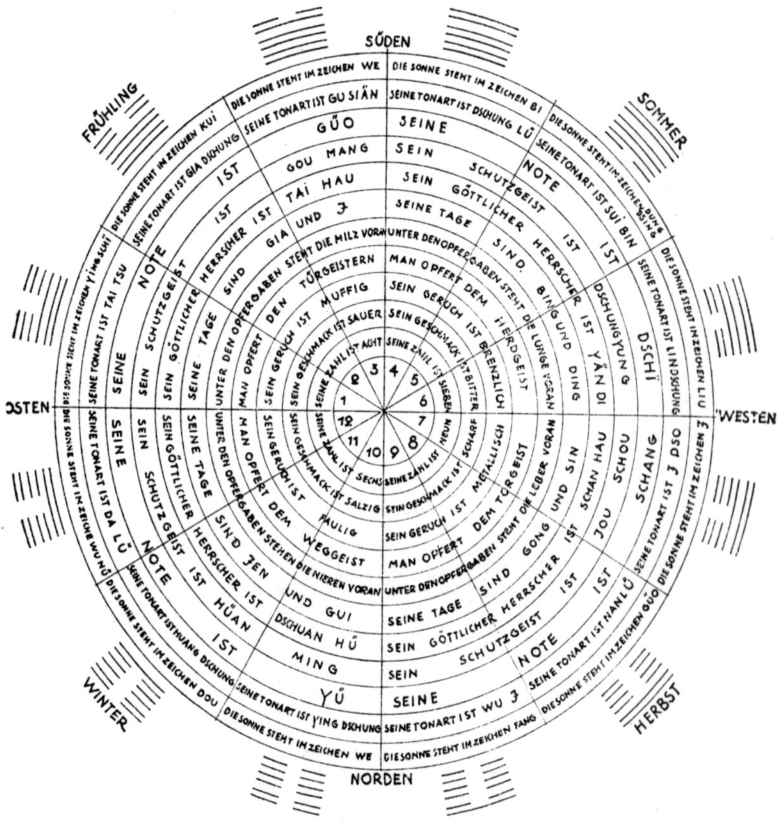

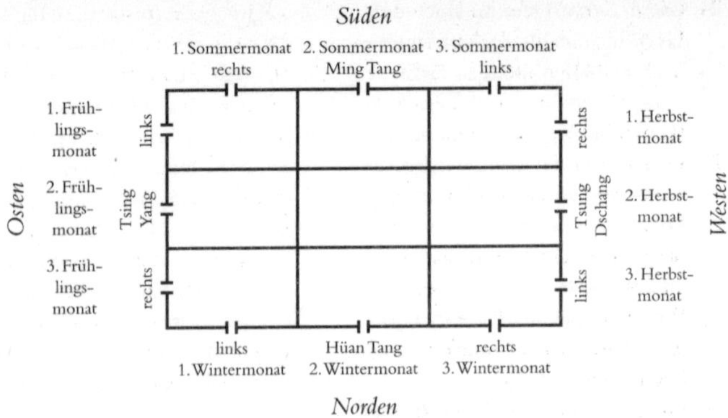

11. Die Lichthalle, Ming Tang, hatte an ihren verschiedenen Seiten verschiedene Namen. Die Ostseite heißt Tsing Yang (die grüne Yangkraft), die Südseite Ming Tang (lichte Halle) im engeren Sinne, die Westseite Tsung Dschang (allgemeine Schönheit) und die Nordseite Hüan Tang (dunkle Halle), vgl. Abb. oben.
12. Grün bzw. Blau ist die Farbe des Holzes, daher die Frühlingsfarbe.
13. Die Form der Opfergefäße bezieht sich auf den Frühling und das Aufsteigen der Luft.
14. Frühlingseintritt ist der erste der 2 Solartermine, der in der Regel auf den 5. Februar fällt, 46 Tage nach dem Wintersolstiz. Meist, nicht notwendig, fällt dieser Termin in den ersten Frühlingsmonat.
15. Das große Gemach, Tai Tsin, ist ein Gemach neben dem Ahnentempel der Dynastie.
16. Dieser Zustand entspricht dem Zeichen Tal, der Friede (Buch der Wandlungen, Hexagramm Nr. 11), das diesen Monat regiert:

17. Tschui war ein Mechaniker und Minister unter Schun, der durch seine Geschicklichkeit berühmt war.
18. Von den Nephritsteinen des Berges Kun heißt es, daß sie drei Tage und drei Nächte der Feuersglut ausgesetzt sein können, ohne an Glanz und Färbung einzubüßen. In den Flüssen Giang und Han werden der Sage nach große, helle Perlen gefunden, die sogar bei Nacht leuchten.
19. Chinesisch Tsang Bi, ein Nephrit, der viel Stein und wenig eigentlichen Nephrit enthält.
20. Chinesisch Gi. Name der nicht runden Perlen geringer Qualität. Der Sinn der Gleichnisse ist der: Ein Sperling in der Hand ist besser als eine Taube auf dem Dach.
21. Das Schlafen auf Spreu schadet den Augen, was natürlich der Blinde nicht empfindet.
22. Während des Donners soll man beten und seine Sünden bekennen. Da der Taube nicht hört, kann er natürlich seinen Sohn auch nicht dazu erziehen.
23. Hung Fan, die große Regel, im Buch der Urkunden V, Buch 4.

24. Dieser Spruch, der im Buch der Urkunden ebenfalls dem Sinne nach enthalten ist, ist in die neue Nationalhymne der chinesischen Republik aufgenommen worden.
25. Bo Kin war der Sohn des Bruders des Königs Wu, des bekannten Herzogs von Dschou, er wurde in das Lehensgebiet seines Vaters eingesetzt, da dieser mit der Reichsverwaltung für seinen jungen Neffen, den König Tschong, beschäftigt war.
26. Ging ist soviel wie Tschu. Es lag etwa in der Gegend der Provinz Hupe. Der Name Ging ist der alte Name. Da Tschu der Erbfeind des Staates Tsin war, wird er im ganzen Buch nur mit Ging zitiert, in der Übersetzung ist es in der Regel mit Tschu übersetzt.
27. Vgl. Laotse, Taoteking, Abschnitte 10, 34 und 51.
28. Guan I Wu oder Guan Dschung war der Kanzler, der dem Herzog Huan von Tsi (680–643) zur Vorherrschaft im Reich verhalf. Die Geschichte kommt auch in Dschuang Dsï, Hü Wu Gui XXIV/7 und in Liä Dsi, Li Ming VI/3.
29. Vgl. Laotse Abschnitt 68.
30. Nach dem Tod Guan Dschungs verlor der Herzog Huan die Direktion. Günstlinge wie der Eunuch Diän und der Koch I Ya rissen die Regierung an sich. So kam es, daß bei seinem Tod Unruhen entstanden und seine Söhne sich um die Herrschaft stritten, so daß er sechzig Tage unbeerdigt liegen blieb. Lü Schï Tschun Tsiu 16, 3.
31. Bei Mong Dsï heißt es, daß Yau durch seine neun Söhne und zwei Tochter den Schun bedienen ließ. Dabei ist vielleicht vorausgesetzt, daß Dan Dschu als ältester Prinz nicht dabei war. Buch V A 1; Schu Ging I, 2.
32. In Guo Yü wird Schang Gun als Sohn des Schun angegeben. Woher die Neunzahl kommt, ist nicht bekannt. Vgl. auch Schu Ging I, 2.
33. Nach Dso Dschuan, Siang von Lu drittes Jahr, ist die Geschichte im vierten Jahre des Herzogs Dan, des Vaters des hier erwähnten Herzogs Ping, passiert.
Herzog Ping von Dsin regierte von 557–532.
Ki Huang Yang war sein Minister.
Hiä Hu war ein Feind des Ki Huang Yang.
34. Fu Tun war in Liang We als Minister zur Zeit des Königs Hui 370–335, desselben, zu dessen Zeit Mong Dsï in We war. Man versteht von hier aus die heftige Polemik, die Mong Dsï gegen die Schule des Mo Di führte.

BUCH II

1. Kui (Szepter) enthält 21 Sterne der Sternbilder Andromeda und Fische. Hu (Bogensehne) enthält Sterne des Großen Hundes und des Schiffs Argo. Er steht nicht in den 28 Mondhauskonstellationen, wird als südlich des Gui (Teufel, Krebs) angegeben. Giän Sing (Festigen) ist ebenfalls unter den 28 Mondhäusern nicht genannt, er wird oberhalb des Scheffels angegeben (Kopf des Schützen).

Die Tonart Gia Dschung (Doppelglocke) ist eine weibliche Tonart. Vgl. auch Buch I, Anm. 5.

2. Die Sage geht, daß der Habicht in diesem Monat einen geraden Schnabel bekommt und keine Vögel mehr tötet. Im Herbst im achten Monat verwandelt sich die Turteltaube wieder in den Habicht (vgl. Li Gi, Wang Dschï III, 2). Es wird damit symbolisch der Wechsel der Yin- und Yangkraft ausgedrückt.
3. Vgl. Buch I, Anm. 11.
4. Auf dem Erdaltar wird dem Gott der Erde Hou Tu geopfert und um eine reichliche Ernte gebeten.
5. Um die leichteren Verbrecher freizulassen.
6. Die dunkle Schwalbe kommt um die Zeit des Frühlingsäquinoktiums und geht um die Zeit des Herbstäquinoktiums. Die dunkle Schwalbe ist der Totenvogel des Ki, des Ahns der Schangdynastie.
7. Gau Me, der Gott der Ehen, wird auf dem Anger als anwesend gedacht. Das Frühjahr ist die Zeit der Eheschließungen. Ehevermittlung war gesetzlich zur Eheschließung erforderlich. Hier tritt die Gottheit für den menschlichen Vermittler ein, vgl. Anm. 9. In Dschou Li ist noch ein merkwürdiger Frühlingsbrauch erwähnt, daß an dem Opfertag für Gau Me Jünglinge und Mädchen vor der Stadt zusammenkommen konnten, ohne daß es verhindert wurde. Es liegen hier Spuren eines alten Vegetationsfestes vor, zur Beförderung des Erntewachstums und der Nachkommenschaft.
8. Der Harem des Großkönigs bestand aus einer Königin, drei Frauen zweiter Ordnung, neun Frauen dritter Ordnung, 27 Frauen vierter Ordnung usw.
9. Dadurch sollte die Hoffnung auf männliche Nachkommenschaft symbolisiert werden.
10. Nämlich kriegerische Unternehmungen.
11. Zum Zweck des Fischfangs und der Jagd, damit keine unausgewachsenen Tiere getötet werden.
12. Das Eis wird zusammen mit Lauch und Eiern geopfert.
13. Dies ist jeweils der vierte Tag einer Dekade, deren der Monat drei hat.
14. Textänderung nach Dschu Dsï Ping I 22, 4.
15. Vgl. Dschuang Dsï, Abschnitt Yang Wang.
16. Vgl. Huai Nan Dsï, wo die Geschichte jedoch von einem anderen Herrscher erzählt wird.
17. Lies Tsu statt Lu, vgl. Dschu Dsï Ping I 22.
18. Jenes und dieses sind im Taoismus technische Ausdrucke für Objekt und Subjekt.
19. Der Kommentar Gau nennt als die sechs Neigungen: Leben, Sterben, Ohr, Auge, Mund, Nase. Da man Leben und Sterben nicht als Neigungen bezeichnen kann, so muß eine andere Deutung gesucht werden, vermutlich sind die sechs buddhistischen Ayatana damit gemeint, nämlich: Gesicht, Gehör, Geruch, Geschmack, Gefühl, Verstand. In diesem Fall wäre die sechs wohl eine spätere Korrektur der zu Beginn des Abschnitts genannten vier.
20. Pong Dsu, der Großvater Pong, ist der Sage nach ein tüchtiger Beamter der Yindynastie, der 700 Jahre gelebt hat, vgl. Lun Yü XII, 1.

21. Es scheint im Text hier etwas zu fehlen. Dschu Dsï Ping I schlägt vor, die Worte von »aber während er nach außen hin … ankommt« von oben hierher zu verlegen.
22. Anmerkung des Gau Yu: Schun ist der Nachkomme fünften Gliedes von Dschuan Hu, der Sohn des Gu Sou. Sein persönlicher Name war Tschung Hua.
Hü Yu war aus Yang Tschong. Yau wollte ihn anstellen, aber er kam nich, vgl. Dschuang Dsï, Buch XXIV, 2.
Bo Yang soll einer Sage nach Lau Dsï in einer früheren Reinkarnation gewesen sein, den Schun zum Lehrer nahm.
23. Yü ist ein Nachkomme sechsten Grades von Dschuan Hü, der Sohn des Gun. Sein persönlicher Name war Wen Ming.
Gau Yau ist sein berühmter Minister, vgl. Schu Ging, Teil II, Buch 3. Bo I soll der Sohn des Gau Yau gewesen sein, doch wird dieser Sohn im Chinesischen anders geschrieben. Nach andern ist dieser Bo I der dritte Sohn des Gau Yang, mit dem persönlichen Namen Hui Kai, gewesen.
24. Tang war der Nachkomme zwölften Grades von Hiä, der Sohn des Dschu Gui. Sein persönlicher Name war Tiän I. I Yin ist sein berühmter Minister, vgl. Mong Dsï an verschiedenen Orten, Schu Ging und Schï Ging Teil IV, Buch 4. Dschung Hui soll ebenfalls ein Minister Tangs gewesen sein, über den aber in den Klassikern nichts Näheres enthalten ist.
25. König Wu ist der Sohn des Königs Wen aus der Dschoudynastie mit dem persönlichen Namen Fa
Tai Gung Wang, wörtlich: die Hoffnung des Großvaters. Er war ein Eremit, der dem König Wu half, den Dschou Sin zu besiegen. Er wurde von dem König Tschong mit dem Staate Tsi belehnt.
Der Herzog von Dschou, mit dem persönlichen Namen Dan, ist der Jüngere Bruder des Königs Wu, der für dessen unmündigen Sohn, den König Tschong, die Regierung führte. Er wurde mit dem Staate Lu belehnt.
26. Giä war der Sohn des Gui, des letzten Königs der Hiadynastie. Gan Sin und Ki Dschung Jung waren böse Minister unter ihm. Ki Dschung Jung wird bei Mo Dsï und anderen auch häufig Tui Tschï genannt.
27. Dschou, der Sohn des Kaisers I, war der letzte Herrscher aus dem Hause Yin. Sein persönlicher Name war Sin (bzw. Schou oder Schou De). Der Fürst von Tschung hieß Hu mit Namen. O Lai stammte aus dem Geschlechte Ying. Er war der Sohn des Fe Liän. Beides waren schmeichlerische Beamte des Dschou Sin.
28. Er war der Sohn des Königs I. Die beiden genannten Minister waren auf Privatgewinn aus und vernachlässigten das öffentliche Wohl. Infolgedessen kam die Dschoudynastie unter ihm sehr zu Schaden.
29. Der Enkel des obengenannten Königs Li, der nach der besseren Regierung des Königs Hüan auf den Thron kam und in elfjähriger Regierung das Reich wieder herunterbrachte. Die beiden genannten Minister, deren Namen übri-

gens verschieden geschrieben werden, zeichneten sich durch Schmeichelei und Zungenfertigkeit aus. Auch dieser König starb im Aufruhr wie der König Li.

30. Der erste der fünf Hegemonen. Guan Dschung und Bau Schu waren seine Minister.
31. Der Nachfolger des Herzogs Huan von Tsi in der Hegemonie des Reiches. Die Genannten sind seine beiden Minister. Hi Yän wird übrigens auch Gau Yän oder Go Yän geschrieben.
32. Der König Dschuang von Ging war ebenfalls einer der Hegemonen. Sun Schu Au ist im letzten Stück schon erwähnt. Schen Ying Dschong oder Schen Dschu Liang ist der in Lun Yü Kap. VII, 18 und XIV, 16.18 erwähnte Schä Gung, ein Zeitgenosse des Konfuzius.
33. Der König Ho Lü von Wu war einer der mächtigsten Fürsten des damaligen südlichen China. Wu Yün oder Wu Dsï Sü und Wen Dschï I oder Wen I waren seine Minister.
34. Gou Dsiän gelang es, nachdem er anfänglich von König Fu Tschai von Wu besiegt worden war, den Staat Wu zu zerstören und die Vormacht im Süden an sich zu reißen.
35. Die hier gegebene Aufzählung der fünf Hegemonen weicht von der gewöhnlichen ab. Diese rechnet als ersten Hüan von Tsi (643), als zweiten Wen von Tsin (628), als dritten Siang von Sung (637), als vierten Dschuang von Tschu, identisch mit Dschuang von Ging im Text (591), als fünften Mu von Tsin (621).
36. Fan Gi I, der Sohn des Fang Yang Dsï, bekannt unter dem Namen Dschau Dsï, war das Haupt eines mächtigen Geschlechts. Dschang Liu So und Wang Schong waren seine beiden Hausräte.
37. Das Geschlecht Dschung Hang war das zweite der mächtigen Geschlechter im Staate Dsin. Die beiden Genannten sind seine Hausräte. Der Text ist auf Grund von Mo Dsï korrigiert.
38. Fu Tschai war der Sohn des siegreichen Königs Ho Lü, siehe oben. Er unterlag dem Staate Yüo und beging Selbstmord.
39. Yau von Dschï ist das Haupt einer der großen Familien von Dsin. Er wurde von Dschau Siang Dsï getötet.
40. Schang von Dschung Schan war Nachkomme des Prinzen Me aus We, er wurde mit Dschung Schan belehnt, das der Staat We erobert hatte, We I und Yän Tschang waren seine Hausräte.
41. Statt Tiän Bu Yin steht bei Mo Dsï: Yu Bu Li. Der König war wegen seiner wahnsinnigen Grausamkeit, durch die er sein Reich zugrunde richtete, bekannt.
42. Im Text steht Kaiser und Könige. Da aber diese schon oben genannt sind, während im folgenden Gelehrte genannt werden, so ist diese Lesart, die bei Mo Dsï erhalten ist, vorzuziehen.
43. Er hatte nämlich die Absicht, die Opfer für die Ahnen der Dschou-Dynastie, die kaiserliches Vorrecht waren, auch in Lu einzuführen, mit der Begründung, daß das Herrscherhaus in Lu auch vom Hause Dschou abstamme.
44. Nämlich Kung Dsï und Mo Dsï.
45. Diese Aufzählung ist einerseits deshalb interessant, weil sie zeigt, daß Kung Dsï und Mo Dsï lange

Zeit noch als gleich berühmt galten. Andererseits gewinnen wir einen Einblick in die Entwicklung der beiden Gelehrtenschulen bis auf die Zeiten von Mong Dsï und Dschuang Dsï herab. In dem parallelen Kapitel von Mo Dsï werden als Beispiele nur Duan Gan Mu und Kin Dsï (Kin Gu Li) genannt, denen als Gegenbeispiel Dsï Sï, I Ya und Schu Diau gegenübergestellt werden.

46. Fan Schä, wörtlich: Mensch mit umgedrehter Zunge, d. h. unverständlich Redende. Der Kommentar hat daraus ein Volk gemacht, das im Süden wohnt und dessen Zungenwurzel vorne im Mund angewachsen ist, während die Zunge nach hinten geht.

BUCH III

1. Das Zeichen We (Magen) enthält drei Sterne der Fliege. Tsi Sing (Siebensterne) sind das Herz der Hydra (nicht unter den 28 Mondhäusern). Kiän Niu (Kuhhirt) ist Atair im Adler (der Stern ist ebenfalls nicht unter den 28 Mondhäusern). Die Tonart Gu Siän (Reinigung) ist eine männliche Tonart.
2. Vgl. Buch I, Anm. 11.
3. Die Farbe dieser Kleider wird nach den besten Kommentaren mit der frischer Maulbeerblätter verglichen. Das Opfer soll Segen für die Seidenzucht bewirken.
4. Da der Himmelssohn in diesem Monat zuerst wieder zu Schiff geht, um zu fischen, müssen die Schiffe sorgfältig untersucht werden, ob sie nicht leck sind.
5. Um eventuelle Vorkehrungen gegen Überschwemmungen zu treffen.
6. Die neun Tore sind die Palasttore oder aber die Tore der Hauptstadt. Der Sinn ist, daß die Jagd in diesem Monat noch nicht aufgenommen werden darf. Fadenpfeile sind Pfeile, an deren hinterem Ende Fäden befestigt sind, so daß die erlegten Vögel herbeigezogen werden können.
7. Je mehr Seide aus den gelieferten Cocons gesponnen wird, desto besser ist die Arbeit.
8. Es handelt sich wohl um Überreste alter Vegetationsfeste. Auch in Lun Yü ist die Sitte, bei der es ähnlich wie zur Faschingszeit ziemlich toll hergegangen zu sein scheint, erwähnt. Diese Sitte, No genannt, bestand darin, daß man in den Häusern die Winkel und dunklen Ecken durchstöberte unter Trommeln und Schreien, um die bösen Geister zu verscheuchen. Wenn die Luft nicht normal ist, so kommen diese bösen Geister zur Wirkung. Darum zerriß man Hunde und Schafe, um auf diese Weise die Kraft des Holzes, die im Frühling herrscht, völlig zu machen, und so jene schädlichen Einflüsse auszugleichen, vgl. Lun Yü X, 10.
9. Wörtlich: die sich in Vertiefungen drehenden Türachsen werden nicht wurmstichig.
10. Es handelt sich hier um Anweisungen analog denen der indischen Yogapraxis, wie sie in den taoistischen Kreisen Chinas geübt wurden. Durch Einziehen neuer Luft und Ausstoßen des verbrauch-

ten Atems wird dem Körper Pranakraft zugeführt. Dadurch wird der durch das Rückenmark laufende, für gewöhnlich geschlossene Kanal (indisch suschumna genannt) für die Pranakraft durchlässig, die auf diese Weise zum Haupt emporsteigt und den ganzen Körper durchdringen und kräftigen kann. Der taoistische wahre Mensch (dschen jen) ist dasselbe wie der indische Yogin.

11. Gemeint sind die obengenannten schlechten Herrscher, Dschou Sin bzw. König Yu und König Li.
12. Die fünf Herrscher sind: Huang Di, Gau Yang, Gau Sin, Yau und Schun.
13. Die drei Herrscherhäuser sind: Hia, Schang und Dschou. Korrigiert nach Yu Lan 77.
14. Die im Kommentar genannten sind die sogenannten früheren Wu Be, nämlich: Kun Wu unter der Hia-Dynastie, Da Pong und Dschï We unter der Schang-Dynastie, Fürst Huan von Tsi und Wen von Dsïn unter der Dschou-Dynastie.
15. Es liegt hier eine Parallelerzählung zu der Beschwörung von Gan vor, Schu Ging III, 2, 1. Doch ist im Schu Ging nicht von dem Mißerfolg und der darauffolgenden Buße des Königs Ki die Rede. Diese Geschichte erinnert vielmehr an die Bekehrung der Barbaren unter Schun durch Yo, vgl. Schu Ging I, 3, 21.
16. Dem Kommentar nach ist der Sinn dieser Stelle der: Wie ein Weber die Fäden in der Hand hat und damit die Zeichnung des Gewebes nach Belieben vollendet, ebenso hat ein guter Wagenlenker die Zügel in der Hand und versteht es damit, die Füße der Pferde nach Belieben zu lenken, so daß ihre Fußstapfen auch eine beliebige Zeichnung hervorbringen.
17. Im Gia Yü 13, 10 ist statt des Fürsten Ai von Lu der Fürst Ling von We genannt, ebenso in Schuo Yüan 7, 2.
18. Wörtlich: er häuft Muskeln und Haut. Es liegt eine Textkorruption vor.
19. Wörtlich: bei gedoppeltem Essen. Der Text ist nicht ganz klar. Vermutlich soll es bedeuten, daß statt mehrerer Fütterungen nur eine stattfindet.
20. Es handelt sich um Herrscher wie Giä und Dschou Sin.
21. Die Gründer der drei Dynastien sind Yü, Tang und Wen Wang.
22. Jungfrau (Güo) ist das erste und Rabe (Tschen) ist das letzte der achtundzwanzig Mondhäuser.
23. Der Lauf der Sonne in der Ekliptik.
24. Gemeint ist der Monsun, der Regen bringt.
25. Nach Dschu Dsï Ping I, 21, 8. Der Sinn ist: Der Herrscher muß sich über den Parteien halten und durch Nichthandeln seinen geistigen Einfluß ausüben. Wenn er sich auf eine bestimmte Partei stellt, so wird er ins Parteitreiben hineingezogen und verliert dadurch seinen eigentlichen Platz.
26. Vermutlich Anspielung darauf, daß Konfuzius, als er die Schaumusik gehört, für drei Monate den Geschmack für Fleisch verloren.
27. Gemeint sind die Tyrannen Giä und Dschou Sin, deren Beamte von Tang und Wu Wang abspenstig gemacht wurden.
28. Vgl. oben den Gegensatz von rund und eckig.
29. Vgl. Dschu Dsï Ping I, Band 22, Seite 9.

BUCH IV

1. Das Sternbild Bi (Ende) ist Aldebaran und die Hyaden, I (Flügel) enthält 2 Sterne der Hydra und des Bechers, Wu Nü bzw. Nü (Jungfrau) enthält 2 Sterne des Wassermanns. Die Tage Bing und Ding sind das dritte und vierte Zeichen im Zehnerzyklus. Sie bedeuten das Feuer.
2. Yän Di, der Flammenherr, ist der Sohn der Schau Diän. Sein Clanname ist Kiang. Er regierte die Welt in der Macht des Feuers. Es ist derselbe, der unter dem Namen Schen Nung, der göttliche Landmann, bekannt ist. Er heißt der Flammenherr, da der Ackerbau eine Rodung des Buschwerks durch Feuer verlangte.
3. Dschu Yung ist ein Nachkomme des Dschuan Hü, der unter Gau Sin Beamter des Feuers war; nach seinem Tod wurde er als Schutzgeist des Feuers verehrt.
4. Durch die Wirkung der völligen Yang-Kraft zerstreuen sich die Schuppen und werden zu Federn. Das Haupt der gefiederten Tiere ist der Phönix.
5. Dschï ist die zweite Note der chinesischen Skala. Sie bedeutet das Feuer. Ihr Platz ist im Süden.
6. Dschung Lü ist eine Yin-Tonart. Die Yang-Kraft ist nach außen zerstreut, die Yin-Kraft bildet sich im Innern.
7. Die Zahl der Wandelzustände ist fünf. Das Feuer steht am zweiten Platz, macht zusammen sieben.
8. Dieser Satz fehlt im Yüo Ling in Li Gi und wird daher vom Kommentar für in den Text eingedrungen gehalten, da bei den übrigen Monaten keine entsprechenden Hinweise auf Wesensart und Sinnestätigkeit sich finden. Doch müssen wir mit Dschu Dsï Ping I wohl annehmen, daß es sich um einen ursprünglichen Textbestandteil handelt, dessen Rest hier stehen geblieben ist und nach dem die übrigen Jahreszeiten zu ergänzen wären:

Frühling	Holz	Liebe	Geruch
Sommer	Feuer	Sitte	Gesicht
Herbst	Metall	Gerechtigkeit	Geschmack
Winter	Wasser	Weisheit	Gehör
Zentrum	Erde	Treue	Bewußtsein

9. Sou Hui. Da in diesem Monat das Feuer zur Herrschaft gelangt, opfert man dem Genius des Herdes. Die Lunge ist nach der einen Auffassung dem Metall zugeordnet. Sie wird geopfert, weil Feuer das Metall überwindet. Nach den anderen Auffassungen würde die Lunge eben dem Feuer entsprechen.
10. Das Lichtschloß (Ming Tang) ist der nach Süden gewandte Saal. Nach diesem Saal hieß der ganze Tempel Ming Tang. Das linke Zimmer liegt am Ostende.
11. Um die Natur des Feuers, die alle Pflanzen wachsen macht, zu symbolisieren. Hühner und Bohnen dienen nach Dschong Kang Tschong zur Beruhigung der Natur.
12. Am 46. Tage nach dem Frühlingsanfang ist Sommeranfang, Li Hia, der meistens in den vierten Monat fällt.
13. Diese Zeremonien dienen dazu, den Bestand des Reiches zu sichern, die Gesellschaft zu festigen und das Volk zu fördern. Die

Musik dient zur Beeinflussung der Sitten und Gewohnheiten, sie soll das Verkehrte der Menschen ausgleichen und ihre guten Anlagen stärken.

14. Der Titel Tai We für Kriegsminister kommt zuerst unter der Tsin-Dynastie vor, was mit der Abfassung dieser Ordnungen unter Lü Bu We stimmt.
15. Eine Stadt, Hiän, besteht aus 2500 Familien, ein Dorf, Pi, aus 500 Familien.
16. Da in diesem Monat die Kraft des Lichten ihren Höhepunkt erreicht, reifen die heilsamen Kräuter; sie werden daher gesammelt und aufbewahrt. Hirschgras sind feine Kräuter wie Schäfertäschchen usw. In Li Gi ist das Wort anders geschrieben.
17. In diesem Monat ist die Yang-Kraft in voller Wirkung; im nächsten Monat lauert die Yin-Kraft unten.

4. Monat

5. Monat

Darum werden leichtere Strafsachen entschieden in Übereinstimmung mit diesem Geist des Tötens. Leichte Strafgefangene, die keine Körperstrafen zu erdulden haben, werden entlassen.

18. Es wird dabei der neue Wein getrunken, der stärkend und lebenverlängernd wirkt.
19. D. h. alle zehn Tage ein Regen.
20. Im ersten Frühlingsmonat ist die Yang-Kraft in voller Wirkung. Würde man nun die tötenden Ordnungen der Metallkraft ausfahren, so würde das Wasser sich aus dem Metall bilden und heftige Regen das Korn töten, so daß es nicht wachsen kann. Von überall her würden die Leute aus Furcht vor Räubern sich in die ummauerten Plätze flüchten, um sich zu schützen.
21. Da in diesem Monat die Yang-Kraft in starkem Wachsen begriffen ist, so würde, wenn man die für den Frühling gültigen Ordnungen für die aus dem Winterschlaf erwachenden Insekten befolgen wollte, eine Insektenplage eintreten. Im Frühling ist die Holzkraft stark, die sich in der Atmosphäre des Windes äußert, so daß infolge davon Stürme entstehen würden.
22. Diese Unkenntnis der Vernunftgrundsätze bewirkt auf seiten der Fürsten und Väter, daß sie es an Liebe und Güte fehlen lassen. Mangel an Gewissenhaftigkeit und Ehrfurcht enttäuscht die Fürsten und Väter, Mangel an Liebe und Güte enttäuscht die Beamten und Söhne.
23. Im I Ging, Hexagramm Nr. 4 heißt es: Nicht ich suche den jungen Toren, sondern der junge Tor sucht mich. Vgl. Li Gi, Kü Li A, 11.
24. Siehe Lun Yü XI, 22.
25. Vgl. Dschuang Dsï I, 2 und sonst. Da Yau ist der Sage nach der Erfinder des Sechziger-Zyklus. Alle in diesem Zusammenhang erwähnten Meister sind hauptsächlich in taoistischen Quellen erwähnt. Vgl. außerdem Buch II Kap. 4 und Sin Sü, Dsa Schï 5.
26. Gleich I Yin.
27. Sui Hui fällt übrigens zeitlich nach dem Herzog Wen. Auch die Angabe in Liä Dsï VIII, 9, daß Sui Hui gleichzeitig mit Dschau Wen Dsï gelebt habe, ist historisch un-

richtig, ebenso wie eine Geschichte in Schuo Yüan, in der Sui Hui mit Wen von Dsin zusammen vorkommt.

28. Über Bai Li Hi vgl. Mong Dsï VI, B 6 und 15.
29. Merkwürdigerweise steht hier nicht wie sonst Ging, sondern Tschu. Auch der Name Schen Yin Wu ist sehr unsicher. Vgl. Buch II, 4 und den 3. Teil Bu Gou Lun, IV, 2 und Sin Sü, wo überall der Name etwas abweicht. Schen Yin Wu ist identisch mit Schen Dschu Liang, dem Herzog von Sche, der in Lun Yü an verschiedenen Stellen vorkommt.
30. Auch hier ist die Einteilung in die fünf Hegemonen noch nicht erwähnt. Die spätere Aufzählung läßt die beiden letzten der obengenannten Fürsten weg und hat dafür noch den Fürsten Siang von Sung als fünften Hegemonen.
31. Die fünf Herrscher sind nach dem I Ging: Bau Hi (Fu Hi), Schen Nung, Huang Di, Yan und Schun. Eine andere Aufzählung siehe in Abschnitt 5, Anm. 5.
32. Hia, Schang und Dschou.
33. Korrigiert nach Sin Sü. Im Text steht »schuang« = schal, im Anschluß wohl an Lau Dsï, das aber nicht in den Zusammenhang paßt.
34. Über Dsï Dschang und Dsï Hia vgl. Lun Yü und Gia Yü. Über Yän Dschu Dsü vgl. Gia Yü. Über Duan Gan Mu vgl. Mong Dsï III, B 7. Was die Namen Gau, Ho und Hiän Dsï Schï anlangt, so scheint eine Textverderbnis vorzuliegen. Bei Mo Dsï wird nur ein Schüler namens Gau Schi Dsï genannt. Kin Gu Li, dessen Name sehr verschieden geschrieben wird, ist einer der berühmtesten Schüler von Mo Dsï.
35. D. h., daß man dem Lehrer immer Freude macht.
36. In China hat der Schüler ähnlich wie in Indien, solange er sich im Hause des Lehrers befindet, dessen Hausarbeiten zu besorgen.
37. Vgl. Lun Yü VII, 33.
38. Vgl. Mong Dsï II, A 2.
39. Hua Dsï ist ein Taoist aus alter Zeit.
40. Vgl. Huai Nan Dsï 16.
41. Gemeint ist die weiche hintere Zehe am Hühnerfuß. Das Gleichnis bedeutet, daß man beim Lernen der Wahrheit sich viel aneignen muß, um sich auszuzeichnen. Bei Huai Nan Dsï (Schuo Schan) heißt es übrigens statt mehrere Tausend mehrere Dutzend.
42. Giä hat die Verfertigung von Dachziegeln eingeführt, Dschou den Bleipuder.
43. Vgl. Mong Dsï III, B 6.
44. Im Kommentar werden als die drei Erhabenen genannt Fu Hi, Schen Nung und Nü Wa (Nü Wa wird gelegentlich auch als Schwester von Fu Hi bezeichnet), als die fünf Herrscher Huang Di, Di Gu, Dschuan Hü, Yau und Dschun.
45. Vgl. Mong Dsï II, A 2.
46. Vgl. Mong Dsï VI, B 2.
47. Vgl. Mong Dsï IV, A 1.
48. Der Grund, warum Mong Ben an der Grenze nicht gefährlich war, ist die starke militärische Bedekkung, die dort stationiert war.

1. Die siebente Tonart ist eine männliche Tonart. In diesem Monat ist die weibliche Kraft unten gleichsam als Wirt, die männliche Kraft ist oben gleichsam als Gast. Das wird durch Sui Bin = der blühende Gast ausgedrückt.
2. Kleine Hitze (Siau Schu) ist nach dem Sommersolstiz, in der Regel im sechsten Monat.
3. In diesem Monat ist die Yin-Kraft unten, die Yang-Kraft oben. Der Würger begegnet nach dem Sommersolstiz der Yin-Kraft und tötet Schlangen, steckt sie auf Dornen und schreit darüber. Die Spottdrossel kann ihre Stimme und ihren Laut verändern und den Gesang aller Vögel nachahmen. Sie heißt daher auch Hundertzunge.
4. Lichthalle (Ming Tang) ist die südliche Halle; der große Tempel (Tai Miau) ist das mittlere Gemach dieser Halle.
5. Die Pauken und Trommeln dienen zur Markierung des Rhythmus der Musik. Die Flöten haben sechs Öffnungen, die Oboen sind aus Bambus.
6. Diese Instrumente wurden bei den Pantomimen angewandt, und zwar Schilde und Äxte im Frühling und Sommer, Federn und Flöten im Herbst und Winter. Statt Flöten steht im chinesischen Text aus Versehen Lanzen.
7. Die Mundorgeln waren im Altertum aus einem Kürbis gemacht. Die großen hatten 36, die kleinen 17 Pfeifen. Die Okarinas waren aus Ton gemacht und so groß wie das Ei einer Wildgans. Die Querpfeifen waren aus Bambus, zwei Zoll dick und zwölf Zoll lang, hatten sieben Löcher und oben noch eins, durch das sie geblasen wurden.
8. Die Glocken waren aus Metall, die Klingsteine aus Stein, die Klappern waren wie ein lackiertes Faß gestaltet, in dessen Mitte ein hölzerner Hammer war, mit dem man nach links und rechts schlug, um den Rhythmus zu bezeichnen. Die Rasseln hatten die Gestalt eines hölzernen Tigers, auf dessen Rachen sägeartige Zähne standen. Man fuhr mit einem Stock darüber, um das Musikstück zum Abschluß zu bringen.
9. Die göttlichen Herrscher sind wahrscheinlich die fünf höchsten Götter der Elemente. Nach anderer Ansicht handelt es sich jedoch um den höchsten Gott des Himmels.
10. Die Kreisbeamten sind die Beamten der Kreise des königlichen Kronguts. Sie bringen Opfer dar an die Wohltäter des Volks aus früheren Generationen, um von ihnen Glück und Hilfe zu einer guten Ernte zu erflehen.
11. Weil der Indigo noch nicht reif ist.
12. Da die Sommerhitze zu groß ist und das Tuch dadurch mürbe und brüchig würde.
13. Die Leute sind im Sommer auf dem Feld draußen zerstreut, sie müssen aus- und eingehen, darum sollen die Türen nicht geschlossen werden.
14. Das ist eine Vorsichtsmaßregel zum Schutz der trächtigen Stuten. In Li Gi heißt der letzte Satz: Man veröffentlicht die Regeln für die Pferdezucht.

15. Am Tag der Sommersonnenwende beträgt der Tag 65 und die Nacht 35 Teile.
16. Mittsommerkraut (Ban Hia), ein lösendes Kraut gegen Husten. Der Eibischbaum ist hibiscus syriacus.
17. Terrassen sind hohe, aus Erde gestampfte viereckige Bauwerke; sind sie oben mit Bäumen bepflanzt, so heißen sie Hochgarten.
18. Die zwei Pole sind Himmel und Erde.
19. Gemeint ist, daß die täglichen Bewegungen von Sonne und Mond verschieden schnell sind. Der Mond durchläuft in einem Monat den Tierkreis, die Sonne in einem Jahr, ohne sich zu stören.
20. Der Winter bringt Kälte, der Sommer Hitze. Um die Wintersonnenwende sind die Tage kurz, um die Sommersonnenwende lang. Im Frühling ist alles weich, im Herbst hart.
21. Die Musik, die »heitere Kunst«, Yüo, und die Heiterkeit, Lo, werden im Chinesischen durch dasselbe Zeichen dargestellt.
22. Nach der chinesischen Überlieferung lachen die Ertrinkenden, die zum Tode Verurteilten zwingen sich zum Singen, aber ihr Gesang ist nicht fröhlich (Galgenhumor), die Wahnsinnigen sind wohl kampfbereit, sind aber dennoch nicht zu fürchten.
23. In den Werken des Mo Di steht ein Kapitel über die Verurteilung der Musik.
24. Zwei Zeichen gestrichen nach Dschu Dsï Ping I, 22, Seite 12.
25. Ein Gün sind dreißig Pfund und ein Schï sind hundertzwanzig Pfund. Die musikalischen Röhren dienten gleichzeitig als Grundlage für die Hohlmaße. Übrigens scheint im Text etwas zu fehlen, da nur die Grenzen nach oben, nicht aber die nach unten angegeben sind.
26. Die gelbe Glocke (Huang Dschung) ist die erste der zwölf chinesischen Tonarten. Die Tonika Gung ist der erste Ton dieser Tonart. Auf europäische Verhältnisse übertragen, würde es der Ton c der c-Dur-Tonleiter sein.
27. Der reine Tempel ist der Tempel des Wen Wang. Die durch die Musik zum Ausdruck gebrachten Stimmungen haben etwas Unaussprechliches, das noch über die Ausdrucksfähigkeit der Töne hinausgeht. Auf europäische Verhältnisse übertragen, wäre hier etwa an die letzte Musik Beethovens zu denken.
28. Beim großen Ahnenopfer werden verschiedene Weinsorten geopfert. Die heiligste davon ist der sogenannte dunkle Wein, d. h. Wasser. Diese Gabe ebenso wie die rohen Fische und die ungemischte Brühe sind Überreste einer alten Zeit. Sie wurden später auch noch beibehalten, um der Bedeutung des Ursprünglichen Ausdruck zu verleihen.
29. Dschu Siang Schï ist ein anderer Name des Yän Di oder Schen Nung.
30. Go Tiän Schï ist der Titel eines Fürsten zur Zeit der drei Erhabenen. Es handelt sich bei dieser Musik wohl um alte vegetative Zaubertänze, wie sie zur totemistischen Zeit auch anderswo üblich waren.
31. Es handelt sich hier wohl um eine Textverderbnis für Yin Kang, da Tau Tang soviel wie Yau ist, der viel später gelebt hat, siehe unten,

während Yin Kang auch ein Herrscher aus der Zeit der drei Erhabenen war. Text korrigiert nach Du Schu Dsa Dschï, Anhang, Bd. 1, S. 36 f.

32. Es ist hier auf das sogenannte große Wasser angespielt, das zur Zeit Yaus geherrscht haben soll und durch Yü reguliert wurde.
33. Ling Lun wird als Beamter von Huang Di bezeichnet.
34. Da Hia ist ein Berg im Westen, wohl identisch mit Tohara, Yüan Yü ist auch der Name eines Berges. Nach Hen Schu, Lü Dschï ist Yüan Yü identisch mit Kunlun. Über Da Hia ist im Kommentar keine nähere Bemerkung enthalten. Vgl. Schuo Yüan 19.
35. Nach anderen Angaben ist der Grundton von Huang Dschung neun Zoll lang. Eine vorgeschlagene Auskunft ist folgende: Die Länge des Grundtons von Huang Dschung beträgt nach dem Maß der Tsin-Dynastie acht Zoll eine Linie; die Länge der daraus abgeleiteten Ying Schong 4 Zoll 2 Linien, so daß die Differenz drei Zoll neun Linien betrüge.
36. Die chinesische Tonleiter zerfällt ebenso wie die europäische enharmonische Tonleiter in zwölf Halbtöne. Davon sind die sechs Töne, die je einen ganzen Ton auseinander liegen, von der Tonika ab gerechnet, die sogenannten männlichen Töne; nach europäischer Schreibweise also die Töne c, d, e, fis, gis, ais. Die dazwischenliegenden Halbtöne werden als weibliche Töne bezeichnet. Ähnlich nun wie in Europa für den Aufbau der Tonleitern nur sieben dieser zwölf Halbtöne verwendet werden, benützt die chinesische Tonleiter fünf, deren Intervalle genau den von uns nicht benützten Tönen entsprechen (populär ausgedrückt den schwarzen Tasten auf dem Klavier). Die zwölf Halbtöne werden benützt, um daraus ebenfalls wie in Europa die zwölf Tonarten zu bilden. Die Bildung dieser Tonarten geht wie bei uns in Quintabständen vor sich, nur daß es auf Chinesisch so ausgedrückt wird: Die männliche Tonart geht eine Quart abwärts und holt sich eine Frau, diese Frau geht eine Quinte aufwärts und bekommt einen Sohn. Also aus der c-Dur-Tonart entsteht die g-Dur-Tonart (weiblich). Aus der g-Dur-Tonart, eine Quinte nach oben d-Dur (männlich) usf.
37. Hi Hi bezeichnet die menschliche Stimme, Tsi Tsi die Laute in der Natur (Regen und Wind), Tsiang Tsiang bezeichnet den Laut zusammenstoßender Gegenstände. Die acht Winde sind die Einflüsse der acht Diagramme (Ba Gua), die nach der Windrose angeordnet werden.
38. Im Texte folgen hier 6 Zeichen, die aus der Beschreibung von Schuns Musik hier eingedrungen sind.
39. Gu Sou wird in den Urkunden als der Vater von Schun bezeichnet. Ob es dieselbe Person ist, bleibt fraglich; die Musiker waren in der Regel blind.
40. Dschï ist in den Urkunden Kui (Einbein) genannt. Lu Schï sieht jedoch in ihnen zwei Personen.
41. Die sechsfache Ying-Musik (Liu Ying, die sechs Kristalle) wird auch dem Herrscher Dschuan Hü, und die sechsfache Liä-Musik (die sechs Reihen) dem Herrscher

Di Yu zugeschrieben. Vgl. Sinica 1927, pag. 145 ff.

42. Gemeint ist Giä.
43. Die drei Verruchtheiten des Königs sind sein Verhalten gegen Bi Gan, dem er das Herz ausreißen ließ, daß er dem alten Manne Tsai die Beine entzwei schlagen ließ und daß er einer Frau in guter Hoffnung den Bauch aufschneiden ließ. San I Schong ist einer der vier Ratgeber des Königs Wen.
44. Schi Ging I, 1, Da Ya Wen Wang. Dieses Lied ist nach dem Tode des Königs Wen verfaßt.

BUCH VI

1. Das Zeichen Liu (Weide) umfaßt acht Sterne der Hydra. Das Zeichen Sin (Herz) enthält drei Sterne des Skorpions, Kui (Haupt) enthält Sterne der Bilder Andromeda und Fische. Bing und Ding sind das dritte und vierte Zeichen des Zehnerzyklus, sie sind dem Feuer zugeordnet. Yän Di, der flammende Herrscher, wird mit Schen Nung, dem göttlichen Landmann, identifiziert. Dschu Yung (der Schmelzer) Ist der Nachkomme des Dschuan Hü, der Feuerbeamte unter Gau Sin; nach seinem Tode wurde ihm als Feuergott geopfert. Noch heute wird ihm auf dem Hong Schau in Hunan geopfert. Die Note Dschï ist die vierte Note der Tonleiter. Lin Dschung (Waldglocke) ist eine weibliche Tonart. Die Kraft des Lichten hat angefangen abzunehmen, und die Kraft des Dunklen steigt auf. Alle Geschöpfe sammeln sich jetzt und vollenden sich.
2. 46 Tage nach dem Sommersolstiz ist Li Tsuu (Herbstanfang), da beginnt der erste Nordwind zu wehen. Das Heimchen entspricht der Kraft des Dunklen, darum kommt es in die Häuser und singt, um zum Spinnen zu mahnen.
3. Lichthalle (Ming Tang) ist der südliche Flügel, der rechte Raum ist im Westen.
4. Die Alligatoren (Giau) sind schädlich, darum müssen sie getötet werden. Die Gaviale, salamanderartige Tiere (To), wurden wegen ihrer Haut, aus der Paukenfelle gemacht wurden, gefangen. Die Karettschildkröte (Gui) wird für Orakelzwecke benützt, darum wurde sie »dargebracht«. Die Meerschildkröten (Yüan) werden zu Suppen verwendet.
5. Der Förster hat die Aufsicht über Wälder und Teiche. Im Yüo Ling heißt er der Inspektor der Teiche. Diese Schilfarten wurden bei den Opfern zum Abschluß, wenn die Geister verabschiedet wurden, verbrannt.
6. Die hundert Kreise bedeutet die Gesamtheit der Kreise des kaiserlichen Gebietes. Ein Kreis (Hiän) war in jener Zeit ein chinesischer Li im Quadrat.
7. Die Frauen sind besonders geschickt in der Unterscheidung der Farben, darum werden ihre Aufseher angewiesen, Farbmaterialien bereitzustellen. Das Ornament Fu (Giles Wörterbuch Nr. 3630) ist in weißer und schwarzer Farbe gestickt und hat die Form

eines Beils. Das Ornament Fu (Giles 3702) ist in schwarzer und blauer Farbe gestickt und hat die Form eines Kreuzes. Das Ornament Wen ist blau und rot gestickt. Vielleicht ist es flammenförmig gewesen. Das Ornament Tschang ist rot und weiß gestickt. Möglicherweise hatte es die Form von Reiskörnern. Alle diese Ornamente befanden sich auf den Gewändern des Herrschers.

8. Auf dem Südanger der Stadt wird das Opfer für den Himmel dargebracht.
9. Die Erdarbeiten sind Aufführungen von Terrassen oder Graben von Seen. Die Versammlungen von Fürsten geschehen zwecks Abschließung von Bündnissen und Konferenzen, ebenso sind kriegerische Unternehmungen in diesem Monat nicht zeitgemäß wegen der großen Hitze, wodurch Krankheiten im Gefolge großer Menschenansammlungen zu befürchten sind. Im Yüo Ling (Li Gi) heißt es: damit die nährende Kraft nickt erschüttert werde.
10. Schen Nung wird hier nur genannt als Repräsentant der Ackerbaugeschäfte. Es scheint, daß hier Schen Nung direkt als Amtsbezeichnung steht.
11. Große Unternehmungen kriegerischer Art würden die Ernte beeinträchtigen.
12. 30 Tage nach dem Sommersolstiz ist die große Hitze, während der das Feuer regiert.
13. Während die vier anderen Elemente je eine Jahreszeit beherrschen, steht die mittlere Zeit des Jahres unter dem Einfluß der Erde. In späterer Zeit hat man diese Tage der Erde jeweils an den Schluß der einzelnen Jahreszeiten verlegt. Huang Di, der Sohn des Schau Diän, beherrschte durch die Kraft der Erde die Welt. Nach seinem Tode wurde er als der göttliche Herrscher der Mitte verehrt. Hou Tu ist der Sohn des Gung Gung, namens Gou Lung. Er konnte die neun Erdarten ins Gleichgewicht bringen. Darum wurde er nach seinem Tode als Schutzgeist der erhabenen Erde verehrt. Er wird hier durchaus als männliche Gottheit aufgefaßt.
14. Das Haupt der unbehaarten Tiere ist das Kilin (nach anderen der Mensch).
15. Die Note Gung ist der Grundton, ebenso wie Huang Dschung (die gelbe Glocke), eine männliche Tonart, die Grundlage sämtlicher anderen Tonarten bildet.
16. Das Impluvium war ähnlich wie im römischen Haus die Mitte des Daches, die unbedeckt war. Das dort dargebrachte Opfer galt dem Hou Tu.
17. Die große Halle (Tai Schï) ist das zentrale Gemach des großen Tempels.
18. Huang Dschung (f) ist die Tonart des elften Monats. Lin Dschung (c) ist die Tonart des sechsten Monats. Tai Tsu (g) ist die Tonart des ersten Monats. Nan Lü (d) ist die Tonart des achten Monats. Gu Siän (a) ist die Tonart des dritten Monats. Ying Dschung (e) ist die Tonart des zehnten Monats. Sui Bin (h) ist die Tonart des fünften Monats. Da Lü (fis) ist die Tonart des zwölften Monats. I Dso (cis) ist die Tonart des siebenten Monats. Gia Dschung (gis) ist die Tonart des zweiten Monats. Wu I (dis) ist die Tonart des neunten

Monats. Dschung Lü (ais) ist die Tonart des vierten Monats. Wenn die Länge von Huang Dschung gleich 3/3 oder 1 gesetzt wird, so ist die Länge von Lin Dschung 3/3 – 1/3 = 2/3 und dementsprechend eine Quinte höher als Huang Dschung. Nun ist Tai Tsu gleich Lin Dschung +1/3 oder auf Neuntel gebracht 6/9 + 2/9 = 8/9 und dementsprechend eine Quarte tiefer usw. Die sogenannten oberen Tonarten, die jeweils eine Quarte tiefer sind als die vorangehenden, sind f, fis, g, gis, a, ais, h. Die übrigen Tonarten, die sogenannten unteren, sind eine Quinte höher als die ihnen vorangehenden. Die Tonart Sui Bin (h) wird korrekterweise auch noch zu den oberen gerechnet, weil auf diese Weise der Tonumfang innerhalb einer Oktave bleibt.

19. Elfter Monat, Mittwinter.
20. Zwölfter Monat.
21. Erster Monat. 46 Tage nach dem Wlntersolstiz ist der Frühlingsanfang (Li Tschun), der in diesen Monat fällt.
22. Zweiter Monat.
23. Gemeint sind Kriege usw.
24. Dritter Monat. Da der Frühjahrsregen um den Weg ist, muß man die Winterstraßen in Ordnung bringen.
25. Vierter Monat.
26. Dadurch, daß man Fronarbeiten anordnet, die dem Landbau hinderlich wären.
27. Fünfter Monat.
28. Sechster Monat.
29. Siebenter Monat.
30. Achter Monat.
31. Neunter Monat.
32. Zehnter Monat.
33. Zu Türhütern wurden im Altertum Leute ohne Füße benutzt. Das Unheil war also eingetroffen.
34. Zwei Abschnitte des Schi Ging (Buch der Lieder).
35. Nach dem Kommentar zu Dso Dschuan leimten die Leute am Han Fluß ein Schiff zusammen. Das Schiff löste sich im Wasser auf und der König ertrank. Diese Überlieferung stimmt mit der vorliegenden nicht überein. Rechts im Kriegswagen stand der Lanzenkämpfer, links der Bogenschütze. Herzog Tsai war mit im Wagen.
36. Der Herr ist der Gott des Himmels. Er sandte eine Schwalbe, die ein Ei legte, das die Tochter des Herrn von Yu Jung schluckte, worauf sie den Sia, den Ahnherrn der Schang-Dnastie gebar, wie es im Buch der Lieder heißt: Der Himmel sandte die schwarze Schwalbe herab und erzeugte so Schang.
37. Vor denen Konfuzius gewarnt hat.
38. Vgl. erster Frühlingsmonat.
39. Nach anderen Quellen fand das Zeichen unter Tai Mou, dem fünften Nachkommen des Tang statt.
40. Vgl. Laotse 58.
41. Der Feuerstein ist Mars; er galt als die Essenz des Feuers. Das Sternbild des Herzens ist der Skorpion, der am Himmel das Gebiet von Sung repräsentierte. Es handelt sich jedoch hier offenbar um einen Kometen. Dsï We war der Großastrolog von Sung. Vgl. Sin Sü 4, Huai Nan 12.
42. Die 28 Mondbilder oder Sternhäuser der Ekliptik werden in vier Himmelshäuser oder Quadranten eingeteilt, je zu sieben Sternbildern.
43. Vgl. Anm. 42.

44. Sonnenfinsternis. Tschï Yu ist der Feuerherr, mit dem Huang Di kämpfte. Die Fahne des Tschï Yu ist wohl ein Komet.
45. Die chinesischen Zeichen bedeuten: Be, wenn zu beiden Seiten der Sonne falsche Sonnen hervorkommen, wenn oberhalb der Sonne, so heißt es Güo. Wenn oberhalb der Sonne ein nach innen gekehrtes Bogenstück auftaucht, so heißt es Guan (Krone), im Text nicht erwähnt. Wenn zu beiden Seiten nach innen gekehrte Bogenstücke auftauchen, so heißt es Örl (Ohrring). Ein Sonnenhof heißt Yün.
46. Mondfinsternis.
47. Alles verschiedene Arten von Kometen.
48. Verschiedene Arten von Meteoren, Sternschnuppen, Sternschwanken.
49. Windhosen.

BUCH VII

1. Der erste Herbstmonat ist der siebente Monat nach der Rechnung der Hiadynastie. Das Zeichen I enthält zehn Sterne des Bechers, Dou sechs Sterne des Schützen, Bi ist Aldebaran und die Hyaden.
2. Der Herbst entspricht dem Westen und steht unter der Herrschaft des Metalls. Vom Zehnerzyklus haben die beiden Zeichen Gong und Sin die Bedeutung Metall. Schau Hau ist nach der Sage der Sohn des Di Gu. Er herrschte in der Macht des Metalls. Darum hat er den Beinamen der Herr des Goldenen Himmels. Nach seinem Tode wurde er als Gott des Westens und des Metalls verehrt. Jou Schon (der Schnitter) gilt als Nachkomme von ihm, er wird als Schutzgeist des Metalls verehrt. Die behaarten Tiere haben als Schutzgott den Tiger (der weiße Tiger ist der westliche Himmelsquadrant). Schang ist die Note des Metalls. I Dso (als Regel zu nehmen) ist eine männliche Tonart. Die Zahl der Elemente ist fünf, das Metall ist das Vierte. Daher 4 + 5 = 9. Der scharfe Geschmack entspricht dem Metall. Da in diesem Monat zuerst die Ernte eingebracht wird durch die Tore, so opfert man dem Torgeist. Die Leber ist ebenfalls dem Metall zugeordnet.
3. Der Falke tötet in diesem Monat mehr Vögel, als er frißt, und breitet sie ringsum als Opfergaben für seine Vorfahren aus.
4. Die klare Vollendung (Dsung Dschang) ist der westliche Flügel der Ming Tang. Das linke Gemach ist das am weitesten südliche.
5. Zur Zelt Huang Dis, der durch die Erdkraft regierte, machte Yän Di, der Feuerherr, einen Aufstand durch die Kraft des Feuers, die Huang Di durch die Kraft des Wassers dämpfte.
6. Tschï Yu ist ebenfalls aus dem Geschlecht des Yän Di (Schen Nung).
7. Über die Ermordung des Herzogs Li vgl. Dso Dschuan Herzog Tschong 18. Jahr.
8. Über die Ermordung des Herzogs Ling vgl. Dso Dschuan Herzog Süan 10. Jahr.
9. Über den Tod des Königs Kang von Sung vgl. Dschan Guo Tsche 10 und Sin Sü 4.

BUCH VIII

1. Güo (Horn) Ist α und ζ der Jungfrau, Kiän Niu oder Niu (Stier) enthält sechs Sterne des Steinbocks, das Sternbild Dsui (Schnabel) enthält drei Sterne des Orion.
2. Nan Lü (südliche Pfeife) ist eine weibliche Tonart.
3. Der dunkle Vogel bedeutet die Winterkrähen.
4. Dsung Dschang (die Halle der klaren Vollendung) ist der nach Westen gelegene Flügel; der große Tempel ist der mittlere Raum davon.
5. Die mit Stroh gefütterten Opfertiere sind Rinder und Schafe, die mit Korn gefütterten sind Hunde und Schweine.
6. Das sogenannte No, eine magische Feier zum Zweck der Vertreibung schädlicher Dünste, vgl. Lun Yü X, 10.
7. Nach der Überlieferung des Schu Ging wurde Giä nicht getötet. Auch die anderen in diesem Kapitel erwähnten historischen Beispiele lassen sich schwer mit den übrigen Geschichtsberichten vereinigen.
8. In diesem und dem vorhergehenden Abschnitt ist der Text unsicher. Dschuan Dschu war ein Held von Wu, der den König Liau von Wu ermordete und den König Ho Lü auf den Thron setzte.
9. King Gi ist der Sohn des Königs Liau von Wu, Tschen Niän ist ein Bürger vom Staate Tsi, beide waren in der Zeit der streitenden Reiche wegen ihrer Tapferkeit berühmt.
10. Während die gewöhnlichen Kriegswagen nur drei Mann Besatzung hatten, hatten diese fünf Mann, wodurch sie besonders furchtbar wurden.
11. Die Leute von We hatten ursprünglich die Abzugsgräben ihrer Felder in nord-südlicher Richtung gezogen, dadurch bildeten diese Hindernisse für die Truppen von Tsin. Indem sie nun die Gräben ihrer Felder in ost-westlicher Richtung zogen, lag das Land offen da.
12. Dieser Abschnitt richtet sich gegen den Idealismus des Mong Dsï, der die Hauptstärke in der Gerechtigkeit der Sache sah. Er vertritt ungefähr den Standpunkt, daß der Herrgott bei den stärksten Bataillonen steht.
13. Siehe Han Schï Wai Dschuan 10, Huai Nan Dsï 13, Schuo Yüan 6, Dso Dschuan Herzog Hi 15. Jahr.

BUCH IX

1. Das Sternbild Fang enthält vier Sterne des Skorpions, das Sternbild Hü enthält einen Stern des Wassermanns und einen des kleinen Pferds, das Sternbild Liu enthält acht Sterne der Wasserschlange. Die Wandergänse, die im achten Monat kamen, sind die Eltern; die des neunten Monats sind die Jungen, deren Flügel damals noch nicht stark genug waren um mitzukommen.
2. Der Wolf tötete sie und legte sie rings um sich her.
3. Der nördliche Raum in dem westlichen Flügel der Ming Tang.

4. Die kaiserliche Domäne beträgt 1000 Morgen. Der Ertrag davon wird im kaiserlichen Haushalt aufbewahrt, zum Zweck der Opfergaben für den Gott des Himmels und die sonstigen Hauptgottheiten.
5. Fünfzehn Tage nach dem Herbstäquinoktium ist der Tag des kalten Taues, nach weiteren fünfzehn Tagen das Herabsteigen des Reifs. Nach dem Herabsteigen des Reifs ist es so kalt, daß sich in Zinnober und Lack nicht mehr dauerhaft arbeiten läßt, darum werden die entsprechenden Arbeiten eingestellt.
6. Da unter der Tsin-Dynastie das Jahr mit dem zehnten Monat begann, so wurde im neunten Monat der Kalender für das nächste Jahr ausgeteilt, doch wurden andererseits Zweifel daran ausgesprochen, daß diese Bestimmung aus der Tsin-Zeit stamme, da namentlich für die entfernteren Lehensfürsten die Ausgabe des Kalenders im letzten Monat vor Neujahr zu spät gewesen wäre.
7. Als die fünf Waffengattungen werden abweichend von Dschong Kang Tschong im Li Gi angegeben: 1. Dau, das langgestielte Messer, 2. Giän, das Schwert, 3. Mau, die Lanze, 4. Gi, die Hellebarde, 5. Schi, der Pfeil.
8. Solche Beschwörungen waren sowohl bei Kriegszügen als auch bei Jagdzügen üblich. Vgl. Schu Ging an verschiedenen Orten.
9. Das Opfer gilt nach dem Kommentar dem, der zuerst die Tiere in den vier Himmelsrichtungen ausgebreitet hat, um seine Gunst zu vergelten. Da der Ort, wo sein Geist weht, unbekannt ist, so opfert man ihm nach allen vier Himmelsrichtungen.
10. Neben der gewöhnlichen Überlieferung der siebenjährigen Dürre zu Tangs Zeiten ist auch die fünfjährige mehrfach belegt.
11. Vgl. Lun Yü XXI, 1; Schu Ging: Tang Gau.
12. Nach herkömmlicher Erklärung bestand diese Strafe darin, daß die Leute auf einer glatten Messingstange über eine Grube voll glühender Kohlen gehen mußten, in die sie unfehlbar hinunterstürzten und verbrannten. Der Tyrann soll diesem Schauspiel mit besonderer Vorliebe zugesehen haben. Es werden auch noch andere Erklärungen der Strafe im Kommentar genannt.
13. Auf diesen Berg bei Hangtschou wurde er nach seiner Besiegung vom König von Wu beschränkt.
14. Vgl. Dschan Guo Tse 4; Dsing Go Gün ist Tiän Ying von Tsi, lebte zur Zeit des Königs We von Tsi 378–343 und seines Nachfolgers.
15. Die Ausdrücke sind im Text nicht verständlich. Die Übersetzung richtet sich nach der Erklärung von Liu Tschen Wung: wörtlich Go I = man sieht die Wangen hinter dem Ohr. Schï Schï = man blickt schief wie ein Schwein.
16. Der gefangene Fasan war noch zu klein, darum ließ ihn Dsï Lu wieder los, da er keine unausgewachsenen Tiere beschädigen wollte. Es liegt hier ein Bruchstück der fragmentarischen Quelle Lun Yü X, 18 vor, das geeignet ist, einiges Licht auf die rätselhafte Stelle zu werfen. Vgl. auch Liä Dsï VIII, 3.
17. Vgl. Liä Dsï VIII, 3. Guan Yin Hi ist der Torwart des Han-Gu-Passes namens Yin Hi, dem Lau Dsï

beim Verlassen der Welt das Taoteking übergeben haben soll. Der Sinn der Erkenntnis des Liä Dsï ist nach dem Kommentar der, daß beim Bogenschießen alles auf die richtige innere und äußere Haltung ankommt, damit man treffe. Man muß den Erfolg bei sich selber suchen und nicht bei den anderen; das erst ist die wahre Erkenntnis. Ebenso sind die Gründe für das Bestehen eines Staates, für die Tüchtigkeit einer Person darin beschlossen, daß man sie bei sich selber sucht. Sich auf andere zu verlassen führt zum Untergang und Untüchtigkeit.

18. Han Fe Dsï VIII.
19. Nämlich den guten Ruf der Wahrhaftigkeit.
20. Liu Hia Gi ist der in Lun Yü mehrfach erwähnte Hui von Liu Hia.
21. An den Fichten und Zypressen, an deren Wurzel der Fuling-Knollen wächst, kriecht die Flachsseide empor.
22. Der Magnet, wörtlich der liebende Stein. »Dieser Stein ist die Mutter des Eisens. Durch seine Liebe kann der Stein seinen Sohn, das Eisen, anziehen. Ein Stein, der diese Liebe nicht hat, zieht kein Eisen an.«
23. Die Muscheln gelten als Produkte der weiblichen Kraft.
24. Die Sage erzählt, daß Yang Yu Gi bei Nacht einen Stein für einen Wildochsen gehalten und diesen Erfolg erlangt habe. Als er am anderen Morgen seinen Irrtum entdeckte und probehalber weitere Pfeile nach dem Steine schoß, prallten sie alle machtlos von ihm ab.
25. Vgl. Liä Dsï VIII, 15; Han Yü, Tsa Schuo.
26. Vgl. Dschuang Dsï III, 2, wo allerdings We als der Ort angegeben ist.
27. Vgl. Sin Sü 4; Dschung Dsï Ki, der Freund von Be Ya, der dessen Zitherspiel verstand, so gut, daß nach seinem Tod Be Ya seine Laute zerbrach.

BUCH X

1. Das Zeichen We, Schwanz, ist im Skorpion. Das Zeichen We, Abgrund, ist in der Gegend des Pegasus. Die sieben Sterne sind der Kopf der Hydra am südlichen Sternhimmel. Der Winter ist dem Wasser zugeordnet. Er entspricht dem Norden. Vom Zehnerzyklus haben die beiden Zeichen Jen und Gui die Bedeutung des Wassers.
2. Dschuan Hü ist der Sage nach der Enkel des Huang Di (Gau Yung Schï), der in der Kraft des Wassers die Welt beherrschte. Nach seinem Tod wurde er als Gott des Nordens und des Wassers verehrt.
3. Hüan Ming gilt als Sohn des Schau Hau. Er wird als Schutzgeist der Finsternis und des Wassers verehrt. Die Schaltiere stehen unter der Herrschaft der Schildkröte, die als dunkler Krieger den nördlichen Himmelsquadranten bildet.
4. Ying Dschung, wörtlich Echoglocke, ist eine weibliche Tonart. Die Tonart entspricht dem Sammeln und Bergen des Winters.
5. Das Wasser ist das erste der fünf

Elemente, die Erde das fünfte. $5 + 1 = 6$.

6. Nach anderer Lesart den Brunnengeistern.
7. Dreißig Tage nach dem Herbstäquinoktium ist das Herabsteigen des Reifs. Fünfzehn Tage danach der Winteranfang.
8. Das große Wasser ist der Huai-Fluß.
9. Der Regenbogen entsteht durch die Vereinigung der lichten und der dunklen Kraft. Da in diesem Monat die dunkle Kraft die Alleinherrschaft hat, wird er nicht mehr gesehen.
10. Die dunkle Halle ist der nördliche Flügel der Ming Tang. Das linke Gemach ist das westliche.
11. Das Schwein ist unter den Haustieren ebenfalls dem Wasser zugeordnet.
12. Im Dschou Li hatte der Großorakelmeister die drei Arten des Dschau-Orakels zu befragen. Die erste Art war das Yü Dschau = Nephritorakel. Die zweite Art war das Wa Dschau = Ziegelorakel. Die dritte Art war das Yüan Dschau = ursprüngliches Orakel. Außerdem werden die drei Bücher der Wandlungen befragt: Das Buch Liän-Schan, das Buch Gui-Dsang und das Buch der Wandlungen der Dschou-Dynastie. Die Orakel werden auch unterschieden in Dschau, die mit Hilfe der Schildkröte gewonnen werden und in Gua, die mit Hilfe der Schafgarbe (Achillea) gewonnen werden. Für die letztere Art ist als, Textbuch das I Ging (Buch der Wandlungen) bestimmt.
13. Vgl. I Ging, Zeichen 12: Pi, die Stockung.
14. Damit die Felder nicht damit geschädigt werden.
15. Da in diesem Monat die Ackerarbeiten vollendet sind, so versammelt der Himmelssohn und die Landesfürsten ihre Beamten zu einem großen Trinkgelage, bei dem die Rangordnung nach dem Alter vorgeschrieben ist. Die Fleischstücke werden zerlegt und auf den Opferplatten dargebracht. Der Himmelssohn bittet um Segen für das nächste Jahr bei den himmlischen Ahnen. Im Schu Ging werden deren sechs genannt, nämlich nach der einen Erklärung Himmel, Erde und die vier Jahreszeiten, denn der Himmel erzeugt die Dinge und die Erde trägt die Dinge, der Frühling bewegt die Dinge, der Sommer bringt Wachstum, der Herbst Reife und der Winter sammelt in die Scheunen.
16. Der Gott der kaiserlichen Altäre ist Hou Tu, der Herr Erde, ein männlicher Erdgott, von dem schon weiter oben die Rede war. Die fünf Hausgottheiten oder Laren sind erstens: der Holzgenius Gou Mang, ihm wird geopfert an der Tür, zweitens: der Feuergenius Dschou Yung, ihm wird geopfert auf dem Herd, drittens: der Erdgenius Hou Tu, ihm wird geopfert am Impluvium, viertens: der Metallgenius Jou Schou, ihm wird geopfert am Tor, fünftens: der Wassergenius Hüan Ming, ihm wird geopfert am Brunnen.
17. Wenn man nämlich den Toten zu begehrenswerte Schätze mitgibt, so sind die genannten Gefahren nicht zu vermeiden.
18. Die Worte Füchsen, Grundwassern sind zu streichen. Sie sind von oben hier eingedrungen.
19. Die Kohle, vielleicht wäre besser

Kalk zu lesen, soll dazu dienen, das Grab gegen Feuchtigkeit zu schützen und Baumwurzeln am Eindringen zu hindern.

20. Vom Sarg gingen im alten China zwei Stricke aus, an denen das Leichengefolge sich hielt.
21. Es sind hier natürlich in erster Linie die Gräber der herrschenden Dynastie gemeint, die, wenn ein Dynastiewechsel durch den Kampf sich vollzog, häufig geplündert wurden.
22. Wörtlich, von Landleuten, die nur Töpfe und Kessel haben, d. h. keine Schüsseln und Teller.
23. Nach Dso Dschuan ist Yau in Tschong Yang begraben, am Fuße des Tschong-Yang-Berges gibt es einen Gu-Wald.
24. Der Kuai-Gi-Berg im heutigen Tschekiang ist mit der Sage von Yü verknüpft.
25. Der östliche Gräberhain war das Grab des Herzogs Wen.
26. Vgl. Schi Ging, Siau Ya Buch V, 1.
27. Die folgenden Sätze stehen völlig außer Zusammenhang mit dem Thema. Sie scheinen aus dem Kapitel Bu Örl in den Text eingedrungen zu sein, vgl. XVII, 7.
28. Huai Nan Dsï 18; Han Fe Dsï 7.
29. Der Abschnitt steht mit geringen Abweichungen Liä Dsï Buch VIII, 17.
30. Wu Yün oder Wu Dsï Sü war ein Bürger von Tschu. Er mußte aber sein Vaterland verlassen und wandte sich nach Wu, dem er bei seinem Kampfe gegen Tschu eine große Hilfe war.
31. Sin Sü 5; Schi Dsï A; Sui Schui 7 und 6; Schi Gi 3.
32. Sin Schu 6.
33. Die Schießübungen des Altertums waren gesellschaftliche Vereinigungen friedlicher Art.
34. Huai Nan Dsï 17.

BUCH XI

1. Das Sternbild Dou enthält sechs Sterne des Schützen, das Sternbild Dung Bi enthält die Sterne γ des Pegasus und α der Andromeda, das Sternbild Dschen enthält vier Sterne des Raben.
2. Hüan Tang (die dunkle Halle) ist der nördliche Flügel der Ming Tang, Tai Miau ist das mittlere Gemach.
3. Nach Yin Lü Piän Buch VI, 2 müßte es heißen: die Kraft des Lichten.
4. Gemeint ist der König Min.
5. Der König Ho Lü von Wu war ein entfernter Angehöriger des Königs Liau, dem er auf dem Throne folgte. King Gi war der Sohn des Verstorbenen, darum wollte er ihn töten lassen. King Gi war aber so stark und schnell, daß jedermann sich vor ihm fürchtete. Yau Li war von zwerghafter Gestalt, aber durch seine Unerschrockenheit in schwierigen Unternehmungen berühmt.
6. Das war die Art, wie der König dem Yau Li helfen sollte, indem er ihn vor dem Verdacht schützte, daß er mit ihm in freundschaftlicher Beziehung stehe.
7. In Dso Dschuan Ai Gung 20. Jahr steht, daß King Gi nach Tschu gegangen war. Wogegen in Wu Yüo Tschun Tsiu ebenfalls We als sein Aufenthaltsort genannt wird.
8. Im Dso Dschuan steht die Geschichte unter Herzog Min 2. Jahr.

Der Herzog I von We war wegen seiner Vorliebe für Kraniche berühmt.

9. Vgl. Dschuang Dsï X, 2.
10. Die fünf Tugenden sind: 1. Größe, 2. Mut, 3. Pflichtgefühl, 4. Weisheit, 5. Güte. Diese Aufzählung stimmt mit der konfuzianischen: Güte, Pflichtgefühl, Sitte, Weisheit, Treue nicht überein.
11. Weil er nämlich das Reich nicht seinem Sohne überlassen hatte.
12. Weil er nämlich ohne deren Wissen geheiratet hatte.
13. Weil er nämlich den Wein, der zu seinen Zeiten erfunden wurde, mit Genuß trank, obwohl er ihn nachher verbot.
14. Tang verbannte den Giä nach Nan Tschau, König Wu von Dschou tötete den Dschou Sin in Süan Schï.
15. Vgl. Lun Yü Buch XIII, 18.
16. Die Geschichte steht Dso Dschuan Herzog Hi 7. Jahr.
17. Wu Ki ist ein Bürger aus We. Das Gebiet westlich vom Fluß war wichtig zum Schutz gegen die Nordstämme.
18. Der König Hui ist derselbe wie der in Mong Dsï I, A I erwähnte. Er ist der Sohn des Fürsten Wu aus der eben genannten Geschichte.

BUCH XII

1. Das Sternbild Wu Nü enthält zwei Sterne des Wassermanns, das Sternbild Lou enthält drei Sterne des Widders und das Sternbild Di enthält vier Sterne der Waage.
2. Vgl. oben 1. Wintermonat.
3. Da Lü (die große Flöte) ist eine weibliche Tonart.
4. Die dunkle Halle Hüan Tang ist der nach Norden gerichtete Flügel der Ming Tang, das rechte Gemach ist das am weitesten östliche.
5. Am Vorabend des neuen Jahres wurde der große Exorzismus (Da No) vollführt. Man schlug die Trommeln, um den Pestgeist auszutreiben. In Dschou Li steht über die Bräuche dabei folgendes: Man nimmt ein Bärenfell um, auf dem vier goldene Augen sind, man trägt dunkle Oberkleider und rote Unterkleider, hält einen Speer in der Hand und schwingt einen Schild; so führt man die Sklaven zum Exorzismus durch die Straßen, um den Pestgeist zu vertreiben. Man schlachtet Hunde und Schafe und streut ihre Glieder nach allen vier Himmelsrichtungen, um so den Winter zu verabschieden. Der irdene Ochse wird am Tage des Frühlingsanfangs hinausgeführt, um die Leute zum Pflügen zu ermahnen. Vgl. Lun Yü X, 10.
6. Diese »Heiligen« sind verdienstvolle Beamte früherer Zeiten, die durch ihre Werke sich nach dem Tode göttlichen Rang verdient haben, wie z. B. Yü oder Hou Dsï. Sie stehen nun im Dienst der fünf höchsten Götter (Di), die über den Elementen walten.
7. Die kaiserliche Domäne wurde in hundert Kreise eingeteilt, die in vier Bezirke zusammengefaßt wurden, an deren Spitze je ein Hoher Rat als Aufsichtsbeamter stand.
8. Aus Li Gi ergänzt.
9. Die zwölf Tierkreisbilder endigen

mit dem Kuhhirten, wohin die Sonne in diesem Monat kommt. Der Mond läuft die 28 Mondhäuser zu Ende und die Sternbilder beginnen der Reihe nach wieder im Süden aufzutauchen.

10. Sc. den Kalender.
11. Die Lehensfürsten, um die es sich hier handelt, sind die, welche aus einer anderen Familie stammen als der kaiserlichen.
12. Der Kommentar identifiziert hier den höchsten Himmelsgott mit den fünf Herrschern. Die Gottheit des Erdaltars ist Hou Tu, der Herr Erde, diesen Platz hat Gou Lung inne. Die Gottheiten des Kornes Hou Dsï sind die Feldgottheiten, die Inhaber dieser Götterstellen sind der Sohn des Liä Schan, namens Gui, und der Ahnherr des Geschlechts Dschou, namens Ki.
13. Zwei Arten von Opfertieren sind genannt: solche, die sich von Gras nähren, und solche, die sich von Körnern nähren, Schweine und Hunde.
14. Dieser Satz, der keinen Sinn ergibt, fehlt in Li Gi. Er scheint wohl irgendwie in den Text eingedrungen zu sein.
15. Yän Dsï Tschun Tsiu 6; Schuo Yüan 5.
16. Dso Dschuan Herzog Hi 28. Jahr; Schuo Yüan 6, Sin Sü 7.
17. Vgl. dazu eine ähnliche Geschichte bei Mong Dsï Buch III B 10.
18. Gemeint ist die Erzählung vom Traum der Mutter des Königs Wu, daß der junge Knabe im Hofe des Hauses Yin, wo Dornen und Disteln gewachsen, einen Zypressenbaum gepflanzt habe: ein Omen für die Herrschaft des Geschlechts Dschou.
19. Graf Dschï Bo verstand den Yü Yang, Mong Tschang Gün verstand den Gung-Sun Hung. Darum haben diese beiden ihren Herren große Dienste geleistet.
20. Dschan Guo Tse 6.
21. Dsthan Guo Tse 4.
22. Das Nachwort vom ganzen Buch steht nach chinesischem Brauch hier am Schluß des ersten Teils. In alter Zeit wurden nämlich keine Vorworte, sondern Nachworte geschrieben, vgl. Dschuang Dsï.
23. Die Berechnung der Jahreszyklen hat ihre Schwierigkeiten. Die Kommentare sind sich nicht darüber klar, ob es Gong Schen oder Sin Yu war.
24. Im Text bezeichnet sich Lü Bu We mit seinem Titel Wen Sin Hou, den er als Lehensmann von Lo Yang führte.
25. Der hier folgende Abschnitt gehört nicht in den Zusammenhang. Er scheint aus dem vorherigen Abschnitt XII, 5 hierher versprengt zu sein.
26. Eine der seltenen Stellen in der chinesischen Literatur mit tragischem Problem.

BUCH XIII

1. Osten ist die Mitte des Holzes. Die Farbe des Holzes ist Grün, darum heißt der Himmel Blau (Blau und Grün wurden nicht unterschieden).
2. Der Nordosten ist das Ende des Wassers. Die Yin-Kraft geht zu Ende, die Yang-Kraft entsteht. Alle Dinge beginnen zu entstehen,

darum heißt es »der wechselnde Himmel«.

3. Der Norden ist die Mitte des Wassers. Die Farbe des Wassers ist schwarz.
4. Der Nordwesten ist das Ende des Metalls. Die Zeit wendet sich dem großen Yin-Prinzip zu, daher dunkel.
5. Der Westen ist die Mitte des Metalls. Die Farbe des Metalls ist weiß.
6. Der Südwesten ist das Ende des Feuers, daher Scharlach.
7. Der Süden ist die Mitte des Feuers, daher Flammenhimmel.
8. Der Südosten ist das Ende des Holzes. Es wendet sich das Jahr zum großen Yang-Prinzip, daher strahlend.
9. Es ist bemerkenswert, daß trotzdem im Text die acht Himmelsrichtungen außer dem Mittelhimmel genannt werden, im Kommentar nicht die 8 Zeichen des Buchs der Wandlungen, sondern die vier Elemente (die mit Erde Mitte die Fünfzahl bilden) vorausgesetzt wurden.
10. Im Osten vom Tsing Ho bis zum westlichen (Gelben) Fluß im Westen.
11. Der Huang Ho kommt aus dem Norden hervor, der Dsï Ho bildet seine Südgrenze.
12. Diese Landeinteilung führt nicht südlicher als die heutige Provinz Honan. Yü Dschou, das Gebiet von (Ost) Dschou entspricht etwa der heutigen Provinz Honan. Gi Dschou zwischen der Nord-Südwendung des Gelben Flusses und den alten neun Strömen entspricht etwa Schansi und einem Teil von Dschili. Yän Dschou zwischen Gi Dschou und dem Dsi Fluß (Tsinanfu) entspricht etwa Westschantung. Tsing Dschou ist etwa Ostschantung. Sü Dschou ist etwa Südschantung und Nordkiangsu (bis zum Huaifluß). Yang Dschou ist das östliche Yangtsebecken. Ging Dschou ist das mittlere Yangtsebecken und das Siangtal bis südlich von Tschangscha. Yung Dschou ist das südliche Gebiet innerhalb der großen Schleife des Gelben Flusses und was westlich davon liegt, bis nach Kansu und Sinkiang hinein. Yu Dschou ist Norddschïli. Es tritt hier auf an Stelle des sonst im SW erwähnten Bezirkes Liang Dschou, der den Oberlauf des Han und das Land südlich bis zur Gegend von Tschongdu hin umfaßte. Es sind die alten Bezeichnungen aus dem Schu Ging (Dschou) und die zur Tsinzeit üblichen nebeneinander gestellt.
13. Der Guai-Gi-Berg ist im Süden des obengenannten Yang-Dschou bei Hangtschou in Tschekiang. Der Taischan ist im Westen Schantungs. Der Wang-Wu-Berg (Wang Wu, Königsschloß) ist ein Berg in Schansi an der Grenze von Honan. Der Schou Schan oder Schou Yang Schan, wo Be I und Schu Tsi Hungers starben, liegt im Norden, in der Mitte der Biegung des Huang Ho. Der Tai Hua oder Hua Schan ist der westliche der heiligen Berge, und liegt in Schensi, Hua Yin Hiän. Der Ki Schan ist das Stammland der Dschou-Dynastie, ganz im Westen. Der Tai Hang ist zwischen Dschïli und Honan. Der Yang Tschang (Schafdarmberg, wegen seiner vielen Krümmungen) liegt nördlich von Tai Yüan, Dsing

Yang Hiän. Der Mong Men wird im Kommentar nicht erwähnt. Nach anderen Quellen bildet er die Grenze des Tai Hang.

14. Da Fen im alten Staate Dsin, vermutlich am Fen Ho. Ming O, Ging Yüan, Fang Tschong sind dem Kommentar nach alle in Tschu gelegen. Hiau wird bei Huai Nan Dsï Hiau Ban genannt. Dsing Hing im Tschang Schan-(Tai Yüan)-Bezirk, Ling Tsï nach Huai Nan Dsï in Liau Si, Gou Dschu am Yän Men (Wildganstor), Gü Yung in Schang Gu westlich von Gou Dschu.
15. Gü Kü liegt zwischen Wu und Yüo, Yün Mong im Südbezirk in Hua Yung, Yang Hua in Fong Tsiang oder nach andern westlich von Hua Yin. In Da Lu hatte seinerzeit Hiän Dsï von We gejagt, es ist dasselbe wie Hua Yung in Tschu. Pu Tiän südlich vom Hu-ang Ho in Dschung Mou. Mong Dschu im späteren Staate Liang im SO von Sui Yang. Hai Yü ist wohl die Kiau-Lai-Ebene, wörtlich Meeresufer. Gü Yü Lu ist soviel wie Guang O Tse. Da Dschau ist die Ebene um Tai Yüan.
16. Die Winde sind hier nach der Anordnung des sogenannten Hou Tiän Tu auf die acht Diagramme zurückgeführt:

Nordosten	Berg	Gen
Osten	Donner	Dschen
Südosten	Wind	Sün
Süden	Feuer	Li
Südwesten	Erde	Kun
Westen	See	Dui
Nordwesten	Himmel	Kiän
Norden	Wasser	Kan.

17. Der Ho oder Gelbe Fluß entspringt im Nordosten des Kun Lun Gebirges, das Rote Wasser entspringt im Südosten davon. Der Liaufluß durchfließt die Mandschurei östlich von der großen Mauer bis zum Westen der Halbinsel Liautung. Das Schwarze Wasser entspringt im Nordwesten des Kun-Lun (Mekong). Der Yangtsekiang ist der bekannte Fluß Mittelchinas. Der Huai mündet südlich von Schantung. Von den im Yü Gung angegebenen neun Strömen 1. Jo-Schui, 2. He-Schui, 3. Ho, 4. Han, 5. Giang, 6. Dsi, 7. Huai, 8. We, 9. Lo fehlen 1. Jo-Schui, das Schwache Wasser, ferner die Nebenflüsse des Ho und Giang, 4. Han, 8. We, 9. Lo, ferner der 6., Dsi. Gemeinsam sind beiden Aufzählungen: He-Schui, Ho, Giang, Huai. Zugefügt gegenüber dem Yü Gung sind: das Rote Wasser und der Liau Ho. Das deutet auf eine Verschiebung des Kreises der bekannten Gegenden nach Osten hin.
18. Ein Li entspricht ca. 0,5 km.
19. Es handelt sich hier wohl um eine Andeutung der Mitternachtssonne in den Gegenden des Polarkreises.
20. Es ist dieser Satz, in den der Satz vom Laut ohne Echo wohl erst später der Symmetrie wegen eingeschoben wurde, eine Andeutung der tropischen Verhältnisse.
21. Der vorliegende Abschnitt besteht aus sehr heterogenen Bestandteilen, von denen es fraglich ist, ob sie immer zusammengehört haben. Der Anfang und Schluß ist naturphilosophischer Art, während die Mitte aus astronomischen und geographischen Detailnotizen besteht, die den Zusammenhang eher unterbrechen.

Die Andeutungen zum Schluß sind ziemlich dunkler Art. Analog der indischen Purushavorstellungen ist Himmel und Erde als Leib eines großen Menschen aufgefaßt (Makrokosmos im Gegensatz zu Mikrokosmos). Das Prinzip der Individuation würde in der Verschiedenheit der Sinnesorganisation und Nahrung bestehen. Die alle Dinge durchdringende Allgegenwart des Brahman sowie die – in positiv und negativ geschieden – elektrizitätartige Kraft des Pranahauches sind in analogen Vorstellungen in den Gedanken des Textes zu merken.

22. Diese Zeilen sind geschrieben, noch ehe Tsin Schï Huang die Alleinherrschaft in China errungen hatte, und enthalten eine Andeutung auf das Tsin-Reich.
23. Dschau Guo Tse 6; Schï Gi, Konfuzius; Schuo Yüan 13; Schï Dsï A; Gia Yü 5.
24. Huai Nan Dsï 10.
25. Die Geschichte ist in Buch XX, Kap. 4 erzählt, wo ein Auszug des vorliegenden Abschnittes steht. Dschau Giän Dsï wollte We überfallen und sandte den Großsekretär Mo hin, um einen Monat lang das Land auszukundschaften. Mo kam erst nach sechs Monaten zurück und berichtete von einigen guten Beamten, die den Staat trotz des schlechten Fürsten noch in Ordnung hielten. Infolgedessen gab Dschau Giän Dsï seine Angriffsabsichten auf.
26. Vgl. Liä Dsï 8, 32; Sün Dsï 10.
27. Vgl. Liä Dsï 2, 8; Dschuang Dsï 19, 4. Der in Liä Dsï mit »Haschen« übersetzte Ausdruck ist hier anders geschrieben. Um welche Art von Spiel es sich gehandelt, um ein Ratespiel oder Wurfspiel, läßt sich nicht entscheiden. Jedenfalls war es eine Art des Spielens um Geld bzw. Preise.
28. Vgl. Liä Dsï 8, 34.
29. Die beiden Erzählungen finden sich in Lü Schi Tschun Tsiu XVI, 7.
30. Vgl. Mo Dsï, Fe Gung Pian.
31. Vgl. Lun Yü III, 21 und die Sprüche des Konfuzius von Schiller.
32. Vgl. Dschuang Dsï, Sün Dsï, Wang Ba Piän; Fa Yän, Hüo Hing Pian.
33. Vgl. Buch XVIII, 6 Schluß.
34. Vgl. Buch XVIII, 7.
35. Vgl. Buch XVIII, 5.
36. Statt Tsï muß es Luan heißen.
37. Huai Nan Dsï 13.
38. Nämlich weil sie keinen verständigen Herrn finden.
39. Der Vorfahr des Hauses Lü, das in Tsi herrschte.
40. Die Geschichte von Dschou Gung und Schong Schu vgl. Buch XVIII, 3; die Geschichte von Huan und Wen vgl. XV, 3.
41. Vgl. Schi Ging 2. 6, 8 (Siau Ya, Da Diän Vers 3), wo der Sinn übrigens etwas abweicht.
42. Vgl. I Ging, Siau Tschu.
43. Vgl. Da Ya 3.1, 2; Da Ming 7.
44. Vgl. Buch XXVI, 2.
45. Vgl. Buch XVIII, 1.
46. Die Stelle steht im Text abweichend im Schu Ging im Da Yü Mu.
47. Diese Tiernamen sind offenbar alle ausländischen Ursprungs, denn es ist schwer zu sagen, welche Tiere damit gemeint sind. Beachtung verdient die Bemerkung in Dschu Dsï Ping I, B. 23, der darin Berg- und Flußnamen sieht.
48. Diese Stelle kommt stark abwei-

chend in dem Abschnitt Hiän Yu I De des heutigen Schu Ging. Der hier gebotene Text scheint dem des Schu Ging vorzuziehen, da zur Schang Zeit vom Großkönig nur fünf Ahnen verehrt wurden, nicht sieben, wie es im heutigen Schu Ging steht.

49. Im Text steht Gi Dsï, das ist aber wohl nur ein Textfehler für Kung Tsung Dsï, vgl. den Abschnitt Wu Da XXVI, 2.
50. Vgl. Huai Nan Dsï; aus der Ausdünstung von Ochsen und Pferden entstehen Läuse. Aber die Ausdünstung der Läuse vermag keine Pferde und Ochsen hervorzubringen.
51. Vgl. Buch XXVI, 2.
52. Vgl. Buch XXI, 5.

BUCH XIV

1. Vgl. Hiau Ging.
2. Vgl. Li Gi, Dsi I; Gia Yü.
3. Heute im Kapitel Fu Hing Yün, Schu Ging. Der Text ist abweichend.
4. Vgl. Li Gi, Dsi I.
5. Vgl. Li Gi, Dsi I; Dsong Dsï.
6. Be Hu Tung Schï Hiau Dschuan; Li Gi, Dsi I; Dsong Dsï.
7. Der tolle Maulbeerbaum, chinesisch: Kung Sang, ist ein Ortsname, an den sich diese Sage geknüpft hat.
8. Vgl. Lia Dsï 1, Huang Di Piän.
9. Vgl. Schï Gi 3, 1.
10. Vgl. Schï Dsï; Han Fe Dsï 17.
11. Vgl. Liä Dsï V. 13; Han Schï Wai Dschuan; Schuo Yüan 8; Sün Dsï 1.
12. Salzig, bitter, sauer, scharf, süß.
13. Wasser, Holz, Feuer.
14. Ein Vogel von der Größe des Kuckucks.
15. Oder Schwänze, »doch ist über den Geschmack der Elefantenschweife nichts bekannt«.
16. Oder Kaviar.
17. »Die Nektarquelle ist auf dem Giu-I-Berge in Tsang Wu. Die dortigen Fische haben sechs Beine (d. h. wohl zum gehen geeignete Flossen) und Perlen wie die in der Haut der Alligatoren.« Vielleicht ist es eine bestimmte Art von fliegenden Fischen.
18. Der Baum des Lebens wächst auf dem Kun-Lun-Gebirge, ißt man von seinen Früchten, so stirbt man nicht.
19. Dschi Gu oder Ko Gu ist soviel wie Gu Yü, der Name eines Berges im Südosten. Die Blätter des Rotholzes und des Schwarzholzes sind eßbar, man wird durch ihren Genuß unter die Genien versetzt.
20. Wörtlich der »schöne Baum«. Seine Früchte geben göttliche Erkenntnis.
21. »Yün Mong ist ein See in Tschu, die Sellerie wächst am Ufer des Wassers.«
22. Yang Pu ist ein Ortsname in Setschuan, Dschau Yau ist ein Berg in Gui Yang, Yüo Lo ist ein Landesname (in Südchina), Da Hia ist der Name eines Sees oder Bergs im Nordwesten (vgl. Tochara), das Salz ist Steinsalz, Dsai Go ist ein Bergname (der Tau ist wie es scheint eine Art Manna). Tschang Tsche ist ein großer Sumpf im Westen. Die Eier sind die Eier eines großen Vogels, so groß wie ein Faß (Straußeneier?).

23. San We ist der Name eines Bergs am Westpol.
24. Eine Pilzart.
25. Korrigiert nach Dschu Dsï Ping Lun. Im Text stehen die Worte »Ma Dschï Me Dschä«: unter den Pferden sind die besten die grünen Drachen. Es ist wohl eine erklärende Anmerkung, die später in den Text gedrungen ist.
26. Die Besiegung des Tyrannen im Hirtenfeld.
27. Vgl. Buch XIII, 5.
28. Namens Liau. Er war ein Vetter des Prinzen Guang, der nach ihm auf den Thron kam.
29. Schun.
30. Tang und Wu.
31. Tai Gung Wang; I Yin; Fu Yüo.
32. Yü Yang an Dschau Giän Dsï.
33. Der Gott des Ackerbaus zur Dschouzeit.
34. Und dabei ins Schloß kamen und die Gelegenheit benützten, ihn zu erschlagen.
35. Tsi usurpierte den Kaisertitel unter dem König Min.
36. Name der Stadt für den Herren gebraucht.
37. Schou Ling gehörte zu Liang We, der Staat Dschau annektierte es, aber das Volk war nicht mit einverstanden. Diese Gelegenheit benützte der kleine östliche We-Staat, um das Gebiet von Giän Schi, das zu Dschau gehörte, an sich zu reißen.
38. Das heutige Setschuan.
39. Nach Dschu Dsï Ping I: »So werden sie den Leuten so verhaßt wie die wilden Völker. Weder Lohn noch Strafe vermag daran etwas zu ändern.«
40. Weil es nicht fest genug war, wollte er vier Bretter einführen.
41. Dieser Satz unterbricht hier den Zusammenhang, er gehört wohl weiter nach unten.
42. Giu Fan ist Hu Yän, der Onkel von mütterlicher Seite von Fürst Wen von Dsïn.
43. Han Fe Dsï 15.
44. Vgl. Dso Dschuan Herzog Hi 28. Jahr.
45. Tsin hatte eine große Macht durch seinen Sieg über die westlichen Jung erreicht. Er wollte darauf Dschong überfallen. Dschong rief den Fürsten Siang von Dsin zu Hilfe und Tsin wurde besiegt.
46. Tschu hatte unter König Dschuang Dschong und Dsin besiegt, aber unter Dschau unterlag es dem Staate Wu.
47. Vgl. Han Fe Dsï, Nan I, 15; Huai Nan Dsï, Fan Lun Jen Giän 13; Schuo Yüan Fu En 6.
48. Dschï Bo verlangte Gebietsabtretung von Dschau Siang Dsï, die jener verweigerte; darauf tat sich Dschï Bo mit Han und We zusammen und schloß Dschau Siang Dsï drei Monate lang in Dsin Yang ein. Da gelang es Dschang Mong Tan, im geheimen mit Han und We zu verhandeln, so daß sie sich zurückzogen, worauf Dschï Bo von Dschau Siang Dsï überwältigt wurde.
49. Hier liegt ein Anachronismus vor. Dschau Siang Dsï lebte erst nach Kungtse.
50. Schuo Yüan Yän Hu 13. Es handelt sich um die Zeit des Königs Gou Dsiän 496–465.
51. Fu Tschai.
52. Ho Lü.
53. Vgl. Dso Dschuan Dschuang Gung 14. Jahr.
54. Vgl. Liä Dsï VI, 1.
55. Das Lied steht vielmehr im Schï Ging 2, 8, 5, Siau Ya, Be Hua.

56. Bai Li Hi war aus Yü, das von Dsin besetzt wurde anläßlich einer Unternehmung gegen Go.
57. Vgl. Dschuang Dsï XX, 7, Lun Yü XV, 1. Dschuang Dsï, Yang Wang 28, 13. Fong Sü Tung, Kiung Tung 7, Liä Dsï VII.
58. Dsï Lu und Dsï Gung.
59. Vgl. Lun Yü 12, 4.
60. Lun Yü 9, 27.
61. Gou Dsiän.
62. Graf von Gung soll die Verwirrung z. Z. des Königs Li von Dschou beseitigt und nach 14jähriger Reichsverweserschaft den König Süan eingesetzt und auf sein eigenes Reich verzichtet haben.
63. Be I Niau, wörtlich Vögel, die zusammen nur zwei Flügel haben; gemeint sind wohl solche Vögel, wie die Wellensittiche, die einsam nicht bestehen können.
64. Bi Mu Yü, wörtlich: Fische, die ihre Augen zusammenhalten. Die Solen und andere Flachfische hielt man in China für halbe Fische, die erst mit der entsprechenden andern Hälfte einen vollen Fisch ausmachen.
65. Han Fe Dsï 7.
66. Mu Mu, die Gattin des Huang Di, die Erfinderin der Seidenzucht, war das Urbild aller Häßlichkeit.
67. Verbesserung des Textes nach Dschu Dsï Ping I 23, Seite 8.
68. Die Könige von Tschen waren die Nachkommen des großen Schun.
69. Dschuang Dsï, Wai Wu.
70. Die drei ersten der genannten sind Beispiele dafür, daß unter Umständen auch die Guten zu leiden haben; die drei letzten sind Beispiele für Verbrecher, die ins Unglück kamen.
71. Wu Dsï Sü, der dem König Fu Tschai von Wu vergeblich seinen Rat erteilt, wie er sich gegen Yüo verhalten solle, vgl. Buch XIV, 5. Der König ließ ihn töten und in einen Ledersack eingenäht im Yangtse aussetzen.
72. Tschang Hung war ein treuer Beamter des Königs Ging von Dschou 544–520.
73. Hiau I ist der Sohn des Königs Gau Dsung in der Yin-Dynastie, Dsong Schen war seinem Vater verdächtig, daß er einen Menschen getötet habe. Die Geschichte ist natürlich apokryph.
74. Dschuang Dsï, Schan Schu.
75. Bis hierher vgl. die Geschichte von Dschuang Dsï Buch XX, 1.
76. Vgl. Lau Dsï 22, 36.
77. Vgl. Liä Dsï 8,18; Huai Nan Dsï 18.
78. Vgl. Liä Dsï, Schuo Fu.
79. Über den Kraftmenschen Mong Ben vgl. Mong Dsï. II A, 2, Anm. 8.
80. Vgl. zur Sache Tschun Tsiu, Ai Gung, 14. Jahr. Damals hatte Sung den Königstitel noch nicht angenommen.
81. Huai Nan Dsï 18; Lun Hong 1.
82. Verbessert nach Kommentar und Huai Nan Dsï Jen Giän Hün.

BUCH XV

1. Dieses Zitat ist nicht aus dem Schu Ging, sondern aus dem Schï Ging 2, 5. Siau Ya, Siau Min.
2. Lung Pang war ein guter Beamter des Giä.
3. Namen von Edelsteinen, aber

auch von Haremsmädchen des Giä.
4. Nach der gewöhnlichen Überlieferung wurde Giä nicht getötet, sondern nur verbannt.
5. Li Gi Yü Gi 29; Han Schi Wai Dschuan 3.
6. Über die Orte der Belehnungen weichen die Überlieferungen ab.
7. Der 15. Herrscher der Dynastie Yin, unter dem die Dynastie einen besonderen Aufschwung genommen hatte.
8. Gia Yü 8; Sün Dsï 19; Huai Nan Dsï 12.
9. Schang Yung ist ein tüchtiger Minister der Yindynastie.
10. Sin Sü 2.
11. Vgl. I Ging, Gua 10: Lu, Das Auftreten.
12. Vgl. Liä Dsï Buch VIII, 12.
13. Guo Yü 15; Huai Nan Dsï 12.
14. Vgl. Taoteking 23.
15. Anachronismus: Kung lebte vor Dschau Siang Dsï.
16. Vgl. Liä Dsï, Schuo Fu 8.
17. Die hier erwähnte Geschichte wird mit größerer Wahrscheinlichkeit von Kungs Vater erzählt; vgl. Liä Dsï 8; Huai Nan Dsï 12; Dso Dschuan Herzog Siang 10. Jahr; Mo Dsï 4.
18. Er wurde von Lü Ki ins Auge getroffen.
19. Vgl. Huai Nan Dsï 18; Han Fe Dsï 3; Schuo Yuan 10; Dso Dschuan Tschong Gung 16. Jahr.
20. Dso Dschuan Herzog Hi 2. Jahr.
21. Han Fe Dsï 8; Guo Tsche 1.
22. Ein apokryphes Lied.
23. Wegen der schmalen Wege in Su Yu war das nötig, wenn man rasch vorankommen wollte.
24. Tschang Guo Gün, »der Herr, der das Reich blühend macht«, war der Ehrentitel von Yüo I, einem Feldherrn des Königs Dschau von Yän, der die Heere der Staaten Yän, Tsin, Han, We, Dschau gegen den Staat Tsi führte. Der damalige König von Tsi war der König Min.
25. Da Dsï war ein Bürger von Tsi.
26. Me Fang heißt das Schatzhaus.
27. Das Wortspiel ist im Chinesischen zwischen Di, Göttlicher Herrscher, und Di, Nachfolger, und zwischen Wang, König, und Wang, hingehen.
28. Yü Yin Yang Hua. Wörtlich: er kann mit der lichten und dunklen Urkraft in derselben Weise (die Dinge) wandeln.
29. Vgl. Dschuang Dsï XVII, Anm. 16.
30. D. h. in der Stellung der Untergebenen mit dem Gesicht nach Norden.
31. Vgl. oben Buch XIII, 8; Han Fe Dsï 15; Han Schï Wai Dschuan 6; Sin Sü 5.
32. Schuo Yüan 8. Über Hu Kiu Dsï Lin vgl. Liä Dsï 1, 1.
33. Vgl. Buch XIII, 5, wo jedoch statt Duan-Gan Mu, Tiän Dsï Fang genannt ist.
34. Verbessert nach Dschu Dsï Ping I.
35. Dso Dschuan Herzog Süan 2. Jahr; Schuo Yüan 6.
36. Dschau Dun, ein hoher Beamter von Dsin.
37. Sc. sondern daß sie zur rechten Zeit geschieht. Die Stelle kommt in dem Buch der Urkunden nicht vor. Vgl. Mo Dsï, Ming Gui Piän.
38. Schi Ging 1, 1; Dschou Nan Tu Dsï 1.
39. Schi Ging 3, 1, 1; Da Ya, Wen Wang 3.
40. Dschan Guo Tse 4.
41. Korrigiert nach Kommentar.
42. Vgl. Liä Dsï II, 21; Huai Nan Dsï 12.

43. Unnahbar für Schläge, Angriff, böse Absicht, Gleichgültigkeit.
44. Sin Sü 5. Tiän Dsan ist ein Bürger von Tsi.
45. Duan-Gan Mu hat, ohne hervorzutreten, We zur Ruhe gebracht; Tiän Dsan hat durch Beredsamkeit den König nur zur Anerkennung seiner Macht gebracht, insofern stand er hinter Duan Gan Mu zurück.
46. Chinesisch Güo, dipus annulatus, sibirische Springmaus. Vgl. Schuo Yüan Fu En 6; Huai Nan Dsï 12.
47. Chinesisch: Kiung Kiung Gü Lü. Das erstere ist ein Greif, das zweite eine Art Maultier.
48. Vgl. Kung Dsung Dsï, B.
49. Über den Leichen der gefallenen Gegner wurde im Altertum zum Gedächtniszeichen ein hoher Grabhügel errichtet.
50. Vgl. Kung Dsung Dsï Lun Schï.
51. Dso Dschuan Herzog Hi 27. Jahr; Guo Yü 10.
52. Hu Ben, Bezeichnung für besonders ausgewählte Truppen.
53. Li Fu Jen, wohl identisch mit Nan Dsï, der Fürstin von We, vgl. Lun Yü VI, 26; vgl. Huai Nan Dsï 20.
54. Der Name des Schwertes von König Wu.
55. Namen berühmter Rosse des Altertums.
56. Die hier ausgesprochenen Grundsätze sind die der damals modernen Richtungen des Schang Yang und Sün Dsï. Der letzte Satz enthält eine Argumentatio ad hominem. Der Staat Tschu war der Hauptrivale des Staates Tsin.

BUCH XVI

1. Vgl. Hua Dsï. Kapitel Schen Ki.
2. Der König We Liä von Dschou (weder Kau Liä noch Kau, wie die Kommentare sagen) setzte seinen jüngeren Bruder als Herzog Huan von West-Dschou ein. Herzog We ist der Sohn dieses Huan, muß also um das Jahr 400 v. Chr. gelebt haben. Vgl. Schuo Yüan 13.
3. Tau Tiä, die bekannten Ornamente auf den chinesischen Bronzen.
4. Dschau annektierte Dschung Schau schließlich ganz.
5. Yän eroberte Tsi 284.
6. Hierher gehört der Satz: Gewinnt man einen Staatsmann …
7. Vgl. Sin Sü 7 u. 8; Yän Dsï Tschun Tsiu 5.
8. Vgl. Liä Dsï 8, 6; Sin Sü 7; Dschuang Dsï 6; Huai Nan Dsï 13.
9. Liä Dsï 6; Han Fe Dsï 3,15; Schuo Yüan 13; Dschuang Dsï 5.
10. Dso Dschuan Herzog Hi 32. Jahr; Huai Nan Dsï 12.
11. Huai Nan Dsï 18.
12. Vgl. Kung Tsung Dsï, B; vgl. Gia Yü 1, 5.
13. Vgl. Dso Dschuan, Herzog Siang 30. Jahr.
14. Kung Dsï war nicht unter Herzog Ai, sondern schon unter Herzog Ding Beamter in Lu.
15. Schuo Yüan 6; Sin Sü 2; Guo Tsche 3.
16. Der Sinn ist wohl: Derartige Fürsten können sich ihren Beamten gegenüber nicht zu einem ruhigen Vertrauen aufschwingen, darum können auch die Beamten ihrerseits nicht einfach ihre Aufgabe erfüllen im Bewußtsein des Ver-

trauens ihres Fürsten, sondern müssen sich dauernd bemühen, sich seiner Gunst zu versichern.

17. Zur Zeit, als Dschou Gung für den jungen König Tschong die Regierung führte, erhoben sich seine beiden Brüder im Verein mit mehreren Grenzstaaten gegen die Zentralregierung.
18. Vgl. Schuo Yüan 7; Gia Yü 2; Lun Hong 27; Huai Nan Dsï 11.
19. Dso Dschuan, Herzog Hi 23. Jahr.
20. Dso Dschuan, Herzog Hüan 2. Jahr.
21. Die Familie Gou kommt in Lu nicht vor, vermutlich muß es Hi heißen. Die Familie Dschung Gun ist die anderswo unter dem Namen Mong bekannte. Huai Nan Dsï 18; Dso Dschuan, Herzog Dschau von Lu 28. Jahr.
22. Vgl. Schuo Yüan 17.
23. Huai Nan Dsï 15.
24. Vgl. Liä Dsï 8, 31, wo der Text besser ist.
25. Vgl. Liä Dsï 8, 34; Huai Nan Dsï 13.
26. Gung Sun Lung 2; Kung Dsung Dsï, B.
27. Gestrichen zwölf Zeichen nach Dschu Dsï Ping I.
28. Min Wang ist gestrichen, vgl. Dschu Dsï Ping I.

BUCH XVII

1. Vgl. Schu Ging Kap. Hung Fan.
2. Vgl. Laotse Taoteking 47.
3. Anspielung auf Gung Sun Lungs Philosophie.
4. Das Wasser fließt nach chinesischer Anschauung alles nach Osten.
5. Korrektur.
6. Vgl. Han Fe Dsï 32 (11), Huai Nan Dsï 18. In Han Fe Dsï ist Örl Schuo als Sophist aus Sung bezeichnet.
7. Hou Dsï (Hirseherr) ist nicht Ki, der Ahn der Dschou-Dynastie, sondern Dschu aus dem Geschlecht Hia Schau, der weit früher lebte.
8. Vgl. Liä Dsï IV, 10.
9. Sin Sü 4.
10. Lun Hong 79; Gia Yü 20, 4.
11. Vermutlich Lau Dsï, der mit seinem Geschlechtsnamen Li hieß.
12. Es bezieht sich das auf ein Spiel: Hund und Hase. Die gefangenen Hasen werden jeweils zu Hunden. Der letzte Hase muß die ganzen Hunde in Bewegung halten. Wird er auch gefangen, so ist das Spiel zu Ende.
13. Da Yau, Kiän Ju, Yung Tschong, Hi Ho, Schang I (auch Tschang Ho, daraus verdorben Tschang O, die Mondfee), Hou I, Hu Tsau, Yü Sü, I I, Wang Bing, Schï Huang, Wu Pong werden in die Zeit Huang Dis versetzt. Gau Yüan soll zur Zeit Fu His oder Yaus gelebt haben. Dschu Yung, Tschï Ki, Wu Hiän werden in die Zeit Schen Nungs verlegt. Bo I gehört der Zeit Yaus an; Tschong Ya ist identisch mit Siang Tu, einem Fürsten zur Zeit des Hauses Hia. I Di lebte zur Zeit des großen Yü. Han Ai ist identisch mit Dsau Fu, dem Wagenlenker des Königs Mu von Dschou. Vgl. I Ging Hi Tsï II, 2. (Bd. 1, pag. 251.)
14. Sin Sü 4 Güan Dsï 8; Han Fe Dsï 12.
15. Gleich Bau Schu Ya.

16. Vgl. Sin Sü, Han Schï Wai Dschuan, Guan Dsï.
17. Bei Guan Dsï heißt der Mann Bin Sü Wu. Nach Schuo Yüan lebte Hüan Dschang unter dem Herzog Ging von Tsi. Vgl. Han Fe Dsï 33.
18. Hua Dsï A.
19. Huai Nan Dsï 9.
20. Han Fe Dsï 33 (11); Wai Tscho Schuo; Schuo Yüan.
21. Schuo Yüan 8.
22. Gleich I Yin.
23. Vgl. Buch II, 4.
24. Anspielung auf die Badewanne des Tang, auf der sein Grundsatz der täglichen Selbsterneuerung eingegraben war. Ebenso gab es zur Dschouzeit Bronzegefäße und Spiegel, auf denen weise Regierungsmaßregeln eingegraben waren.
25. Beförderungsmittel, die der große Yü auf seinen Reisen gebraucht hat. Wen Dsï 8, Huai Nan Dsï 11.
26. Schen Dsï 4, Yin Wen Dsï 5.
27. Dso Dschuan Herzog Süan 15. Jahr.
28. Im Text steht: »wenn man mit Sung Tschu angreift«. Das muß aber eine Textverderbnis sein.
29. Schuo Yüan 9; Huai Nan Dsï 18.
30. Vgl. Schuo Yüan 9.
31. Vgl. Buch XVI, 1.
32. Schi Dsï 1. Lau Dsï oder Lau Dan, der ältere Zeitgenosse Kungs. Mo Di, der Prediger der allgemeinen Menschenliebe, dessen Lehre lange Zeit dem Konfuzianismus den Rang streitig machte. Guan Yin Hi, der Torwart am Han Gu Paß, auf dessen Veranlassung Lau Dsï den Taoteking geschrieben haben soll. Liä Dsï vgl. das Buch vom quellenden Urgrund, Taoist. Tschen Piän aus dem Staate Tsi, hat 25 Kapitel hinterlassen, seine Lehre ist eine Art Identitätsphilosophie. Yang Dschus Lehren stehen in Liä Dsï. Sun Bin aus Tschu, Beamter in Tsi, Diplomat, 89 Kapitel. Wang Liau, Strategiker, betont den Wert der Offensive. Ni Liang, ebenfalls Militärschriftsteller, ist entgegengesetzter Ansicht.
33. An Sï Piän.
34. Das Schlagen der Becken war in China das Zeichen zum Rückzug, die Trommel das Zeichen zum Vorrücken.
35. Liä Dsï 8; Huai Nan Dsï 12.
36. Derselbe wie Tschen Piän.
37. Wu Ki stammte aus We, er war Feldherr von Tschu und später Minister von Liang We. Schang Wen, nach andern Tiän Wen genannt (Namensvetter des Mong Tschang Gün), war, wie es scheint, ebenfalls Beamter in We.
38. Textkorrektur.
39. Der ihn beim Fürsten Wu anklagte. Nach dem Kommentar wäre er durch Wagen zerrissen worden, nach andern Nachrichten kam er nach Tschu, wo er später starb.
40. Fu Tschai besiegte Tsi bei Ai Ling. Der König Gou Dsiän von Yüo besiegte Fu Tschai bei Wu Hu.
41. König Süan (nach Schï Gi König Min) von Tsi eroberte Sung. Der König Dschau von Yän eroberte 72 Städte von Tsi.

BUCH XVIII

1. Derselbe wie König Hui von Liang bei Mong Dsï I A 1.
2. Hier soviel wie Dschau.
3. Textänderung vgl. Dschu Dsï Ping I.
4. Tschong war der Sohn des Begründers der Dschou-Dynastie, des Königs Wu. Er kam unmündig auf den Thron und Wus Bruder, der Herzog von Dschou, führte die Regentschaft. Tang Schu Yü war der Bruder des Königs Tschong.
5. Vgl. Schuo Yüan 1.
6. Dieselbe Geschichte wird in Sin Sü Dsa Schï von Schï King Gu erzählt und in Gi Dschuan von Schun Yü Kun gegenüber von König We von Tsi.
7. Schï Ging, We Fang. In etwas anderem Sinn.
8. Der Vater Pis hatte sich aus seiner Heimat Dsin nach Tschu geflüchtet, Pi war von Tschu nach Wu gegangen, wo er Großkanzler wurde. (Vgl. Husai in 2. Sam. 15.)
9. Vgl. Liä Dsï II, 11.
10. Vgl. Han Schï Wai Dschuan 4b. Schuo Yüan Dschï Wu 15.
11. In Han Schï Wai Dschuan und Schuo Yüan ist die Rede davon, daß der Rat sich auf den Aufstand der Brüder Dans, Tsai und Guan, bezogen habe. Hier ist es als eine Unterredung vor dem Sturze Dschou Sins gedacht.
12. Vgl. Dschuang Dsï XXI, 2, Schluß, wo jedoch unten statt Dsï Gung Dsï Lu genannt ist.
13. Vgl. Liä Dsï VIII, II. Huai Nan Dsï 12.
14. Es war König Ging. Da König Ging und Herzog Siang nicht zur selben Zeit lebten, so liegt ein Anachronismus vor. Es muß sich wohl um den Herzog Ging von Dsin handeln.
15. In Wirklichkeit waren Dong Si und Dsï Tschan nicht Zeitgenossen. Der letztere wurde 20 Jahre nach dem Tode Dsï Tschans von Dschong Si Dschuan hingerichtet. Ding Gung 9. Jahr. Vgl. Liä Dsï, wo sie auch als Zeitgenossen auftreten.
16. Die eine Erklärung ist, daß dadurch das Volk belehrt werden sollte, daß allzu große Geschicklichkeit vom Übel sei. Die andere Erklärung besagt, daß der Dreifuß von Dschou so kunstvoll war, daß Tschui (der chinesische Dädalus zur Zeit Schuns), wenn er ihn gesehen hätte, sich vor Scham den Finger abgebissen hätte. Vgl. Huai Nan Dsï 8 und 12.
17. Dschau Hui Wang.
18. Kung Tsung Dsï, 2 Ohren äußerlich und eines, das innerlich das Hören vermittelt.
19. Dieser Abschnitt ist gänzlich unverständlich.
20. Hui Dsï erhielt den Titel Dschung Fu, den einst Guan Dschung geführt hatte.
21. Sï Ma Hi, Kanzler von Dschau, der zeitweise an dem Hofe von Dschung Schan weilte.
22. Lu Yüo war aus Tsin, Dschou Po aus Dschau.
23. Mong Ang ist wohl Schreibfehler für Mong Man oder Mong Mang.
24. Ki Gia ist wahrscheinlich Schreibfehler für Sü Gia.
25. König Dschau Siang.
26. Vgl. Gia Yü 37, 3; Sin Sü 2; Huai Nan Dsï 12.

BUCH XIX

1. Vgl. Huai Nan Dsï 13.
2. Vgl. Dschuang Dsï Yang Wang Piän 28.
3. Vgl. Huai Nan Dsï 11.
4. Die großen Fische, wie jene Weisen, bissen nicht an.
5. Vgl. Gia Yü.
6. Vgl. Mo Dsï.
7. 7500 Familien.
8. Diese Art der Beerdigung war ein Zeichen der Verurteilung durch den Fürsten.
9. We ist die Hausmacht des Vollenders Tang, Ki die der Dschoudynastie.
10. Vgl. Han Schï Wai Dschuan 2, Sin Sü 7.
11. Vgl. Huai Nan Dsï.
12. Der Zusammenhang der letzten beiden Sätze ist unklar.
13. Die Bücher von Dschou sollen auf den Herzog von Dschou zurückgehen.
14. Han Schï Wai Dschuan 10; Sin Sü Dsa Schï.
15. Gia Yü 18,1; Sün Dsï 31; Dschuang Dsï XIX, 11; Han Schï Wai Dschuan 2; Sin Sü Dsa Schï 5.
16. In Dschu Dsï Ping I ist folgende Textkorrektur vorgeschlagen: Da sie wissen, daß ihre Kraft nicht ausreicht, so legen sie sich auf das Hintergehen. Hintergehen sie aber die Verordnungen, so kommen die Oberen wieder hinter ihnen her und bestrafen sie!
17. Text korrigiert nach Dschu Dsï Ping I,
18. Dso Dschuan Herzog Hi 25. Jahr; Huai Nan Dsï 12; Han Fe Dsï 11, 32; Sin Sü 4.
19. Dschu Dsï Ping I schlägt folgende Verbesserung vor: Würde die Erde nicht hart, so würde das Eis sie nicht dicht verschließen, und vergleicht dazu die Stelle Kap. X, I: Wenn man im ersten Wintermonat die für den Frühling gültigen Ordnungen befolgen wollte, würde das Eis nicht dicht schließen und die Kraft der Erde würde sich zerstreuen.
20. Vgl. Dso Dschuan, Gung Yang, Go Dsche, Schï Gi.
21. Guan Dsï Da Kuang 7. 18. Der im Text genannte Tsau Hui heißt wahrscheinlich Tsau Mo. Vgl. Schï Gi u. a.
22. Vgl. Huai Nan Dsï, Dan Ying.
23. Da er keine persönlichen Beziehungen zum Herzog hatte.

BUCH XX

1. Vgl. Liä Dsï 8; Schuo Yüan 4.
2. Sin Sü 8, 9; Dschuang Dsï XII, 7.
3. Vgl. die ausführliche Darstellung weiter unten.
4. Vgl. Huai Nan Dsï.
5. Die beiden Drachen wollten das Schiff zum Untergang bringen, wodurch Tsï Fe seines Schwertes verlustig gegangen wäre.
6. Vgl. Schï Ging, Da Ya 1. 5.
7. Korrigiert nach Dschu Dsï Ping I.
8. Han, Dschau, We.
9. Yu Hu wurde nach Schu Ging und Tschun Tsiu von Ki, dem Sohne Yüs, angegriffen.
10. Dieser Dsï Han z. Z. von Tschun Tsiu darf nicht mit dem Mann gleichen Namens z. Z. der Strei-

tenden Reiche verwechselt werden.
11. Vgl. I Ging Hexagramm 59, 6 auf 4. Platz.
12. Gun ist der Vater des Yü.
13. Schï Ging, Da Ya 1, 2, 3. Da Ming 3.
14. Außerkanonisches Lied, vgl. Laotse 36.
15. Vgl. Schu Ging.
16. Vgl. Sin Sü.
17. Vgl. Schuo Yüan 1.
18. Glosse.
19. Dieser Zusatz: »wie ein Lü Tu oder Pan Bo« ist erst später in den Text eingedrungen.

BUCH XXI

1. Zur Zeit des Königs Li von Dschou.
2. Damals war es Gung Sun Yän.
3. Der Vater des Königs Wen von Dschou.
4. Vgl. Schuo Yüan 7.
5. Das Drachentor ist eine Gebirgsenge, durch die der Gelbe Fluß sich einen Weg gebahnt hat.
6. Die Besonnenheit des Wu Ki bestand darin, daß er es wagte, den toten König mit den Pfeilen zu verwunden, um darauf die schwere Schuld auf die Angreifer zu bringen, nach dem König geschossen zu haben.
7. Lücke im Text.

BUCH XXII

1. Wörtlich: wie Sung (ein kleiner Staat).
2. Schang Yang aus We lebte als Kanzler In Tsin.
3. Im Kommentar steht das östliche We. Das ist vermutlich ein Druckfehler.
4. Die im Text folgenden vier Zeilen gehören wohl nicht in den Text, vgl. Yü Lan 338, sie wurden daher in der Übersetzung ausgelassen.
5. Bi, vgl. I Ging Diagramm Nr. 8.
6. Vgl. Dschuang Dsï I, 2.
7. Der Text ist etwas schwierig.
8. Tai Tsai Pi war bestochen. Vgl. zur Sache XXIII, 3.

BUCH XXIII

1. Er soll ihn in einen Ledersack eingenäht haben.
2. Es gingen zwei Männer, ein alter und ein junger, vorm Schloß durchs Wasser. Der alte fror und der junge nicht, da ließ der König nachsehen, ob ihr Mark verschieden sei.
3. König Min von Tsi.

BUCH XXIV

1. Ying war die Hauptstadt von Tschu.
2. Zwei Feldherrn und der Sohn des Königs Hui von Liang We. Vgl. Mong Dsï.
3. Fan, Beamter von Dsin.
4. Die Worte »gütig« bis »wieder andere« sind hinzugefügt aus Yü Lan 6, 23.
5. Der junge Herr von Tsin ist wohl der Herzog Tschu Dsï.
6. Der Herzog We von Dschou war der Fürst des westlichen Dschou.
7. Tsiu-Gia-Rennen ist eine besondere Art des Wagenfahrens.

BUCH XXV

1. Drei der berühmten acht Pferde des Königs Wu von Dschou.
2. Dschou Gung Dan, Schau Gung Schï, Tai Gung Wang, Bi Gung Gau, Su Gung Fen Schong.
3. Die Eule ernährt aus Liebe ihre Jungen, und wenn die Jungen groß geworden sind, so fressen sie ihre Mutter auf; ebenso liebte der Herzog von Bo seine Schätze und ging daran zugrunde.
4. Nach dem Kommentar eingefügt.

BUCH XXVI

1. Mu Gung.
2. Der Sinn ist nicht klar.
3. Nämlich: Dsi Schäfertäschel, Ting Li Rauke, Si Ming Sisymbrum.
4. Ku Tsai Lactuca brevirostris.
5. Dsi Li Tribulus terrestris.
6. Der letzte Satz ist nicht zu verstehen.

EINIGE ASTRONOMISCHE BEMERKUNGEN

Die im vorliegenden Werk erwähnten 28 »Mondhäuser« setzen sich aus den folgenden Sternen zusammen:

1. Güo	角	α und ζ Virginis
2. Kang	亢	λ, κ, ι und φ Virginis
3. Di	氐	α, ι, γ und β Librae
4. Fang	房	ρ, π, δ und β Scorpii
5. Sin	心	σ, α, τ Scorpii
6. We	尾	ε, μ, ζ, η, ϑ, ι, κ, λ und υ Scorpii
7. Gi	箕	γ, δ, ε und η Sagittarii
8. Dou	斗	μ, λ, φ, σ, τ und ζ Sagittarii
9. Niu	牛	β, α, ξ, π, ο und ρ Capricorni
10. Nü	女	ε (μ), ν Aquarii, ι und ϑ Capricorni
11. Hü	虛	β Aquarii und α Equulei
12. We	危	α Aquarii, ϑ und ε Pegasi
13. Wu	室	α, β, η, ξ, ζ, 77* Pegasi, γ und ι Piscium
14. Bi	壁	γ Pegasi und α Andromedae
15. Kui	奎	η, ζ, ε, δ, π, ο, ρ, ϑ, ν, μ, β Andromedae, g, τ, l, υ, φ, ψ Piscium
16. Lou	婁	γ, β, α Arietis oder α Arietis, α und β Trianguli
17. We	胃	35, c (39) und ε Arietis
18. Mau	昴	17, 16, 18, 20, 23, η, 27 und 28 Tauri, d. h. die Pleiaden

19. Bi	畢	ε, δ, γ, ϑ_1, ϑ_2, 71, π (ρ) und α Tauri = Hyaden und Aldebaran
20. Dsui	觜	φ_1, φ_2 und λ Orionis
21. Schen	參	β, δ, γ, ε, α, ζ, σ, κ, ι, c, ϑ Orionis und η Leporis
22. Dsing	井	μ, ν, γ, ξ, ε, d, ζ und λ Geminorum
23. Gui	鬼	ϑ, η, γ und δ oder vielleicht auch ζ, χ, ι, δ Cancri
24. Liu	柳	ρ, η, σ, δ, ε, ζ, ω, ϑ Hydrae
25. Sing	星	Sehr wahrscheinlich σ, π, α, η, γ und ζ Leonis (Doolittle** gibt α, τ_1, τ_2, ι, 27 Hydrae an)
26. Dschang	張	α, κ, υ_3, λ, μ Hydrae, γ Sextantis (Doolittle: ν_1, λ, μ Hydrae)
27. I	翼	Wahrscheinlich etwa folgende Konstellation: ν Hydrae α, β, λ, γ, ζ, δ, ι, ε, ϑ Crateris, γ_2, φ, υ, τ, ι Leonis, η, β, ν, π, o Virginis und noch einige andere (Doolittle: α, γ, ζ, λ, ν, η, δ, ι, κ, ε Crateris und 10 weitere Sterne des Bechers und der Hydra)
28. Dschen	軫	ε, γ, δ, ζ, β Corvi und η Crateris

* Die Nummern beziehen sich auf den Flamsteedschen Katalog.

** A. Wylie in J. Doolittle, Handbook of the Chinese Language, Tom. II, p. 617, oder: Melanges sur la Chronologie chinoise (Variations sinologiques), Chang-Hai 1920.

Mit Ausnahme des 25. Mondhauses, für das eine ganz andere Gruppe von Sternen angenommen ist, sowie des 26. und 27. Hauses, deren Sterne anders verteilt sind, stimmen diese Konstellationen wenigstens in den Hauptsternen, d. h. den Sternen größter Helligkeit, mit den in den oben zitierten Werken angegebenen Sternbildern überein. Bei der Identifizierung der Nebensterne schienen jedoch teilweise ziemlich bedeutende Abweichungen von Doolittles Angaben erforderlich zu sein, wenn man die Sternbilder hinsichtlich der geometrischen Form sowie der Anzahl der Einzelsterne einigermaßen mit den in chinesischen Atlanten angegebenen Konfigurationen in Einklang zu bringen versucht.

Für astronomische Berechnungen ist allerdings die Gruppierung der Nebensterne in den einzelnen Bildern ohne Belang.

Aus den astronomischen Daten des Lü Schï Tschun Tsiu läßt sich nämlich nachweisen, daß die Angaben über Auf- und Untergang, Kulmination usw. eines Sternbildes sich nicht etwa auf den »Schwerpunkt« der meist ziemlich wenig in die Augen fallenden geometrischen Figur beziehen, sondern, wie es scheint, ohne Ausnahme auf den hellsten Stern des Gebildes oder, wenn mehrere gleich helle Sterne eine auffallende Gruppe bilden, auf den Mittelpunkt (»Schwerpunkt«) dieser Gruppe.

Als Beispiel sei die erste astronomische Angabe des vorliegenden Werkes betrachtet:

»Im ersten Frühlingsmonat steht die Sonne im Zeichen Wu 室; zur Zeit der Abenddämmerung kulminiert dann Schen 參, zur Zeit der Morgendämmerung kulminiert Sin 心.«

Diese Daten sind folgendermaßen zu präzisieren:

»Im ersten Frühlingsmonat steht die Sonne in der Gegend der Sterne Scheat und Markab im Pegasus (hat also eine Rektaszension von $23^h\ 0^m$); zur Zeit der Abenddämmerung kulminiert Beteigeuze im Orion, zur Zeit der Morgendämmerung Antares im Skorpion.«

Durch diese Art der Deutung gewinnen die Angaben natürlich ganz bedeutend an Schärfe, und die Güte der Übereinstimmung der einzelnen Daten untereinander ist hinreichend für die Berechnung der geographischen Breite des Beobachtungsortes, die Identifizierung der Monate usw.

So ergibt sich ohne weiteres, daß der Jahresbeginn zur Zeit der Entstehung des Almanachs in den Februar, wahrscheinlich die zweite Hälfte, fiel.

Für die geographische Breite errechnet sich $\varphi = 33°$.

Die Länge der Dämmerung wurde im Minimum zu 43 m, im Maximum zu 53 m angenommen, was einer Höhe der Sonne von etwa 7–8° unter dem Horizont entspricht.

Bei der Bestimmung des Beobachtungsjahres auf Grund der Präzession der Längen stößt man auf Widersprüche (historischer Art), die noch der Klärung bedürfen. Obgleich nämlich dieser Zeitpunkt sich nur sehr ungenau aus den Beobachtungen ermitteln läßt, da hierzu eine viel größere Schärfe der Angaben notwendig wäre, weisen doch sämtliche Daten auf die Zeit nach Christi Geburt, also eine viel zu späte Epoche.

Die astronomischen Untersuchungen sind noch nicht abgeschlossen; es wird jedoch unerläßlich sein, diese Unstimmigkeit auch noch historisch kritisch zu beleuchten.

Bad Homburg v. d. H.
Willy Hartner

REGISTER

(Die römischen Ziffern geben das Buch an, die arabischen Ziffern nach dem Schrägstrich das Kapitel.)

NAMEN

D

G

I

J

K

L

M

N

O

P

S

T

W

Y

MUSIKALISCHE AUSDRÜCKE

STERNBILDER

(vgl. die Angaben von W. Hartner)